東京23区

TOKYO 23 WARDS

千代田区
中央区
港区

目黒区
大田区
世田谷区
中野区
杉並区
練馬区
板橋区
北区
足立区
葛飾区
荒川区
台東区
墨田区
江東区
江戸川区

地球の歩き方編集室

TOKYO 23 WARDS  CONTENTS

192 副都心地域

230 23区西部地域

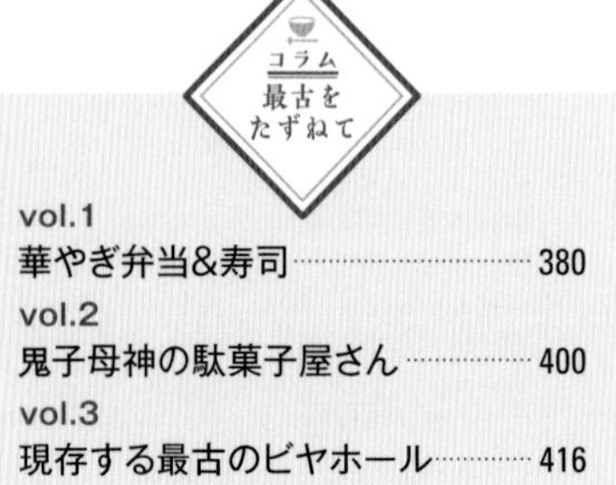

コラム 最古をたずねて

268 23区東部地域

309 第三章 歴史と文化

ランキング形式で紹介

345 第四章 グルメ

381 第五章 ショップ

401 第六章 ナイトライフ

417 第七章 宿泊

437 第八章 旅の準備と技術

取り外して持ち歩ける
東京23区別冊マップ

エリアガイドの見方

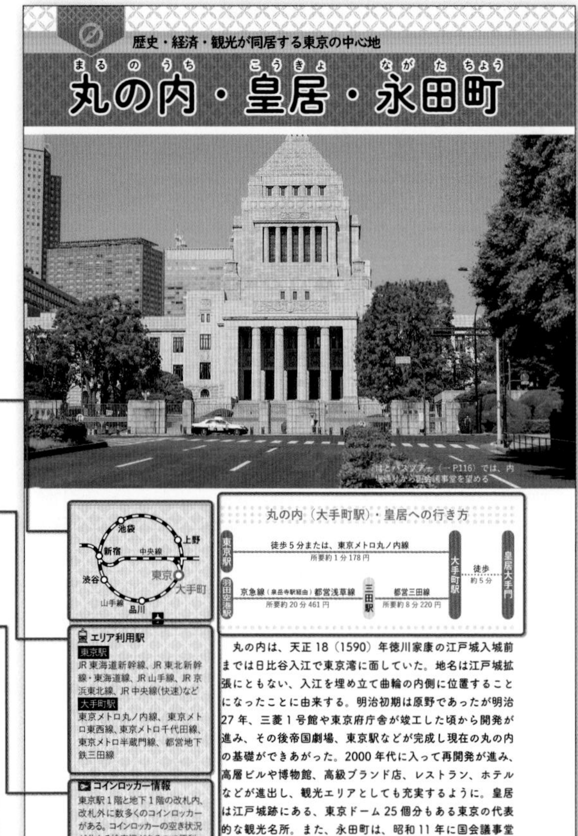
歴史・経済・観光が同居する東京の中心地

まるのうち　こうきょ　ながたちょう
丸の内・皇居・永田町

エリア利用駅

東京駅
JR東海道新幹線、JR東北新幹線・東海道線、JR山手線、JR京浜東北線、JR中央線(快速)など

大手町駅
東京メトロ丸ノ内線、東京メトロ東西線、東京メトロ千代田線、東京メトロ半蔵門線、都営地下鉄三田線

コインロッカー情報
東京駅1階と地下1階の改札内、改札外に数多くのコインロッカーがある。コインロッカーの空き状況が分かる検索機があるので便利。

丸の内（大手町駅）・皇居への行き方

丸の内は、天正18（1590）年徳川家康の江戸城入城前までは日比谷入江で東京湾に面していた。地名は江戸城拡張にともない、入江を埋め立て曲輪の内側に位置することになったことに由来する。明治初期は原野であったが明治27年、三菱1号館や東京府庁舎が竣工した頃から開発が進み、その後帝国劇場、東京駅などが完成し現在の丸の内の基礎ができあがった。2000年代に入って再開発が進み、高層ビルや博物館、高級ブランド店、レストラン、ホテルなどが進出し、観光エリアとしても充実するように。皇居は江戸城跡にある、東京ドーム25個分もある東京の代表的な観光名所。また、永田町は、昭和11年に国会議事堂が完成し、以降各省庁が集まる日本政治の中心地である。

128

読者だより　丸の内はウィンターシーズンのイルミネーションがとてもきれいです！歩いているだけで楽しめるので、11～12月の旅行中はぜひ行ってみてください。（PN：ジャス子）

エリアのおよその位置を示しています。

エリア周辺で利用できる駅名を示しています。

エリアの駅周辺で利用できるコインロッカー情報の一例です。

東京駅と羽田空港から鉄道を利用した場合の行き方とおよその所要時間、運賃の目安を示しています。駅によっては複数の行き方があり、所要時間や運賃はさまざまです。あくまでも一例としてご利用ください。

読者の皆さまからのクチコミやこぼれネタを紹介。

データ欄の記号

MAP 別冊P.5-A1　別冊地図上の位置を表示

住　住所
TEL　電話番号
FREE　フリーダイヤル
営　営業時間または開館時間
休　定休日
料　大人1名あたりの入場料金
P　駐車場の有無
交　鉄道とバスを利用した場合の最寄り駅と出口、駅からのおよその所要時間
IN　チェックインの時間
OUT　チェックアウトの時間
客室　客室数
URL　URL（http://、https://は省略）
CC　利用できるクレジットカード
A　アメックス
D　ダイナース
J　JCB
M　マスターカード
V　ビザカード

年号について

本書では、原則として年号の表記を以下のとおり記載しています。

・江戸時代以前
→和暦+西暦
・明治～昭和時代
→和暦
・平成時代以降
→西暦

地図の記号

本誌掲載物件

体験	バー
見どころ	ホテル
グルメ	観光案内所
ショップ	P.000 掲載ページ

コンビニエンスストア

セブン-イレブン
ファミリーマート
ローソン

ファストフード

マクドナルド
ケンタッキーフライドチキン
モスバーガー
フレッシュネスバーガー

カフェ

ドトールコーヒーショップ
スターバックス コーヒー
カフェ・ベローチェ

記　号

都道府県庁	銀行
市役所	寺
宿泊施設	神社
学校	病院
郵便局	空港
警察署／交番	山頂
消防署	信号

鉄　道

新幹線　JR
私鉄　地下鉄
中央口 A1　鉄道駅出口

道　路

高速・有料道路
1　国道
一般道

宿泊施設のアイコン

トイレ　コインランドリー
シャワー
バスタブ　ショップ
冷蔵庫

トイレ、シャワー、バスタブ、冷蔵庫は客室内設備。コインランドリーとショップは館内設備。ランドリーサービスのみありの場合は、コインランドリーのアイコンを半分グレーで表示。ショップはホテルグッズなどの販売も含む

■本書の特徴

本書は、日帰り旅行から滞在型の旅まで、東京23区をじっくり楽しみたい方のためのガイドブックです。東京への旅行者の方はもちろん、都民の方にも東京の魅力を発見していただけるよう情報を充実させるとともに、できるだけ使いやすいものを心がけて作りました。

■掲載情報のご利用に当たって

編集室では、できるだけ最新で正確な情報を掲載するように努めていますが、現地の規則や手続きなどがしばしば変更されたり、またその解釈に見解の相違が生じたりすることもあります。このような理由に基づく場合、または弊社に重大な過失がない場合は、本書を利用して生じた損失や不都合などについて、弊社は責任を負いかねますのでご了承ください。また、本書をお使いいただく際は、掲載されている情報やアドバイスがご自身の状況や立場に適しているか、すべてご自身の責任で判断のうえご利用ください。

■取材および調査期間

この本は2022年10月～2023年2月の取材を基に編集されています。また、追跡調査を2023年5月まで行いました。記載の住所、料金などのデータは基本的にこの時点のものです。料金については原則として税込み料金を表示、定休日についてはゴールデンウイーク、お盆休み、年末年始を省略しています。また、ホテルの料金は原則として税・サービス料込みの金額を記載し、チェックイン・アウトの時間については基本的なプランの時間を記載しています。プランやお部屋のタイプによって時間が異なる場合があります。また、時間の経過とともにデータの変更が生じることが予想されるとともに、新型コロナウイルス感染症拡大防止のため、営業時間等の変更や臨時休業などが実施される可能性があります。そのことをお含みおきのうえ、事前に最新の情報を入手されることをおすすめします。

■発行後の情報の更新と訂正について

本書発行後に変更された掲載情報や訂正箇所は、「地球の歩き方」ホームページの本書紹介ページ内に「更新・訂正情報」として可能なかぎり最新のデータに更新しています（ホテル、レストラン料金の変更などは除く）。下記URLよりご確認いただき、ご旅行前にお役立てください。

URL www.arukikata.co.jp/travel-support/

ジェネラルインフォメーション

東京都の基本情報

❖ 東京都紋章

明治22年12月の東京市会で東京市のマークとして決定。昭和18年の東京都制施行時に東京都紋章として受け継がれた。紋章は太陽を中心に6方に光が放たれている様子を表しており、日本の中心としての東京をシンボライズしている。

❖ 都旗

旗は、江戸のイメージカラーである江戸紫の地色に東京都紋章を配している。旗の縦横比は2：3。昭和39年に開催された東京オリンピック開幕直前の10月1日に制定された。

❖ 東京都のシンボルマーク

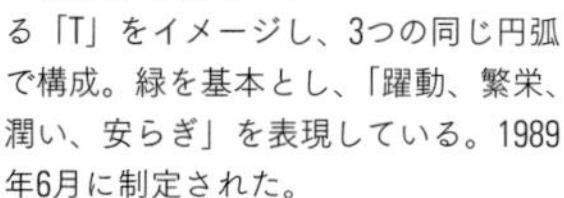

東京都の頭文字である「T」をイメージし、3つの同じ円弧で構成。緑を基本とし、「躍動、繁栄、潤い、安らぎ」を表現している。1989年6月に制定された。

❖ 東京都歌

昭和21年10月に制定することを決定。一般公募され、6532作品から原田重久氏の歌詞が選出された。その後、この歌詞を用いた曲を募集。加須屋博氏の作品が選定され、昭和22年4月に都歌として発表された。

❖ 都の花…ソメイヨシノ（染井吉野）

江戸期から明治初期にかけて、江戸の染井村（現在の豊島区駒込）に住んでいた植木職人たちにより、ヤマザクラを改良して誕生したといわれている。都の花として決定されたのは昭和59年6月。

❖ 都の木…イチョウ

東京都の木選定委員会が「ケヤキ、イチョウ、ソメイヨシノ」の3種類を候補として挙げ、都民の一般投票により決定された。発表は、昭和41年11月14日。

❖ 都民の鳥…ユリカモメ

白い羽、朱色のくちばしと足をもつユリカモメは、10月下旬頃から4月頃まで東京湾や隅田川、多摩川などで群れを見ることができる。昭和40年10月1日に都民の鳥として指定された。

❖ 都庁所在地

東京は日本の首都（法定で定められてはいない）であり、都庁の所在地は新宿区。

❖ 東京都の面積

2194.05平方キロメートル
（区部、市部、郡部、島嶼部）
区部は627.53平方キロメートル
※東京都ホームページ「都の概要」より
※2022年1月時点

❖ 東京都の人口

東京都総人口　1404万2127人
区部の人口　972万2792人
※住民基本台帳
※2022年12月時点

❖ 日本の人口

1億2449万人
※総務省統計局
※2023年3月時点（概算値）

❖ 東京都知事

小池百合子（第20代）
※2023年6月1日時点

東京都の首長である東京都知事の任期は4年。東京都全体から1名を選出する東京都知事選が行われ、東京都民の投票により決定される。

❖ 東京都の予算

2022年度の一般会計歳出総額は7兆8010億円。税収（都税）は、5兆6308億円※。東京都の予算15.2兆円となっており、これはノルウェー18.5兆円、スウェーデン14.6兆円という国家予算に匹敵する金額。一方、日本国の2022年度の一般会計は110.3兆円、税収は68兆3500億円となっている。
※東京都予算と税額は東京都財務局のホームページより

東京23区の構成

❖ 東京都は区部・多摩地域・島嶼部の3地域

東京都は一般的に区部（東京23区、旧東京市）、多摩地域（多摩26市3町1村）と島嶼部（伊豆諸島・小笠原諸島）の3地域に分けられる。

区部（23区）…千代田区、中央区、港区、新宿区、文京区、台東区、墨田区、江東区、品川区、目黒区、大田区、世田谷区、渋谷区、中野区、杉並区、豊島区、北区、荒川区、板橋区、練馬区、足立区、葛飾区、江戸川区

❖ 23区は大きく分けて4つ

東京23区は、次のように4つのエリアに大別される。

都心3区…千代田区、中央区、港区
副都心4区…渋谷区、新宿区、豊島区、文京区
23区西部…品川区、目黒区、大田区、世田谷区、杉並区、練馬区、板橋区、北区、中野区
※皇居（江戸城）から見て南側にある品川区、目黒区、大田区を「城南3区」と呼ぶこともある
23区東部…足立区、葛飾区、荒川区、台東区、墨田区、江東区、江戸川区

❖ 東京区部とその他の分け方

不動産広告などでは、東京区部のエリアを「城南、城北、城東、城西」と分類している。皇居（かつての江戸城）を中心にその南側を城南、北側を城北、東側を城東、西側を城西と呼ぶ。皇居自体は千代田区に位置しているため、千代田区を含めない22区が4つの地域に分類される。

一方、東京23区を都心とその周辺地域に分けた時に使われているのが、「都心何区」という分類。「都心3区」と呼ばれる千代田区、港区、中央区には、東証一部上場企業数が集中しており、この3区だけで全体の70％近くにも及ぶ。また、千代田区、中央区、港区、渋谷区、新宿区、文京区は「都心6区」と呼ばれ、不動産業界では、データの分析や不動産動向の調査にも活用されている。

❖「下町」と「山の手」とは？

下町と山の手という言葉は、江戸時代の17世紀後半から見られるようだ。だが、下町と山の手は地域をイメージした呼び方であり、そのエリアは人により異なる。当初は、下町の範囲は、日本橋・京橋・神田を中心に北は浅草、南は芝辺りまでの隅田川西岸に加え、川向こうの本所・深川を含める程度だった。それが東京の東地区・千葉県境の江戸川まで拡大していった。また、元々、山の手の範囲は、本郷・小石川・牛込・赤坂といった山手線内に限られていた。しかし、関東大震災をきっかけに中野・杉並・世田谷といったエリアが住宅地となり、山の手が拡大していった。

祝祭日

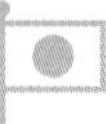

❖ 都民の日

10月1日	「東京都民がこぞって1日の慰楽をともにすることにより、その自治意識を昂揚し、東京都の発展と都民の福祉増進を図る」ことを目的に昭和27年に施行された。東京都が管理する動物園や植物園、美術館などが入場無料になる。

❖ 国民の祝日

元日　1月1日	年初を祝う。
成人の日　1月第2月曜日	大人になったことを自覚し、自ら生き抜こうとする青年を祝い励ます。
建国記念の日　2月11日	建国をしのび、国を愛する心を養う。
天皇誕生日　2月23日	天皇の誕生日を祝う。
春分の日　3月20日～21日頃	自然をたたえ、生物をいつくしむ。
昭和の日　4月29日	激動の日々を経て、復興を遂げた昭和の時代を顧み、国の将来に思いをいたす。
憲法記念日　5月3日	日本国憲法の施行を記念し、国の成長を期する。
みどりの日　5月4日	自然に親しむとともにその恩恵に感謝し、豊かな心をはぐくむ。
こどもの日　5月5日	子供の人格を重んじ、子供の幸福をはかるとともに、母に感謝する。
海の日　7月第3月曜日	海の恩恵に感謝するとともに、海洋国日本の繁栄を願う。
山の日　8月11日	山に親しむ機会を得て、山の恩恵に感謝する。
敬老の日　9月第3月曜日	多年にわたり社会に尽くしてきた老人を敬愛し、長寿を祝う。
秋分の日　9月22日～23日頃	祖先をうやまい、亡くなった人々をしのぶ。
スポーツの日　10月第2月曜日	スポーツを楽しみ、他者を尊重する精神を培うとともに、健康で活力ある社会の実現を願う。
文化の日　11月3日	自由と平和を愛し、文化をすすめる。
勤労感謝の日　11月23日	勤労をたっとび、生産を祝い、国民がたがいに感謝し合う。

※内閣府のホームページより
- 「国民の祝日」は休日とする。
- 「国民の祝日」が日曜日に当たるときはその日後においてその日に最も近い「国民の祝日」でない日を休日とする。
- その前日及び翌日が「国民の祝日」である日（「国民の祝日」でない日に限る）は、休日とする。

東京都平和の日

❖ 3月10日

昭和20年3月10日未明の東京大空襲（→P.320）により、東京は10万人を超える命が失われ、焼け野原と化した。1990年7月、東京都は戦争の惨禍を再び繰り返さないことを誓い、平和国家日本の首都として「東京都平和の日条例」を制定。3月10日を「東京都平和の日」と定めた。

おもな地方都市からの移動時間

▶東京への道
→P.440

❖ 飛行機（地方空港から羽田空港へ）

札幌（新千歳空港）　約1時間35分
大阪（伊丹空港）　約1時間10分
広島（広島空港）　約1時間25分
松山（松山空港）　約1時間25分
福岡（福岡空港）　約1時間35分
鹿児島（鹿児島空港）　約2時間
沖縄（那覇空港）　約2時間25分

❖ 新幹線（地方駅から東京駅へ）

仙台　約1時間40分
新潟　約1時間40分
名古屋　約1時間35分
金沢　約2時間30分
新大阪　約2時間35分
広島　約3時間55分
博多　約4時間55分

東京23区の気候

東京23区から多摩地域東部にかけてと伊豆諸島は太平洋側気候、多摩地域西部は中央高地式気候に属している。日本の中ほどに位置する東京の中心部は四季の変化が顕著で、夏は高温多湿だが冬は晴天が続き、乾燥する日が多い。7〜9月頃には台風が通過し、気圧の変化が著しい。東京の気候はヒートアイランド現象が進行しており、過去100年の間に気温が約3℃上昇している。夜間になっても気温が25℃を下らない熱帯夜の日数も過去40年間で約2倍になった。特に都心部はその傾向が顕著であり、夏は日中だけでなく夜の気温も非常に高い。

一方、羽田空港や葛西臨海公園、お台場など、東京湾に面した臨海部は年較差が小さい。

東京都心の気温／降水量

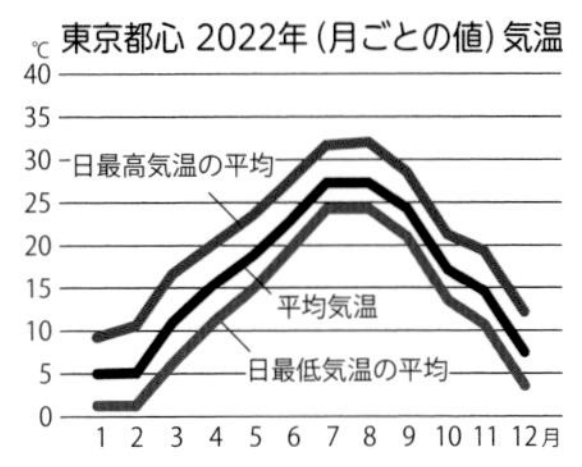

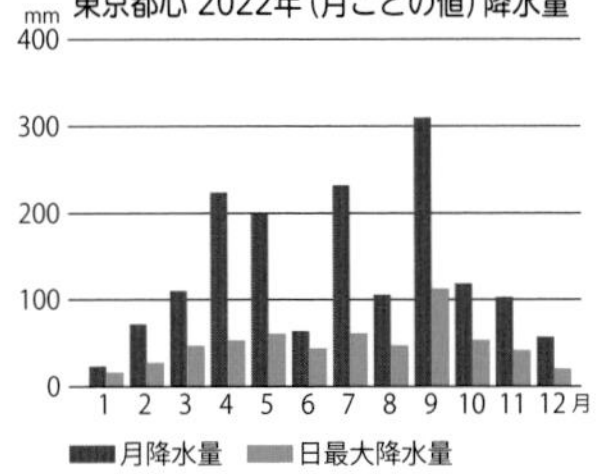

※気象庁気象統計情報より

安全とトラブル

▶安全情報→P.462

一般的に東京の治安はよいとされているが、多くの人が集まるエリアや時期には、トラブルに巻き込まれないように注意が必要だ。ひったくりや置き引きなどの被害に遭わないように、対策をしておきたい。

また、台風や豪雨などの自然災害により、公共交通機関の計画運休が実施されることもある。訪れる前に気象情報をチェックしよう。地震による被害も想定されており、発生したときの避難先や行動も確認しておくことが大切。

●**警視庁**
TEL 03-3581-4321（代表）
URL www.keishicho.metro.tokyo.lg.jp

その他

▶習慣とマナー→P.464

❖喫煙

東京都受動喫煙防止条例

2020年4月以降、原則として都内の飲食店は禁煙となっている。店内に喫煙専用室や加熱式たばこ専用室が設けられている場合には、その中でのみ喫煙が可能となり、店舗（施設）出入口に標識の掲示等が必要となった（飲食店については、禁煙の場合も標識の掲示義務がある）。また、都内の路上や公園といった屋外も、地域により禁煙となっていることもあるため要注意。路上禁煙地区内で歩きたばこや吸い殻のポイ捨てをすると条例により過料徴収をされる自治体もある。たばこを吸う人は、吸う場所や時間に気をつけて各地域でのルールを守ること。

●**東京都福祉保健局**
▶東京都受動喫煙防止条例の詳細
URL www.fukushihoken.metro.tokyo.jp/kensui/tokyo/kangaekata_public.html

新宿区空き缶等の散乱及び路上喫煙による被害の防止に関する条例

新宿区内でたばこの吸い殻、空き缶、空きビン、飲み物容器、ガムなどのポイ捨てをしないことや路上喫煙禁止などを呼びかける条例。新宿区では、受動喫煙に配慮した場所に喫煙スポットを設置している。

●**新宿区環境清掃部環境対策課**
▶新宿区空き缶等の散乱及び路上喫煙による被害の防止に関する条例の詳細
URL www.city.shinjuku.lg.jp/content/000021032.pdf

❖エスカレーター

東京では左側に立ち、右側は歩く人のために空けるのが習慣。しかし、一般社団法人日本エレベーター協会は、「エスカレーターの安全基準はステップ上に立ち止まって利用すること」を前提とし、歩行禁止をうたっている。

＼旅行者も東京在住者も必読！／

東京23区早わかりナビ

P.125 からの「第二章 エリアガイド」では、大まかな区に分けつつも厳密ではなく、町歩きをしやすいエリアで区切っているが、ここで改めて 23 区とその特徴について押さえておこう。

副都心地域 P.192

新宿、渋谷、池袋といった巨大なターミナル駅をもつ区を包括。通勤・通学に利用する人はもちろん、原宿や表参道、東京ドームがある水道橋など数々のショップやエンタメ、イベントなど東京近郊から遊びにやってくる人々も多いのが特徴だ。

- 渋谷・原宿・表参道➡ P.194
- 新宿・新大久保・早稲田➡ P.206
- 池袋・巣鴨・雑司ヶ谷➡ P.212
- 水道橋・本郷・飯田橋➡ P.220

23区東部地域 P.268

足立区、葛飾区、江戸川区は千葉県に近く、足立区にあるターミナル駅・北千住駅は千葉県や茨城県からの乗り換え客も多い。墨田区には東京スカイツリー®、台東区には浅草、台東区には上野といった主要観光地があり、外国人観光客率も高めだ。

- 浅草・押上・蔵前➡ P.270
- 上野・湯島・谷根千➡ P.280
- 葛飾・北千住・西新井➡ P.292
- 両国・亀戸・小岩➡ P.300

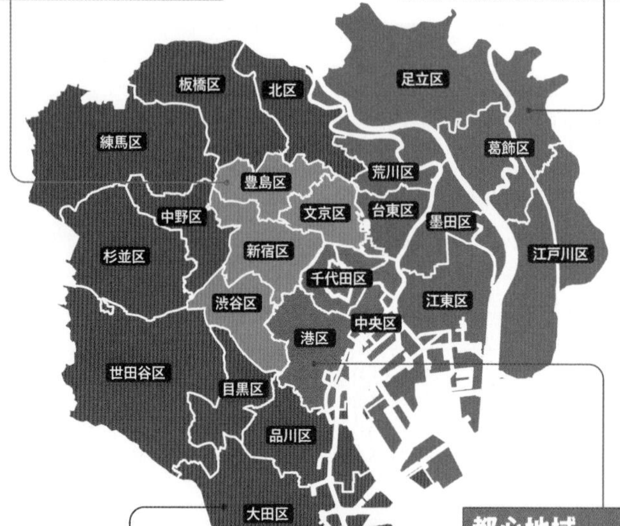

都心地域 P.126

千代田区、中央区、港区を指し、皇居を中心に永田町・霞が関などの官庁街や丸の内・赤坂などビジネスの中心地が集まる。丸の内や銀座、築地は特に代表的な観光スポットだろう。本書では隣り合う清澄白河、お台場など江東区の情報も一部組み込んでいる。

- 丸の内・皇居・永田町➡ P.128
- 日本橋・八丁堀・茅場町➡ P.140
- 人形町・門前仲町・清澄白河➡ P.148
- 銀座・有楽町・日比谷➡ P.156
- 築地・月島・佃島➡ P.166
- 新橋・お台場・豊洲➡ P.176
- 六本木・麻布・赤坂➡ P.186

23区西部地域 P.230

北部は北区や板橋区など埼玉県と接する区、南は世田谷区や大田区など川を挟んで神奈川県と隣り合う区が集まる。練馬区や杉並区、世田谷区は多摩地域にも密接しており、JR 中央線や西武線などは、出口によって区が異なる駅もある。

- 品川・大森・蒲田➡ P.232
- 恵比寿・目黒・代官山➡ P.240
- 下北沢・三軒茶屋・世田谷➡ P.248
- 中野・高円寺・練馬➡ P.256
- 王子・赤羽・板橋➡ P.262

都心地域

皇居がある日本の中心
千代田区
国会議事堂や東京駅を抱えるが、人口はいちばん少なく(→P.94)、通勤・通学者が多い場所でもある。意外なところでいうと秋葉原も千代田区に分類。

老舗が多く歴史ある街
中央区
江戸時代に誕生したお店や飲食店が数多く点在し、金融・商業の中枢でもある。東海道の起点となった日本橋ほか、築地や月島など食にまつわるお店も多い。

ビジネスからエンタメまで
港区
赤坂や新橋などはビジネス街として知られているが、六本木などはナイトライフも楽しめる町。高輪や麻布にはいわゆる“セレブ”が住む高級マンションも。

副都心地域

ポップカルチャーの最先端
渋谷区
渋谷や原宿のイメージが強いが、表参道や恵比寿、広尾などセレクトショップやおしゃれなビストロなど落ち着いたエリアも多い。

多彩な要素を併せもつ
新宿区
都庁を中心とした副都心の高層ビル群や新宿歌舞伎町など都会らしい雰囲気がある一方で、神楽坂など風情ある町並みも側面のひとつ。

老若男女が集う繁華街多数
豊島区
漫画界の巨匠が集った南長崎やアニメ関連ショップが並ぶ池袋の乙女ロードから、おばあちゃんの原宿・巣鴨まであらゆる層をカバー。

アカデミックシティ代表
文京区
東京大学などの高等教育機関や大手出版社を擁し、古くは文豪たちも住んでいたエリアは、名のとおりまさに文京(文教)地区といえる。

23区西部地域

東海道の宿場町があった
品川区
古くから交通や交易の拠点として栄え、高層ビルが建ち並ぶ臨海部や商店街が溶け込む荏原地区などがある。ちなみに品川駅は港区で、目黒駅が品川区。

23区イチ人口が多い
世田谷区
下北沢や三軒茶屋などサブカルや飲み屋街の要素をもちつつ、田園調布や成城など富裕層が住む閑静な住宅街、二子玉川などファミリー層に人気のエリアも。

野菜とアニメと西武線と
練馬区
農地が多く、練馬大根が有名。のどかな雰囲気が広がる区。アニメ制作会社が点在しアニメーション発祥の地でもある。西武池袋線・新宿線に支えられている。

都会的だが上品で住みやすい
目黒区
東急電鉄3線が区内を走り、中目黒や都立大学、自由が丘などはおしゃれで住みたい町として憧れの対象に。こぢんまりとしたカフェやショップも多い。

マニアが集まる個性派タウン
中野区
新宿から中央線で5分という立地ながら家賃が下がり、ひとり暮らしにもぴったりな中野は、サブカル好きが集う。西武新宿線や丸ノ内線も走り利便性高し。

実は病院が多い医療先進地
板橋区
練馬区と北区に挟まれ、池袋から1本で帰れる成増などに住宅街が広がる。病院のベッド数は23区トップという面も。都営三田線の終点、西高島平駅も板橋。

東京の玄関口・羽田空港をもつ
大田区
羽田空港を有することから、23区イチの面積を誇る。蒲田など東部は工場地帯だが、高級住宅街・田園調布の一部は大田区に属するなど振り幅が大きい。

緑が豊かな住宅都市
杉並区
芸人やバンドマンが多く住み、阿波踊りが名物の高円寺、駅前に酒場が多い阿佐谷などカオスな魅力がありながらも、若者から家族連れまで幅広い層が住む。

JRの駅数最多で利便性よし
北区
赤羽、王子、田端、十条などJRの駅数が多く、都心へのアクセスが便利なのが魅力のひとつ。実業家・渋沢栄一が居を構え、洋紙産業発祥の地でもある。

23区東部地域

川に囲まれた街道の起点
足立区
かつては奥州街道や日光街道の宿場町で、現在も北千住はつくばエクスプレスやJR常磐線など千葉や茨城に住む人々の接点となる。

さくらトラムにほっこり
荒川区
都電荒川線が東西に走り、レトロなランドマーク「あらかわ遊園」も。北部には隅田川と荒川と、下町情緒あふれる風景が広がる。

寅さんと両さんがツートップ
葛飾区
「葛飾」と聞いて真っ先に思い出すのはどっち?というほど有名なふたり。区を代表する葛飾柴又は国の重要文化的景観に指定された。

一大観光スポットを網羅
台東区
江戸時代から観光地として栄える浅草、交通の要だった上野が2大エリア。昔ながらの行事・イベントごとも多く、観光客でにぎわう。

東京のランドマークが目白押し
墨田区
古きよき商店街や銭湯など老舗が点在し、大相撲の聖地である国技館と東京スカイツリーという新旧のシンボルが鎮座。花火大会の発祥は両国だ。

区内に運河が流れる水の町
江東区
北部は清澄白河や門前仲町といった古きよき町並みが広がるエリア、南部は豊洲市場やお台場の一部を含む臨海エリアと幅広い地域をカバーしている。

大観覧車がシンボル的存在
江戸川区
縦に長く、荒川や江戸川に囲まれている。北部は小岩、最南部には葛西臨海公園があり、JR総武線から東京メトロ東西線、都営新宿線などアクセス◎。

注目のニューオープンスポットが目白押し！

東京23区新着&最旬情報

ショッピングやグルメ、エンターテインメントを楽しめる複合施設の開業ラッシュが続々！

夜遊びも宿泊もここで
1日中遊び尽くせる！

2023年4月オープン

「好きを極める」エンタメ施設

東急歌舞伎町タワー（とうきゅうかぶきちょうたわー）

地上48階地下5階、高さ約225メートルの高層ビルに、「新宿カブキhall～歌舞伎横丁」などのレストランや映画館「１０９シネマズプレミアム新宿」、ライブハウス「Zepp Shinjuku（TOKYO）」、ふたつのホテル、劇場などが入居。外観は「噴水」がモチーフ。

MAP 別冊 P.34-A2 新宿
住新宿区歌舞伎町1-29-1　営各施設により異なる　休各施設により異なる　交西武新宿線西武新宿駅正面口から徒歩1分

ホテル

ラグジュアリーホテル「BELLUSTAR TOKYO, A Pan Pacific Hotel」と「HOTEL GROOVE SHINJUKU, A PARK ROYAL Hotel」が入る。

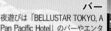

バー

夜遊びは「BELLUSTAR TOKYO, A Pan Pacific Hotel」のバーやエンタメが楽しめる「ZEROTOKYO」へ。

劇場

「新宿ミラノ座」の名を受け継いだ「THEATER MILANO-Za」では話題作を上演。

世田谷代田が進化中　2023年1月オープン

ナカハラソウ（なかはらそう） nakahara-sou

注目が高まっている世田谷代田。下北沢も徒歩圏内

「由縁 新宿」（→P.434）を手がけたUDSが企画・設計を担当したコンパクト複合施設。薪火レストランやカクテルバーが入居する。

MAP 別冊 P.50-A2 世田谷代田
住世田谷区代田5-10-7
営各店舗による　休各店舗による
交小田急線世田谷代田駅から徒歩3分

リノベ複合施設　2023年3月オープン

PAPILLON BLDG.（ぱぴよんびる）

サンシャインシティと池袋エリアのコミュニティの活性化を目指す

サンシャインシティが運営する池袋の新たな拠点で、クラフトビールが飲めるPUBやイベントスペース「GARDEN」で構成。

MAP 別冊 P.37-A3 池袋
住豊島区東池袋1-4-4　TEL 090-3131-0144（大代表）　営11:30～23:00　休不定休
交JR池袋駅東口から徒歩2分

東京駅直結の好立地で
新しいランドマークに！

2023年3月オープン

出店テナントも見どころだらけ

とうきょうみっどたうんやえす

東京ミッドタウン八重洲

東京初出店の店舗も多い地下１階～地上３階の商業ゾーン、３つのエリアで構成される公共スペース「ヤエスパブリック」、2023 年４月にオープンした「ブルガリ ホテル 東京」などが集まる大型複合施設。地下２階には新しい高速バスの乗降場となる「バスターミナル東京八重洲」も。

MAP 別冊 P.20-B2 八重洲

住中央区八重洲 2-2-1　TEL03-6225-2234（東京ミッドタウン八重洲 コールセンター 11:00 ～ 19:00）　営店舗により異なる　休店舗により異なる　交JR 東京駅八重洲地下街経由で地下直結

❶地下２階、地上 45 階構成　❷新業態・商業施設初出店など計 57 店舗が揃う　❸立ち飲みスポット「ALLSTANDS」

建物にも注目

左／HOSOO のテキスタイルを用いたエントランスゲートを設置

右／エレベーターホールの壁面には左官職人による左官仕上げを施す

Coming Soon　2大エンタメ施設も

地図のないミュージアム

森ビルデジタルアートミュージアム：チームラボボーダレス

2022 年８月に閉館したお台場の「チームラボボーダレス」が移転オープン。場所は 2023 年に竣工・開業予定の「麻布台ヒルズ」で、新しいミュージアムでもコンセプトである「境界のない１つの世界の中でさまよい、探索し、発見する」をさらに進化させた体験ができる。

住港区麻布台 1-2-4　営 休 料未定　交地下鉄神谷町駅・六本木一丁目駅直結

2023年6月16日オープン

としまえん跡地にオープン

ワーナー ブラザース スタジオツアー東京 －メイキング・オブ・ハリー・ポッター

スタジオツアーでは映画『ハリー・ポッター』や『ファンタスティック・ビースト』シリーズの制作の裏側を学びながら、数々のセットが楽しめる。写真はエントランスのイメージ図。

住練馬区春日町 1-1-7　営HP を要確認（季節によって前後）　休HP を要確認　料6300 円、中・高校生 5200 円、４歳～小学生 3800 円（事前予約制）　交西武豊島線・都営大江戸線豊島園駅から徒歩２分

都会の四季を楽しもう

東京23区イベントカレンダー

1月　2月　3月　4月　5月　6月

上旬

箱根駅伝　例年2日と3日の2日間にわたり行われる大学対抗の駅伝大会

義士祭　赤穂四十七士が眠る泉岳寺（→P.234）で年2回行われる義士祭（討ち入り決行の12月14日は冬の義士祭）

鳥越神社とんど焼　正月にお迎えした歳神様をお送りする伝統行事。松の内が終わると、正月の飾りなどを集めてお焚き上げする。この火や煙にあたると1年間を無病息災で過ごせるといわれている

明治神宮春の大祭　神前の特設舞台で舞楽や能・狂言、薩摩琵琶などの行事が行われる

東京インターナショナル・ギフト・ショー　日本最大のパーソナルギフトと生活雑貨の国際見本市。毎年2月と9月の年2回、開催

鳥越神社大祭　約1360年の歴史がある鳥越神社の例大祭

稲荷神社初午祭　毎年初午の日に稲荷神社で行われるお祭り

神田明神神田祭　江戸三大祭りに数えられる神田明神（→P.222）の例大祭

浅草寺七福神の舞　狂言を再興、節分会に観音様の功徳を讃えるために奉演する

東京マラソン　2007年に始まった東京都で行われるマラソン大会

◀12・1月の15・16日に開催する世田谷ボロ市

池上本門寺春まつり　コンサートや池上太鼓の演奏、地元商店会のイベント等が行われる

中旬

世田谷ボロ市　天正6（1578）年から続くボロ市（→P.84）。東京都の無形民俗文化財に指定されており、名物の代官餅や骨董品など約700店の露店が並ぶ（12月15・16日、1月15・16日に開催）

早慶レガッタ　早稲田大学漕艇部と慶應義塾體育會端艇部が隅田川を舞台に行うボート競技大会で100年を超える歴史がある

三社祭　浅草神社（→P.277）で開催する例大祭。都の無形文化財に指定されている「神事びんざさら舞」などが行われる

ふるさと祭り東京　日本の祭りと故郷の味が一堂に会する祭りで、毎年東京ドームで行われる

東京おもちゃショー　毎年6～7月頃に開催される日本玩具協会が主催するおもちゃの展示会

国際ホテル・レストラン・ショー　日本能率協会が主催するホスピタリティとフードサービスの商談専門展示会

神田明神だいこく祭　だいこく様に扮した神職が新成人の頭上に小槌をひと振りして身を清める

東京ガールズコレクション　2005年から毎年開催されている日本のファッションイベント

山王祭　江戸三大祭りのひとつで、日枝神社（→P.191）の例大祭

代々木公園アースデイ東京　地球のことを考えて行動する「アースデイ」を祝すフェスティバルで、NGOやNPOが出展

波除神社つきじ獅子祭　築地に鎮座する波除神社（→P.169）の例大祭。3年ごとに本祭が行われる

❶梅まつり
2月ごろから徐々に梅の花の見ごろを迎える。向島百花園（→P.275）や湯島天満宮（→P.288）、亀戸天神社（→P.302）など各地で梅まつりが開催される

❸春のバラフェスティバル
大正初期の庭園の原型をとどめる旧古河庭園（→P.289）で開催

下旬

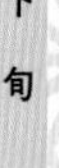

鷽（うそ）替え神事　毎年1月に行われる開運招福を祈願する行事。亀戸天神社（→P.302）や湯島天満宮（→P.288）などで行われる

孔子祭（釈奠）　毎年4月の第4日曜に史跡湯島聖堂（→P.328）で行われるお祭り。酒や野菜などを供え、孔子とその学問を顕彰する

ゲームマーケット　東京では春と秋の2回行われるアナログゲームのイベント

東京モーターサイクルショー　毎年3日間にわたって開催される日本国内最大規模のオートバイと部品などの見本市

靖國神社春季例大祭　祭儀が行われる中境内では奉納芸能や特別献華展などが開催される

❷亀戸天神の藤まつり
都内有数の藤の名所、亀戸天神の境内に15棚約50株の藤の木があり、4～5月に見頃になる

❹葛飾菖蒲まつり
江戸名所として知られる堀切菖蒲園（→P.294）と水元公園（→P.294）花菖蒲が見頃を迎え、イベントも開催

東京ビッグサイト AnimeJapan　アニメ制作会社が多数参加し、国内外に発信するアニメの祭典

古来から伝わる格式ある神事から季節ごとの花が楽しめる花まつり、アニメやゲームファン向けのイベントまで、東京は1年中大忙し！　P.334からの祭り特集とあわせて、チェックしてみよう。

7月	8月	9月	10月	11月	12月

入谷朝顔まつり（朝顔市） 毎年7月の6・7・8日の3日間にわたって入谷の鬼子母神（真源寺）で行われる朝顔市

ほおずき市 7月9・10日に浅草寺（→P.277）の境内にほおずきを売る店が約100軒並ぶ

築地本願寺納涼盆踊り大会 7月最終週または8月最初の週の水曜から4日間行われる都内有数の盆踊り大会

住吉神社佃祭り 江戸時代から信仰される住吉神社の例祭。3年に1度の本祭りを開催

江戸川区花火大会 東京二大花火大会のひとつ。毎年8月の第1土曜に開催（→P.336）

神宮外苑花火大会 明治神宮外苑で開催

都民の日 10月1日

明治神宮人形感謝祭 大切にされてきた人形に感謝を添えて明治神宮に納めるお祭り

酉の市 毎年11月の酉の日に行われるお祭り。酉の市発祥の浅草の鷲神社（→P.279）をはじめ、花園神社（→P.208）、大鳥神社（→P.245）など多くの人でにぎわう

▲江戸川区花火大会は江戸川の河川敷で開催される

西新井大師風鈴祭り 全国各地からたくさんの風鈴が集められ、展示と即売を行うイベント

富岡八幡宮例祭 江戸三大祭りのひとつで別名は深川八幡祭

葛西臨海公園サマーフェスティバル 葛西臨海公園（→P.304）で行われる南国気分満点のフェスティバル

芝大神宮太良太良祭り 祭りの期間が10日間続く日本でいちばん長い祭り

東京よさこい（ふくろ祭り） ダンスやショーバンドなどが行われる「ふくろ祭り」と合わせて、池袋で例年9月と10月に開催されている

浅草サンバカーニバル 浅草で行われるサンバのパレードとコンテスト

▼浅草サンバカーニバルの美しいダンサー

日比谷公園ガーデニングショー プロ・アマ問わず参加するガーデニングコンテストの受賞作品などを展示

大江戸神輿まつり 江戸下町と神輿をコンセプトに木場公園で開催される江戸情緒たっぷりの祭り

神宮外苑いちょう祭り 11月中旬から12月初旬頃までイチョウの見頃に合わせて開催。グルメ屋台などが出店

▶イチョウが美しい明治神宮外苑

浅草寺羽子板市 境内に飾り羽子板の露店が並ぶ年末の風物詩

東京ミチテラス 東京の玄関口、丸の内エリアがイルミネーションで包まれ、クリスマス気分を盛り上げる

◀地下鉄神保町駅周辺に点在する古書店でレア本を探そう

江戸川区特産金魚まつり 江戸川区の行船公園で行われる金魚の祭典で、金魚の展示即売や金魚すくいができる

隅田川花火大会 東京二大花火大会のひとつで、毎年7月の最終土曜日に行われる

新宿エイサーまつり 新宿の夏の風物詩となった、沖縄の伝統行事として有名なエイサー祭り

お台場夏まつり お台場レインボー公園で2日間開催

▲新宿周辺で開催される新宿エイサーまつり

しながわ宿場まつり 江戸時代の衣装をまとった行列が旧東海道の品川宿を練り歩く

日本橋京橋まつり 日本全国の伝統的な踊りが大通りを練り歩きながら披露される大江戸活粋パレード

東京国際映画祭 世界中から新作含むさまざまなジャンルの映画がラインアップ

神田古本まつり 靖国通りの歩道に書店と書棚に囲まれた「本の回廊」が出現する秋の風物詩

国際ロボット展 世界最大級のロボットトレードショー

コミックマーケット 通称「コミケ」と呼ばれ、例年8月と12月に東京ビッグサイトで行われる世界最大規模の同人即売会

※イベントの開催時期は年によって変更の可能性がある。

花まつりやイベントが盛りだくさん！

四季で旅する東京

東京を彩る季節のイベントや花見スポット。「イベントカレンダー」（→ P.16）や「旅のシーズン」（→ P.452）とあわせて計画しよう。

千鳥ヶ淵緑道の桜→ P.129

春

なんといっても真っ先にチェックしたいのは桜の開花時期と花見スポット。約700m に及ぶ遊歩道の「千鳥ヶ淵緑道」をはじめ、「新宿御苑」（→ P.208）や「代々木公園」（→ P.202）などもおすすめだ。各寺社で行われる花まつりも見応え十分。東京都心は気候も比較的穏やかだが、夜は肌寒くなるので羽織るものを持って楽しんでほしい。

- 桜のシーズン：例年３月上旬～４月上旬
- 花祭り：文京つつじまつり（４月）、亀戸天神の藤まつり（４～５月）など

旧古河庭園のバラ→ P.289

浜離宮恩賜庭園のナノハナ→ P.168

夏

東京の夏は暑い。オープントップのバーや高層階のビアガーデンからアルコール片手に夜景を眺めるのもまた趣深い旅の思い出のひとつになるはずだ。祭りのシーズンでもあり、「隅田川花火大会」（→ P.336）を筆頭に東京を代表するイベントも多く、いずれも混雑が予想される。交通機関や宿は事前に手配しておこう。各区の町内会主催の納涼イベントなども開催される。

東京高円寺阿波おどり→ P.337

- 祭り：浅草寺のほおずき市（７月９～10日）、入谷朝顔まつり（７月上旬）など
- 花火大会：隅田川花火大会（７月最終土曜）、江戸川区花火大会（８月第１土曜）など

江戸川区花火大会→ P.336

明治神宮外苑のいちょう並木

再開発計画に揺れる明治神宮外苑だが、秋のいちょう並木は圧巻！　まれに車道に出て撮影をしている人も見かけるが、マナーを守って行動すること。

MAP 別冊 P.28-A1 青山
住 港区北青山2付近
交 地下鉄青山一丁目駅1番出口から徒歩5分

花園神社の酉の市→ P.208

六義園の紅葉ライトアップ→ P.331

秋 「六義園」や「小石川後楽園」（→ P.228）など美しい名庭園の紅葉が見頃に。酉の市や菊まつりなどが各地で行われるので見て回るのもよいだろう。近年、盛り上がるイベントといえばハロウィンシーズン。渋谷の「スクランブル交差点」（→ P.196）周辺は仮装した人でいっぱいになるが、マナーには気をつけたい。9～10月はまだ暑さが残ることも多く、11月に入ると一気に冬モードへ。

●紅葉シーズン：例年11月中旬～12月上旬
●花まつり：神宮外苑いちょう祭り（11月中旬～12月上旬）、明治神宮や亀戸天神社などの菊まつり（10月下旬～11月）

明治神宮の菊まつり→ P.204

冬 美しいイルミネーションやショップ＆レストランの飾り付けが始まるのは11月後半ごろからで、表参道、六本木、丸の内周辺は特にカップルでにぎわう。それが終わると年末年始がやってくる。12月31日は、年越しそばを食べようと「かんだやぶそば」（→ P.32）が大行列。大きい寺社も初詣の人々でいっぱいになる。1～2月は雪が降ることもあるので対策を。

表参道のイルミネーション→ P.194

東京タワーの限定イルミネーション→ P.54

●おもなイルミネーション：六本木ヒルズ（→ P.189）、東京ミッドタウン（→ P.189）、恵比寿ガーデンプレイス（→ P.242）など

東京23区を効率よく楽しむ
2泊3日＆日帰りモデルプラン

編集部が取材＆調査したなかからとっておきのスポットを厳選。移動時間は目安にしてほしい。

PLAN 1 2泊3日
東京23区を旅するならハズせない！ 王道＆定番スポットを完全網羅

初めての東京旅行や意外な老舗＆名所を未体験という人にぴったりのプランをご紹介！

START

1日目

11:00 上野で公園＆さまざまな施設をおさんぽ

上野恩賜公園内には、国立科学博物館（→ P.283）や東京国立博物館（→ P.283）、国立西洋美術館（→ P.283）などさまざまな施設が点在している。また、上野精養軒（→ P.51）もあるので、ここでランチを取るというのもよいだろう。

上野恩賜公園→ P.282
上野動物園→ P.282

🚃＋🚶 17分

12:30 弁天山美家古寿司で江戸前寿司を堪能

江戸前寿司のルーツともいわれるお店でゆったりランチ。せっかくならカウンター席に座って、五代目大将や六代目と会話を楽しみながらその技を眺めたいところ。開放的な気分で、昼から一杯お酒を飲む……というのも旅行ならでは。

弁天山美家古寿司→ P.28

🚶 5分

14:00 浅草寺をお参り＆浅草仲見世をぶらり

浅草で絶対に立ち寄ろう

東京を代表する観光スポットといえばここ。かっぱ橋道具街®から歩くと、先に浅草寺にたどり着くので、まずはお参りを。境内は広く見どころがたくさん。隣にある浅草神社（→ P.278）もあわせて訪れてみてほしい。仲見世では和スイーツを堪能したい。

浅草寺→ P.277　浅草仲見世→ P.62

🚶 7分

15:30 かっぱ橋道具街®で便利アイテムをゲット

おなかいっぱいになったところで、お散歩がてらかっぱ橋方面へ。日本一の料理道具が揃う商店街では、マニアックな用途のキッチンアイテムや小物・雑貨を吟味したい。時間があれば食品サンプル作りを体験するのもおすすめだ。

かっぱ橋道具街® → P.394

🚶 12分

17:30 三定の天ぷらでちょっと早めのディナー

浅草仲見世から雷門までぶらりと散策したら、ちょっぴり早いけどディナータイム。日本最古の天ぷら屋さんで、ごま油が香ばしい天ぷらや天丼をいただこう。テイクアウトも可能なので、疲れたら持ち帰ってホテルの部屋で食べるのもあり。

三定→ P.30

サクサク衣がおいしい！

🚶 7分

ライトアップが美しい！

19:00 すみだリバーウォークから東京の夜景を望む

東武スカイツリーラインの高架下に位置し、隅田川に架かるリバーウォーク。浅草側からはライトアップされた東京スカイツリー®を望むことができるので、電車が走るタイミングで一緒に撮影しよう。時間帯によっては屋形船が通ることもある。

すみだリバーウォーク→ P.86

電車+徒歩 25分

20:30 東京ステーションホテルにチェックイン

東京に到着して1日中観光したあとは、ホテルへ。東京駅丸の内南口直結という好立地なので、翌日以降もすぐ遊びに出かけられるのがうれしい。余裕があれば館内を探索して、駅舎のドームを見学。

東京ステーションホテル→ P.422

+α ホテル内のバー＆カフェ カメリアで一杯

もう少し遊びたい！という人は、カメリアで上品な夜を。おひとりさまでも入りやすいカウンター席があり、ホテルオリジナルカクテルも用意。ちなみに、昼はアフタヌーンティーはじめさまざまなメニューを提供しているのでいつ訪れても OK だ。

2日目

10:00 はとバスの TOKYO パノラマドライブで都心を周遊

この日は、メインのランドマークをサクッと手軽に観光できるバスツアーからスタート。都心の位置関係を学ぶ手がかりにもなり、国会議事堂→東京タワー→レインボーブリッジ→豊洲市場→銀座～丸の内を網羅できる。写真もたくさん撮ろう。

はとバス TOKYO パノラマドライブ→ P.116

電車+徒歩 15分

11:30 贅沢に伊勢重のすき焼きランチをいただきましょう

この日も明治創業の老舗へ。伝統ある牛すき焼きは、最高級の黒毛和牛を使用。お肉と野菜が少なめの「すき焼きライトセット」メニューもあるので、おなかの具合にあわせて選びたい。全室個室なので、大人数の家族旅行でも利用しやすい。

伊勢重→ P.355

柔らかいお肉がとろける！

電車 20分

13:30 江戸創業の老舗で日本橋ショッピング

旅も後半戦に入り、そろそろおみやげを選ぶ時間。名店が集まる日本橋エリアでショップ巡りをしよう。和菓子や和紙小物から、ブラシや刃物、ほうき専門店まで幅広い店が点在している。

榮太樓總本鋪 日本橋本店→ P.384
榛原→ P.389　江戸屋→ P.388

戦利品を大量ゲット～♪

徒歩 10分

近代
Modern Times

+α

東京にある金運アップの寺社をどどんと紹介！

貨幣博物館の近くにある兜町周辺は、「金融の町」といわれているだけありおすすめのエリアで、「東京銭洗い弁天」と呼ばれる「小網神社」（→ P.145）もある。商売繁盛を招くといわれる招き猫がたくさんいる「豪徳寺」（→ P.250）、出世稲荷神社が鎮座する「代々木八幡宮」（→ P.202）なども訪れてみよう。

15:30 金融の町・兜町で貨幣博物館を見学！

日常的に利用しているのに、意外と知らないお金のこと。歴史を学んだり、江戸時代に徳川幕府が造らせた大判の実物を見ることができたり、偽造防止技術を体験したり……と盛りだくさんのコンテンツでたっぷり遊べちゃうこと間違いなし。

貨幣博物館→ P.147

電車+徒歩 13分

18:00 煉瓦亭で元祖メニューの洋食グルメを楽しむ

東京の洋食屋さんといえばこちら！　オムライスやエビフライ、カキフライといった主要メニューは煉瓦亭が発祥といわれている。また、文豪・池波正太郎が訪れた店としても有名。予約不可なのでコアタイムを外して少し早めに訪れるのがベター。

煉瓦亭→ P.50、P.347

昔懐かしい
洋食多数！

徒歩 6分

19:00 現存する最古のビヤホールライオンに潜入！

「ビヤホールライオン 銀座七丁目店」もあわせて訪れてみたいスポット。熟練スタッフが注ぐサッポロ生ビール黒ラベル 金口グラスは、さわやかな後味でビールが苦手な人も飲みやすい。ビールをモチーフにしたインテリアにも注目。

ビヤホールライオン銀座七丁目店→ P.416

+α

ハシゴするなら銀座ルパンも訪れてみて

小説家・太宰治が通っていたことでも知られ、銀座の路地裏にひっそりとたたずむ隠れ家バー。現在はアニメ『文豪ストレイドッグス』の聖地巡礼で訪れる人も多いので、時間に余裕をもって訪れたい。カウンターのいちばん奥の席に太宰治が座っていたそう。

銀座ルパン→ P.413

まだある！おすすめプラン

「元祖グルメ」（→ P.346）や「最古をたずねて」（→ P.380、400、416）など、本書ではその料理や商品が生まれた発祥の地を取り上げており、旅のテーマのひとつになるだろう。元祖グルメ特集では、カレーパンやくず餅など、パンやスイーツなどもピックアップ。「最古をたずねて」のコラムでは、鬼子母神にある駄菓子屋さんや仕出し弁当なども紹介している。

3日目 10:00 神田の古書店街で貴重な古本探し

神保町にある書店街は、さまざまなジャンルやテーマの専門店がひしめき合うエリア。趣味に没頭するもよし、飾っておきたい希少価値の高い本を見つけるのもよし。また、例年10月に行われる古本市に足を運ぶのもよいだろう。

神田の古書店街→ P.66

圧巻の蔵書がお待ちかね

カレーの名店でランチ♪

電車+徒歩 20分

12:00 レストラン&カフェ Manna 新宿中村屋でカレーをいただき！

最後の日のランチにカレーはいかがだろうか？　ごろっとした骨付き肉に20種類のスパイス、「チャツネ」と呼ばれる薬味など、昭和に誕生した純印度式カリーを堪能してほしい。ショッピングフロア「スイーツ&デリカ Bonna」にも立ち寄って。

レストラン&カフェ Manna 新宿中村屋→ P.370

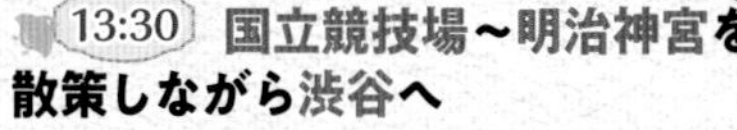

13:30 国立競技場～明治神宮を散策しながら渋谷へ

JR総武線の千駄ケ谷駅で下車して、国立競技場を目指そう。タイミングがよければ中に入ることもできるが、外観や聖火台や炬火台を見るだけでも十分楽しめる。明治神宮までは歩くと30分ほどかかるので、電車で回ったりシェアサイクルを借りるのも手だ。

国立競技場→ P.58　明治神宮→ P.204

徒歩 15分

GOAL

15:00 名曲喫茶ライオンで旅の思い出を振り返ろう

歩き疲れたら喫茶でひと休み。特にひとり旅派におすすめしたいのが私語厳禁の「名曲喫茶ライオン」だ。スピーカーから流れるクラシック音楽を聴きながら、コーヒーをいただこう。JR渋谷駅までは歩いて10分ほど。

名曲喫茶ライオン→ P.378

静かな時間を過ごせる

+α 表参道～青山周辺は美術館&記念館巡りも楽しい

「根津美術館」（→ P.199）や「岡本太郎記念館」（→ P.200）をはじめとして、現代アートが展示されている「ワタリウム美術館」（→ P.201）や個性的な企画展がいち押しの浮世絵専門「太田記念美術館」（→ P.200）などが点在。松濤や駒場東大前周辺にも専門の美術・博物館がある。

PLAN 2
日帰り

ちょっぴりディープな東京を満喫！

江戸に触れる歴史&体験日帰りプラン

江戸時代に誕生したショップ&飲食店、徳川幕府ゆかりの地など歴史を感じる旅へ。

真剣に絵柄を考えます！

START

10:30 篠原まるよし風鈴で江戸風鈴制作体験

江戸時代の手法で作られる「江戸風鈴」を体験できる店。店主指導のもと、ガラス吹きから絵付けまでトータル1時間～1時間半ほどで完成。その場で持って帰れるのでいい東京みやげになるはずだ。絵付けのみの体験もある。

篠原まるよし風鈴→ P.37

徒歩 12分

12:00 ぽん多本家で文豪が愛したカツレツランチ

現在は四代目が店を切り盛りする、明治38年創業の洋食屋。「井泉本店」（→ P.348）と並び、「上野とんかつ御三家」にも数えられている。なかでもおすすめはカツレツで、その味は白洲次郎・正子夫妻も足しげく通っていたほど。

ぽん多本家→ P.52

電車+徒歩 12分

13:30 神田川クルーズ® で過去の東京にタイムトリップ

江戸時代に神田上水として親しまれていた神田川をはじめ、日本橋川や隅田川を一周するクルーズ。ベテランガイドが解説するウンチクや歴史は、どれも勉強になることばかりだ。川から望む御茶ノ水渓谷の景色も見事ですばらしい。

日本橋から出発です！

神田川クルーズ® → P.338

電車+徒歩 30分

15:30 寛永寺や上野東照宮など徳川ゆかりの地を巡る

徳川家の墓所や建立した本堂などさまざまなエピソードをもつ寺院が多くある23区。「大本山 増上寺」（→ P.327）や「大本山 護国寺」（→ P.330）は特に見学したい場所。また、「六義園」（→ P.331）や「小石川後楽園」（→ P.228）など庭園もおすすめ。

東叡山 寛永寺→ P.329
上野東照宮→ P.328

電車+徒歩 50分

18:00 あけぼの湯でこだわりのお湯を楽しもう

東京に現存する最古の銭湯といわれているのが「あけぼの湯」。最大の特徴はジェットバス、電気風呂、炭酸泉、露天風呂などお風呂の種類の多さ。2階建ての建物にはサウナや食事処も入り、まるでテーマパークのようだ。

あけぼの湯→ P.72

電車+徒歩 30分

19:30 かんだやぶそばで江戸前蕎麦を満喫

江戸前三大蕎麦のひとつ、「藪そば」は緑がかった蕎麦の色が最大の特徴。濃いめのつゆがぴったりの「せいろうそば」とサクサクの「天たね」をいただこう。

かんだやぶそば→ P.32

徒歩 10分

GOAL

21:00 都内最古の居酒屋のルーツ豊島屋酒店で〆の一杯！

江戸幕府開府前に創業した「豊島屋本店」がオープンした立ち飲み居酒屋。日本酒3種飲み比べほか、味噌田楽や豊島屋バター、味噌豆など酒のアテも多く揃う。

豊島屋酒店→ P.405

PLAN 3
日帰り

おいしいものだらけの東京で

グルメ食い倒れ日帰りプラン

とにかくおいしいものを食べたい！という人にぴったりのプランを作ってみました。

9:00 大田市場でショッピング＆食べ歩きをしよう

「豊洲市場」（→ P.182）や「築地場外市場」（→ P.172）もいいけど、穴場はこちら。海鮮丼メインの人気店から揚物に定評がある食堂まで個性派ラインアップのお店がずらり。見学ルートが分かりやすく整備されているのもうれしい。

大田市場→ P.238

+ 30分

11:30 銀座菊廼舎の冨貴寄＆木村家のあんぱんをテイクアウト

電車と徒歩で歩きながらカロリー消費。銀座に到着したら、大切な人への手みやげにぴったりの「冨貴寄」や宿に帰って即食べたい元祖あんぱんなどをゲットしに行こう。「銀座木村家」はカフェも併設。

銀座菊廼舎 銀座本店→ P.383
銀座木村家 総本店→ P.351

+ 30分

13:30 亀戸升本で江戸東京野菜の亀戸大根を食べ尽くす

東京にも「江戸東京野菜」と呼ばれる野菜がある。本書では、かぶのような見た目が特徴の亀戸大根をたっぷり味わえるお店や、小松菜を使ったうどん屋、シントリ菜が入ったそば店を紹介。

亀戸升本 本店→ P.358

+ 30分

15:30 甘酒横丁でショッピング＆老舗探訪

稲荷寿司の老舗「人形町 志乃多寿司總本店」（→ P.380）や「わしや」の日本橋名物べったら漬けなど総菜やご飯ものから、和菓子店やたい焼き本舗、豆腐屋さんまで歴史あるお店が軒を連ねる。「芳味亭」（→ P.49）のプリンもいち押し。

甘酒横丁→ P.61
わしや→ P.385

+ 25分

18:00 鯉とうなぎのまるます家総本店で名物酒＆料理をいただこう

午前中からオープンしている赤羽エリアの居酒屋。看板メニューのうなぎのかば焼きや鯉のあらい、牛筋煮込みは、お店独特の「ジャン酎モヒート」と呼ばれるお酒と一緒にマストで頼みたい一品。

鯉とうなぎのまるます家総本店→ P.404

+ 30分

20:00 渋谷のんべい横丁でハシゴ酒

GOAL

昭和情緒ただようのんべい横丁には、こぢんまりとした飲み屋さんが建ち並ぶ。一見さんでも入りやすい「なだー」（→ P.91）と「まぐろ処」（→ P.91）に立ち寄って雰囲気を味わってみるのがよいだろう。

渋谷のんべい横丁→ P.90

元祖グルメの起源から名店の秘密まで

大江戸食文化紀行

江戸時代に創業した老舗や江戸発祥グルメを提供するお店を総力取材！

江戸時代の食文化

地方からの出稼ぎや参勤交代の武士などが多かったことから**発達した外食産業**。茶飯に豆腐汁などを添えた「**奈良茶飯**」を浅草で開業したのが料理屋の元祖とされ、寿司や天ぷらの屋台は現代でいうファストフードだった。

庶民の食事とは？

江戸時代当初は朝と夕方に食べる**1日2食だった**が、明かりの普及や魚市場や青物市場ができたことで夜も活動できるようになり、3食が定着。**ご飯と味噌汁とおかず**という食のスタイルが確立されていく。

お菓子やスイーツは？

米から作られるシンプルな餅や団子などはよく食べられていたが、元禄期以降に**黒砂糖が普及**したことでバリエーションが増えていく。「長命寺桜もち山本や」（→ P.383）や「風月堂」（→ P.382）が創業したのも江戸中期。

お酒は？タブーは？

「豊島屋本店」（→ P.398）など**一杯飲み居酒屋兼酒屋**はすでに存在し、つまみに田楽やねぎま鍋が提供されていた。**肉食はタブー**とされたが、「猪肉＝山クジラ」などと隠語を使用して、養生用の薬と称して食べられていた。

江戸前四天王

うなぎは「蒲焼」、寿司は「握り」という食べ方が誕生するなど、現在私たちが食べているごちそうのルーツは江戸時代に始まった。

寿司→ P.28

天ぷら→ P.30

蕎麦→ P.32

うなぎ→ P.31

江戸っ子の知恵と暮らしに迫る

すごろくからひもとく江戸の食文化

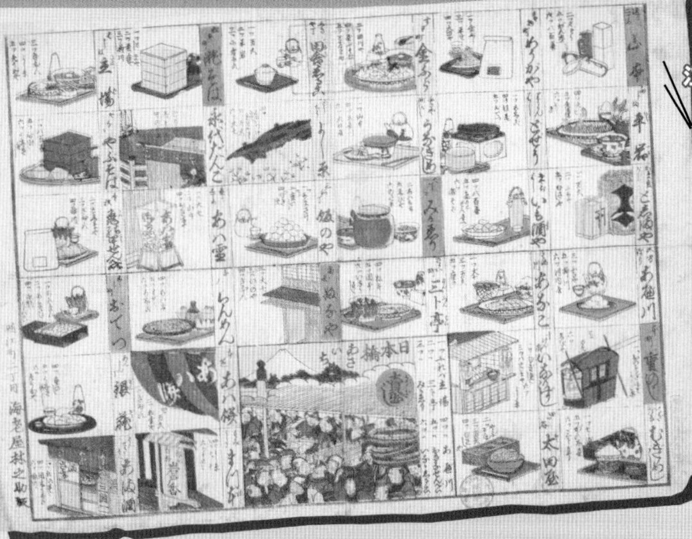

江戸飲食物名物双六
(出典:国立国会図書館)

当時江戸で流行していた名物を描いた双六。蕎麦や寿司のほか、永代だんごなど甘味も見受けられる

丼

江戸の漁師たちのソウルフード「深川めし」、東京最古の天ぷら屋や江戸時代中期に創業した軍鶏鍋屋が提供する丼飯をいただこう。

天丼→ P.30

親子丼→ P.31

深川めし→ P.34

鍋

トロの利用方法を工夫してできたねぎま鍋や、どじょう、あんこうといった栄養価の高い鍋料理も江戸庶民に愛されたものだった。

ねぎま鍋→ P.35

どぜうなべ→ P.34

あんこう鍋→ P.35

江戸前寿司

穴子のさわ煮や芝エビのすり身入りの薄焼き卵含む全10貫の浅茅10貫7150円を堪能

江戸前寿司のルーツ

文政10（1827）年に華屋与兵衛が考案して広めたとされ、寿司飯と寿司ダネを握ったものを屋台で提供。当時は冷蔵技術がなかったため、保存性を高めるさまざまな技法が生み出された。

カウンターでは2貫ずつ提供されるという

弁天山美家古寿司 五代目 親方 内田さん

親方や六代目との会話も楽しみながら味わいたい

古典技法を守り続ける

弁天山美家古寿司（べんてんやまみやこずし）

江戸前寿司の始祖・華屋与兵衛の流れを汲む「千住みやこ寿司」で修行をした初代・金七が、慶応2（1866）年に浅草寺の鐘桜の下で創業。代々受け継がれる伝統の味がいただけて、酢飯やシゴトを施した寿司ダネ、新鮮なワサビ、煮きり醤油のバランスがうま味を最大限引き出す。

MAP 別冊 P.42-B2 浅草

住 台東区浅草2-1-16 TEL 03-3844-0034 営 12:00～14:30（L.O.14:00）、17:00～21:00（L.O.20:00）、日・祝12:00～18:00（L.O.17:00） 休 月、第3日曜 CC ADJMV 交 地下鉄浅草駅7番出口から徒歩3分

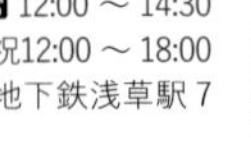

内田さんに聞く江戸前五大技法

壱 漬け

マグロは柵取りして湯引き後、3時間ほど煮きり醤油に漬け込む。

弐 昆布締め

ヒラメや五代目考案のカジキマグロを昆布で1日締めるとうま味が凝縮。

参 酢締め

江戸前の代表格・コハダは塩を振り、酢加減は状態を見て決めるという。

肆 煮る（ツメ）

さらっと爽やかに煮上げることで、白いままの穴子のさわ煮が完成する。

伍 ゆでる

車エビはゆでてから氷水で冷やして塩抜き後、甘酢に丸1日漬け込む。

文久元（1861）年創業

九段下 寿司政

くだんしたすしまさ

初代が日本橋に「寿司好」の屋号で屋台を始め、明治に入ると神田三崎町の歌舞伎小屋で寿司を握るようになる。大正12年に現在地に移転。赤酢を利かせたシャリや酸っぱめのガリ、江戸前寿司に欠かせないコハダや穴子のシゴトなどが継承されている。

気楽に食べに来てくださいね！

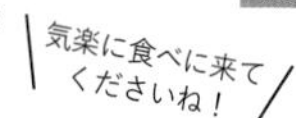

九段下 寿司政
五代目 戸張さん

ランチメニュー「にぎり 竹」4950円には白身を使った薄焼き玉子焼きや巻物も

MAP 別冊 P.38-C2 九段下
住千代田区九段南1-4-1
TEL 03-3261-0621　営 11:30～14:00（L.O.13:30）、17:30～22:00（L.O.21:00）、土・日・祝 11:30～14:00（L.O.13:30）、17:30～21:00（L.O.20:30）　休無休
CC ADJMV
交地下鉄九段下駅6番出口すぐ

左／店長・市川さんの技を間近で見られる　右／1階にはカウンターとテーブル席がある

見た目も鮮やかで美しい「にぎり 梅」2920円

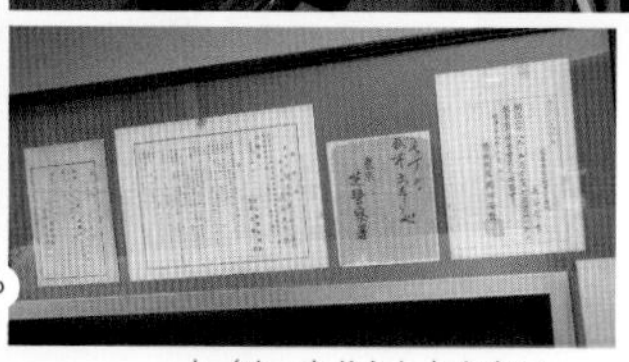

上／ゆったりとしたカウンターやテーブル席、奥には個室もある　下／明治時代の営業許可書などが飾られる

一見さんや旅行者も大歓迎です！

芝浦おかめ鮨
五代目 長谷さん

三田の地で160年以上続く

芝浦おかめ鮨

しばうらおかめずし

安政2（1856）年、海の幸に恵まれた漁場だったという芝浦で創業し、寺社や上屋敷に出前を行っていた。五代目は伝統的な江戸前スタイルを踏襲しながらも、現代的なアレンジを柔軟に取り入れた寿司を提供。外国人も多く訪れるそう。不定期で落語イベントなども開催。

MAP 別冊 P.18-B2 三田

住港区芝4-9-4　TEL 03-3451-6430　営 11:30～13:00（L.O.12:30）、17:00～20:30
休土・日・祝　CC AJMV
交地下鉄三田駅A5・A6出口から徒歩8分

天ぷら
花揚げまんじゅうも名物です！
蓋からはみ出てる！
天丼

エビとかき揚げ、白身魚の「天ぷら」2180円

日本最古の天ぷら屋

初代が江戸近海でとれた小魚に衣を付け、ごま油で揚げたものを屋台で売り出したのが江戸前天ぷらのはじまりで、庶民の間で人気を得た。天丼の発祥時期は不明だが、三定が元祖とされる。

雷門 三定
八代目 眞田さん

たれが香ばしい「上天丼」2360円。内容は天ぷらと同様

上／雷門通りに面した本館。入口ではテイクアウトの販売も
左／店内に飾られた版画「東京名所之内 金龍山浅草寺真景」には三定も描かれる

日本最古の天ぷら屋さん

かみなりもん さんさだ

雷門 三定

天保 2（1831）年に三河（現愛知県）から上京した初代・定吉。天保 8（1837）年、人形町の自宅前で天ぷら屋台を始め、「三河屋定吉」の屋号から「三定」となった。江戸前天ぷらの特徴は、ごま油を用いて揚げた茶色の衣。三定特製の天つゆと大根おろしでいただき、軽やかな食感がたまらない。

MAP 別冊 P.42-C2 浅草

住台東区浅草 1-2-2　TEL 03-3841-3200　営 11:00～21:30（L.O.21:00）
休不定休　CC ADJMV
交地下鉄浅草駅 1 番出口から徒歩 1 分

親子丼
冷めてもおいしくいただけます

鶏節から取っただし香るとろふわ玉子と麓赤鶏が相性抜群の「鶏だし親子丼」1350円

親子丼のはじまりは？

軍鶏鍋の〆に肉と割下を卵でとじた「親子煮」を五代目の妻・とくの発案で食べやすく、ご飯の上にのせたものがルーツ。具は鶏のみで醤油とみりんの風味を活かした味わいが江戸前流。

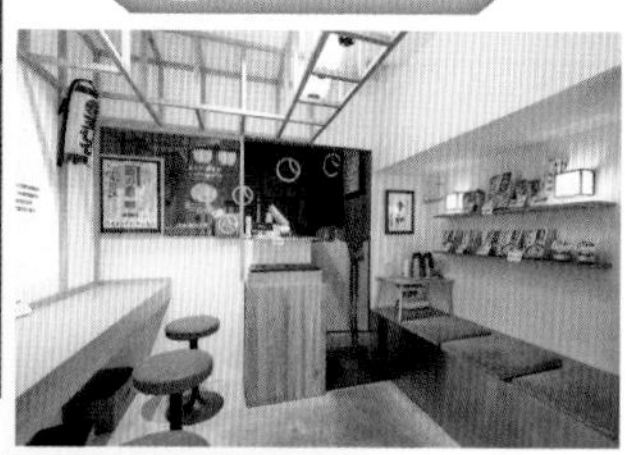

上／店内にはイートインスペースが設けられている　左／明治中頃〜関東大震災までの店の写真が飾られる

テイクアウト専門店
店長 山田さん

260 年以上の歴史をもつ

玉ひで 親子丼 テイクアウト専門店
（たまひで おやこどん ていくあうとせんもんてん）

宝暦 10（1760）年、初代が副業で始めた軍鶏鍋屋が起源。嘉永 5（1852）年に記された名物店番付『江戸五高昇薫』で鳥料理 5 店に選ばれて以来、さまざまな番付や谷崎潤一郎の随筆などにも登場する名店に。本店建て替えのため現在は近くでテイクアウト専門店を営業中。

MAP 別冊 P.22-A1 人形町
住 中央区日本橋人形町 1-17-9　TEL 03-3668-7651
営 11:00 〜 15:00、16:00 〜 19:00　休 月・火、不定休　CC ADJMV　交 地下鉄人形町駅 A2 出口すぐ

肝吸いと漬物付きの「うな重 竹」5000円

川千家とうなぎ

江戸川の川べりにお店があった創業当時から鯉やドジョウなどの川魚料理を提供しており、うなぎもそのひとつ。醤油の風味引き立つ秘伝の自家製たれにうなぎが絡まりご飯が進む逸品。

1 階と 2 階の広い店内。ロビーや中庭もある

お参りの帰りにお立ち寄りを！

川千家
十代目 天宮さん

柴又帝釈天参道の老舗

柴又 川千家
（しばまた かわちや）

安永 7（1778）年、参拝客が増えた帝釈天近くの江戸川沿いに川魚料理の茶店として開業。明治 33 年、参道が通ったのをきっかけにして現在の場所に移転した。鯉を刺身にした「鯉あらい」や味噌煮込み料理「鯉こく」（各 1100 円）など鯉料理にも定評がある。

MAP 別冊 P.13-A3 柴又
住 葛飾区柴又 7-6-16　TEL 03-3657-4151
営 11:00 〜 19:00（フード L.O.18:30、ドリンク L.O.19:45）　休 不定休　CC ADJMV　交 京成線柴又駅から徒歩 3 分

江戸前蕎麦

江戸前三大蕎麦

江戸時代に生まれた「更科」、「藪」、「砂場」が蕎麦の御三家と呼ばれており、それぞれのれん分けをしながら広がっていった。

更科蕎麦

堀井太兵衛の四代目が開発。初代が保科家領主から許された「科」の字を当てて、名付けられた。蕎麦の実の芯部分を使用したのどごしのよい真っ白な更科堀井の名物蕎麦。

藪蕎麦

幕末に根津の団子坂にあった人気店「蔦屋」(通称:藪そば)に由来。蕎麦の実の外側にある甘皮も挽きこむことから緑がかった色味をしており、濃いめのつゆと相性抜群。

砂場蕎麦

大阪城築城時に資材の砂置き場で蕎麦屋を開店したことが発祥だが、流れを汲む店は大阪には現存しない。蕎麦が白くて細く仕上がる一番粉を使用し、卵でつなぐのが特徴。

藪

「せいろうそば」908円と「天たね」1694円

蕎麦の鮮やかな色が特徴

かんだやぶそば

明治13年に「蔦屋」ののれんを譲り受けて営業開始。グリーンがかった蕎麦は、1年中おいしく見えるように初代が若芽を練りこんで提供したのが最初だとされている。現在はそば粉10：小麦粉1の割合で国産の最上級粉を使用。つゆはコクがあり辛めなので半分ほど付けて食べよう。

時代に合わせて味も進化中！

上／店内からは蕎麦の色同様に緑が美しい庭が見える
左下／初代・堀田七兵衛の銅像が鎮座する

かんだやぶそば 五代目 堀田さん

MAP 別冊 P.39-C4 神田

住千代田区神田淡路町2-10 TEL 03-3251-0287 営11:30～20:30（L.O.20:00） 休水（祝日の場合は変更あり） CC ADJMV 交地下鉄淡路町・小川町駅A3出口から徒歩2分

「さらしなそば」1000円と「かき揚げ」1210円

座敷席で昼から一杯というのもよいだろう

玉子焼770円も人気の品です

総本家 更科堀井 九代目 堀井さん

寛政元（1789）年創業

総本家更科堀井麻布十番本店
（そうほんけ さらしなほりい あざぶじゅうばんほんてん）

初代は信州の領主・保科家のすすめで布屋から蕎麦屋に転身。創業時から大名屋敷や宮家への出前が多かったため、のびにくくさらっとした白い蕎麦が特徴であり、現在の更科蕎麦の原型に。甘めのつゆとのど越しがよい蕎麦がマッチ。20種類以上の変わり蕎麦もおすすめ。

MAP 別冊 P.28-C2 麻布十番
住港区元麻布 3-11-4　TEL 03-3403-3401　営 11:30～15:30（L.O.15:00）、17:00～20:30（L.O.20:00）、土・日・祝 11:00～20:30（L.O.20:00）　休不定休　CC ADJMV　交地下鉄麻布十番駅7番出口から徒歩5分

の天ぷらが付いた「天ざる」1550円

素材にこだわった蕎麦をどうぞ

左／店内には砂場会の古い写真や資料が残る
上／風情ある建物は昭和29年に宮大工が手がけた

三ノ輪商店街イチの老舗

砂場総本家
（すなばそうほんけ）

砂場総本家 十六代目 長岡さん

江戸時代中期に現在の麹町で創業し、嘉永元（1848）年に出版された当時のグルメ本に記述が残っているそうだ。そば粉はブレンドの割合を変え、水は備長炭を漬け置いたものを使用。かつお節は本枯れ節を蒸して削るなど細部までこだわった蕎麦を味わいたい。

MAP 別冊 P.17-B4 三ノ輪
住荒川区南千住 1-27-6
TEL 03-3891-5408　営 11:00～17:00　休水・木　CC 不可
交都電荒川線三ノ輪橋停留場から徒歩2分

いちばん人気はぶっかけと炊き込み両方楽しめる「辰巳好み」2365円

深川めしの発祥は？

江戸時代に漁師の街として栄えた深川で生まれ、深川名物のアサリと長ネギを味噌でサッと煮立て、汁ごとご飯にぶっかけるという手軽さと栄養価の高さから漁師たちの日常食として広まった。

左／深川めしの素810円も店頭で販売　下／囲炉裏を囲むテーブル席と座敷席がある

辰巳好みには葛切りや炊き合わせも！

深川宿本店 代表 日東寺さん

江戸の味を深川で再現した

深川宿本店（ふかがわじゅく ほんてん）

地元の漁師に本場の味を学び、昭和62年にオープンした深川めし専門店。最大のこだわりは、絶妙なバランスでブレンドした赤味噌と白味噌。そこに、獲れたての生のアサリとネギを入れ、針海苔をトッピングして完成だ。炊き込みは明治に誕生し、大工ら職人たちが弁当にしていた。

MAP 別冊 P.23-B3 清澄白河
住 江東区三好1-6-7　TEL 03-3642-7878　営 11:30～15:00(L.O.14:30)、17:00～21:00(L.O.20:30)、土・日・祝 11:30～17:00(L.O.16:30)　休 月（祝日の場合は翌日）　CC 不可　交 地下鉄清澄白河駅A3出口から徒歩3分

どじょうと江戸

江戸の市場で働く商人がどぜう汁を食べて精を付けたという。店名は縁起がよいとされる奇数文字の「どぜう」にしたところ、店が繁盛して他の店も真似た。

1階は、江戸の風情が感じられる籐畳を敷き詰めた入れ込み席

上／おすすめメニューの「どぜうなべ」3000円。定食もある　左／明治～昭和にかけての店舗の様子が壁に飾られている

創業200年以上を誇る

駒形どぜう 浅草本店（こまかたどじょう あさくさほんてん）

享和元（1801）年、初代・越後屋助七がめし屋を創業。現在の建物は戦後に建てられたもので、江戸時代の代表的な商家造り、出し桁造りが特徴。おすすめの「どぜうなべ」はどじょうを酒に浸して酔わせてから独自の下ごしらえをする。たっぷりネギをのせていただく。

MAP 別冊 P.42-C1 浅草
住 台東区駒形1-7-12
TEL 03-3842-4001　営 11:00～20:30（L.O.20:00）　休 不定休　CC ADJMV　交 地下鉄浅草駅A1出口から徒歩2分

「一文名代 江戸ねぎま鍋」2 人前 4800 円

ねぎま鍋

ねぎま鍋の発祥は？

当時、マグロは醤油漬けで保存がきく赤身が重宝されていた。脂が多く日持ちしないトロを使って生み出されたのが「ねぎま鍋」で、庶民の間で食べられていた。

のれんがかかる座敷席は雰囲気満点

築 70 年の一軒家を改装

浅草 酒膳一文本店

あさくさ しゅぜんいちもんほんてん

創業約 50 年で、ねぎま鍋のほかくじら料理にも定評がある。お金を木札に両替して注文する仕組みで 100 円＝1 文。メニューも「文」で表記される。専門市場で手に入れた千寿ねぎや野菜、脂がのったカマトロを使用。たまり醤油を使用して当時の色味を再現し、見た目よりさっぱりいただける。

ねぎま鍋の食感を楽しんで！

浅草 酒膳一文本店 店主 平川さん

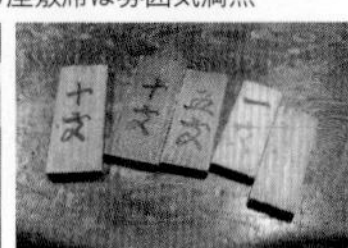

左／カウンターには常温のお燗入れがあり、自分で注ぐスタイル　右／一文・五文・十文の札がある

MAP 別冊 P.42-A1 浅草

住 台東区浅草 3-12-6　TEL 03-3875-6800　営 18:00 ～ 22:00 (L.O.21:00)、土・日・祝 17:00 ～ 22:00 (L.O.21:00)　休 無休　CC 不可　交 つくばエクスプレス浅草駅 B 出口から徒歩 3 分

臭みをしっかり取り秘伝の割下で煮た「あんこう鍋」1 人前 3800 円～

あんこう鍋

あんこう鍋と江戸

あんこう漁の解禁は 11 月からだったのでシーズンは冬。いせ源ではせっかちな江戸っ子のために骨を取り、煮立ったらすぐ食べられるよう下処理をしていた。

上／〆のおじや 1 人前 600 円は絶品！
右／趣ある 2 階の座敷席

さまざまな部位がいただけます！

いせ源
七代目当主 立川さん

都内唯一のあんこう専門店

いせ源

いせげん

天保元（1830）年、どじょう屋「いせ庄」を開業。この頃の屋号と二代目・源四郎の名が「いせ源」の由来。当時はさまざまな鍋料理を提供していたが、大正時代にあんこう料理専門店となる。店では青森・風間浦沖で水揚げされた限定出荷の活〆あんこうを味わえる。

MAP 別冊 P.39-C4 神田

住 千代田区神田須田町 1-11-1　TEL 03-3251-1229　営 11:30 ～ 14:00 (L.O.13:30)、17:00 ～ 22:00 (L.O.21:00)、土・日・祝 11:30 ～ 22:00 (L.O.21:00)　休 月（4 ～ 10 月は日・祝・月）　CC ADJMV　交 地下鉄淡路町・小川町駅 A3 出口から徒歩 3 分

匠の技が光る伝統工芸体験で職人の手仕事に触れる

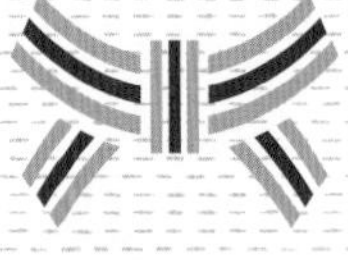

東京には時代を超えて受け継がれる伝統工芸品が数多く存在する。自分だけのオリジナル作品が作れる製作体験で職人の技を体感しよう。

一 江戸切子

天保5（1834）年、江戸大伝馬町にてビードロ屋を営む加賀屋久兵衛らが南蛮人の持ち込んだガラス製品に切子細工を施したのが始まりとされる。明治時代にカット技術とガラス器の普及によりさらなる発展を遂げ、繊細なカッティングや多彩な紋様など江戸切子の技術が確立した。

江戸切子の代表的な紋様

矢来紋

矢のように降る雨、また竹垣の交差模様に見えることに由来する。

八角籠目紋

竹籠の八角網目に由来し、籠目には魔除けの効果があるとされる。

底菊紋

グラスの底に刻まれるため飲み物に浮かんでいるようにも見える。

市松紋

格子模様の一種で江戸の歌舞伎役者、佐野川市松が愛用した紋様。

繊細な紋様が光るガラス工芸

すみだ江戸切子館（すみだえどきりこかん）

工房とショップが一体化した江戸切子専門店。オリジナルグラスの製作体験ができるほか、ショップでは伝統的紋様が施された作品や東京スカイツリーなどの現代的なデザインのグラス、またホットグラスも手に入る。区内の優れた職人に与えられる「すみだマイスター」が在籍しており、製作の様子を窓越しに間近で見学することも可能。歴史や製作過程を学べる展示も行っているので、江戸切子を知る入口として訪れたい。

＼日常で使えるグラスも揃います／

MAP P.45-B3 錦糸町

住 墨田区太平2-10-9　TEL 03-3623-4148　営 10:00～17:00　休 月・日・祝、夏季休暇　CC MV　交 JR錦糸町駅北口から徒歩6分

江戸切子製作にチャレンジ

所要時間 90分　料金 4500円

1 さまざまな色や形のグラスの中からひとつ選ぶ。色や形によって削りやすさに違いが出る。

おすすめは直線紋様

2 まずはお手本を見ながら手順を確認。その後サンプル画を参考に好きな模様を描いていく。

3 練習用グラスで感覚をつかんだら削りの工程へ。回転する刃にグラスを押し当て内側を見ながら下書きをなぞって削る。

製作のコツ　力の入れ具合で線の太さが変わるため、両手でしっかりグラスを固定することが大切。太い線は修正しやすい。

完成！ 側面のカッティングが完了したら、最後に底面にも好きな紋様を入れてオリジナル江戸切子グラスの完成！

自宅で大切に使います！

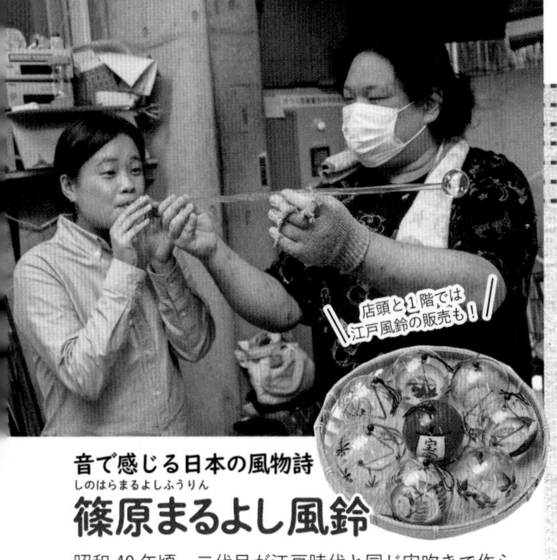
店頭と1階では
江戸風鈴の販売も！

二 江戸風鈴

かつてはガラス風鈴やビードロ風鈴とも呼ばれていた江戸風鈴。縁部分をあえてギザギザの状態にすること、型を使わない「宙吹き」によって作られていることが特徴で、一つひとつ異なる形と音色を楽しめる。風鈴の内側には、流行ものや縁起もの、粋な絵が好まれ描かれている。

江戸風鈴の代表的な絵柄

とんぼ

前に進む勇ましい姿から「勝虫」とも呼ばれ勝負ごとによい絵柄。

金魚

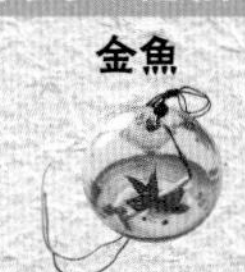

金魚は天に昇って龍になるともされ金運上昇をもたらす縁起のよい魚。

花火

花火には魔除けと死者の魂を慰める鎮魂の意味が込められている。

宝船

宝船と裏に描かれた松の絵で「宝を待つ」。江戸の判じ絵のひとつ。

音で感じる日本の風物詩

篠原まるよし風鈴
しのはらまるよしふうりん

昭和 40 年頃、二代目が江戸時代と同じ宙吹きで作られた風鈴を江戸風鈴と命名し、その製法を受け継ぐ数少ない店のひとつとして江戸風鈴の製作と販売を行う。1 階奥の工房で製作される江戸風鈴はそれぞれ微妙に異なる形をしており、ひとつとして同じ音で鳴るものはないといわれる。体験は絵付けのみとガラス吹きも含んだふたつのコースから選べるので、風鈴づくりにも気軽にチャレンジできる。

MAP 別冊 P.17-C3 御徒町
住 台東区台東 4-25-10 TEL 03-3832-0227
営 10:30 ～ 18:00 休 月 CC ADJMV 交 地下鉄新御徒町駅 A2 出口から徒歩 1 分

江戸風鈴製作にチャレンジ

所要時間・料金　絵付け体験 30 ～ 90 分 1700 円
ガラス吹きから絵付け体験まで 60 ～ 90 分 2300 円

1 竿にガラスを小さく巻き取るまで行ってもらい、お手本を見て練習後にいよいよスタート。

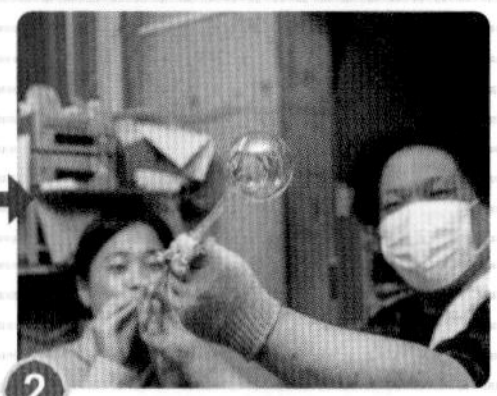

2 ガラスを吹いて成形していく。職人さんが息に合わせて竿を回してくれるので初めてでもきれいな形に。

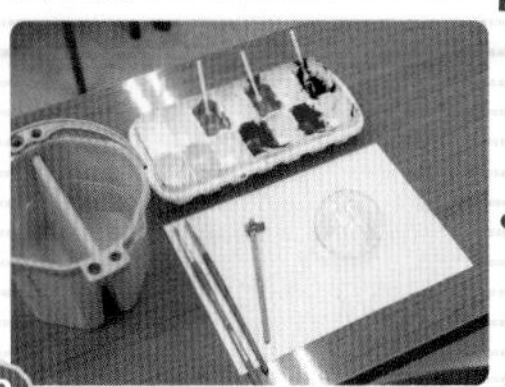

3 鳴り口の部分を砥石で削ってもらい絵付けの作業へ。水彩絵の具を使うため描き直しも可能。

絵付けは
好みの色で

4 風鈴の内側から好みの絵柄を描いていく。初心者は丸や線が多い金魚やとんぼ、花火などが描きやすい。

涼しげな風鈴ができました！

完成！

絵の具が乾いたら糸を通し短冊を付けて完成。縁の部分にグラデーションの線を入れると、鮮やかな印象に仕上がる。

製作のコツ 複雑な絵柄を描く場合には、表に輪郭を描いたあとに内側からなぞるのがよい。数字や文字は左右逆になることも忘れずに。

三 江戸べっ甲

べっ甲細工の歴史は古く、長崎を起点として江戸へ伝えられ、べっ甲三大産地のひとつとして発展した。タイマイの甲羅から作られる作品は、その独特の色合いを特徴として古代から高貴な人々の装飾品として使われ、現代では和装品から洋装品まで幅広く愛用されている。

オリジナル商品の販売も

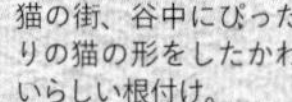

猫の街、谷中にぴったりの猫の形をしたかわいらしい根付け。

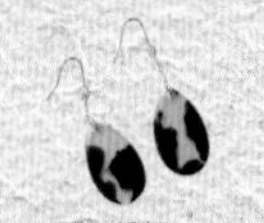

べっ甲の種類による色の違いを生かしたアクセサリーは一点もの。

ひし形のシンプルなデザインが魅力のイヤリング。ピアスに交換可。

べっ甲の色合いが美しいオーダーメイドで作られるべっ甲眼鏡。

天然の素材が生み出す工芸品

江戸べっ甲田中（えどべっこうたなか）

100年以上の歴史をもつ江戸べっ甲田中。現在は谷中に店を構え三代目によって伝統的な技法に新しい技を合わせ、べっ甲眼鏡をはじめとしたさまざまな製品が作り出されている。特にネックレスやピアスなどのオリジナル商品は、現代のファッションやトレンドにもマッチする人気商品だ。体験教室では一つひとつの製造工程をていねいに学ぶことができ、一生もののオリジナルアクセサリーが手に入る。

MAP 別冊 P.40-A1 谷中
住 台東区谷中 3-22-8
TEL 03-3828-9870　営 10:00 ～ 17:00
休 日・祝 CC ADJMV
交 JR 西日暮里駅から徒歩 5 分

べっ甲アクセサリー製作にチャレンジ

所要時間 2 時間　料金 1 万円～

1 ピアスやネックレスなど作りたいアクセサリーを決めたら好みの色や斑が入ったべっ甲を選ぶ。

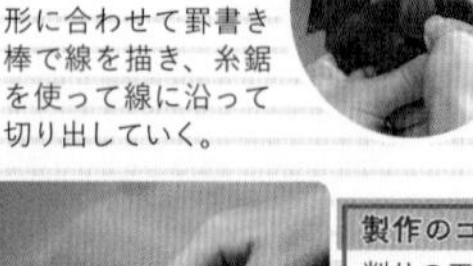

透かして模様を確認

2 選んだパーツの形に合わせて罫書き棒で線を描き、糸鋸を使って線に沿って切り出していく。

削りは根気強く！

3 ここから数種類のやすりを使い分けて形を整えていき、最後に小刀で表面と形を滑らかにする。

製作のコツ
削りの工程で扱う道具はゆっくり使い方のコツをつかんでいこう。削り方でそれぞれの個性が出る仕上がりになる。

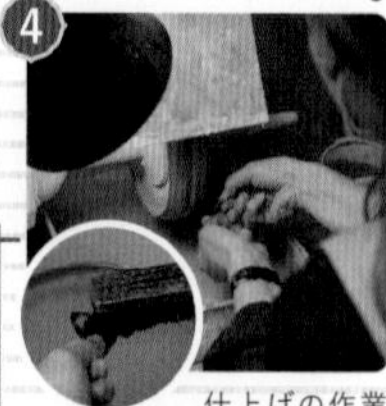

4 仕上げの作業では磨き粉をつけ機械で磨きをかけることで、べっ甲に光沢を出していく。

完成！ 最後の工程を終えるとつやつやと輝くべっ甲に！チェーンを通してアクセサリーが完成。

四 江戸手描提灯

起源は室町時代まで遡る提灯。江戸時代に広く普及し、明治時代には問屋制が発達したことで和紙を貼る提灯製造と提灯の文字描きの分業が進み現在まで至る。提灯に描かれる「江戸文字」は遠くからでも見えやすいよう、太くのびのびとした線と色の入れ方が特徴で、最初に縁をとってから中を塗り込む「籠字」という技法で描かれている。

江戸手描提灯の商品も

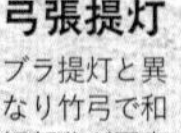

弓張提灯
ブラ提灯と異なり竹弓で和紙部分が固定されている。

ミニ提灯
25cmほどの手頃なミニサイズは贈り物としても◎。

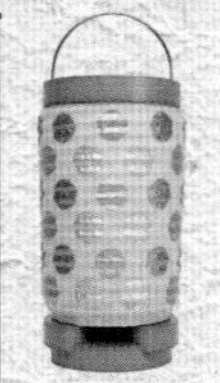

OTO CHOCHIN
中にスマホを入れて灯りと音楽が楽しめる新しい提灯。

江戸っ子の粋を文字で表現

泪橋大嶋屋提灯店（なみだばしおおしまやちょうちんてん）

ギフトやインテリアにも最適です

江戸時代にルーツをもち大正2年の創業から提灯の文字描きを専門とする提灯店。現在は三代目と四代目によって、お祭りなどに使われる高張提灯をはじめ家紋や名前を入れたオリジナル提灯も製作され、さまざまな用途に応じた提灯が楽しめる。江戸手描提灯の製作体験では提灯づくりの要とされる江戸文字を描き入れることができ、インパクトのある見た目と持ち運びしやすいコンパクトさは東京みやげにも最適だ。

工房には大小さまざまな提灯が並ぶ

MAP 別冊 P.17-B4 南千住
住 荒川区南千住 2-29-6
TEL 03-3801-4757
営 9:00 ～ 18:00　休 日・祝
CC 不可　交 JR 南千住駅南口から徒歩5分

江戸手描提灯製作にチャレンジ

所要時間 60 分　料金 3000 円

1　1～2字程度の描きたい文字を事前に伝えよう。形は卵形と長形の2種類から選べる。

2　鉛筆で下書きされた線に沿って筆でなぞっていく。止めやはらいを強調して太めに描くのがコツ。

自分の好きな色を1色選ぼう

3　輪郭線が完成したら内塗りへ。全13色の中から好みの色を選んで、筆で色をのせていこう。

製作のコツ　一気に色を付けようとせず提灯の凹凸を意識しながらていねいに塗るときれいに仕上がる。提灯を回転させながら進めることもポイント。

4　鉛筆で書かれた線を消し、最後に追加の文字を入れることもできる。

完成!

初めてでもできました！

絵の具を乾かしたら完成！完成品は畳んだら箱に入れて持ち帰り可能。

五　江戸小紋・江戸更紗

型染めの一種である江戸小紋は一見無地のように見える細かな柄付けが特徴で、江戸時代は武士の裃から始まり庶民の間でも親しまれた。一方、3000年以上前のインドを起源とする色鮮やかな江戸更紗は、日本の型染めを応用し複雑な柄を多色刷りに仕上げる独自の進化を遂げた。

伝統に新しさを加えた染物

富田染工芸（とみたせんこうげい）

明治時代に創業後、染色に適した神田川の清流を求め現在の地に移った富田染工芸。「江戸小紋」や「江戸更紗」の技術を使い着物地だけでなく、スカーフやネクタイなどの小物類や革製品、木製品などの染色にも挑戦する。ショップではファッション小物のブランド「SARAKICHI」を展開し、布製品にとどまらない種類豊富な商品を手に取ることができる。体験プランは染色作業の工程を学べる工房見学付き。

糊を洗い流す作業場では地下水を使用する

工房見学で製作過程を学ぶ

染め上がりを決める色糊が並ぶ。色によっては数種類を調合する。

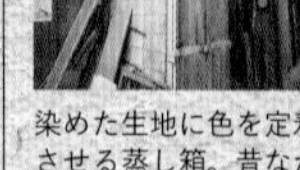

染めた生地に色を定着させる蒸し箱。昔ながらの形で残る。

ショップも併設

ネクタイやハンカチなどのファッション小物が手に入るショップ、「SARAKICHI」も。

MAP 別冊 P.16-B1 早稲田
住 新宿区西早稲田 3-6-14
TEL 03-3987-0701　営 9:00 ～ 12:00、13:00 ～ 16:00　休 土・日・祝　CC AJMV
交 都電荒川線面影橋停留場から徒歩 2 分

江戸小紋のトートバッグ製作にチャレンジ

所要時間 90 ～ 120 分　料金 トートバッグ・小裂 2500 円、使い袱紗（ふくさ）4500 円

① トートバッグの柄と色を選ぶ。コスモスや朝顔など 12ヵ月の花柄が揃い、色は金と白から。

② トートバッグの上に選んだ型紙を置き、一方向にヘラを動かして糊を伸ばしていく。

製作のコツ
糊の厚みにムラができないように均一になることを意識して伸ばそう。手先を使って一気に伸ばすのがコツ。

③ 型紙をゆっくりと外すと、彫り抜かれた柄の部分だけが白抜きされ、生地に模様が浮かび上がる。

黒の布地に色が映えてきれい！

④ 好きな場所にオリジナルマークを描き、糊が乾くまでの間は工房内の作業場を見学できる。

完成！

トートバッグは当日持ち帰り可能。小裂などは1ヵ月後に送られる。

六 江戸木版画

江戸時代に庶民の間で大流行した浮世絵木版画は日本独自の多色摺り木版画技術として、19世紀後半にはジャポニズムブームも巻き起こした。下絵を描く「絵師」、版木を彫り上げる「彫師」、そして絵柄を摺り重ねる「摺師」の3人の職人によって1枚の作品が完成するのが特徴。

江戸木版画の作品

疫病退散のために摺られた作品を含めオリジナルの版画が並ぶ。

深々と降りしきる雪が印象的な東海道五十三次の『蒲原 夜之雪』。

名所江戸百景シリーズの名作、歌川広重の『浅草 金龍山』。

浅草の夏の風物詩ほおずき市。左下には「摺り 松崎」の名前も。

江戸の町民文化が息づく絵画

1枚1枚を手作業で摺ります

松崎大包堂（まつざきたいほうどう）

分業で行われる江戸木版画の摺師として75年以上のキャリアをもつ松崎啓三郎さんが営む工房。荒川区指定無形文化財保持者でもある松崎さんは、自宅も兼ねた2階の作業場で弟子たちとともに日々作品づくりに取り組んでいる。葛飾北斎や歌川広重などの浮世絵や近代以降の絵画はもちろん、熨斗紙や郵便記念切手の包み紙まで、手がける作品はさまざまだ。黒・藍・赤・黄の4色のみを使って生み出される繊細な色彩は、まさに職人技。

MAP 別冊 P.17-A3 町屋

住 荒川区町屋3-31-16　TEL 03-3892-3280　営 8:30～11:00、12:00～15:00　休 土・日・祝　CC 不可　交 地下鉄町屋駅1番出口から徒歩9分

江戸木版画製作にチャレンジ

所要時間 30～60分　料金 610円

1 絵柄を選ぶ。最後の一色のみを摺って完成となる版画から、今回は富嶽三十六景の『赤富士』に挑戦。

2 でんぷん糊とインクを混ぜ原版の上にのせたら、馬の尻尾で作られた刷毛を使って広げていく。

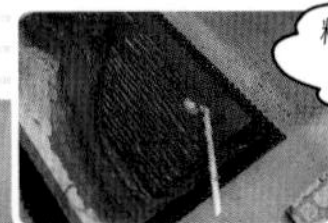

製作のコツ インクの量によって色が薄すぎたり滲んでしまったりするため注意しよう。糊と塗ることで均一に広がる。

3 和紙を指に挟んで持ちながら「見当」と呼ばれるしるしに紙を合わせ原版に置く。

4 バレンを使って摺る。力が入りすぎると余計なところに色がついてしまうので要注意。

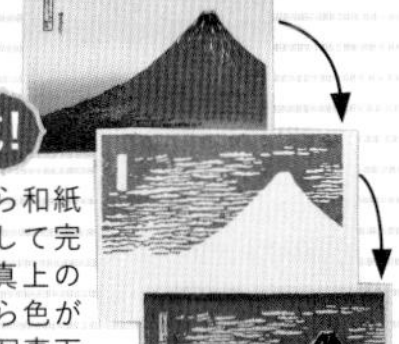

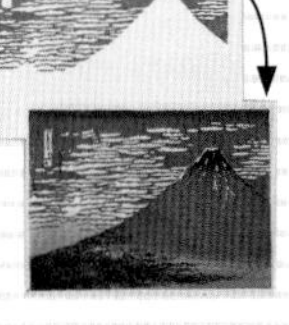

完成！ 版木から和紙をはがして完成！写真上の状態から色が加わり写真下が最終形となり、完成。

江戸で花開いた芸能＆スポーツ

歌舞伎 寄席 大相撲 のはじめての楽しみ方

東京旅行で初めて伝統芸能や国技に触れるという人も多いはず。
初心者でも知っておきたい用語や鑑賞＆観戦ガイドまでを徹底解説！

歌舞伎

場面によってさまざまな場所に変化する花道

歌舞伎とは？

江戸時代に起源をもち、400年以上もの歴史をもつ伝統芸能。音楽・踊り・芝居の3要素で楽しませる総合芸術でもあり、昭和40年に日本の重要無形文化財に指定。2005年にはユネスコの無形文化遺産の傑作として宣言を受けた。

都内のおもな劇場

幅広い演目を上演する

新橋演舞場（しんばしえんぶじょう）

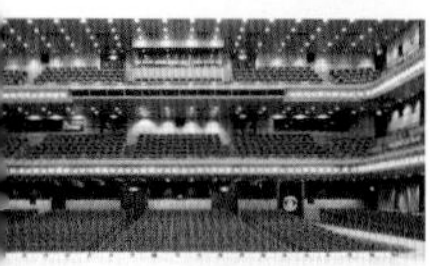

大正14年に誕生し、当初は新橋芸者の芸を披露する場としての役割を担ってきた。昭和15年以降は松竹の主要劇場として歌舞伎以外にも新喜劇や新派などの上演も行っている。

MAP 別冊 P.25-C4 東銀座

住中央区銀座6-18-2　TEL 03-3541-2600　営公演による
料公演による　交地下鉄東銀座駅6番出口から徒歩5分

歌舞伎の歴史

はじまりは江戸時代初期といわれ、17世紀後半の元禄年間に発展。古典を重んじながらも、現在では漫画やゲームを題材とした新作も上演。

江戸時代に誕生
出雲阿国という女性が演じた歌や踊り、寸劇による「かぶき踊り」が源流。当時、奇抜な格好をした「傾き者（かぶきもの）」のしぐさを真似て人気を集める。

↓

野郎歌舞伎の登場
風紀が乱れるという理由で女性や少年たちによる歌舞伎が幕府によって禁止されると、役者は成人男性中心になり、その過程で「女方」が生まれるように。

↓

芝居小屋での上演
寛永元（1624）年、初代・猿若（中村）勘三郎による「猿若座」が最初といわれる。当時、客が幕間に昼食を食べていたことが「幕の内弁当」の由来となった。

↓

明治時代の歌舞伎
新しい時代で演劇への改革が起こるなか、明治22年に第一期の歌舞伎座が誕生。九世團十郎、五世菊五郎、初世左團次の「團菊左」が劇界をリードした。

はじめての歌舞伎

1. チケットを購入

公演情報は公式サイトで確認。購入方法はインターネット、電話、劇場窓口の 3 種類。希望の席を購入する場合、一般発売日を狙うのがベター。
URL チケット web 松竹 www1.ticket-web-shochiku.com/t/

2. 入場して席へ

全席指定で、おすすめは舞台や花道が間近で見られる 1 階席。まずは雰囲気を味わいたいなら桟敷席にチャレンジするのも◎。ストーリーなどを解説してくれるイヤホンガイド（有料）を借りて席に座ろう。

日本を代表する歌舞伎の殿堂

歌舞伎座（かぶきざ）

明治 22 年に木挽町の地に誕生して以来、数度の改修を経て、現在は瓦屋根や唐破風などの特徴的な意匠を踏襲した第五期の建物が威風堂々と鎮座。通年で上演しており、気になった演目で歌舞伎デビューしてみよう。

MAP 別冊 P.25-C4
住 中央区銀座 4-12-15
TEL 03-3545-6800　営 公演による　料 公演による　交 地下鉄東銀座駅 3 番出口直結

桟敷席へ！

服装	マナー
決められているドレスコードはなく、長時間の鑑賞で疲れにくいものがよい。桟敷席や 1 等席なら少しおしゃれして臨みたい。	私語厳禁、携帯電話の電源を切るなど劇場での基本的なマナーを守ろう。上演中の飲食は禁止されているので幕間に済ませて。

3. 幕間の食事 & ショッピング

幕間は 30 分程度のことが多く、地下 2 階の「お弁当処 やぐら」で弁当を予約しておくのもよいだろう。館内にある食事処を利用したりショップをチェックしたりするのもよいだろう。
URL www.kabuki-za.co.jp/miyage

木挽町広場

喫茶室 檜

上／茶屋やショップが並ぶ地下 2 階の広場　下／左から「歌舞伎揚」（5 袋入り）500 円と「歌舞伎座レーズンサンド」（7 個入り）750 円

上／1 階にある喫茶。ランチタイムの人気メニューは「元祖オリエンタルカレー」1000 円　下／木挽町広場にある茶屋では蕎麦やうどん、定食から甘味までいただける

歌舞伎茶屋

楽しみ方はいろいろ

四階回廊
歴代俳優のパネルや建物の模型を展示

歌舞伎稲荷神社
近隣の安寧や歌舞伎興行の安全、大入りを祈願し祀られている

屋上庭園
歌舞伎にまつわる記念碑が点在する自然豊かなエリア

歌舞伎を楽しむキーワード

その1 主な演目と種類

現在でも約 400 以上もの演目が上演されており、大きなカテゴリーとして公家や武士社会で起きた事件を題材にした「時代物」と江戸時代の庶民の生活を描いた「世話物」がある。能や狂言を取り入れた「松羽目物」なども。

その2 舞台上の専門用語

舞台下手から客席に伸びる「花道」、場面転換に使われる 3 色の「定式幕」、舞台中央にある場面転換の仕掛け「廻り舞台」、舞台の一部を上下に動かせる「セリ」、音楽を演奏する舞台下手の「黒御簾」などを覚えておきたい。

その3 演技・演出の用語

クライマックスなどのシーンで一瞬ポーズを取って静止する「見得」やワイヤーロープを使って俳優が客席上や舞台上の宙を飛ぶ「宙乗り」、おもに花道を引っ込むときに手足を大きく動かす力強い動き「六方」などに注目。

協力：松竹（株）・（株）歌舞伎座

寄席

寄席の歴史

寄席が生まれたのは江戸後期に入ってからだが、古来より伝わる笑い話や『平家物語』に代表される軍記物語などが今日の落語や講談のはじまりともいわれる。

安土桃山時代	豊臣秀吉の側近でもある浄土宗の説教師・安楽庵策伝が幼少時から聞き覚えた笑い話を集めた『醒睡笑』を著し、これが現在の落語の母体で策伝は「落語の祖」とされる。
江戸時代	元禄期ごろに入ると落語家や講釈師が現れるように。落語では楽器を入れた芝居噺や怪談噺などが人気を博し、1850年代には150軒以上もの寄席があったようだ。
明治～現代	地方出身者が増えるにつれ、落語では江戸っ子が好きな人情噺よりも笑える滑稽噺が主流に。ラジオやテレビ、レコードの発展とともに漫才や浪曲なども浸透していく。

寄席とは？

落語や講談、浪曲をはじめとする話芸や、漫談、奇術、太神楽、紙切りまでさまざまな演目を観客に見せる興行小屋のこと。通年で興行がある演芸場を「定席」と呼ぶ。

おもな寄席定席

多数の芸人を輩出した
あさくさえんげいほーる
浅草演芸ホール

昭和39年に開業し、落語協会と落語芸術協会が10日ごとに公演を行う。全席自由で1階と2階席があり、原則昼と夜の部で入れ替えなし。

MAP 別冊 P.42-B1 浅草
住 台東区浅草1-43-12　TEL 03-3841-6545　営 11:40～16:30、16:40～20:40　休 無休　料 3000円、学生2500円、子供1500円、夜割あり　CC 不可　交 つくばエクスプレス浅草駅A1出口から徒歩1分

池袋駅すぐで立地も抜群
いけぶくろえんげいじょう
池袋演芸場

昭和26年に誕生し、現演芸場は1993年に完成。全92席で、他の演芸場よりも出演者の持ち時間が長く、たっぷりと芸を楽しめるのも魅力のひとつ。

MAP 別冊 P.36-A2 池袋
住 豊島区西池袋1-23-1 エルクルーセB1階
TEL 03-3971-4545　営 上席・中席12:30～16:30、17:00～20:30、下席14:00～17:15、18:00～20:30
休 無休　料 上席・中席2800円、学生2500円、子供1800円、下席2500円、学生2300円、子供1800円　CC 不可　交 JR池袋駅西口から徒歩3分

150年以上の歴史をもつ
すずもとえんげいじょう
鈴本演芸場

安政4（1857）年に創業した由緒ある演芸場。285席と場内は広く、全席自由。原則落語協会所属の芸人が出演し、10日ごとに番組が変更する。

MAP 別冊 P.46-C1 上野
住 台東区上野2-7-12
TEL 03-3834-5906
営 12:30～16:00、17:00～20:15
休 無休　料 3000円、学生2500円、子供1500円　CC 不可　交 地下鉄上野広小路駅A3出口から徒歩1分

はじめての寄席

現存する最古の木造寄席

新宿末廣亭
しんじゅくすえひろてい

明治30年に創業。戦火で焼失後、現在の建物は昭和21年に再建され、「末廣亭」として営業を開始。現在は、落語協会と落語芸術協会所属の芸人が出演し、正月興行や特別興行なども行っている。趣ある桟敷席が特徴。

MAP 別冊 P.35-B3 新宿
住 新宿区新宿3-6-12　TEL 03-3351-2974
営 12:00 ～ 16:15、16:45 ～ 20:30　休 無休　料 3000円、65歳以上2700円、学生2500円、小学生2200円
CC 不可　交 地下鉄新宿三丁目駅C3出口から徒歩1分

1. チケットを購入

入口（＝木戸）で直接チケットを購入。現金のみ。昼と夜の二部制だが、入れ替えなしで再入場不可。混雑が予想される特別興行などはプレイガイドで販売。

入場料は「木戸銭」と呼ぶ

2. 席は自由

1階と2階があり、2階席は1階が満席になると開放される。全席自由なので、お気に入りの場所を見つけよう。桟敷席と2階席は靴を脱いで上がる仕組み。

上／1階椅子席の両端にある桟敷席。前方は迫力満点　下／高座と客席がよく見える2階席

3. 開演

昼の部12:00 ～ 16:15、夜の部は16:45 ～ 20:30で、落語だけでなく漫才や奇術などさまざまな芸人が出演。演目の合間に席の移動もでき、場内では飲食も可能だ。

売店もチェック

番組表の見方を知る

当日の出演者名が掲示されたプログラムを「番組表」という。黒字は落語と講談の話芸、赤字は紙切りや漫談などを指し、「色物」という言葉はこの名札が由来。

番組最後の出演者は「主任」という

落語を楽しむキーワード

その1 落語の構成

冒頭で話す世間話や本題と関連する小咄を「マクラ」といい、その後本題へ。結末は、しゃれや機転の利いたセリフ「落ち（サゲ）」で締めくくるのが一般的。

その2 おもな演目と種類

江戸時代から受け継がれた古典落語は数百もあり、有名な演目に「寿限無」がある。現代を舞台にするなど新たに生み出される「創作（新作）落語」も。

その3 所属団体と階級

東京には落語協会はじめ4団体あり、各団体の判断で昇進が決まる。前座・二ツ目・真打と3階級あり、真打に昇進すると「師匠」と呼ばれ弟子をもてる。

その4 独演会と二人会

気になる噺家がいれば、その噺家がメインで出演する「独演会」や親しい噺家ふたりがふた席ずつ行う「二人会」に行くのもおすすめだ。長尺のネタをかけたり新作をおろしたり、催しによってさまざま。

瀧川鯉斗さん
落語芸術協会所属。2019年、真打に昇進した実力派。テレビ番組の出演やファッション誌のモデルとしても活躍。

大相撲

大相撲とは？

日本の国技かつ伝統的なスポーツであり、日本相撲協会が主催する興行を「大相撲」と呼ぶ。奇数月に年間6場所行われ、東京本場所以外に大阪や愛知、福岡でも開催。本場所がない時期は地方で「相撲巡業」なども行っている。

博物館で学ぶ

相撲について学ぶなら

相撲博物館（すもうはくぶつかん）

国技館に併設された博物館で、初代館長が収集した資料が多数眠る。企画展示では、さまざまなテーマに沿って貴重な化粧廻しや錦絵、番付などを見ることができる。

化粧廻しも！

実際に力士が使用していた化粧廻しをガラスケース越しに見られる

歴史や歴代横綱のプロフィールなど豊富なコンテンツ

タッチパネル

相撲の神様

展示室では相撲の神様を祀る「野見宿禰神社」の御守や御札を授与

MAP 別冊 P.44-B1 両国

住 墨田区横網1-3-28 国技館1階　TEL 03-3622-0366　営 12:30～16:00（最終入館15:30）　休 土・日・祝、展示替えなど臨時休館あり（東京本場所中は毎日開館）　料 無料（東京本場所中は大相撲の観覧券が必要）　交 JR両国駅西口から徒歩1分

大相撲の歴史

はじまりは1500年以上前とされ、戦国時代には相撲好きだった織田信長が安土城で「上覧相撲」を開催していたとされている。

相撲の起源

『古事記』や『日本書紀』の神話や伝説として登場する力比べや取っ組み合いが起源とされ、農作物の収穫を占う祭りの儀式として毎年行われる宮廷行事に。

↓

江戸時代の相撲

相撲を職業とする人々が現れ、全国で定期的に「勧進相撲」が興行されるように。その後、谷風・小野川・雷電の三大力士が登場し、娯楽として不動の地位を確立。

↓

明治から現代

力士の番付最高位「横綱」が明文化されたのは明治42年になってから。同年、相撲興行を開催していた「諸宗山 回向院」（→ P.302）の境内に旧両国国技館が完成した。

はじめての大相撲

大相撲の聖地といえばここ

国技館（こくぎかん）

1・5・9月の年3回の東京場所をはじめ、場所中以外はスポーツやライブイベントが開催され最大1万人を収容できる施設。現国技館は昭和59年に誕生し、翌年1月場所から使用されている三代目。

MAP 別冊 P.44-B1 両国
住 墨田区横網 1-3-28
TEL 03-3623-5111
(日本相撲協会)
営 公演による
休 公演による
料 公演による
交 JR 両国駅西口から徒歩1分

マナーとルール

- 大きな手荷物は持ち込めないのでコンパクトにすべし
- ヤジやブーイングを飛ばすのはNG。力士に敬意を払って
- 席の移動は不可。また席を立つ場合は取組の合間が◎
- 溜席のみ飲食＆写真撮影厳禁なので観戦に集中しよう

1. チケットを購入

約2ヵ月前からネット先行抽選と土俵に近い溜席の電話抽選が行われる。一般発売は本場所開始の約1ヵ月前。イス席2500円〜、マス席1名1万円〜。
URL www.sumo.or.jp/Admission/isolate/

2. 入場して席へ

ハイライトともいえる横綱の土俵入りは夕方近く。離席自由で再入場は1度のみOKなので、名物の「国技館やきとり」や地下で提供されるちゃんこ鍋などのグルメを楽しんだり、両国周辺を散策するのもよいだろう。

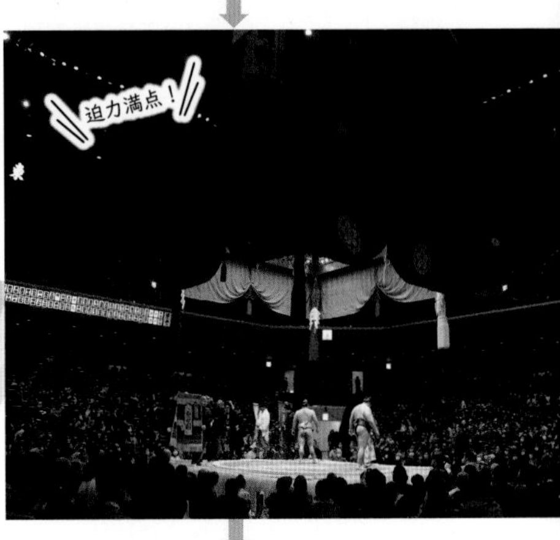

3. おおよその土俵スケジュール

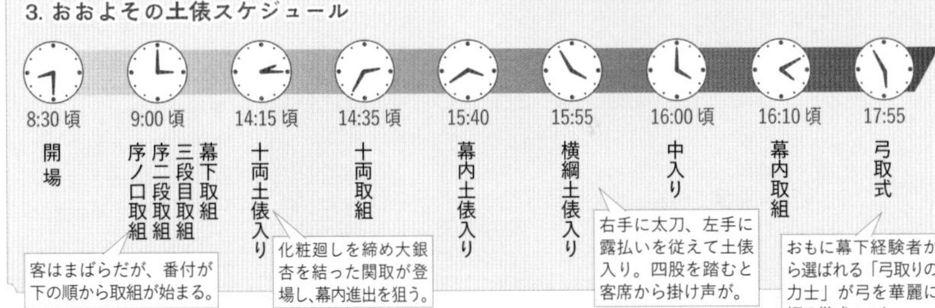

8:30頃	開場
9:00頃	序ノ口取組 序二段取組 三段目取組 幕下取組
14:15頃	十両土俵入り
14:35頃	十両取組
15:40	幕内土俵入り
15:55	横綱土俵入り
16:00頃	中入り
16:10頃	幕内取組
17:55	弓取式

客はまばらだが、番付が下の順から取組が始まる。

化粧廻しを締め大銀杏を結った関取が登場し、幕内進出を狙う。

右手に太刀、左手に露払いを従えて土俵入り。四股を踏むと客席から掛け声が。

おもに幕下経験者から選ばれる「弓取りの力士」が弓を華麗に振る儀式のこと。

相撲を楽しむキーワード

その1 番付と昇進

番付は10段階。上から横綱、大関、関脇、小結、前頭、十両と続き、ここまでが関取と呼ばれる。続いて幕下、三段目、序二段、序ノ口となり、本場所での成績をもとに翌場所の番付が決定される仕組み。

初日前日には、土俵中央に開けた穴に昆布や米などの縁起物を入れた「鎮め物」を納める

その2 基本的なルール

力士が腰をかがめて両手を土俵におろす構えを「仕切り」と呼び、互いが呼吸を合わせ取組を開始することを「立合い」という。相手の①足の裏以外が土俵に着地、または②体が土俵外に出した場合に勝ちが決まる。

その3 決まり手とは？

勝ちが決まった瞬間の技を「決まり手」といい、全部で八十二手ある。よく見かける基本の技は「押し出し」や「寄り切り」で合わせて全体の半分を占める。また、「上手投げ」などの投げ手もある。

文豪&文化人が愛した洋食店のあのひと皿

今も昔も変わらず魅了し続ける伝統のひと皿を通じて、文人たちの足跡をたどりに行こう。

アイスクリーム・ソーダ物語

アメリカスタイルを手本として本物の味を求めた資生堂パーラー始まりの一品。森鷗外や太宰治の作品内にたびたび登場し、なかでも森鷗外は資生堂パーラー以外のアイスクリームは娘に食べさせなかったという。伝統フレーバーや季節限定も揃え1200円～。

チキンライス物語

資生堂を頻繁に訪れていた池波正太郎もお気に入りであった一品。10代で初めて洋食を口にしたのが資生堂パーラーであり、エッセイにはチキンライスが銀皿にのって提供される驚きが綴られた。当時からある高級感は今も変わらない。ひと皿2700円。

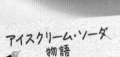

❶アイスクリームソーダなどを提供する3階のサロン・ド・カフェ　❷レンガ色が印象的なビル。4、5階にレストランが入る。

本物志向で進化し続ける

資生堂パーラー　銀座本店（しせいどうぱーらー ぎんざほんてん）

明治35年、ソーダ水と当時まだ珍しかったアイスクリームを製造販売する日本で初めての「ソーダファウンテン」として資生堂薬局内に誕生。その後、西洋料理も提供する現在のスタイルへと変化していった。銀座の老舗ならではの洗練された空間で、伝統的な西洋料理とスイーツを堪能できる。

MAP 別冊 P.24-C2 銀座

住 中央区銀座8-8-3 東京銀座資生堂ビル　TEL 3階03-5537-6231（予約不可）、4・5階03-5537-6241　営 3階11:00～21:00（L.O.20:30）、日・祝～20:00（L.O.19:30）、4・5階11:30～21:30（L.O.20:30）　休 月（祝日の場合営業）　CC ADJMV　交 地下鉄銀座駅A2出口から徒歩7分

ビーフカレー物語

創業時からほとんど変わらないレシピで提供するハイカラビーフカレー1250円。作家や詩人、美術家たちが集った松本楼は夏目漱石の作品内で「公園の真中の西洋料理屋」と書かれたほか、高村光太郎の詩中にも登場。彼らもこの味に親しんでいたに違いない。

上／ゆったりとした店内のほか緑が差し込むテラス席も用意
下／孫文夫人が弾いたピアノを展示

歴史が詰まった伝統のカレー

日比谷松本楼（ひびやまつもとろう）

明治 36 年、日比谷公園と同時に誕生した松本楼は、当時モボ・モガの間で流行した「松本楼でカレーを食べてコーヒーを飲む」というスタイルの発信地でもあった。感謝を込めた 10 円カレーチャリティーセールは今も行われる。

MAP 別冊 P.29-A4 日比谷
住 千代田区日比谷公園 1-2 日比谷公園内 TEL 03-3503-1452 営 1 階 11:00 ～ 21:00（L.O.20:00）、3 階～ 22:00（L.O.21:00） 休 無休 CC ADJMV 交 地下鉄日比谷駅 A14 出口から徒歩 2 分

カニクリームコロッケ物語

コクのあるベシャメルソースとカニの風味を贅沢に感じるカニクリームコロッケ１個1210円。向田邦子もこの味を愛し、「芳味亭でコロッケとご飯もよし」と書かれたエッセイからは店をよく訪れていた様子をうかがうことができる。

カウンター席も構える 3 階建ての店舗

ビーフシチューも人気です！

芳味亭店長
佐野さん

お座敷から始まった洋食

芳味亭（ほうみてい）

昭和 8 年に数寄屋風のお座敷を特徴として人形町で創業。箸で洋食を食べるスタイルが当時の人気を集め、近隣の芸者や歌舞伎俳優らが訪れたという。2018 年に甘酒横丁へ移転し現在は五代目によって味が受け継がれている。

MAP 別冊 P.22-A1 人形町
住 中央区日本橋人形町 2-3-4 TEL 03-3666-5687
営 11:00 ～ 15:00（L.O.15:00）、17:00 ～ 22:00（L.O.21:00）、土・日・祝 11:00 ～ 22:00（L.O.21:00）
休 12 月 31 日、1 月 1 日、臨時休業あり CC ADJMV 交 地下鉄人形町駅 A4 出口から徒歩 1 分

元祖ポークカツレツ物語

日本人の口に合うよう改良され、煉瓦亭のフライ料理の原点でもあるポークカツレツ。多くの文人がなじみの味としており、北杜夫は煉瓦亭でビールとともに揚げたてのカツレツを食べる喜びを綴った。事務所が近くにあった手塚治虫も仲間と通ったという。

種類豊富な洋食を揃えてます

上／池波正太郎は2階の窓際を好んで座ったという
下／オムライス、エビフライ、カキフライも元祖（→ P.347）

煉瓦亭 四代目 木田浩一朗さん

あの洋食の始まりを味わう

煉瓦亭（れんがてい）

れんが造りの街であった当時の銀座に由来し、明治28年から店を構える。ポークカツレツをはじめ、この店で生まれたオリジナルメニューの数々はいつしか定番料理として定着。カツレツに添えられた千切りキャベツは、戦争によるコックの欠員から温野菜に代わり誕生したという。

MAP 別冊 P.25-A3

銀座

住 中央区銀座 3-5-16
TEL 03-3561-3882
営 11:00 ～ 15:00（L.O. 14:00）、17:30 ～ 21:00（L.O.20:00） 休 日
CC ADJMV 交 地下鉄銀座駅 A10・B1 出口から徒歩 3 分

昔ながらの
ビーフシチュー物語

精養軒は明治～大正のさまざまな文士が利用し、芥川龍之介や島崎藤村らは祝賀会や送別会に、横光利一や高村光太郎は結婚披露宴にも利用したという。文人らが舌鼓したであろうドミグラスソースは代々受け継がれ、今も変わらず堪能できる。ひと皿2780円。

❶窓から光が差し込む開放的な店内
❷上野公園の豊かな自然が感じられるテラス席も用意
❸ハヤシライス 1780 円 はファンも多い味

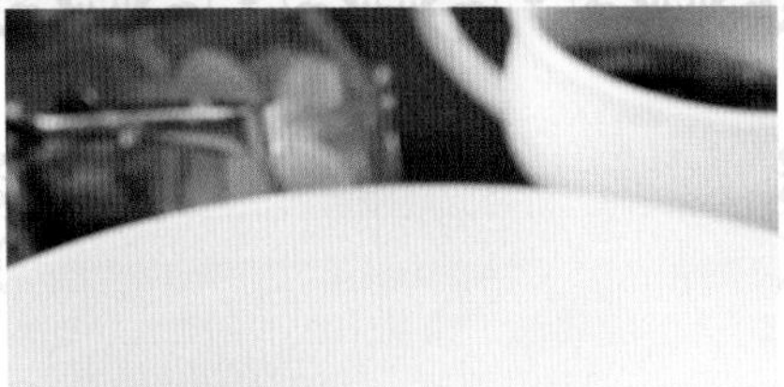

食を通した文明開化の象徴

うえのせいようけんほんてん れすとらん（ようしょく）

上野精養軒本店 レストラン（洋食）

文明開化を迎えた明治5年に誕生し、西洋料理を世に広く紹介した洋食店。4年後に上野公園の開設とともに現在の場所へ出店し、皇室や軍人ら上流階級が訪れる社交場としての時代から今では老若男女が訪れ、当時の気品を感じる味と空間を楽しむことができる。

MAP 別冊 P.46-B1 上野

住台東区上野公園 4-58　TELレストラン 03-3821-2181、グリルフクシマ 03-3821-2180
営レストラン 11:00 ～ 17:00(L.O.16:00)、土・日・祝 10:30 ～ 18:00（L.O.17:00)、グリルフクシマ（夜は予約のみの営業）11:00 ～ 15:00（L.O.14:00)、17:00 ～ 21:00（L.O.20:00)、土・日・祝 11:00 ～ 16:00（L.O.15:00)、17:00 ～ 21:00（L.O.20:00）休月　CCADJMV　交JR 上野駅公園口から徒歩 5 分

左／おみやげに最適なクッキー缶も販売　右／不忍池のほとりに立つ

カツカレー物語

昭和23年、当時巨人軍として活躍していた千葉茂氏のひと言から誕生し、そのおいしさとボリュームに加え勝負に勝つというゲン担ぎで試合前にも好んで食べていたという。カツレツは国産の豚ロースを使用し、サラダがついたワンプレートで2420円。

千葉茂氏の色紙も

あの文化人の好物が融合

銀座スイス 銀座店

ぎんざすいす ぎんざてん

当時は高価であった西洋料理を多くの人に食べてもらいたいと昭和22年にオープン。カニクリームコロッケやビーフクロケットのほか、カツカレーを求めて訪れる客も多く、じっくり煮込まれる野菜と肉が溶けたカレーソースは、揚げたてのカツと相性抜群だ。

上／カウンターや個室も用意したレトロモダンな店内　下／2022年に通りをまたぎ新店へ移転

MAP 別冊 P.25-A3 銀座
住 中央区銀座3-4-4 大倉別館2階　TEL 03-3563-3206　営 11:00～21:00（L.O.20:30）　休 無休　CC ADJMV　交 地下鉄銀座一丁目駅8番出口から徒歩2分

ポークカツレツ物語

店には白洲次郎、正子夫妻が頻繁に訪れており、正子夫人は亡くなる10日前まで店のフライを届けさせていたという。また入口には店を訪れた佐藤春夫による「これはいくさに負けなかった國の味である」という色紙が飾られている。カツレツはひと皿3630円。

そのままでもおすすめです

ぽん多本家 四代目
島田良彦さん

油が決め手の上品な一皿

ぽん多本家

ぽんたほんけ

明治38年から上野で店を構え、人気メニューであるフライ料理は油にこだわる。カツからそぎ落とした脂身を炊いて作られた自家製のラードで揚げられるカツレツは、ペロリと食べられる軽い食べ応えが特徴。赤身部分のみが使用され、手をかけて作られた贅沢な一品だ。

右／1階と2階がある落ち着いた雰囲気の店内　下／一枚板を使用した看板と重厚な木の扉に迎えられる

MAP 別冊 P.46-C1 御徒町
住 台東区上野3-23-3　TEL 03-3831-2351　営 11:00～14:00（L.O.13:45）、16:30～20:20（L.O.19:45）、日・祝16:00～20:20（L.O.19:45）　休 月（祝日の場合は翌日）　CC ADJMV　交 JR御徒町駅南口から徒歩3分

海外からのVIPをおもてなし
東京會舘の味と歴史

国内外から数々の文化人たちが訪れる東京會舘。その歴史にはおもてなしから生まれた伝統の味が存在。

會舘風ジンフィズ

マッカーサーもお気に入りだった一杯は、GHQ将校がお酒を飲んでもばれないようにと牛乳を入れたのが始まり。2090円（サ別）で「メインバー」でいただける。

左／「會舘ステア」と呼ばれる指先だけで回すスタイル　右／格式あるオーセンティックバー

舌平目の洋酒蒸 ボンファム

大正11年の創業時より提供するひと皿で、ふっくらした舌平目と芳醇なバター、オランデーズソースが味わい深い。ひと皿6820円（サ別）。

時代を超えて
誰もが集える社交場

東京會舘
とうきょうかいかん

伝統のフレンチを提供する「プルニエ」

大正11年に誰でも利用できる社交場を目指し初代本館が誕生。以来多くの国賓や公賓をもてなし、近年では芥川・直木賞の贈呈式が行われる作家憧れの場としても知られる。2019年には三代目の新本館がオープンし、100年以上続く由緒正しき伝統のおもてなしは今も人々を魅了し続ける。

MAP 別冊 P.20-C1 日比谷

住千代田区丸の内3-2-1　TEL 03-3215-2111 営レストラン プルニエ 11:30～14:30（L.O.13:30）、17:30～22:00（L.O.19:30）、メインバー 11:30～14:00（L.O.13:00）、16:00～22:00（L.O.21:00） 休レストラン プルニエ：月（祝日の場合は翌日）、メインバー：土・日・祝 CC ADJMV　交地下鉄日比谷駅B5出口直結

東京會舘物語

大勢が集う社交場としてふさわしく昭和の文豪や海外の国賓も親しんだ料理は多い。

1922（大正11）年 誕生

今も親しまれるシャンデリアを備えたルネサンス様式の初代本館が誕生。

1960年代 文豪の小説に登場

初代本館のロビー柱に使われたコレニア大理石が井上靖の『化石』に登場。

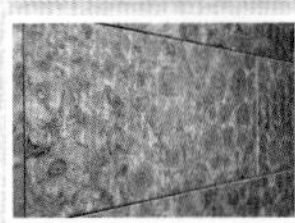

1975（昭和50）年 英国女王陛下をお迎え

エリザベス女王陛下とフィリップ殿下が来日。歓迎午餐会で女王が食した一品は今も味わえる。

東京の2大ランドマークタワー 変遷と現在の見どころを徹底解剖

電波塔として誕生したタワーには絶景だけじゃない魅力が満載。見どころあふれる2大タワーを今こそ訪ねよう。

東京タワー

東京タワー年表

1957（昭和 32）年
5月　日本電波塔株式会社設立
6月　タワー着工開始

1958（昭和 33）年
10月　名称が「東京タワー」に決定
12月　オープン

1967（昭和 42）年
特別展望台がオープン

1977（昭和 52）年
タワー大神宮創建

1989（昭和 64）年
ライトアップ開始

2013（平成 25）年
国の登録有形文化財に登録

❶東京タワー建設中の鉄塔と科学館（現在のフットタウン）　❷約１年半の工事期間を経てオープン。開業式での展望台行きエレベーターではテープカットが行われた　❸大勢の人々でにぎわう東京タワー開業時の展望台の様子

東京タワー誕生の経緯は？

テレビが家庭にも普及しつつあった時代、各放送局がそれぞれ持つ電波塔は視聴にも不便なうえ景観面も好ましくなかった。そこで、7つのテレビ局すべての電波をまかなう総合電波塔として「東京タワー」が誕生した。

ライトアップのバリエーション

❶夏と冬で色みが変わるランドマークライト　❷❸令和からスタートしたインフィニティ・ダイヤモンドヴェール

＼体験型展望ツアーへ！／
トップデッキツアー

ツアー参加者しか上れない高さ 250 mのトップデッキを巡る見どころ満載のツアー。撮影サービスやスタッフによるガイドのほか、フォトスポットも楽しむことができる。

料金：ウェブ 2800 円、高校生 2600 円、小・中学生 1800 円、幼児 1200 円、チケットカウンター 3000 円、高校生 2800 円、小・中学生 2000 円、幼児 1400 円
所要時間：60 ～ 90 分程度

スタート

東京タワーの歴史を学べるギャラリーへ案内

待ち時間にはウェルカムドリンクサービスも

ツアーのメインであるトップデッキに到着！　天井や壁に組み合わされた立体的な鏡で近未来的な雰囲気

ツアーだけで見られる絶景！

下へ戻りおみやげが買える直営ショップへ

スリル満点のガラスの床が楽しめる場所も

上／メインデッキよりも 100m 高いため東京が 360 度見渡せる　下／デッキ内は写真映えも抜群

＼600 段を歩いて上ろう／
オープンエア外階段ウォーク

150m のメインデッキまですべて階段で上るコースも用意。見た目とは裏腹に 12 ～ 13 分ほどで展望台へ到達できるため気軽にチャレンジしたい。ライトアップした夜に下りるのも幻想的でおすすめ。

土・日・祝限定で開放され参加者には非売品の認定証が送られる

＼23区で最も高い神社／
タワー大神宮

昭和 52 年に東京タワー来塔者の安全や健康を祈り、メインデッキ内に設立された 23 区内でいちばん高い神社。伊勢神宮から御神霊を招き天照皇大神がお祀りされており、縁結びや学業成就などのご利益を求めて参拝客も多く訪れる。

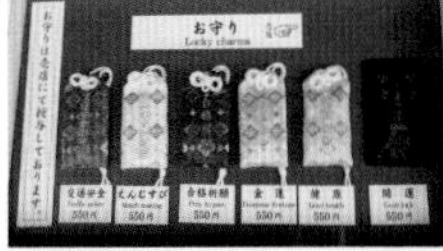

上／気軽に参拝できるのが魅力　中／東京タワーが描かれた御朱印 1 枚 300 円は季節限定柄も　下／高い場所にちなみ高得点や金運 UP を祈願して買う人も

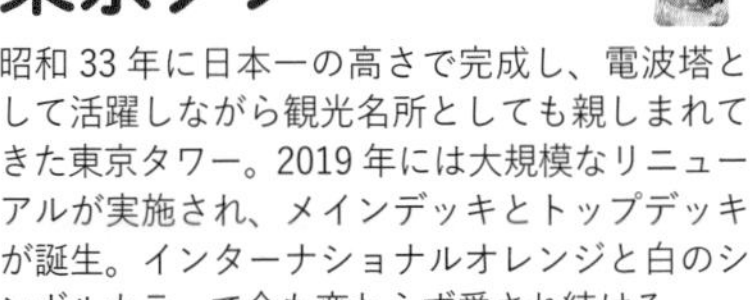

今も進化し続けるタワー

東京タワー（とうきょうたわー）

昭和 33 年に日本一の高さで完成し、電波塔として活躍しながら観光名所としても親しまれてきた東京タワー。2019 年には大規模なリニューアルが実施され、メインデッキとトップデッキが誕生。インターナショナルオレンジと白のシンボルカラーで今も変わらず愛され続ける。

MAP 別冊 P.29-C3 赤羽橋

住港区芝公園 4-2-8　TEL 03-3433-5111　営メインデッキ 9:00 ～ 22:30（最終入場 22:00）、トップデッキツアー 9:00 ～ 22:45（最終ツアー 22:00 ～ 22:15）、オープンエア外階段 上り 9:00 ～ 16:00、下り 9:00 ～ 21:00　休無休　料メインデッキ 1200 円、高校生 1000 円、小・中学生 700 円、幼児 500 円　CC ADJMV　交地下鉄赤羽橋駅赤羽橋口から徒歩 5 分

東京スカイツリー®

東京スカイツリー年表

2006（平成18）年

3月　新タワーの建設地が選ばれる

2008（平成20）年

6月　名称が「東京スカイツリー」に決定

7月　東京スカイツリータウン着工

2012（平成24）年

3月　「業平橋駅」が「とうきょうスカイツリー駅」に改称

5月　グランドオープン

❶現在タワーが建つ計画地の当時の様子　❷東京スカイツリーのネーミング発表会　❸路線愛称名は「東武スカイツリーライン」に　❹グランドオープン当日の「天望デッキ」の様子

なぜ634mという数字なの？

プロジェクト当初は約610 mとしていたそうだが、自立式電波塔として高さ世界一を目指すなかで「634m」に決定された。「634 =むさし」の響きが日本人にとってなじみ深く覚えやすいこと、また、旧国名のひとつで東京や埼玉などの地域を指す「武蔵国」を連想することが由来。

1階の「SKYTREE GALLERY」でも歴史が学べる

天望回廊

天望デッキ

高さ634m

東京スカイツリータウン

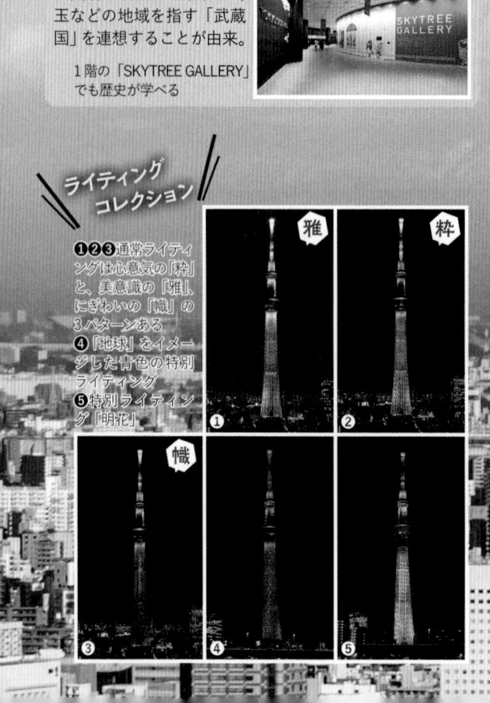

ライティングコレクション

❶❷❸通常ライティングは心意気の「粋」と、美意識の「雅」、にぎわいの「幟」の3パターンある
❹「地球」をイメージした青色の特別ライティング
❺特別ライティング「明花」

\東京観光の記念に上りたい/

天望デッキ＋天望回廊

地上 350m と 450m にある展望台。450m の「天望回廊」に到着後、東京のパノラマビューが見渡せるゆるやかなスロープを歩いていくと 451.2m の最高到達点にたどり着く。さまざまなイベントや展示を行っていることも。

高精細望遠鏡も設置されている

❶願い事を書いたリボンを「W1SH RIBBON」に結ぼう　❷ショップでは定番みやげも販売
❸3層のフロアに分かれた「天望デッキ」
❹「SKYTREE CAFE」で休憩を

空中散歩を楽しもう！

❹約 110m の回廊をぐるりと一周して最高到達点の「ソラカラポイント」で記念写真を撮ろう　❺晴れた日の眺めは圧巻！

券　種		大人 18 歳以上	中人 12～17歳	小人 6～11 歳
天望デッキ＋天望回廊セット券	日時指定券	2700 円（3000 円）	2150 円（2350 円）	1300 円（1400 円）
	当日券	3100 円（3400 円）	2350 円（2550 円）	1450 円（1550 円）
天望デッキ	日時指定券	1800 円（2000 円）	1400 円（1500 円）	850 円（900 円）
	当日券	2100 円（2300 円）	1550 円（1650 円）	950 円（1000 円）
天望回廊	当日券	1000 円（1100 円）	800 円（900 円）	500 円（550 円）

※（　）は休日料金

\「新しい下町」がコンセプト/

東京ソラマチ®

300 以上ものショップやレストランが入る商業施設。テーマごとにエリアが分かれており、全長約 120m の「ソラマチ商店街」や限定みやげが購入できる「ジャパンスーベニア」を散策しよう。

住墨田区押上 1-1-2　営 10:00～21:00、6～7階・30～31 階飲食店舗 11:00～23:00（一部店舗によって異なる）　休不定休　CC 店舗によって異なる

さまざまなブランドが集う「ファッションゾーン」

\生き物を間近で見られる/

すみだ水族館

約 260 種のいきものに会える、完全屋内型の水族館。「近づくと、もっと好きになる。」をコンセプトにアクリルで隔てない水槽が特徴で、ペンギンやオットセイ、クラゲなどを間近で観察できる。

小笠原諸島の海をテーマにした「小笠原大水槽」にも注目

住東京スカイツリータウン・ソラマチ 5～6 階　TEL 03-5619-1821　営 10:00～20:00、土・日・祝 9:00～21:00（最終入場は閉館時間の 1 時間前）　休無休　料 2500 円、高校生 1800 円、小・中学生 1200 円、幼児 800 円　CC ADJMV

\光×音の演出で星空に包まれる/

コニカミノルタ プラネタリウム天空

最新の 3D 音響やオリジナルアロマが香る「ヒーリングプラネタリウム」、限定 3 席の「三日月シート」など体験型のプログラムが多く楽しめる。

ドームの前方に配置された「三日月シート」

住東京スカイツリータウン・イーストヤード 7 階　TEL 03-5610-3043　営 10:30～22:00、土・日・祝 9:30～（上映スケジュールは公式 HP を確認）　休無休　料一般シート 1600 円、子供 1000 円　CC JMV

下町の新しいシンボル

東京スカイツリータウン®（とうきょうすかいつりーたうん）

「東京スカイツリー」や「東京ソラマチ」を中心に水族館やプラネタリウムなどさまざまなエンタメ施設をもつ「街」。江戸切子のあしらいが光る商店街、日本刀の「そり」や伝統的日本建築の「むくり」などを取り入れたタワーなど日本古来の美意識や下町情緒を感じさせる。

MAP 別冊 P.43-C4 押上

住墨田区押上 1-1-2　TEL 0570-55-0634（東京スカイツリーコールセンター）　営東京スカイツリー 10:00～21:00（最終入場 20:00）、その他施設により異なる　休施設により異なる　CC ADJMV　交東武スカイツリーラインとうきょうスカイツリー駅東改札口・西改札口、地下鉄・京成押上線押上駅 B3 出口すぐ

東京オリンピック・パラリンピック
大会レガシーとなった会場を巡ろう

私たちの記憶に新しい本大会。生まれ変わった国立競技場や、新たに誕生した会場のその後をたどっていく。

設計は隈研吾氏による。国産木材を使用し、木のぬくもりを感じられる空間に。鉄骨と木材を組み合わせた大屋根や臨場感あふれるすり鉢状の3層スタンドに注目。

ヘリテッジゾーン

❶ 国立競技場（こくりつきょうぎじょう）

1964年の東京大会以来、長らくライブやスポーツ観戦の舞台になっていたが、リニューアルのため2016年に工事を開始し、2019年に竣工。東京五輪・パラリンピックでは「オリンピックスタジアム」の名称でメインスタジアムとして使用された。現在も大規模なイベントを行う。

MAP 別冊 P.31-A4 千駄ヶ谷
住 新宿区霞ヶ丘町10-1　営 イベントによる。国立競技場スタジアムツアーは公式HPを要確認　料 イベントによる。国立競技場スタジアムツアー1800円、高校生以下1000円　交 地下鉄国立競技場駅A2出口から徒歩1分

おもな開催競技

オリンピック	パラリンピック
●開会式・閉会式	●開会式・閉会式
●陸上競技	●陸上競技
●サッカー	

聖火台

職人の手仕事によって仕上げが施された本大会のレガシー

炬火台

1964年東京大会時、バックスタンド最上部に聖火が灯された

国立競技場スタジアムツアーに参加

アスリート体験

選手のマネして記念撮影！

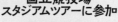

❶フラッシュインタビューゾーンには表彰台が　❷❸競技場のピッチに立つ経験もできる。ハードルやスターティングブロックが展示されているので、選手さながらポーズを決めて写真撮影をしよう！

レガシー見学

❹選手のサインが書かれたサインウォール　❺❻インタビューゾーンで聖火リレートーチを見学

普段は関係者しか入室できないロッカールームにも行くことができる

ショップも

記念キーホルダーやオリジナルの瓦せんべい12枚入り972円などを販売

会場計画コンセプト

1964年の東京大会のレガシーを引き継ぐ「ヘリテッジゾーン」と都市の未来を象徴する「東京ベイゾーン」の2ゾーンで構成。選手村を中心に広がるふたつのゾーンは無限大の記号を想起させる。

ヘリテッジゾーン
国立競技場をはじめ国立代々木競技場や日本武道館、多摩地域含む10ヵ所

東京ベイゾーン
23区の湾岸エリアを中心に、本書で紹介する施設含めて都内に14ヵ所ある

ヘリテッジゾーン

敷地内に大小8つのホールと31の会議室がある

おもな開催競技

オリンピック
●ウェイトリフティング

パラリンピック
●パワーリフティング

❷ 東京国際フォーラム（とうきょうこくさいふぉーらむ）

平成9年に開業。巨大な舟形のアトリウム空間をもつガラス棟が特徴的で、広い施設内では展示会やコンサートなど毎日さまざまなイベントが行われている。 DATA → P.161

ヘリテッジゾーン

❸ 国技館（こくぎかん）

相撲の聖地というイメージが強いが、すり鉢状の会場は観客が四方から中央の競技を観戦することができ、大会ではボクシングの会場として利用された。 DATA → P.47

過去にはプロボクシングのタイトルマッチの開催も

おもな開催競技

オリンピック
●ボクシング

東京ベイゾーン

コンサートや式典などイベントでも使われるメインアリーナ

おもな開催競技

オリンピック
●バレーボール

パラリンピック
●車いすバスケットボール

❹ 有明アリーナ（ありあけありーな）

有明北地区に新たに整備された施設で、最大1万5000人を収容するメインアリーナのほか、スポーツ利用できるサブアリーナもある。レストランやカフェ、スポーツジムを併設。

MAP 別冊 P.47-A2 有明
住江東区有明1-11-1　営イベントによる　料イベントによる
交ゆりかもめ新豊洲駅・有明テニスの森駅から徒歩8分

東京ベイゾーン

❺ 夢の島公園アーチェリー場（ゆめのしまこうえんあーちぇりーじょう）

2019年にオープンし、大会ではアーチェリー会場として使用。現在はアーチェリーのほか、各種スポーツ大会やイベント、体験教室を実施しており、芝生広場として一般開放も行っている。

MAP 別冊 P.14-A2 新木場
住江東区夢の島2-1-2　営イベントによる　料イベントによる
交JR新木場駅から徒歩7分

だれでも参加可能なヨガ教室やスポーツ教室を開催

おもな開催競技

オリンピック	パラリンピック
●アーチェリー	●アーチェリー

東京ベイゾーン

❻ 海の森水上競技場（うみのもりすいじょうきょうぎじょう）

緑に囲まれた埋立地の水路に新しく整備された施設。約200艇のカヌーやボートを保管できる艇庫棟や約2000席の観客席のグランドスタンド棟など、現在は水上競技の拠点に。

おもな開催競技

オリンピック	パラリンピック
●ボート	●ボート
●カヌー(スプリント)	●カヌー

水上アクティビティのレッスンも実施

MAP 別冊 P.14-B2 新木場
住江東区海の森3-6-44　営9:00〜17:00　料利用施設・イベントによる　交りんかい線東京テレポート駅からバスで環境局中防合同庁舎前下車、徒歩20分

お総菜＆スイーツ食い倒れ天国！
23区の名物商店街へようこそ

都会的な風景もありながら、下町情緒あふれる商店街が点在する東京23区。
東京を代表する４つの商店街と“銀座”と名の付く商店街の由来をご紹介。

とげぬき地蔵が鎮座する

巣鴨地蔵通り商店街（すがもじぞうどおりしょうてんがい）

江戸時代、巣鴨地蔵通りは中山道として栄えてきた。明治24年に「とげぬき地蔵尊 高岩寺」が上野から巣鴨へ移転したことで、巣鴨地蔵通りには「とげぬき地蔵尊」のほか、「江戸六地蔵尊」、「巣鴨庚申塚」が鎮座し、信仰の場としても親しまれるように。現在、全長約780メートルの通りには約200店舗が軒を連ねる。**おばあちゃんの原宿**とも呼ばれ、年配者向けの衣服店が多いことも特徴のひとつ。昭和27年創業の**赤パンツの元祖 巣鴨のマルジ**は、元気と幸福を届ける“幸福の赤パンツ”を販売。還暦や長寿祝いの品なども多数取り揃えている。それ以外にも**塩大福のみずの**や**福島家**、**松月堂**など和菓子店の老舗が点在。毎月4の付く日（4日、14日、24日）にはとげぬき地蔵の縁日が開催され、通り沿いには露店が並びおおいににぎわう。

MAP 別冊 P.16-B2 巣鴨
住 豊島区巣鴨4-22-8　TEL 03-3918-2101　営 店舗により異なる　休 店舗により異なる　交 地下鉄巣鴨駅A3出口から徒歩2分

おすすめは和スイーツ

左／塩大福は「塩大福みずの」や「松月堂」で販売
右／「塩大福みずの」の店頭はいつも行列ができる

昭和12年創業の**塩大福みずの**は塩大福発祥のお店として知られる。江戸末期に創業した和菓子屋**福島家**では季節ごとに生み出される美しい上生菓子を堪能したい。また、**松月堂**で販売しているオリジナル地蔵最中もおすすめ。

巣鴨みやげに注目

巣鴨 金太郎飴には「地蔵飴」やお地蔵様の焼印入り「とげぬき地蔵尊瓦せんべい」が並ぶ。**喜福堂**のあんぱんや**伊勢屋**の団子も名物。

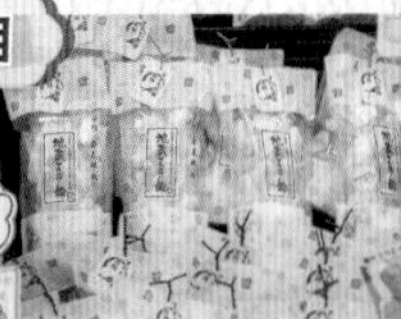

お手頃価格でパンやお菓子をゲットできる

+α お参りスポットも！

慶長元（1596）年に湯島で創建された曹洞宗の寺院、「とげぬき地蔵尊 高岩寺」。境内には聖観世音菩薩（洗い観音）が鎮座し、自分の身体の悪いところを洗うと治るといい伝わる。

DATA → P.218

巣鴨地蔵通り商店街の途中に位置するのでぜひ参拝しよう

食事処の人気店もあり

巣鴨ときわ食堂 本店（→ P.372）の定食メニューや大正15年創業のうなぎ専門店**八ツ目やにしむら**、**地蔵そば 大橋屋**に注目だ。

「巣鴨ときわ食堂」のエビフライはボリューム満点。巣鴨には本店のほか、駅前店と庚申塚店がある

由来はもちろん"甘酒"から

甘酒横丁

あまざけよこちょう

水天宮でお参りして商店街へ

人形町商店街通りから清洲橋通りに位置する商店街で、道の両側に幅広いラインアップの店舗が並ぶ。京菓子店・**玉英堂 彦九郎**やたい焼き屋さん・**柳屋**などの和菓子店が多く、日本橋が舞台になっていた東野圭吾原作のドラマ『新参者』では、第1話に手焼きせんべい店の**にんぎょう町草加屋**が登場している。それ以外にも、和菓子では**凡味**や**銀座あけぼの**といったお店も。また、本書で紹介している**芳味亭**（→P.49）をはじめとする飲食店も軒を連ねている。ちょっと一杯飲みたいときには、**やきとり十五**や蕎麦屋の**東嶋屋**、**酒の店笹新**を訪れてみるとよいだろう。町中華からビストロまで目的によって使い分けできるのもうれしいポイントで、ティールームもある。

人形町駅からも水天宮前駅からも徒歩圏内

MAP 別冊 P.22-A1 人形町
住 中央区日本橋人形町 2-4　営 店舗により異なる　休 店舗により異なる　交 地下鉄人形町駅 A1 出口から徒歩すぐ

明治〜大正創業の老舗

いなり寿司の折り詰め専門店・**人形町志乃多寿司總本店**（→P.380）は明治10年創業。極上ほうじ茶が人気の**森乃園**は大正3年、京都発祥の和菓子店・**玉英堂 彦九郎**が店を構えたのは昭和29年と歴史ある店ばかり。

上／「森乃園」ではほうじ茶ソフトクリームも販売
下／志乃多寿司の折り詰めはさまざまな種類がある

ランチ＆ディナースポットも多数

2018年、甘酒横丁に移転した洋食屋・**芳味亭**は重箱弁当「洋食弁当」2970円などがいただける。明治40年創業の**とうふの双葉**の2階は豆腐を使ったレストランになっており、昼は定食、夜はコース料理がいただける。

上／レトロな外観が目を引く「芳味亭」 下／デザートには大人気の芳味亭プリン660円をご賞味あれ

おしゃれなカフェ＆ビストロも

老舗のみならず、新しいお店も並ぶ横丁。**タイニートリア ティールーム**では、スコーンやセイボリーなど本格的なアフタヌーンティーを提供。カジュアルビストロ **bhive** や薪窯で焼くピザが楽しめる**ピッツァダバッボ**なども。

甘酒横丁の由来とは？

「とうふ双葉」ではみやげ用の甘酒を販売しているので要チェック

「甘酒横丁」の名は、明治時代に現在の横丁入口付近にあった甘酒屋「尾張屋」に由来する。当時から人形町にあった寄席や明治座から帰る客でにぎわい、小路が「甘酒屋横丁」と呼ばれていたという。大正12年の関東大震災後に道路が広がり、昭和63年に中央区道路愛称として指定。尾張屋はすでになくなっているが、甘酒を販売しているお店はいくつかある。

手みやげにしたい名物グルメ

マストで訪れたいのは創業100年以上を誇るたい焼き屋の**柳屋**。"東京三大たい焼き"として知られ、目の前で焼いてくれるできたては絶品だ。**鳥忠**の玉子焼きも横丁名物のひとつ。1日限定個数しか販売しない玉子焼きもあるので、早めに訪れたい。**板倉屋**の七福神をかたどった人形焼きも忘れずに！

人形焼きも1個から OK

左／たい焼きは1尾から購入できる
右上／手焼きで作る板倉屋の人形焼き
右／鳥忠の玉子焼きも人気

日本で最も古い商店街のひとつ

浅草仲見世（あさくさなかみせ）

仲見世の始まりは元禄～享保時代のころだといわれている。当時、浅草寺境内の掃除を課せられていた人々に対して、境内や参道に営業の特権が与えられたという。伝法院から仁王門周辺の「役店（やくだな）」と呼ばれるエリアには水茶屋が並び、「平店」と呼ばれる雷門周辺では玩具や菓子、みやげものなどを売っていた。明治18年には、れんが造りの洋風仲見世が誕生するが、関東大震災や戦災によって何度か造りかえられ、現在の仲見世は戦後にできたもの。雷門から宝蔵門手前まで長さ約250メートルの通りにずらりとお店が並び、外国人観光客も多く訪れる一大観光スポットになっている。軒先のシャッターには浅草の歳時ごとが描かれ、店舗が閉店してから仲見世を歩くとまた違った味わいを感じられる。食べ歩きNGなので気をつけて。

MAP 別冊 P.42-C1 浅草
住台東区浅草1-36-3 TEL03-3844-3350
営店舗により異なる 休店舗により異なる 交地下鉄浅草駅A4出口から徒歩3分

散策にはマップを活用

総合窓口の「仲見世会館」の入り口には、「仲見世御案内の図」と書かれたマップが置いてあるので、ゲットしよう。会館には浅草の三社祭（→P.335）で使用される神輿も展示されている。観光案内所「浅草文化観光センター」（→P.271）も活用しよう。

仲見世会館の営業は10:00～17:00

+α あわせて訪問したいスポット

浅草観光で外せないのはやっぱり「浅草寺」。境内には見どころがたくさんあるので、ゆっくり時間を取って回りたい。隣接する「浅草神社」（→P.278）や浅草六区に足を運ぶのもおすすめ。

浅草寺の荘厳な本堂でお参り

DATA → P.277

名物その① 人形焼き

多種多様なサイズあり

店頭で焼いている姿を見られる**人形焼 木村家 本店**、鳩のマークが目印の**木村家人形焼本舗**、店内の機械で焼き上げる**三鳩堂**などがある。五重の塔、雷様、提灯、鳩など浅草らしい型が特徴だ。

上／つぶあん、こしあんでパッケージが異なる
下／浅草モチーフのかわいらしい人形焼きは手みやげに◎

名物その② 揚げまんじゅう

浅草寺近くに位置する**浅草九重**がいちばんの有名店。スタンダード含めて10種類以上が揃い、揚げたてをひとつから購入可能なのがうれしい。そのほか**菊水堂**や**中富商店**でも販売している。お店によって個性豊かなバリエと味を楽しんで。

サクッとした衣とあんこは軽やかな甘さ

80軒以上の老舗がずらり

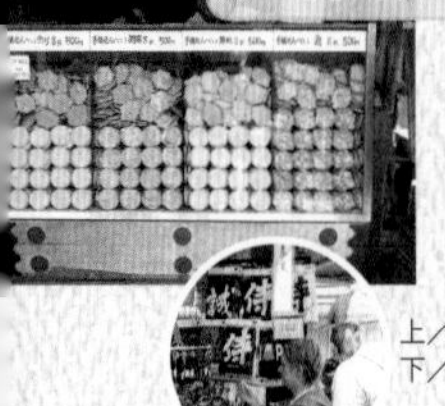

のり問屋の**いせ勘**、手焼きせんべいの**壱番屋**など江戸時代に創業した店舗が現存する。江戸時代のきびだんごを再現した**あづま**も注目。

上／浅草を代表するせんべい屋もある
下／和雑貨やアクセサリー店も並ぶ

職人技を間近で見学

目の前で職人さんが製造している風景を見学できる店もある。その場で作りたてを購入することもできるのでチェックを。また、店内にある機械で人形焼きを作っている店舗も。一つひとつラップで包装しているので、衛生的で温かいまま食べられるのもポイント。

ていねいに仕上げる

手作業と機械作業どちらも興味深い

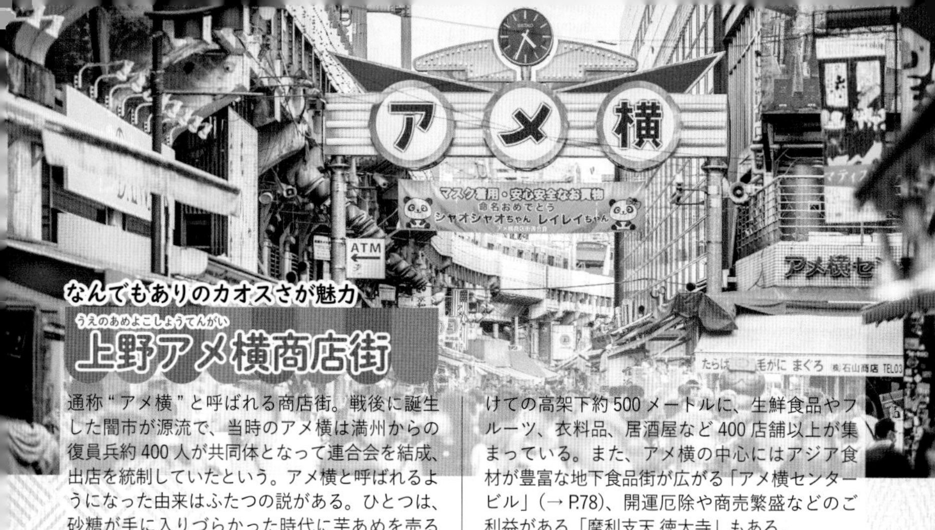

なんでもありのカオスさが魅力

上野アメ横商店街（うえのあめよこしょうてんがい）

通称“アメ横”と呼ばれる商店街。戦後に誕生した闇市が源流で、当時のアメ横は満州からの復員兵約400人が共同体となって連合会を結成、出店を統制していたという。アメ横と呼ばれるようになった由来はふたつの説がある。ひとつは、砂糖が手に入りづらかった時代に芋あめを売る飴屋が多かったことから「飴屋横丁」→「アメ横」となった説。もうひとつは、アメリカからの舶来品が多かったことから「アメリカ横丁」→「アメ横」となった説。現在は、上野駅から御徒町駅にかけての高架下約500メートルに、生鮮食品やフルーツ、衣料品、居酒屋など400店舗以上が集まっている。また、アメ横の中心にはアジア食材が豊富な地下食品街が広がる「アメ横センタービル」（→P.78）、開運厄除や商売繁盛などのご利益がある「摩利支天 徳大寺」もある。

MAP 別冊 P.46-C2 上野

住台東区上野6-10　TEL 03-3832-5053　営店舗により異なる　休店舗により異なる　交京成電鉄京成上野駅正面口から徒歩すぐ

海産物も見応えあり

ずらりと並ぶ鮮魚やカニやエビなどの甲殻類も名物のひとつ。毎年12月になると海産物に加えて、かまぼこや数の子など正月向けの売り出しも始まる。有名店に**石山商店**や**丸茂商店**などが挙げられる。

旬の魚がそのまま並べられ、一般客も購入可能

食べ歩きグルメも見逃すな！

果物単体でも販売している

アメ横といえばカットフルーツ。串刺しのパイナップルやイチゴ、メロンなど旬の果物がお手頃価格で販売。また、昭和7年創業の食肉卸店による**肉の大山 上野店**のメンチカツもトライ。

ボリューム満点のパイナップル

昼飲みできるお店がたくさん

オープンエアで屋台の雰囲気が最高

肉汁が染み出ておいしい～！

アジアングルメのなかでもビャンビャン麺が絶品の**平成福順**や焼き小籠包専門店の**西湖春上海小籠包**、珍味にも挑戦できる**天天楽**などの中華が特に充実。天ぷら酒場・**かっちゃん**や**呑める魚屋 魚草**、**もつ焼き 大統領**などの居酒屋系も幅広く、サクッと立ち飲みできる店もある。

上／上海式の焼き小籠包を提供しているお店も多い　下／ラム串は食べ歩きにもぴったりだ

スポーツ用品店も建ち並ぶ

ロンドンスポーツをはじめ、スポーツウエアやシューズなどを取り扱うスポーツショップがひしめき合うエリアもあり、安く手に入れるならアメ横を訪れるのも選択肢のひとつだろう。

衣類やバックパックなどが売られている

たたき売り＆値段交渉にもトライ

志村商店の叩き売りはぜひ一度は経験してほしいアメ横名物だ。卸売ならではの安さで、季節によって異なる種類のチョコが手に入る。各店舗での値引き交渉はまとめ買いをする際や閉店間際にチャレンジ。

チョコレートを袋いっぱいに詰めてくれる

絶対食べたい名物グルメも目白押し！
三大銀座商店街を歩く

○○銀座の由来とは？

区内だけで 100 以上が存在するといわれる「○○銀座」。当時の銀座通り商店街は日本一の繁華街であったこと、また銀座が戦後被害からいち早く復興を果たした地域でもあったことから、戸越銀座商店街を始まりとして終戦後に全国へ続々と誕生していったという。

リニューアルされた木造駅舎が特徴の戸越銀座駅も近い

元祖「○○銀座」の商店街

戸越銀座商店街（とごしぎんざしょうてんがい）

関東大震災後に誕生し、震災の被害を受けた銀座で大量に余ったれんがを譲り受けて浸水解消に役立てたことから、銀座と深いゆかりがあることでも知られる。新旧合わせた約 400 店の中でも B 級グルメが有名で、約 20 店が提供する個性派コロッケは見逃せない。**後藤蒲鉾店**のおでんコロッケがその筆頭で、揚げ上がり時間によるが、大根が入った食感も楽しい一品を味わえる。月～土曜は 15:00 ～ 18:00、日・祝は 14:00 ～ 19:00 まで買物専用の時間帯でトラックや車の往来がないため、食べ歩きならこの時間に訪れるのもおすすめ。座って食べるなら戸越銀座駅から徒歩 10 分ほどの戸越公園がゆったりできる。

MAP 別冊 P.18-C1 戸越
住品川区戸越 1-15-16　TEL 03-3788-1474　営店舗により異なる　休店舗により異なる　交地下鉄戸越駅 A2 出口から徒歩すぐ

関東イチ長い商店街!?

震災で大きな被害を受けた東京下町や横浜の商業者がこの地へ集まり、昭和 2 年には戸越銀座駅が開業してさらに商店が集中したことで、関東随一の長さを誇る商店街が形成されたといわれる。約 1.3km の通りは、お店を覗きつつのんびり歩いて、端から端まで所要時間は大体 20 分ほど。

改札を出たところにある商店街 MAP

エリアは大きくわけて３つ！

商栄会商店街

戸越銀座駅以西に延びるゾーンで、駅を出て商店街全体を端まで歩きたいなら商栄会商店街からスタートするのがおすすめ。ここに本店を構える**中津からあげ渓**では、本場・大分仕込みのから揚げが評判。

上／9 つある門の位置を確認しながら歩こう　下／買い物客でにぎわう

戸越銀座商店街（中央）

踏切の先へ進もう！

商店街の中心に位置し、距離が最も長い分、**後藤蒲鉾店**のおでんコロッケや**龍輝**の焼き小籠包など食べ歩きグルメも盛りだくさん。2020 年にオープンした**戸越屋**のおにぎりなど、新店もチェックしよう。

上／商店街 MAP やトイレがある案内所もこのエリア　下／食べ歩きに便利な串のおでん

銀六商店街

中央街ゾーンから延びるいちばん東側のエリアで、名称は震災後に銀座 6 丁目かられんがを譲り受けたことに由来。肉屋や牛乳屋など昔ながらの食料品店のほか、雑貨屋や花屋など地元の暮らしを感じられる店が多数。

マスコットキャラの戸越銀次郎がお出迎え

十条価格の総菜がずらり

十条銀座商店街
（じゅうじょうぎんざしょうてんがい）

JR 十条駅前の広場から北へ延びる全長約 520m の商店街で、中央通りをメインにして東通りと西通りに 200 店舗以上が軒を連ねる。明治 30 年代後半、軍関係施設の整備で発展したという商店街の特徴は、なんといっても生鮮食品店や総菜店の多さと安さ。目を引く POP で彩られた店先には、揚げ物や焼き鳥などの種類豊富な総菜類が数十円から販売されており、おもわず目移りしてしまうほど。商店街はほとんどがアーケードで覆われているため、雨の日でも気にせず食べ歩きできるのがうれしい。

MAP 別冊 P.16-A1 十条
住 北区十条仲原 1-4-8　TEL 03-3907-3860
営 店舗により異なる　休 店舗により異なる
交 JR 十条駅北口から徒歩 1 分

十条名物をゲット！

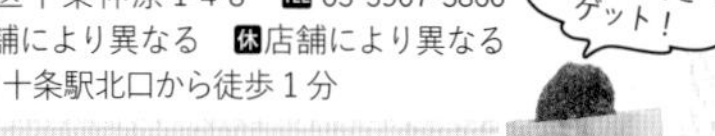

揚げ物がおいしい！

ミート・デリカ塩家の十条メンチ、**鳥大**のチキンボールなど名物はマストで食べたい。中にはコロッケを 1 個 45 円から販売する店も！

1 個 10 円から揚げ物を販売

できたて最高！

駅からまっすぐ進めば十条富士見銀座商店街

老舗の和スイーツも！

だるまや餅菓子店のみたらし団子、**むさしや**の手焼せんべいなど、昔ながらの甘味も手に入る。**あい菜家**は総菜メインな一方、チーズケーキなど 200 円台から手に入るのでチェックしてみて。

食べ歩きに優しい商店街

どれでもひとつから気軽に買えるうえ、購入時に今食べることを伝えれば、串を包むためのビニールも渡してくれるサービスも。

机や椅子が用意されたお休み処もある

どこか懐かしさを感じる

砂町銀座商店街
（すなまちぎんざしょうてんがい）

戦前戦後を経て徐々に店が増え始め、廉価な野菜・肉・魚を筆頭に昭和 38 年頃には現在と同じ 670m に渡る商店街通りが誕生。今も昭和の雰囲気を色濃く残す商店街は、毎月 10 日に開催される「ばか値市」でさらに活気づく。180 店以上がふたつのエリアに揃い、西口エリアには肉厚な天ぷらが自慢の**天兵**、砂町銀座名物の塩うどんがいただける**梅むら**が並ぶ。さらに奥へ進み東口エリアに入れば、**あさり屋さん**の浅利めし、**うなくり 5** ではウナギのくりから焼きなど、さまざまなジャンルに出合えるのが魅力だ。

MAP 別冊 P.12-C2 南砂町
住 江東区北砂 13 ～ 5 付近　TEL 03-3644-5854
営 店舗により異なる　休 店舗により異なる
交 地下鉄西大島駅から都営バス 07 門前仲町行きで北砂 2 丁目下車、徒歩すぐ

昭和風情が残る街並み

近隣に鉄道駅はないものの、常ににぎわう

東京大空襲で焦土と化し、近隣住民とともに発展していった砂町銀座。日用品から食料品まで地域に愛される個人商店が中心に並ぶ。

ボリュームたっぷり！

人気ドラマで紹介された一品

手作りの店さかいでは一風変わったマグロメンチが人気商品。食べ歩きの場合は専用の袋に入り、ソースもかけ放題。

多彩なラインアップのグルメ

揚げ物、おでん、焼き鳥、海鮮類などの種類豊富な総菜類に加え、カフェやお茶屋さんも点在し飽きることなく楽しめる。店は水曜定休が多い。

上／竹沢商店の焼き鳥は焼きたてで提供
下／茶葉から淹れて楽しむサービスも

世界最大規模の本のまち 神田古書店街の個性派書店

神田古書店街の魅力は個性的なジャンルと知識豊富な店主さんにあり。本のまちを歩いてお気に入りの１冊を見つけよう。

日本文学に触れる２店

私のおすすめはコレ！
谷崎潤一郎著『刺青』の函付き初版本。装幀が美しい胡蝶本です。

あの文豪の稀覯本が並ぶ
玉英堂書店（ぎょくえいどうしょてん）

四代目
斉藤さん

明治35年に本郷で開業後、大正15年に神保町へ移転。１階ではおもに初版本を扱い、２階では希少で内容的にも優れた「稀覯本」を取り揃える。作家の色紙がところ狭しと並ぶ階段を上ると、作家の肉筆原稿、書簡、はがきなど数多くの貴重な作品を目にすることができる。2階は自由に観覧可能。

初版本や限定本も充実

❶村上春樹作品も人気　❷２階では三島由紀夫の肉筆原稿も展示　❸左／永井荷風著『濹東綺譚』　右／谷崎潤一郎著『卍』

MAP 別冊 P.39-C3

住千代田区神田神保町 1-1　TEL古書部 03-3294-8044、稀覯本部 03-3294-8045　営10:30 ～ 18:30　休日・祝　CCADJMV　交地下鉄神保町駅 A7 出口から徒歩２分

私のおすすめはコレ！
無頼派で知られる檀一雄の『火宅の人』は最晩年の作品です。

文学好きがこぞって通う
けやき書店（けやきしょてん）

佐古田さん

昭和62年に日本近代文学の専門店として創業し、店内には１冊ずつていねいにパラフィン紙で保護された古本が並ぶ。初版本を中心に扱い、なかでも坂口安吾、太宰治ら無頼派の作家や芥川・直木賞作家の作品が豊富。村上春樹、京極夏彦ら人気作家のサイン本を求めて訪れる客も多いそう。

署名本が多数

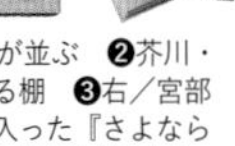

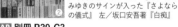

❶太宰治の初版本が並ぶ　❷芥川・直木賞作品が集まる棚　❸右／宮部みゆきのサインが入った『さよならの儀式』　左／坂口安吾著『白痴』

MAP 別冊 P.39-C3

住千代田区神田神保町 1-9 6階　TEL 03-3291-1479　営11:00 ～ 19:00　休日・祝　CCADJMV　交地下鉄神保町駅 A7 出口から徒歩１分

神保町が本のまちになったわけ

直射日光による本の劣化を避けて、北側に立つ店が多い

明治期、神保町周辺に多数の学校が設立したことをきっかけに学生に本を売るための新刊書店、読み終わった教科書を売るための古書店が続々と開店。現在の神田古書店街へ発展していったといわれている。

江戸・東京を知る3店

本物の江戸文化に触れる

大屋書房
おおやしょぼう

江戸時代に出版された書籍を幅広く扱う明治15年創業の老舗書店。店内は古地図や浮世絵版画、一つひとつ手書きの棚札が付けられた和本が並び、実際に江戸文化に触れることができる貴重な書店だ。若い人も江戸に親しみを持てるようにと、現在の四代目から妖怪に関する古書の取り扱いも始め『妖怪カタログ』も好評。

私のおすすめはコレ！
江戸時代に流行した『百物語』。さまざまな妖怪たちが登場します。

四代目 纐纈さん

本は手に取って読める

江戸の妖怪資料が見つかる

❶店内ではワゴン販売も　❷歌川国芳『日本駄右エ門猫之古事』　❸『妖怪カタログ』1500円

MAP 別冊 P.39-C3
住千代田区神田神保町1-1　TEL 03-3291-0062　営11:00～18:00
休日・祝　CC ADJMV　交地下鉄神保町駅A7出口から徒歩3分

タイムスリップ旅が叶う

永森書店
ながもりしょてん

私のおすすめはコレ！
手作業で彩色された「手彩色絵葉書」は当時から高価で希少な品です。

永森さん

2002年に独立開業した後、2021年から現在のすずらん通りに店を構える古書店。旅行案内や古地図、戦時資料、戦前の絵はがきが豊富に揃い、お目当ての地域の資料を求め専門家やコレクターも足しげく通う。眺めているだけで旅気分が味わえる品々は、お気に入りの1冊を見つける楽しみも。

日本各地の資料が揃う

❶当時の時刻表を手に旅する人も多い　❷鳥瞰図が印象的な鉄道案内なども　❸明治～昭和期の東京全図　❹レトロなデザインが特徴

MAP 別冊 P.39-C3
住千代田区神田神保町1-11-2　TEL 03-3518-9780
営11:00～18:00　休日・祝　CC ADJMV
交地下鉄神保町駅A7出口から徒歩1分

古典芸能を知る第一歩に

手塚書房
てづかしょぼう

私のおすすめはコレ！
『舞台の団十郎』には九代目市川團十郎の貴重な姿が残されています。

手塚さん

古典芸能や演劇、音楽に関する書籍が隙間なく並び、歌舞伎、能や狂言、落語、演劇など棚ごとに分けられたさまざまなジャンルを手にすることができる。ファンはもちろんプロの落語家や歌舞伎役者も良書を求めて訪れる一方、解説書や雑誌など初心者でも手に取りやすい商品も多数取り揃える。

写真集やCDも豊富

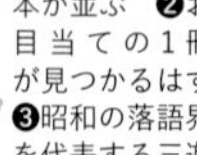

❶江戸～現代の本が並ぶ　❷お目当ての1冊が見つかるはず　❸昭和の落語界を代表する三遊亭圓生著作　❹江戸の木版刷りプログラムも

MAP 別冊 P.39-C3
住千代田区神田神保町1-27　TEL 03-3294-3338
営12:00～19:00　休日・祝　CC ADJMV
交地下鉄神保町駅A7出口から徒歩2分

趣味を極める3店

趣味を探す手がかりにも
悠久堂書店
ゆうきゅうどうしょてん

大正４年から神保町に店を構え、初代の学術書から始まり、二代目は山岳の本を、三代目は料理書、四代目は美術に関する本と代々ジャンルが拡充されていき、訪れるたびに新たな発見がある。特に料理書はプロ・アマ問わず人気ジャンルのひとつ。

ニッチな分野が得意

❸

❹

私のおすすめはコレ！
田淵行男の『山の意匠』。日本を代表する山岳写真家の作品です。

三代目
諏訪さん

❶２階は山岳、動植物関連の書籍が並ぶ　❷料理書はシリーズ物の大型本も多い　❸山と渓谷のバックナンバーも多数　❹お酒に関する本も充実

MAP 別冊 P.39-C3　住千代田区神田神保町 1-3-2
TEL 03-3291-0773　営 10:15 ～ 18:45、祝 10:45 ～ 18:15　休日、12 月 28 日～１月４日　CC ADJMV　交地下鉄神保町駅 A7 出口から徒歩３分

昭和レトロな漫画の世界へ
夢野書店
ゆめのしょてん

神保町で 40 年以上続いた中野書店漫画部を引き継ぐ形で、2015 年に魔法使いサリーの名字に由来した現店舗を立ち上げた。常時２万点以上の漫画、少年・少女誌、グッズなどを取り揃える店内は、懐かしさに浸りながら思いおもいに楽しめる空間だ。

私のおすすめはコレ！
昭和のカラオケレコード。上村一夫によるイラストが印象的です。

西山さん

飾れるアイテムの宝庫

❶　❷

❸

❹

❶『少年』など絶版漫画が揃う　❷ラミネート加工が施された表紙　❸昭和～現代のお宝グッズが盛りだくさん　❹年代ごとに漫画が並びお目当ての商品も見つけやすい

MAP 別冊 P.39-C3　住千代田区神田神保町 2-3 2 階
TEL 03-6256-8993　営 10:00 ～ 18:30、日・祝 11:00 ～ 17:30　休第１・３日曜、12 月 31 日～１月３日　CC ADJMV　交地下鉄神保町駅 A6 出口から徒歩１分

個性豊かなかるたが並ぶ
奥野かるた店
おくのかるたてん

大正 10 年に新橋で囲碁将棋花札などの室内ゲームの問屋として創業、戦後に神保町へ移り、昭和 54 年に小売業を開始。世界のゲームを幅広く扱う。現在はオリジナル商品を含め 100 種類以上ものかるたを取り揃えており、子供も大人も楽しめること間違いなし。２階では不定期で企画展も開催する。

三代目の奥野さんはかるたの普及にも努める

種類豊富なかるた

江戸いろはかるた

川上澄生作品の復刻

MAP 別冊 P.39-B3　住千代田区神田神保町 2-26
TEL 03-3264-8031　営 11:00 ～ 18:00、日・祝 12:00 ～ 17:00　休第２・３日曜　CC ADJMV　交地下鉄神保町駅 A4 出口から徒歩３分

明治～令和

大型書店の歩みと歴史

いつの時代も人々の探求心を支えてきた日本を代表する大型書店の歩みをご紹介。

神保町の歴史を見守る

さんせいどうしょてん じんぼうちょうほんてん(おがわちょうかりてんぽ)

三省堂書店 神保町本店（小川町仮店舗）

三省堂書店ミニ年表

明治十四年（1881年）	神保町通り（現・すずらん通り）に三省堂書店開業
大正四年（1915年）	出版・印刷部門が分離し株式会社三省堂を設立
昭和四年（1929年）	「学生のデパート」として売り場面積が２倍に
昭和五十六年（1981年）	創業100年を迎え新神田本店（現・神保町本店）開店
令和四年（2022年）	神保町本店として小川町仮店舗が営業開始

三省堂書店の歴史は明治14年、現・すずらん通りに店を構えたことから始まる。印刷技術が未熟な時代に多くの辞書を出版し、その後出版・印刷部門は独立。昭和に入ると新刊書籍だけではなく、文房具やたばこ、化粧品などの販売も始め「学生のデパート」として親しまれるように。昭和56年に改築した神保町本店は2022年建て替えのため小川町に店舗を移し2025～26年に完成予定。

大正14年頃の着物姿で働く従業員

MAP 別冊 P.39-C3 神田
住 千代田区神田小川町2-5
TEL 03-3233-3312　営 10:00～20:00
休 1月1日　CC ADJMV　交 地下鉄小川町駅A6出口から徒歩3分

明治十四年

昭和九年頃

令和五年

大型書店の先駆け

まるぜん にほんばしてん

丸善 日本橋店

日本橋丸善ミニ年表

明治四十三年（1910年）	日本初の鉄骨造りの社屋が竣工
昭和二十七年（1952年）	鉄筋ビルとして日本橋本社ビルが竣工
平成十六年（2004年）	老朽化による建替えで日本橋店が閉店
平成十九年（2007年）	一時閉店していた日本橋店が再開

文明開化期の明治2年、横浜で西洋文化・文物の導入という目的のもと「丸屋商社」が創業。翌年日本橋に店を開設し、書籍はもちろん万年筆、タイプライターなど人々の知的好奇心に応える多様な商品を輸入紹介した。明治43年には赤れんがが印象的な日本初の鉄骨建築を完成させ、関東大震災で焼失した後、昭和27年に東京では戦後初の鉄骨鉄筋ビルとして生まれ変わる。現・日本橋店は建て替えを経て2007年に再開店した。

明治四十三年

昭和二十七年

平成十九年

MAP 別冊 P.21-B3 日本橋
住 中央区日本橋2-3-10
TEL 03-6214-2001
営 9:30～20:30
休 無休
CC ADJMV
交 地下鉄日本橋駅B3出口直結

丸善とハヤシライス

丸善の創業者である早矢仕有的。煮込んだ野菜と肉をご飯に添えたものが「早矢仕さんのライス」と呼ばれ「ハヤシライス」になったとか。

現在はMARUZEN caféで提供

＼ブームはまだまだ継続中！／

壁画や照明にこだわった癒やし空間へ
昔なつかしの銭湯＆サウナ

歴史的な銭湯やリニューアルした最旬銭湯はもちろん、大人気のサウナまで。旅先で疲れた体を休めるスポットをご紹介。

東京都の基本入浴料金

♨大人 500 円　♨中人（6 歳以上 12 歳未満）200 円
♨小人（6 歳未満）100 円
サウナやタオルなどのレンタルは別料金で各銭湯によって異なる

登録有形文化財に指定された銭湯３選

沸いたことを表す「わ」板

毎日ピカピカに掃除しています！

❶湯船は 46 度の高温、中温、ぬるま湯の 3 種類　❷五代目夫妻が出迎えてくれる　❸縁側からは鯉の泳ぐ池が見える　❹入母家造りの玄関と 3 段の破風屋根は必見　❺広々とした脱衣所。男性が番台に立つときは目隠しをする

大正時代に創業した名物銭湯

滝野川稲荷湯（たきのがわいなりゆ）

大正 2 年に創業し、現在の宮造りの建物は昭和 5 年に建築されたもの。映画『テルマエ・ロマエ』をはじめ、さまざまな映画やドラマのロケ地として使われていることでも知られている。昔ながらの番台が残り、浴室には定期的に塗り替えをしているペンキ絵が映える。浴場のこだわりは年明けに毎年新調する木の桶。

MAP 別冊 P.16-A2 板橋
住 北区滝野川 6-27-14　TEL 03-3916-0523
営 15:00 ～ 24:30　休 水、月 1 回連休あり
CC 不可　交 JR 板橋駅東口、地下鉄西巣鴨駅 A3 出口から徒歩 7 分

三代目が街の発展にも貢献

小杉湯（こすぎゆ）

いち押しは
ミルク風呂♪
ゆっくりつかりに
来てくださいね！

昭和８年に創業した高円寺の人気銭湯。お風呂は４つの浴槽に分かれ、温冷浴ができる。アメニティやドリンク、アイスなどが充実し、日替わり風呂にあわせた物販スペースも。漫画や絵本が揃う休憩スペースは月替わりのギャラリーになっていて、湯上がり後もゆったり過ごせる。

MAP 別冊 P.9-C3 高円寺
住 杉並区高円寺北 3-32-17
TEL 03-3337-6198　営 15:30 ～ 25:30、土・日・祝 8:00 ～（最終受付 25:00）
休 木　CC AJMV　交 JR 高円寺駅北口から徒歩５分

❶富士山のペンキ絵が映える明るい浴室。44 度のあつ湯やジェットバスが揃う　❷種類豊富なクラフトビール片手にギャラリーをのぞいてみよう　❸多様な年代のスタッフとの交流も楽しいひととき　❹建物は唐破風屋根が印象的な木造建築

朝湯にどっぷり癒やされる

燕湯（つばめゆ）

天女が舞う
ペンキ絵

朝６時から営業しており、46 度と温度が高い沸かしたての時間めがけて訪れる常連客も多い。東京に朝早く到着した旅行客がキャリーケースを引きながら訪れる姿もよく見かける光景だ。昭和 25 年に建てられた現在の建物と浴室にある岩山は登録有形文化財に指定されている。

MAP 別冊 P.46-C1 上野
住 台東区上野 3-14-5　TEL 03-3831-7305　営 6:00 ～ 20:00（最終受付 19:30）　休 月・火　CC 不可
交 JR 御徒町駅南口から徒歩４分

❶迫力ある岩山は富士山の溶岩でできているのが特徴　❷幅が広いロッカーや大きな鏡がある脱衣場は、行商人や芸者が多く通ったことが名残なのだとか　❸脱衣所の格子状に組まれた格天井の建物は貴重な木造建築　❹立派な瓦屋根が目を引く

充実の風呂が楽しめる歴史ある老舗銭湯２選

食事処も品揃え
豊富ですよ！

❶石造りの露天風呂でゆったり　❷２階では趣ある櫓の下で岩盤泉が楽しめるほか、サウナなども揃う　❸１階の広々としたお風呂。この奥に露天風呂がある　❹ミコノス島やアルプス、タヒチなど世界中の風景が描かれている壁画

現存する都内最古の銭湯
あけぼの湯（あけぼのゆ）

安永２（1773）年創業で江戸時代から続き、現在の主人は十九代目。２階建ての建物では12種類のお風呂が楽しめるという充実ぶりで家族連れも多いとか。お湯は約40度のぬるめの天然温泉で、ジェットバスや岩盤泉、牛乳風酵素風呂、ハイブラ湯などをじっくり回りたい。露天風呂まで湯船を通って行く造りもユニーク。

MAP 別冊 P.13-C3 船堀
住 江戸川区船堀 3-12-11
TEL 03-3680-5611　営 15:30 ～ 23:00、日・祝 14:00 ～ 24:00　休 木・金
CC 不可　交 地下鉄船堀駅南口から徒歩５分

お風呂からも
庭が見える！

キングオブ縁側と評される
タカラ湯（たからゆ）

創業は昭和２年。ドラマの撮影でもよく使われており、別名「キングオブ縁側」と評される縁側と手入れが行き届いた庭が自慢の銭湯。浴室には中島絵師作『三保の松原』から眺める富士山のペンキ絵と地獄絵図が飾られている。女湯には本格的なフィンランドサウナ（銭湯料金に込み）が備わり、毎週水曜日は男女入れ替えに。

MAP 別冊 P.17-A4 北千住
住 足立区千住元町 27-1　TEL 03-3881-2660　営 15:00 ～ 23:00　休 金　CC 不可
交 JR 北千住駅２番出口から徒歩 20 分

縁側で四季を
感じてください！

❶ジェット付きの座湯や電気風呂、ゲルマニウム風呂、薬湯など全５種類のお風呂がある　❷昭和13年に再建された宮造りの建物　❸ヒーターでサウナストーンを熱したサウナではセルフロウリュができる　❹庭を望む縁側で休憩しよう

モダンに進化した表参道&渋谷の銭湯２選

進化を続ける老舗銭湯

改良湯（かいりょうゆ）

創業は大正５年と歴史は長く、現四代目のもと 2018 年にリニューアル。2022 年には男湯のサウナを拡張した。浴室には現代作家によるペンキ絵が飾られ、雰囲気抜群のアートな空間に。肌に優しい軟水を使用し、炭酸泉、中温風呂、水風呂がある。男湯には対流式サウナ、女湯には遠赤外線サウナ（450 円）を備えている。

MAP 別冊 P.49-A1 渋谷
住 渋谷区東 2-19-9 TEL 03-3400-5782 営 12:00 〜 23:30
休 土 CC 不可
交 JR 渋谷駅新南口から徒歩９分

❶スタイリッシュでシンプルなロビーには物販コーナーもある ❷男湯のサウナには外の風に当たれる湯ざましスペースも ❸間接照明で落ち着いたモダンな浴室 ❹目印の大きなクジラの壁画は恵比寿で行われた「鯨祭」とのコラボ作品

創業 100 年以上の都会湯

南青山 清水湯（みなみあおやま しみずゆ）

正確な創業年は不明だが、明治 36 年ごろには現在青山キラー通りとなった場所で営業していたとされる。浴室のシャワーやカランのお湯まですべて軟水を使用という徹底ぶりで、シルク風呂や高濃度炭酸泉など肌にやさしいお湯に癒やされよう。タオルレンタルや着替えの販売もあり手ぶらで立ち寄りやすい。

MAP 別冊 P.31-B4 表参道
住 港区南青山 3-12-3 TEL 03-3401-4404 営 12:00 〜 24:00（最終入場 23:30）、土・日・祝〜 23:00（最終入場 22:30） 休 金 CC 不可 交 地下鉄表参道駅 A4 出口から徒歩２分

2009 年にリニューアル

❶３タイプのジェットバスやレインシャワーもありスパのような充実ぶり ❷マンションの１階に位置する都会的な外観 ❸レストスペースではドリンクやソフトクリームを販売 ❹男女ともにサウナ完備（入浴料込み 1060 円）

1日中滞在したくなる！スッキリととのうサウナ3選

サウナの予約はウェブと店頭の2種類

104℃

❶

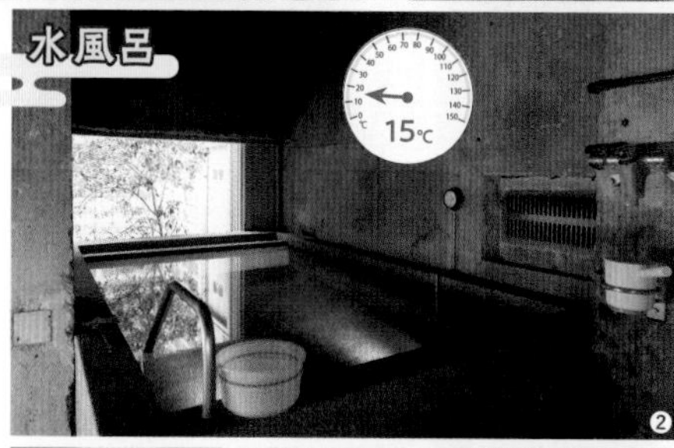

❶❷❸国産ヒバ材と麦飯石の壁がこだわりの男湯サウナ。水深 90cm の広い水風呂や開放的な外気浴スペースもある　❹漫画家・ほしよりこ氏が描く背景画のイラストも見どころ　❺オリジナルのクラフトビールがいただけるビアバー　❻ガラス戸で一見でも入りやすい

泊まって飲める一体型銭湯

黄金湯（こがねゆ）

戦前から続く銭湯で、2020 年に大規模なリニューアルを実施し、ビアバーや DJ ブースを併設。男湯にはオートロウリュサウナ、女湯に日替わりのアロマ水を配したセルフロウリュサウナがあり（平日：男性 500 円、女性 300 円、土・日・祝：男性 550 円、女性 350 円）、毎週水曜には男女入れ替えに。

MAP 別冊 P.45-B3 錦糸町

住 墨田区太平4-14-6 金澤マンション1階　TEL 03-3622-5009　営 6:00 ～ 9:00、11:00 ～ 24:30、土 6:00 ～ 9:00、15:00 ～ 24:30　休 第 2・4 月曜　CC 不可
交 JR 錦糸町駅北口から徒歩 6 分

宿泊スペースも！

「お宿 黄金湯」は宿泊プラン 5800 円～。お風呂とサウナが入り放題プランは、館内着のままお風呂にアクセス可能でタオルセット付き。

清潔感のあるカプセルホテルスタイル

東京に現存する最古のサウナ

さうなせんたー

サウナセンター

終電を逃したビジネスマンが仮眠できる施設を作ろうと、ホテル業を営んでいた創業者が昭和 54 年に開業。水風呂の拡張やサウナの改良を行いながら、2018 年にリニューアルオープン。男性専用で入浴のみ（3 時間、5:00 ～翌 1:00）は 1500 円～。2 ～ 3 階はカプセルホテルになっている。

MAP 別冊 P.41-C4 鶯谷
住台東区下谷 2-4-7
TEL 03-3876-0016　営 24 時間　休無休　CC MV　交 JR 鶯谷駅南口から徒歩 3 分

❶サウナでは熱波師によるアウフグースを頻繁に行う　❷漫画や雑誌がぎっしりと並んだ休憩室にはテレビ付きリクライニングチェアも　❸食堂の人気メニューはハムエッグ定食 850 円　❹水風呂と 6 ～ 7 度に保ったペンギンルームで涼もう

珍しい屋外プールが魅力

あくあひがしなかの

アクア東中野

大正 12 年以前に創業していたとされる老舗。2010 年に全面リニューアルし、清潔感のある浴場と男女ともに外気浴もできる屋外プールが特徴。遠赤外線＋オートロウリュ・拡散用ファン一体型ヒーター付きのサウナ（500 円、中学生 400 円、小学生 300 円）は定員 14 名と広々。

MAP 別冊 P.9-C3 東中野
住中野区東中野 4-9-22　TEL 03-5330-1126　営 15:00 ～ 24:00　休月（祝日の場合翌日）　CC 不可　交 JR 東中野駅東口から徒歩 3 分

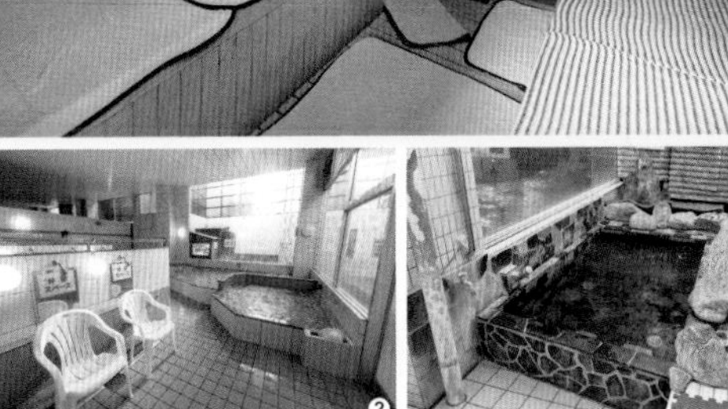

❶ヒノキに包まれたサウナ室では「ほうじ茶ロウリュ」など月ごとのロウリュが楽しめる　❷お風呂は軟水を使用し、ジェットバスや炭酸泉など種類も豊富　❸露天風呂の薬湯は日替わりで漢方湯も　❹全長約 7 メートルの屋外プール

\ パスポート不要の異国 /

進化し続けるアジアンタウン in TOKYO

ここ数年でさらに盛り上がりを見せ、東京にも外国人が多数住むエリアがある。編集部おすすめの店とともに代表的なエリアを紹介。

韓国ブランドのコスメも豊富

昼と夜でまた違った顔をもつ新大久保の町

\ 多国籍な町の代表格はココ /

1 新大久保

新大久保＝コリアンタウンのイメージが強い人も多いかもしれないが、実はバラエティに富んだアジア＆イスラム文化が集まる町だ。スタートはJR新大久保駅。目の前の大久保通りを右に行くと、韓国系のレストランやショップが立ち並び、**イケメン通り**をはじめとする路地にも店が密集。だが、駅を出て左に行くとまた違った世界が現れる。たとえば、大久保通りを渡ってすぐ細い路地に折れると、ハラルフードやスパイスの専門店が軒を連ねる**イスラム横丁**へ。大久保通りをそのまま左に歩き、JR大久保駅方面に向かうと中華系のお店が点在するように。さらに駅を出てすぐ左の路地に入ると、タイ料理屋が並び、ベトナムやネパールなど東南アジアと南アジアの色が濃くなっていく。

MAP 別冊 P.16-C1

交 JR新大久保駅から徒歩すぐ

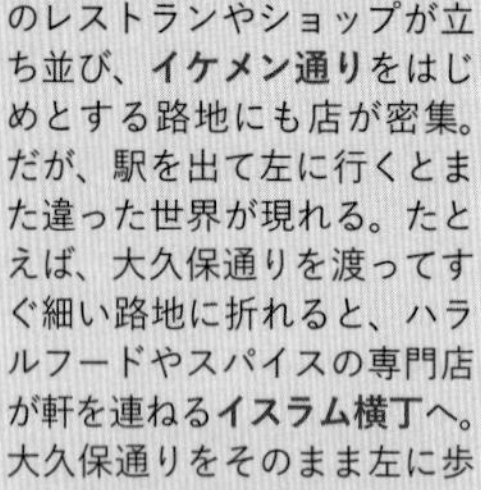

お店選びに悩むほど

新大久保の歩み

明治・大正期

徳川家康が江戸入府後、防衛のために配置した「鉄砲組百人隊」を大久保周辺に住まわせていたことから、このエリアは「百人町」と呼ばれるように。明治中頃までは江戸時代の面影が残る田園風景が広がっていたが、明治28年に大久保駅、大正3年には新大久保駅が開業することで町がひらけていく。また、当時から島崎藤村や国木田独歩、小泉八雲といった文人が住んでいた。

戦後1950年代～

もともと宣教師や外国人教師らが多く住んでいたとされるが、昭和10年に隣の北新宿で「国際学友会」が設立されるなど、周辺に留学生を受け入れる施設が多かったことも多国籍化の理由のひとつといえるだろう。さらに昭和25年、韓国人が創業したお菓子メーカー「ロッテ」の新宿工場ができ（2013年閉鎖）、そこで雇用された韓国系住民が多くなり、韓国料理屋が点在するように。

昭和後期～平成初期

高度経済成長期からバブル期にかけて、新大久保から高田馬場周辺には日本語学校や外国人向けの専門学校が続々誕生。また、仕事を求めて南アジアや東南アジア系の人々が来日するようにもなる。新宿歌舞伎町など夜の町で働く台湾、中国、タイなどアジア系の人々が住む場所にもなり、それにともない飲食店や食材店がオープン。

2000年代の韓流ブーム

2003年のドラマ『冬のソナタ』や前年の日韓ワールドカップがきっかけで韓流ブームが到来。2010年代にはK-POP、現在ではメイクや料理なども含めて韓国カルチャーが人気に。2011年の東日本大震災を機に、韓国や中国系の人々が多く帰国し、代わりに東南アジアや南アジアの人々が仕事を求めて来日して活躍する。

イスラム横丁

JR新大久保駅前の交差点を渡り、マツモトキヨシの間を入った路地の一角。緑の看板が目立つ**GREEN NASCO**にはスパイスやハラル食材などがずらりと並び、ビルの4階にはイスラム教の簡易的なモスクがある。隣にはレストラン**NASCO FOOD COURT**も。さらに、ネパールの山椒や保存食、東南アジアの食材が揃う**Barahi**やバングラデシュ出身の店主が営む**The Jannat Halal Food**なども。

夜の異国情緒あふれるムードも趣深い

コリアンタウン

新大久保のいちばん大きい面積を占めるエリアで、焼き肉屋からアイドルグッズまでひと通り揃うのが魅力。大きいスーパーでは**韓国広場**や**ソウル市場**があり、手頃な価格で韓国食品が手に入る。老舗を目指すなら家庭料理の**テーハミング**、サムギョプサルだったら人気の火付け役として知られ職安通りにある**とんちゃん+**、実は日本発といわれるチーズタッカルビ元祖の**市場タッカルビ**へ。

コスメ店充実の「イケメン通り」

新大久保を知る4エリア

ネパール編担当の推し店

ネパール料理店の**Solti Khaja Ghar**ではダルバートやモモなど伝統的な料理がいただけます。チャイ（ネパールではチヤ）の茶葉を購入できるのもポイント。

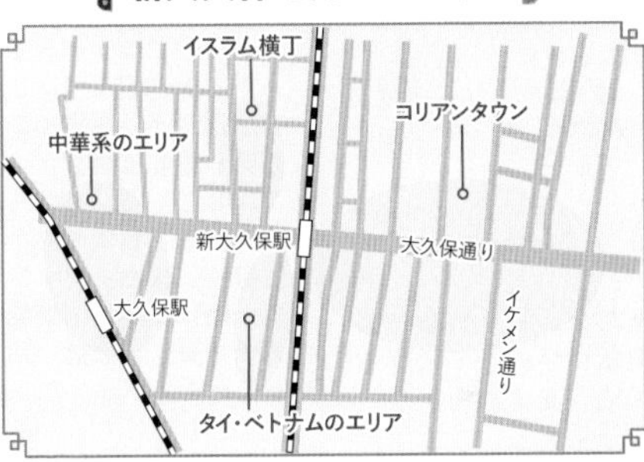

韓国編担当の推し店

カムジャタンで有名な**松屋**。お鍋も絶品ですが、隠れ名物のコッチョリキムチも箸が止まらぬおいしさ！必ずおうち用のテイクアウトもしてしまいます。

タイ・ベトナムのエリア

タイ料理は駅を出てすぐ左に折れた細い路地に集中している。本店含め2店舗ある**クンメー**やトムヤムクンが絶品の**ソムオー新大久保**などが軒を連ねている。ベトナム料理店はエリア全体に散らばり、**ベトナムちゃん**や**333**などおしゃれなお店も多いのが特徴。

駅近くなので通り沿いにコインロッカー多め

タイ編担当の推し店

バーン・タムのプーニムパッポンカリーは絶対に味わってほしい一品！駅から少し歩きますが、その価値アリ。

中華系のエリア

JR大久保駅を中心に広がるのは中国や台湾系の文化。台北から分霊され祀られている縁結びの神様・月下老人がいる**東京媽祖廟**は訪れたいスポットだ。麻辣燙（マーラータン）チェーンの**楊國福**や串刺しの果物に飴がけした糖葫蘆（タンフールー）が売られている**源記**などラインナップも幅広い。新大久保駅近くにある**延吉香**もおすすめ。

都内にある台湾のパワスポ「東京媽祖廟」

中国編担当の推し店

中華系食材が並ぶスーパーの**華橋服務社**は話し声も匂いもまるで中国！火鍋の素から冷凍食品まで何でもあります。

東京最古参のコリアンタウンが広がる

2 上野～日暮里

都内で最も古い歴史をもつコリアンタウンといえば、上野～日暮里周辺。荒川区には戦前から在日韓国・朝鮮人が多く暮らしており、昭和25年に済州島から渡ってきた韓国人が唐辛子を売るマーケットを始めたことから三河島周辺に韓国料理店などが増えたという。**東上野コリアンタウン**の発祥も戦後。昭和23年頃に御徒町商店街から枝分かれした上野親善マーケットが現在の場所に誕生。焼肉やキムチ、民族衣装などを扱う店舗が集まったことに由来する。また、**上野アメ横商店街**（→ P.63）をはじめとして中華料理店も多く、地方料理や珍味を提供するいわゆる「ガチ中華」の部類に入るような専門店もオープンしている。また、**上野アメ横センタービル**の地下食品街は特にカオスな空間だ。

MAP 別冊 P.17-B3 ～ C3
交 JR上野駅正面出口から徒歩6分、JR日暮里駅～三河島駅周辺

韓国編担当の推し店

青鶴洞はチヂミ、ポッサムなどどれも家庭的で安定のおいしさ。韓国語教室の先生とごはんに行くときの定番。

東上野のコリアンタウン

軒先にはハングルの文字が見受けられる

東上野は、JR上野駅と御徒町駅に平行して延びる昭和通りを1本曲がったところにある。住所は東上野2丁目。K-POPアイドルやコスメショップといった新大久保のにぎわいとは異なり、老舗の飲食店や食材店が町になじみ、静かにたたずんでいる。食材店では、韓国の調味料や自家製キムチなどを多数取り扱う**まるきん**や焼肉に使用するホルモンを販売している**上野肉店**などの看板が目立つ。このエリアで買うキムチには定評があり、リピーターも多い。迷ったら専門店**共栄**、**第一物産 上野本店**へ。飲食店では狭い一角に焼肉店がたくさん並び、特に訪れてほしいのは名店・**馬山館**だ。また、サムギョプサル専門店・**海雲台**のランチで提供される「コムタン」はリーズナブルでやさしい味わい。

情緒あふれる狭い裏路地も歩いてみよう

日暮里～三河島のコリアンタウン

大通りから1本入った小道にもお店が並ぶ

特にハングルの文字が目に飛び込んでくるのは三河島エリア。通称"三河島コリアンマーケット"と呼ばれる**三河島朝鮮マーケット**には韓国食材のお店が数点入居し、一番奥まったところに位置する**丸萬商店**ではキムチやカクテキ、処理を施した生肉などが手に入る。小さいマーケットでは、**キムチの高麗**も冷凍食材や袋麺など食材が充実。料理店では、済州島名物の「チャリフェ」や家庭料理が堪能できる焼肉屋の**モランボン**、サムギョプサルの名店の**釜山屋**など三河島駅から日暮里繊維街周辺に点在している。

中華勢も続々増えている!?

アメ横は町中華からガチ中華まで何でもアリ

上野アメ横商店街を中心にディープなお店が多く、最近では大連風小吃を売る**大連焖子**や池袋にも店舗があり腸詰めなどを売る**東北王燻醤**がオープンしている。もちろん**珍々軒**など日本の町中華も健在。また、ファンが多い四川料理店・**翠雲**やガチ中華・**老酒舗**、1990年代の中国をイメージした内装が話題のニューオープン店・**九年食班**なども訪れてほしい。中国から伝わって独自に発展した"韓国中華"と呼ばれるジャンルでは、ジャージャン麺やチャンポンがいただける**東京ガーデン**や**世味**が三河島にある。

上野アメ横センタービル地下食品街へ！

階段を降りるとそこは異国

アメ横のなかでもまるで海外にいるのか？と思うほど、さらにディープなスポットがこちら。おもにアジア食材を扱う店と魚介や肉を販売している店が入居している。もともと珍味を扱うお店として創業した**野澤屋**には1000点以上のアジア食材が売られているといい、中国や韓国だけでなく東南アジアや南アジアの香辛料から冷凍食材まで、ありとあらゆる商品が陳列されている。東南アジア食材メインの**新井商店**や**中国物産 海羽**なども見逃せない。

大都会の駅近に存在する中華街

3 池袋駅北口

東京近郊の中華街というと横浜中華街が真っ先に思い浮かぶかもしれない。だが、ここ池袋北口にも中華街が形成されているのをご存知だろうか。チャイナタウン研究で知られる山下夏海氏が名付けた通称「**池袋チャイナタウン**」には、池袋北口を中心に約20店舗ほどが点在。形成された理由として挙げられるのは、1980年代後半に新華僑と呼ばれる中国人たちが増えたこと、周辺に日本語学校が多くあること、ターミナル駅でもある池袋駅周辺の家賃が安いことなどだという。1991年、現在は友誼商店が入居している場所に**知音中国食品店**という中国食品スーパーがオープンしたのも要因のひとつといえる。知音は2009年に倒産したが、それまで書店や旅行会社、飲食店など中国人向けのビジネスを展開。2002年に陽光城が誕生したことで、チャイナタウンとしての形成が加速した。

MAP 別冊 P.36-A1 ～ A2

交 JR池袋駅北口から徒歩1分

チャイナタウン

夜になるとひと際明るくなる「陽光城」

池袋北口のランドマーク的な存在といえば**陽光城**。中国食材やお酒がずらりと並び、なんと24時間営業している。大和産業ビルの4階にある**友誼商店**は都内屈指の品揃えを誇る中華スーパー。唐辛子をはじめとする香辛料のほか、漢方系の食材や調味料など幅広く、紹興酒や各地域のビールなどお酒も充実。同じビルの2階には中国語の本やDVDの専門店も入居。火鍋を提供しているお店が多いのが特徴で、**小肥羊**や**四川火鍋城**、蒙古火鍋しゃぶしゃぶ・**小尾羊**などがある。中国東北料理の老舗・**永利**も。

フードコートがおすすめ

2019年、中華食材店「友誼商店」隣にオープン。ドリンクやスイーツなどもあり、ジャンルはさまざまで、中国語表記のみのメニューもある。専用のICカードを使って支払う仕組みだが、持っていない人は店員に借りて友誼商店のレジでチャージしてもらえる。

ガッツリご飯ものもある

通称"リトル・インディア"

4 葛西~西葛西

江戸川区の統計（令和4年）によると、区内には5000人を超えるインド人が暮らしている。このようにインド人が増えたきっかけは「2000年問題」だといわれている。当時からIT大国として知られていたインドから、日本に多くの技術者が派遣された。そこで、ビジネス街の大手町や茅場町、日本橋などに乗り換えなしでアクセスできる西葛西や葛西周辺にインド人が住むようになったというわけだ。現在は西葛西駅北口にショップやレストランが点在し、葛西駅には**江戸川印度文化センター**がある。メディアで取り上げられ観光地化しているお店は日本語で商品名やメニューが書かれているが、なかには日本語が通じにくい店もある。また、西葛西では年に1回**東京ディワリフェスタ西葛西**というイベントが行われ、屋台やステージパフォーマンスが楽しめる。

MAP 別冊 P.15-A3

交 地下鉄葛西駅～西葛西駅周辺

有名店は西葛西に集中

インド旅行の起点は西葛西駅北口

元インド政府紅茶局広報官がプロデュースしているという紅茶専門店の**シャンティ紅茶**は、インド各地の良質な茶葉を販売。南インドの食材が種類豊富な**TMVS FOODS**では、スパイスを中心に現地から直輸入する野菜が手に入ることもあるという。アーユルヴェーダに基づいた伝統的な西インド料理を提供する**印度家庭料理レカ**、南インドのタミル地方に特化した料理店の**アムダスラビー**など地域ごとの料理を味わえるのが魅力だ。

江戸川印度文化センターへ

カフェ＆印度家庭料理店レカ 葛西本店の2階にはインドの歴史や文化などを発信する**江戸川印度文化センター**が入居。ヨガやタブラ、料理から哲学、語学までさまざまな教室が開かれているので興味をもった人は参加してみよう。また、印度寺院を設けており9:00～21:00までお参り可能。

ガネーシャ祭の開催も行うという「江戸川印度文化センター」

"リトル・ヤンゴン"と呼ばれる

5 高田馬場

昭和63年に民主化運動が起き、軍政の弾圧から逃れるために亡命する人が多かったミャンマー（当時のビルマ）。外国人が部屋を借りることが難しかった時代の日本で、ミャンマーと接点をもち、西武新宿線中井駅周辺にアパートをもつ日本人大家が保証人なしでも借りられるように手助けをしていたという。そのおかげで多くのミャンマー人がつてをたどってやってきたが、新宿や新大久保などで働いている人も多く、次第に乗り換えなしでも帰れる高田馬場に拠点が移っていく。現在は駅周辺の新宿区高田馬場から豊島区高田にかけて、店が点在している。

MAP 別冊 P.16-B1 ～ C1
交 JR 高田馬場駅周辺

ミャンマー編担当の推し店

ミャンマー料理の味付けは日本人の口にも合います。TAK11に入居するNONG INLAYのランチメニュー「ダンパウセット」はぜひ注文を！

ミャンマー系のお店が入るビルへ！

エレベーターは線路沿いにあるので見落とさず

JR高田馬場駅早稲田口を出てすぐのところにあり、ミャンマー系のお店が多数入居するTAK11。食材店は8階にあり総菜やスイーツも揃う**FUJI Myanmar Store**がいち押し。ミャンマーの山岳民族、シャン族が経営する**NONG INLAY**は主食のもち米と発酵食品を使用した料理が特徴。姉妹店の**TAUNGGYI CAFE & BAR**はシャン族のみならずミャンマースイーツやドリンクが楽しめるカフェも同じビルに入っている。

ミャンマーレストランは周辺に点在

「TAK11」のみならずもっとミャンマー料理を楽しむなら、20種類以上のメニューがあるミャンマー麺料理専門店**ババミャンマーヌードル**やヤンゴン出身の夫婦がオープンし、名物のダンバウや麺料理モヒンガーがいただける**スィウミャンマー**がおすすめ。

日本語とミャンマー語併記の看板

首都にちなんだ"リトル・ダッカ"

6 十条～東十条

起源は定かではないが、30年ほど前に東十条駅周辺にバングラデシュ人がハラルショップを開業したのが最初で、それから留学生らが集まるようになってバングラデシュ街が形成されたといわれている。現在北区には1000人以上ものバングラデシュ人が住んでいるといい、その多くはJR赤羽駅～十条駅周辺だそう。金曜はイスラム教徒の安息日かつ金曜礼拝の日であることから、お店によっては金曜限定メニューを出すところも。また、十条にはベトナムやネパール系のショップなどもあり、意外な多国籍ぶりも。

MAP 別冊 P.16-A1 ～ A2
交 JR 十条駅～東十条駅周辺

バングラデシュ編担当の推し店

バングラデシュの食料品はもちろん、ハラルフードが揃う食料品店も豊富。**東十条ハラルマート**もぜひチェックしてみてくださいね。

赤羽～十条にバングラデシュ人が居住

バングラデシュ南東部出身の家族が営む**ベンガルレストラン**はドライカレーがおすすめ。カレーやナンを販売する**MOIFUL**はテイクアウトにぴったりの店だ。食材店も多く、ベンガルレストラン系列で現地から取り寄せた食材も扱う**MAZUMDER HALAL FOOD**や東南アジアの商品なども陳列されているハラル食材店**ソナリスター**など品揃え充実のお店がある。

十条銀座商店街（→ P.65）にも

東十条駅北口にもお店が多い

北口にはモスク**マディナ マスジド東京**がある。飲食店では、ハラル食材の店**AL BARAKAH**でバングラデシュ料理を数品提供しているほか、ベンガル人御用達の**TIGER**ではダールスープやカレーがいただける。バングラデシュ料理はメニュー表に載っていないので確認を。

北口すぐのモスクは水色看板が目印

“リトル・タイランド”へようこそ

7 錦糸町

錦糸町エリアはもともとフィリピンパブが多くあり、「リトル・マニラ」と呼ばれていた時代もあったという。ところが次第にフィリピン人が減少し、代わりに増えてきたのがタイ人だったそう。リトル・タイランドと呼ばれる正確な時期やきっかけははっきりしていないが、老舗といわれタイレストラン＆食材店を運営している**タイランドショップ**が創業したのは昭和 61 年のことなので、これぐらいの時期からお店が少しずつ増えていったと思われる。リトル・タイランドの特徴は飲食店街だけでなく、パブやスナック、スパ・マッサージの店からカルチャースクールまで幅広いことだ。マッサージでは、**ニュースコータイ 錦糸町**、**タイ古式マッサージ ルアンタイ**や**ウィパダー タイ・スパ**。また、タイ料理研究家の長澤恵氏が主宰するタイ料理教室 **Tit Cai Thaifood** も錦糸町にある。

MAP 別冊 P.45-B3 ～ C3
交 JR 錦糸町駅北口・南口周辺

南口も北口もタイ料理店

夜遅くまでやっている店も多い

錦糸町の北口・南口ともに多くの飲食店がある。北口には、プーパッポンカリーに定評がある**タイ屋台 サバイチャイ**やリーズナブルなランチメニューが魅力の**チャーンタイ**、タイスキが看板メニューの**タイランド**などが点在。商業施設「オリナス錦糸町」のフードコートにもタイ料理が味わえる **TINUN オリナス錦糸町店**が入る。アジア食材店**ヤオショー**も北口だ。南口には、タイの代表的な料理が多数並ぶ**ゲウチャイ江東橋店**や**プアンタイ**、イサーン料理が楽しめる**タイ居酒屋 イサーン サコンナコン**などがあり、朝方までやっている店も。

タイ教育・文化センターがあり！

2007 年に設立したカルチャースクール。タイ語やタイ料理、カービングなどの伝統文化を広めることを目的としている。タイ料理のグループレッスンは 1 回 4400 円～で、タイ語のレッスンはグループからプライベートまでさまざまなバリエーションを用意する。

本格的なタイ文化が学べる施設だ

まだある！リトル〇〇

竹ノ塚のリトル・マニラ

東武スカイツリーライン竹ノ塚駅東口を出て半径 200 メートルほどの範囲にはフィリピンパブが密集し、現地の地名やタガログ語で書かれた看板が多く並ぶ。本格的なフィリピン料理をいただくなら**ニューハングリー**へ。メニューはないが、店主に日本語で相談してみるとよいだろう。土日限定のビュッフェは混雑するが、おすすめ。

パブやスナックの看板はまるで新宿歌舞伎町にいるかのようだ

神楽坂は通称リトル・パリ

日本在住のフランス人が多く住んでいること、フランス政府公認機関でフランス語の語学学校でもある「アンスティチュ・フランセ東京」が近いことが理由。坂や石畳の細い路地がパリの街並みに似ているともいわれる。ビストロやワインバー、パティスリーなど本格的なフランス料理がいただける。

代田橋は沖縄タウンだった!?

最後は東京で沖縄気分を味わえる町をご紹介。京王線代田橋駅北口を出て甲州街道を渡ったところに位置する「和泉明店街」。入口にある朱色のアーケードには「沖縄タウン」と書かれ、通りには沖縄モチーフの酒場が立ち並んでいる。しかし、沖縄からの出稼ぎ労働者が移住してできた横浜・鶴見の沖縄タウンとは成り立ちが異なり、こちらは 2005 年に始めた町おこしの一環。杉並区はもともと沖縄研究の学者らが住んでいた縁もあり、沖縄に着目した商店街が形成されることになった。種類豊富な泡盛を堪能したい。

夕方以降オープンする店が多い

「和泉明店街」の一角にたたずむ「めんそ～れ大都市場」

アンティーク好きにはたまらない 骨董市&手作り市でお気に入りを見つける

人口が多い東京23区では、大規模な市が多数開かれている。寺社や公園、広場で開催している骨董&手作り市をレポート！

お買い物ガイド

❶朝イチで来場が◎

空いているオープン直後が狙い目。人気商品は午後になると売り切れることも。

❷現金の準備をしよう

カード不可のところも多い。なるべく千円札多めで細かいお金を持っていこう。

❸値段交渉あれこれ

まとめ買いすると値引きしてもらえることも。会話をしながら相談するのが◎。

ビンテージのお宝を発見

大江戸骨董市（おおえどこっとういち）

江戸開府400年を記念して、2003年から始まった野外では国内最大級の骨董市。東京国際フォーラムで毎月第1・3日曜日に開催される。目利きのプロが海外で買い付けてきた掘り出しもののアンティーク品から美しい古美術まで、毎回約250の出店者数を誇り、リピーターも多い。アクセスのよさから外国人旅行客や骨董初心者も多く、だれでも参加しやすい雰囲気が魅力。2012年9月からは代々木公園でも不定期開催。

MAP 別冊 P.20-C1 有楽町
住 千代田区丸の内3-5-1 東京国際フォーラム地上広場 TEL 03-6407-6011（開催前日夕方から応答電話で開催情報を発信） 営 毎月第1・3日曜 9:00～16:00（公式サイトを確認） 交 JR有楽町駅国際フォーラム口すぐ

❶❺地上広場にお店がぎっしり ❷JR有楽町駅国際フォーラム口を出てすぐ。旗をたよりに行こう ❸「着物の越田」代表の越田さんがていねいに接客してくれる ❹午後から人がどんどん増える

常連が多い人気店

数ある出展者のなかから、主催者に聞いた人気店＆取材スタッフのいち押しを６店舗紹介する。

antique shop menu

普段は平塚でショップとカフェを営業している。年３回ほどイギリスから買い付けてきたアンティーク家具や実用的なカトラリーが充実。

木製の椅子やテーブル、棚などの大型家具が並ぶ。実物を見て使い心地をチェックしてみよう

グラスや食器類、イギリスモチーフの雑貨など美しくディスプレイされていて見ているだけでも楽しめる

アート

江戸時代の浮世絵師による版画を中心に、たばこ入れや印籠などの提げ物を取り扱っている。

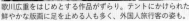

歌川広重をはじめとする作品がずらり。テントにかけられた鮮やかな版画に足を止める人も多く、外国人旅行客の姿も。

古美術あさ香

仏像から茶道具、花器、塗り物、和小物、着物や帯まで幅広い品を販売している。

お客さんに楽しんでもらえるように、毎回品物を変えている

露天商佐野

骨董ファン歴30年以上の店主が集めた、昔懐かしい生活雑貨や紙もの、ジャンク品などを多数取り扱う。

クレヨンや絵の具、インク瓶などの文房具や香時計などの古道具が並び、レトロ好き必見！

古美術ふく

大江戸骨董市が始まって以来出店しており、栃木に店をもつ。おもに300～400年以上前の古伊万里染付の皿やお猪口を多く取り揃える。

一つひとつ柄や形が違うので、ゆっくり吟味しながら選びたい。手に入れやすい小皿などは２万円台から購入できるものも

特に丸帯の品揃えが豊富で、１点5000円～購入できる

着物の越田

リサイクル着物を中心に、バッグや草履など和小物を販売。普段は店舗を持たずオンラインショップのみなので、骨董市を目がけて訪問。

帯留めや帯締め、帯揚げなど和装小物も多数取り扱っており、お気に入りを見つけて

現代ものからアンティークまでさまざま。初心者は、着物姿で接客するスタッフに相談してお目当てを探そう

平日でも人が多い！

一点モノのカップを発見！

安土桃山時代に始まった

世田谷ボロ市（せたがやぼろいち）

天正 6（1578）年、関東地方を支配していた小田原城主・北条氏政が世田谷新宿に開いた楽市が起源。江戸時代になると自然消滅していくが、いつからか年の暮れに年 1 回開かれる「歳の市」として姿を変え、明治 7 年から 12 月 15 日と 1 月 15 日に開催するように。現在は 12 月 15・16 日、1 月 15・16 日の年 2 回 2 日間ずつ行われ、ビンテージ着物や古着の販売によるグルメの露店など約 700 店が並ぶ世田谷線沿いの一大イベントになっている。

名物の代官餅をゲット！

昭和 50 年に販売開始。つぶあんぎっしりの餅はつきたてで、毎回 1 ～ 2 時間の大行列ができるほど

アンティーク着物も！

明治 20 年代に入ると古着やボロ布の扱いが主流となり、通称「ボロ市」と呼ばれるようになった。正式名称になったのは戦後で、現在もアンティーク着物や布製品のお店が多い

野菜の販売！

日本全国のフレッシュな野菜や果物を販売しているスペースもある

食べ歩きグルメも！

やきとりや焼きそば、豚汁といった王道のお祭りめしはもちろん、韓国料理などアジアングルメのお店も多い

MAP 別冊 P.50-C1 世田谷

住 世田谷区世田谷 1 丁目ボロ市通りとその周辺　営 12 月 15・16 日、1 月 15・16 日 9:00 ～ 16:00　交 東急世田谷線世田谷駅・上町駅から徒歩 3 分

フードの出店にも要注目

雑司ヶ谷手創り市（ぞうしがやてづくりいち）

2006年の開始以来、雑司ヶ谷の「鬼子母神堂」（→ P.218）で毎月開催されており、2023年7月からは大鳥神社との2会場同時開催に。毎回手作りのお菓子や雑貨を中心に約160店が出店している。最大の特徴は、ハンドメイドの雑貨や編み物などを中心にした「クラフト部門」に加えて、焼き菓子やパン、ジャム、自家焙煎のコーヒーなどの「食品部門」があること。出展者や当日のブースマップは事前にブログ（URL www.tezukuri-ichi.jugem.jp）で告知されているので確認を。

右／たくさんの人であふれかえる鬼子母神堂の境内で参拝もしよう　上／手作りのアクセサリーや小物は一点ものも多いので、早めに訪れて好みのものを選ぶのが◎

MAP 別冊 P.37-C3 雑司ヶ谷
住 豊島区雑司ヶ谷3-15-20 鬼子母神堂　営 10:00～16:00（開催日はウェブサイトを確認、雨天中止）　交 地下鉄雑司が谷駅2番出口から徒歩5分

上／作家さんから制作のエピソードやこだわりを聞きながら選ぶのも手作り市の醍醐味のひとつ。購入した商品にも愛着がわくはずだ　左／老若男女問わずさまざまな人が訪れる根津神社は緑豊かで歩いているだけで楽しい

歴史ある神社で開催する

根津神社道草てづくり市（ねづじんじゃみちくさてづくりいち）

春にはつつじの名所として知られ、観光スポットとしても人気の「根津神社」（→ P.287）で行われている手作り市。東京を中心にハンドメイド作品を取り揃えた「てづくり市」を多数企画している「青空個展」による運営で、ガラス細工やぬいぐるみ、洋服や木工品まで幅広いラインアップが魅力。根津神社では原則毎月第3土曜日に開催されており、鳥居をくぐってすぐの参道に毎回約30～40店舗が集う。カフェやショップが点在する谷根千エリアという土地柄もあり、観光客や一見さんも多く入りやすい雰囲気。

MAP 別冊 P.40-C1 根津
住 文京区根津1-28-9 根津神社　営 10:00～16:00(開催日はウェブサイトを確認、雨天中止）　交 地下鉄根津駅1番出口から徒歩5分

その他の骨董市＆手作り市

毎月第1・2・4・5日曜 開催

富岡八幡宮骨董市

1994年に始まった骨董市で、和骨董や古美術品、着物などのアイテムが多数揃う。最近では、絵はがきをはじめとする紙ものがコレクターたちに人気だそう。

小物や雑貨はまとめて買うことで、1点あたりの単価が安く上がることも

毎週日曜 開催

新宿花園神社青空骨董市

6:30ごろから日没まで開催しており、新宿という好立地から観光客の比率も高め。大鳥居から表参道までたくさんの店が並び、風情あふれる境内で掘り出しものの器やアクセサリー、ビンテージの和雑貨などを見て歩こう。

不定期 開催

東京ハンドメイドマルシェ

出店ブース700以上という都内最大級のハンドメイドイベントで、おもに春と秋に開催。全国のクリエイターが「東京ドームシティ プリズムホール」に集まり、ショップやワークショップなど多彩なプログラムを行っている。

毎月第2土曜 開催

護国寺骨董市

昭和50年ごろから開催されている歴史ある骨董市。一時は途切れつつも、現在の形で復活したのは2013年のこと。不老門(→ P.330)をくぐった先に、本堂を囲むように露店が並び、7:00～15:00まで行われている。

毎月第4日曜 開催

西荻手しごと市

昭和7年ごろに建てられた木造建ての建物「井荻會館」で開催。こぢんまりとした雰囲気のアットホームさが魅力で、出展者は公式HP（www.teshigoro.com）でも見られる。ハンドメイド作品だけでなく、姓名判断や手相など占い師も出店。

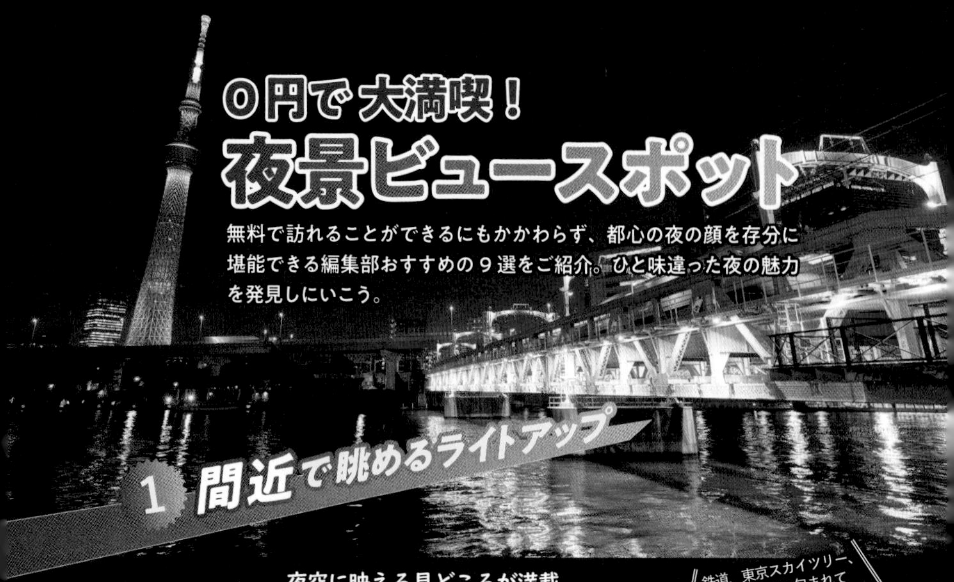

0円で大満喫！

夜景ビュースポット

無料で訪れることができるにもかかわらず、都心の夜の顔を存分に堪能できる編集部おすすめの９選をご紹介。ひと味違った夜の魅力を発見しにいこう。

1 間近で眺めるライトアップ

夜空に映える見どころが満載

すみだりばーうぉーく

すみだリバーウォーク

鉄道、東京スカイツリー、隅田川が光に包まれて一体感あふれる贅沢な夜景

浅草から東京スカイツリーまでを最短で結ぶ全長約 160m の遊歩道。2020年に完成し、ガラスの床からは隅田川の流れを楽しめるほか、すぐ横には東武スカイツリーラインが走り、その迫力を間近で堪能できる。橋はカラーデザイン以外に日没後のライトアップも東京スカイツリー® と連動しているため、一体感のある夜景が魅力だ。プロポーズにぴったりの夜景が臨める「恋人の聖地」も必見。

左／華やかに光る屋形船とスカイツリーの共演も
右／季節やイベント限定の特別ライティングも実施

MAP 別冊 P.42-C2 浅草
住墨田区向島 1　TEL 03-5962-0102
営 7:00 ～ 22:00　休無休　交地下鉄浅草駅 5 番出口から徒歩 5 分

ダイナミックな音と景色を満喫

はねだくうこうだいいち・だいにたーみなるてんぼうでっき

羽田空港第1・第2ターミナル展望デッキ

すぐそばを飛行機が飛び立ち視線を遠くに向けると湾岸エリアの夜景が広がる

第１～第３ターミナルまで展望デッキを有する羽田空港では、それぞれ違った角度から空港らしい迫力満点の夜景が味わえる。滑走路に離発着する飛行機はもちろん、第１ターミナル屋上からは京浜工業地帯や管制塔が眺められ、第２ターミナルには目の前に広がる東京湾、幕張・房総半島も見渡すことができる。全てのターミナルに椅子や机が設置されているため、心ゆくまで夜の空港を満喫しよう。

ライトアップされ幻想的な展望デッキ

MAP 別冊 P.14-C1 羽田
住大田区羽田空港　TEL 03-5757-8111　営第 1・第 2 ターミナル 6:30 ～ 22:00
休無休　交京急線羽田空港第 1・2 ターミナル駅直結

東京駅の新幹線や在来線を間近で眺めることができるトレインビュースポット！

ビル群と駅舎が織りなす夜景

ＫＩＴＴＥガーデン

東京駅丸の内南口に位置する「ＫＩＴＴＥ」の６階に広がる約 1500m² の屋上庭園。あたたかなオレンジ色にライトアップされた東京駅舎をはじめ、周辺のビル群や駅前を行き交う車が無数の光を放ち、ここでしか見られない都会的な夜景が広がる。屋上は広々としたベンチが設置され、緑に囲まれて優雅なひとときを過ごすことができる。

上／きれいに手入れされた芝生が広がる広々とした空間
下／屋上庭園も昼夜で異なる顔を見せる

MAP 別冊 P.00-A1 丸の内
住 千代田区丸の内 2-7-2 KITTE6 階　TEL 03-3216-2811　営 11:00 ～ 23:00、日・祝～ 22:00　休 1 月 1 日、法定点検日　交 JR 東京駅丸の内南口から徒歩１分

東京湾の名物橋を眺めるなら

若洲海浜公園

東京湾に面した海上公園で、「恐竜橋」と呼ばれる見た目が印象的な東京ゲートブリッジを眺望できる穴場スポットとして知られる。月ごとに変わる東京ゲートブリッジのライトアップは日没から 24:00 まで行われ、毎時０分に出る色や動きの変化にも注目。開放的な園内はサイクリングコースやキャンプ場などアウトドアレジャーの施設が充実しており、夜景と併せて１日中楽しめる場所だ。

潮風を感じる広大な園内で東京ゲートブリッジがダイナミックに輝く姿を発見

釣り専用の防波堤は真上に見上げることができる場所

MAP 別冊 P.18-B2 新木場
住 江東区若洲 3-1-2　TEL 03-3522-3225　営 散策自由　休 無休
交 JR 新木場駅から都営バス若洲キャンプ場行きで若洲キャンプ場前下車

南東方面には遠くに輝く東京タワービューが広がり、眼下に望むは新宿のビル群

都会らしい夜景が広がる

とうきょうとちょうてんぼうしつ

東京都庁展望室

地上 202m から東京タワーや六本木ヒルズなど、都心部の夜景が一望できるビュースポット。室内には各方面の見どころが分かる展示パネルが設置されているほか、パネルと連動して 32 の観光スポットが表示される二次元コードサービスもあり、場所によって変化する景色とともに楽しみたい。同フロアにはカフェも併設しており、思いおもいに満喫できる空間だ。

右／広々したベンチ　左／東京オペラシティなどが見える南西方面

MAP 別冊 P.34-B1 西新宿

住新宿区西新宿 2-8-1 東京都庁第一本庁舎 45 階　TEL 03-5320-7890　営 9:30 ～ 22:00（入室締切 21:30）　休南展望室第 1・第 3 火曜（祝日の場合は翌日）、都庁点検日、12 月 29 ～ 31 日、1 月 2、3 日（詳細はウェブサイトにて確認）、北展望室は休室中　交地下鉄都庁前駅直結

東京スカイツリー®が東に輝き横浜や埼玉、茨城方面まで見渡せるパノラマビューに感動!

区内最高の眺望を臨む

ねりまくやくしょてんぼうろびー

練馬区役所展望ロビー

区役所本庁舎 20 階にある地上 80m の展望ロビー。北と南に設置された広々としたガラス窓からは四季折々の景色を楽しむことができ、展望マップを見ながら緑豊かな練馬区らしい夜景に出合えるのが魅力だ。同フロアにある展望レストランは、これらの夜景を眺めながらロマンチックな雰囲気で食事を味わうことができると好評で、区民以外も訪れる人が多い人気スポット。

晴れた日は富士山が眺望でき、コース料理もいただける本格レストラン

MAP 別冊 P.9-B3 練馬

住練馬区豊玉北 6-12-1 練馬区役所本庁舎 20 階　TEL 03-5984-1091　営 9:00 ～ 21:30　休第 4 日曜、12 月 29 日～ 1 月 3 日　交西武池袋線練馬駅西口から徒歩 5 分

360度見渡せる夜景が魅力

タワーホール船堀展望室

コンサートホールや映画館、結婚式場などを備えた江戸川区のランドマーク、タワーホール船堀の展望室。専用のエレベーターに乗り一気に地上103mの展望室まで到着すると、周囲は視界を遮るものがなく開放感たっぷりの夜景が広がる。遠くは千葉、茨城方面を一望でき、荒川の向こうには都心部のビル群が無数の輝きを放つ。真下には人々が行き交う様子も見ることができ、街のにぎわいが感じられるのも楽しい。

MAP 別冊 P.13-C3 船堀
住 江戸川区船堀4-1-1 TEL 03-5676-2211
営 9:00～21:30 休 12月28日～1月4日、保守点検日 交 地下鉄船堀駅北口から徒歩1分

北西方面の荒川に沿って美しいカーブを描く首都高中央環状線は必見！

落ち着いた雰囲気の展望室では、アルコールなどを楽しめる「ビューラウンジ」を定期的に開催

大人の空間で楽しむ絶景

恵比寿ガーデンプレイスタワー展望スペース SKY LOUNGE

レストラン街のある38階に位置し、周囲に高層ビルがないため眼下に広がる大パノラマを一望できる。北側は渋谷駅や新宿駅の高層ビル群が輝き、さらには東京タワーやレインボーブリッジも見渡せ、東西南北の観光名所を一望できるのが特徴。夜間の展望スペースは高級感ある光に包まれ、ラグジュアリーな雰囲気でゆったりと満喫できる。

MAP 別冊 P.49-B2 恵比寿
住 渋谷区恵比寿4-20 恵比寿ガーデンプレイスタワー38階 TEL 03-5423-7111 営 11:00～23:30 休 法定点検日 交 JR恵比寿駅東口から徒歩5分

お台場や汐留の夜景が広がりレインボーブリッジが南東方面に見渡せる眺望

167mを誇る高層ビルから心ゆくまで夜景を眺められる

東京湾の輝きを高層階から

カレッタ汐留 SKY VIEW

地下2階にあるガラス張りのシャトルエレベーターを使い、上昇中も景色を楽しみながら展望スペースへ出発。地上200mの眼下には広大な浜離宮恩賜庭園が広がり、特にレインボーブリッジが光を放つベイエリアの夜景は圧巻だ。同じく46階と47階ではレストランの営業をしており、展望スペースとは違った角度からの夜景を眺められると好評。

東側の湾岸エリアでは水面に反射しキラキラ輝く夜景を眺めることができる

MAP 別冊 P.26-A1 新橋
住 港区東新橋1-8-2 カレッタ汐留46階 TEL 03-6218-2100 営 11:00～23:30 休 1月1、2日（一部店舗を除く） 交 地下鉄汐留駅6番出口からすぐ

ガラス窓の目の前には4人掛けのベンチが設置されている

東京の夜はまだまだ更けない！
横丁～飲み屋街ホッピング

下町だけでなく、渋谷や新宿などの大都会にも古きよき酒場が残る東京の飲み屋街にタイムスリップ。

昭和の面影残る飲み屋街

渋谷のんべい横丁
しぶやのんべいよこちょう

戦後、道玄坂周辺にあった闇市が発祥。昭和 25 年に現在のエリアに抽選で当たった 40 店舗の屋台の店主たちが集まって飲み屋街になっていった。現在は約 40 店舗ほどが軒を連ねており、陽が落ちてくると昭和風情あふれる赤提灯が灯りはじめ、続々とお店がオープン準備を始める。カウンターに数人が座ったら満席というこぢんまりとした店も多く、店主と客の距離が近いのも旅情感をそそる。

上／山手線の線路沿いを中心にお店が建ち並び、アーチ看板のネオンと柳がレトロな雰囲気を醸し出す　右／老舗を中心にワインバーやビストロも

MAP 別冊 P.33-B3 渋谷
住 渋谷区渋谷 1-25　営 店舗によって異なる　休 店舗によって異なる
交 JR 渋谷駅ハチ公口から徒歩 1 分

のんべい横丁で四代続く
なだいち
なだ一

70年以上もの歴史をもつ横丁の最古参。現在は四代目が店を継ぎ、昔からの味を守り続けている。おでんのタネは約30種類で、好きなものを選んで注文するシステム。基本は200円からでさつま揚げは300円、つみれは400円など手頃な価格もうれしい。

❶取材時は店主おすすめの桜エビのさつま揚げ、車麸、大根をチョイス　❷一見さんでも入りやすい雰囲気　❸コの字型カウンターは10人ほど入るといっぱいに　❹つゆが染みた大ぶりのタネはお酒にマッチ

営 18:00 ～ 23:30（L.O.23:00）　休 日・祝　CC 不可

渋谷のんべい横丁のおすすめ2店はココ！

新鮮な刺身をアテに
日本酒でキュッと一杯

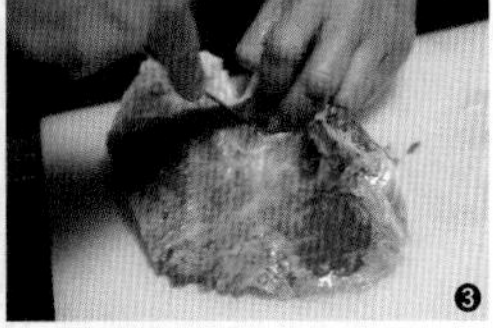

❶❷建物は2階建てになっており、入口で靴を脱いで上がる。1・2階ともにカウンター席がある　❸❹大将の華麗な手さばきで美しく盛り付けられた「本鮪のほほ肉の刺身」1200円。ほほ肉は希少部位だという

まぐろの刺身を味わうなら
まぐろどころ
まぐろ処

「なだ一」の二代目が譲り受け、その孫である大将が開業した店。毎日市場から仕入れる新鮮な魚介類に定評があり、まぐろは中トロ1600円や赤身1400円、脳天トロ1500円と品揃え豊富。日替わりの刺身も人気でなだ一のメニューも注文可能。日本酒は1合700円～。

営 18:00 ～ 23:30（L.O.23:00）　休 日・祝　CC 不可

昼飲み＆はしご酒でほろ酔い

東京23区飲み屋街MAP

新宿ゴールデン街

戦後にできた闇市を起源とし、現在では約280軒もの店舗が集まる飲み屋街を形成している。お通し代やチャージ料が付くお店がほとんどなので、料金システムを事前に確認しよう。

OK横丁

「鯉とうなぎのまるます家 総本店」（→P.404）がある「赤羽一番街」と並び、赤羽エリアを代表する飲み屋街。海鮮居酒屋「トロ函」など両地区にあるお店も。30軒ほどの店舗が連なり、昼飲みも可能。

思い出横丁

もつ焼き屋や焼き鳥屋を中心に約60店舗が新宿西口そばから大ガードにかけて建ち並ぶ飲食店街。メニューがおまかせコース"一通り"のみの「カブト」やもつ焼きが絶品の「第二宝来屋」などが有名店。

立石

せんべろの街

「呑んべ横丁」は再開発の影響で立ち退いた店も多くあり、取り壊しが決まっているエリアも。レトロな雰囲気が残る今のうちに目に焼き付けておきたい。

上野

アメヤ横丁

通称「アメ横商店街」（→P.63）と呼ばれる。コスパ最強で昼から立ち飲みできるところも多いのでハシゴ酒を楽しみたい。鮮魚や揚物など料理もおいしい！

三角地帯

国道246号線と世田谷通りに挟まれた三角形のエリアを指す。老舗だけでなく若い店主が経営するおしゃれなバーやビストロも増加中。編集Mのおすすめは、日本酒マニアの聖地「赤鬼」。

ガード下

昭和酒場が残る有楽町〜新橋周辺はのんべいのメッカ的存在だったが、現在ではショップやバルなどが入居する商業施設「日比谷 OKUROJI」が話題に。

浅草

ホッピー通り

浅草六区周辺から広がる通り。ビールが高価だった時代に安価なホッピーが好まれていたことが由来とされる。煮込み料理に定評があるお店多し。

のんべえな!! 編集スタッフおすすめ飲み屋街スポット

JR阿佐ヶ谷駅のかわばた通り周辺は、ひとり飲み推奨店も多いしグループで行っても楽しい！お隣の荻窪で年2回行われる「荻窪で乾杯」というはしご酒イベントもおすすめ。

ライターK

新宿ゴールデン街は、狭いエリアに長屋が密集するさまが歩くだけでも楽しいです。「レトロ」とか「古きよき」とか単純な言葉では言い尽くせない、異次元の飲み屋街ですね。

編集S

せんべろ飲み屋街・立石はおいしいグルメの宝庫。「鳥房」の唐揚は並んででも絶対食べますし、「宇ち多゛」のもつ焼きはもちろん、〆は「蘭州」の餃子で決まりです。

制作S

有名店も参戦！今、話題の進化系横丁

各地に誕生するモダンな横丁をチェック。人気店のシェフが手がける新業態など要注目のラインアップだ。

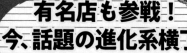

食×エンタメの融合を堪能！
渋谷横丁

コンセプトは「毎日がフェス」

渋谷横丁（しぶやよこちょう）

2020年にオープンした商業施設「MIYASHITA PARK」にあり、全長約100mの横丁には19店舗が出店。横丁広場ではDJパフォーマンスやお祭りなどさまざまなイベントも行っている。

MAP 別冊 P.33-B3 渋谷
住 渋谷区神宮前6-20-10　営 店舗によって異なる
休 店舗によって異なる　交 JR渋谷駅B2番出口から徒歩2分

他店舗の出前もOK。食べ比べしよう

2022年オープンのクラブ横丁

龍乃都飲食街－新宿東口横丁（りゅうのみやこいんしょくがい-しんじゅくひがしぐちよこちょう）

飲食ビル2フロアに中華食堂や香港屋台飯など全17店舗が集まるエンタメ系飲食街。店内に一歩足を踏み入れるとまるで竜宮城を想起させるような内装が広がり、天井には龍のオブジェも。

MAP 別冊 P.35-B3 新宿
住 新宿区新宿3-36-12 杉忠ビル1・B1階　営 店舗によって異なる　休 店舗によって異なる　交 JR新宿駅東口から徒歩1分

ネオンの看板は写真映えして海外気分

家族や友人と訪れてはしご酒を楽しみたい

昔懐かしい雰囲気を味わう

恵比寿横丁（えびすよこちょう）

かつて恵比寿駅近くにあった「山下ショッピングセンター」跡地に2008年オープンした進化系横丁の先駆け的存在。魚料理やおでんなどの日本料理からビストロなど19店舗が軒を連ねる。

MAP 別冊 P.49-A1 恵比寿
住 渋谷区恵比寿1-7-4　営 店舗によって異なる
休 店舗によって異なる　交 JR恵比寿駅西口から徒歩2分

レトロな看板が入口の目印だ
恵比寿横丁

アラカルトもコースも両方楽しめる店が多い

全店キャッシュレス対応

THE RESTAURANT（ザ レストラン）

若い鮨職人「はっこく」の佐藤博之が手掛ける江戸前鮨「寿志團」やモダンベトナム「An Com」、日本初出店のNYモダンメキシカン「OXOMOCO」など全17店舗が入居する。

MAP 別冊 P.49-A2 広尾
住 渋谷区広尾5-4-16 GEMS HIROO CROSS EAT PLAY WORKS　営 店舗によって異なる　休 店舗によって異なる　交 地下鉄広尾駅2番出口から徒歩1分

スタイリッシュな屋内空間！

ランキング形式で紹介

東京23区を徹底比較

どの区も特徴的で個性に富んだ東京。人口や面積などオーソドックスな比較から、マニアックなランキングまで大調査。

人口ベスト3

中心から離れたエリアに集中

1位	世田谷区：91万6208人
2位	練馬区：73万8358人
3位	大田区：72万8703人

出典：区市町村別　人口・面積 www.metro.tokyo.lg.jp/tosei/tokyoto/profile/gaiyo/kushichoson.html

二子玉川や砧公園周辺などはファミリー層が多く住み、田園調布といった高級住宅も。練馬区は交通の便や家賃など総合的に見ると幅広い世代に人気。いちばん人口が少ない区は千代田区で6万6687人だ。

子供連れで入りやすい商業施設やお店が並ぶ二子玉川駅

面積ベスト3

あの空港がある区が1位に！

1位	大田区：60.42km²
2位	世田谷区：58.08km²
3位	足立区：53.20km²

出典：区市町村別　人口・面積 www.metro.tokyo.lg.jp/tosei/tokyoto/profile/gaiyo/kushichoson.html

人口ベスト3に入る世田谷区と大田区がこちらでもランクイン。大田区にある羽田空港は区の約1/3を占める大きさだ。足立区は15区時代の東京市（→P.318）の市域とほぼ同じ面積なのだそう。

足立区を南北に走る舎人ライナーの終点は見沼代親水公園

公園の数ベスト3

アクティビティも楽しめて◎

1位	大田区：509カ所
2位	江戸川区：494カ所
3位	練馬区：475カ所

出典：東京都都市公園等区市町村別面積・人口割比率表（令和4年4月1日現在）

面積がいちばん大きい大田区は公園の数もトップという結果に。バーベキューやキャンプができる場所も。江戸川区には葛西臨海公園（→P.304）や行船公園内の江戸川区自然動物園（→P.305）がある。

葛西臨海公園の観覧車は江戸川区のランドマーク的存在

図書館の蔵書数ベスト3

読書や勉強にも利用できる

1位	世田谷区：197万3147冊
2位	杉並区：197万2729冊
3位	練馬区：187万4681冊

出典：令和4年度東京都公立図書館調査（総括表）

世田谷区と練馬区がランクインし、人口と連動していることが読み取れる。図書館自体の数は、1位の世田谷区に次いで2位が足立区、3位は大田区（出典：東京図書館制覇！）で、杉並区と練馬区は1館当たりの蔵書数が多い計算になる。

誌面では江東区にある深川図書館（→P.152）を紹介

坂の数ベスト3

港区の坂は由来にも注目して

1位	港区：130カ所
2位	文京区：127カ所
3位	新宿区：114カ所

出典：「東京の坂」リスト【23区】内（坂学会）

港区は武蔵野台地の東端と東京湾に面した低地や埋め立て地から成り立っている。そのため、西北部が高く東南部が低いという傾斜した地形に。文京区は区内に5つの台地があること、浸食によって谷が刻まれているといった理由が挙げられる。

「OMO3東京赤坂」（→P.433）のツアーで坂巡りをしよう

住んでる区のココが推し！

代々木上原周辺はパン屋やパティスリー、ビストロなどこだわりの個人店が多く、何度も通うと一気に仲よくなれるアットホーム感が好きです！

渋谷区在住 編集M

なんといっても都心まで15～20分ですぐ出られるアクセスのよさ！　でも、街自体は落ち着いていて、特に「石神井公園」の自然に癒やされます。

練馬区在住 ライターK

東京都北区にある「NPO法人子育てママ応援塾 ほっこり～の」。子育てに息詰まったら、ここで、ほっこりできます！（PN：ゆゆゆ）URL www.hokkori-no.com

第一章 交通ガイド

東京23区の主要な鉄道ガイド

23区内の移動法はP.446へ

路線網が張り巡らされた23区は、多くの観光スポットが駅から徒歩圏内にあり電車だけでも十分に観光ができるのが魅力だ。ここでは区内を走るJR、私鉄、地下鉄の全14社の路線の概要とともに各社が提供するお得なきっぷも合わせてご紹介。便利な乗り換えアプリも駆使しながら、都内の鉄道を乗りこなそう！

23区の鉄道

区内を走る鉄道は、JR東日本、私鉄、地下鉄の3種類。基本的にはJRと地下鉄を使うことで主要な観光スポットにはほぼアクセスできるものの、さらに効率よく回るのならば、それぞれが得意とするエリアや路線も知っておきたい。

大動脈を担う山手線が走る

JR東日本

運賃	
▶初乗り	150円
▶ICカード	146円

日本でもトップクラスの利用者数を誇る山手線や中央線、総武線をはじめ、埼玉から神奈川方面までを南北に縦断する湘南新宿ラインや京浜東北線など、区内の移動に重宝する路線が張り巡らされている。ほかにも関東圏からのアクセスに便利な路線が多数あり、埼京線は埼玉から、京葉線、総武線などは千葉方面からの移動に適している。

山手線

約1時間かけて区内を1周する

区内を環状線状に走る1周約34.5kmの路線。巨大ターミナル駅を多数抱え、主要都市への移動には欠かせない路線のため、乗車率も高い。約3〜5分間隔で運行し、時計回りを「外回り」、反時計回りを「内回り」と表示。

中央線（快速）

快速以外にさまざまな種別がある

東京駅を出発し、新宿駅、荻窪駅などを経由し高尾駅まで結ぶ。快速列車は土・日・祝に限り西荻窪駅、阿佐ヶ谷駅、高円寺駅は通過するため、三鷹駅〜御茶ノ水駅間を走る中央・総武線（各停）への乗り換えが必要だ。

埼京線

埼玉県大宮駅から品川区大崎駅までをつなぐ路線で、渋谷駅、新宿駅、池袋駅、赤羽駅といった副都心エリアを経由。池袋駅〜大崎駅間は湘南新宿ラインと線路を共有しており、並走する山手線が各駅に対して、両路線は主要駅にのみ停車する。

湘南新宿ライン

埼玉県大宮駅から新宿駅などの副都心エリアを経由して、神奈川県大船駅までの区間を結ぶ。大宮駅から栃木・群馬方面がそれぞれ「宇都宮線」と「高崎線」になり、大船駅からは逗子方面が「横須賀線」、小田原方面が「東海道線」になる。

中央・総武線（各停）

中央線と総武線、それぞれ各駅停車線を合体させた路線で、西側の三鷹駅〜御茶ノ水駅間が中央線、御茶ノ水駅から東側が総武線として区別される。ダイヤは基本的に中央線快速と総武線快速と独立しており、黄色のラインカラーで見分けられる。

京浜東北線

埼玉県大宮駅から神奈川県大船駅まで区内を南北に縦断する路線。ほとんど同じラインを走行する上野東京ラインは主要駅にのみ停車する速達運転を行う。

常磐線

快速は品川駅、上野駅方面から茨城県取手駅まで、また取手駅以北に直通する列車がある。各駅停車は東京メトロ千代田線との直通運転を行う。

京葉線

東京駅から新木場駅などを経由して、千葉県蘇我駅にいたる。東京駅の京葉線ホームはJR在来線や新幹線口から離れた場所にあるので乗り換えには注意。

総武線（快速）

東京と千葉を結ぶ総武線のうち錦糸町駅〜千葉駅間は総武線（快速）と呼ばれる。錦糸町駅以西は中央・総武線（各停）として運転し快速と区別される。

地方から東京に出てきて初めて山手線に乗ったとき、目的の電車を逃してしまい焦って駅員さんに次の到着時間を聞いたところ、5分間隔で来ると言われて拍子抜けした思い出があります（笑）。（PN：葉っぱ）

地下鉄

東京地下鉄が運営する「東京メトロ」と東京都交通局の「都営地下鉄」がもつ全13路線が、おもに山手線の内側を中心に運行する。各駅にはナンバリングが表示されているので、乗り換え時の目印にしよう。両社共通で発売するお得なきっぷもチェックして。(→ P.103)

区内を縦横無尽に網羅する 東京メトロ

運賃
▶初乗り 180円
▶ICカード 178円

東京メトロの愛称で親しまれる東京地下鉄。区内全域に網目のように張り巡らされた全9路線が都内を運行する。銀座線と丸ノ内線を除き、直通運転を行っている路線も多く、効率よく乗り継ぐには「東京メトロmy！アプリ」で運行状況や経路検索するのがおすすめだ。東京メトロから都営地下鉄に乗り継ぐ場合には、70円の乗り継ぎ割引が適用される。

銀座線 G

浅草駅から、上野駅〜日本橋駅〜銀座駅〜新橋駅を経由して渋谷駅にいたる日本最古の地下鉄。他線との直通運転は行っていない。

東西線 T

名前の通り中野駅から千葉県西船橋駅まで東西に横断する。飯田橋駅、日本橋駅、門前仲町駅などを経由し、区内は葛西駅まで走る。

半蔵門線 Z

西は渋谷駅から東は押上駅までを結ぶ路線で、それぞれ東急田園都市線と東武スカイツリーラインへ直通運転を行っている。

丸ノ内線 M

本線は荻窪駅を出発し、四ツ谷駅や東京駅を経由してU字を描くように池袋駅まで結ぶ。他線との直通運転は行っていない。

千代田線 C

北綾瀬駅を出発し西日暮里駅、大手町駅、霞ケ関駅、表参道駅などを経由し、終点の代々木上原駅では小田急小田原線に直通。

南北線 N

南は目黒駅から北は赤羽岩淵駅までを縦断して埼玉方面へ向かう路線。途中、永田町駅、後楽園駅、駒込駅、王子駅などを経由。

日比谷線 H

中目黒駅から六本木駅や銀座駅、秋葉原駅、上野駅を経由して北千住駅までいたる。北千住駅から東武スカイツリーラインに直通。

有楽町線 Y

湾岸沿いの新木場駅から埼玉県和光市駅までを走る。途中、月島駅、有楽町駅、市ケ谷駅、池袋駅などを経由し埼玉方面へ向かう。

副都心線 F

渋谷、新宿、池袋などの副都心エリアを運行しており、渋谷駅を出発し埼玉県和光市駅までをつなぐ。直通運転を行う列車が多い。

東京都が運営する4路線 都営地下鉄

運賃
▶初乗り 180円
▶ICカード 178円

都営地下鉄の路線は全部で4つ。6の字型の路線図が印象的な大江戸線のほか、千葉方面まで走る新宿線と南北に延びる三田線で東西南北のアクセスも可能だ。大江戸線を除いた3路線はそれぞれ他社との相互運転も行っており、特に浅草線は羽田空港と成田空港へのアクセスができるので便利。移動に使える「都営交通アプリ」もダウンロードしておこう。

浅草線 A

京成線直通の押上駅〜西馬込駅をつなぐ。泉岳寺駅は京急線に直通し羽田〜成田空港を結ぶ「エアポート快特」停車駅もある。

新宿線 S

新宿駅から市ケ谷駅、神保町駅などを経由し千葉県本八幡駅まで走る。新宿駅からは京王新線を経由し京王線へ直通している。

三田線 I

東急目黒線に直通する目黒駅から板橋区の西高島平駅まで南北を縦断する路線。日比谷駅、大手町駅、巣鴨駅などを経由する。

大江戸線 E

光が丘〜練馬〜都庁前駅を走る放射部と都庁前〜汐留〜月島〜上野御徒町〜都庁前駅の環状部からなる6の字型の路線。

「駅ナンバリング」をチェック

路線番号をアルファベットで表示
ラインカラー
駅番号は数字2桁で表示

複数の路線が集まる駅には、ナンバリングが多数ある

例：新宿三丁目駅

複雑に入り組んだ路線の乗り換えをひと目で分かるようにした表示で、多数の路線が乗り入れている場合はその分種類も多くなる。

東京駅など商業施設が充実した駅の改札内に入りたい場合は、入場券を購入すれば電車に乗らずにショッピングを楽しめる。急にトイレに行きたくなった場合やお見送りしたい場合にも便利に使える。

私　鉄

区内を走る 12 社の私鉄は、ほとんどが山手線の外側を放射線状に延びるように走っているのが特徴。それぞれが主として走っているエリアを把握すれば、複雑な路線の解像度もぐっと上がるはず。主要なものから少しマニアックな路線まで、区内の私鉄をガイド。

区内南西部を細かく網羅

東急電鉄

運賃
▶初乗り　140 円
▶IC カード　140 円

区内では渋谷、目黒、品川、世田谷、大田区の南西部を中心に 7 路線が走るほか、日吉駅～新横浜駅間を結ぶ東急新横浜線など神奈川県東部にまで路線が延びる。渋谷駅～自由が丘駅間（東横線）、渋谷駅～二子玉川駅間（田園都市線）、二子玉川駅～自由が丘駅間（大井町線）が 1 日乗り放題の「東急線トライアングルパス」（470 円、こども 240 円）や、世田谷線が 1 日乗り放題の「世田谷線散策きっぷ」（380 円、こども 190 円）も必見。

目黒線

2019 年から登場した 3020 系

目黒駅と神奈川県横浜市の日吉駅間を結ぶ路線。日吉駅～田園調布駅間は東横線と並走しているため、渋谷方面や横浜方面へ向かう場合には乗り換えが可能。目黒駅では東京メトロ南北線と都営三田線へ直通運転を行っている。

東横線

東横線の主力車両 5050 系

東京と横浜を結ぶ東横線は、代官山駅、中目黒駅、自由が丘駅などを経由しながら渋谷駅～横浜駅間を運行する。渋谷駅では直通運転を行う東京メトロ副都心線を経由して、東武東上線と西武池袋線までアクセス可能。

田園都市線

東京メトロ半蔵門線に直通する渋谷駅から神奈川県の中央林間駅までを運行する。途中の二子玉川駅～溝の口駅間は大井町線と並走しているため乗り換えも可能だ。

東急多摩川線

多摩川駅～蒲田駅を 3 両編成の車両が各駅停車で運行する。多摩川駅では東横線と目黒線に、蒲田駅では池上線に乗り換えができる。

世田谷線

三軒茶屋駅～下高井戸駅間を結び、下高井戸駅からは京王線に乗り換え可能。都内でも珍しい路面電車方式の軌道線で、運賃は全区間均一の 160 円。

大井町線

品川区大井町駅～神奈川県溝の口駅間を結ぶ路線。平日夜は大井町駅を発車する有料座席指定サービス「Q SEAT」を導入している。

池上線

五反田駅～蒲田駅を 3 両編成の車両が各駅停車で運行する。洗足池公園や池上本門寺、戸越銀座商店街などの観光スポットへのアクセスに便利な路線でもある。

新宿と渋谷を起点に延びる

京王電鉄

運賃
▶初乗り　130 円
▶IC カード　126 円

都心と八王子を結ぶ路線として、それぞれ 2 文字目を取り京王線とされる。区内では新宿駅～八王子駅を東西に走る京王線と、渋谷駅～吉祥寺駅を南北に走る井の頭線が運行するほか、京王新線では都営新宿線への直通列車も多数あり、乗り換え不要で便利。多摩地域から区内にアクセスする際は、有料座席指定列車の「京王ライナー」で快適に移動できる。

京王線

新宿駅を起点として、多摩地域の調布駅や府中駅を経由し京王八王子駅までを結ぶ路線。笹塚駅では京王新線に、明大前駅では井の頭線に、下高井戸駅では東急世田谷線へそれぞれ乗り換え可能。列車種別が 5 種類あるため、乗車の際には注意しよう。

新宿駅を起点に運行する

井の頭線

渋谷駅を起点として、中央・総武線（各停）などが走る吉祥寺駅までを南北につなぐ路線。途中駅の下北沢駅では小田急小田原線への乗り換えができる。渋谷駅の井の頭線ホームは渋谷マークシティに直結している。

京王新線

京王線の一部である新宿駅～笹塚駅間は「京王新線」と呼ばれ、京王線では全列車が通過する初台駅、幡ヶ谷駅にも停車する。都営新宿線への直通運転を行っており、笹塚駅から西のエリアとを結ぶ役割も果たしている。

読者だより

京王井の頭線は朝夕の通勤・通学ラッシュがとても混みます。急ぎでないなら、少しだけ空いている各駅停車に乗ることをおすすめします。（PN：ホンマ）

新宿と神奈川や多摩ニュータウンを結ぶ
小田急電鉄

運賃 ▶初乗り　140円　▶ICカード　136円

区内では、新宿駅を起点に箱根の玄関口である小田原までを結ぶ「小田原線」のほか、区外は湘南エリアへいたる「江ノ島線」と多摩ニュータウンへいたる「多摩線」が走り、全席指定制の特急のロマンスカーも運行。列車種別により停車駅が異なるため、乗車の際は注意しよう。2022年から小児IC運賃が全区間一律50円に設定されたため、子供連れでのお出かけでお得に利用ができる。

小田原線

新宿駅から下北沢駅などを経由し小田原・箱根方面や湘南エリア、多摩ニュータウンにいたる路線。代々木上原駅から一部列車が東京メトロ千代田線に乗り入れているため、都心へのアクセスも便利。千代田線綾瀬駅以降はJR常磐線に直通する列車も。

2020年から運行開始した5000形

北西部を走る2路線が主力
西武鉄道

運賃 ▶初乗り　160円
▶ICカード　157円

池袋駅が起点の池袋線と西武新宿駅が起点の新宿線を主として運行する。両路線は西武鉄道が本社を構える所沢駅を経由しながら、それぞれ秩父、川越と埼玉方面まで続く。西武有楽町線を経由することで、東京メトロ有楽町線と副都心線に直通で乗車でき、さらに副都心線では渋谷駅から東急東横線へつながるなど、広範囲の移動をカバーしてくれる。

池袋線

バリアフリーにも配慮した40000系

多数路線が乗り入れる池袋駅から練馬駅などを経由して埼玉県の吾野駅までを結ぶ。7つの列車種別があり、有料特急列車と座席指定列車も運行している。

新宿線

通称スマイルトレイン30000系

西武新宿駅から埼玉県の川越方面へと向かう路線。なお西武新宿駅は、各社が乗り入れる新宿駅と約500m離れているため、乗り換えは高田馬場駅からが便利。

西武有楽町線

池袋線の練馬駅と東京メトロ有楽町線・副都心線の小竹向原駅をつなぎ、副都心線は渋谷駅から東急東横線へ直通運転も行う。

豊島線

練馬駅～豊島園駅の短距離を結ぶ路線。豊島園駅では2023年6月、としまえん跡地に新施設がオープンする。(→P.15)

下町エリアの散策にも◎
東武鉄道

運賃 ▶初乗り　160円
▶ICカード　157円

東京、埼玉、千葉、栃木、群馬の一都四県に路線をもち、都内では4種の路線が走る。都内の主要な路線として川越方面へ延びる東上線のほか、群馬県まで続く伊勢崎線の浅草駅～東武動物公園駅間を指す東武スカイツリーラインがある。浅草、亀戸、向島をお得に周遊できる「東京スカイツリー®周辺散策フリーきっぷ」(510円～)など、お役立ちきっぷも多数販売。

東上線

シャイニーオレンジ色の50000型

池袋駅から川越方面へ向かい、埼玉県寄居駅までの路線。埼玉方面の観光や通勤通学のための利用が多い。和光市駅から東京メトロ有楽町線・副都心線に直通。

東武スカイツリーライン

2つの地下鉄へ直通運転を行う

浅草駅～東武動物公園駅間の路線愛称名で、曳舟駅から分岐した押上駅も含む。北千住駅から東京メトロ日比谷線、押上駅からは東京メトロ半蔵門線に直通。

亀戸線

曳舟駅～亀戸駅間を結ぶ2両編成の列車が走る路線で、曳舟駅ではスカイツリーライン、亀戸駅ではJR総武線に乗り換え可能。

大師線

西新井駅と西新井大師がある大師前駅の2駅を結ぶ単線路線。大師前駅は無人駅で大師前駅の改札機・券売機は西新井駅に設置。

各鉄道会社のアプリや乗り換えアプリは「旅の準備と技術」P.448に掲載している。旅する際に、いくつか事前にダウンロードしておこう。

成田空港行きの列車が多数 京成電鉄

運賃		
	▶初乗り	140円
	▶ICカード	136円

都内と成田空港をつなぐほか、都営浅草線を経由して京急に接続し羽田空港にも直結。成田空港へのアクセス方法として、京成上野駅または日暮里駅から最速で向かうスカイライナー（特急料金）や、品川駅、新橋駅、日本橋駅などから乗車可能なアクセス特急、京成船橋駅を経由する快速特急などがある。出発地や経由地・運賃が異なるため最適なルートを選択しよう。

京成本線

上野と成田空港を結ぶ路線で、京成上野駅を出発し千葉県の船橋駅、津田沼駅、佐倉駅などを経由して成田空港（成田第1ターミナル）駅にいたる。なお快速特急、特急に乗車しても追加料金はかからず、本数も比較的多い。

主力として活躍する3000形

押上線

都営浅草線に乗り入れる青砥駅～押上駅間の短い路線。都営浅草線を経由して京急線に接続しており、羽田空港までアクセスすることができる。

金町線

京成高砂駅～柴又駅～京成金町駅の3駅のみを結ぶ単線路線ながら、柴又は見どころが多く、京成金町駅はJR常磐線へ乗り換えも可能なため利用者は多い。

成田スカイアクセス線

2010年の開業時に登場したAE形

京成高砂駅から成田空港駅までを結ぶ路線で、特急料金不要の「アクセス特急」と日暮里駅～空港第2ビル駅を最短36分で結ぶ「スカイライナー」がある。

羽田空港への移動に必須 京急電鉄

運賃		
	▶初乗り	140円
	▶ICカード	136円

区内の南西部から神奈川県横浜方面へと延びる路線で、品川駅～羽田空港第1・第2ターミナル駅を最短13分で結ぶほか、都営浅草線を経由して京成線・北総線へも接続している。

京急本線

品川駅から東京湾沿いを走り横浜、横須賀方面へ向かう路線で、羽田空港行きの直通列車も多く運行している。品川駅からは泉岳寺駅を経由して都営浅草線に直通しており、さらに押上駅からは京成線へつながり成田空港へのアクセスも可能。

赤が目印の2100形

空港線

京急蒲田駅～羽田空港間を結ぶ路線。ほぼすべての列車が京急本線の品川駅と泉岳寺駅に直通しているが、全5つの種別のうち、エアポート特快は京急蒲田駅には停車しない。

お台場エリアのアクセスに便利な2路線

ビュースポットも満載 ゆりかもめ

運賃 ▶初乗り 190円 ▶ICカード 189円

正式名称は東京臨海新交通臨海線で、新橋駅を出発しお台場地区を経由しながら豊洲駅までを結ぶ。レインボーブリッジやお台場、東京ビッグサイト、豊洲市場など見どころたっぷりのエリアを通過するため、お得なきっぷ（→P.104）も活用して周遊しよう。

無人自動運転の新交通システム

渋谷・新宿・池袋からも便利 りんかい線

運賃 ▶初乗り 210円 ▶ICカード 210円

新木場駅から大崎駅を運行する路線。お台場エリアの東京テレポート駅と天王洲アイル駅間で東京港を横断し、江東区と品川区をつなぐ。JR埼京線と相互直通運転を行っており、副都心部からお台場エリアへアクセスできるので、渋谷・新宿・池袋からも便利。

新木場駅～大崎駅を19分でつなぐ

読者だより　ゆりかもめの特等席は見晴らし最高な先頭車両の1番前だと思います。運転手になった気分で乗車できて、特に対向列車とのすれ違いは大人でもテンション上がります！！（PN：トシカツ）

区内最北まで自動運転で走行

日暮里・舎人ライナー

運賃 ▶初乗り 170円 ▶ICカード 168円

舎人（とねり）は大和王朝からある官職名に由来する

2008年開業の比較的新しい路線で、日暮里駅から足立区の舎人駅を経由して見沼代親水公園駅まで9.7kmを結ぶ。コンピューター制御による自動運転と全線が高架上を走る新交通システムが特徴で、乗車中は開放感たっぷりの景色が眺められる。沿線には西新井大師や都立舎人公園など、自然や歴史を感じられるスポットが点在しており、熊野前駅では東京さくらトラム（都電荒川線）に乗り換えが可能。

秋葉原からつくばまで運行

つくばエクスプレス（TX）

運賃 ▶初乗り 170円 ▶ICカード 168円

秋葉原からつくばまで約58kmを結ぶTX-2000系

全4路線が乗り入れる秋葉原駅を出発し、埼玉・千葉を通り茨城県のつくば駅まで最速45分で結ぶ。通勤・通学に便利な路線でありながら、区内では浅草駅、南千住駅、北千住駅などを経由するため、下町エリアの散策やJR線と地下鉄への乗り換えにも便利。TXが走る浅草駅は、他線が乗り入れる浅草駅と駅名は同じものの、場所は徒歩7〜8分ほど離れた位置にあるため、乗り換えの際には注意しよう。

その他の鉄道路線

羽田空港までベイエリアを走る

東京モノレール

運賃 ▶初乗り 160円 ▶ICカード 157円

湾岸エリアのダイナミックな車窓を満喫できる

都心と羽田空港を直接つなぐ路線で、山手線が走る浜松町駅を出発し、羽田空港第2ターミナル駅までを最短約18分で結ぶ。羽田空港と都心（浜松町）をお得に往復できる「モノレール羽割往復きっぷ」（800円、小人400円）のほか、大井競馬場や大田市場へのアクセスに便利な「東京モノレール沿線お散歩1dayパス」（700円、小人350円、土・日・祝限定）など、多数販売しているお得なきっぷもチェックしよう。

ノスタルジックな東京唯一の都電

東京さくらトラム（都電荒川線）

運賃 ▶初乗り 170円 ▶ICカード 168円

全線均一運賃で、車両前から乗車し、後ろから降車する

「東京さくらトラム」の愛称で親しまれ、東京に残る唯一の都電。荒川区の三ノ輪橋駅から新宿区の早稲田駅まで、30の停留場間をワンマンカーで運行する。春・秋になると桜やバラが咲き誇り、ほかにも沿線には名所旧跡や昔ながらの商店街など、歴史を感じられるスポットが充実している。「都電一日乗車券」（→ P.104）などを利用して、下町情緒を味わえる途中下車の旅もおすすめだ。（→ P.298）

列車の遅延や運休が発生したときには、他路線を利用し、迂回して目的地まで行くことができる「振替輸送」が実施される。定期券の区間内ときっぷ・回数券の区間内のみが対象なので要注意。

23区で使える お得なきっぷを解説

23区を観光する前に知っておきたい、都内をお得に巡れるきっぷをご紹介！

全国で相互利用可 交通系ICカード

事前に駅券売機やコンビニなどからチャージして、タッチするだけでスムーズに乗車可能。1円単位の運賃が適用され、きっぷよりお得になる場合もあるためぜひ利用したい。アプリをDLしてスマホにも取り込める。

Suica

JR東日本が発行するICカードで、JR東日本の駅の指定席券売機、多機能券売機、みどりの窓口で購入できる。小学生まで使える「こども用Suica」も販売。

Suica は JR 東日本の登録商標です

PASMO

PASMOを取り扱う各駅またはバス窓口にて購入ができ、クレジットカードでの購入は不可なので注意。紛失時に再発行できる記名式PASMOも販売する。

PASMO は株式会社パスモの登録商標です

全国10種が利用可

- Kitaca（JR北海道）
- TOICA（JR東海）
- manaca（名古屋市交通局など）
- ICOCA（JR西日本）
- PiTaPa（スルッとKANSAI）
- SUGOCA（JR九州）
- nimoca（西日本鉄道）
- はやかけん（福岡市交通局）

23区広域の周遊に便利なきっぷ

東京フリーきっぷ

CHIKA TOKU 対象

▶料金　1600円　▶期間　1日間

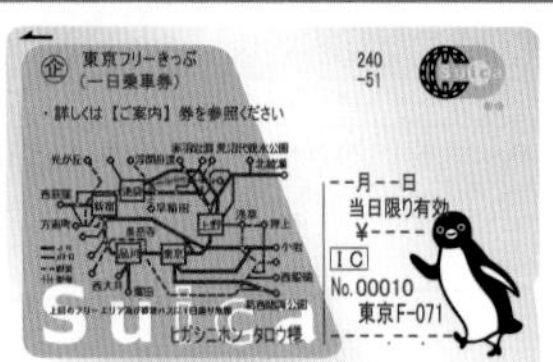

23区内のJR東日本の普通列車（快速も含む）の普通車自由席、東京メトロと都営地下鉄の地下鉄全線、日暮里・舎人ライナー、都電荒川線、都営バス全線（深夜バスは差額支払いが必要、江東01系統は除く）が始発から終電まで1日乗り降り可能。山手線と地下鉄を中心に利用して広範囲をお得に周遊できる。

発売場所

モバイルSuica、JR東日本の区内主要駅の指定席券売機、東京メトロ線各駅の券売機（日比谷線北千住駅、中目黒駅、中野駅、代々木上原駅、和光市駅、半蔵門線・副都心線渋谷駅、目黒駅を除く）、都営地下鉄線各駅の券売機（押上駅、白金高輪駅、白金台駅、目黒駅、新宿線新宿駅を除く）、日暮里・舎人ライナー各駅の券売機で発売。

JR東日本 都区内パス

▶料金　760円　▶期間　1日間

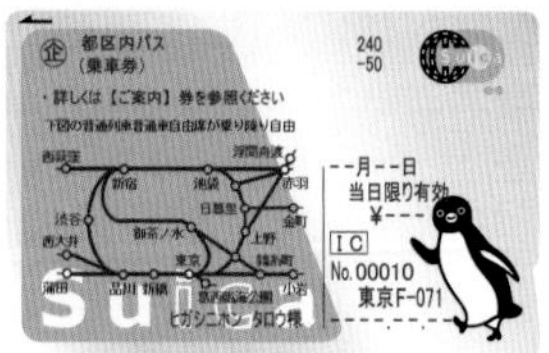

フリーエリア内の普通列車（快速を含む）の普通車自由席が1日乗り降りできるフリーきっぷ。磁気券に加え、交通系ICカードのSuica、モバイルSuicaに搭載して利用することもできる。特急列車やグリーン席などを利用したい場合には、追加料金を支払うことで利用可能になるので、多摩地域や関東圏から区内へアクセスする際にも便利に使える。

発売場所

モバイルSuicaアプリ（当日券のみ）、23区内のJR東日本の主要駅の指定席券売機で販売。みどりの窓口での発売は行っていないため注意しよう。そのほか一部の旅行会社でも取り扱いしており、その場合はきっぷのフリーエリア内を到着地に含む旅行商品と同時に購入した場合のみ購入可能。

都内は運行している電車やバスが多い分、それに対応したお得な切符もたくさんあります。定番の観光地はほとんどがJRと地下鉄を使えばアクセスできるので、迷ったらその中から選ぶのがおすすめです。（PN:虹子）

都営バス　都営バス一日乗車券

▶料金　500円　▶期間　1日間

区部中心部から東部地域まで、区内を広範囲に運行する都営バスが1日乗り放題になるきっぷ（江東01系統を除く）。都営バスの初乗り運賃は210円なので、1日都内を観光するのならば購入しておくのがおすすめ。SuicaとPASMOに搭載して使えるIC乗車券も販売しており、深夜バスを利用する場合には、210円（小児100円）の差額の支払いが必要。

発売場所

区内の都営バス車内（江東01系統を除く）、都営バスの営業所・支所（青梅支所除く）、東陽操車所、都営バス定期券発売所で取り扱いしており、バス車内では前売り券の販売は行っていないため注意。SuicaとPASMOに搭載する場合は、バス車内から当日券のみの購入ができる。

東京メトロ　東京メトロ24時間券

CHIKA TOKU 対象

▶料金　600円　▶期間　使用開始から24時間

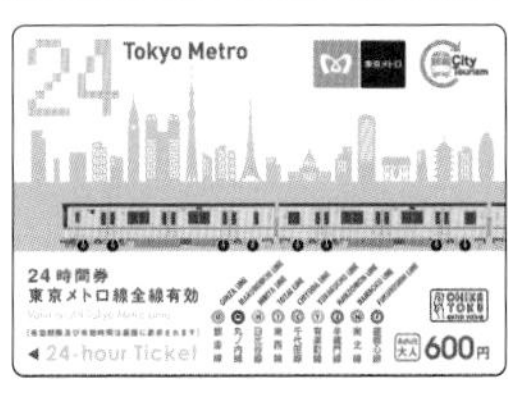

区内を走る全9路線の東京メトロが、使用開始から24時間乗り降り自由になるきっぷ。日をまたいで翌日まで使用できるので、午後からでも余裕をもって利用できるのがうれしい。東京メトロは観光スポットが数多くある山手線の内側を網羅しているので、具体的なプランが決まっていない場合にも役に立つ。

発売場所

前売り券は東京メトロ定期券うりば（中野駅、西船橋駅、渋谷駅は除く）、当日券は券売機で販売。ICカード乗車券「PASMO」でも利用でき、東京メトロ線各駅の券売機（日比谷線北千住駅、中目黒駅、中野駅、西船橋駅、代々木上原駅、和光市駅、半蔵門線・副都心線渋谷駅、目黒駅を除く）と東京メトロ定期券うりば（中野駅・西船橋駅・渋谷駅は除く）で販売。

都営地下鉄　都営まるごときっぷ

CHIKA TOKU 対象

▶料金　700円　▶期間　1日間

都営地下鉄全線、日暮里から足立区までを結ぶ日暮里・舎人ライナー、三ノ輪橋～早稲田駅間を走る東京さくらトラム（都電荒川線）、都営バス（江東01系統を除く）が1日乗り放題のきっぷ。バスと鉄道が利用できることで移動範囲がぐっと広がる。

発売場所

主に磁気切符の当日券は都営バス・東京さくらトラム（都電荒川線）の車内、都営バス・都電荒川線大塚駅前・都営地下鉄と日暮里・舎人ライナー日暮里駅の定期券発売所、都営地下鉄と日暮里・舎人ライナー各駅の自動券売機または自動定期券券売機などで購入可能。当日券のみPASMOでのICカード乗車券も販売。

東京メトロ・都営地下鉄　共通一日乗車券

CHIKA TOKU 対象

▶料金　900円　▶期間　1日間

区内を縦横無尽に走る東京メトロと都営地下鉄の計13路線が始発から終電まで1日乗り放題になるお得なきっぷ。900円で都内の主要区間を効率的に回れるため、都内観光に役立つこと間違いなし。事前にそれぞれの路線が運行するエリアも確認しておこう（→P.97）。

発売場所

当日券と前売り券を販売しており、当日券は都営地下鉄線・東京メトロ線各駅の券売機で購入が可能。前売り券は都営地下鉄線各駅事務所（押上駅、目黒駅、白金台駅、白金高輪駅、新線新宿駅は除く）、東京メトロ定期券うりば（中野駅、西船橋駅、渋谷駅は除く）にて取り扱っている。ICカード乗車券「PASMO」でも利用できる。

おトクな特典がつく「CHIKA TOKU」

東京メトロ・都営地下鉄が発行している1日乗車券を提示することで、都内230以上のスポットで割引やプレゼントなどの特典が受けられるサービス。美術館や劇場、グルメやショッピング、ホテルなど幅広い施設で利用が可能なので、途中下車しながら好みに合わせて上手に利用しよう。対象施設の詳細は、8つのエリアやカテゴリから検索ができるウェブサイトをチェック。

URL chikatoku.enjoytokyo.jp/

東京メトロと都営地下鉄が乗り放題の「Tokyo Subway Ticket」は、1都7県（東京、神奈川、埼玉、千葉、茨城、栃木、群馬、山梨）以外の国内および海外から東京に訪れた人が使える。24、48、72時間チケットを用意。

お台場エリア周遊に便利なきっぷ

ゆりかもめ　ゆりかもめ一日乗車券

▶料金　820円　▶期間　1日間

新橋駅〜豊洲駅を結ぶゆりかもめが1日乗り降り可能なきっぷ。お台場全域を走っているため周辺を散策する際には便利でお得なうえ、車窓からは東京タワーが眺められるなど乗車中も楽しみが多い。芝浦ふ頭駅〜お台場海浜公園駅間では、レインボーブリッジが姿を見せ、夜間はライトアップした幻想的な夜景が広がる。

発売場所

ゆりかもめ各駅の自動券売機、ゆりかもめ新橋駅、豊洲駅の窓口で販売。

りんかい線　りんかい線1日乗車券

▶料金　730円　▶期間　1日間

新木場駅〜大崎駅間を結ぶりんかい線が1日乗り降り可能なきっぷ。お台場の中心に位置する東京テレポート駅からは人気スポットへのアクセスも良好だ。1日乗車券を提示することで、お台場周辺のショッピング施設やホテル、文化施設など18のスポットで割引クーポンやオリジナルプレゼントがもらえるお得な特典付き。

発売場所

りんかい線各駅の窓口または自動券売機で販売（大崎駅は自動券売機のみ）。

下町エリア周遊に便利なきっぷ

東武鉄道　台東・墨田東京下町周遊きっぷ

▶料金　1日券500円、2日券700円

北千住〜浅草駅、曳舟〜押上駅、曳舟〜亀戸駅の鉄道と台東・墨田区の循環バスが乗降自由。スカイツリーシャトル®浅草・上野線は土・日・祝のみ。

発売場所

東武鉄道浅草〜北千住駅、曳舟〜亀戸駅の各駅、東武ツーリストインフォメーションセンター浅草、浅草文化観光センター、パークス上野、両国観光案内所、東武ホテルレバント東京・浅草東武ホテル・ホテルサンルート浅草の各フロント、全国のセブンイレブンのマルチコピー機で販売。

都営地下鉄　都電一日乗車券

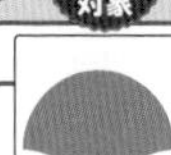

▶料金　400円　▶期間　1日間

三ノ輪橋駅〜早稲田駅までを運行する東京さくらトラム（都電荒川線）に1日乗り放題。沿線には名所旧跡や商店街、公園など立ち寄りたいスポットばかり。

発売場所

前売り券は荒川電車営業所、都電定期券発売所、三ノ輪橋おもいで館にて販売。当日券はこれらに加えて都電の車内でも購入可能。PASMOとSuicaで使える都電IC一日乗車券は、都電の車内で当日券のみを取り扱う（IC乗車券の場合、CHIKA TOKUの特典は付かない）。

羽田空港からのアクセスに便利なきっぷ

京急羽田・ちか鉄共通パス

▶料金　1200円　▶期間　1日間

京急電鉄の羽田空港各駅から泉岳寺駅までの片道に加えて、都営地下鉄・東京メトロ全線が1日乗り降り自由になるきっぷ。午前中に羽田空港に到着して都内を観光したい場合など、地下鉄で区内も周遊できるこの切符が最適。羽田空港から泉岳寺駅を往復で移動したい場合には「羽田空港発着 地下鉄1DAYパス」（1400円）を使おう。

発売場所

京急線羽田空港第1・第2ターミナル駅、羽田空港第3ターミナル駅で販売。

モノレール＆山手線内割引きっぷ

▶料金　500円　▶期間　1日間

東京モノレールの羽田空港各駅から浜松町駅を経由して、JR山手線内各駅のどこでもワンコインで下車（片道1回限り有効）できるきっぷ。例えば羽田空港〜東京駅は通常運賃が670円、新宿駅は710円、池袋駅は780円といった観光の拠点となる駅間を500円でお得に移動できる。土・日・祝と、おもに長期休みの期間限定で販売している。

発売場所

東京モノレール羽田空港第1、2、3ターミナル駅または地方空港の自動券売機で販売。

1日乗車券を使って都電荒川線をぶらり途中下車しました！鬼子母神で開催されていた手創り市に行ったり、巣鴨の商店街で買い食いしたりと400円で大満足の小旅行ができました。（PN：ガーデン）

私鉄の利用に役立つきっぷ一覧

JR や地下鉄だけではなく、区内の私鉄でもお得なきっぷは手に入る。私鉄の利用に役立つだけでなく、地下鉄やバスと組み合わせて使えるものなど種類はさまざま。発着地や目的のエリアに合わせて使いたいきっぷを一挙ご紹介。

鉄道会社	切符の名称	該当私鉄	東京メトロ	都営地下鉄	該当バス	その他
東急電鉄	東急線・都営地下鉄・東京メトロ共通1日乗車券	○	○	○		
	東急東京メトロパス ※東急線内は往復1回限り有効	○	○			
	東急線・東急バス 一日乗り放題パス	○			○	
東急電鉄 西武鉄道	東急線西武線まるごときっぷ ※東急線各駅～渋谷駅までの往復 西武線全線	○	○ ※渋谷～小竹向原駅間			
京王電鉄	京王・東京メトロ・都営地下鉄パス ※京王線各駅～新宿・渋谷駅の往復	○	○	○		
	京王東京メトロパス ※京王線各駅～新宿・渋谷駅の往復	○	○			
	TOKYO 探索きっぷ ※京王線各駅～新宿駅往復	○		○	○ ※都バス	○ ※都電、日暮里・舎人ライナー
	京王線・井の頭線一日乗車券	○				
小田急電鉄	小田急東京メトロパス ※小田急線（新宿～代々木上原駅） 小田急線（発駅～代々木上原駅）往復割引きっぷ付き	○	○			
	1日全線フリー乗車券	○				
西武鉄道	西武東京メトロパス ※西武線各駅～池袋・小竹向原・高田馬場・西武新宿駅の往復	○	○			
東武鉄道	東武東京メトロパス ※東武線内（東上線・越生線を除く）の発駅～北千住駅の往復と、東武スカイツリーライン北千住～浅草駅間、曳舟～押上駅間、東京メトロ線内の一日乗車券	○	○			
京急電鉄	東京周遊パス ※京急線各駅～泉岳寺駅の往復	○	○	○		
	東京 1DAY きっぷ ※京急線各駅～品川駅の往復（品川～泉岳寺は乗り降り自由）	○		○	○ ※都バス	○ ※都電、日暮里・舎人ライナー
つくばエクスプレス	TX 東京メトロパス ※つくばエクスプレス線各駅～北千住駅までの1往復、北千住駅～秋葉原駅間乗り降り自由	○	○			
	TOKYO 探索きっぷ ※つくばエクスプレス線各駅～新御徒町駅までの1往復、TX 浅草駅・TX 北千住駅で途中下車が可能	○		○	○ ※都バス	○ ※都電、日暮里・舎人ライナー

※印は利用可能区間

都心と成田空港を結ぶ「京成スカイライナー」には、お得なきっぷ「手ぶらでライナー」（4350 円）空港宅配サービスとスカイライナー片道チケット（乗車券付）などがある。

旅の玄関口を隅々まで大調査！ 東京駅完全攻略

1階

巨大な迷路のように思えるが、基本的にどの改札から入ってもJRの各路線と新幹線にたどり着けるので、近くの改札をくぐって案内板をたよりに歩こう。改札外で八重洲側から丸の内側に抜けるには「北自由通路」を使えばラクラクだ。

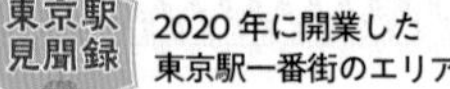

東京駅見聞録　2020年に開業した東京駅一番街のエリア

「東京ギフトパレット」内にあるいちご豆大福の元祖「大角玉屋」では、東海道新幹線「N700S」をかたどった「新幹線もなか」を販売している。パッケージもN700Sがモチーフ。

東京駅見聞録　日本文化を発信するコミュニケーションカフェ

旅行者向けインフォメーションカウンターに加え、無料Wi-Fiや電源を完備したカフェスペースなども備えた「JAPAN RAIL CAFE TOKYO」が設置されている。

東京駅見聞録　日本橋口名物ホワイトボードを発見せよ

八重洲の端っこは「日本橋口」。JR東海の管轄である「東海道・山陽新幹線」の改札付近には、車両イラストとアナウンスが手描きされたホワイトボードがあり、鉄道好きの間では「#東京駅ホワイトボード」で話題に。

東京駅見聞録　1本道でOK 八重洲⇔丸の内間の移動

1階で八重洲⇔丸の内の往来はひたすら直進なので簡単！　八重北食堂と八重洲北口改札の間にある「北自由通路」を使えば、5分ほどで通り抜けることができる。

東京駅見聞録　駅前広場に鎮座している銅像の正体

日本の「鉄道の父」といわれる井上勝。像が丸の内駅前広場に立っているのでチェックしてみてほしい。

佐川急便の荷物一時預かりやホテルへの当日配送サービス（7:00～21:00）

大丸東京

(2F)

東京ギフトパレット

(2F)

(B1)

八重洲北口

八重北食堂

東海道・山陽新幹線中央のりかえ口

中央のりかえ口にはエレベーターがないため注意

東北・上越・北陸新幹線北のりかえ口

(B1)

トイレ
コインロッカー
手荷物預かり所
ATM
案内所
エレベーター（カッコ内は行き先）

北自由通路

北通路

(B1)

GRANSTA TOKYO

(B1)

東京ステーションギャラリー
P.134

東京ステーションギャラリー●

丸の内北口

(B1)

丸の内中央口

神田方面

ヤマト運輸による宅急便受付に加え、当日手荷物預かりにも対応（8:30～20:00）

丸の内地下北口へ

(B1)

ガイド

旅するうえで絶対に避けては通れない巨大ターミナル駅。歴史や小ネタはもちろん、効率的な地下通路の歩き方までサポート！

東京駅周辺図

八重洲方面に広がる「八重洲地下街」の終点は、日本橋や京橋周辺。アーティゾン美術館（→ P.143）や丸善 日本橋店（→ P.69）などが近い。また、「東京ミッドタウン八重洲」（→ P.15）にも地下街経由で直結。丸の内方面は丸ビルや新丸ビルなど商業施設が立ち並び、皇居（→ P.130）なども徒歩圏内。

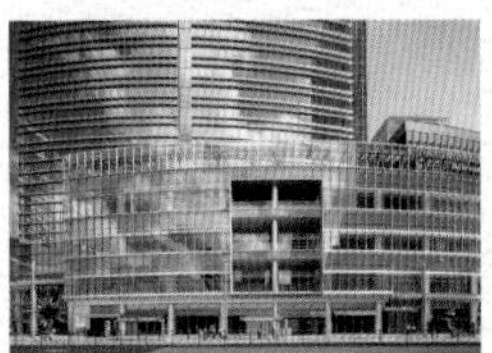

新しい複合施設、東京ミッドタウン八重洲

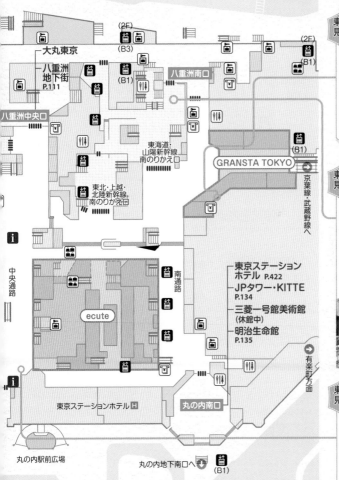

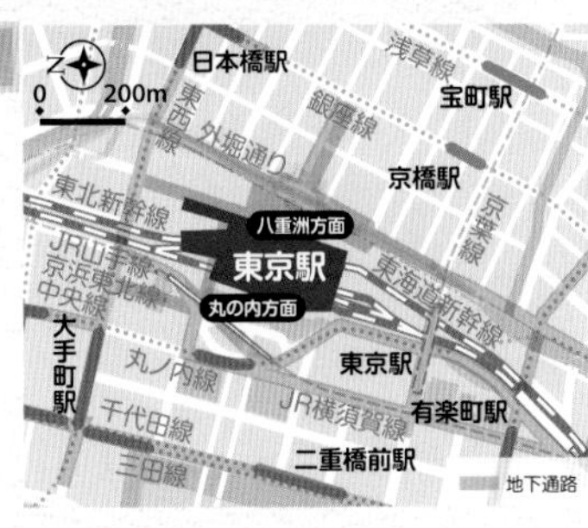

0 200m
日本橋駅
浅草線
宝町駅
銀座線
東西線
外堀通り
京橋駅
京葉線
東北新幹線
八重洲方面
JR山手線
京浜東北線
中央線
東京駅
丸の内方面
東海道新幹線
大手町駅
丸ノ内線
東京駅
有楽町駅
JR横須賀線
千代田線
三田線
二重橋前駅
地下通路

(2F)
(B3)
大丸東京
(2F)
(B1)
八重洲地下街 P.111
(B1)
八重洲南口
八重洲中央口
東海道・山陽新幹線南のりかえ口
GRANSTA TOKYO
(B1)
京葉線・武蔵野線へ
東北・上越・北陸新幹線南のりかえ口
中央通路
ecute
南通路
東京ステーションホテル P.422
JPタワー・KITTE P.134
三菱一号館美術館（休館中）
明治生命館 P.135
有楽町方面
東京ステーションホテル
丸の内南口
丸の内駅前広場
丸の内地下南口へ
(B1)

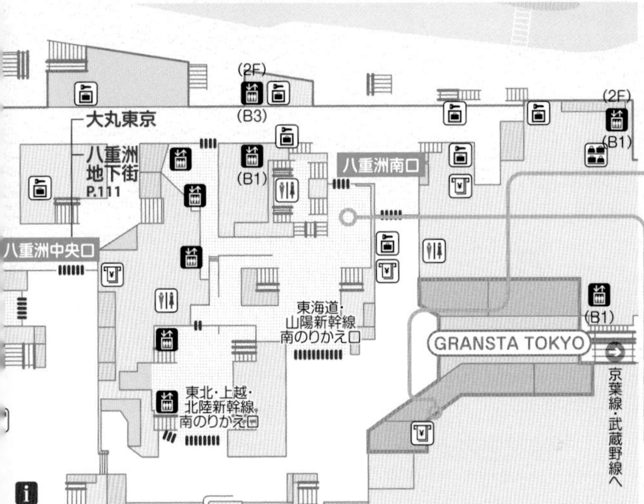

東京駅見聞録 1番古い柱が眠る山手線外回りホーム

5・6番線のホームには、「明治四十一年」と刻印されている柱が残っており、これは東京駅創建当初のものだ（駅改良工事の進捗に合わせ見学再開予定）。

東京駅見聞録 新幹線に情熱を注いだ人物の記念碑

18・19番線ホームの南端に立つ「東京駅新幹線記念碑」は、東海道新幹線の建設に尽力し、「新幹線の父」と称えられる第四代国鉄総裁・十河信二の記念碑だ。

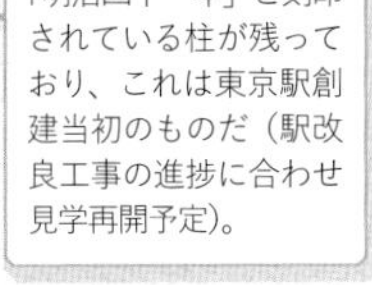

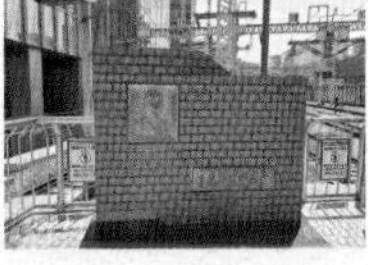

東京駅見聞録 ここだけの駅舎模型付きポスト必見！

丸の内中央改札すぐ。駅舎が描かれた風景印を押してもらえる（第二種郵便料金金額以上の切手及びはがき）。

東京に住んでいる人や在勤・在学している人でも東京駅の地下は難しい！と思う人も多いのでは？ コツさえ覚えれば、有楽町駅や大手町駅など、近隣駅へのアクセスが便利なので、P.110の「地下通路の歩き方」と合わせて攻略してみよう。

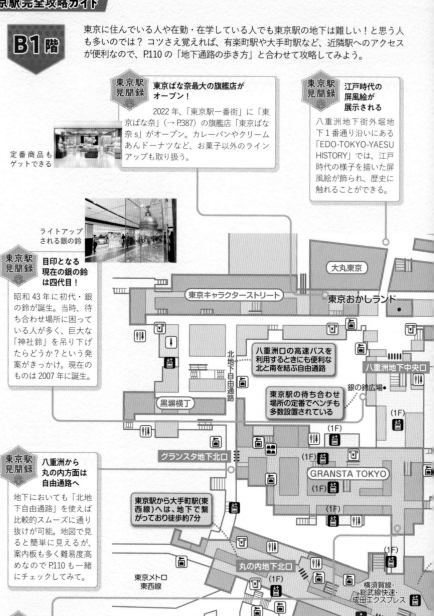

東京駅見聞録　東京ばな奈最大の旗艦店がオープン！

2022年、「東京駅一番街」に「東京ばな奈」（→P.387）の旗艦店「東京ばな奈s」がオープン。カレーパンやクリームあんドーナツなど、お菓子以外のラインアップも取り扱う。

定番商品もゲットできる

東京駅見聞録　江戸時代の屏風絵が展示される

八重洲地下街外堀地下1番通り沿いにある「EDO-TOKYO-YAESU HISTORY」では、江戸時代の様子を描いた屏風絵が飾られ、歴史に触れることができる。

ライトアップされる銀の鈴

東京駅見聞録　目印となる現在の銀の鈴は四代目！

昭和43年に初代・銀の鈴が誕生。当時、待ち合わせ場所に困っている人が多く、巨大な「神社鈴」を吊り下げたらどうか？という発案がきっかけ。現在のものは2007年に誕生。

東京駅見聞録　八重洲から丸の内方面は自由通路へ

地下においても「北地下自由通路」を使えば比較的スムーズに通り抜けが可能。地図で見ると簡単に見えるが、案内板も多く難易度高めなのでP.110も一緒にチェックしてみて。

東京駅見聞録　駅の中にあるまさかの"丸の内坂"

40メートルの長いスロープは、GRANSTAの新エリア開業をきっかけにして「丸の内坂」と命名されたという。

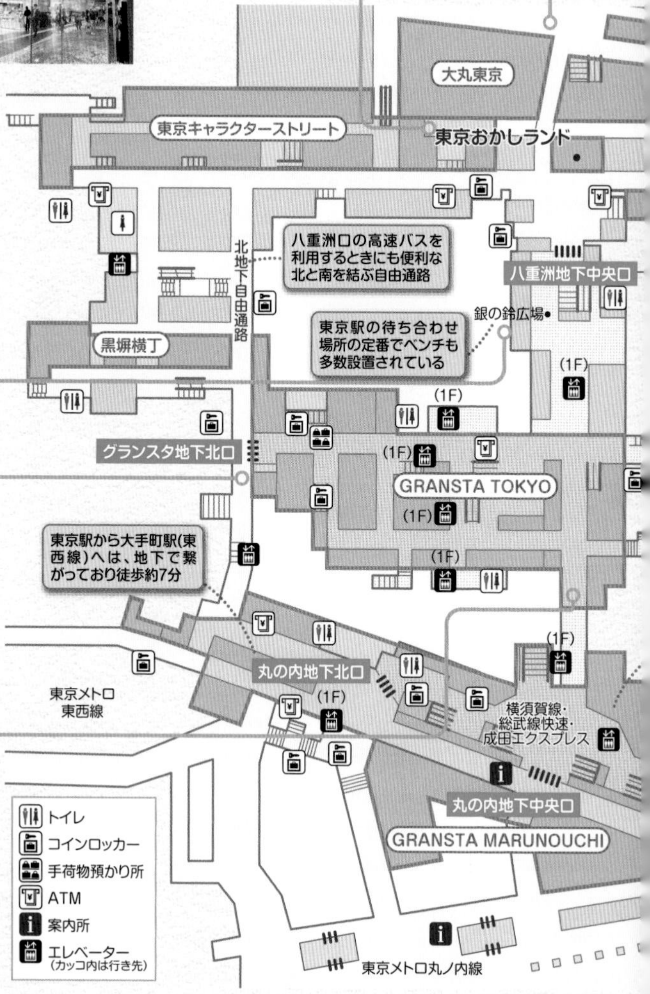

大丸東京
東京キャラクターストリート
東京おかしランド
北地下自由通路
八重洲口の高速バスを利用するときにも便利な北と南を結ぶ自由通路
八重洲地下中央口
銀の鈴広場
東京駅の待ち合わせ場所の定番でベンチも多数設置されている
黒塀横丁
グランスタ地下北口
GRANSTA TOKYO
(1F)
東京駅から大手町駅(東西線)へは、地下で繋がっており徒歩約7分
丸の内地下北口
東京メトロ東西線
横須賀線・総武線快速・成田エクスプレス
丸の内地下中央口
GRANSTA MARUNOUCHI
東京メトロ丸ノ内線

トイレ
コインロッカー
手荷物預かり所
ATM
案内所
エレベーター（カッコ内は行き先）

東京駅改札内の商業施設

GRANSTA（ぐらんすた）

グランスタ地下北口もある

東京駅構内にある商業施設。1階から地下1階にかけて改札内にショップが広がる「GRANSTA TOKYO」、丸の内地下改札を出たところにある「GRANSTA MARUNOUCHI」、黒塀横丁や八重北食堂、北町酒場をもつ「GRANSTA YAEKITA」の3つからなる。

ecute（えきゅーと）

食料品だけでなく、雑貨店や書籍・カフェなどもある

JR丸の内南口改札を入ってすぐのところにある。「新幹線南のりかえ口」にも近く、お弁当からサンドイッチ、スイーツなど多種多様なラインアップが魅力。また、期間限定ショップが出店することもあるので要チェック。お弁当は事前にウェブ予約して、現地で受け取れる仕組みもある。

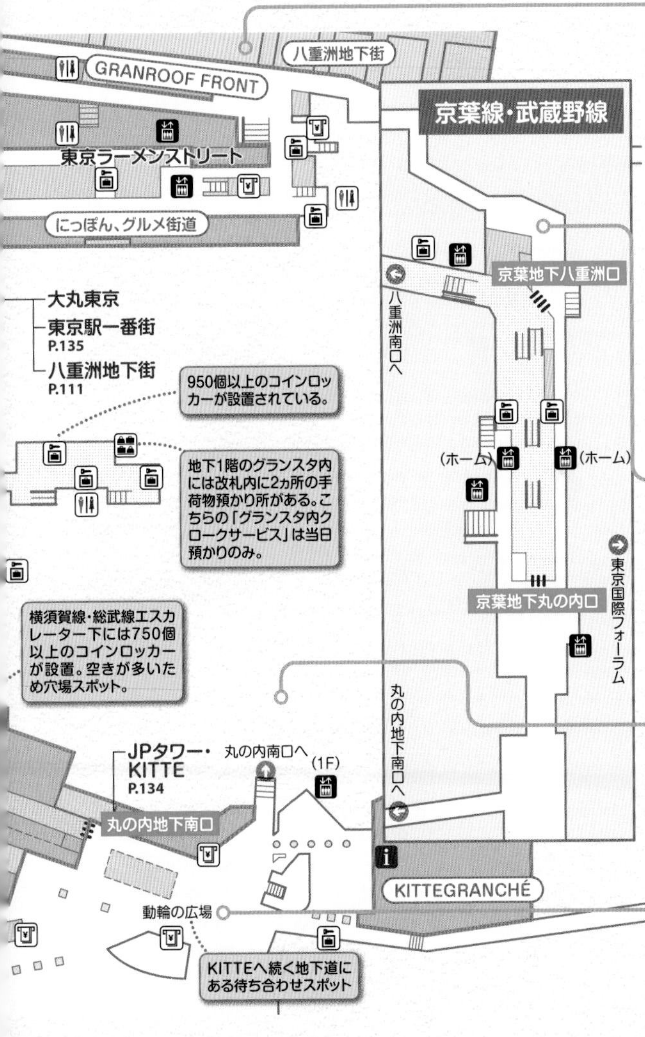

八重洲地下街
GRANROOF FRONT
東京ラーメンストリート
にっぽん、グルメ街道
京葉線・武蔵野線
京葉地下八重洲口
八重洲南口へ
大丸東京
東京駅一番街 P.135
八重洲地下街 P.111

950個以上のコインロッカーが設置されている。

地下1階のグランスタ内には改札内に2ヵ所の手荷物預かり所がある。こちらの「グランスタ内クロークサービス」は当日預かりのみ。

(ホーム)
(ホーム)
京葉地下丸の内口
東京国際フォーラム

横須賀線・総武線エスカレーター下には750個以上のコインロッカーが設置。空きが多いため穴場スポット。

丸の内地下南口へ
JPタワー・KITTE P.134
丸の内南口へ
(1F)
丸の内地下南口
KITTEGRANCHÉ
動輪の広場

KITTEへ続く地下道にある待ち合わせスポット

東京駅見聞録
「八重洲」の由来となった像が鎮座する

外堀地下1番通りに設置。日本に漂着したオランダ人航海士「ヤン・ヨーステン」の和名「耶楊子」から「八代洲」→「八重洲」の名につながったのが有力な説とされている。

ヤン・ヨーステンの歴史も展示

東京駅見聞録
昭和22年に制作されたレリーフ

建築家・中村順平が製作した石膏のレリーフは、昭和22年に進駐軍鉄道司令部の待合室に飾られていたもの。

東京駅見聞録
迫力満点の動輪が並ぶ待ち合わせ場所

かつて東海道線を走っていたC62形蒸気機関車の動輪が3つ並ぶ。国鉄100周年と東京地下駅開業記念で保存され、現在では銀の鈴と並んで待ち合わせの目印になっている。

最短ルートをナビゲート！
地下通路の歩き方を徹底解説

巨大迷路のような東京駅の地下。気になる３ヵ所への行き方を実際にスタッフが歩いて伝授！

八重洲 → 丸の内

南側から抜けることはできないので、まずは「北地下自由通路」を目指そう。地上も同様に「北自由通路」がある。

1 八重洲地下中央口を左へ

「東京キャラクターストリート」で丸の内側への案内表示をチェック。

2 上を向いて歩くのが◎

案内表示に従って左に曲がって、しばらく地下通路を直進する。

3 階段が見えればもう丸の内側

階段とエレベーターがあるので、下る。どちらを利用してもOK。

4 キーワードは「左に曲がる」

左折すると丸の内側地下通路に到着し、直進するとJR丸の内地下北口！

大手町駅への乗り換え

丸の内地下北口から大手町駅へのルートを案内。まずは東西線に向かい、そこからさらに他の路線を目指すことになる。

1 丸の内地下北口改札

改札を出て右側を歩くと「大手町方面」の案内が出現。

2 そのまま通り抜ける

まっすぐ通り抜け、さらに地下へ下るエスカレーターを降りる。

3 目の前には東西線！

その先にはすぐ東西線大手町の改札。他の路線はさらに左方向に歩く。

4 OOTEMORIを右折

商業施設「OOTEMORI」の地下入口を直進し、道なりに歩く。

5 半蔵門線 & 丸ノ内線

「OOTEMORI」を抜けて案内に従うと半蔵門＆丸ノ内線が見える。

6 千代田線＆都営三田線

東西線を直進して右折すると千代田線。千代田線改札と反対側に進むと三田線。

有楽町駅への行き方

実は東京駅から有楽町は歩ける。他の路線とは少し離れたJR京葉線の案内をたよりに行くと分かりやすいだろう。

1 東京駅丸の内地下南口！

地下南口を直進。「有楽町方面」の案内板があるので目印にしよう。

2 商業施設を両脇に見る

階段を降りると商業施設が途中にあるが、ひたすら地下を直進。

3 JR京葉線の改札も見える

突き当たりを左折して直進後、「東京国際フォーラム」の入り口が。

4 建物を進むと有楽町駅へ！

国際フォーラムの地上に出て進むと、JR有楽町駅へたどり着く。

読者だより　東京駅八重洲方面から丸の内口へ行くのに、地上の「北自由通路」を利用しました。案内看板がしっかり出ているのを目印に行けば、意外とすぐ着きました。（PN：マモル）

東京駅をもっと知るための調査ファイル

数々の歴史の舞台になった東京駅は、下を見ながら歩いてもとあるマークが見え隠れする。2024年からの新札の絵柄にも採用された、駅のさらなるトリビアを紹介していこう。

調査1 新1万円札と同じ絵を撮るなら

2024年度上期を目処に出回る予定といわれる新紙幣。2004年以来の変更となり、1万円、5千円、千円の3種類が刷新。1万円札の表面には「日本の資本主義の父」と呼ばれる渋沢栄一（→ P.266）、裏面はなんと東京駅丸の内駅舎に。紙幣左側にドームが見えることから、丸の内北口を出た角度だと思われる。

新1万円札同様の構図がこれ！

北口を出て横断歩道を渡ってから撮るとよい

調査2 タイルの秘密を解明せよ！

東京駅にはJR東日本とJR東海、ふたつの会社が乗り入れており、各管轄の境界線でタイルの色が異なるといわれている。また、八重洲中央口にはめ込まれたタイルと丸の内南口の切符売り場には、それぞれ濱口雄幸元首相と原敬元首相が襲撃された場所を表し、近くには事件の詳細が書かれる。

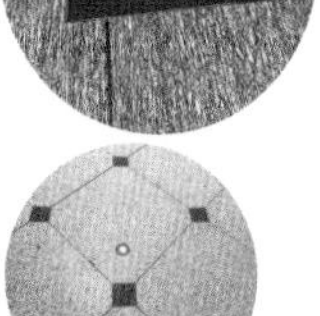

上／濱口元首相遭難地点の案内板あり
下／原敬元首相が襲撃されたポイント

調査3 ヤエチカのトリビアを解説

八重洲口の地下街は通称「ヤエチカ」。外堀地下1番通りを挟んで千代田区と中央区に分かれている。また、サイフォンコーヒーを楽しめる「アロマ珈琲」の天井が斜めになっているのは、もともと地下街が地下駐車場に付設する形で造られたため、駐車場へ向かうスロープ下に店があるからだ。

八重洲の語源となったヤン・ヨーステンの像も鎮座する

調査4 東京駅の歩みを学ぼう

年表	
大正3（1914）年	東京駅が開業。山手線と京浜線が走り始める
大正4（1915）年	東京ステーションホテル（→ P.422）開業
昭和23（1948）年	八重洲口の駅舎が完成する
昭和39（1964）年	東海道新幹線開業
平成15（2003）年	丸の内駅舎が国の重要文化財に指定
平成26（2014）年	開業100周年

丸ノ内駅舎情報はP.136をチェック

明治41年から「中央停車場」の工事に着手し、6年の歳月をかけて「東京駅」として開業。当時は丸の内駅舎のみで、八重洲口の開設は昭和に入ってから。周辺には「東京ミッドタウン八重洲」など新スポットが誕生。

年表に書ききれなかったおもな最近のできごとに2013年に八重洲側に「グランルーフ」オープン、2017年には丸の内駅前広場完成などがある。歴史ある建物と最先端の商業施設が混在し、今も進化中だ。

東京23区バス攻略ガイド

細かな移動や名所周遊にも最適な、区内を走るさまざまなバスを徹底ガイド。

23区の基本的なバスの乗り方

① 行き先を確認

バス停は複数設置されている場合があるため、行き先と系統番号を確認。バス到着後も車両前後面と側面に表示される行き先・経由地を確かめて乗車する。

② 乗車

23区内は均一運賃区間がほとんどで、乗車の際に運賃を払う「先払い」が主流。前扉から乗車し、ICカードをタッチするか1000円札までのお金を投入しよう。

高額紙幣は両替不可の場合も多い

③ 降車

車内モニターや車内放送で目的地がアナウンスされたら、席やつり革の近くに設置されている降車ボタンを押そう。バスが止まったら順番に後ろの扉から下車する。

区内中心部から下町エリアまで網羅

都営バス

運賃▶初乗り　210円　▶ICカード　210円

23区の移動には欠かせない

沿線の主な見どころ

- 東京タワー（→P.54）
- 三菱史料館（→P.288）
- 築地場外市場（→P.172）
- 貨幣博物館（→P.147）

都心地域や副都心地域などの区部中心部から、江戸川区の一部、江東区、墨田区、台東区、荒川区を中心とした23区東部地域まで、区内を広範囲に運行。区部中心部は、観光の拠点となる池袋、新宿、渋谷、品川、東京、上野、浅草、六本木など主要エリアを網羅する。都営バスに1日乗り降り自由の「都営バス一日乗車券」（→P.103）も発売している。

おもに渋谷駅を起点に西へ延びる

小田急バス

運賃▶初乗り　220円　▶ICカード　220円

世田谷区を中心に運行する

沿線の主な見どころ

- セルリアンタワー能楽堂（→P.332）
- 世田谷美術館（→P.252）
- 松蔭神社（→P.250）

おもに渋谷駅を起点として渋谷区、世田谷区を中心に走るほか、京王線沿線の杉並区と東急田園都市線沿線の目黒区の一部も運行する。世田谷区を走る小田急小田原線と京王線間のエリアに停留所が点在しているので、この南北間を移動する際にはぜひ利用したい。ICカード形式の「1日乗車券」（600円、小児300円）も販売しており、購入はバス車内で可能。

中央線沿線エリアの移動に便利

関東バス

運賃▶初乗り　220円※　▶ICカード　220円※

中央線沿いに多数の路線

沿線の主な見どころ

- 高円寺純情商店街（→P.259）
- 中野サンモール商店街（→P.258）
- 皆中稲荷神社（→P.210）

区内では西荻窪駅～新宿駅のJR中央線沿線を中心としたエリアを細やかにカバーする。特にJR中央線以北に多数の路線をもち、JR中央線から西武新宿線～池袋線周辺の練馬方面へ移動したい場合に便利。「一日乗車券」（600円、小児300円）も販売しているので、移動の際に役立てたい。※一部180、200円の区間あり、〔百01〕高田馬場駅～東中野駅は210円。

新宿・渋谷エリアの周遊に不可欠

京王バス

運賃▶初乗り　220円　▶ICカード　220円

観光スポットへの移動に最適

沿線の主な見どころ

- 日本民藝館（→P.203）
- 大宮八幡宮（→P.259）
- 代々木公園（→P.202）
- 新宿御苑（→P.208）
- 東京ジャーミイ・ディヤーナトトルコ文化センター（→P.202）

世田谷区の京王線沿線周辺から阿佐ヶ谷駅、中野駅、練馬駅、渋谷駅、新宿駅までを幅広く走る。新宿駅・渋谷駅周辺に多数停留所をもつほか、渋谷区全体では1回100円のコミュニティバスも運行しているため、見どころの多い新宿・渋谷エリアを回る際は活用しよう。区内の均一運賃区間で適用される「IC都区内一日乗車券」（500円、小児250円）も販売。

都内をバスで移動する際にはスマホにバス専用アプリをダウンロードしておくと、計画的に移動できますよ。「バスNAVITIME」は時刻表や乗り継ぎのルート、料金や停留所の場所が分かるのでおすすめです。（PN：はな）

23区南部エリアを広範囲に走る
東急バス

運賃▶初乗り　220円　▶ICカード　220円

区内から川崎へ路線が延びる

沿線の主な見どころ
- 目黒不動尊（→ P.245）
- 等々力渓谷（→ P.252）
- 池上本門寺（→ P.237）
- 品川神社（→ P.234）
- 恵比寿ガーデンプレイス（→ P.242）

区内ではおもに渋谷区、目黒区、世田谷区、品川区、大田区を中心とした東急線沿線エリアを広範囲に運行し、目黒通り～東京駅を直通する路線もある。「東急バス一日乗車券」（520円、小児260円）のほか、2023年から運行を開始したオープントップの定期観光バス「SHIBUYA STREET RIDE」（3000円、小児1500円、事前割引あり）では、渋谷周遊なども楽しめる。

ベイエリアへのアクセス抜群
京浜急行バス

運賃▶初乗り　220円　▶ICカード　220円

羽田空港連絡バスも運行

沿線の主な見どころ
- 大田市場（→ P.238）
- 大井競馬場（→ P.237）
- 日本科学未来館（→ P.181）
- しながわ水族館（→ P.236）

路線バスではおもに品川区、大田区のベイエリアを中心とした京浜急行線沿いに加えて、東京湾をまたぎお台場までを運行する。羽田空港への移動に便利な空港バスが豊富で、区内では北千住駅、錦糸町駅・東京スカイツリータウン、東京駅、渋谷駅、二子玉川駅、大井町駅・大崎駅・武蔵小山駅、大森駅、蒲田駅など幅広い地域での相互アクセスが可能だ。

練馬区を中心とした多数の路線
西武バス

運賃▶初乗り　220円※　▶ICカード　220円※

練馬周辺の観光に役立つ

沿線の主な見どころ
- 練馬区役所展望ロビー（→ P.88）
- 練馬区立牧野記念庭園（→ P.261）
- ちひろ美術館・東京（→ P.260）

おもに西武新宿線、池袋線沿線の練馬区を中心に運行するほか、池袋駅周辺と杉並区、板橋区の一部にも路線を持つ（一部対距離運賃制）。荻窪駅から井荻駅、練馬高野台駅から光が丘駅などを経由して東武東上線の成増駅までなどエリアを細かく運行しており、南北の移動の際に便利。※東京23区（武蔵野市の一部）と多摩・埼玉地区をまたぐ一部路線は180円。

板橋区と北区を広範囲に運行
国際興業バス

運賃▶初乗り　220円　▶ICカード　220円

起点となる主要駅も多数経由

沿線の主な見どころ
- 板橋区立赤塚植物園（→ P.265）
- 板橋区立美術館（→ P.264）
- 板橋区立熱帯環境植物館（→ P.264）

板橋区と北区に多数の路線を持ち、鉄道が走らないエリアも細かく網羅。そのほか池袋駅周辺や練馬区、足立区の一部も運行し、東は東武伊勢崎線の西新井駅までアクセス可能。「IC一日乗車券」（700円、小児350円）は、路線バスのほか練馬区を走るコミュニティバス「みどりバス」、板橋区の「りんりんGO」の一部路線でも利用できる。

広大な下町エリアの散策に便利
京成バス

運賃▶初乗り　220円　▶ICカード　220円

下町の路線を中心に運行

沿線の主な見どころ
- 水元公園（→ P.294）
- 柴又帝釈天（→ P.294）
- 刀剣博物館（→ P.303）
- 東京スカイツリー®（→ P.56）

江戸川区、葛飾区を中心に路線バスが走るほか、墨田区、台東区、荒川区ではコミュニティバスを運行する。墨田区では3ルートのコミュニティバスが循環しており、観光スポットの周遊に便利。また、東京駅と成田空港を結ぶ「エアポートバス東京・成田」（片道1300円）をはじめ、都内各地から成田、羽田空港に向かう高速バスも多数運行している。

足立区や葛飾区を中心に路線を展開
東武バス

運賃▶初乗り　220円※1　▶ICカード　220円※1

竹ノ塚駅周辺にも多数の路線

沿線の主な見どころ
- 西新井大師（→ P.297）
- 足立区生物園（→ P.296）
- お札と切手の博物館（→ P.265）

北千住駅や綾瀬駅などを起点として足立区全体を運行しており、区内の散策には欠かせないバス。一部葛飾区の亀有駅周辺や北区の王子駅周辺にも路線を持ち、1日乗り放題になる「足立一日フリーパス」（500円、小児250円）も販売。足立・西新井・葛飾営業所、または北千住駅定期券発売所のほか、スマートフォンアプリ「乗換案内」で購入することができる。

※1）2023年にかけて各社バスの初乗り運賃の値上げを行っている。例えば、東武バスの初乗り運賃は2023年7月22日から運賃改定を行い、現金、ICカードともに230円になる。

23区を走る 主要コミュニティバス一覧

区内では 20 区が運営するコミュニティバス。鉄道や一般バスが走らない裏道をカバーする路線や、観光スポットを周遊してくれるバスなど、区内周遊に役立つバスは意外にも多い。ルートが豊富なうえ、運賃がお手頃なのもうれしいポイント。それぞれ区の特徴にちなんだかわいらしいネーミングや車体にも注目して。

区	名称	路線数	運賃	IC カード
港区	ちぃバス	⑧ 田町ルート、赤坂ルート、芝ルート、麻布東ルート、麻布西ルート、青山ルート、高輪ルート、芝浦港南ルート	100 円	○
	お台場レインボーバス	② 田町駅東口経由 01 系統、芝浦三丁目経由 02 系統	220 円	×
千代田区	風ぐるま	④ 麹町ルート、富士見・神保町ルート、内神田ルート、秋葉原ルート	100 円	○
中央区	江戸バス	② 北循環、南循環	100 円	○
新宿区	新宿 WE バス	③ 歌舞伎町・西新宿循環ルート、新宿御苑ルート、朝夜ルート	100 円	○
渋谷区	ハチ公バス	④ 恵比寿・代官山循環、上原・富ヶ谷ルート、本町・笹塚循環、神宮前・千駄ヶ谷ルート	100 円	○
文京区	B—ぐる	③ 千駄木・駒込ルート、目白台・小日向ルート、本郷・湯島ルート	100 円	○
豊島区	IKE BUS	② 池袋駅東口循環ルート（A ルート）、池袋駅東西循環ルート（B ルート）	100 円	×
墨田区	すみだ百景	③ 向島・鐘ヶ淵ルート、八広・立花ルート、両国・錦糸町ルート	100 円	○
品川区	しなバス	① 西大井駅～大森駅北口	220 円	○
世田谷区	せたがやくるりん	① 祖師谷・成城地域循環路線	210 円	○
大田区	たまちゃんバス	① 武蔵新田駅～新丸子・矢口循環	160 円	○
杉並区	すぎ丸	③ 阿佐ケ谷駅～浜田山駅間のけやき路線、浜田山駅南～下高井戸駅入口間のさくら路線、西荻窪駅～久我山駅間のかえで路線	100 円	○
練馬区	みどりバス	⑥ 保谷ルート、北町ルート、関町ルート、氷川台ルート、大泉ルート、南大泉ルート	220 円	○
板橋区	りんりん GO	① 板橋市場～新高島平駅～下赤塚駅循環	220 円	○
北区	Kバス	② 王子・駒込ルート、田端循環ルート	100 円	○
台東区	めぐりん	⑤ 北めぐりん（浅草回り）、北めぐりん（根岸回り）、南めぐりん、東西めぐりん、ぐるーりめぐりん	100 円	○
荒川区	さくら・汐入さくら	③ さくら（左回り）、さくら（右回り）、汐入さくら	180 円	○（178 円）
足立区	はるかぜ	⑫ 西新井・綾瀬線、綾瀬・六木線、西新井・舎人線、区役所・鹿浜線、北千住駅西側地域循環、北千住・鹿浜線、西新井・六木線、小台・宮城循環、青井・亀有線、西新井・高野線、堀之内・椿循環、西新井・亀有線	路線により異なる	一部使用不可
葛飾区	レインボーかつしか	② ウェルピアかつしか・亀有駅駅南口線／新宿循環、亀有駅・西亀有・綾瀬駅線	210 円	○
江東区	しおかぜ	② 木場ルート、辰巳ルート	100 円	○

読者だより

はとバスツアーのオープントップバスは信号機も手が届きそうな距離で、東京タワーも迫力満点で見ることができました！　ガイドさんの細かな説明も楽しく、また時間が空いたタイミングで行きたいです。(PN:黒猫)

観光バス

グルメやショッピングが付いた充実のツアーから、空き時間に気軽に乗車できるコースや本格料理が楽しめるバスまで、多彩なプランから好みに合わせて乗車しよう。

豊富なツアー内容が魅力

はとバス

1～3時間程度で都内の観光スポットを巡る短時間コースから1日コースまで、観光客はもちろん都内在住者も楽しめる多彩なツアー内容が揃う。2階建てのオープンバスで運行するツアーでは開放感たっぷりの景色を味わうことができ、はとバス名物ともいえるバスガイドが乗車の時間をさらに楽しくしてくれる。

ひとり参加OKのツアーも多数あるので気軽に参加できる

おすすめ運行コース

TOKYO パノラマドライブ

2階建てオープンバスに乗車し、東京タワーや国会議事堂など都内の名所を1時間かけて巡る。なかでも東京湾にかかるレインボーブリッジからの眺めは必見！(→ P.116)

手軽に参加できる観光ツアー

スカイバス東京

2階建ての屋根がないオープンバス「スカイバス」で、都内の名所を回るツアーが楽しめる。予約不要で東京・丸の内などにあるチケットブースから当日購入が可能なので、気軽に乗車できるのが魅力だ。ほかにも各観光スポットに停留所が設置された「スカイホップバス」という乗り降り自由の観光バスも運行する。

国会議事堂など、ツアーは撮影スポットも盛りだくさん

おすすめ運行コース

皇居・銀座・丸の内コース

約50分で丸の内～千鳥ヶ淵～国会議事堂～銀座を巡る、初めての東京観光にも最適な定番コース。木々を間近に感じられたり、高架ギリギリを通過したりなど、オープンバスならではの見どころもたっぷり。1日3～4回運行しており、料金は1800円、小人900円。

TEL 03-3215-0008（9:30～18:00）

名所をバックに料理を堪能

東京レストランバス

東京駅丸ビルから出発し、東京タワーやお台場、銀座など有名観光地を巡りながらコース料理が堪能できるツアー。2階建てのオープントップバスは、ゆったり座れるシートと対面式のテーブルが設置された落ち着いた空間で、車窓を流れる景色を楽しみながら洋食の本格的なコース料理がいただける。

誕生日や記念日プランも用意し、思い出作りにも最適

おすすめ運行コース

ヨーロピアンメニュー ディナーコース

東京丸の内を出発し、フレンチとお酒（別途料金）を楽しみながら東京タワー、レインボーブリッジを背景に乾杯！約30分の自由散策を含み料金は1名1万2800円～。

TEL 0570-200-770（10:00～18:00）

無料シャトルバス

誰でも無料で利用可能な3つのバスをご紹介。バスの現在地を知らせる便利なアプリも提供している（表のルートは主な停車駅を記載）。

八重洲～日本橋～京橋を結ぶ

メトロリンク日本橋

京橋2丁目 → 八重洲地下街 → 東京駅八重洲口 → 地下鉄日本橋駅 → 三井記念美術館 → JR新日本橋駅 → 日本橋室町1丁目 → 日本橋南詰 → 日本橋2丁目 → 日本橋3丁目 → 地下鉄宝町駅

歴史を感じるデザイン

運行時間 1月1日を除き毎日10:00～20:00まで約10分間隔で運行する。

東京駅から日本橋間を南北に循環。低公害・低騒音・低床と環境にも配慮する。

浜町～人形町～兜町までを巡る

メトロリンク日本橋Eライン

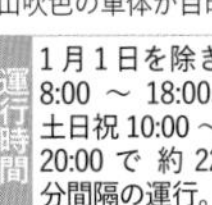

人形町1丁目 → 茅場町・兜町東証前 → 日本橋2丁目 → 東京駅八重洲口 → 地下鉄三越前駅 → 日本橋室町1丁目 → 浜町2丁目明治座前 → 浜町3丁目トルナーレ前 → 地下鉄水天宮前駅 → 東京シティエアターミナル

山吹色の車体が目印

運行時間 1月1日を除き8:00～18:00、土日祝10:00～20:00で約22分間隔の運行。

東京駅～日本橋エリアに加え見どころの多い浜町、人形町、兜町を巡回する。

大手町～丸の内～有楽町を結ぶ

丸の内シャトル

第一生命 → 日比谷 → 新国際ビル → 新丸ビル → 東京サンケイビル → 日経ビル → 読売新聞 → 郵船ビル

白い車体に赤い矢印

運行時間 1月1日以外8:00～20:00、土日祝10:00～で12～18分間隔の運行。

新丸ビルを起点に大手町～有楽町をつなぎ平日8:00～10:00はビジネスコースも。

東京見聞録　池袋を走るコミュニティバス「IKEBUS」は、週末を中心に豊島区の名所を回るツアーを開催している。一般のバスでは通行できないような裏道も走行するなど、ひと味違った池袋観光ができる。(→ P.219)

23区の見どころを効率よく巡る
はとバス＆スカイダック東京ツアー

1～2 時間で都内の観光スポットを巡れるバスツアーは、新しい発見があること間違いなし！

はとバス

東京タワー～お台場

TOKYOパノラマドライブ

都心の名所をくまなく回り、初めての東京観光という人にぴったりのバスツアー。

人気ナンバーワンツアー

TOKYO パノラマドライブコース

東京タワーやレインボーブリッジなど、60 分で都心のランドマークを楽しめるのが魅力。平均 30 分間隔で 1 日約 10 便運行しているので、すきま時間に参加できるのがうれしい。

MAP 別冊 P.20-C2 丸の内

住 東京駅丸の内南口乗り場　TEL 03-3761-1100（はとバス予約センター、9:00 ～ 17:30）
営 出発時間 9:30 ～ 16:00 で複数便あり
休 不定休（公式サイトを確認）　料 2000 円、6 ～ 12 歳未満 1000 円、6 歳未満 600 円、土・日・祝 2200 円、6 ～ 12 歳未満 1100 円、6 歳未満 600 円　CC ADJMV
交 JR 東京駅丸の内南口改札から徒歩 2 分

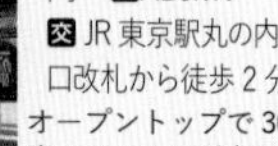

オープントップで 360 度のパノラマが広がる

乗り方あれこれ

左／希望の時間を伝えて支払いを済ませチケットをゲット　右／黄色い看板が目印の営業所

● チケットの購入

公式サイトからも事前購入が可能。席が空いていれば当日予約も OK なので、東京駅丸の内南口乗り場にある「東京営業所」で直接チケットを買おう。

● その他のはとバスコース

- 【2 階建てバス・アストロメガで行く】二大ブリッジドライブ（レインボーブリッジ＆東京ゲートブリッジ）
- さくっと満喫！東京スカイツリー®と浅草散策
- 【2 階建てバス・アストロメガで行く】ＴＯＫＹＯショートトリップ（東京タワー＆レインボーブリッジ）

● 乗車する際の注意

- 屋根がなく、風が強く吹き込むことがあるので、夜間や冬季は防寒対策の徹底を。
- 日中は日差しが強いため、特に夏場は日焼け対策もぬかりなく。
- スマホ用の自撮り棒、傘・日傘使用は NG。飲料はふた付きのペットボトル・水筒のみ持ち込み可能。
- 雨天時は雨具を無料で配布。荒天時や天候が急変したときは出発間際に運休となる場合がある。

読者だより

はとバスの「TOKYO パノラマドライブコース」に参加しました。初めての東京だったので、主要な観光地を巡れてよかったです。写真もたくさん撮れました。（PN：アルル）

TOKYOパノラマドライブ

所要時間：約1時間

START

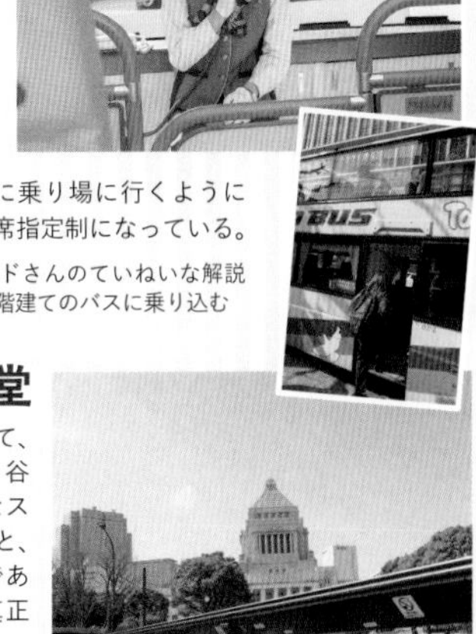

東京の魅力をご案内！

乗車して出発！

東京営業所とバス乗り場は東京駅丸の内南口から徒歩2分。出発の10分前までに乗り場に行くようにしよう。座席は全席指定制になっている。

上／バスガイドさんのていねいな解説付き　右／2階建てのバスに乗り込む

1 国会議事堂

丸の内を出発して、皇居外苑や日比谷公園など緑豊かなスポットを抜けると、最初の見どころである国会議事堂が真正面に見えてくる。

ギリギリまで近くに寄って写真を撮るのがおすすめ

2 東京タワー

2階建てバス車内から見上げる東京タワー（左ページ）は、さらに迫力満点で青空によく映える！

角度によっては、東京タワーと自撮りできる

3 レインボーブリッジ

首都高速に入ると、ツアーのハイライトでもあるお台場のレインボーブリッジへ。湾岸エリアは最高のパノラマビュー。

ドラマや映画で見た景色！

全長798メートルのつり橋を渡る

4 勝鬨橋

晴海出口から首都高速を降りると、豊洲市場や勝鬨橋へ。隅田川周辺の下町情緒あふれるエリアの雰囲気を味わうことができる。

高速道路を通過！

上／築地と月島エリアを結ぶ勝鬨橋　右／頭上すれすれを通る交通標識

5 銀座～丸の内

高い目線から銀座や有楽町の高層ビル群を望める絶好のシャッターチャンス。高さ制限のあるギリギリの高架下をくぐり抜けて、スタートした東京駅丸の内に戻っていく。

新幹線が走る！

左／和光ビルが目立つ銀座4丁目の交差点　右／運がよければ新幹線が間近を通る

GOAL

充実の東京観光を目指します！

「はとバス」では半日や1日で東京の見どころを回るコースや、季節限定のコースを催行している。詳細は公式サイトをチェックしてみよう。 URL www.hatobus.co.jp/tokyo

スカイダック

ディープな下町を水陸両用バスで
とうきょうスカイツリーコース

東京に住んでいる人や東京旅行のリピーターでも新しい出合いが待つ下町ツアーへ！

道路も川も両方楽しめる

スカイダック東京 とうきょうスカイツリーコース

押上を出発し、錦糸町や亀戸、大島周辺を水陸両用バスで巡るツアー。地域密着型の商店街や穏やかな旧中川をはじめ、下町の生活を垣間見ながらひと味違う東京観光ができる。

MAP 別冊 P.43-C4 押上

住スカイダック東京 とうきょうスカイツリー駅前営業所 TEL 03-3215-0008（受付時間 9:30 ～ 18:00） 営土・日・祝 10:00、13:30、15:40 出発（公式サイトを確認） 休不定休（公式サイトを確認） 料3000円、子供（4歳以上）1500円 CC MV 交東武スカイツリーラインとうきょうスカイツリー駅正面口から徒歩3分

クジラが描かれた車体がトレードマーク

スカイダックあれこれ

● 水陸両用バスって？

その名のとおり、陸上と水上で動くことができる車。陸では通常のバス同様タイヤで走行し、水の上ではスクリューで航行。ドライバーはバスと船舶、両方の免許を取得する必要があるという。ツアーでは水陸両用バスに関するクイズも出題。

上／道路と水上で運転するハンドルが異なる 右／水上ではスクリューで走る

営業所は業平一丁目の交差点の角に位置する

● チケットの購入方法

今回紹介するコースは土・日・祝のみの催行なので、事前のオンライン予約や電話予約がベター。空いていれば当日予約も可能。営業所で受付を済ませてチケットをもらおう。

● 注意するポイント

- 屋根はあるが、強い風が吹き込むことがあるので、帽子や荷物が飛ばされないよう注意。
- 夏季は屋根に日よけシートを設置してくれる。傘や日傘の利用は通年で不可。
- 天候はもちろん、川の状態によって運休になることもある。

お台場を巡るスカイダックのツアーは、水陸両方を楽しめました。スプラッシュでは歓声が上がりました。あとバスガイドさんがおもしろかったです。（PN：TAIYO）

とうきょうスカイツリーコース

所要時間：約1時間30分

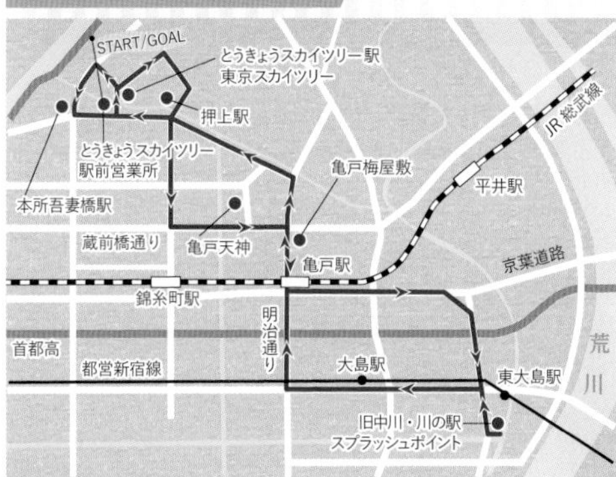

START

乗車して出発！

チケットを受け取ったら、営業所隣のバス乗り場から出発。元気いっぱいのバスガイドさんがノンストップで観光案内や豆知識を教えてくれる。

2階建てバスと同じ高さ！

上／知識豊富なバスガイドさんの解説　下／乗り場にスカイダックの看板が出ている

1 亀戸周辺

南方面に下り亀戸周辺へ。「亀戸天神社」（→P.302）や「亀戸梅屋敷」といった観光スポットをバスから見ることができる。

上／南北に流れる川が多いエリア　右／亀甲をイメージした六角形の歩道橋

2 旧中川へスプラッシュ

「旧中川・川の駅」で水上用に仕様を切り替えて、バスガイドさんの掛け声とともに旧中川へスプラッシュ！　着水してぷかぷか浮くのは不思議な感覚。

大迫力の水しぶきにテンションUP

水しぶきが上がり濡れることもあるので、スマホなどの操作は要注意

3 クルージング

旧中川をゆったり進む。カヌーの練習をしている学生や川沿いをランニングする人の姿も。

上／首都高や都営新宿線東大島駅を目前に望む　下／アーチ型の「平成橋」も記念にパチリ

洗車を見学！

新大橋通りから車体の全景を撮影

4 休憩タイム

クルージングを終えたら川の駅で汚れを落とす洗車タイム。自動販売機があるので飲み物を調達したりトイレ休憩もここで済ませておこう。

遠くにそびえるランドマーク

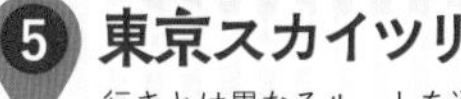

5 東京スカイツリー®

行きとは異なるルートを通りながら、東京スカイツリーの周りをぐるりと一周してフィニッシュ！

GOAL

スカイダックのチョロQも販売

お台場や豊洲周辺を回る「スカイダック台場　豊洲・東京 View コース」や「スカイダック台場　お台場パノラマコース」も人気。詳細は公式サイトへ。 URL www.skybus.jp

東京 23区の水上交通ガイド

移動&観光に最適なさまざまな船が運航し、水上でしか出合えない景色も満載！

観光クルーズ

地上では見られないダイナミックかつ開放的な景色が広がる観光クルーズ。贅沢な食事が楽しめるプランもあり、ひと味違った特別な観光が体験できる。

自由自在の小型ボートで東京港を巡る

東京ウォータータクシー

貸し切りのため子供連れにも安心でペットとの乗車も OK

8人乗りのハッピーイエローが目を引く東京初の水上タクシー。東京ベイゾーンの 20 ヵ所から乗船し、おすすめコースに加えて希望ルートへのアレンジもできる。2023 年より公式サイトから前日・当日予約も可能。スカイツリーやお台場などの観光スポット間の移動にも便利で、水上アトラクションのようにさまざまなルートを巡る。混雑回避にも◎

おすすめコース

東京港プロフェッショナルゾーンクルーズ
普通は近寄れない大型船や国際貨物を扱うガントリークレーン群に接近。ロマンティックに隅田川の光の橋を潜り抜け、水上から眺める高層ビル群のパノラマ夜景もおすすめ。

TEL 03-6673-2528　営 11:00 ～ 20:00　休 月（祝日の場合は翌日）　料 15 分 5000 円～、17:00 ～ナイトチャージあり（発着地により回送料金あり）

東京港を巡るテーマ別コースが充実

ジールクルージング

乗船中はガイドの説明を聴きながら東京港をゆったり堪能

羽田空港沖など東京港を中心に運航するツアーが充実。空港に離着陸するジェット機や東京ゲートブリッジを間近で楽しめるほか、巨大クレーン・コンテナ埠頭を見学できるなど、写真映えする大迫力の景色が魅力だ。ひとりから参加可能で、そのほか隅田川と神田川を巡るコースなど通年のクルーズに加え、季節や行事に合わせたコースも多数開催する。

おすすめコース

羽田空港沖でジェット機を眺めよう！クルーズ
羽田空港を離着陸するダイナミックな機体を水上から満喫できる 90 分のツアー。途中レインボーブリッジや東京港の巨大コンテナなども通過し、見どころたっぷり。

TEL 03-3454-0432
営 10:00 ～ 19:00
休 無休　料 コースにより異なる

江戸・東京の歴史を体感

神田川クルーズ®

→ P.338

開放感あるオープン船で周遊する

日本橋川、神田川、隅田川を巡る 90 分のコース。普段は見られない真下から橋を眺めることができ、江戸の歴史から最新の情報まで学べるガイド付き。

ロマンティックな眺望が広がる

シンフォニークルーズ

→ P.408

夕日が美しいサンセットクルーズ

お台場や東京ゲートブリッジ、羽田空港など東京湾沿いを巡るレストランクルーズ。1 日 4 便運航し、それぞれ時間帯によって違った景色と料理が楽しめる。

お座敷で夜景と料理を堪能

屋形船晴海屋

→ P.410

東京湾に広がるパノラマ夜景を堪能

隅田川や東京湾を巡る屋形船で、ライトアップを眺めながら江戸前天ぷらなどの本格的な懐石料理が味わえる。季節に合わせてさまざまなプランも用意。

読者だより　都内の観光クルーズは季節限定のコースが豊富。例えば春ならお花見、夏は隅田川花火大会、冬はクリスマス限定のクルーズなど 1 年中楽しめます。すぐ埋まってしまうので早めに予約してます。（PN：ぽんず）

水上バス

かつて東京は「水の都」と称されるほど運河や水路があり、多くの船が行き交ったという。現在は水上バスがその役割を担い、隅田川～河口周辺を結ぶ船が運航する。

SF 風の船体で浅草～お台場を運航

TOKYO CRUISE

浅草からお台場まで結び、隅田川を往復してさまざまルートに就航する。松本零士がデザインを手がけたエメラルダス、ホタルナ、ヒミコの船内では『銀河鉄道 999』のキャラクターたちによるアナウンスが楽しめるなど、乗船だけで気分が盛り上がる要素も満載。出発 5 分前までウェブサイトで予約ができ、ダイヤは季節やイベントにより変更、また潮位が高い場合や定期整備の際は運休となる。

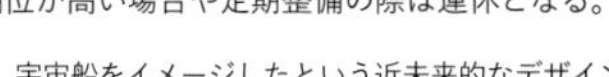
宇宙船をイメージしたという近未来的なデザイン

乗り場とルート

乗船場	船　名	行き先・所要時間	運　航	片道料金
浅草 交地下鉄浅草駅 4 番出口から徒歩 1 分	エメラルダス	▶ 55 分 お台場海浜公園	各 1 日 2 ～ 3 便 （月 2 回運休あり）	・お台場 1720 円
	ホタルナ	▶ 40 分 日の出桟橋 ▶ 60 分 お台場海浜公園	各 1 日 2 ～ 3 便 （月 2 回運休あり）	・日の出桟橋 1200 円 ・お台場 1720 円
	竜馬 道灌など	▶ 35 分 浜離宮 ▶ 40 分 日の出桟橋	1 日 3 便	・浜離宮（入園料込み）1040 円 ・日の出桟橋 860 円
日の出桟橋 交ゆりかもめ線 1A 出口から徒歩 2 分	一部ホタルナ	▶ 40 分 浅草	11:00 ～ 15:10 35 ～ 60 分ごと	860 円 ホタルナ 1200 円
	ホタルナ	▶ 20 分 お台場海浜公園	1 日 2 ～ 3 便	ホタルナ 860 円
お台場海浜公園 交ゆりかもめ線台場駅 2A 出口から徒歩 5 分	ホタルナ	▶ 20 分 日の出桟橋 ▶ 55 分 浅草	各 1 日 2 ～ 3 便 （月 2 回運休あり）	・日の出桟橋 860 円 ・浅草 1720 円
	エメラルダス	▶ 55 分 浅草		
	ヒミコ	▶ 20 分 豊洲	1 日 2 便	840 円
豊洲 交地下鉄豊洲駅 2a 出口から徒歩 3 分	ヒミコ	▶ 35 分 浅草	1 日 1 便	1200 円

予約不要で両国～お台場を乗船可能

東京水辺ライン

ルート

両国リバーセンター

浅草二天門

WATERS 竹芝

お台場海浜公園

両国を起点にして浅草、竹芝、お台場をつなぐ定期船。定期便は当日販売なので気軽に乗船できるのがうれしい。オープンデッキからは開放感ある景色が 360 度広がり、船内持ち込みで軽い食事やドリンクと一緒に楽しむのもおすすめ。週末にはナイトクルーズも運航する（2400 円、公式サイトから要予約）。

左／東京の 2 大タワーを巡る 90 分のナイトクルーズ
上／定期便など運航ダイヤは公式サイトから要確認

TEL 03-5608-8869（月曜を除く）
料両国～お台場 1200 円、ナイトクルーズ 2400 円

TOKYO CRUISE のエメラルダス号には半個室のコンパートメントも用意されており、併設のカフェで購入できるドリンク片手に、船内でゆったり過ごすのもおすすめ。平日 3000 ～ 3500 円、土・日・祝 3500 ～ 4000 円。

シェアサイクル

専用アプリをDL後、自転車パネルを操作して乗車。返却場所はどこでもOK！

観光拠点となるエリアに多数

ドコモ・バイクシェア

千代田区、中央区、港区、新宿区、文京区、墨田区、江東区、品川区、目黒区、大田区、渋谷区、中野区、杉並区、練馬区の計14区に1200ヵ所（1万200台）を設置する。アプリから会員登録したあとに乗車でき、アプリでは予約や自転車の設置・返却場所の検索などが可能。損害保険あり。

TEL 0570-783-6772 料 30分ごとに165円。1650円で当日の23:59まで有効

電動アシスト付きで移動も快適

区内全域で乗り降り可能

HELLO CYCLING

23区すべてにステーションが設置され、中でも台東区、墨田区、江戸川区エリアに多数のサイクルステーションがあり、上野や浅草、東京スカイツリーなどの周遊に便利。損害保険にも対応しており、アプリから会員登録することで事前予約ができてスムーズに利用可能。

TEL 050-3821-8282 料 30分130円（延長15分100円）、12時間1800円

黄色が目印のサイクルステーション

区内北部で長時間利用にも◎

PIPPA

豊島区、板橋区、北区を中心に7ヵ所の駐輪ポートを設置。アプリをワンタッチして一時駐輪が可能になるほか、110円（30分で利用できるプラン）から24時間利用できるお得なプランも。3段変速の軽量自転車を採用しているため、坂道でも大丈夫。自転車保険加入済み。

TEL 0120-288-870 料 30分110円（延長30分55円）、24時間550円、72時間880円

気軽に立ち寄れるのが魅力

半日～2日の利用に最適

COGICOGI

新宿区、渋谷区、港区、千代田区、中央区、目黒区、台東区、墨田区の計8区に駐輪ポートがある。12時間～48時間まで3つのプランを用意し、損害保険も付く。有効時間内なら何回でも利用可能なため長時間利用したい場合には最適。延長する場合は1時間ごとに110円かかる。

料 12時間2310円、24時間2640円、48時間3960円

泊まりがけで観光する際に利用したい

電動キックボードで移動するなら

LUUP

渋谷、新宿、池袋、六本木、銀座、日本橋に加え湾岸地域など、観光スポットが目白押しのエリアを中心にポートを設置。電動アシスト自転車か電動キックボードから選ぶことができ（エリアにより異なる）、短距離を細やかに移動できるのが魅力。損害保険付き。

TEL 0800-080-4333 料 基本料金50円に加算し時間料金1分15円

電動キックボードの最高速度は時速20km

電車が走っていない場所へ行くとき、バスの運行本数が少ないときなど都内のシェアサイクルが重宝します。電動アシスト付きの自転車も多いので、意外と疲れないのがうれしいです。（PN：マリモ）

タクシー

小回りが利くタクシーは目的地が駅から遠いとき、雨の日や荷物が多い場合にも最適。

カードや電子マネーが使えない場合もある

タクシー運賃表

※日本交通株式会社の場合

初乗り運賃	加算運賃
距離制運賃 500 円（1096m）	255m ごとに 100 円
時間制運賃（普通車）5360 円	30 分ごとに 2450 円
時間距離併用運賃（時速10km以下または待機させる場合。迎車、高速を除く）	1 分 35 秒ごとに 100 円
深夜・早朝割増（22:00 ～翌 5:00）	2 割増
迎車回送料金	300 円

乗車方法

「空車」･「割増」の表示がある街中を走行するタクシーをひろうか、駅前や商業施設周辺のタクシー乗り場、または路上待機するタクシーから乗車する。周辺にタクシーがない場合は、電話のほか事前に料金や到着時間がわかるタクシー配車アプリが便利だ。

運賃の目安

- 東京駅→東京タワー　1900 円
- 東京駅→浅草寺　2400 円
- 東京駅→豊洲市場　2600 円
- 東京駅→明治神宮　3800 円

観光タクシー

時間や乗降車場所、荷物も気にせずに最も効率よく周遊できるのが観光タクシー。時間制のため特に大人数の場合、選択肢のひとつに入れるのもよいだろう。モデルコースや期間限定コース以外にオーダーメイドツアーも可能だ。

車窓からゆったり東京観光ができる

知識豊富な乗務員と巡る

日本交通観光タクシー

担当の乗務員は全員、東京シティガイド検定を保持しており、プランに合わせて楽しめる。写真撮影にも対応してくれるため、思い出作りにもぴったり。3 ～ 4 時間で楽しめる観光ツアーを提供するほか、オリジナルルートも可能で 3 時間 30 分 2 万 1110 円～（30 分ごと 2950 円）。

おすすめコース

隈研吾 建築ツアー in Tokyo
隈研吾氏ら監修のもと作成されたコースで、国立競技場や根津美術館など都内の代表的建築物を約 3 時間半かけて巡る。事前にレクチャーを受けた乗務員による各建築物のデザインや見どころ、エピソードのガイド付き。

TOKYO EAST スタンダードプラン
東京駅周辺を出発して皇居～日本橋～浅草～秋葉原と、定番観光スポットが満載の都心地域を中心に巡る約3時間半のツアー。初めて東京を訪れる際の観光にも最適で、車窓からは各エリア異なるにぎわいが楽しめる。

普段と違った視点で東京観光ができる

目的別プランが充実

Tokyo Drive

コースは 3・5・7 時間の時間ごと、イベント・エリア別などから選択可能。3 時間前まで予約できるタクシータイプのほか、リムジンタイプも用意する。

おすすめコース
空港までのビューめぐり
ホテルをチェックアウトして羽田空港へ向かう際に最適なコースで、新宿、渋谷、お台場など人気スポットを 3 時間で巡る。

短時間～ 1 日観光まで幅広く

日の丸交通東京観光タクシー

ショッピングや寺社巡り、体験ものなど多様なコースが揃い、コースに応じて約 3 ～ 8 時間まで用意する。乗務員も下車しガイドしてくれるサービスも。

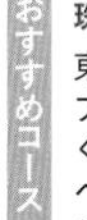

おすすめコース
商店街食い倒れツアー
築地場外市場から始まり、谷中銀座、浅草仲見世、アメ横など下町グルメをおなかいっぱい堪能できる 6 時間のツアー。

1 時間単位でアレンジ可能

日立自動車交通観光タクシー

季節やイベントに合わせた観光コースが揃い、各 3 ～ 6 時間まで 1 時間ごとに選択可。車種は普通車タイプ、最大 6 人乗りのワゴンタイプなどさまざま。

おすすめコース
珠玉の夜景コース
東京タワー、レインボーブリッジ、お台場、豊洲ぐるーり公園などを巡り、ベイエリアから臨む都心の夜景を満喫できる。

観光タクシーには英語など外国語対応が可能な乗務員が在籍している場合があり、海外からの観光客でも楽しめる。外国語でのガイドを希望する場合、通常料金に加えて別途チャージ料金が必要になる。

ランキング形式で紹介 交通編

東京23区を徹底比較

満員電車が名物になるほど通勤ラッシュ時は大混雑する東京23区。いちばん乗降者数が多い駅をさらに深掘りしてみよう。

1日あたりの乗降者数ベスト3

1位	新宿駅(JR東日本)：152万0086人
2位	渋谷駅（東急電鉄）：113万4494人
3位	池袋駅(JR東日本)：111万3560人

出典：「国土数値情報（駅別乗降客数データ)」（国土交通省国土政策局・平成29年度）

副都心エリア（→P.192）の主要駅がトップ3を独占。世界一利用者の多い駅としてギネス記録をもつ新宿駅が2位を大きく引き離す。2位には東急東横線と東急田園都市線が止まる渋谷駅がランクインした。

新宿駅は通勤ラッシュ時以外も大勢の人でにぎわうエリア

昼間人口密度ベスト3

丸の内や霞が関エリアに集中

1位	港区：94万785人
2位	世田谷区：85万6870人
3位	千代田区：85万3068人

出典：1 昼間・常住人口、昼夜間人口比率 - 東京都の統計

従業地や通学地に関する集計結果をもとに、東京都の昼間人口や通勤者・通学者の移動状況などを取りまとめたデータ。いちばん人口数が少ない千代田区（→P.94）が3位になるなど、多数のオフィスや官庁街が集積している区がランクインする傾向にある。

丸の内・大手町周辺には大企業の本社が多く建ち並ぶ

JR東日本の駅別 乗車人員数ベスト3

1位	新宿駅：52万2178人
2位	池袋駅：40万7490人
3位	東京駅：28万2638人

出典：各駅の乗車人員 2021年度（JR東日本、東京23区の駅のみを抜粋）

コロナ禍でも1位と2位の新宿駅と池袋駅はツートップ。3位には、昼間人口密度でもトップ3に入った千代田区に位置する東京駅がランクイン。4位以下には渋谷、品川、北千住、新橋が続く。

乗降人員数ベスト3に入る駅をすべて網羅する山手線

東京メトロの駅別 乗降人員数ベスト3

1位	池袋駅：40万3964人
2位	大手町駅：23万8306人
3位	北千住駅：19万8711人

出典：駅別乗降人員順位表（2021年度一日平均）（東京メトロ）

JR東日本や西武線などが集まる池袋駅がトップ。2位の大手町駅は5路線が走り、私鉄との乗り入れも多く、しかも東京駅からも徒歩圏内なので利用者が多い。北千住は意外だが、つくばエクスプレスや東武鉄道など千葉や茨城からの乗降客多め。

つくばと秋葉原を結ぶつくばエクスプレスには北千住駅も

都営地下鉄の駅別 乗降人数ベスト3

1位	新宿駅：11万104人
2位	押上駅：8万2461人
3位	泉岳寺駅：7万2223人

各駅乗降人員一覧 2021年4月～2022年3月（東京都交通局）

やはりここでも、新宿線と大江戸線の駅がある新宿駅は強い。2位の押上駅は浅草線が走り、東京スカイツリー®の最寄り駅であることも大きい要因のひとつ。泉岳寺駅は浅草線のほか、京浜本線が乗り入れており、神奈川方面からの乗降客が多くいる。

浅草線や京成線と相互乗り入れし、空港へのアクセスに◎

在学&在勤している区のココが推し！

池袋周辺は、ジュンク堂、三省堂、アニメイトなど大型書店がたくさん。芝生がある東口公園含め、駅周辺でお弁当を食べられるような公園も多いです。

豊島区在学 アシスタントW

新幹線も空港も近くて、旅好き&出張の多い私たちにはうってつけ。都会的でありながら意外に昔ながらの商店街や銭湯などもありバランスが絶妙。

品川区在勤 制作S

丸の内で働いています。毎日ランチに困らないし、忘れ物をしたり手みやげに困ったりしたときに駆け込める場所がたくさんあって離れられません！（PN：のんたん）

第二章 エリアガイド

エリアナビ

都心地域

おもに千代田区、中央区、港区で構成される。江戸幕府のお膝元として栄え、現代では官庁や金融機関、企業のオフィスなどが集まる首都東京の中核を担うエリア。

江戸時代から現代まで日本の政治の中心地

1 丸の内・皇居・永田町

P.128 MAP 別冊 P.20-21

皇居（→ P.130）を中心に西側の永田町には国会議事堂（→ P.132）など政府機関が集中し、東側の丸の内、大手町は大企業の本社が構えるビジネス街と、いわば東京の心臓部として機能するエリア。東京駅構内には、東京駅一番街（→ P.135）、駅周辺にもＪＰタワー商業施設「ＫＩＴＴＥ」（→ P.134）など商業施設が多いためショッピングにも最適。皇居周辺は緑広がる歴史を感じるエリアで、東京国立近代美術館（→ P.132）などの文化施設のほか、春になれば桜の名所となる北の丸公園(→ P.131)もある。

東京駅丸の内側の改札を出てそのまま5分ほど歩けば緑豊かな皇居が見える

老舗も新店も建ち並ぶ、かつての経済の中心地

2 日本橋・八丁堀・茅場町

P.140 MAP 別冊 P.20-21

五街道の起点として造られた日本橋（→ P.142）は、古くから城下町として栄えた歴史があり、現在でも三井記念美術館(→ P.142)などの文化施設、日本橋三越本店（→ P.144）などの百貨店に加え、江戸時代から続く老舗ショップも多く新旧さまざまな施設が並ぶ。そのほか金融の町としての顔ももつ日本橋～茅場町には、日本銀行本店（→ P.147）や銀行発祥の地、兜神社（→ P.146）など歴史を感じられるスポットが点在。貨幣博物館（→ P.147）で街の歴史を学びながら、散策してみるのもよいだろう。

日本橋を間近で見たいなら歴史も学べる神田川クルーズ®（→ P.338）に乗ろう

下町の面影が漂う街並みとグルメを堪能

3 人形町・門前仲町・清澄白河

P.148 MAP 別冊 P.22-23

浄瑠璃が盛んで、かつて人形遣いが多く住んでいたという人形町には、江戸風情を感じるスポットが満載。老舗が多く残る甘酒横丁（→ P.61）は食べ歩きにぴったりで、水天宮（→ P.153）や明治座（→ P.152）と一緒に訪れよう。門前仲町～清澄白河は松尾芭蕉と伊能忠敬ゆかりの地でもあり、『おくのほそ道』の出発点とされる採茶庵跡（→ P.155）など、見どころたっぷり。

明治座で観劇を楽しんだあと、甘酒横丁を通って水天宮へお参りするのも◎

東京ドーム
文京区
飯田橋駅
水道橋駅
千代田区
JR中央線
新宿区
市ケ谷駅
1
皇居
四ツ谷駅
信濃町駅
有楽町駅
7
東京ミッドタウン
新橋駅
六本木ヒルズ
東京タワー
浜松町駅
港区
田町駅
泉岳寺駅
高輪ゲートウェイ駅
東海道新幹線
品川駅
五反田駅
東急池上線
JR埼京線・山手線
目黒川
大崎駅
京急本線
東京モノレール
大井町駅
JR京浜東北線・東海道線
東急大井町線
JR横須賀線
品川区

都心地域でしたい
5
つのこと

1. 東京タワーを遊び尽くす ▷ P.54
2. 江戸創業の日本橋老舗巡り ▷ P.388
3. グルメの宝庫・築地場外市場を満喫 ▷ P.172
4. 東京駅を隅々まで探訪 ▷ P.106、136
5. 日枝神社で神猿のお守りゲット ▷ P.191

御茶ノ水駅
秋葉原駅
台東区
浅草橋駅
墨田区
隅田川
JR総武線
神田駅
東北・上越新幹線
馬喰町駅
両国駅
新日本橋駅
東京駅
2
3
江東区
八丁堀駅
4
東京都中央区
越中島駅
JR京葉線
5
豊洲駅
ゆりかもめ
りんかい線
6
東京港
海の森公園
0 500m

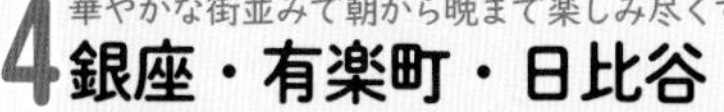

4 銀座・有楽町・日比谷

華やかな街並みで朝から晩まで楽しみ尽くす

P.156 MAP 別冊 P.24-25

銀座三越（→ P.158）などの百貨店や高級ブティックが建ち並ぶ日本屈指の高級繁華街。日比谷周辺には帝国劇場（→ P.161）や東京宝塚劇場（→ P.161）などがあり、映画・演劇の街としても知られる。ショッピングのほか、老舗の味に舌鼓を打ったり、芸術に親しんだりと楽しみ方は無限大。

さまざまな店が並ぶ銀座通りは週末や祝日の午後は歩行者天国に

5 築地・月島・佃島

小さいエリアの中にグルメと歴史が集結

P.166 MAP 別冊 P.26-27

埋め立てによって誕生した歴史をもつこのエリアには、豊洲移転後もにぎわう築地場外市場（→ P.172）、月島もんじゃストリート（→ P.171）のもんじゃ焼きなど、下町の名物グルメが勢揃い。築地周辺には築地本願寺（→ P.168）、浜離宮恩賜庭園（→ P.168）など歴史を感じるスポットも。

築地場外市場へは午前中に訪れて、午後から周辺を散策しよう

6 新橋・お台場・豊洲

ベイエリアの魅力が詰まったスポットを散策

P.176 MAP 別冊 P.26、47

お台場はレインボーブリッジ遊歩道（→ P.180）、日本科学未来館（→ P.181）など屋内外エンタメ施設が充実しており、足を延ばせば豊洲市場（→ P.182）にもアクセス可。サラリーマンの聖地・新橋は旧芝離宮恩賜庭園（→ P.178）など歴史的スポットもあり、大人から子供まで1日中楽しめるエリアだ。

お台場周辺には船も多く運航しておりパノラマ夜景が臨める

7 六本木・麻布・赤坂

高層ビルと歴史が融合したバランスのよい街

P.186 MAP 別冊 P.28-29

二大ランドマークの六本木ヒルズ（→ P.189）と東京ミッドタウン（→ P.189）がそびえる六本木は、国立新美術館（→ P.189）などの文化施設や大型商業施設が充実したエリア。にぎやかな一方、赤坂の日枝神社（→ P.191）や迎賓館赤坂離宮（→ P.188）など、歴史と伝統に触れられる場所も必見。

麻布周辺の芝公園には東京タワー（→ P.54）がそびえたつ

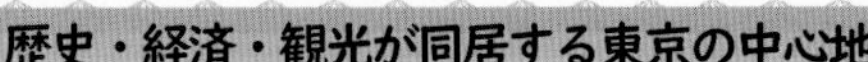

歴史・経済・観光が同居する東京の中心地

丸の内（まるのうち）・皇居（こうきょ）・永田町（ながたちょう）

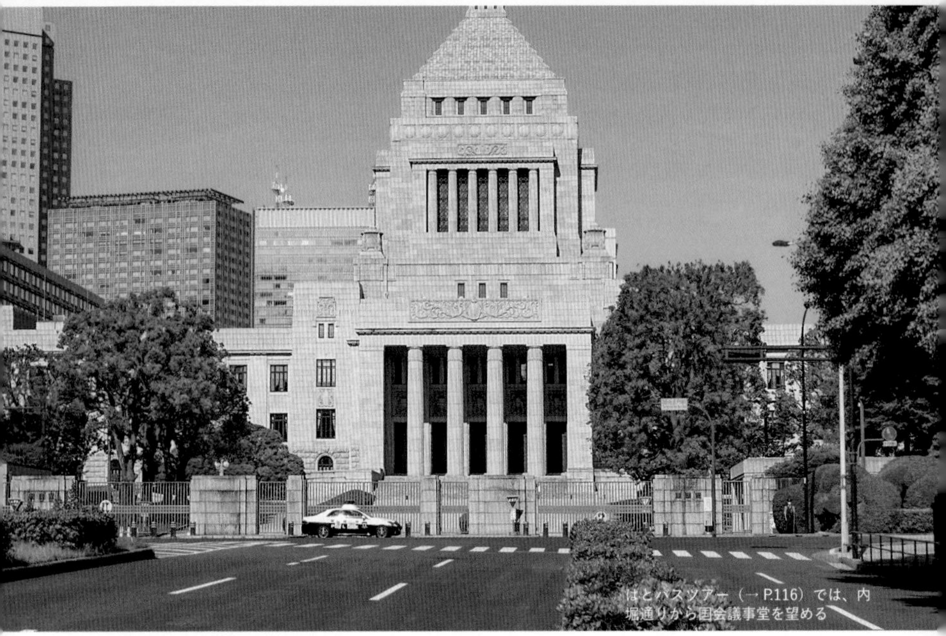

はとバスツアー（→ P.116）では、内堀通りから国会議事堂を望める

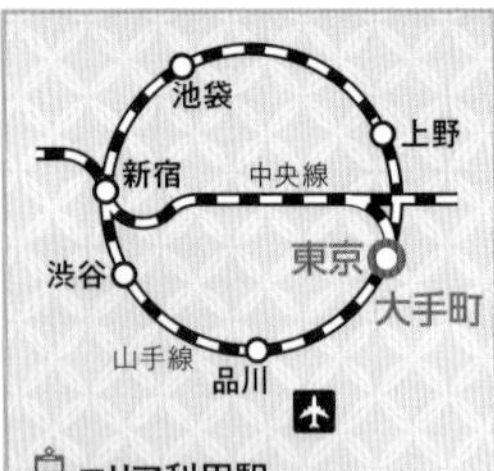

エリア利用駅

東京駅
JR 東海道新幹線、JR 東北新幹線・東海道線、JR 山手線、JR 京浜東北線、JR 中央線(快速)など

大手町駅
東京メトロ丸ノ内線、東京メトロ東西線、東京メトロ千代田線、東京メトロ半蔵門線、都営地下鉄三田線

コインロッカー情報
東京駅 1 階と地下 1 階の改札内、改札外に数多くのコインロッカーがある。コインロッカーの空き状況が分かる検索機があるので便利。

丸の内（大手町駅）・皇居への行き方

東京駅 —徒歩 5 分または、東京メトロ丸ノ内線（所要約 1 分 178 円）→ 大手町駅

羽田空港駅 —京急線（泉岳寺駅経由）都営浅草線（所要約 20 分 461 円）→ 三田駅 —都営三田線（所要約 8 分 220 円）→ 大手町駅

大手町駅 —徒歩 約 5 分→ 皇居大手門

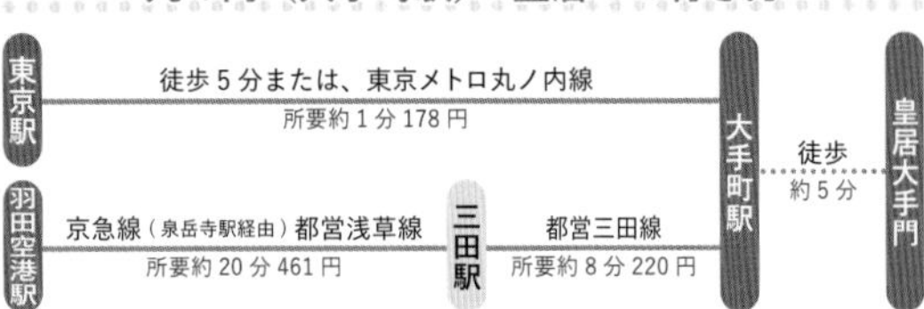

丸の内は、天正 18（1590）年徳川家康の江戸城入城前までは日比谷入江で東京湾に面していた。地名は江戸城拡張にともない、入江を埋め立て曲輪の内側に位置することになったことに由来する。明治初期は原野であったが明治 27 年、三菱 1 号館や東京府庁舎が竣工した頃から開発が進み、その後帝国劇場、東京駅などが完成し現在の丸の内の基礎ができあがった。2000 年代に入って再開発が進み、高層ビルや博物館、高級ブランド店、レストラン、ホテルなどが進出し、観光エリアとしても充実するように。皇居は江戸城跡にある、東京ドーム 25 個分もある東京の代表的な観光名所。また、永田町は、昭和 11 年に国会議事堂が完成し、以降各省庁が集まる日本政治の中心地である。

読者だより 丸の内はウィンターシーズンのイルミネーションがとてもきれいです！歩いているだけで楽しめるので、11 ～ 12 月の旅行中はぜひ行ってみてください。（PN：ジャス子）

歩き方

東京駅を起点に散策を始めよう

行幸通り沿いは高層ビルが建ち並んでいる

東京駅の丸の内中央口を出るとそこは東京駅丸の内駅前広場。まずはここで東京駅全景をカメラに収めよう。東京駅を中心に有名商業施設が広場を取り囲むように建てられている様子は、東京の象徴的な風景だ。駅前広場の正面が行幸通り。皇居前の内堀に続く通りで、直接皇居に行くならこの通りの両側に沿って歩くのが近道。全長約 190 メートル、幅 73 メートルの通りで、皇室の公式行事や外国大使の信任状捧呈式の馬車が東京駅から皇居に向かうときのみ使用されている。行幸通りの中間あたりを横切る道路が丸の内仲通り。約 1.2 キロメートルの道の両側には街路樹が植えられ、高級ブランド店やセレクトショップ、カフェなどが軒を連ねている。ビジネス街とはまた違った雰囲気を感じられるだろう。皇居を散策後、千鳥ヶ淵方面に行くなら北桔梗門が近い。丸の内方面に戻るなら大手門から永代通りを、また祝田門から有楽町方面へ移動してもいいだろう。

永田町の中心は国会議事堂

東京の中心でありながら街路樹の緑が映える

政治の中心地・永田町を歩くには国会議事堂が中心になる。衆議院憲政記念館や国会前庭など、どの施設も国会議事堂と近い。地下鉄の永田町駅利用がいいだろう。

おさんぽプラン

1. 東京駅丸の内駅舎 (→P.136) 徒歩すぐ
2. 東京ステーションギャラリー (→P.134) 徒歩5分
3. JPタワー商業施設「KITTE」 (→P.134) 徒歩3分
4. 皇居 (→P.130) 徒歩10分
5. 東京国立近代美術館 (→P.132)

TOKYO小噺 2024 年秋頃まで休館中の三菱一号館美術館

2010 年に開館し、丸の内から文化・芸術の発信拠点としての役割を担うのが「三菱一号館美術館」。赤れんがを使用した建物は、明治 27 年にジョサイア・コンドル設計の、丸の内最初のオフィスビルとして創建された「三菱1号館」を復元したもの。近代美術をテーマに年 3 回の企画展を開催している。しかし、現在は展示作品の予防保全や建物メンテナンスのため休館している。新しく生まれ変わる三菱一号館美術館の再開が待ち遠しい。

このエリアでできること

●皇居・旧江戸城散策→ P.130、138
●東京駅を探検する→ P.106、136

かわら版

東京有数の桜の名所、千鳥ヶ淵緑道

千鳥ヶ淵で有名なものがふたつあるとすれば、それは日本武道館の屋根の上にある“大きな玉ねぎ”と春に咲く千鳥ヶ淵緑道（MAP P.38-C2）の桜だろう。「千鳥ヶ淵」とは、チドリが羽を広げた形に似ていることに由来する。千鳥ヶ淵戦没者墓苑入口から靖国通りまで約 700 メートルの遊歩道で、桜の季節には濠を覆いつくすように水面まで垂れる桜が見事である。「千代田のさくらまつり」期間中は夜にはライトアップされ、水面に桜が映し出されるさまは幻想的だ。

交 地下鉄九段下駅、半蔵門駅から徒歩 5 分

満開の桜と濠のコントラストが印象的

東京見聞録　「皇居」へのアクセスだが、桜田門に近いのは東京メトロ有楽町線桜田門駅、それから丸ノ内線や千代田線などが走る霞ケ関駅からも徒歩圏内。大手門にいちばん近いのは大手町駅 C13b 出口だ。

MAP 別冊 P.16-C2

皇居
住千代田区千代田1-1
TEL 03-5223-8071（宮内庁管理部管理課参観係）
営10:00 頃～ 11:15 頃、13:30 頃～ 14:45 頃（午前と午後の2回）
休月・日・祝、7月21日～8月31日
料無料（事前申請、当日受付可。当日は桔梗門前で配布される整理券をひとり1枚受領。先着順）
交地下鉄二重橋前駅6番出口から徒歩4分

日本人なら1度は参観したい

皇居（こうきょ）

かつて将軍の居城である江戸城があり、明治天皇以降は歴代天皇のお住まいとして使われている。御所のほか、公務や諸儀式を行う宮殿、一般に公開されている皇居東御苑、宮内庁庁舎などがある。宮内庁係員が案内してくれる一般参観では、桔梗門から入り、富士見櫓、宮殿東庭、二重橋などを見学できる。

一般参賀でも訪れることができる

MAP 別冊 P.20-B1

皇居外苑
住千代田区皇居外苑1-1
TEL 03-3213-0095
営散策自由
(事務所 8:30 ～ 17:15)
休無休
料無料
交地下鉄二重橋前駅2番出口から徒歩2分

都会の真ん中にある広大な庭園

歴史遺産が豊富な庭園

皇居外苑（こうきょがいえん）

芝生の広場に点在している黒松が印象的な公園。江戸時代の武家屋敷が明治になり官庁や省庁に転用されたが、それらが撤去され広場として整備された。二重橋（皇居正門鉄橋）、楠木正成の銅像、伏見櫓、桜田門など見どころが多い。「楠公レストハウス」では食事ができるほか、おみやげも販売している。

重要文化財の桜田門は必見

MAP 別冊 P.20-B1

和田倉噴水公園
住千代田区皇居外苑 3-1
TEL 03-3213-0095
営散策自由
休無休
料無料
交地下鉄大手町駅 B6 または2番出口から徒歩2分

皇居外苑と一緒に訪れたい

都会のオアシス

和田倉噴水公園（わだくらふんすいこうえん）

皇居外苑の片隅にある公園。昭和36年に上皇陛下の御結婚を記念して造られ、1993年、今上天皇の御結婚の際に再整備後、1995年6月に完成。大噴水や水が循環するモニュメントなど、水の風景が広がる。全面ガラス張りの明るい休憩室があり、皇居外苑のスポット案内などもある。

もともとは幕府の御用地や大名屋敷だった

読者だより　「パレスホテル東京」のペストリーショップ「スイーツ＆デリ」で購入できるプレミアム食パン「パン ド ミ プルミエ」は贅沢な気分になるのでオススメです。住千代田区丸の内1-1-1

「歴史と自然の森」として親しまれる

北の丸公園（きたのまるこうえん）

かつて江戸城北の丸があった場所に整備された公園。江戸時代の北の丸は、代々将軍への忠誠心の高い者の屋敷があった場所。昭和44年に昭和天皇の還暦を記念して一般公開された。周辺には昭和館、東京国立近代美術館、国立公文書館、科学技術館などの文化施設が充実。

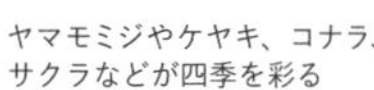
ヤマモミジやケヤキ、コナラ、サクラなどが四季を彩る

MAP 別冊 P.38-C2

北の丸公園
住 千代田区北の丸公園 1-1
TEL 03-3211-7878
営 散策自由
休 無休
料 無料
交 地下鉄九段下駅2番出口から徒歩5分

花木園に立つ吉田茂像

明治以降の英霊を祀る

靖國神社（やすくにじんじゃ）

国家のために命を捧げた人々の名を後世に伝え、その神霊を慰めるため、明治2年に明治天皇の思し召しにより招魂社として創建。幕末の志士やその後の戦争で亡くなった人々などを御祭神として祀り、その数は246万6千余柱にもおよぶ。遊就館には英霊に関する史資料を展示している。

「靖國」には「平和な国家を建設する」という願いが込められている

MAP 別冊 P.38-C1

靖國神社
住 千代田区九段北 3-1-1
TEL 03-3261-8326
営 6:00～18:00、11～2月～17:00
休 無休
交 地下鉄九段下駅1番出口から徒歩5分

遊就館には10万点にもおよぶ史資料が収蔵されている

激動の昭和期の国民生活に触れる

昭和館（しょうわかん）

戦中・戦後（昭和10年頃から昭和30年頃まで）の国民生活の労苦を後世に伝える国立の施設。約500点もの歴史的資料を展示した6･7階の常設展示室のほか、映像･音響室、図書室、ニュースシアターがある。夏と春には特別企画展も開催されるので訪れてみよう。

7階にある「銃後の備えと空襲」の展示

MAP 別冊 P.38-C2

昭和館
住 千代田区九段南 1-6-1
TEL 03-3222-2577
営 10:00～17:30（最終入館17:00）
休 月曜（祝日の場合は翌日）
料 有料、中学生以下無料
交 地下鉄九段下駅4番出口から徒歩1分

チタン製のパネルが特徴的な外観

「北の丸公園」西側の堀にある石垣の隙間には国の天然記念物指定のヒカリゴケが自生。本来は高地の洞窟でしか見られない珍しい苔で、築城の際に全国から持ち込まれた岩に付着していたと考えられている。

MAP 別冊 P.29-A3

国会議事堂
住千代田区永田町 1-7-1
TEL 03-3581-5111（衆議院）、03-5521-7445（参議院）
営本会議開会中以外の平日 9:00～16:00 の毎正時にツアー催行（所要約1時間。10 名以上の場合は要予約）
休土・日・祝
料無料
交地下鉄国会議事堂前駅 1 番出口から徒歩 3 分

永田町のシンボル

国会議事堂（こっかいぎじどう）

日本国の立法機関である国会が開催される議事堂。16 年もの歳月をかけて昭和 11 年に完成した。正面に向かって左の建物が衆議院で、右が参議院。ツアー形式の案内が衆議院、参議院別々で行われており、どちらも事前予約なしで OK。天皇陛下がお休みになる御休所など、豪華な内部を見学しよう。

豪華絢爛な御休所などを見学できる

MAP 別冊 P.38-C2

東京国立近代美術館
住千代田区北の丸公園 3-1
TEL 050-5541-8600（ハローダイヤル 9:00 ～ 20:00） 営 10:00 ～ 17:00（最終入館 16:30）、金・土曜～ 20:00（最終入館 19:30）
休月曜（祝日の場合は翌日）
料所蔵作品展 500 円、大学生 250 円、高校生以下および 18 歳未満無料、企画展は展覧会により異なる
交地下鉄竹橋駅 1b 出口から徒歩 3 分

明治から現代にいたる美術品を多数所蔵している

近・現代の日本美術の歴史を一覧できる

東京国立近代美術館（とうきょうこくりつきんだいびじゅつかん）

北の丸公園周辺には文化施設が集まるが、こちらは最も見逃せないスポットのひとつ。横山大観や岸田劉生など 19 世紀末から現代までの日本美術の名作、海外の作品などを多数所蔵している。選りすぐりの所蔵作品を展示する「MOMAT コレクション」のほか、年に数回企画展も開催されている。

会期ごとに約 200 点を展示している

MAP 別冊 P.38-C2

科学技術館
住千代田区北の丸公園 2-1
TEL 03-3212-8544
営 9:30 ～ 16:50（最終入館 16:00）
休水曜（祝日の場合は翌日）
料 950 円、中・高校生 600 円、4 歳以上 500 円
交地下鉄竹橋駅 1b 出口から徒歩 7 分

日常で触れるさまざまな科学技術について学べる

昭和 39 年に開館

科学技術館（かがくぎじゅつかん）

2 ～ 5 階までの 4 つのフロアに、「ものづくりの部屋」「実験スタジアム」「くすりの部屋―クスリウム」など、文字どおり科学技術に関する約 20 の展示室があり、子供の学習の場に最適。実際に触れたり、動かしたりしながら学べるほか、実験ショーなどの体験プログラムもある。

2023 年に「サウンド」の展示室に誕生したジャンボ・ピアノ

読者だより　家族で「科学技術館」に行きました。子供がわくわくする仕掛けの展示がたくさんあって、飽きずに楽しめました。またリピートしたいです。（PN：桃）

政治のしくみについてわかりやすく展示

衆議院憲政記念館（しゅうぎいんけんせいきねんかん）

昭和47年、議会開設80周年を記念し、議会制民主主義について国民の認識を深めることを目的として開館した。国会の組織や運営などについて資料や映像で紹介し、憲政の歴史や憲政功労者に関係のある資料なども収集。常設展示のほか、年に数回企画展示も行われる。

本会議場の演壇を3/4のスケールで再現した議場体験コーナー

MAP 別冊 P.29-A3

衆議院憲政記念館
住 千代田区永田町1-8-1
TEL 03-3581-1651
営 9:30～17:00（最終入館16:30）
休 毎月月末、12月28日～1月4日
料 無料
交 地下鉄永田町駅2番出口から徒歩5分
※2023年7月現在、新憲政記念館の工事中のため、すぐそばの代替地で開館中

建物外観（国会参観バス駐車場北側）

国会にある憩いの庭園

国会前庭（北庭）／洋風庭園（こっかいぜんてい（ほくてい）／ようふうていえん）

国会前庭のうち北庭は洋風庭園で、かつて井伊直弼の上屋敷があった場所。中心には三権分立を象徴する時計塔が建てられており、日本の土地の標高を決める基準点「日本水準原点」や、浮世絵にも描かれた江戸の名水「櫻の井」（移設）が設置されている。管理は衆議院憲政記念館が行っている。

南北含めて1500本以上の樹木が立つ

MAP 別冊 P.29-A4

国会前庭（北庭）／洋風庭園
住 千代田区永田町1-1-1
TEL 03-3581-1651（衆議院憲政記念館）
営 9:00～17:30
休 12月29日～1月3日
料 無料
交 地下鉄永田町駅2番出口から徒歩5分

高さ約31mの時計塔。1日3回チャイムが鳴る

洋風庭園と合わせて訪れたい

国会前庭（南庭）／和風庭園（こっかいぜんてい（なんてい）／わふうていえん）

南庭は回遊式の和風庭園。苔で包まれた築山に何段にも落とされた滝石組が配され、小川も流れており、四季折々の木々に囲まれ落ち着いた雰囲気に包まれている。コイが泳ぐ池のほとりには東屋があり、憩いの場となっている。一角は、かつて霞ヶ関離宮（旧・有栖川宮邸）があった場所。

庭園の中心に位置する池

MAP 別冊 P.29-A4

国会前庭（南庭）／和風庭園
住 千代田区永田町1-2
TEL 03-3581-1651（衆議院憲政記念館）
営 9:00～17:30
休 12月29日～1月3日
料 無料
交 地下鉄永田町駅2番出口から徒歩8分

池のほとりには東屋が立っている

尾崎行雄は幕末生まれの政治家で、民主主義の実現に尽力し「憲政の神様」や「議会政治の父」と呼ばれた。63年間に25回当選し、当選回数の日本記録をもつ。伊勢神宮内宮そばにある合格神社で祭神として祀られる。

MAP 別冊 P.29-A3

国立国会図書館東京本館
住千代田区永田町 1-10-1
TEL 03-3581-2331（代表）
営 9:30 ～ 19:00（土曜～ 17:00）
休日・祝、第３水曜
料無料（原則満 18 才以上）
交地下鉄永田町駅 2 番出口から徒歩 5 分

東京本館のほか、上野恩賜公園に国際子ども図書館、京都府精華町に関西館がある

国会に属する国立の図書館

国立国会図書館（こくりつこっかいとしょかん）

国会議員の調査研究を補佐し、法律に基づき国内で発行されたすべての出版物を収集する日本唯一の図書館で、一般の利用もできる。ほかの図書館で事足りない場合に活用されることが多い。館内で閲覧することはできる。ただし、個人への館外貸出は行ってない。

資料は館外に持ち出すことはできないが、複写は可能

MAP 別冊 P.20-B2

JPタワー商業施設「KITTE」
住千代田区丸の内 2-7-2
TEL施設による
営施設による
休施設による
交 JR 東京駅丸の内南口から徒歩 1 分

保存部分と新築部分に囲まれたアトリウム

旧東京中央郵便局舎跡地に立つ

JPタワー商業施設「KITTE」（じぇいぴーたわーしょうぎょうしせつ「きって」）

JPタワーは日本郵便が手がける高層ビル。旧東京中央郵便局舎を一部保存・再生した低層棟と高さ 200m の高層棟で構成され、2013年に低層棟の地下１～地上６階に個性豊かなショップが出店する商業施設「KITTE」が開業した。４階に再現された旧局舎郵便局長室、６階に「KITTEガーデン」（→ P.87）などがある。

窓からは東京駅の駅舎が見える

MAP 別冊 P.20-B2

東京ステーションギャラリー
住千代田区丸の内 1-9-1
TEL 03-3212-2485
営 10:00 ～ 18:00、金曜～ 20:00
休月（祝日の場合は翌平日が休み。会期最終週やゴールデンウィーク・お盆期間中の月曜は開館）、展示替期間
料展覧会による
交 JR 東京駅丸の内北口直結

2 階の回廊からの眺め。東京駅丸の内北口改札が見下ろせる

建物にも展示にも魅力が満載

東京ステーションギャラリー（とうきょうすてーしょんぎゃらりー）

昭和 63 年に開業した、東京駅丸の内駅舎の北口ドームにある美術館。２～３階が展示室で、近現代の美術作品を中心にユニークな企画展を開催している。駅舎は国指定重要文化財で、１～２階部分は創建時のれんがや鉄骨がむき出しになっている。れんがをモチーフにしたオリジナルグッズも人気。

2 階展示室 ©Tokyo Tender Table

読者だより 「東京ステーションギャラリー」は展示が変わるたびに訪れています。駅舎のレンガがそのまま展示空間になっているので、すごくおすすめです。（PN：くまっこ）

ショッピング、グルメスポットが充実

東京駅一番街（とうきょうえきいちばんがい）

東京駅八重洲口に直結する、約130店舗が集まる商業施設。3フロアあり、地下1階は「東京ラーメンストリート」、「東京おかしランド」、「東京キャラクターストリート」、「にっぽん、グルメ街道」と盛りだくさん。1階にはおみやげ探しに便利な「東京ギフトパレット」がある。2階は飲食店街の「東京グルメゾン」。

2022年にリニューアルした「東京おかしランド」

MAP 別冊 P.20-B2

東京駅一番街
住 千代田区丸の内1-9-1
TEL 03-3210-0077
営 店舗により異なる
休 店舗により異なる
交 JR東京駅八重洲口直結

有名店が集う「東京ラーメンストリート」

昭和の建物としては初めての国指定重要文化財

明治生命館（めいじせいめいかん）

皇居外苑に面して立つ、昭和9年に明治生命の社屋として建てられた建物。日本の近代洋風建築の発展に寄与した古典主義様式の最高傑作として、国の重要文化財に指定されている。関係資料の展示や竣工当時と同じ用途で現在も営業している店頭営業室、旧会議室などが見どころ。

建物の足跡なども公開

MAP 別冊 P.20-C1

明治生命館
住 千代田区丸の内2-1-1
TEL 03-3283-9252（明治安田ビルマネジメント丸の内センター）
営 9:30～19:00（最終入場18:30）
休 12月31日～1月3日、定期点検日（原則2月第1日曜）
料 無料
交 地下鉄二重橋前駅3番出口直結

東京都指定の旧跡

将門塚（まさかどづか）

平安時代中期の豪族・平将門は天慶2（939）年に平将門の乱を起こし「新皇」を名乗るが、下総で討死にし、京都で首をさらされる。激しい怨念により、首は東に向かって飛び、この地に落ちたとされ、その場所に首塚が造られた。歴史上たびたび祟りが起こったとされ、現在でも恐れられている。

2021年、改修してきれいになった将門塚

MAP 別冊 P.20-A1

将門塚
住 千代田区大手町1-2-1
営 散策自由
休 無休
料 無料
交 地下鉄大手町駅C5出口から徒歩1分

東京見聞録　大正時代、関東大震災を機に大蔵省の中庭にある将門の首塚を更地にする計画がもち上がったが、大蔵大臣や大蔵官僚、工事関係者が2年以内に14名も死亡。将門の祟りだという噂が立った。

明治～昭和の傑作が勢揃い
丸の内の名建築を歩く

れんが造りの東京駅丸の内駅舎を筆頭に、明治以降に建てられた洋館や昭和レトロな建物が数多く残る丸の内周辺を散策してみよう。

東京駅の建築基礎知識

「近代建築の父」と呼ばれた建築家・辰野金吾による設計。赤れんがと白い花崗岩を用いたデザインが特徴で、ドーム天井には豊臣秀吉の兜や鳳凰など日本的な意匠が施された。1・2階の外壁には既存のれんがが保存され、3階は当時の化粧れんがを再現して復原。化粧れんがのすき間を埋める作業も創建同様「覆輪目地」と呼ばれる手法で施工。

創建当時の姿に生まれ変わった

東京駅丸の内駅舎（とうきょうえきまるのうちえきしゃ）

丸の内駅舎は明治41年に着工し、大正3年に開業。昭和20年の戦災で一部焼失し、戦後の復興工事で3階建ての丸屋根から2階建ての八角屋根になる。2003年に国の重要文化財に指定され、2007年から2012年まで保存・復原工事が行われた。現在､駅舎のなかには「東京ステーションホテル」(→ P.422) と「東京ステーションギャラリー」(→ P.134) が入居しており、窓の外にドームを望むことができる客室や赤いれんがが壁に囲まれた展示室は必見だ。

MAP 別冊 P.20-B2 丸の内

住千代田区丸の内1　営ドームは見学自由

交JR東京駅丸の内南口改札すぐ

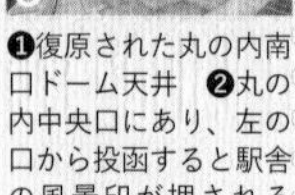

❶復原された丸の内南口ドーム天井　❷丸の内中央口にあり、左の口から投函すると駅舎の風景印が押される　❸駅舎の中央には皇室専用貴賓出入口がある

3つのポイント

◀ 干支の彫刻

8ヵ所の方角に丑・寅・辰・巳・未・申・戌・亥のレリーフが配置

▲ 鷲のレリーフ

ドーム下の八角コーナーに見られるのは両翼約2.1メートルの「大鷲」

▲ 創建時の石膏

残存している創建当初のレリーフの一部を用い、アーチレリーフに取り付けた

読者だより

「東京ステーションホテル」（→ P.422）に宿泊しました。丸の内駅舎のドームをバルコニーから見学することができて、とても貴重な体験でした。（PN：スーモ）

❶明治生命館（→ P.135） ❷創建当時の東京中央郵便局 ❸ 2024 年まで休館予定の三菱一号館美術館（→ P.129）

明治～大正に町が整備されていき西洋建築の建物や駅舎が誕生

丸の内の建築ストーリーは 130 年以上も前にさかのぼる。明治 21 年に日本初の都市計画法である「東京市区改正条例」が制定され、中央停車場（現在の東京駅）をはじめ、丸の内周辺の大通りや高架鉄道の建設が明記される。このとき、丸の内エリアの民間への払い下げを受けたのは、当時海運業を経営地盤としていた三菱だった。明治 23 年、三菱は「丸ノ内建築所」を設置し、イギリス人建築家のジョサイア・コンドルを招聘。明治 27 年には洋風事務所建築である「三菱 1 号館」を建設した。赤れんがの建物は、全館に 19 世紀後半のイギリスで流行したクイーン・アン様式が用いられた。その後、老朽化のため昭和 43 年に解体後、2009 年に復元･竣工。2010 年に「**三菱一号館美術館**」（**写真③**）として開業。階段の手すりなどは一部保存されていた石材などを再利用し、製造方法や建築技術も忠実に再現。

新丸ビルの横に立つ「**日本工業倶楽部会館**」は日本では珍しく、幾何学的な装飾が特徴のセセッション様式の建物。実業家たちが工業の発展を目的として設立した団体の社交場として、大正 9 年に完成。入口は古代ギリシア建築で使用されたドリック・オーダーが採用されている。会員以外は入れないが、クラシックなメインホールはドラマの撮影にも利用。会館の西側部分は当時のまま保存され、登録有形文化財に指定されている。

昭和初期を代表する二大建造物は一般の人も見学できるスポットへ

モダニズム建築の代表作といわれるのが昭和 6 年に誕生した「**東京中央郵便局**」（**写真②**）。「逓信省（郵便・通信・運輸を管轄する中央官庁）の建築家」と呼ばれ、大阪中央郵便局を含め日本近代建築の名作を残した吉田鉄郎による設計によるもので、ゴシックやギリシア様式といった西洋建築が主流だった当時、鉄筋コンクリートを使用し、柱や梁で囲まれた開口部やその横につながる窓、直線でシンプルな構成など日本建築を思わせるデザインは斬新に映ったという。解体を免れて部分的に保存・再生され、現在はＪＰタワー商業施設「**ＫＩＴＴＥ**」（→ P.134）としてオープン。ショップやレストランが軒を連ねるほか、4 階にはかつての様子を再現した旧東京中央郵便局長室が残っている。

昭和 9 年に竣工した「**明治生命館**」（**写真①**）は、古典主義様式の最高傑作と呼ばれる建物のひとつ。当時の東京美術学校（→ P.290）の教授で建築学会の重鎮･岡田信一郎設計で、コリント式の円柱やアカンサス模様の装飾が施された外壁がとても美しい。戦後、昭和 20 年から昭和 31 年までアメリカ極東空軍司令部の拠点となり、2 階の会議室は連合国軍最高司令官の諮問機関・対日理事会の会場として使用されていた時期もある。1997 年には昭和の建造物として初めて国の重要文化財に指定され、現在は一般公開しているので訪れてみてほしい。

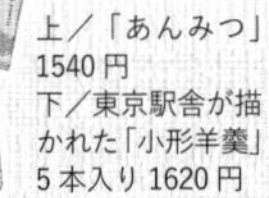

上／「あんみつ」1540 円
下／東京駅舎が描かれた「小形羊羹」5 本入り 1620 円

丸の内駅舎で楽しむ和菓子

TORAYA TOKYO（とらや とうきょう）

老舗和菓子屋「とらや」の各ブランドの菓子を集めた初のコンセプトショップ。併設している喫茶では、あんみつや葛切のほか、かき氷など季節限定のメニューも提供。ショップではおみやげにぴったりの幅広いラインアップが揃う。

赤れんがに囲まれた歴史感じる空間

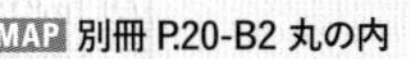
MAP 別冊 P.20-B2 丸の内

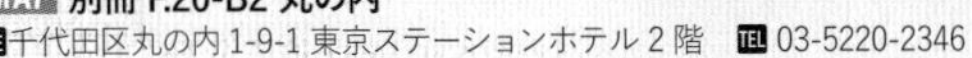
住 千代田区丸の内 1-9-1 東京ステーションホテル 2 階　TEL 03-5220-2346
営 10:00 ～ 19:00（L.O.18:30）、土・日・祝～ 18:00（L.O.17:30）　休 無休
CC ADJMV　交 JR 東京駅丸の内南口直結

「TORAYA TOKYO」では 11:30 ～食事メニューも提供。季節ごとに内容が変わる「吹き寄せご飯」1870 円や国産豚のヒレ肉を使用した「カツサンド」2090 円がある。季節ごとに変わる生菓子も楽しめる。

江戸幕府の面影感じる巨大城郭

旧江戸城の散策コースをたどる

旧江戸城の一部、皇居東御苑と皇居外苑は無料で一般公開されている。緑豊かで歴史に触れられる散策の穴場！

江戸城の歴史と変遷

江戸城の原型は長禄元（1457）年に太田道灌が築いた。天正18（1590）年に徳川家康の居城となり、江戸幕府が開かれると政務の中心として改築を重ね、明治維新後は皇居となった。

緑豊かな二の丸庭園。心が自然に落ち着く

DATA → P.130

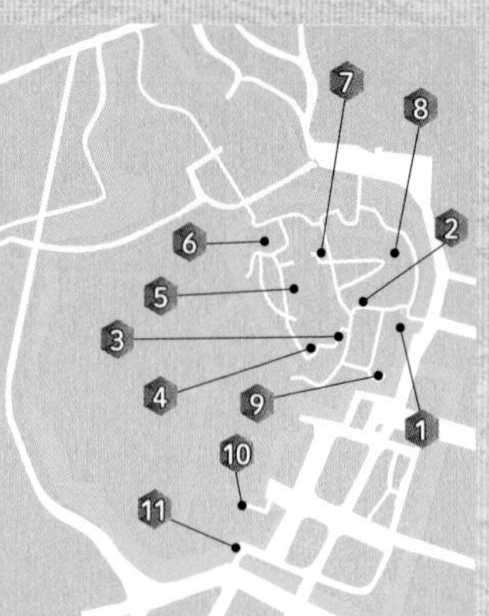

旧江戸城巡り MAP

諸大名が登城した表玄関

一、大手門～中雀門

高麗門を入り、直角に右折すると渡櫓門が現れる。門内には焼失した旧渡櫓の鯱を展示

石垣だけが残る中之門。諸大名を威圧するような巨石は、細川家が瀬戸内や紀伊から運んだ

1 大手門

江戸城のいわば正門で、大名の登城もおもにここから。防衛のため直進できず、曲がって入る「枡形門」という構造になっている。

2 大手三の門

二の丸と三の丸の境界。かつては「下乗」という高札が掲げられ、徳川御三家以外の大名はここで駕籠を降り徒歩で進んだ。

3 中之門

現在は巨大な花崗岩を組んだ石垣のみ残る。西側の百人番所は江戸時代の建物で、鉄砲百人組が警備した江戸城最大の検問所。

4 中雀門

建物は文久3（1863）年の火災で焼失し、現在は黒い焼け跡が残る石垣のみ。この門を入ると本丸がある。別名御書院門。

華やかだった御殿も広大な芝生に

二、江戸城本丸周辺

5 本丸

本丸は江戸城の中枢部で将軍が起居したエリア。本丸御殿は政務をとる「表」、生活の場である「中奥」、御台所が起居しドラマなどでも取り上げられる「大奥」の3部分があったが、文久3（1863）年の火災で全て消失し、再建されなかった。

「桜田門」は万延元（1860）年、大老井伊直弼が暗殺された「桜田門外の変」で有名だが、正式名は「外桜田門」。本丸に近い「内桜田門（桔梗門）」に対してこの名が付けられた。

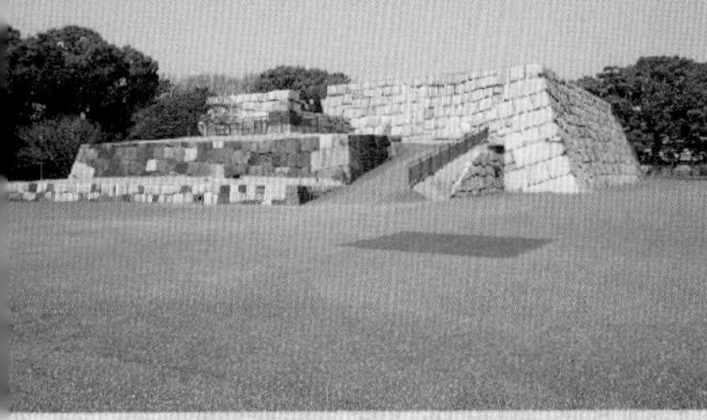
天守台（天守の基礎）のみ再建された江戸城天守

6 天守台

高さ 64m もあった寛永期の江戸城天守は明暦3（1657）年の大火で焼失した。翌年に天守台が再建されたが、天守の再建は断念された。

7 白鳥濠の石垣と汐見坂

白鳥濠は本丸を囲む濠で唯一残っているもので石垣は家康期のもの。汐見坂は本丸と二の丸とを結ぶ坂道でその段差は 10m 以上あるという。

本丸御殿の跡は広大な芝生になっている

左／二の丸側から見た汐見坂。櫓は焼失した
右／白鳥濠の石垣は「打ち込みハギ」という工法

緑豊かな庭園でくつろぐ

三、二の丸・三の丸周辺

季節ごとに色変わりする二の丸庭園の木々

8 二の丸庭園

二の丸御殿は慶応3（1867）年に焼失後に荒廃していたが、昭和43年に九代・家重時代の絵図を基に回遊式庭園として復元された。

9 桜田二重櫓

濠の角に配置された角櫓で、江戸時代から残る3基のうちのひとつ。中に鉄砲や弓などを収めた武器庫のような施設だった。

これぞ皇居というおなじみの景色

四、江戸城内堀周辺

二重橋から皇居を遠望するのが昭和の東京観光では欠かせない定番だった。奥は伏見櫓。

10 二重橋

濠越しに見えるふたつの橋のうち本来の二重橋は奥の橋。今では手前の石橋と合わせて二重橋と混同されるようになった。

11 外桜田門

現在残るのは明治4年に撤去され、関東大震災後に復元されたもの。幕末の桜田門外の変は門の南西、警視庁付近で発生した。

各国大使が着任後の信任状捧呈式で皇居を訪問する際、東京駅から行幸通りを経て皇居までの往復に艤装馬車を使った華麗な馬車列が催されることがある。運がよければ沿道や皇居外苑の二重橋前付近で見学できる。

五街道の起点や金融の中心地が点在する

日本橋（にほんばし）・八丁堀（はっちょうぼり）・茅場町（かやばちょう）

日本橋にある麒麟像。神田川クルーズ®（→ P.338）から裏側をのぞける

エリア利用駅

日本橋駅
東京メトロ銀座線、東京メトロ東西線、都営浅草線

茅場町駅
東京メトロ東西線、東京メトロ日比谷線

八丁堀駅
JR 京葉線、東京メトロ日比谷線

コインロッカー情報

日本橋駅は東京メトロ銀座線なら東京日本橋タワー付近など、東京メトロ東西線なら C2、C5 出口付近、都営浅草線なら D1、D2 出口付近などにロッカーがある。三越前駅は A6、B6 出口付近にある。

日本橋・茅場町駅への行き方

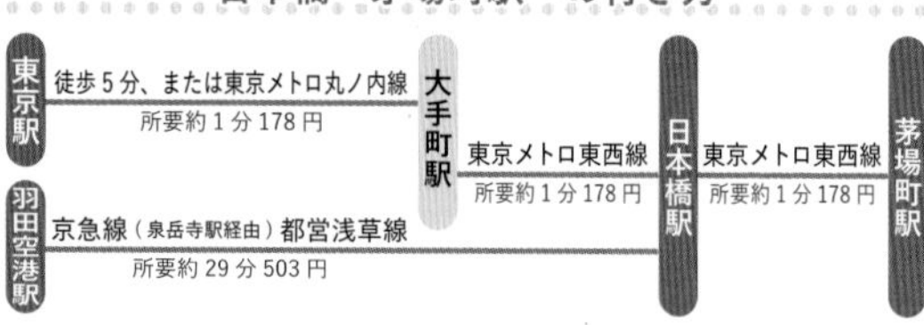

日本橋の町としての歴史は、まさに江戸時代に平川（現日本橋川）に架けられた日本橋から始まる。慶長 8（1603）年に木造のアーチ橋として架橋されると、翌年には五街道（東海道、中山道、日光街道、奥州街道、甲州街道）の起点に定められる。現在でも日本の道路網の起点であることはよく知られている。すぐあとに魚河岸（魚市場。のちに築地に移転）が整備され、水上交通の拠点にもなり、江戸随一の商業・物流の中心都市として発展していく。現在でも老舗の百貨店や海産物を商う店が多いのはこの名残だ。一方、すぐ東に位置する茅場町・兜町は、昭和 24 年に東京証券取引所が設立され、証券会社が集まる金融街として発展したが、現在は再開発が進み、カジュアルな若者向けの店が増えている。

読者だより
人形町にある「すき焼割烹日山 人形町本店」のすき焼きがおすすめです。
住 中央区日本橋人形町 2-5-1 交 地下鉄人形町駅 A3 出口から徒歩 3 分

歩き方

老舗企業の本社が集まり、再開発が進む日本橋

日本橋北詰の交差点付近。真ん中のビルが日本橋三越本店本館

町歩きはやはり日本橋川に架かる日本橋からスタート。すぐ上を首都高速道路が通っているが、ゆくゆくは地下化を予定。日本国道路元標や東京市道路原標、麒麟像など見るべきポイントは多い。橋から南北に延びる中央通りが目抜き通りで、北側に日本橋三越本店、三井本館、日本銀行本店と、国の重要文化財に指定されている大型施設がずらりと並ぶさまは圧巻。歩いているだけで格式の高さを感じるはずだ。三井本館の隣と向かいには、2010年に開業した複合型商業施設のCOREDO室町が立つ。百貨店の本場である日本橋ではニューフェイスといったところだ。中央通り東側には比較的小規模のビルが多く、老舗の食事処や乾物店などが点在している。一方、橋の南側の中央通り沿いはほとんどが大型ビルで、COREDO日本橋、日本橋高島屋S.C.本館(国指定重要文化財)、丸善 日本橋店(→P.69)などが並ぶ。

日本の金融の中心である茅場町と兜町

次はすぐ東に位置する茅場町方面へ。江戸時代は沼地が広がる土地で、茅(かや)と葦(あし)が生い茂っていたのがその名の由来。東京証券取引所のある兜町は証券会社の大きなビルが並び、敷居が高く感じてしまうが、再開発でカジュアルでおしゃれな複合型商業施設もオープンしている。

日本橋兜町に立つ東京証券取引所

おさんぽプラン

1. 日本橋 (→P.142)
   徒歩すぐ
2. 日本橋三越本店 (→P.144)
   徒歩2分
3. 三井記念美術館 (→P.142)
   徒歩1分
4. COREDO室町テラス (→P.144)
   徒歩10分
5. 東証Arrows (→P.146)

TOKYO小噺 江戸創業の老舗店が目白押し

江戸時代に商業の中心として栄えたこの町には、ほかにも老舗企業の本店が多い。高級フルーツで有名な千疋屋本店は天保5(1834)年、江戸菓子の伝統を受け継ぐ榮太樓總本舗(→P.384)は文政元(1818)年、料亭御用達の鰹節を扱う大和屋は江戸末期の創業だ。この地にある古い歴史をもつ店は挙げればきりがない。散策して探してみよう。

TOKYO小噺 魚市場は震災を機に築地へ

もともと東京の魚市場は日本橋にあった。徳川家康とともに江戸に来た摂津の漁師たちが幕府に献上した残りの魚を売り始めたのが起源で、その後隆盛を極めたが、関東大震災で崩壊し、築地に移転した。名残として、日本橋のたもとに日本橋魚河岸跡の記念碑がある。

築地場外市場はP.172

このエリアでできること

●金融の町「兜町」さんぽ→P.146
●江戸創業の老舗巡り→P.388

都内最古の鉄橋　旧弾正橋(きゅうだんじょうばし)

江東区は富岡八幡宮の東にある富岡堀遊歩道。川も流れていないこの場所に、趣のある真っ赤な鉄橋が架かっている。現在は八幡橋(MAP P.23-C3)と呼ばれているが、もとは弾正橋といい、中央区宝町の楓川に架かっていたもので、保存のために現在の場所に移された。鉄橋では日本最古の橋で、近代橋梁史上極めて価値の高い橋として、国の重要文化財に指定されている。また、1989年には、米国土木学会より日本初の土木学会栄誉賞が贈られ、その記念碑が橋のそばにあるのでぜひ見てみよう。

明治の文明開化のシンボルでもあった

古い地図を見ると、日本橋周辺の地名に新大阪や難波、堺など、大阪の地名がつけられているのに気がつく。これは江戸開府以前に商業の中心だった大阪からたくさんの商人が流入したことによる。

日本の道路の起点に架かる石造アーチ

日本橋（にほんばし）

徳川家康の命によって慶長8（1603）年に架けられ、その翌年に五街道の起点となった橋。現在架かる石造二重アーチの橋は20代目で、明治44年に完成した。獅子像や燈柱の美しい装飾が目を引き、橋の真ん中には日本の道路の起点を示す「日本国道路元標」が埋め込まれている。

橋の中央には精巧な彫刻を施した4体の麒麟像が見られる

MAP 別冊 P.21-B3

日本橋
住 中央区日本橋1-1
営 散策自由
休 無休
料 無料
交 地下鉄三越前駅B6出口から徒歩1分

橋の中央分離帯に位置する「日本国道路元標」

三井の歩みを90年以上見つめるビル

三井本館（みついほんかん）

三井財閥の本拠地として、関東大震災後の昭和4年に竣工。震災復興のシンボルとするべく、当時の一般的なビル建築費の約10倍をつぎ込み、頑健な鉄筋コンクリート造を完成させた。「壮麗、品位、簡素」をコンセプトとした外観はコリント式の大列柱が並び、シンプルにして重厚な装い。

意匠や歴史的価値が評価され、1998年に国の重要文化財に指定（提供：三井本館）

MAP 別冊 P.21-A3

三井本館
住 中央区日本橋室町2-1-1
営 外観は見学自由
交 地下鉄三越前駅A7出口から徒歩1分

外観はアメリカの新古典主義的なデザインとローマ風のコリント式大オーダー列柱。三井記念美術館などが入居

三井家収集の名美術品が約4000点

三井記念美術館（みついきねんびじゅつかん）

三井グループの発祥である三井家が江戸時代から収集した美術品約4000点を所蔵。円山応挙の国宝『雪松図屏風』をはじめ、国宝6点、重要文化財75点、重要美術品4点を含む名品が揃い、茶道具や刀剣類も見ものだ。中央の展示室には三井家ゆかりの国宝茶室「如庵」の室内を再現。

日本・東洋の造形美に満ちた美術品を鑑賞できる

MAP 別冊 P.21-A3

三井記念美術館
住 中央区日本橋室町2-1-1 三井本館7階 TEL 050-5541-8600(ハローダイヤル) 営 10:00～17:00(最終入館16:30) 休 月
料 館蔵品展1000円、高校・大学生500円、中学生以下無料（特別展は別途料金） 交 地下鉄三越前駅A7出口から徒歩1分

展示室3「如庵」再現展示ケース

読者だより　日本橋には滋賀県のアンテナショップ「ここ滋賀」があり、県も力を入れて運営しているそうなのでぜひチェックしてみてください！（PN：ピーチ） 住 中央区日本橋2-7-1 交 地下鉄日本橋駅B6、B8出口すぐ

古代から現代まで時代を映す美を堪能

アーティゾン美術館
あーてぃぞんびじゅつかん

ブリヂストンの創業者・石橋正二郎が創設したブリヂストン美術館が、館名を変更して2020年に開館。ミュージアムタワー京橋の4～6階に設けた展示室は旧美術館の約2倍に拡張され、古代美術から現代美術まで幅広く楽しめる。1階にカフェ、2階にはミュージアムショップがある。

「創造の体感」をコンセプトに、アートを五感で味わえる展示室

アーティゾン美術館開館記念展「見えてくる光景 コレクションの現在地」展示風景（2020年）撮影：木奥惠三

MAP 別冊 P.21-C3

アーティゾン美術館
住 中央区京橋1-7-2 TEL 050-5541-8600（ハローダイヤル）
営 10:00～18:00（最終入館17:30）、祝日を除く金～20:00（最終入館19:30） 休 月（祝の場合は翌平日） 料 展覧会により異なる（ウェブまたは窓口にて日時指定予約制） 交 JR東京駅八重洲中央口から徒歩5分

大型ガラスで囲み、吹き抜けで一体化したエントランスが目を引く

往年の映画の魅力に浸れる専門機関

国立映画アーカイブ
こくりつえいがあーかいぶ

日本で唯一の国立映画専門機関。国立近代美術館の映画事業を発祥とし、2018年に国立美術館の6番目の館として設立された。上映ホールでは監督や製作国、ジャンルなどのテーマに沿った作品を上映。図書室では約5万冊の映画関連書を閲覧でき、展示室では展覧会を開催する。

常設展では映画ファン垂涎の映画機材やポスターなどを展示

MAP 別冊 P.21-C3

国立映画アーカイブ
住 中央区京橋3-7-6 TEL 050-5541-8600（ハローダイヤル）
営 上映ホールは開映時間により異なる、展示室11:00～18:30（最終入室18:00）、図書室12:30～18:30（最終入室18:00） 休 月、上映準備・展示替期間（図書室は日・月・祝）
料 所蔵作品上映：520円、高校・大学生310円、小・中学生100円、特別上映：企画により異なる、展示室：250円、大学生130円、高校生以下無料 交 地下鉄宝町駅A4出口から徒歩1分

体験型の展示で警察の仕事に触れる

ポリスミュージアム（警察博物館）
ぽりすみゅーじあむ（けいさつはくぶつかん）

日本警察の始まりから現代までの歴史的な資料を展示し、警視庁の活動について紹介。警視庁草創期の資料や明治から平成の事件の歴史を紹介するコーナーも興味深い。ミニシアターや体験も充実しており、交番疑似体験、指紋採取疑似体験などを通して、警察の仕事について楽しく学べる。

5階にある明治から平成の事件史をたどるコーナー

MAP 別冊 P.20-C2

ポリスミュージアム（警察博物館）
住 中央区京橋3-5-1 TEL 03-3581-4321（警視庁代表）
営 9:30～16:00（最終入館15:30）
休 月（祝の場合は翌日） 料 無料
交 地下鉄京橋駅2番出口から徒歩2分

1階にはパトカーやヘリコプター、白バイなどの実物を展示

東京見聞録 2022年6月、和歌山県の蔵元「平和酒造」が「平和どぶろく兜町醸造所」をオープン。新たな酒文化の発信拠点を兼ねて、紀土や鶴梅、平和クラフトなど、できたてのどぶろくをカジュアルに楽しめる場所として話題。

寛文13（1673）年8月の「越後屋」誕生から創業350周年

日本橋三越本店

にほんばしみつこしほんてん

明治37年に「デパートメントストア宣言」を発し、日本初の百貨店となる。本館は昭和10年に現在のもとの形となり、完成当時、日本有数の大建築として話題を集めた。2016年に本館が国の重要文化財に指定。5階まで吹き抜けの中央ホールは開放感にあふれ、美しい天女像が立つ。

各階にコンシェルジュが常駐し、買い物をサポートするサービスも

MAP 別冊 P.21-A3

日本橋三越本店
住 中央区日本橋室町1-4-1
TEL 03-3241-3311（大代表）
営 10:00～19:00（食品・1階は～19:30、新館地下1階・9・10階レストランは11:00～22:00）
休 不定休
交 地下鉄三越前駅A3・A5出口から徒歩1分

日本橋三越本店限定グルメやおみやげ探しも楽しい

国の重要文化財に指定された名建築

日本橋髙島屋S.C.本館

にほんばしたかしまやしょっぴんぐせんたーほんかん

昭和8年に完成した本館は、幾度も増改築を重ね、その見事な様式美から「増築建築の名作」と称される。エレベーターのカゴは創建時から修復しながら使用され、今も案内係が手動で操作している。創建当時からある七福殿や、かつて象が飼われていた屋上庭園なども見もの。

本館から新館、東館へはブリッジと地下道で接続

MAP 別冊 P.21-B3

日本橋髙島屋S.C.本館
住 中央区日本橋2-4-1
TEL 03-3211-4111（代表）
営 10:30～19:30(一部店舗を除く)
休 不定休
交 地下鉄日本橋駅直結

入口の吹き抜けには大理石の柱が立ち、天井の装飾も美しい

日本橋に注目ショップが目白押し

COREDO室町テラス

これどむろまちてらす

グルメやショッピングを楽しめるオフィス街の癒やしスポット。ハイセンスなライフスタイル雑貨や伝統工芸、個性豊かなレストランなど、注目のショップが約30店集結。台湾発のカルチャー体験型店舗「誠品生活 日本橋」など、日本初上陸のショップも見逃せない。

日本橋室町三井タワーの地下1階～地上2階に位置する

MAP 別冊 P.21-A3

COREDO室町テラス
住 中央区日本橋室町3-2-1
TEL 店舗により異なる
営 11:00～20:00（店舗により異なる）、レストラン～23:00（店舗により異なる）
休 不定休
交 地下鉄三越前駅A8出口すぐ

緑が気持ちいい大屋根広場では、イベントも開催

日本橋の「いづもや」というお店の鰻はとてもおいしかったです。●日本橋いづもや本店 住 本館：中央区日本橋本石町3-3-4 交 地下鉄三越前駅A8出口から徒歩3分

金運祈願で知られる歴史深い神社

福徳神社（芽吹稲荷）

ふくとくじんじゃ（めぶきいなり）

1000年以上の歴史がある神社。江戸時代に「富くじ」を発行していたため、金運祈願の神社として有名。徳川二代将軍・秀忠の参詣時に鳥居から若芽が芽吹いたことから「芽吹稲荷」とも呼ばれる。

宝くじの当選祈願で知られ、才能開花や縁結びの御利益も

MAP 別冊 P.21-A3

福徳神社（芽吹稲荷）
住 中央区日本橋室町2-4-14
TEL 03-3276-3550
営 授与所9:00～17:00、御朱印受付10:00～15:00
休 無休 料 無料 交 地下鉄三越前駅A6出口から徒歩1分

高層ビル街にあり、参道の新浮世小路が神社へ続く

由緒ある神社で厄除けと金運を祈願

小網神社

こあみじんじゃ

日本橋地区で唯一現存する戦前の木造神社建築。東京大空襲の戦災を免れ、第2次世界大戦に赴く兵士たちがこの神社のお守りを受け全員帰還したことから、「強運厄除の神様」として崇められる。

社殿向拝に施された強運厄除の龍の彫刻は必見

MAP 別冊 P.21-B4

小網神社
住 中央区日本橋小網町16-23
TEL 03-3668-1080
営 授与所10:00～17:00
休 無休 料 無料
交 地下鉄人形町駅A2出口から徒歩5分

境内の銭洗いの井で金銭を清めると財運を授かるともいわれる

水運業と歴史的建造物の軌跡を辿る

三菱倉庫・江戸橋歴史展示ギャラリー

みつびしそうこ・えどばしれきしてんじぎゃらりー

三菱倉庫の本店が入るビル1階に開設したギャラリー。2014年に竣工した現ビルは、東京都選定歴史的建造物に選ばれた旧江戸橋倉庫ビルを改築したもので、船を模した特徴的な外観が保存されている。

創業130年以上の三菱倉庫の発祥地。実際の建物は自然石のカーブが美しい

MAP 別冊 P.21-B4

三菱倉庫・江戸橋歴史展示ギャラリー
住 中央区日本橋1-19-1
TEL 03-3278-6611 営 7:30～19:30、土～13:30 休 日・祝
料 無料 交 地下鉄日本橋駅D2出口から徒歩3分

江戸から現在までの発展の歴史をわかりやすく展示

日本の郵便事業はここから始まった

郵便発祥の地

ゆうびんはっしょうのち

明治4年3月1日、江戸橋南詰の地に郵便行政を管轄する官庁「駅逓司」と「東京郵便役所」が新設され、郵便業務が始まった。現在の日本橋郵便局前には、郵便事業創設に尽力した前島密の胸像が立つ。

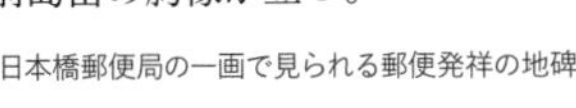
日本橋郵便局の一画で見られる郵便発祥の地碑

MAP 別冊 P.21-B4

郵便発祥の地
住 中央区日本橋1-18-1
TEL 03-3551-2167（中央区郷土資料館）
営 見学自由 休 無休 料 無料
交 地下鉄日本橋駅D2出口から徒歩2分

胸像とともに歴史が記されている

地下鉄三越前駅B6出口すぐのところには「日本橋魚市場発祥の地」と刻まれた記念碑が。江戸時代初期、大阪の佃村から来た漁師たちが魚を幕府に納め、残りを日本橋で売るようになったのが魚河岸の始まりといわれる。

テーマで歩く TOKYO

世界屈指の金融の街として発展！ 日本橋兜町の社会科見学

日本最大の金融街として知られ、日本経済の中心地だった兜町のスポットを案内。

日本のウォール街？ 兜町の歴史

江戸時代には金貨を鋳造する「金座」が置かれ、明治に入ると日本銀行や現在の東京証券取引所が誕生して発展。ニューヨークのウォール街やロンドンのシティと並び世界三大市場といわれた。

みずほ銀行兜町支店にある「銀行発祥の地」

東京証券取引所が運営する

1 東証 Arrows（とうしょうあろーず）

おもな役割は投資家にリアルタイムの市場情報を提供したり、上場企業に対して的確な情報開示をサポートすること。案内付き見学ツアーは1日4回で公式サイトから要予約。

❶見学回廊から見えるマーケットセンター ❷証券史料ホールには明治以降の貴重な資料が展示 ❸仮想証券市場で配信される情報を判断材料に売買する株式投資体験コーナー

MAP 別冊 P.21-B4 日本橋
住 中央区日本橋兜町 2-1 TEL 050-3377-7254（見学担当） 営 9:00 ～ 16:30 休 土・日 料 無料 交 地下鉄茅場町駅 11 番出口から徒歩 5 分

昭和2年、現在地に移転。御朱印は近くの「日本橋日枝神社」でもらえる

証券界の守り神とされる

2 兜神社（かぶとじんじゃ）

明治4年、源義家を御神霊として日本橋・鎧橋付近に創建された。現在の御祭神は、主が商業の守護神「倉稲魂命」で、合祀されている神様は大黒様と恵比寿様だ。

MAP 別冊 P.21-B4 日本橋
住 中央区日本橋兜町 1-12 営 参拝自由 休 無休
交 地下鉄茅場町駅 11 番出口から徒歩 6 分

1990 年代以降証券街としての役割を失った兜町。だが現在は、若いクリエイターらの手によって小規模複合施設「K5」や人気パティスリー「ease」などおしゃれな施設が続々オープンして再開発を遂げた。

実物は意外と大きい！

❶江戸時代に徳川家康が造らせた本物の大判　❷歴史や外国の珍しいお金など約3000点の資料を展示　❸建物の2階が展示スペースに

MAP 別冊 P.21-A3 日本橋

住中央区日本橋本石町1-3-1 日本銀行分館内　TEL 03-3277-3037　営 9:30〜16:30　休月　料無料　交地下鉄三越前駅B1出口から徒歩1分

貴重な過去の金貨を多数展示

3 貨幣博物館（かへいはくぶつかん）

日本銀行創立100周年を記念して開館。常設展示は古貨幣収集・研究家の田中啓文が収集したコレクションが中心。戦国時代や江戸時代の大判の重さを体感したり、日本銀行券の偽造防止技術を学んだりと体験コーナーも充実している。

お札を発行する中央銀行

4 日本銀行本店（にっぽんぎんこうほんてん）

開業は明治15年。明治29年に金座（江戸時代の貨幣製造機関）跡地である現在地に本館が完成。設計者は辰野金吾。見学ツアーはガイド付きで事前予約制。日本銀行と本館の歴史に関する展示や地下金庫などを見ることができる。

❶建物は国の重要文化財に指定。外観は石造りの古典主義建築になっており、中庭がある　❷展示室からドームを見上げる　❸地下金庫を見学というレアな体験も

MAP 別冊 P.21-A3 日本橋

住中央区日本橋本石町2-1-1　TEL 03-3277-2815（見学担当 9:30〜16:30）　休土・日・祝　料無料　交地下鉄三越前駅B1出口から徒歩1分

ガイド付き見学ツアーは9:30／11:00／13:45／15:15（受付時間は15分前）で各回20名（先着順）、所要時間は約1時間。予約は公式サイトから申込み可能。身分証明書を持っていくのを忘れずに。

町人文化と緑が調和する門前町

人形町（にんぎょうちょう）・門前仲町（もんぜんなかちょう）・清澄白河（きよすみしらかわ）

人形町のシンボルである「からくり櫓」。落語の出囃子で動き出す

エリア利用駅

人形町駅
東京メトロ日比谷線、都営浅草線

門前仲町駅
東京メトロ東西線、都営大江戸線

清澄白河駅
東京メトロ半蔵門線、都営大江戸線

コインロッカー情報

人形町駅は東京メトロ日比谷線ならA3出口付近、都営浅草線ならA3出口付近にロッカーがある。門前仲町駅は東京メトロ東西線なら茅場町寄り改札付近、3・4番出口改札付近、都営大江戸線は改札口付近にある。

人形町・清澄白河・門前仲町駅への行き方

人形町は日本橋や元吉原の近くに位置していたため、下町の雰囲気が色濃く残る場所。明暦の大火（1657年）後、浄瑠璃や人形芝居の小屋が建てられ、現在の人形町2丁目周辺に人形師が多く住んだことがその名の由来だ。一方で門前仲町や清澄白河は、かつて深川と呼ばれたエリアで、昭和21年以前は深川区に含まれていた。現在は富岡八幡宮の北に位置する深川1・2丁目にその名が残っている。江戸時代初期、このあたりは海が内陸に入り込む湿地帯でほとんど人は住んでいなかったが、徳川家康に命じられた深川八郎右衛門により町が開かれた。ここが大きく発展したのは三代・家光の時代。寛永4（1627）年に富岡八幡宮が建立されるとさらに発展し、伊能忠敬や松尾芭蕉などの文化人も移り住んだ。

読者だより　清澄白河地区の「清州寮」や「旧東京市営店舗向住宅」は昭和レトロな街並みが広がります。「旧東京市営店舗向住宅」にはリノベしたカフェも入ります。

歩き方

老舗飲食店が目白押しの人形町

人形町駅を出てまず訪れたいのが、昔ながらの店がずらりと並ぶ甘酒横丁（→ P.61）。甘酒やたい焼き、せんべい、和菓子、総菜など、食べ歩きが楽しめる店が集まっており、江戸・明治時代から続く老舗も多い。清澄白河方面へ進むと、安産や子授けにご利益があると評判の水天宮がある。

その昔、入口付近に甘酒屋があったことが名前の由来

江戸情緒あふれる深川エリアを行く

清澄白河駅を出て徒歩４分のところにある清澄庭園は、江戸の豪商・紀伊国屋文左衛門の屋敷があった場所。深川の発展の礎となった商人のひとりだ。庭園では四季折々の自然風景が楽しめるので、ゆっくり散歩したい。ここから東に延びる深川資料館通り商店街には、下町ならではの歴史ある店が並び、東京都現代美術館のある三ツ目通りに突き当たるまで店を見て歩く楽しみも。通り名の由来となった江東区深川江戸資料館は、深川の歴史を知りたいなら絶対に訪れておきたいスポットだ。清澄白河といえば、近年、コーヒーの聖地としても有名だが、カフェはおもにこの通りの南に点在している。東京都現代美術館のある木場公園を南に進んでいき、木場駅を西に進めば深川の繁栄を担った富岡八幡宮、さらに進めば門前仲町駅となる。

東京都現代美術館のエントランスホール

おさんぽプラン

1. 清澄庭園（→ P.150）　徒歩５分
2. 江東区深川江戸資料館（→ P.150）　徒歩 10 分
3. 東京都現代美術館（→ P.150）　徒歩 15 分
4. 富岡八幡宮（→ P.151）　徒歩７分
5. 深川東京モダン館（→ P.152）

TOKYO 小ネタ　名店で見つけた地元グルメ

森下駅からすぐのところにあるカトレアは知る人ぞ知るパンの有名店。特にカレーパンは発祥の店のひとつとされ、店でも「元祖カレーパン」として販売している。もうひとつの名物が深川の名がついた「招福深川あんぱん」259 円。生地はバターデニッシュを使い、十勝産小豆で作ったこし餡に大福豆（おおふくまめ）が入っている。ぜひお試しあれ。

カトレアは P.351

普通のあんぱんとはひと味違う

このエリアでできること

●水天宮をお参り→ P.153
●甘酒横丁で食べ歩き→ P.61

かわら版　深川発祥の地　深川神明宮

森下１丁目にある深川神明宮（MAP P.23-A3）には、深川の地名誕生の逸話が残されている。江戸時代の初め、鷹狩りでこの地を訪れた徳川家康が深川八郎右衛門に地名を尋ねたところ、「まだ住む人も少なく地名もない」と答えた。すると家康は、八郎右衛門の姓をとって「深川」を地名とするように命じた。その後、八郎右衛門は自分の屋敷に伊勢神宮の大神様を祀る祠を作り、開拓民の幸福と発展を願ったのが深川神明宮の起源といわれる。ちなみに天照大神を祀る神社を「神明さま」といい、全国に多く点在している。

小さな神社だが、深川の歴史に深く関わっている

東京見聞録　深川といえば深川めし（→ P.34）。ネギやアサリなどの貝類を味噌で煮込んだものをご飯にかける、あるいはそれらの具材を一緒に炊き込んだごはんで、深川の飲食店ではさまざまに工夫を凝らした深川めしが食べられる。

MAP 別冊 P.23-B3

清澄庭園
住 江東区清澄 3-3-9
TEL 03-3641-5892
（清澄庭園サービスセンター）
営 9:00 ～ 17:00（最終入園 16:30）
休 12 月 29 日～ 1 月 1 日
料 150 円、小学生以下および都内在住・在学の中学生無料
交 地下鉄清澄白河駅 A3 出口から徒歩 4 分

富士山を模した築山からの園内の様子

四季折々の美しい景観を楽しめる

きよすみていえん
清澄庭園

東京都の名勝に指定されている回遊式林泉庭園。かつて隅田川から水を引いた大泉水の周りに築山や全国から取り寄せた名石を配し、池を中心にぐるりと散策できる。園内に生息するさまざまな野鳥が姿を見せ、桜、ハナショウブ、紅葉などに彩られた四季折々の景観を楽しめる。

大泉水に施された磯渡。池の向こうには涼亭がある

MAP 別冊 P.23-B4

東京都現代美術館
住 江東区三好 4-1-1
TEL 050-5541-8600
（ハローダイヤル）
営 10:00 ～ 18:00（最終入場 17:30）
休 月（祝日の場合は翌平日）
料 企画展により異なる
交 地下鉄清澄白河駅 B2 出口から徒歩 9 分

アートを感じさせる中庭で自由に過ごすのもいい

多彩な切り口の企画展で現代アートを満喫

とうきょうとげんだいびじゅつかん
東京都現代美術館

約 5600 の収蔵作品を活かし、絵画、彫刻、ファッション、建築、デザインなど、現代美術に関するコレクション展示や企画展示を幅広く開催。約 27 万点の美術関連図書資料を揃えた国内最大級の美術専門図書室を備え、美術に関するワークショップや各種講座も行う。2019 年にリニューアルした。

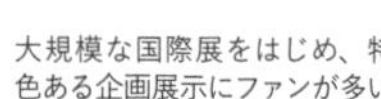
大規模な国際展をはじめ、特色ある企画展示にファンが多い

MAP 別冊 P.23-B3

江東区深川江戸資料館
住 江東区白河 1-3-28
TEL 03-3630-8625
営 9:30 ～ 17:00（最終入館 16:30）
休 第 2・4 月（祝日の場合は開館）
料 400 円、小・中学生 50 円
交 地下鉄清澄白河駅 A3 出口から徒歩 3 分

小劇場とレクホールを備え、イベントや講座が開かれる

江戸の町並みや暮らしぶりを実物大で再現

こうとうくふかがわえどしりょうかん
江東区深川江戸資料館

江戸時代末期、天保年間頃の深川佐賀町の町並みを実物大で再現した資料館。地下 1 階から地上 2 階の吹き抜けの大空間に、問屋や土蔵、船宿、長屋、さらには火の見やぐらまで建ち並ぶ。当時の暮らしをうかがえる生活用品の展示も興味深い。第 48 代横綱、大鵬顕彰コーナーを併設。

1 日の移り変わりを照明や音響でリアルに演出

読者だより
江戸前寿司の元祖のような存在である「喜寿司（㐂寿司）」では、昔ながらの仕事を真面目にこなし、本物の寿司が楽しめます。 住 中央区日本橋人形町 2-7-13 交 地下鉄人形町駅 A3 出口から徒歩 1 分

コンピューター制御による日本最大の閻魔大王

法乗院深川えんま堂

ほうじょういんふかがわえんまどう

日本最大の閻魔大王座像が安置された寺院。1989年に建立された高さ3.5m、幅4.5mの閻魔大王座像は、コンピューターで制御され、19の祈願から選んで賽銭を投じると、仏様の説法が自動で流れてくる。本堂に展示されている江戸時代に描かれた「地獄・極楽絵」も必見。

巨大な閻魔大王座像は寄木造りで重量1.5t

MAP 別冊 P.23-C3

法乗院深川えんま堂
住 江東区深川2-16-3
TEL 03-3641-1652
営 9:00 ～ 17:00
休 無休
料 無料
交 地下鉄門前仲町駅6番出口から徒歩4分

寛永6（1629）年に創建され、その12年後に現在地に移転

多くの人でにぎわう「水かけ祭り」で有名

富岡八幡宮

とみおかはちまんぐう

寛永4（1627）年に創建し、「深川の八幡様」として親しまれる神社。江戸の三大祭りのひとつ「深川八幡祭り」は別名「水かけ祭り」と呼ばれ、台輪幅5尺の御本社神輿は「日本一の黄金神輿」として知られる。江戸勧進相撲発祥の地で、境内には歴代横綱の名を冠した横綱力士碑がある。

戦後に建てられた社殿は堂々とした風格を醸す

MAP 別冊 P.23-C3

富岡八幡宮
住 江東区富岡1-20-3
TEL 03-3642-1315
営 社務所9:00 ～ 17:00
休 無休
料 無料
交 地下鉄門前仲町駅2番出口から徒歩3分

見物客らが水をかける「深川八幡祭り」（→P.335）は夏の風物詩

江戸時代後期に活躍した測量家の像

伊能忠敬像

いのうただたかぞう

富岡八幡宮の大鳥居をくぐり、参道を入るとすぐ左側に鎮座する銅像。50歳を過ぎてから天文学や測量術を学んだ測量家・伊能忠敬は、現在の門前仲町1丁目に住居を構え、測量旅行の出発時に必ず富岡八幡宮を参拝していたという。深川周辺には住居跡や終焉の地などが点在する。

日本地図を背景にして、杖先方位盤を手に測量への第一歩を踏み出した姿を表現

MAP 別冊 P.23-C3

伊能忠敬像
住 江東区富岡1-20-3
営 見学自由
料 無料
交 地下鉄門前仲町駅2番出口から徒歩3分

「深川不動堂」は大本山成田山新勝寺の東京別院。本堂に本尊・不動明王像が安置され、旧本堂には国内最大級の木造不動尊像「おねがい不動尊」が祀られる。わらじの付いた絵馬を境内のわらじに掛けるとよい。

日本の伝統演劇を牽引する名劇場

明治座（めいじざ）

東京最古の劇場で、花形歌舞伎やミュージカル、コンサートなどの公演が行われる。明治６年に喜昇座の名で創業後、災厄と復興を重ね、明治 26 年に初代・市川左團次により再建され明治座に改名した。館内には喫茶「花やぐら」やラウンジ、明治座や東京のみやげを扱う売店なども揃う。

2023 年 4 月に創業 150 周年を迎えた

MAP 別冊 P.22-A1

明治座
住 中央区日本橋浜町 2-31-1
TEL 03-3660-3939（代表）
営 公演により異なる
休 公演により異なる
料 公演により異なる
交 地下鉄浜町駅 A2 出口から徒歩 2 分

劇場脇に商売繁盛の神様が祀られており、演者が多く参拝する

昭和モダンを感じさせる観光案内所

深川東京モダン館（ふかがわとうきょうもだんかん）

昭和７年に建築された旧東京市深川食堂を改修し、2009 年に開業。1 階のまちあるき案内所では江東区の見どころや周辺の店などを紹介し、2 階の多目的スペースでは落語会や企画展などを開催する。情報収集やひと休みにも利用することができて便利。

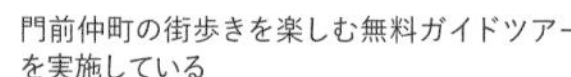

門前仲町の街歩きを楽しむ無料ガイドツアーを実施している

MAP 別冊 P.22-C2

深川東京モダン館
住 江東区門前仲町 1-19-15
TEL 03-5639-1776
営 10:00 ～ 18:00、金・土～ 19:00
休 月（祝日の場合は翌平日）
料 無料
交 地下鉄門前仲町駅 6 番出口から徒歩 2 分

国の登録有形文化財建造物。モザイク模様の階段に昭和モダンが香る

100 年以上の歴史を持つ図書館

深川図書館（ふかがわとしょかん）

明治 42 年に東京市立図書館として開設。震災や戦災を重ね、1993 年に改築した現建物は三代目となる。3 階建ての造りで蔵書数は約 22 万点。洋風のモダンな外観や館内の階段、装飾の随所に過去のデザインが受け継がれている。階段ホールのステンドグラスは撮影スポットにも。

大規模改修を経て、2023 年 2 月にリニューアルオープン

MAP 別冊 P.23-B3

深川図書館
住 江東区清澄 3-3-39
TEL 03-3641-0062
営 9:00 ～ 20:00、日・祝・休日、12 月 28 日～ 19:00
休 第 3 金曜（祝日の場合は第 3 木曜）、12 月 29 日～ 1 月 4 日、特別整理期間
料 無料
交 地下鉄清澄白河駅 A3 出口から徒歩 7 分

「江東区深川江戸資料館」（→ P.150）は必訪です。実際に江戸時代に存在した一区画を再現し、家の中のものには触ることもできて、スタッフの方が驚異的に展示や江戸時代の風俗に詳しいです。（PN：荷物）

江戸時代から信仰を集めてきた神社
水天宮で安産・子授け祈願

地下鉄半蔵門線の駅名にもなるとおり、駅前に堂々と鎮座する「水天宮」。古くから安産祈願の信仰を集めており、現在も多くの人々が訪れる。

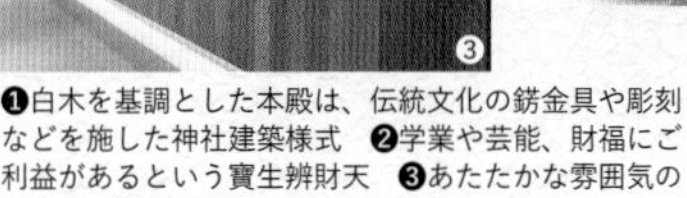

❶白木を基調とした本殿は、伝統文化の錺金具や彫刻などを施した神社建築様式　❷学業や芸能、財福にご利益があるという寶生辨財天　❸あたたかな雰囲気の神札所　❹❺「阿吽」を表した狛犬

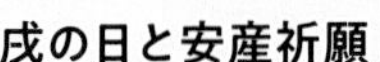

手水舎の横にたたずむ安産子育河童

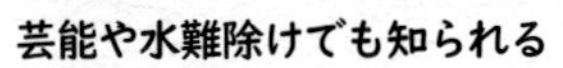

芸能や水難除けでも知られる
水天宮（すいてんぐう）

福岡県久留米市に総本宮を構え、27の分社をもつ。文政元（1818）年、参勤交代の際にお参りできるよう、九代目久留米藩主の有馬頼徳が三田赤羽の上屋敷に分祀したことが始まりといわれる。水と子供に縁の深い神社であるが、ここ東京の水天宮はとりわけ安産・子授けのご利益があるとして名高い。2016年に大規模な改修工事が行われ、免震構造などを備えた近代的な造りになった。毎月5日と巳の日には扉が開いてご神像が参拝できる。

MAP 別冊 P.22-A1 水天宮
住 中央区日本橋蛎殻町 2-4-1
TEL 03-3666-7195　営 7:00 ～ 18:00、神札所 8:00 ～ 18:00、祈祷受付 8:00 ～ 15:15　休 無休　CC ADJMV
交 地下鉄水天宮前駅 5 番出口から徒歩 1 分

戌の日と安産祈願

多産でお産が軽いといわれ、古くから安産の象徴とされている犬にあやかり、12日に1度巡ってくる戌の日に安産祈願をする風習がある。妊娠5ヵ月目に訪れて「帯祝い」をすると縁起がよいとされており、戌の日の境内はおおいににぎわう。水天宮の象徴ともいえる子宝いぬは、周りを取り巻く十二支のうち自分の干支を撫でると安産などのご利益があるそう。

左／優しい眼差しで子犬を見守る母犬が印象的な「子宝いぬ」 右／安産絵馬にもかわいらしい犬が描かれる

「水天宮」の安産御守はさらし帯で、「安産御守・御子守帯」または帯の一部をかたどった「安産御守・小布御守」のいずれかから選ぶことができる。各4000円で、巾着袋型のお守りも含まれる。

テーマで歩く TOKYO

『おくのほそ道』の始まりはここから

松尾芭蕉をたどる清澄白河

居を構え、『おくのほそ道』へと旅立った松尾芭蕉ゆかりの森下～清澄白河周辺を歩く。

松尾芭蕉と深川

数々の句や『おくのほそ道』などの紀行文を残した俳人・松尾芭蕉は延宝8（1680）年、日本橋から深川の草庵に移り住んだ。誰もが知る代表的な句「古池や蛙飛こむ水のおと」を詠んだのはこの地とされている。

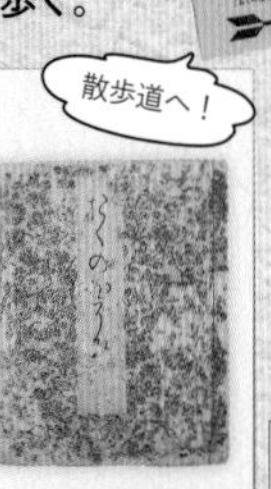

『おくのほそ道』元禄版

散歩道へ！

松尾芭蕉ゆかりの深川さんぽMAP

芭蕉を知る手がかりはここ

1 江東区芭蕉記念館（こうとうくばしょうきねんかん）

松尾芭蕉の資料を収集・展示。常設展示では芭蕉の功績や歴史、大正時代に出土した「芭蕉遺愛の石の蛙」などを見ることができる。俳句を軸にさまざまなテーマを冠した企画展を年に2～3回実施する。

上／2階企画展示室　左／隅田川沿いに立つ本館。庭園も見応えあり

MAP 別冊 P.22-A2 森下
住江東区常盤1-6-3　TEL 03-3631-1448　営9:30～17:00
休第2・4月曜（祝日の場合は翌日）　料200円、小・中学生50円　CC ADJMV（入館料のみ）　交地下鉄森下駅A1・A3・A7出口から徒歩7分

芭蕉ゆかりの地に立つ

2 芭蕉稲荷神社（ばしょういなりじんじゃ）

「江東区芭蕉記念館」に展示されている「芭蕉遺愛の石の蛙」が発見された場所がこちら。大正6年に石蛙を御神体として地元の人々によって祀られた。境内では自身で記念スタンプが押せる。

境内には「史蹟芭蕉庵跡」と記された碑や句碑、「深川芭蕉庵旧知の由来」が書かれた看板が立っている

MAP 別冊 P.22-A2 森下
住江東区常盤1-3-12　営参拝自由　休無休
交都営大江戸線森下駅A1出口から徒歩7分

「神田川クルーズ®」に乗船すると、「芭蕉庵史跡展望庭園」の芭蕉像を川側から見ることができます。めったに見られないアングルなので、たくさん撮影しました！（PN：ポンちゃん）

閉園後の17時になると、芭蕉像が回転してライトアップされるのでチェックしてみよう

隅田川を眺める芭蕉像

3 芭蕉庵史跡展望庭園（ばしょうあんしせきてんぼうていえん）

「江東区芭蕉記念館」の分館にある屋上庭園。隅田川と小名木川の合流地点に位置し、眺めは抜群。園内には芭蕉翁像と芭蕉庵を描いた絵のレリーフが飾られているので本館とあわせて見学を。

MAP 別冊 P.22-A2 森下
住 江東区常盤1-1-3 TEL 03-3631-1448 営 9:15～16:30 休 第2・4月曜（祝日の場合は翌日） 料 無料 交 地下鉄森下駅A1・A3・A7出口から徒歩10分

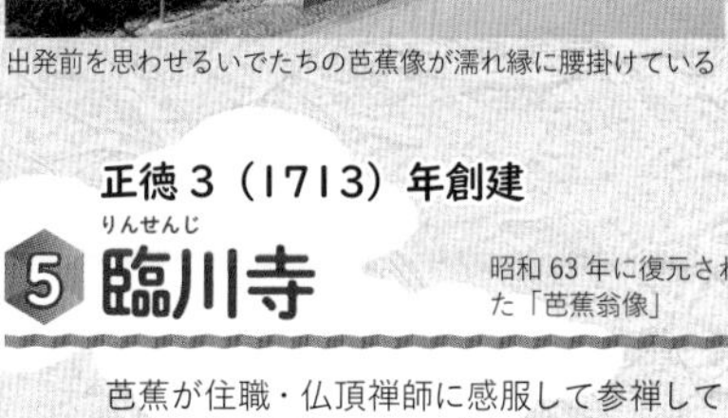

出発前を思わせるいでたちの芭蕉像が濡れ縁に腰掛けている

旅の始まりはここから

4 採茶庵跡（さいとあんあと）

芭蕉の門人・杉山杉風の庵室跡。芭蕉は旅立ちの前に自身の住居であった芭蕉庵を手放し、採茶庵で過ごしていたという。

MAP 別冊 P.23-B3 清澄白河
住 江東区深川1-9 TEL 03-6458-7400（江東区観光協会） 営 散策自由 料 無料 交 地下鉄清澄白河駅A3出口から徒歩6分

正徳3（1713）年創建

5 臨川寺（りんせんじ）

芭蕉が住職・仏頂禅師に感服して参禅していたお寺。芭蕉ゆかりの「玄武仏碑」、「梅花仏碑」、「墨直しの碑」、「芭蕉由緒の碑」ほか、開基から伝来し、関東大震災後で焼失後に復元された「芭蕉翁像」が本堂内に安置。

MAP 別冊 P.23-B3 清澄白河
住 江東区清澄3-4-6 TEL 03-3641-1968 営 外は参拝自由（開門時間9:00～16:00） 休 無休 料 無料 交 地下鉄清澄白河駅A3出口から徒歩3分

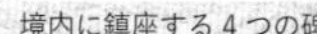

昭和63年に復元された「芭蕉翁像」

境内に鎮座する4つの碑

東京見聞録 旅に出たくなる土地なのか、深川の地は日本地図を完成させたことで知られる測量家・伊能忠敬が住居を構えていた。現在は「伊能忠敬住居跡」や「伊能忠敬像」（→P.151）が点在し、功績をうかがい知ることができる。

明治の近代化がつくった街並み

銀座(ぎんざ)・有楽町(ゆうらくちょう)・日比谷(ひびや)

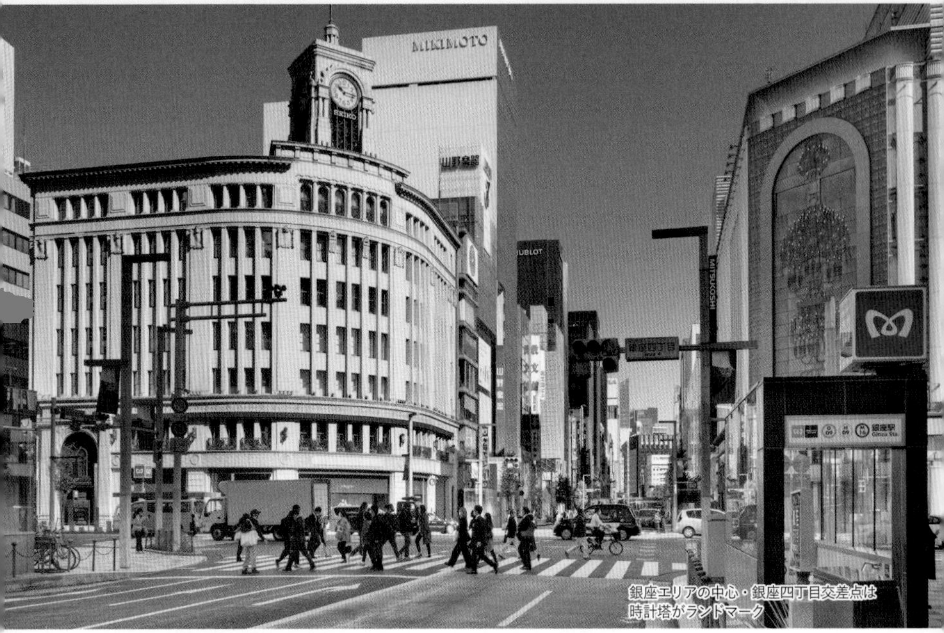

銀座エリアの中心・銀座四丁目交差点は時計塔がランドマーク

エリア利用駅

銀座駅
東京メトロ銀座線、東京メトロ丸ノ内線、東京メトロ日比谷線

有楽町駅
JR 山手線、JR 京浜東北線、東京メトロ有楽町線

日比谷駅
東京メトロ日比谷線、東京メトロ千代田線、都営三田線

コインロッカー情報

銀座駅なら、東京メトロ丸ノ内線の地下 2 階から地下 1 階へと上がったエスカレータ付近、東京メトロ銀座線の A7 出口付近などにある。

銀座・有楽町駅への行き方

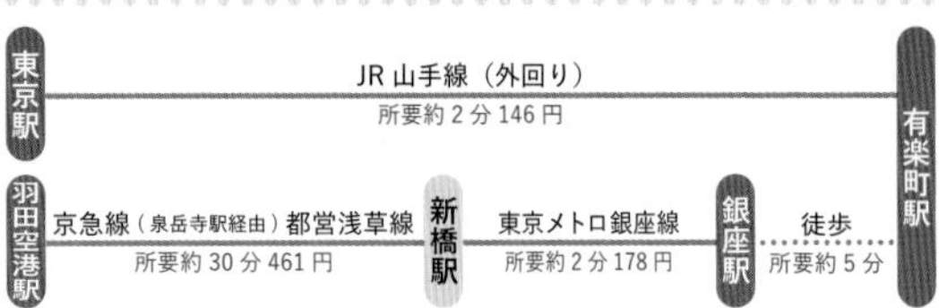

慶長 17（1612）年、徳川家康が銀貨鋳造所を現在の銀座二丁目に移し、一帯は「銀座」と呼ばれるようになった。現在の銀座中央通り（旧東海道）沿いには商店が並びにぎわいを見せていたが、明治 5 年の銀座大火で焼失。政府はこれを機に、銀座を西洋風の街並みに改造する計画に着手し、れんが街が建設された。2 階にバルコニーが張り出し、下はアーケードとなった空間は、後にショーウィンドウとして利用されるようになり、「銀ブラ」を楽しむ街へと変貌を遂げた。武家屋敷街だった有楽町・日比谷には、鹿鳴館や帝国ホテル 東京（→ P.420）など、迎賓のための施設が建設され、昭和に入ると劇場や映画館が建ち並ぶエンターテインメントの中心地として発展してきた。

読者だより
銀座の「大衆割烹 三州屋」は東京の居酒屋らしい趣があってすばらしいです。
●大衆割烹 三州屋 銀座本店 住 中央区銀座 2-3-4 交 地下鉄銀座一丁目駅 5 番出口から徒歩 1 分

歩き方

商業施設が建ち並ぶ銀座を散策

東京駅から1駅南に位置するJR有楽町駅を起点に歩いてみよう。銀座方面の中央口前には、マルイが入る有楽町イトシア、阪急メンズやルミネが入る有楽町マリオン、東京交通会館などの複合商業施設が林立している。さらに銀座方面へ歩いていくと、晴海通りと外堀通りが交差する数寄屋橋交差点にぶつかり、角には東急プラザ銀座がある。昭和41年の建設以来、親しまれてきた「ソニービル」跡地には2024年に「新・Ginza Sony Park」の誕生が予定されているのも目新しいトピックのひとつ。数寄屋橋交差点から晴海通りを東銀座方面に進むと、時計塔がシンボルの和光本店（セイコーハウス銀座）や銀座三越など、銀座のランドマークが立つ銀座四丁目交差点が見えてくる。

銀座には全国各地のアンテナショップが集まる。東京交通会館には10数店が入居

有楽町から日比谷方面へ

日比谷方面を散策するにも、JR有楽町駅をスタートするのがわかりやすい。日比谷口を出ると目の前にはビックカメラ有楽町店、北側には東京国際フォーラムや帝国劇場が見えるだろう。南側には東京ミッドタウン日比谷があり、周辺は東京宝塚劇場や日生劇場、帝国ホテル 東京など見どころに囲まれている。

「日比谷公園」の北側は皇居のお濠「日比谷濠」に隣接している

おさんぽプラン

1. 東京国際フォーラム（→P.161）　徒歩3分
2. 帝国劇場（→P.161）　徒歩5分
3. 東京ミッドタウン日比谷（→P.162）　徒歩3分
4. 日比谷公園（→P.162）　徒歩10分
5. GINZA SIX（→P.159）

TOKYO小粋　大人のこだわりが集う注目スポット

JR有楽町駅と新橋駅をつなぐ高架下に2020年に生まれた「日比谷OKUROJI」。300mの空間には、「通な大人の通り道」をコンセプトに、27の飲食店と14のショップが入居する。印象的なれんがアーチは、ベルリンの高架橋がモデル。ドイツ人技師の指導を受けながら造られ、明治43年から使用されている。

TOKYO小粋　松屋銀座の店内やショーウィンドウに注目！

「松屋の地域共創プロジェクト」の一環として、日本各地の伝統工芸や産業を「デザインの松屋」のノウハウでディレクションした装飾が期間限定で登場している。これまでに藍（徳島県）、組子（高知県）、ねぶた（青森県）などの事例がある。

松屋銀座は P.158

このエリアでできること

●レトロな奥野ビルめぐり P.163
●銀ブラの証明書をもらう P.377
●元祖グルメを味わう　P.347

かわら版

あんみつ発祥の店・銀座若松

あんみつ発祥の店として知られる「銀座若松」。明治27年、銀座初の汁粉屋として創業。常連客の「もっと甘いものが食べたい」という要望に応え、二代目・森半次郎が作ったのが、みつ豆に自家製のこしあんをのせ、甘い黒蜜をかけたあんみつだった。小豆は十勝、赤えんどう豆は富良野、寒天は伊豆三宅島、黒蜜は奄美大島の黒砂糖を使用。短時間で炊き上げる、さらりとしたのどごしのあんは、汁粉屋だからこそ出せる味だった。店が入る「銀座コア」の建て替えにともない、2024年に移転予定。

あんこの上の松の羊羹は銀座若松のシンボル

東京見聞録 銀座四丁目から銀座中央通りを「GINZA SIX」方面に歩いていくと新橋駅、松屋銀座駅方面に歩くと銀座一丁目駅があり、さらに歩くと京橋駅に着く。いずれも10分以内と徒歩圏内。晴海通りを東銀座方面に5分歩くと「歌舞伎座」がある。

MAP 別冊 P.25-B3

和光本店（セイコーハウス銀座）
住 中央区銀座 4-5-11
TEL 03-3562-2111
営 11:00 ～ 19:00
休 無休
交 地下鉄銀座駅 B1 出口直結

時計塔で知られる銀座のランドマーク

和光本店（セイコーハウス銀座）

わこうほんてん(せいこーはうすぎんざ)

時計、紳士・婦人用品、食品などを扱う専門店。前身は現・セイコーグループの「服部時計店」で、初代時計塔の完成は明治 27 年。二代目となる現在の建物は昭和 7 年に竣工した。毎正時 45 秒前からウエストミンスター式チャイムが鳴り、その後第 1 打が正時を知らせる。

正時のチャイムは昭和 29 年から。経済産業省の「近代化産業遺産」

「グランドセイコーフラッグシップブティック 銀座」ではヒストリカルモデルも見られる

MAP 別冊 P.25-B3

銀座三越
住 中央区銀座 4-6-16
TEL 03-3562-1111（大代表）
営 10:00 ～ 20:00、レストラン街 11:00 ～ 23:00（営業時間が異なる店舗あり）
休 不定休
交 地下鉄銀座駅 A7 出口すぐ

銀座四丁目交差点の顔のひとつ

銀座三越

ぎんざみつこし

延宝元（1673）年に三井高利が創業した「越後屋」に始まり、明治 37 年「株式会社三越呉服店」設立。「デパートメントストア宣言」を発し日本初の百貨店となった三越。銀座店は昭和 5 年に開店。2010 年に既存本館と一体化した新館を増築し、銀座の中心でにぎわいを創出する。

2020 年には外壁に新しい銀座の顔として「銀座シャンデリア」が誕生した

MAP 別冊 P.25-B3

松屋銀座
住 中央区銀座 3-6-1
TEL 03-3567-1211（大代表）
営 10:00 ～ 20:00、日曜もしくは連休最終日～ 19:30
休 1月1日
交 地下鉄銀座駅 A12 出口直結

グッドデザインをサポートし続ける

松屋銀座

まつやぎんざ

明治 2 年「鶴屋呉服店」として創業。大正 14 年銀座店を開店し昭和 30 年日本で初めてグッドデザイン運動の場としてセレクトショップの草分け的存在「デザインコレクション」を開設した。創業 150 年時に改めて「デザインの松屋」を標榜し「デザインによる、豊かな生活」に取り組む。

吹き抜けスペースでは、季節ごとにダイナミックな装飾を目にすることができる

約 120m に及ぶガラス面の外壁は日没前から 22:00 までライトアップされる

「美登里ずし」は行列必至ですが外国人も多く、銀座で気軽に寿司体験ができますよ。
●梅丘 寿司の美登利 銀座店 住 中央区銀座 7-2 東京高速道路山下ビル 1 階

銀座6丁目に建つエリア最大の商業施設

ぎんざしっくす
GINZA SIX

「銀座の誇りと歴史性を引き継ぎ、6つ星級の価値をもった施設」を目指し開業。国際的観光拠点として、ツーリストサービスセンターや観光バス乗降所、観世能楽堂なども備える。

外観は日本の伝統的デザイン「ひさし」と「のれん」がイメージされている

MAP 別冊 P.25-B3

GINZA SIX
住 中央区銀座 6-10-1
TEL 03-6891-3390
営 ショップ 10:30 ～ 20:30、レストラン 11:00 ～ 23:00（営業時間が異なる店舗あり）
休 不定休
交 地下鉄銀座駅地下通路直結

銀座・昭和通り 唯一の近代建築ビルヂング

みゅぜぎんざ
MUSEE GINZA

昭和7年竣工、関東大震災の復興建築のひとつで、元は油商店の事務所だった。2013年解体予定を一転、ギャラリーとして保存された。昭和レトロ空間に対称的な現代アートが映える。

昭和初期に流行した和製スクラッチでも特に珍しい加飾タイルの外観が印象的

MAP 別冊 P.19-A3

MUSSE GINZA
住 中央区銀座 1-20-17 川崎ブランドデザインビルヂング
営 13:30 ～ 15:00（事前アポイント優先） 休 月～木 料 無料
交 地下鉄銀座一丁目駅 10 番出口から徒歩 3 分

現代美術作品やウィーン世紀末の工芸品を常設

「新しい美の発見と創造」に取り組む

しせいどうぎゃらりー
資生堂ギャラリー

大正8年にオープンした、現存する日本最古の画廊といわれる。第二次世界大戦で中断した活動を再開するにあたり誕生したグループ展「椿会」は参加作家を変え現在に続く。

「第八次椿会 ツバキカイ8 このあたらしい世界 2nd SEASON “QUEST”」会場風景

MAP 別冊 P.24-C2

資生堂ギャラリー
住 中央区銀座 8-8-3 東京銀座資生堂ビル地下1階
TEL 03-3572-3901
営 11:00 ～ 19:00、日・祝～ 18:00
休 月 料 無料 交 地下鉄銀座駅 A2 出口から徒歩 4 分

「資生堂パーラー」などが入る「東京銀座資生堂ビル」の地下にある

金魚×光・香・音が織りなす芸術

あーとあくありうむびじゅつかん ぎんざ
アートアクアリウム美術館 GINZA

江戸時代から続く金魚鑑賞という文化を、芸術作品として表現した美術館。伝統工芸を題材とした作品やアーティストとのコラボレーション作品も展示している。

金魚を上から鑑賞できる「新金魚品評」。一点一点異なる西陣織が台座を彩る

MAP 別冊 P.25-B3

アートアクアリウム美術館 GINZA
住 中央区銀座4-6-16 銀座三越 新館（入場受付：新館 9 階） TEL 03-3528-6721
営 10:00 ～ 19:00（最終入館 18:00）
休 不定休 料 当日券 2400 円、大人 1 名につき小学生以下の子供 2 名まで無料） 交 地下鉄銀座駅 A7 出口すぐ

1匹ごとに色や模様が異なる金魚。貴重な品種も多数展示されている

「アートアクアリウム美術館 GINZA」には、江戸時代後期から伝承される江戸切子の中を金魚が泳ぐスペースや、江戸時代の浮世絵師・歌川国芳の、金魚と鯉を描いた作品を展示するスペースなどもある。

MAP 別冊 P.24-B2

日動画廊本店
住 中央区銀座 5-3-16
TEL 03-3571-2553
営 10:30 ～ 18:30、 土 11:00 ～ 18:00
休 日・祝
交 地下鉄銀座駅 B7 出口すぐ

東京のほか、名古屋、福岡、軽井沢、パリ、台北にも画廊をもつ

公募展や鑑定会も行う歴史ある画廊

日動画廊本店（にちどうがろうほんてん）

洋画商として昭和3年に創業。豊富な資料の蓄積をもとに、熊谷守一、藤島武二、藤田嗣治などの画集出版も手がける。昭和41年より若手作家の育成のための「昭和会展」も主催。

油彩、彫刻、版画を主に、物故・現存合わせて数百名の作家を取り扱う

MAP 別冊 P.24-B2

ZUKAN MUSEUM GINZA powered by 小学館の図鑑 NEO
住 中央区銀座 5-2-1 TEL 03-6228-5611 営 11:00 ～ 17:00、金～ 20:00、土・日・祝 10:00 ～ 19:00 休 東急プラザ銀座の休館日に準ずる
交 地下鉄銀座駅 C2・C3 出口から徒歩 1 分

不思議な力を秘めた道具「記録の石」が冒険をナビゲート

図鑑の世界に入り込む。新感覚の体験施設

ZUKAN MUSEUM GINZA powered by 小学館の図鑑 NEO（ずかん みゅーじあむ ぎんざ ぱわーど ばい しょうがくかんのずかん ねお）

図鑑の中でしか見ることができなかった、さまざまな生息地の生き物たちに出合える体験型施設。デジタルとリアルが融合した空間で、時間の経過や天候の変動なども体験できる。

出合った生き物の記録を確認できるゴールゾーン。フォトスポットとしても人気

MAP 別冊 P.20-C1

出光美術館
住 千代田区丸の内 3-1-1 帝劇ビル 9 階
TEL 050-5541-8600（ハローダイヤル） 営 10:00 ～ 17:00（最終入館 16:30） 休 月（祝日の場合は開館、翌日休館） 料 1200 円、高校・大学生 800 円、中学生以下無料（保護者の同伴が必要） 交 JR 有楽町駅国際フォーラム口から徒歩 5 分

併設の茶室「朝夕菴」と皇居周辺を一望できるロビーも人気の空間

国宝 2 件、重要文化財 57 件を有する

出光美術館（いでみつびじゅつかん）

出光興産の創業者・出光佐三が蒐集した美術品を展示・公開するため、昭和41年に開館した美術館。日本の書画、中国・日本の陶磁器などを中心に年6回の展覧会を開催している。

常設展示はなく、約1万件のコレクションの中からテーマを設け展示を行う

MAP 別冊 P.20-C1

相田みつを美術館
住 千代田区丸の内 3-5-1 東京国際フォーラム地下 1 階 TEL 03-6212-3200 営 10:00 ～ 17:00（最終入館 16:30） 休 月、展示替期間 料 1000 円、中・高校生・70 歳以上 800 円、小学生 300 円、未就学児無料 交 JR 有楽町駅国際フォーラム口から徒歩 3 分

余韻に浸れるカフェが併設。ショップにはオリジナルグッズも揃う

じっくり心で味わう美術館

相田みつを美術館（あいだみつをびじゅつかん）

書家・詩人として、自分の書、自分の言葉を探求し続けた相田みつをの美術館。「人生の2時間を過ごす場所」をコンセプトに、約700坪の館内に約100点の作品が展示されている。

展示室は都会の喧騒を忘れられるような静かな空間

「レストランあづま」は昔ながらの洋食をリーズナブルで楽しめます。夜は名物のジュージュー焼をおつまみにお酒も飲めますよ。（PN：ゴリポン） 住 中央区銀座 6-7-6

国際会議からコンサートまでさまざまなイベントが開催される

東京国際フォーラム（とうきょうこくさいふぉーらむ）

東京都庁舎があった場所に1997年にオープンしたコンベンション&アートセンター。大小8つのホールや31の会議室を有し、ガラス棟、ホール棟、地上広場の3空間で構成される。「多様性の舟」をテーマに、国内外の作家50名の作品134点を館内に設置している。

船を思わせる建築が印象的なガラス棟。設計はラファエル・ヴィニオリ

MAP 別冊 P.20-C1

東京国際フォーラム
住 千代田区丸の内3-5-1
TEL 03-5221-9000
営 7:00～23:30
休 無休
交 JR有楽町駅国際フォーラム口すぐ

ガラス棟とホール棟の間の地上広場にはショップや木々があり人が行き交う

モットーは大衆性と芸術性の融合

帝国劇場（ていこくげきじょう）

明治44年、近代国家と肩を並べようと渋沢栄一ら財界人により日本初の西洋式劇場として開場。現在の建物は昭和41年に東宝が新装改築し、1990年代以降はミュージカルがおもに上演されている。館内には多数のアート作品があり、画家・猪熊弦一郎によるステンドグラスは必見。

舞台を間近に感じさせる約1800の客席。オーケストラピットも有している

MAP 別冊 P.20-C1

帝国劇場
住 千代田区丸の内3-1-1
TEL 03-3213-7221
営 公演により異なる（2025年より建替につき一時休館予定）
休 公演により異なる
料 公演により異なる
交 地下鉄有楽町駅B3出口直結

日比谷通りに面し、2階の「Café IMPERIAL」からは皇居のお濠を望める

生演奏も魅力。宝塚歌劇団の専用劇場

東京宝塚劇場（とうきょうたからづかげきじょう）

小林一三が大正3年に兵庫県で設立した宝塚歌劇団。昭和9年に東京での拠点となる劇場として開場。現在の建物は2001年にリニューアルオープンした。専用劇場ならではのオーケストラの生演奏と最新の舞台機構で、さまざまなジャンルの作品を上演する。

エントランスの赤い絨毯とシャンデリアがエレガントな空間を演出している

MAP 別冊 P.24-A1

東京宝塚劇場
住 千代田区有楽町1-1-3 東京宝塚ビル内
TEL 0570-00-5100（宝塚歌劇インフォメーションセンター）
営 10:00～18:00
休 月　料 SS席1万2500円、S席9500円、A席5500円、B席3500円　交 JR有楽町駅日比谷口、地下鉄日比谷駅A13出口から徒歩5分

劇場は映画館やオフィスも入る「東京宝塚ビル」内にある

阪急電鉄や東宝など多彩なビジネスを展開した小林一三。「東京宝塚劇場」を開場後「日比谷映画劇場」、「有楽座」を開場。「日本劇場」や「帝国劇場」を傘下に加え、有楽町・日比谷をエンターテインメントの街へ発展させた。

2023年に開場60周年を迎えた劇場

日生劇場（にっせいげきじょう）

日本生命保険相互会社創業70周年記念に建設。昭和38年の柿落とし公演以来さまざまな公演を上演。また、オペラやファミリー向け公演、学校向け鑑賞教室などの主催事業を行う。設計は村野藤吾。壁も天井もすべて曲線で構成された幻想的な空間が広がる。

壁面にガラスタイルのモザイク、天井には硬質石膏とアコヤ貝が使用されている

MAP 別冊 P.24-A1

日生劇場
住 千代田区有楽町1-1-1
TEL 03-3503-3111
営 公演により異なる
休 公演により異なる
料 公演により異なる
交 地下鉄日比谷駅A13出口から徒歩1分

ビジネス街の緑のオアシス

日比谷公園（ひびやこうえん）

明治36年、日本初の西洋風公園として本多静六博士により設計。第一花壇にはチューリップやパンジーなど日本人が初めて見る洋花が多く植えられ人気を博した。大噴水は公園のシンボルで、定期清掃日を除き、毎日8:00～21:00まで稼動。28分間周期で24景を楽しめる。

江戸期は大名屋敷、明治に入ってからは陸軍練兵場だった土地に造園された

MAP 別冊 P.29-B4

日比谷公園
住 千代田区日比谷公園
TEL 03-3501-6428（日比谷公園サービスセンター）
営 散策自由
休 無休
料 無料（一部有料施設あり）
交 地下鉄日比谷駅A10・A14出口、霞ケ関駅B2出口すぐ

本多博士が「私の首を賭けても」と守ったイチョウの推定樹齢は400～500年

ONとOFFが融合する街

東京ミッドタウン日比谷（とうきょうみっどたうんひびや）

三井不動産が開発した、地上35階、地下4階からなる、オフィスと商業テナントを有する複合エリア。オフィスフロアからは日比谷公園を望め、6階にはビジネス創造拠点「BASE Q」がある。商業フロアには「TOHOシネマズ日比谷」をはじめ、個性豊かな60店舗が出店する。

高層部は「鹿鳴館」に由来し、「ダンシングタワー」をコンセプトにデザインされた

MAP 別冊 P.24-A1

東京ミッドタウン日比谷
住 千代田区有楽町1-1-2
TEL 03-5157-1251（11:00～20:00）
営 ショップ11:00～20:00、レストラン～23:00（営業時間が異なる店舗あり）
休 1月1日
交 地下鉄日比谷駅A11出口直結

1階のメインエントランスを入ると、3層吹き抜けのアトリウムがある

読者だより
和菓子の老舗「空也」の最中は絶品です！
住 中央区銀座6-7-19 交 地下鉄銀座駅B3出口から徒歩2分

昭和レトロな面影を残す

銀座奥野ビルに潜入

昭和の時代に「銀座アパートメント」と呼ばれ、築90年以上が経った今もアートな空間が広がる奥野ビルを取材した。

昭和の高級アパート

奥野ビル（おくのびる）

「同潤会アパート」を手掛けた建築家の川元良一氏が設計を担当した銀座の高級アパート「奥野ビル」は、昭和7年に本館、昭和9年に新館とふたつの建物が連結して建てられた。現在はショップやギャラリーが営業中だ。

❶❷ビルは地上7階建てで階段とエレベーターがある。震災にも耐えられる鉄筋のビルは当時まだ珍しかったそう　❸1階のエントランスで店舗をチェック

MAP 別冊 P.25-A4 銀座
住 中央区銀座1-9-8　営 店舗により異なる　休 店舗により異なる　交 地下鉄銀座一丁目駅10番出口から徒歩1分

民間の建物初とされるエレベーター

手動開閉式のエレベーターは現在も現役で利用可能。外扉と中扉、両方を閉めて乗り、降りる際もしっかり閉め忘れないようにすること。

訪れたいショップ＆スペース

当時の面影を保存する

銀座奥野ビル306号室プロジェクト（ぎんざおくのびるさんまるろくごうしつぷろじぇくと）

ビルで「スダ美容室」を営業し、廃業後も改装して居住していたという最後の住人・須田さんの部屋を保存する取り組み。306号室が修繕される前に借り受けて以来、プロジェクトの会員たちで部屋を守り続けている。不定期で一般公開を行っており、案内してもらえる。

美容室の名残で壁には3枚の丸鏡がかかり、電話台の小窓なども見受けられる

住 奥野ビル3階　営 公式HPより開室カレンダーを確認
休 不定休　料 無料

円窓が特徴的なお店

Y's ARTS（わいずあーつ）

アーティストのつつみよしひこ氏がオーナーを務め、ヨーロッパのアンティークを中心に、陶磁器、シルバー、ガラス、ブロンズ、そしてアートまで圧巻の品揃えが魅力のショップ。ガラスケースにはところ狭しとビンテージアイテムも眠っており、お気に入りを見つけたい。

入口すぐという立地で、壁や天井までアンティークの品々がぎっしりとディスプレイ

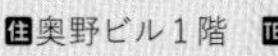

住 奥野ビル1階　TEL 03-3564-5123　営 12:00～19:00
休 水、日曜不定休　CC ADJMV

バリエ豊富な骨董品

anti-Q（あんてぃきゅー）

2004年、表参道にオープン。2010年より奥野ビルで営業を開始し、陶磁器や金銀細工品、彫刻作品、絵画、皮革製品、玩具にいたるまでさまざまな骨董品を取り扱っている。なかでもマネキン類は国内では珍しいという品揃えだという。

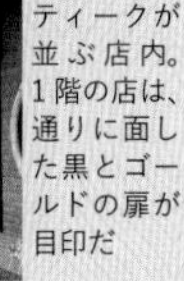

貴重なアンティークが並ぶ店内。1階の店は、通りに面した黒とゴールドの扉が目印だ

住 奥野ビル1階　TEL 03-3563-2500
営 12:00～19:00　休 水　CC ADJMV

かわいいアイテムずらり

sputnikplus（すぷーとにくぷらす）

ウィーンやベルリンをはじめ、ヨーロッパ各国で買い付けてきたアンティークやビンテージペア、人形などをメインで扱う。東欧のテキスタイルや細かい刺繍が施された民族衣装なども揃い、一つひとつ絵柄を見ながら選ぶのも醍醐味。

定期的にオーナーが買い付けに行くため、何度訪れても新しいものが手に入るはずだ

住 奥野ビル5階　TEL 03-6228-7948　営 14:00～19:00
休 不定休　CC ADJMV

東京見聞録　銀座の昭和レトロなビルといえば「交詢ビルディング」。福澤諭吉の主唱により明治13年に創られた日本最古の社交倶楽部で、現在はショップやレストランが入る商業施設になっている。

百貨店今昔物語

日本を代表する老舗百貨店。成り立ちから現在まで、当時の写真とともにその変遷を掘り下げた。

百貨店の始まりを宣言 三越

2023年に創業350周年を迎え、日本初の百貨店として知られる三越。現在に通じるさまざまな百貨店の基礎を築いていった。

百貨店の誕生と三越

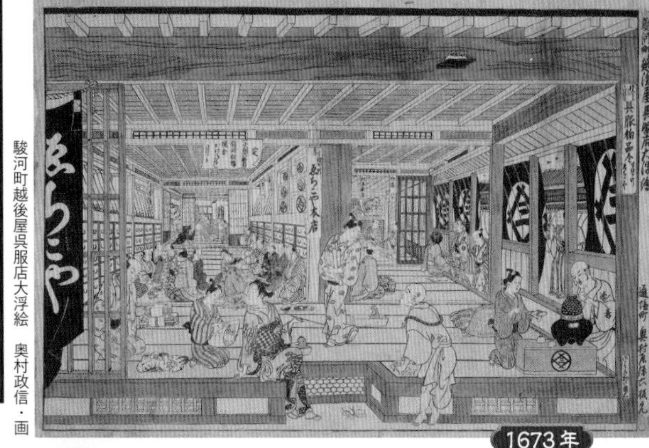

駿河町越後屋呉服店大浮絵　奥村政信・画

1673年 にぎわいをみせる江戸時代の越後屋呉服店

① 老舗百貨店のルーツ、呉服店

「三越呉服店」へ改称した後の明治37年の店舗外観

日本の老舗百貨店は江戸時代の呉服商から転じて誕生したものが多い。三越も呉服店から始まり、延宝元（1673）年に「越後屋」として創業。「小裂いかほどにても売ります」と掲げ反物の切り売りを開始したり、店前で現金取引を行う「店前現銀掛け値なし」の正札販売を世界で初めて行ったりなど、今では当たり前となった独自の商法で町民の心をつかんだ。

② ショーケースの導入

1895年 一部ガラス張りのショーケースが並ぶ店内

呉服店が近代的な百貨店へと変化していく過程で登場したのがショーケース。明治28年に一部導入され、5年後には座売りを廃し全館ショーケースが並ぶ陳列場となった。自由に品物を見て選べる画期的なスタイルは好評を博し、店は大盛況だったという。

③ デパートメントストア宣言

1904年 新店名「株式会社三越呉服店」を発表

全国の主要新聞の一面にて新店名の披露とともに「デパートメントストア宣言」を掲載。従来の呉服商から一新した日本初の百貨店として、その始まりを宣言した。

④ 最新設備が備わる新館

1914年 正面玄関にはライオン像が設置された

白レンガに装いをこらした地上5階地下1階建ての新館が完成。欧米の百貨店を手本として、日本初のエスカレーターなど最新の設備や豊富な品揃えを誇った新館は「スエズ運河以東最大の建築」と称賛を受けた。

現在 増改築を経て2016年に本館が国の重要文化財に指定された

三越ミニ年表

延宝元（1673）年	創業者の三井高利が「越後屋」を開店
天和3（1683）年	移転後、両替商（現・三井住友銀行）を併置
明治26（1893）年	店名を「三井呉服店」に改組する
明治33（1900）年	座売りを全廃し全館ショーケースの陳列場に
明治37（1904）年	現在の店章に改め「株式会社三越呉服店」を設立。「デパートメントストア宣言」を発表する
大正3（1914）年	日本橋にルネッサンス様式の新館が完成する
昭和5（1930）年	銀座店が開店。以降全国に店を拡大していく
平成28（2016）年	本店本館が国の重要文化財に指定される

古着木綿商として創業

髙島屋

京都で創業した髙島屋は、呉服店初のショーウィンドーの設置や野外大型広告の展開など新しい試みを行っていった。

髙島屋のあゆみ

1831年

マネキンが置かれたショーウィンドー

天保2（1831）年、京都で古着木綿商として「髙島屋」を創業。輸入や欧米視察などを行い西洋の文化を積極的に取り入れ、明治29年には呉服店としては初のショーウィンドーを設置した。

1933年

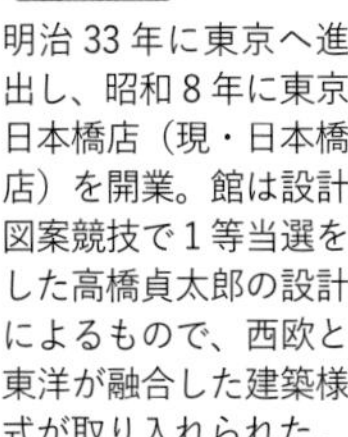
昭和8年に竣工し、細部まで装飾が施された日本橋店

明治33年に東京へ進出し、昭和8年に東京日本橋店（現・日本橋店）を開業。館は設計図案競技で1等当選をした高橋貞太郎の設計によるもので、西欧と東洋が融合した建築様式が取り入れられた。

本館と新館、東館は相互に行き来ができる

現在

村野藤吾による増築を経て、2009年に日本橋店本館が百貨店建築として初めて国の重要文化財に指定。2018年には百貨店と専門店が融合し「日本橋髙島屋S.C.」が開業した。

東洋一の大食堂

74年間愛された食堂は2004年に幕を下ろした

ほかに先がけて食堂経営にも取り組んだ髙島屋は、昭和13年に大阪南海店（現・大阪店）へ大食堂を設置。一時は客席が1000席になるほどの盛況ぶりだった。

髙島屋ミニ年表

天保2（1831）年	初代飯田新七が「髙島屋」を創業
明治29（1896）年	呉服店初ショーウィンドーを設置
昭和8（1933）年	全館冷暖房装備の日本橋店が開店
昭和44（1969）年	本格的郊外型として玉川店が開店
平成21（2009）年	本館が国の重要文化財に指定

銀座の百貨店

松屋

創業150年を超え、銀座に唯一本店を構える百貨店として日々進化、発信を続ける。

松屋のあゆみ

1869年

明治2年に創業し、明治22年には神田今川橋の「松屋呉服店」を買収し翌年東京へ進出した。

横浜で「鶴屋呉服店」を立ち上げる

1925年

大正14年、中央ホールの印象的な吹き抜け空間や百貨店初のカフェテリア式大食堂を備えた銀座店が開店。

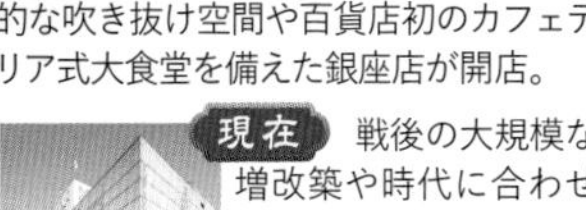

現在

戦後の大規模な増改築や時代に合わせたリニューアルを経て、最先端であり続ける。

左／銀座店の中央ホール　右／モダンな印象の現在の松屋銀座

屋上遊園地を常設

東京初のターミナルビルである浅草店は初めて屋上スポーツランドを常設したデパートだった。

松屋ミニ年表

明治2（1869）年	横浜で「鶴屋呉服店」が創業
大正14（1925）年	8階建てを誇る銀座店が開店
昭和6（1931）年	駅と直結した浅草店が開店
令和元（2019）年	創業から150周年の節目を迎える

銀座のランドマーク

SEIKO HOUSE GINZA／和光

和光のあゆみ

1894年

明治27年に初代時計塔竣工、翌年に「服部時計店」の新店舗として営業を開始した。

初代時計塔の外観

1932年

ネオ・ルネッサンス様式の二代目時計塔竣工。昭和27年から和光の店舗として営業を開始。

右／外装材には天然石が使用された
下／正時を知らせる鐘が奏でられる

現在

昭和22年、服部時計店の小売部門を継承し設立。昭和29年からウエストミンスター式チャイムが響く。

和光ミニ年表

明治14（1881）年	「服部時計店」が創業
明治27（1894）年	銀座4丁目に初代時計塔が完成
昭和7（1932）年	震災を経て二代目時計塔が完成
昭和22（1947）年	「株式会社 和光」が創業

場外市場&もんじゃ、二大グルメを楽しむ

築地（つきじ）・月島（つきしま）・佃島（つくだしま）

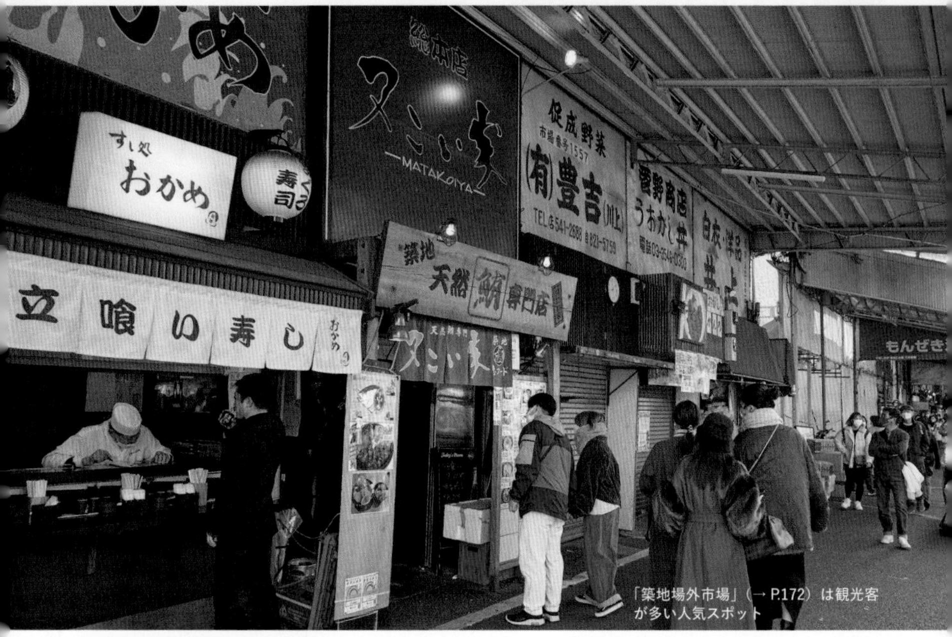

「築地場外市場」（→ P.172）は観光客が多い人気スポット

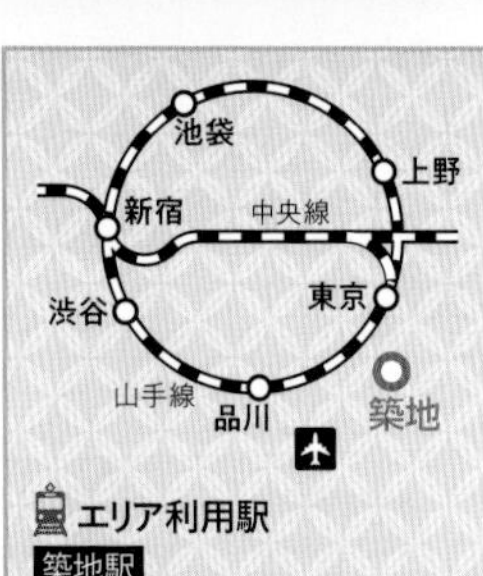

エリア利用駅

築地駅
東京メトロ日比谷線

築地市場駅
都営大江戸線

月島駅
東京メトロ有楽町線、都営大江戸線

コインロッカー情報
築地市場駅は改札を出て左方向に歩くとロッカーがある。築地場外市場内「ぷらっと築地」にもロッカーがある。月島駅は東京メトロ有楽町線なら3番出口付近、都営大江戸線なら改札を出て左手にある。

築地・月島駅への行き方

東京駅 → 東京メトロ丸ノ内線 所要約 2 分 178 円 → 銀座駅 → 東京メトロ日比谷線 所要約 3 分 178 円 → 築地駅 → 徒歩 所要約 15 分 → 月島駅

羽田空港駅 → 京急線（泉岳寺駅経由）都営浅草線 所要約 27 分 503 円 → 東銀座駅 → 東京メトロ日比谷線 所要約 1 分 178 円 → 築地駅

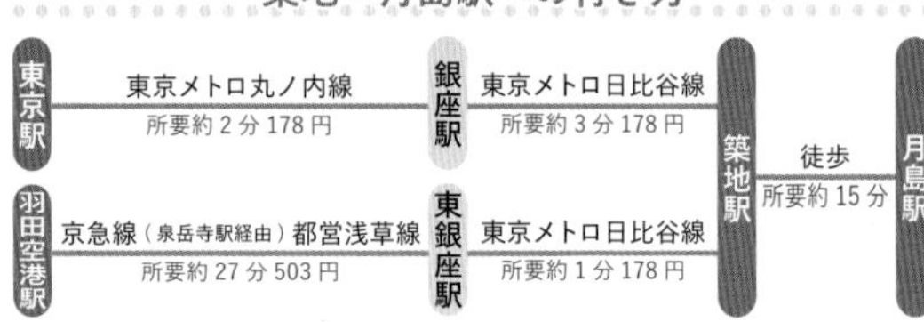

築地、月島、佃島はいずれも江戸・明治期に埋め立てられてできた地。まず隅田川河口の干潟を埋め立ててできた佃島と、三角州が発達してできた石川島があり、のちに佃島の住人が対岸に造ったのが「埋立地」という意味をもつ築地だ。築地が埋め立てられたのは、明暦の大火（1657 年）で焼失した浅草の西本願寺（現在の築地本願寺）を再建するため。明治時代になると外国人居留地や海軍の施設が置かれたが、大正 12 年に日本橋から魚河岸が移転してきて以来、長らく東京の魚市場として機能した。2018 年に市場は豊洲に移ったものの、場外市場は現在でも営業を続けている。一方、月島は明治 25 年、東京湾航路の底面の土砂を掘削するための工事をする際、その土砂で佃島の南西を埋め立てて造られた。

読者だより　「波除神社」（→ P.169）は築地のパワースポットだと思います。「築地本願寺」の方が有名ですが、こちらも訪れてみてください。（PN：桜）

歩き方

お参りをして築地場外市場でおいしいもの探し

築地駅から地上に出ると不思議なデザインの建物が目に入る。古代インド仏教様式で建てられた築地本願寺だ。築地はこの寺院を建てるために埋め立てられたので、築地発祥の地ともいえるだろう。そのすぐ南西に広がるのが築地場外市場。飲食店や食品店を中心に400以上の店が集まる。新鮮な魚介類を食べたり、乾物や水産加工品を購入したりと、市場が豊洲に移転したあとも変わらぬにぎわいの市場を存分に堪能したい。南西にある東京中央卸売市場跡地を横目に新大橋通りを進むと、特別史跡・特別名勝に指定されている浜離宮恩賜庭園にたどり着く。江戸時代初期、このあたりは葦が茂る湿原で、鷹狩りを行う地として使われていたが、のちに将軍家の別邸となった。

全国の水産物業者が出店する築地にっぽん漁港市場

勝鬨橋を渡って月島、佃島へ

築地から月島へは、国指定重要文化財の勝鬨橋を渡ろう。さらに西仲橋を渡れば「月島もんじゃストリート」とも呼ばれる月島西仲通りだ。午前中ににぎわいを見せる築地に対して、月島がにぎわうのは夕方頃から。ここで夕食にして月島駅から帰ると便利だ。周辺は高層マンションが次々に建設されているが、大通りから1本路地に入れば、昭和の雰囲気漂う木造の建物が残っていたりする。通りをそのまままっすぐ進めば佃島だ。

橋について学べる施設もある

おさんぽプラン

1. 築地本願寺（→P.168） 徒歩5分
2. 築地場外市場（→P.172） 徒歩7分
3. 勝鬨橋（→P.169） 徒歩6分
4. 月島もんじゃストリート（→P.171） 徒歩10分
5. 住吉神社（→P.170）

TOKYO小噺 佃煮発祥の地

佃島といえばやはり佃煮発祥の地としてよく知られている。江戸時代、佃島には摂津国の佃村（現在の大阪市西淀川区佃）から下ってきた漁民が定住し、湾でとれた小魚や貝を醤油で煮つめた保存食を作っていた。これが評判となり、江戸で「佃煮」として普及し、参勤交代で武士が各地に持ち帰って全国に広まった。

天保8（1837）年創業の「元祖佃煮天安」（→P.385）の佃煮が元祖といわれる

このエリアでできること

●築地場外市場食べ歩き→P.172
●もんじゃ発祥の店へ行こう→P.350

かわら版 再開発の進む竹芝エリア

2020年、浜離宮恩賜庭園の対岸に複合施設「ウォーターズ竹芝」（MAP P.26-B1）が開業した。タワー棟とシアター棟に分かれ、タワー棟にはラグジュアリーホテルの「メズム東京、オートグラフ コレクション」、シアター棟には劇団四季の劇場が入り、両棟の低層階には商業施設のアトレ竹芝が入居。建物の間には汐留川に面したプラザ（芝生広場）があるほか、浅草やお台場、葛西などをつなぐ水上バス乗り場があり、観光地へ楽にアクセス。食事はテイクアウトメニューから和・洋・エスニックなど気分に合わせて選べる。

真ん中手前が水上バス乗り場

東京見聞録　江戸時代、石川島には無宿（難民）に仕事を提供する福祉施設である人足寄場（にんそくよせば）があった。これを設立したのは、『鬼平犯科帳』でおなじみの長谷川平蔵だ。「石川島公園」内に人足寄場跡の案内板が立つ。

MAP 別冊 P.26-A2

築地本願寺
住 中央区築地 3-15-1
TEL 0120-792-048
営 6:00 ～ 16:00（夕方のお勤め終了後）
休 無休
料 無料
交 地下鉄築地駅 1 番出口直結

「築地本願寺カフェ Tsumugi」では、人気メニュー「18 品目の朝ご飯」などがいただける

オリエンタルな雰囲気を醸す大寺院

築地本願寺（つきじほんがんじ）

京都の西本願寺を本山とする浄土真宗本願寺派の寺院。元和 3（1617）年に創建後、幾度も火災に見舞われ、現在の本堂は昭和 9 年に再建されたもの。現本堂は建築史家の伊東忠太による設計で、インドなどアジアの古代仏教建築を模した外観や、オリエンタルな雰囲気の内装がユニーク。敷地内には日本料理店やカフェ、オフィシャルショップもあるので訪れてみたい。

上／動物の像やステンドグラスなどが装飾された本堂。本堂の参拝スペースでは本尊・阿弥陀如来の立ち姿を見られる
下／独特なデザインに目を奪われる外観

MAP 別冊 P.26-B1

浜離宮恩賜庭園
住 中央区浜離宮庭園 1-1
TEL 03-3541-0200（浜離宮恩賜庭園サービスセンター、9:00 ～ 17:00）
営 9:00 ～ 17:00（最終入園 16:30）
休 12 月 29 日～ 1 月 1 日
料 300 円（小学生以下および都内在住・在学の中学生無料）
交 地下鉄築地市場駅 A1 出口から徒歩 7 分

中島の御茶屋でいただける月替わりの季節限定上生菓子お抹茶セット 850 円

国の特別名勝と特別史跡に指定

浜離宮恩賜庭園（はまりきゅうおんしていえん）

海水を導いた潮入の池を中心とした江戸時代の代表的な回遊式庭園。四季折々の花々を愛でながら優雅に過ごすことができる。かつては徳川将軍家の別邸として「浜御殿」と呼ばれていたことも。約 7 万 5000 坪の敷地には、潮入の池にかかるお伝い橋や、史資料に基づき忠実に復元された御茶屋、今も堂々たる姿を見せる三百年の松など、見どころが多い。

上／春はナノハナ、夏から秋になるとキバナコスモスやコスモスが美しく咲き誇るお花畑
下／お伝い橋を渡って行く中島の御茶屋では、散策途中にひと息。東京湾から海水を引く潮入池には、海水魚がすむ

読者だより
月島のもんじゃ焼き屋「つきしま小町」はとてもおいしいですよ！
住 中央区月島 3-18-4 交 地下鉄月島駅 10 番出口から徒歩 4 分

災難を除き、波を乗り切った逸話に由来

波除神社（なみよけじんじゃ）

災難除け・厄除けの神様として信仰を集める神社。江戸時代初期に行われた築地の埋め立て工事が荒波で難航した際、海上で見つかった御神体を祀ったところ工事が順調に進んだことに由来する。

現在の社殿は伊勢神宮の外宮と同様の唯一神明造

MAP 別冊 P.26-A2

波除神社
住 中央区築地 6-20-37
TEL 03-3541-8451
営 9:00 ～ 17:00
休 無休　料 無料
交 地下鉄築地市場駅 A1 出口から徒歩 6 分

厄除け・災難除けの象徴として信仰を集めた厄除天井大獅子

浮世絵にも描かれた富士塚が有名

鐵砲州稲荷神社（てっぽうずいなりじんじゃ）

平安時代初期の承和 8 (841) 年に創建されたと伝わる神社。境内に富士山の溶岩を用いて築かれた「鉄砲洲富士」と呼ばれる富士塚があることで知られ、江戸時代には浮世絵にもたびたび描かれている。

鐵砲洲とは旧地名で、江戸時代に鉄砲試射場があったことに由来

MAP 別冊 P.19-A3

鐵砲州稲荷神社
住 中央区湊 1-6-7
TEL 03-3551-2647
営 9:00 ～ 17:00
休 無休
料 無料
交 地下鉄八丁堀駅 B3 出口から徒歩 5 分

隅田川に架かる橋について学べる

かちどき　橋の資料館（かちどき　はしのしりょうかん）

跳開橋の勝鬨橋を開くために使われていた変電所を改修した資料館。勝鬨橋や隅田川に架かる橋に関する資料、関東大震災の復興橋梁の設計図面なども閲覧可能。橋脚内見学ツアー（予約制）も実施。

建設当時の部品や発電設備の展示が興味深い

MAP 別冊 P.27-A3

かちどき　橋の資料館
住 中央区築地 6 地先 築地市場勝どき門横
TEL 03-3543-5672
営 9:30 ～ 16:30(12 ～ 2 月は 9:00 ～ 16:00)
休 日・月・水
料 無料
交 地下鉄勝どき駅 A4b 出口から徒歩 8 分

隅田川を代表する国内最大級の跳開橋

勝鬨橋（かちどきばし）

昭和 15 年に中央が開閉する跳開橋として完成。交通量の増加や船の減少にともない昭和 45 年を最後に橋は開いていないが、当時の最先端技術が結集されており、国の重要文化財に指定されている。

全長 246m と国内では最大規模を誇る跳開橋

MAP 別冊 P.27-B3

勝鬨橋
住 中央区築地 6 地先 築地市場勝どき門横
営 散策自由
休 無休
料 無料
交 地下鉄勝どき駅 A4b 出口から徒歩 4 分

「メズム東京、オートグラフコレクション」（→ P.428）からは、浜離宮恩賜庭園や豊洲方面越しに東京スカイツリー® がきれいに見える部屋がある。

MAP 別冊 P.19-A4

東京海洋大学明治丸海事ミュージアム
住江東区越中島 2-1-6
TEL 03-5245-7360
営10:00 ～ 16:00（10 ～ 3 月は～ 15:00）
休月・水・金・土（第 1・3 土は開館）日・祝、その他休館日あり
料無料
交JR 越中島駅 2 番出口から徒歩 2 分

明治天皇がご乗船された際にお使いになった御座所

大迫力の補助帆付汽船を間近で鑑賞

東京海洋大学明治丸海事ミュージアム（とうきょうかいようだいがくめいじまるかいじみゅーじあむ）

東京海洋大学の越中島キャンパス内にあるミュージアム。日本最古の天文台や資料館、記念館などが点在する。屋外に展示されている全長 75m、重さ 1010 トンの「明治丸」は、国内に唯一現存する鉄船。百周年記念資料館では、船の模型や航海計器類、エンジン等の機関類を見られる。

明治丸は国の重要文化財に指定。修復によって美しい姿を見せる

MAP 別冊 P.27-A4

石川島資料館
住中央区佃 1-11-8 ピアウエストスクエア 1 階
TEL 03-5548-2571
営10:00 ～ 12:00、13:00 ～ 17:00（最終入館 16:30）
休月・火・木・金・日
料無料
交地下鉄月島駅 6 番出口から徒歩 8 分

日本の重工業の変遷を紐解く展示が目を引く

造船所と石川島・佃島の軌跡を展示

石川島資料館（いしかわじましりょうかん）

現在の佃に位置した石川島は、日本における近代的造船業発祥の地。この地に創設された石川島造船所は、現在の IHI（旧石川島播磨重工業）の母体となった。同資料館では、IHI の造船所の創業から現在までと、石川島・佃島の歴史や文化を資料やジオラマ模型で紹介している。

当時の造船所の様子を再現したジオラマも展示

MAP 別冊 P.27-A4

住吉神社
住中央区佃 1-1-14
TEL 03-3531-3500
営8:00 ～ 16:30
休無休
料無料
交地下鉄月島駅 6 番出口から徒歩 5 分

鰹の大漁祈願と慰霊のために建てられた鰹塚

徳川家康ゆかりの海運の守護神

住吉神社（すみよしじんじゃ）

徳川家康が関東へ国替えしたことを機に、大阪から移住した漁夫たちが佃島を築き、正保 3（1646）年に故郷の住吉神社の分霊を社殿に祀ったのが始まり。佃島は江戸湊の入口に位置し、海運業をはじめ多くの人々の信仰を集めた。現在は地域の産土神（氏神）として親しまれている。

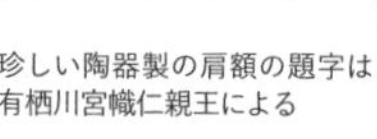
珍しい陶器製の扁額の題字は有栖川宮幟仁親王による

読者だより　「三井ガーデンホテル豊洲プレミア」は、展望もよくホテル内のレストラン「THE PENTHOUSE」もおいしいです。近くに歴史遺構や公園が多く、豊洲市場もあり、街歩きが楽しいと思います。住江東区豊洲 2-2-1

東京を代表する下町の味といえばここ

月島もんじゃストリート

つきしまもんじゃすとりーと

月島駅からすぐの西仲通商店街には多くのもんじゃ焼き店が並び、「月島もんじゃストリート」と呼ばれる。昭和初期から営む老舗店からモダンな人気店まで、さまざまな店が味を競い合っている。

夜になると雰囲気が出る通り。路地裏を散策するのも楽しみ

MAP 別冊 P.27-A4

月島もんじゃストリート
住 中央区月島 1・3
営 店舗により異なる
休 店舗により異なる
交 地下鉄月島駅 7 番出口から徒歩 1 分

マップもチェック。総合案内所ではグッズを販売している

ウオーターフロントの爽快な風景を一望

佃公園

つくだこうえん

隅田川スーパー堤防の上部にある清々しい公園。園内には、幕末に築かれた石川島灯台のレプリカや、ハゼ釣りを楽しめる佃堀などがある。隣接する石川島公園とは隅田川テラスでつながっている。

川沿いのテラスは映画やドラマにもたびたび登場する

MAP 別冊 P.27-A4

佃公園
住 中央区佃 1-11-4
TEL 03-3546-5435（中央区水とみどりの課公園河川係）
営 散策自由　休 無休　料 無料
交 地下鉄月島駅 6 番出口から徒歩 8 分

ウオーターフロントの高層ビル群を一望できる

島崎藤村らが執筆に励んだ旅館跡

海水館跡の碑

かいすいかんあとのひ

明治 38 年に開業した割烹旅館の跡。東京湾を望む閑静な景勝地という環境に惹かれ、詩人・小説家の島崎藤村や劇作家・小山内薫ら、明治末期からの多くの文筆家が滞在し、執筆活動に励んだ。

惜しくも大正 12 年の関東大震災で全焼した

MAP 別冊 P.27-A4

海水館跡の碑
住 中央区佃 3-11-19
営 見学自由　休 無休　料 無料
交 地下鉄月島駅 2 番出口から徒歩 4 分

歴史が記された看板も立っている

工業地帯を約 50 年間支えた渡し船跡

月島の渡し跡

つきしまのわたしあと

明治から昭和にかけて、月島と南飯田町をつないだ手漕ぎの渡し船の跡地。明治 25 年から月島工業地帯の発展に貢献し、約 50 年間運航したが、昭和 15 年に勝鬨橋が完成したことで廃止になった。

現在は築地側に碑文がある

MAP 別冊 P.27-A3

月島の渡し跡
住 中央区月島 7-18
営 見学自由　休 無休　料 無料
交 地下鉄築地駅 3b 出口から徒歩 6 分

東京見聞録　2020 年の東京オリンピックの選手村エリアになっていた「晴海ふ頭公園」には四季折々の景色や噴水、カフェ、子供向けの「遊びの広場」などがありレインボーブリッジや臨海エリア・都心エリアを一望できる。

老舗＆名物グルメがいっぱい！ 築地場外市場を歩く

活気あふれる市場を歩くと老舗の味や行列店に出合える築地には、ここでしか食べられない名物グルメが目白押し！

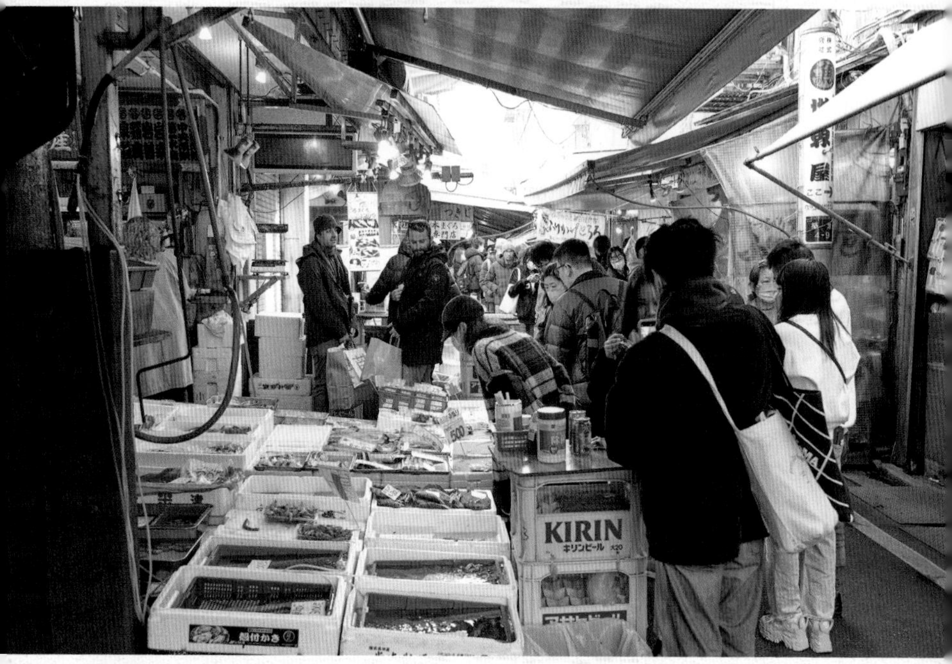

老舗の味と商品が手に入る

築地場外市場（つきじじょうがいしじょう）

都内で最も古い総合市場として昭和 10 年に開場した築地市場。2018 年に場内の中央卸売市場が豊洲へ移転したが、現在でも場外市場には 400 店以上の個性豊かな店が軒を連ねる。

MAP 別冊 P.26-A2 築地

住中央区築地 4-16-2　TEL 03-3541-9444　営 5:00 ～ 14:00（一般は 9:00 以降）　休水、日・祝（公式サイト内カレンダーの休業日を参照）　CC 店舗により異なる　交地下鉄築地市場駅 A1 出口から徒歩 1 分

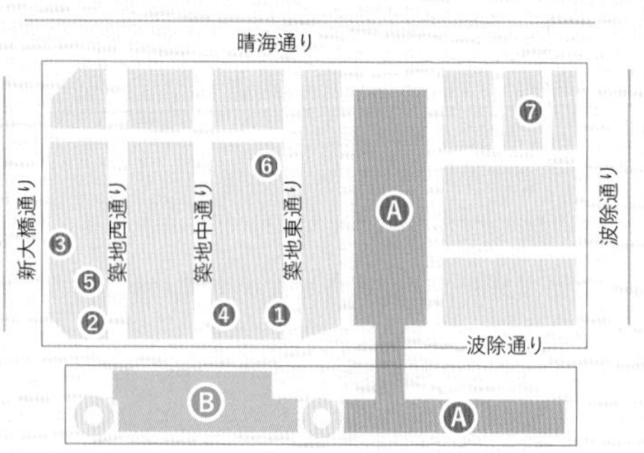

晴海通り
新大橋通り
築地西通り
築地中通り
築地東通り
波除通り
波除通り
① ② ③ ④ ⑤ ⑥ ⑦ Ⓐ Ⓑ Ⓐ

築地場外市場 Q ＆ A

Q 築地のルーツとは？

ルーツは江戸時代初期、幕府から漁業権を与えられた漁師らが日本橋魚河岸で商いを始めたことまで遡る。その後市場は関東大震災で臨時的に築地へ移転し、昭和 10 年に京橋の青物市場と合体し築地市場が開場した。

Q 何時に訪問するのがベター？

早朝は配達やプロの買出人が多く店側も満足に接客することが難しいため、買い物を十分に楽しみたいならば 9:00 以降の訪問がおすすめ。お昼の混雑時間帯を避け、11:00 ごろ早めに食事を済ませるのもよいだろう。

Q 値段交渉はしていいの？

海外では一般的に行われる値切り交渉だが、築地場外市場では値段交渉を前提にした価格は付けられていないので要注意。それぞれ季節やランクに応じた適正価格で販売しているため交渉は控えよう。

年末は築地場外市場での買い物が恒例で、それぞれなじみの店で正月用品を購入しています。毎年この時期になると、買い物客が激増するので早朝に行くようにして少しでも混雑を避けてます。（PN：アザラシ）

築地の新たな食の拠点

Ⓐ築地魚河岸（つきじうおがし）

築地の食文化とにぎわいの継承を目的に 2018 年にオープンした生鮮市場。波除通りをまたぎ「小田原橋棟」「海幸橋棟」の 2 棟からなる市場には約 60 店舗が軒を連ねる。

5:00 ～ 9:00 は仕入れを行うプロの買い出し人が優先されるので、買い物や食事はそれ以降に訪れよう。

魚河岸食堂

「小田原橋棟」の 3 階にはフードコート形式の食堂が設置。

MAP 別冊 P.26-A2

住小田原橋棟：中央区築地 6-26-1 海幸橋棟：中央区築地 6-27-1 TEL 03-3541-9444 営5:00 ～ 14:00、魚河岸食堂～ 19:00(L.O.18:00) 休水・日・祝（公式サイト内カレンダーの休業日を参照） CC店舗により異なる

日本全国から魚を仕入れる

Ⓑにっぽん漁港市場（にっぽんぎょこうしじょう）

日本各地の事業者や漁協が手がける水産物の販売を行う産地直送の市場。2014 年に新たにオープンした施設で、日本各地から仕入れたプロから一般人まで楽しめる商品が並ぶ。

魚定食や海鮮丼など日本各地から仕入れた魚を活かしたメニューが豊富に揃う「にっぽん漁港食堂」も備える。

ぷらっと築地

ATM やコインロッカー、喫煙所などの設備のほか案内カウンターでは周辺の散策に役立つ MAP も配布。

MAP 別冊 P.26-A2

住中央区築地 4-16-2 TEL 03-6264-3744 営 10:00 ～ 15:00 休無休 CCADJMV

築地場外市場人気店

江戸前寿司をお手軽に堪能

❶築地寿司清（つきじすしせい）

上／素材を活かした 11 貫が並ぶ「おまかせ」3850 円は夜も提供
下／店内の短冊は仕入れによって毎日変わる

明治 22 年に日本橋魚河岸で創業した老舗寿司店。季節にこだわって仕入れる新鮮なネタが人気で、板前の手で一つひとつていねいに握られた江戸前の味を気軽に堪能できる。

住中央区築地 4-13-9 TEL 03-3541-7720 営 10:00 ～ 14:30（L.O.14:00）、17:00 ～ 20:30（L.O.19:30）、土・日・祝 10:00 ～ 20:30（L.O.19:30） 休水 CCADJMV

選ぶのも食べるのも楽しい

❷おにぎり屋 丸豊（おにぎりや まるとよ）

上／「いくら醤油」390 円、味付け半熟卵がまるごと入った「ばくだん」279 円
下／行列時には商品が次々と入れ替わる

定番の具材をはじめ、築地らしい海鮮系や変わり種まで種類豊富なおにぎりが並び、大きめに握られた見た目はインパクトも抜群。お昼前には売り切れてしまう場合もあるため、早めの訪問がおすすめだ。

住中央区築地 4-9-9 TEL 03-3541-6010 営 6:00 ～ 13:00 休豊洲市場休市日 CC不可

東京見聞録 築地魚河岸の魚河岸食堂では、それぞれジャンルの異なる「築地藪そば」、「センリ軒」、「東都グリル」、「てっか屋」、「小田保」、「鳥めし 鳥藤」の計 6 店が店を構える。フードコート形式なので大人数でシェアして食べられるのがうれしい。

昭和から続く下町の味

❸きつねや

昭和22年に立ち飲みスタイルの飲み屋として創業し、三代続くホルモン煮を求め行列が絶えない人気店。八丁味噌がベースのタレは祖父の代から70年以上継ぎ足されてきたもので、鮮度にこだわったホルモン肉との相性抜群の一品。

住中央区築地 4-9-12
TEL 03-3545-3902
営 6:30 ～ 13:00
休水・日 CC 不可

ご飯によく合う味付けです！

❶牛ホルモンがたっぷりのった「ホルモン丼」900円 ❷大鍋でじっくり煮込まれた牛ホルモン ❸店前の飲食スペースは常に人がにぎわう

玉子焼からスイーツまで揃う

❹つきぢ松露

当初は寿司店として大正13年に築地に店を構え、昭和21年からは専門店として具材入りなどバラエティ豊かな玉子焼の提供を開始。甘みを抑えたさっぱりとした後味が特徴である看板商品の玉子焼のほか、近年ではスイーツやサンドイッチも人気。

食べ歩きにもおみやげにも！

❶ひと口サイズの玉子焼が入った「SHOURO キューブ」300円 ❷季節限定の具材が入った玉子焼も人気 ❸「玉子焼屋のしゅーくりーむ」400円 ❹分厚い玉子焼が贅沢な「松露サンド」600円は、しゃりの代わりにパンで挟んでみようという発想から誕生

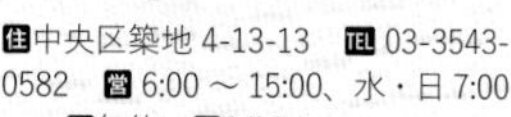

住中央区築地 4-13-13 TEL 03-3543-0582 営 6:00 ～ 15:00、水・日 7:00 ～ 休無休 CC AJMV

「きつねや」の店前はいつも人でにぎわっていて、海外の方も抵抗なく食べているようです。店前の小さな飲食スペースで立ち食い形式で食べるのも、市場っぽさが味わえていいのかも。（PN：煮貝）

ファンが多い隠れ家的喫茶店

⑤喫茶マコ
きっさまこ

昭和57年から長年愛されてきた名物ママの引退後、思わぬ縁からこの空間を知ったという店主が2018年から受け継いだ喫茶マコ。雑煮は昭和から築地で働く人々の朝ごはんとして親しまれた定番メニューで、現在は海鮮雑煮も人気。

階段を上がった
2階にたたずむ

❶昭和レトロな空間が広がる店内 ❷かつお昆布だしに4種の豪華な魚介類が入った「海鮮雑煮」はコーヒーがついて1900円

住中央区築地4-9-7 中富ビル2階 TEL 03-3248-8086
営10:00～15:00（夜は要予約） 休月 CC不可

好みに合わせて
案内します！
Appetizers for SAKE

100年以上続く老舗の佃煮

⑥江戸一
えどいち

大正3年に日本橋で創業し、製造工場も構える佃煮専門店。食べきりサイズとお徳用サイズの2種類を用意し、常時60種類以上が揃う佃煮は、継ぎ足しで作られる秘伝のタレと素材を職人の手でていねいに煮詰め完成する。

住中央区築地4-13-4 TEL 03-3543-5225
営8:30～14:00 休水 CC ADJMV

❶ご飯のお供やおつまみにも最適な商品が並ぶ ❷左からいちばん人気の「お徳用たらこ」150g、「お徳用生姜あさり」160g、「お徳用一口ほたて」125g 各864円 ❸店先には江戸一の提灯が掲げられる

魚が自慢の定食ランチ

⑦多け乃
たけの

新鮮な魚介類を使用した刺身や天ぷら、フライなどの定食メニューが人気の老舗大衆食堂。名物メニューの煮魚は金目鯛やのどぐろ、キンキのほか仕入れや季節によって日替わりで提供され、ご飯にもお酒にもぴったりの味。

夜も21:00まで
営業してます

❶「本日の煮魚定食」のキンキ、のどぐろの煮つけは時価で、ランチサイズも提供する ❷80種類以上ものメニューがあり、店内は手書きの短冊で埋め尽くされる

住中央区築地6-21-2 TEL 03-3541-8698 営11:00～21:00、土～20:00 休日・祝 CC不可

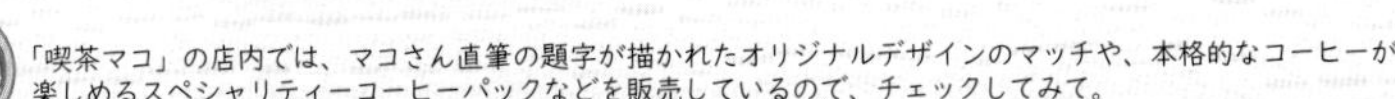

東京見聞録 「喫茶マコ」の店内では、マコさん直筆の題字が描かれたオリジナルデザインのマッチや、本格的なコーヒーが楽しめるスペシャリティーコーヒーパックなどを販売しているので、チェックしてみて。

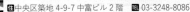

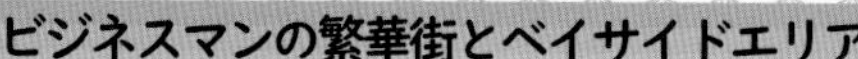

ビジネスマンの繁華街とベイサイドエリア

新橋(しんばし)・お台場(おだいば)・豊洲(とよす)

SL 広場のシンボルの蒸気機関車 C11-292 号。広場ではさまざまなイベントも行われる

エリア利用駅

新橋駅
JR 東海道線、JR 山手線、JR 京浜東北線、JR 横須賀線、ゆりかもめ、東京メトロ銀座線、都営浅草線

お台場周辺駅
ゆりかもめ（台場駅、お台場海浜公園駅）

豊洲駅
ゆりかもめ、東京メトロ有楽町線
※豊洲市場に行くには市場前駅を利用

コインロッカー情報

豊洲市場の最寄り駅・市場前駅の改札内外にはあるが、豊洲市場にはコインロッカーがないので注意しよう。

新橋・お台場・豊洲駅への行き方

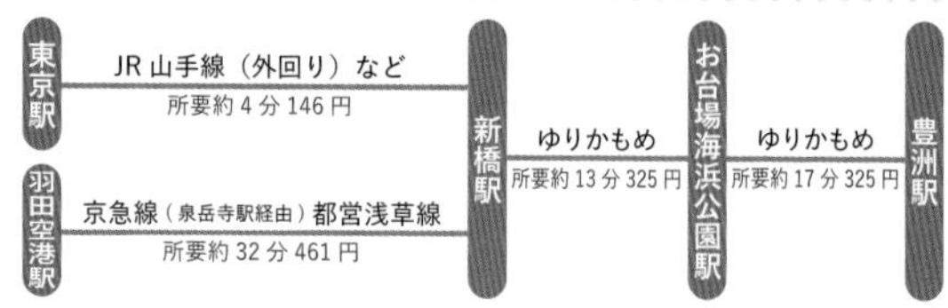

2022 年 10 月に鉄道開業 150 周年を迎えた JR 新橋駅。明治 5 年に新橋〜横浜間に日本で初めて鉄道が開業して以来「鉄道発祥の地」として新橋が文明開化の先駆けとなった。太平洋戦争後に闇市が発生し、現在の活気ある新橋の礎となる。古きよき新橋の雰囲気を残しつつ、隣接する汐留の近未来的建物群との対比がおもしろい。「お台場」は江戸末期のペリー艦隊来航後江戸幕府が海防強化のために築いた砲台だが、東京臨海副都心として東京屈指の観光スポットとなったのは平成になってからだ。豊洲は関東大震災の瓦礫処理のために埋め立てられたエリア。築地市場が 2018 年に移転して一躍有名になった。その後オフィスビルや高層マンションの建設も進み、23 区でも劇的な変化を遂げているエリアだ。

読者だより

JR 東京〜新橋駅高架下の飲食店では新旧混交かつサラリーマンの日常をかいま見ることができます。飲み屋ではテーブルのカゴに予め紙幣を何枚か入れ、注文のたびに店員がそこから引き算していくスタイルも！

歩き方

SL広場中心に広がる路地散策が楽しい

いわゆる「新橋」とはJR新橋駅の西側エリア一帯で、東側はおもに汐留や銀座となる。日比谷口を出るとそこは新橋駅西口広場（SL広場）。新橋駅のシンボルである蒸気機関車が展示してあるので、新橋散策の起点にしよう。SL広場の隣にはやはり新橋の“顔”であるニュー新橋ビルがあり、さまざまなテナントが入居しているので、昭和のカオス感を楽しんでもらいたい。新橋駅烏森口を出ると、烏森通りが虎ノ門方向に真っすぐ延びている。烏森通りの両側は数えきれないほどの飲食店がひしめいており、夕方以降はネオンがともされ、お酒を求める人々が吸い寄せられるエリア。“サラリーマンの聖地”といわれるゆえんである。

夜な夜なサラリーマンやOLが集う

お台場や豊洲は時間に余裕をもって歩こう

お台場は広く、見どころや大型商業施設もたくさんあるので、計画的に予定を立てるか時間に余裕をもって回るようにしたい。クルーズや水上交通の発着もしているので、海上から東京湾のパノラマを楽しむこともできる。近年の再開発で発展著しい豊洲。豊洲市場に行くにはゆりかもめの市場前駅で下車しよう。

お台場では海辺の散策が気持ちいい

おさんぽプラン

1. 新橋駅西口広場(SL広場)（→P.178） 徒歩すぐ
2. 烏森神社（→P.178） 徒歩5分
3. 日本の酒情報館（→P.179） 徒歩10分
4. 旧新橋停車場 鉄道歴史展示室（→P.179） 徒歩7分
5. カレッタ汐留（→P.179）

TOKYO小噺 “新橋”の由来とは？

新橋という地名は汐留川（新橋川）に架かっていた橋が「新橋」という名称であったことに由来する。明治期から新橋駅があったため古い地名だと思われがちだが、関東大震災後の町名整理で名づけられた比較的新しい地名だ。

かつて汐留側に架けられていた「新橋」の親柱

このエリアでできること

- 鉄道発祥の歴史を知る→ P.179
- お台場を散策→ P.181
- 豊洲市場グルメを楽しむ→ P.182

かわら版 新橋の歴史を刻むふたつのビル

JR新橋駅を挟んで東西に建つ「ニュー新橋ビル」と「新橋駅前ビル」。どちらも飲食店や金券ショップ、オフィスなどが入居する新橋のランドマークだ。ニュー新橋ビルにはさまざまな店舗が300以上入居しているといわれており、迷宮に迷い込んだ感覚になる。一方、新橋駅前ビルには池波正太郎も通ったといわれる台湾料理店や昭和レトロな洋食屋、ビブグルマンに認定されたラーメン屋など、特徴ある飲食店が軒を連ねている。ふたつのビルを制覇すれば、新橋の黒帯間違いなし。

ゆりかもめ新橋駅の奥に見える新橋駅前ビル1号館（左）と2号館（右）

新橋駅の西側区域と東側区域の一部は再開発の検討がなされ、それぞれ再開発準備組合や再開発協議会が設立されている。再開発はまだ先のようだが、新橋駅前の景観も大幅に変わるかもしれない。

MAP 別冊 P.24-C1

新橋駅西口広場（ＳＬ広場）
住 港区新橋 2-7
営 24 時間
休 無休
料 無料
交 JR 新橋駅日比谷口からすぐ

鉄道にゆかりのある新橋の象徴

ビルに囲まれている SL 広場

サラリーマンや OL の街・新橋の象徴

新橋駅西口広場（SL 広場）
（しんばしえきにしぐちひろば（えすえるひろば））

JR 新橋駅の日比谷口に直結している広場が新橋駅西口広場、通称 SL 広場。テレビの街頭インタビューで有名な広場で、シンボルの SL は鉄道開業 100 年周年にあわせ、地元商店街の活性化を目的に昭和 47 年に設置された。1 日 3 回、12:00、15:00、18:00 に数秒間汽笛が鳴る。

新橋駅直結で待ち合わせ場所としても最適

MAP 別冊 P.26-A1

烏森神社
住 港区新橋 2-15-5
TEL 03-3591-7865
営 参拝自由、御朱印授与所 9:00 ～ 16:30（年末年始は延長あり）
休 無休
交 JR 新橋駅日比谷口から徒歩 2 分、烏森口から徒歩 3 分

明治 6 年に烏森稲荷から烏森神社と改名された

新橋烏森の鎮守として愛されている

烏森神社
（からすもりじんじゃ）

神社の創始は古く、鎮守将軍藤原秀郷が平将門の乱を鎮めた天慶 3(940)年まで遡る。御祭神は倉稲魂命、天鈿女命、瓊々杵尊で、ご利益は必勝祈願の成就、商売繁盛、技芸上達、家内安全。芸能の神・天鈿女命が祀られている数少ない神社のひとつでもある。年間 10 種類ほどの特別御朱印も人気。

烏森神社のマスコットこい吉。名前の由来は「吉よ恋」

MAP 別冊 P.26-B1

旧芝離宮恩賜庭園
住 港区海岸 1
TEL 03-3434-4029（旧芝離宮恩賜庭園サービスセンター）
営 9:00 ～ 17:00（最終入園 16:30）
休 12 月 29 日～ 1 月 1 日
料 150 円、65 歳以上 70 円、小学生以下及び都内在住・在学の中学生は無料
交 JR 浜松町駅北口から徒歩 1 分

雪見灯籠と大泉水。かつて大泉水は潮入りの池だった

国指定名勝の最も古い大名庭園のひとつ

旧芝離宮恩賜庭園
（きゅうしばりきゅうおんしていえん）

延宝 6（1678）年に老中・大久保忠朝が藩地小田原から呼び寄せた庭師に作庭させた池泉式回遊庭園。約 9000 ㎡の広さをもつ池・大泉水を中心に、石組みや築山が効果的に配置されている。池の中央にある中島には中国の蓬莱山を表した石組みが、そして石造りの堤が見事である西湖の堤が、大名庭園に存在感を放っている。

中国・杭州にある西湖の堤を模した石組みが精緻な堤

読者だより 新橋駅前ビルの老舗洋食屋「ポンヌフ」や西日暮里のラーメン屋「神名備」がお気に入りです。（PN:黒猫パフェット）●カフェテラス ポンヌフ 住新橋 2-20-15 新橋駅前ビル 1 号館 1 階 ●神名備 住 文京区千駄木 4-21-3

年数回の企画展を開催

旧新橋停車場 鉄道歴史展示室
きゅうしんばしていしゃじょう てつどうれきしてんじしつ

明治5年に開業した新橋停車場に関する貴重な歴史資料が展示・公開されている。1階展示室のガラス張りの見学窓からは、開業当時の駅舎基礎石の遺構を間近に見学することができる。

鉄道発祥の地汐留に開業当時の外観を当時と同位置に再現

MAP 別冊 P.26-A1

旧新橋停車場 鉄道歴史展示室
住 港区東新橋 1-5-3
TEL 03-3572-1872
営 10:00 ～ 17:00(最終入館 16:45)
休 月（祝日の場合は翌日）、12 月 29 日～ 1 月 3 日、展示替期間中、設備点検時
料 無料
交 JR 新橋駅銀座口から徒歩 5 分

「カレッタ」とはアカウミガメの学名「Caretta caretta」に由来

カレッタ汐留
かれったしおどめ

幅広いジャンルの飲食店やショップのほか、「大同生命ミュージカルシアター電通四季劇場［海］」といった文化施設を展開している複合商業施設。日本初の広告ミュージアム「アドミュージアム東京」も併設。

地上約 200 m、無料展望スペースからの夜景

MAP 別冊 P.26-A1

カレッタ汐留
住 港区東新橋 1-8-2
TEL 03-6218-2100
営 ショップ 10:00 ～ 20:00、レストラン 11:00 ～ 23:00（店舗により営業時間が異なる）
休 1 月 1・2 日（一部店舗を除く）
交 地下鉄汐留駅 6 番出口すぐ

日本の國酒の魅力を発信し続ける

日本の酒情報館
にほんのさけじょうほうかん

日本酒、本格焼酎、泡盛、みりんなど日本の酒の歴史や文化を「見て・触れて・体験できる」情報館。酒について学べるほか、全国の酒を1杯100円から試飲できるのも魅力。

木製の升の棚に日本各地のお酒を展示

MAP 別冊 P.29-B4

日本の酒情報館
住 港区西新橋 1-6-15 日本酒造虎ノ門ビル 1 階
TEL 03-3519-2091
営 10:00 ～ 18:00
休 土・日・祝、イベント開催日など
料 無料
交 地下鉄虎ノ門駅 9 番出口から徒歩 3 分

なんでも揃う、まるで街のような複合施設

有明ガーデン
ありあけがーでん

ショッピングモール、スパ、シアター、ホテルなどが揃う複合施設で、家族で楽しめるプレイエリアも充実。劇団四季の専用劇場「有明四季劇場」も併設している。

あらゆるアミューズメント施設が併設されている

MAP 別冊 P.47-B2

有明ガーデン
住 江東区有明 2-1-8
TEL 0570-077-711
営 ショッピング・サービス 10:00 ～ 21:00、レストラン・カフェ 11:00 ～ 23:00（店舗により異なる）
休 不定休
交 ゆりかもめ有明駅から徒歩 4 分

個性的な超高層ビルが無秩序に立っている汐留エリア。道路を歩くと近くに見えていてもなかなかたどり着かない。そんなときは新橋駅から通じる地下通路を利用しよう。ビル風もなく、標識もあるので迷わないはず。

東京湾の絶景を眺めながら手軽に海上ウオーキング

れいんぼーぶりっじゆうほどう（れいんぼーぷろむなーど）

レインボーブリッジ遊歩道（レインボープロムナード）

レインボーブリッジは2階建て構造のつり橋で、下層にある道路の両側が約1.7kmの遊歩道になっている。都心や晴海・豊洲地区を望むノースルートと東京湾・臨海副都心を望むサウスルートがあり、それぞれ違う景色が楽しめる。晴れていれば爽快な都心や副都心、東京湾の眺望が楽しめるので、両ルートを往復してみよう。

ノースルートから望む都心方面。東京タワーも見える

MAP 別冊 P.19-B3

レインボーブリッジ遊歩道（レインボープロムナード）

住 港区海岸3丁目地内から同区台場1丁目地内まで
TEL 03-5463-0223（東京港管理事務所港湾道路管理課）※閉館時間合せ先 03-5442-2282　営 9:00～21:00、11～3月10:00～18:00（最終入場は閉場の30分前）　休 毎月第3月曜（祝日の場合翌日）、悪天候日
料 無料　交 芝浦口：ゆりかもめ芝浦ふ頭駅から徒歩5分、台場口：ゆりかもめお台場海浜公園駅から徒歩15分
※自転車に乗っての通行やペットを放しての通行禁止（かごに入れての通行は可）※トイレは芝浦側にある

臨海副都心の海辺でおだやかな時間を過ごす

おだいばかいひんこうえん

お台場海浜公園

旧防波堤と台場公園に囲まれた入江に、約800ｍの人工砂浜「おだいばビーチ」や磯遊びができる磯浜などからなる公園。展望デッキからはシンボルの自由の女神像やレインボーブリッジ、都心側の高層ビル群が一望できる。おだいばビーチ前の水域はレクリエーション水域としてマリンスポーツに開放している。

神津島の砂を敷き詰めたビーチからはレインボーブリッジが見える

MAP 別冊 P.47-B1

お台場海浜公園

住 港区台場1-4
TEL 03-5531-0852（お台場海浜公園管理事務所）
営 散策自由（公園内売店やレストランは店舗により異なる）
休 無休
料 無料
交 ゆりかもめお台場海浜公園駅北口から徒歩3分

自由の女神のレプリカが空に映える

球体が特徴のお台場を象徴するランドマークビル

ふじてれび

フジテレビ

地上25階、地下2階、高さ123.45mの社屋は設計がハイビジョンの縦横比率と同じ16対9だという。キャラクターグッズショップが並ぶ1階吹き抜けや5階フジテレビギャラリー、屋上庭園の7階フジさんテラスは無料開放エリア。25階の球体展望室「はちたま」からは臨海副都心の大パノラマが一望できる。

球体展望台が印象的な社屋はお台場のシンボル

MAP 別冊 P.47-C1

フジテレビ

住 港区台場2-4-8
TEL 0570-088-081
営 10:00～18:00（「はちたま」最終入館17:30）
休 月（祝日の場合翌日）
料 一般（高校生以上）700円、小・中学生450円
交 ゆりかもめ台場駅南口から徒歩3分

読者だより　月島～深川、豊洲～「晴海トリトンスクエア」周辺の川沿い散歩コースは、おすすめです。
住 中央区晴海1-8-16　交 地下鉄勝どき駅A2a・b出口から徒歩4分

地球の未来をガス・エネルギーから考える

がすてなーに ガスの科学館

がすてなーに がすのかがくかん

東京ガスネットワークが運営する施設で「エネルギーを考え、これからの暮らし・社会を学び、未来をソウゾウしよう」をテーマを体験しながら学ぶことができる。

エネルギーの大切さを実感する

MAP 別冊 P.47-A2

がすてなーに ガスの科学館
住 江東区豊洲 6-1-1
TEL 03-3534-1111
営 10:30 ～ 17:00（最終入館 16:30）
休 月（祝日の場合翌日）、施設点検日　料 無料
交 地下鉄豊洲駅 7 番出口から徒歩 6 分

四方を海に囲まれた日本の海洋との関わりを知る

船の科学館

ふねのかがくかん

「海と船の文化」をテーマに昭和 49 年に開館。本館展示は休止しているが、資料の一部を別館で展示している。日本初の南極観測船「宗谷」では写真や資料で南極観測の歴史を紹介している。

直径 6 メートルの大迫力スクリュー

MAP 別冊 P.47-C1

船の科学館
住 品川区東八潮 3-1
TEL 03-5500-1111
営 10:00 ～ 17:00（宗谷乗船は 16:45 まで）休 月（祝日の場合は翌日）、12 月 28 日～ 1 月 3 日
料 無料　交 ゆりかもめ東京国際クルーズターミナル駅から徒歩 1 分

あなたとともに「未来」をつくるプラットホーム

日本科学未来館

にっぽんかがくみらいかん

素朴な疑問から最新テクノロジー、生命・地球・宇宙の不思議まで科学を通して未来を考える科学館。実験教室やワークショップはどれも興味深いテーマで科学を楽しく体験できる。

地球ディスプレイ「ジオ・コスモス」は LED パネルを使用

MAP 別冊 P.47-C1

日本科学未来館
住 江東区青海 2-3-6　TEL 03-3570-9151　営 10:00 ～ 17:00（最終入館 16:30）　休 火（祝日の場合は開館）、12 月 28 日～ 1 月 1 日　料 常設展入館料 大人 630 円、18 歳以下 210 円、6 歳以下の未就学児無料
交 ゆりかもめ東京国際クルーズターミナル駅東口から徒歩 5 分

水の不思議と大切さを科学から考える

東京都水の科学館

とうきょうとみずのかがくかん

水の不思議と大切さを遊び感覚で学べる体験型ミュージアム。雨が水道水になるまでの“水の旅”を映像で観られるアクア・トリップや地下にある本物の水道施設を探検するガイドツアーが人気。

水の流れを表現したデザインが印象的

MAP 別冊 P.47-B2

東京都水の科学館
住 江東区有明 3-1-8
TEL 03-3528-2366
営 9:30 ～ 17:00（最終入館 16:30）
休 月（休日の場合は翌日）、12 月 28 日～ 1 月 4 日
料 無料
交 ゆりかもめ東京ビッグサイト駅北口から徒歩 10 分

日本最大のコンベンションセンター

東京ビッグサイト

とうきょうびっぐさいと

16 の展示ホールと 1000 人まで収容できる国際会議場の他に大小 22 の会議室からなり、年間約 300 件の展示会やイベントが開催されている日本最大のコンベンション施設。

チタン製の素材を使用している会議棟

MAP 別冊 P.47-B2

東京ビッグサイト
住 江東区有明 3-11-1
TEL 03-5530-1111
営 8:00 ～ 22:00
休 年始及び会社の定める日
料 イベントによる
交 ゆりかもめ東京ビッグサイト駅から徒歩 3 分

お台場には本書で紹介した以外にも「レゴランド®・ディスカバリー・センター東京」や「東京ジョイポリス」、「東京トリックアート迷宮館」、「マダム・タッソー東京」などのエンタテインメント施設がある。

2018年に誕生した東京の台所 広大な豊洲市場を完全ナビ

全国各地から旬の食材が集まり、グルメが楽しめる豊洲市場。見学者デッキでパネルや映像の展示を見たりショップをのぞいたり一大観光スポットを巡ろう。

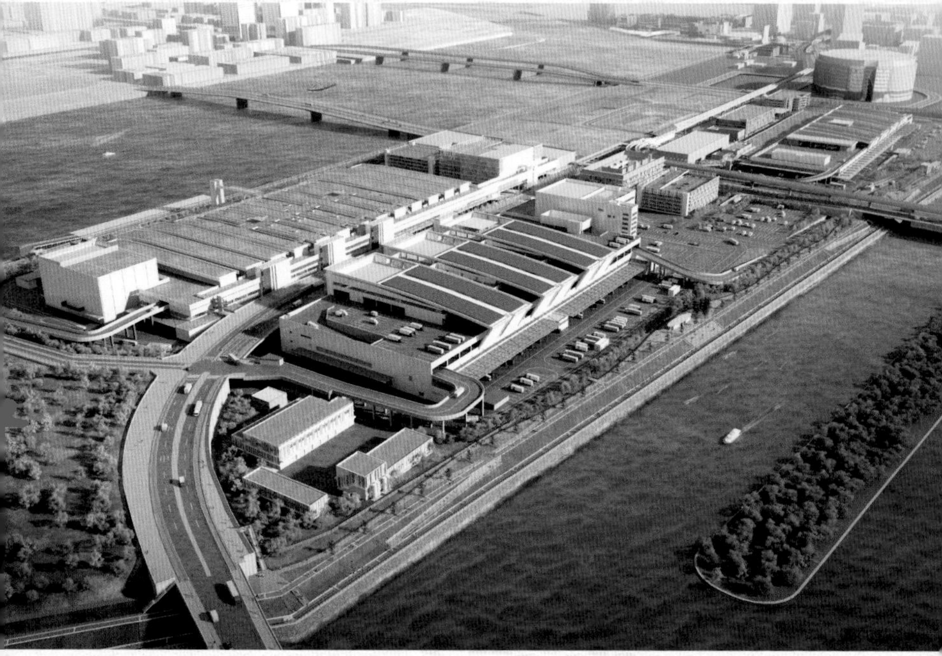

1日がかりで見学したい

東京都中央卸売市場 豊洲市場

とうきょうとちゅうおうおろしうりしじょう とよすしじょう

水産から青果までを扱う総合市場で、取り扱うものや市場での役割に応じて3つの街区で構成。寿司から定食までバラエティ豊かな約40の飲食店、ショップが集まる「魚がし横丁」、見学エリアなど見どころがたくさん。

MAP 別冊 P.47-A2 豊洲

住 江東区豊洲6-6-1 TEL 03-5320-5720（中央卸売市場総合案内） 営 5:00～15:00 休 水・日 CC 店舗により異なる 交 ゆりかもめ市場前駅から徒歩1分

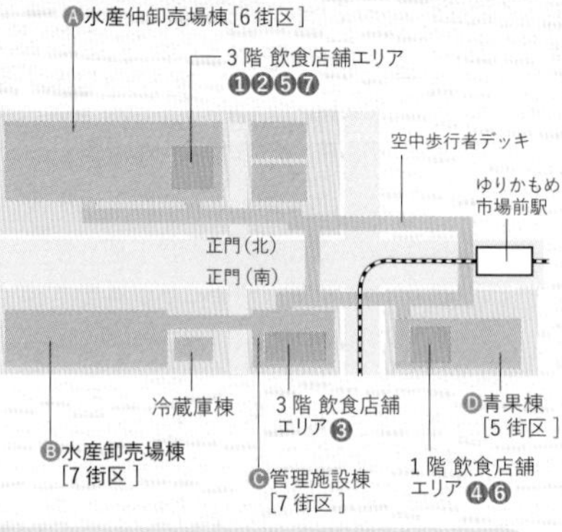

Ⓐ水産仲卸売場棟［6街区］
3階 飲食店舗エリア ❶❷❺❼
空中歩行者デッキ
ゆりかもめ市場前駅
正門（北）
正門（南）
冷蔵庫棟
3階 飲食店舗エリア❸
Ⓓ青果棟［5街区］
Ⓑ水産卸売場棟［7街区］
Ⓒ管理施設棟［7街区］
1階 飲食店舗エリア❹❻

豊洲市場Q&A

Q 築地→豊洲への移転の歴史

昭和10年に開設した「東京都中央卸売市場 築地市場」は長らく首都圏の一大拠点となっていたが、建物の老朽化などから移転の検討が始まり2018年に閉場。その後、豊洲市場が2018年10月11日に取引開始。

Q 仲卸と卸の違いは？

「卸売業者」は生産者や出荷業者から商品を仕入れ、卸売市場内の仲卸業者や小売業者などに卸すのがおもな役割。「仲卸業者」は卸売業者から仕入れたものを、街の小売業者や飲食店に卸すのが仕事だ。

Q 上手に回るコツは？

市場前駅からマグロのせりが見られる「水産卸売場棟」の見学者デッキまで徒歩約15分なので、朝イチで訪れよう。戻ったら混む前に早めのランチを済ませて、その他の見学コースを回るのがよいだろう。

「豊洲市場」の魚がし横丁は、「丸山海苔店」や「丸武」など老舗も多いです。グルメもいいですが、買い物も楽しいのでぜひ行ってみてください。（PN：クリスタル）

いちばん見どころが充実

Ⓐ水産仲卸売場棟（すいさんなかおろしうりばとう）［6街区］

一般客が楽しめるエリアが多く、3階には「寿司大」や「センリ軒」（いずれもP.184）など飲食店舗が入る。同じ階の見学ギャラリーから4階に上がると「魚がし横丁」へ。屋上は広場だ。

屋上緑化広場

臨海部やレインボーブリッジ、東京タワーを望める。空中歩行者デッキからエレベーターで上がれる。

見学ギャラリー

魚の生態やプロが解体用に使用している道具、仲卸業者がもつ「活け締め」などの技術などが学べる。

魚がし横丁

プロが使用する道具から乾物や漬物など総勢約70店舗が集結。一般客でも購入することができる。

飲食店がコンパクトにまとまった

Ⓒ管理施設棟（かんりしせつとう）［7街区］

3階には「とんかつ八千代」（→P.184）をはじめ寿司店が多く入居している。コーヒー喫茶「木村家」やだんごの「茂助」など散策の合間に休憩できるお店も。PRコーナーも要チェックだ。

PRコーナー

市場の歴史や築地市場を振り返る展示や、記念写真が撮れるマグロ模型を設置している。

市場見学の醍醐味といえば

Ⓑ水産卸売場棟（すいさんおろしうりばとう）［7街区］

国内外から集まった水産物の取引を行う棟。長い見学者デッキには展示ギャラリーがあるほか、デッキを進むとマグロのせりを間近で見ることができる。朝5:30～6:30に行こう。

マグロせり見学者デッキ

鮮度を保つため、尾を切り落として並べられているマグロの断面が見えやすい緑の床が特徴的だ。

見学ギャラリー

入口すぐにはマグロのオブジェが飾られており、記念写真にぴったりだ。

旬の野菜や果物の取引を見学

Ⓓ青果棟（せいかとう）［5街区］

1階には「大和寿司」（→P.185）などの飲食店舗、2階には見学者デッキがあり、朝6:30頃から促成セリ場を見学することができる。デッキには初市恒例、宝船の実物大模型も展示している。

見学デッキ

国内外の野菜や果物を集めて取引を行う卸売場と、飲食店などが品物を仕入れにくる仲卸店舗がある。売場を行き交うターレや段ボールに箱詰めされた野菜、果物をかいま見ることができる。

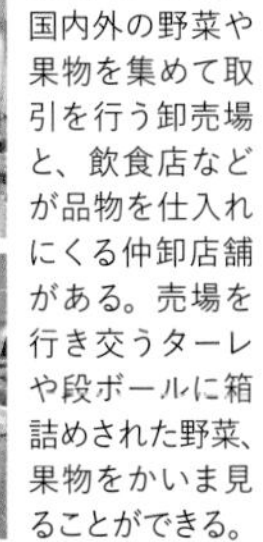

見学ギャラリー

野菜や果物の旬で色分けされ、旬の青果や市場で働く人々の様子を知ることができる。

2024年、「豊洲市場」に隣接する形でオープンモール「千客万来施設（仮称）」が開業予定。新鮮な食材を使用した飲食店や物販店が入るほか、露天風呂やサウナを兼ね備えた温浴棟も登場するのだそう。

豊洲市場の人気店をチェック

行列必至！

水産仲卸売場棟 3 階

豊洲を代表する人気店

❶寿司大（すしだい）

オープンから行列ができ、ランチタイムには2～3時間ほど待つこともある名店。口の中でとろけるトロや焼き立ての甘い玉子焼きは絶品で、カウンターで職人さんと会話を楽しみながらゆったりとお寿司を堪能できる。テーブル席もあり。

❶おまかせ 9 貫と好みのネタ 1 貫、巻物で構成する「おまかせセット」5000 円　❷お昼は観光客でにぎわう　❸カウンターでは 1 貫ずつ提供

TEL 03-6633-0042
営 6:00 ～ 14:00
休 休市日の水・日・祝
CC 不可

水産仲卸売場棟 3 階

昔懐かしい喫茶店

❷センリ軒（せんりけん）

おすすめは「スペシャルセット」1790 円。トーストをヒレカツサンドに変更

大正 3 年創業の老舗で、市場で働く人の憩いの場にもなっている。豊洲市場に移転してからの新メニュー「ミルコーソフト」460 円はテイクアウトも可能。さまざまな種類があるミックスサンドや素朴なトーストなども。

上／「スペシャルセット」に付いてくる半熟卵入りクリームシチューは単品でも注文可能　下／カウンターとテーブル席は休憩に◎

TEL 03-6633-0050
営 5:00 ～ 13:00
休 日・祝　CC 不可

管理施設棟 3 階

曜日限定メニューあり

火・木・土限定の「チャーシューエッグ定食」1600 円は目玉焼きとの相性抜群

❸とんかつ八千代（とんかつやちよ）

ボリューム満点のフライ定食や曜日限定メニューが人気の洋食店。タルタルソースでいただく「カキ・車エビ・アジフライ定食」2400 円はご飯・味噌汁・香の物が付く。特にアジフライはメディアでも紹介される王道の逸品。

管理施設棟はランチタイムになると混雑するので、コアタイムを避けて行くとよいだろう

TEL 03-6633-0333
営 7:00 ～ 14:00 (L.O.13:30)
休 休市日の水・日・祝　CC 不可

読者だより　おなかもいっぱいで歩き疲れた……というときは「センリ軒」に行きます。ドリンクメニューもありますし、ソフトクリームもおいしいです。（PN：ねこ先生）

青果棟1階

リーズナブルさも魅力

④天房（てんふさ）

青果棟にある天ぷら専門店。穴子入りの「エビ穴子天丼」2100円ほか、新メニューで、4つの小鉢が選べる「マグロ定食」1500円も人気だ。ご飯大盛りは無料サービスで2杯目からは100円というのもうれしい。

特製のたれで仕上げます！

上／香ばしいたれがたっぷりかかった「天丼」1800円は味噌汁付き　下／一つひとつその場で揚げてくれるのがうれしい

TEL 03-6633-0222　営 7:00～13:00（材料がなくなり次第終了）　休 水・日　CC 不可

水産仲卸売場棟3階

100年以上続く専門店

サーモンやウニたっぷりの「いいとこどり丼」3800円

⑤築地海鮮丼 大江戸 豊洲市場内店（つきじかいせんどん おおえど とよすしじょうないてん）

明治42年に創業した海鮮丼専門店。秘伝の合わせ酢を加えて、まろやかで舌触りのよいシャリと場内で目利きのプロが選んだ旬の魚介類を使用した豪華な丼がいただける。同じフロアに系列のお店「魚がし料理 粋のや」もある。

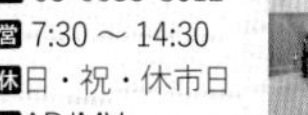

カウンターは11席。活気あふれるスタッフさんがおもてなし

TEL 03-6633-8012
営 7:30～14:30
休 日・祝・休市日
CC ADJMV

青果棟1階

おまかせを堪能

ふわふわの穴子やトロをはじめとする寿司7貫と巻物、味噌汁が付いた「おまかせ握り」6600円

⑥大和寿司（だいわずし）

豊洲市場の有名店のひとつ。約30席ある広々とした店内では場内で仕入れた新鮮なネタが楽しめる。「おまかせ握り」を頼む人が多いが、追加で注文も可能。朝飲みをする人の姿も見受けられる。

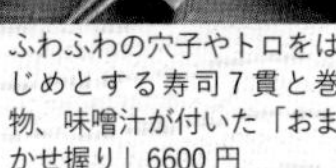

上／広いカウンターでは職人さんが握る姿を見ることができる　下／予約不可でお店の前で待つスタイル

TEL 03-6633-0220
営 6:00～13:00
休 水・日　CC AJMV

水産仲卸売場棟3階

ホッとする老舗洋食店

ジューシーな肉のうま味とソースにご飯が進む「ハンバーグライス」750円

⑦禄明軒（ろくめいけん）

全セット750円とリーズナブルな価格帯が魅力で、場内で働く人々の支持を集める洋食屋さん。「アジフライライス」や「ホタテバター焼きライス」など食欲そそるメニューがずらりと並ぶ。

上／メニューの種類も豊富で肉や魚のほか、ハムエッグライスなども　下／レトロな雰囲気がたまらない

TEL 03-6633-0240
営 8:00～14:00
休 水・日　CC 不可

「豊洲市場ぐるめ」のウェブサイトには、「ぐるめMAP」が掲載されている。位置関係も分かりやすくマップ化されているので、困ったらスマホで調べるか事前に印刷しておこう。URL toyosu.tsukijigourmet.or.jp

軍隊の街から国際色豊かな街へ

六本木（ろっぽんぎ）・麻布（あざぶ）・赤坂（あかさか）

「六本木ヒルズ」の展望台からは「東京タワー」が美しく望める

エリア利用駅

六本木駅
東京メトロ日比谷線、都営大江戸線

麻布十番駅
東京メトロ南北線、都営大江戸線

乃木坂駅
東京メトロ南北線

赤坂見附駅
東京メトロ銀座線、東京メトロ丸ノ内線

コインロッカー情報

東京メトロ日比谷線六本木駅 1a・1b 出口、3 番出口付近、東京メトロ六本木一丁目駅地下 3 階から地下 2 階へと上がったエスカレーター付近などにある。

六本木・麻布十番駅への行き方

出発	路線	乗換	路線	到着	路線	到着
東京駅	東京メトロ丸ノ内線 所要約 5 分 178 円	霞ケ関駅	東京メトロ日比谷線 所要約 6 分 178 円	六本木駅	都営大江戸線 所要約 1 分 178 円	麻布十番駅
羽田空港駅	京急線（泉岳寺駅経由）都営浅草線 所要約 28 分 461 円	大門駅	都営大江戸線 所要約 6 分 178 円	六本木駅		

起伏の多いこのエリアは、江戸期に見晴らしのよい高台に大名屋敷が、低地に町人街が発達し、にぎわいをみせていた。安政 6（1859）年には麻布山の善福寺に米国大使館が設置され、以来多くの在外公館が置かれる。明治期に入ると大名屋敷は御用地や陸軍用地、実業家の邸宅地などとして利用された。六本木は昭和 11 年に陸軍歩兵一連隊と三連隊が置かれ軍隊の街として発展。終戦後は米軍が進駐し国際色豊かな街となっていった。昭和 34 年にテレビ朝日が開局すると若者が集まるようになり、六本木族という言葉が誕生。2003 年に六本木ヒルズ、2007 年には東京ミッドタウン開業と、現在は複合商業施設が建ち並び、美術館が多いアートを楽しむエリアとしても知られる。

「赤坂インターシティ AIR」やその周辺も見どころがあります。ビルの中のレストランもおすすめです。
住 港区赤坂 1-8-1 交 地下鉄溜池山王駅 14 番出口直結

歩き方

六本木交差点から赤坂方面へ

六本木駅からすぐ、六本木通りと外苑通りが交わる六本木交差点。外苑通りを乃木坂駅方面に進むと東京ミッドタウンが見えてくる。乃木坂駅は国立新美術館に直結。隣駅の赤坂駅へも徒歩約10分と徒歩圏内だ。赤坂にはかつて江戸城内にあった日枝神社があり、赤坂見附駅、永田町駅、溜池山王駅、国会議事堂前駅など複数の地下鉄駅を利用することができる。溜池山王駅のそばには六本木通りが通り、南へ進むと六本木交差点に着く。

六本木交差点は「六本木ヒルズ」と「東京ミッドタウン」の中間にある

元赤坂にある迎賓館赤坂離宮は青山通りの北にあり最寄りは四ツ谷駅。日枝神社を右手に外堀通りを赤坂見附駅方面へ進むとホテルニューオータニ（東京）などがある紀尾井町、その先に四谷が見えてくる。

麻布十番は六本木と東京タワーの中間地点

六本木ヒルズは六本木駅からコンコースで直結している。南へ進むと麻布十番駅があり、麻布十番商店街には創業100年を超える老舗も並ぶ。麻布十番の隣駅は赤羽橋駅。東京タワーの最寄り駅で、ザ・プリンス パークタワー東京や、徳川家菩提寺のひとつ大本山 増上寺、徳川家康寿像を御神体とする芝東照宮もすぐそばだ。

ザ・プリンス パークタワー東京の部屋からは東京タワーが望める

おさんぽプラン

1. 国立新美術館（→P.189）　徒歩6分
2. 21_21 DESIGN SIGHT（→P.190）　徒歩2分
3. 東京ミッドタウン（→P.189）　徒歩8分
4. 六本木ヒルズ（→P.189）　徒歩4分
5. 出雲大社東京分祠（→P.188）

TOKYO小噺 ホッピーは意外にも赤坂生まれ

ホッピーの歴史は赤坂に始まる。明治38年、石渡秀が陸軍の御用聞き商人として餅菓子屋を創業。砂糖を優先的に扱うことができた背景より、5年後には海軍を通じて伝来を知ったラムネ事業に着手。長野県の工場設立を通じてホップ農家と出会う。本物の原材料にこだわり抜いたノンビアの開発に挑戦し、昭和23年にホッピーの製造販売が始まった。ビールが高嶺の花であった終戦後の闇市で、割材として庶民に愛飲され現在にいたる。

このエリアでできること

●東京タワーを深堀り→P.54
●大本山 増上寺の歴史→P.327

かわら版 上ると出世できるかも？　愛宕神社の「出世の石段」

徳川家康が防火の神様を祀り慶長8(1603)年に創建。標高25mの愛宕山山頂にあり、今日のように高層ビルが建つまでは東京湾や房総半島まで望めたという。神社へと上がる「男坂」は、故事に由来し「出世の石段」と呼ばれる。三代将軍家光の命で、境内の梅を献上するため急な男坂を馬で上ったのは丸亀藩の家臣曲垣平九郎。その名は1日で全国にとどろいたとか。江戸期以降にも男坂を馬で上下することに挑戦し、成功した人物の名も伝わる。（MAP P.29-B4）

鳥居をくぐり上る「出世の石段」は86段

「赤坂」の起源は、見附から四谷へのぼる「紀伊国坂」とされている。坂上に茜草が生えており、「赤根山」と呼ばれたことから、赤根山に上る坂を赤坂と称するようになったという説がある。

MAP 別冊 P.28-A2

迎賓館赤坂離宮
住 港区元赤坂 2-1-1
TEL 03-5728-7788
営 10:00 ～ 17:00（本館最終受付16:00） 休 水（接遇等による非公開日あり） 料 2000 円、大学生1500 円、中・高校生 700 円（和風別館・本館・庭園の参拝の場合。小学生以下は和風別館の参観不可、和風別館は事前予約制）
交 JR 四ツ谷駅赤坂口・地下鉄四ツ谷駅 1 番出口から徒歩 7 分

右／「花鳥の間」には、涛川惣助による30 枚の七宝焼が飾られている。下絵は日本画の巨匠・渡辺省亭
下／和風別館の設計は谷口吉郎。天井に投影される池の水のゆらぎは必見

日本における明治期最大級の建築

迎賓館赤坂離宮（げいひんかんあかさかりきゅう）

明治 42 年に東宮御所として建設された日本で唯一のネオ・バロック様式の宮殿建築物。第 2 次世界大戦後に国の迎賓施設として改修、和風別館を新設し昭和 49 年に「迎賓館赤坂離宮」として開館した。創建 100 年の 2009 年大規模改修の後に国宝に指定。2016 年より通年で一般公開を行い、建設当時の建築・美術・工芸界の総力を結集した意匠を建物の細部にまで見ることができる。

上／正面玄関の屋根には阿吽の武士像が鎮座。設計は宮内省技師の片山東熊
下／首脳会談も行う「朝日の間」。桜花を模した緞通（だんつう）には 47 種もの紫色の糸が使われている

MAP 別冊 P.28-C2

出雲大社東京分祠
住 港区六本木 7-18-5
TEL 03-3401-9301
営 9:00 ～ 17:00
休 無休
交 地下鉄六本木駅 2 番出口から徒歩 1 分

島根県にある本社と同じ御札・御守を授かることができる

幸福のための縁を結ぶ

出雲大社東京分祠（いずもたいしゃとうきょうぶんし）

縁結びの神として知られる大国主大神を祀る都内唯一の分祠。明治 11 年出雲大社八十代宮司で出雲大社教の初代管長・千家尊福公が宣布のため東京出張所を設けたのが始まり。

戦後再建され近隣の開発に伴い改築。現在の社は六本木のビル街にある

MAP 別冊 P.29-B3

大倉集古館
住 港区虎ノ門2-10-3 TEL 03-5575-5711
営 10:00～17:00(最終入館16:30)
休 月(祝日の場合は開館、翌日休館)
料 1000 円（特別展は 1300 円)、高校・大学生 800 円（特別展は 1000 円)、中学生以下無料 交 地下鉄六本木一丁目駅中央改札から徒歩 5 分

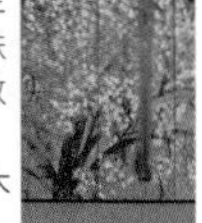

国宝 「夜桜」横山大観筆、昭和 4 年

現存する日本最古の私立美術館

大倉集古館（おおくらしゅうこかん）

実業家・大倉喜八郎が明治 35 年自邸内に開館した「大倉美術館」を前身とする日本初の財団法人の私立美術館。東洋の古美術品と近代絵画を中心に約 2500 件の美術品を収蔵する。

設計は伊東忠太。妖怪や空想上の動物のモチーフが各所に見られる

東京旅行に行くと必ず「大阪マドラスカレー」に行きます。一度訪れてから、甘くて辛い味が忘れられず通っています。従業員もフレンドリーです。住 港区赤坂 3-14-8 赤坂相模屋ビル 1 階

"open-mind" な人をはぐくむ街

ろっぽんぎひるず 六本木ヒルズ

「森美術館」、360 度ガラス張りの展望台「東京シティビュー」、「森アーツセンターギャラリー」などから成る「六本木ヒルズ森タワー」を中心に、ホテル、映画館、テレビ局、オフィスや住宅もある文化都市。

シンボルの「六本木ヒルズ森タワー」の高さは 238 メートル

MAP 別冊 P.28-C2

六本木ヒルズ
住 港区六本木 6-10-1
TEL 03-6406-6000（10:00 ～ 21:00）
営 ショップ 11:00 ～ 20:00、レストラン～ 23:00（営業時間が異なる店舗あり） 休 無休
交 地下鉄六本木駅 1C 出口直結

敷地内の 5 つのエリアに約 200 のショップとレストランが出店

「JAPAN, THE BEAUTIFUL」が街づくりのメッセージ

とうきょうみっどたうん 東京ミッドタウン

防衛庁舎があった敷地に開発された複合施設。約 130 のショップとレストラン、オフィス、ホテル、「サントリー美術館」、「21_21 DESIGN SIGHT」、「東京ミッドタウン・デザインハブ」など文化施設を有する。

敷地の 40% は緑が占めている。芝生広場ゾーンは憩いの場

MAP 別冊 P.28-B2

東京ミッドタウン
住 港区赤坂 9-7-1 TEL 03-3475-3100（11:00 ～ 20:00 ※電話受付時間は変動の可能性あり） 営 ショップ 11:00 ～ 20:00、フード＆カフェ～ 21:00、レストラン＆バー～ 23:00（営業時間が異なる店舗あり） 休 無休
交 地下鉄六本木駅 8 番出口直結

防衛庁から引き継ぎ移植した木々は約 140 本。春には桜の花が美しく咲く

建築ツアーやユースプロジェクトも実施

こくりつしんびじゅつかん 国立新美術館

展示スペースは国内最大級の 1 万 4000 平方メートル。コレクションを持たないアートセンターとして、企画展や公募展、教育普及事業を行う。「森の中の美術館」をコンセプトに黒川紀章が設計した。

波のようにうねる特徴的なガラスの外壁は、日射熱・紫外線をカットする

MAP 別冊 P.28-B1

国立新美術館
住 港区六本木 7-22-2 営 日・月・水・木 10:00 ～ 18:00（最終入場 17:00）、金・土～ 20:00（最終入場 19:30） 休 火（祝日の場合は開館、翌日休館） 料 展覧会により異なる
交 地下鉄乃木坂駅 6 番出口直結

ガラス越しの夜景が幻想的な空間を演出するブラッスリーは 3 階にある

現代性と国際性を追求する現代美術館

もりびじゅつかん 森美術館

現代アートを中心に、アートや建築、デザインなどの多彩な展覧会やラーニング・プログラムを開催。「六本木ヒルズ森タワー」の最上層 53 階に位置している。

内観（センターアトリウム）画像提供：森美術館

MAP 別冊 P.28-C2

森美術館
住 港区六本木 6-10-1 六本木ヒルズ森タワー 53 階
TEL 050-5541-8600（ハローダイヤル）
営 10:00 ～ 22:00（最終入館 21:30）、火～ 17:00（最終入館 16:30）
休 展覧会会期以外
料 展覧会により異なる
交 地下鉄六本木駅 1C 出口から徒歩 3 分（コンコースにて直結）

「森美術館」、「国立新美術館」、「サントリー美術館」は、地図上で結ぶと三角形になることから「六本木アート・トライアングル」として連携。周辺には他にもアート施設が多く、「あとろマップ」に情報が載る。

MAP 別冊 P.29-B4

領土・主権展示館
住 千代田区霞が関 3-8-1 虎の門三井ビルディング 1 階
TEL 03-6257-3715
営 10:00 ～ 18:00
休 月（祝日の場合は翌日)、12 月 29 日～ 1 月 3 日、3 月第 1 日曜
料 無料
交 地下鉄虎ノ門駅 3 番出口から徒歩 1 分

自国の領土と主権を学ぶ

領土・主権展示館（りょうど・しゅけんてんじかん）

北方領土、竹島及び尖閣諸島の歴史的経緯について国内外に発信している国立の施設。文献や写真などを交えながら、これらの島々が、日本固有の領土であることを解説している。

企画展やイベントも定期的に開催している

MAP 別冊 P.28-B2

サントリー美術館
住 港区赤坂 9-7-4 東京ミッドタウン ガレリア 3 階
TEL 03-3479-8600
営 10:00～ 18:00(最終入館 17:30)、金・土～ 20:00（最終入館 19:30)
休 火、展示替期間
料 展覧会により異なる
交 地下鉄六本木駅 8 番出口直結

「都市の居間」を目指す。設計は隈研吾氏

サントリー美術館（さんとりーびじゅつかん）

「生活の中の美」を基本理念に昭和 31 年開館。「美を結ぶ。美をひらく。」をミュージアムメッセージに絵画、陶磁、漆工、ガラスなどの日本美術を中心に企画展を開催する。

3 階吹き抜けの床材など、随所にウイスキーの樽材が再生利用されている

MAP 別冊 P.28-B2

21_21 DESIGN SIGHT
住 港区赤坂 9-7-6 東京ミッドタウン ミッドタウン・ガーデン
TEL 03-3475-2121
営 10:00～ 19:00(最終入館 18:30)
休 火、展示替期間
料 展覧会により異なる
交 地下鉄六本木駅 B8 出口から徒歩 5 分

文化としてのデザインの未来をつくる拠点

21_21 DESIGN SIGHT（とぅーわんとぅーわんでざいんさいと）

佐藤卓氏、深澤直人氏が中心となり、日常をテーマにした展覧会やワークショップなどを開催する、「デザインの今を伝える場」。創立は三宅一生。安藤忠雄氏が建築設計を手がけた。

「一枚の鉄板」の屋根は三宅一生の服づくりのコンセプト「一枚の布」から

MAP 別冊 P.28-C2

テレビ朝日
住 港区六本木 6-9-1
TEL 03-6406-1111
営 アトリウム月～土 9:30~20:30、日 9:30～20:00、ショップ10:00～19:00、カフェ9:30～19:00(L.O.18:00)
休 無休（年末年始を除く）
交 地下鉄六本木駅 1C・3 番出口から徒歩 7 分

アトリウムは誰でも入館可能

テレビ朝日（てれびあさひ）

『ドラえもん』などを放送する民間キー局。本社は「六本木ヒルズ」内にある。1 階アトリウムにはカフェやショップ、フォトスポットなどがあり、隣接の「毛利庭園」を望める。

本社屋の設計は槇文彦氏。敷地には昔ニッカウヰスキーの工場があった

休日の霞ヶ関や国会議事堂周辺などの散策がおすすめです。人が少なく静まり返った都心は、平日とは違った魅力がありますよ！

ビジネス＆政治の中心地に鎮座
日枝神社の神猿参り

江戸時代から徳川将軍や庶民から篤い信仰を集め、都内有数のパワースポットとして名高い日枝神社の歴史に迫る。

ハート型絵馬は良縁祈願に◎

ハート型文様

❶重厚な社殿。初詣や七五三は多くの人でにぎわう　❷仕事運にご利益があるパワスポとして有名な「猿田彦神社」と「八坂神社」　❸山の形をした山王鳥居がある山王橋参道　❹❺神門には「猪の目」と呼ばれるハート型の魔除けが見られる

荘厳な社殿と強力な守り神

日枝神社（ひえじんじゃ）

赤坂・永田町というビジネス＆政治の中心に鎮座する神社。徳川家康が江戸城を居城にするにあたり、「鎮守の社」と定め歴代の将軍をはじめ、庶民からも崇敬されてきた。現在では、仕事運アップや商売繁盛のご利益があると近隣のビジネスマンも多く訪れる。稲荷参道に連なる朱色の千本鳥居は緑に映えて壮観。山王橋参道側にはエスカレーターが設置されている。江戸三大祭りの「山王祭」（→ P.335）をはじめ、古くから伝わる伝統行事も多い。

MAP 別冊 P.29-A3 赤坂

住 千代田区永田町 2-10-5　TEL 03-3581-2471　営 開門 6:00 ～ 17:00　授与所・朱印所 8:00 ～ 16:00、御祈祷・宝物殿 9:00 ～ 16:00　休 無休　交 地下鉄溜池山王駅 7 番出口から徒歩 3 分

日枝神社の神猿

神様と人間を取り持つ存在として敬われ、山の守り神の使いともいわれる猿が神門や社殿横に置かれているのが特徴。授与品も神猿にちなんだものが多い。

神　門

夫婦一対の神猿。「猿＝さる、えん」と読むことから「勝る」、「魔が去る」、「縁」結びの象徴に。

社　殿

社殿前に置かれ、父猿像は社運隆昌や商売繁盛、母猿像は安産・子授け・家内安全を祈って撫でよう。

神猿が描かれた授与品にはハート形の絵馬や子授矢（各 1000 円）など。仕事運アップを目指して毎年夫婦で日枝神社に初詣に行っています。その甲斐あって（？）本書を担当することができました！（編集 M）

エリアナビ

副都心地域

都心地域を囲むように渋谷区、新宿区、豊島区、文京区からなる。それぞれ巨大ターミナル駅を抱え人の往来が激しい地域でありながら、緑が豊かなエリアも多い。

1 渋谷・原宿・表参道

最先端が集まるファッション＆カルチャーの発信地

P.194 MAP 別冊 P.30-33

2020年にオープンしたMIYASHITA PARK（→ P.197）をはじめ、再開発が進みさらに進化を続ける渋谷。駅から井ノ頭通りを北上すれば代々木公園（→ P.202）や、戸栗美術館（→ P.201）などが点在する奥渋谷と呼ばれるエリアに到着し、渋谷とはひと味違う落ち着いた雰囲気が味わえる。明治神宮（→ P.204）の参道として作られたことに由来する表参道には、セレクトショップやカフェが建ち並び、竹下通り（→ P.198）やキャットストリート（→ P.198）など細い路地に入って街歩きをするのも楽しい。

原宿駅を出て竹下通りを歩くと明治通りにぶつかる

2 新宿・新大久保・早稲田

日本一のターミナル駅を擁した都会的な街並み

P.206 MAP 別冊 P.34-35

都内でいちばんの乗降者数を誇る新宿駅を中心としたエリア。東京都庁第一本庁舎（→ P.208）や歌舞伎町など人の行き来が絶えない一方で、少し足を延ばせば新宿御苑（→ P.208）など落ち着いたスポットも。山手線外回りの先、新大久保はコリアンタウンとも呼ばれ、アジア系の飲食店やショップが数多く並ぶにぎやかな雰囲気が魅力だ。さらに1駅進んだ高田馬場駅を中心とした早稲田周辺は学生が多く行き交う街で、2021年に開館した早稲田大学 国際文学館（村上春樹ライブラリー）（→ P.210）も必見。

鉄道、地下鉄、高速バスターミナルが集結した新宿駅南口周辺

N 0 500m
板橋区
東武東上線
板橋駅
JR埼京線
3
豊島区
池袋駅
大塚駅
西武池袋線
目白駅
都電荒川線
西武新宿線
高田馬場駅
東中野駅
2
早稲田駅
JR中央線
東京都新宿区
中野区
大久保駅
新大久保駅
西武新宿駅
東京都庁
新宿駅
京王新線
京王線
千駄ケ谷駅
新宿御苑
代々木駅
信濃町駅
JR中央線
小田急小田原線
原宿駅
JR山手線・埼京線
1
渋谷区
京王井の頭線
渋谷駅
東急田園都市線
東急東横線
目黒区
恵比寿駅

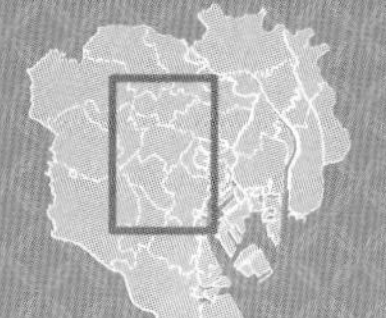

副都心地域でしたい5つのこと

尾久駅
荒川区
上中里駅
東北・上越新幹線
JR京浜東北線
JR宇都宮線・高崎線
日暮里・舎人ライナー
北区
駒込駅
巣鴨駅
田端駅
JR山手線
西日暮里駅
日暮里駅
台東区
文京区
東京ドーム
4
御茶ノ水駅
飯田橋駅
JR中央線
水道橋駅
千代田区
神田駅
市ケ谷駅
四ツ谷駅
皇居
東京駅
有楽町駅
JR京葉線
中央区
東京ミッドタウン
港区
JR山手線・京浜東北線・東海道線・横須賀線
新橋駅
六本木ヒルズ
東京タワー
浜松町駅
東海道新幹線
ゆりかもめ

3 池袋・巣鴨・雑司が谷

現代的なだけじゃない、懐かしい景色にも出合える

P.212 MAP 別冊 P.36-37

東と西で異なる顔を持つ池袋駅。東口は、サンシャイン 60 通りの先に水族館などが入ったランドマーク的存在のサンシャインシティ（→ P.214）がありにぎやか。一方、西口は東京芸術劇場（→ P.215）などが揃い文化的な体験もできるエリア。東口から南東へ徒歩 10 分ほど歩けば景色は一変し、鬼子母神（→ P.218）など昭和レトロな雰囲気が広がる雑司が谷エリアへ到着する。都電荒川線に乗車して巣鴨地蔵通り商店街（→ P.60）にある、とげぬき地蔵尊 髙岩寺（→ P.218）への参拝も忘れずに。

池袋駅を起点として、徒歩や路面電車で出かけよう

4 水道橋・本郷・飯田橋

個性的な町々が織りなす見どころ満載のエリア

P.220 MAP 別冊 P.38-39

JR 中央・総武線が走るこのエリアは、それぞれ街の特徴を生かしたディープな歩き方が楽しめる。御茶の水～神保町周辺では、古書店・カレー屋巡りのほか神田明神（→ P.222）、東京復活大聖堂（→ P.222）など歴史的建造物を巡るのもおもしろい。北上した先の秋葉原は AKB48 劇場（→ P.227）など、アニメ&漫画好きにはたまらないスポットが盛りだくさん。水道橋駅周辺は東京ドームシティ（→ P.226）などのレジャースポットが多くありながら、小石川後楽園（→ P.228）など江戸の面影も残る。

神田古書店街には世界でも類を見ないほどの書店が集まる

カルチャーとファッションの発信地

渋谷（しぶや）・原宿（はらじゅく）・表参道（おもてさんどう）

渋谷の代表的スポット「スクランブル交差点」。外国人観光客にも人気だ

エリア利用駅

渋谷駅
JR 山手線、JR 埼京線、JR 湘南新宿ライン、東京メトロ銀座線、東京メトロ半蔵門線、東京メトロ副都心線、東急東横線、東急田園都市線、京王井の頭線など

原宿駅
JR 山手線

表参道駅
東京メトロ千代田線、東京メトロ銀座線、東京メトロ半蔵門線

コインロッカー情報
副都心線や半蔵門線渋谷駅地下1階 A2 出口付近などにある。

渋谷・原宿・表参道駅への行き方

- 東京駅 → JR 山手線（外回り） 所要約 26 分 208 円 → 渋谷駅
- 羽田空港駅 → 京急線 所要約 20 分 292 円 → 品川駅 → JR 山手線（外回り） 所要約 13 分 178 円 → 渋谷駅
- 渋谷駅 → JR 山手線（外回り） 所要約 2 分 146 円 → 原宿駅
- 渋谷駅 → 東京メトロ銀座線 所要約 2 分 178 円 → 表参道駅

明治天皇と昭憲皇太后を御祭神とする明治神宮の創建は大正９年。その正面参道として整備されたのが、青山通りから神宮橋にいたる表参道だ。戦後、現在の代々木公園の敷地には米軍施設であるワシントン・ハイツが造られ、周辺にアメリカ人向けの商業店舗が建ち並ぶようになる。昭和 39 年には東京オリンピックが開催。ワシントン・ハイツの跡地は選手村となり、さらに国際色豊かになっていく。米軍関係者の住居として竣工した原宿セントラルアパートには著名なクリエイターが住むようになり、渋谷方面に昭和 48 年に渋谷 PARCO（パート 1）が開館。昭和 53 年にはラフォーレ原宿がオープンし、カルチャーとファッションの発信地として発展してきた。

読者だより 渋谷の公園通り近くにあるカフェ「紅茶の店ケニヤン」の“アイミティー”というアイスミルクティーが絶品です。住渋谷区神南 1-14-8 南部ビル 1 階 交 JR 渋谷駅ハチ公口から徒歩 6 分

歩き方

新旧のカルチャーの中心地が入り混じる

原宿駅西口を出ると明治神宮の荘厳な鳥居が現れる。代々木公園が隣接しており、南側には国立代々木競技場やNHKホールがある。原宿から渋谷駅を結ぶ公園通りにはLINE CUBE SHIBUYA（渋谷公会堂）や渋谷 PARCOなどがあり、細い路地までファッションや雑貨の店が建ち並ぶ。渋谷は、駅前のスクランブル交差点を起点に歩こう。忠犬ハチ公像がある渋谷駅ハチ公口を背にして、道玄坂下にはSHIBUYA109渋谷店、文化村通りを進むとBunkamuraが見えてくるはずだ。渋谷駅をくぐり東口方面に出ると宮益坂があり、右手には渋谷スクランブルスクエアや渋谷ヒカリエ、左手にはMIYASHITA PARKなど大型商業施設が多くある。

再開発が進む渋谷駅周辺は今後もオフィスや商業ビルの竣工予定がある

渋谷～表参道～原宿は徒歩圏内

宮益坂を上ると国際連合大学本部やスパイラルなどがある青山通りにぶつかる。宮益坂上からは表参道駅まで徒歩10 分ほど。表参道駅から原宿駅を結ぶ表参道沿いには表参道ヒルズやハイブランドの旗艦店が建ち並び、神宮前交差点には東急プラザ表参道原宿、そして明治通りを挟んで向かいにラフォーレ原宿がある。この周辺には美術館や記念館も点在しており、カフェでひと休みしながらゆっくり見て回りたい。その先の竹下通りを抜けると目の前は原宿駅だ。

裏通りに林立するセレクトショップやカフェ巡りも楽しいエリア

おさんぽプラン

1. 岡本太郎記念館（→ P.200） 徒歩12分
2. 表参道ヒルズ（→ P.199） 徒歩3分
3. キャットストリート（→ P.198） 徒歩6分
4. 太田記念美術館（→ P.200） 徒歩5分
5. 代々木公園（→ P.202）

TOKYO小噺 「裏原宿」・「奥渋谷」とは？

明治通りから表参道寄りの裏通りは、服飾の路面店が林立し「裏原宿」と呼ばれる。このエリアに店舗をもつブランドから発信されたファッション「裏原系」は、1990 年代後半～ 2000 年代前半にブームとなった。
「奥渋谷」と呼ばれるのは、渋谷駅北西、代々木公園の井ノ頭通りより西側の宇田川町、神山町、富ヶ谷の一帯。渋谷の喧騒を逃れ、ゆったりとした時間を過ごすことができるカフェやギャラリーが建ち並んでいる。

このエリアでできること

●渋谷のんべい横丁を探検→ P.90
●明治神宮＋ミュージアム→ P.204
●ライブレストランへ行こう→ P.406

渋谷の地下には川が流れている

「新宿御苑」に水源をもつ「渋谷川」は、渋谷区内・港区内を通り、東京湾に流れ込む全長約 10km の川だった。支流は童謡「春の小川」のモデルになったともいわれる。第 2 次世界大戦後の都市計画や東京オリンピック 1964 開催に向けて公共下水道の普及が必要となったことなどから暗渠（あんきょ）となり、1960 年代後半に地下は下水道に、地上は道路となった。裏原宿の「キャットストリート」は、旧渋谷川遊歩道路の愛称で、渋谷川の上に整備されたものだ。表参道と合流する地点に「旧参道橋」の親柱が残る。

明治通り沿いから渋谷ストリームを望む

「スパイラル」は株式会社ワコールが「生活とアートの融合」をテーマに昭和 60 年に開いた複合文化施設。螺旋状に上昇していくイメージを表現した槇文彦氏設計の建物と多彩な展覧会に刺激を受けます。（編集 S）

MAP 別冊 P.33-B3

スクランブル交差点
住 渋谷区道玄坂下
交 JR 渋谷駅ハチ公出口から徒歩1分

交差点の様子は 24 時間生配信

スクランブル交差点（すくらんぶるこうさてん）

正式名称は「渋谷駅前交差点」。昭和 48 年スクランブル化された。1 日の交通量は最大 50 万人、1 回約 50 秒の青信号で多い時には約 3000 人が通行するといわれている。大人数が同時に通行してもぶつからずに渡る光景が外国人観光客にも人気で、世界でいちばん有名な交差点とも呼ばれる。

多数の屋外ビジョンや看板が設置されている

MAP 別冊 P.33-B3

忠犬ハチ公像
住 渋谷区道玄坂 2-1
交 JR 渋谷駅ハチ公出口すぐ

モデルとなった秋田犬は大正 12 年生まれ

忠犬ハチ公像（ちゅうけんはちこうぞう）

主人が亡くなった後も毎日渋谷駅改札口に座り帰りを待ち続けた秋田犬のハチ。東京朝日新聞で報道されると「忠犬ハチ公」と呼ばれ全国から現金や食料が届く。「ハチ公こそ渋谷の誇り」と初代銅像は昭和 9 年地元有志により建てられた。渋谷の代表的待ち合わせ場所となっている。

初代銅像は戦中の金属回収で供出されたため、現在建つのは二代目

MAP 別冊 P.33-B3

渋谷センター街
住 渋谷区宇田川町
交 JR 渋谷駅ハチ公出口から徒歩1分

「安全安心、きれいなまち」を目指す

渋谷センター街（しぶやせんたーがい）

渋谷駅からスクランブル交差点を渡ってすぐのところに位置する渋谷区宇田川町の商店街の呼称。健全な街へのイメージ向上とスポーツ振興を目的にメイン通りは 2011 年に「バスケットボールストリート」に名称を変更した。平日は約 5 ～ 6 万人、休日は約 7 ～ 8 万人が来街する。

入口のアーチから T 字路までをバスケットボールストリートと呼ぶ

読者だより
國學院大学渋谷キャンパス近くにある「Reg-On Diner」のハンバーガーが絶品です！
住 渋谷区東 1-8-1 K HOUSE 1 階　交 JR 渋谷駅新南口から徒歩 8 分

道玄坂下交差点のランドマーク

SHIBUYA109 渋谷店

しぶやいちまるきゅう しぶやてん

昭和54年東急グループが開業。名前は万国共通の数字を取り入れた。1990年代にはカリスマ店員ブームの火付け役に。現在もZ世代を中心に若者の支持を受け続ける。

外観ロゴは開業40周年を機に刷新。公募の中から審査や投票を経て選ばれた

MAP 別冊 P.33-B2

SHIBUYA109 渋谷店
住 渋谷区道玄坂2-29-1
TEL 03-3477-5111
営 10:00～21:00（営業時間が異なる店舗あり） 休 1月1日
交 JR渋谷駅ハチ公出口から徒歩3分

地下2階のスイーツフロア「MOG MOG STAND」もチェックしたい

約190の個性あふれるショップが出店

渋谷 PARCO

しぶや ぱるこ

昭和48年の開業以来渋谷カルチャーの発信地となってきた。2019年にリニューアルし、地下1階～地上10階まで、ファッションのみならず、レストラン、劇場、ギャラリー、屋上広場などを備える。

建物に沿い通路と階段が螺旋状に続く「立体街路」が特徴的

MAP 別冊 P.32-B2

渋谷 PARCO
住 渋谷区宇田川町15-1
TEL 03-3464-5111 営 ショップ11:00～21:00、レストラン11:30～23:00(営業時間が異なる店舗あり)、6階は土日祝に限り10:00～21:00 休 不定休
交 JR渋谷駅ハチ公出口から徒歩5分

6階には「Nintendo TOKYO」が出店
© Nintendo

200以上ものショップが集結

渋谷スクランブルスクエア

しぶやすくらんぶるすくえあ

渋谷で最も高い地上47階地下7階建ての大規模複合施設。共創施設「SHIBUYA QWS」、東京スカイツリー®などを望める展望施設「SHIBYA SKY」などが注目を集める。

「SHIBUYA SKY」の屋上では渋谷上空229mから360度景色を眺めることができる

MAP 別冊 P.33-B3

渋谷スクランブルスクエア
住 渋谷区渋谷2-24-12
TEL ショップ&レストラン03-4221-4280、SHIBUYA SKY03-4221-0229 営 SHIBUYA SKY10:00～22:30（最終入場21:20)、物販・サービス（地下2階～地上11・14階）～21:00、レストランフロア12・13階11:00～23:00 ※変更となる場合あり 休 不定休
交 各線渋谷駅直結

3つの施設で構成された低層階複合施設

MIYASHITA PARK

みやした ぱーく

1960年代に東京初の屋上公園として整備された「渋谷区立宮下公園」、約90のテナントが入居する「RAYARD MIYASHITA PARK」、隣接のホテルを一体として再開発し開業した。

「MIYASHITA PARK」は全長330m。渋谷駅と表参道駅をつなぐ結節点にある

MAP 別冊 P.33-B3

MIYASHITA PARK
住 渋谷区神宮前6-20-10
営 施設により異なる
休 施設により異なる
交 各線渋谷駅から徒歩3分

公園にはスケートボード場やボルダリングウォールもある

2023年はハチ公生誕100年。「忠犬ハチ公像」のモデル・ハチは大正12年秋田県大館市で生まれた。ハチ公前広場にあった「東急5000系車両（愛称・青ガエル）」は大館市に移設されるなど両自治体は交流を深めている。

MAP 別冊 P.31-B3

竹下通り
住 渋谷区神宮前1
交 JR原宿駅竹下口から徒歩2分

「明治通り」までの約350mにショップが並ぶ

竹下通り（たけしたどおり）

JR原宿駅竹下通り口を出てすぐの商店街。「CUTE CUBE HARAJUKU」を中心に、KAWAII文化の発信地として外国人旅行者も多く訪れる。入口のアーチに設置された「竹下通りパノラマビジョン」に作品を投影する「竹下通りアートフェス」を毎年開催している。

入口のアーチにはバルーンデザイナーによる装飾が見られる

MAP 別冊 P.33-A4

キャットストリート
住 渋谷区神宮前4～6
交 地下鉄明治神宮前駅4・5番出口から徒歩5分

「裏原宿」の中心地

キャットストリート（きゃっとすとりーと）

渋谷と原宿を結ぶ明治通りから表参道まで続く約1kmの裏通り。道沿いには有名ブランド店やセレクトショップ、カフェ、古着屋などが建ち並ぶ。昭和39年に造られた遊歩道で、渋谷川の流れの名残を残す地形を活かした街並みはフォトスポットとしても人気。

道路の下には暗渠化された渋谷川が流れている

MAP 別冊 P.31-B3

ラフォーレ原宿
住 渋谷区神宮前1-11-6
TEL 03-3475-0411
営 11:00～20:00
休 無休
交 地下鉄明治神宮前駅5番出口から徒歩1分

神宮前交差点に建つ原宿のランドマーク

ラフォーレ原宿（らふぉーれはらじゅく）

表参道と交差する明治通りの一角に昭和53年に誕生。昭和57年に「ラフォーレミュージアム」もオープンし「ファッション＝時代を表現するカルチャー全般」という視点から流行を発信してきた。上階へ人を呼び込むため上下の店舗が見えるスキップフロアが採用されている。

ビル前面に掲げるポスターは各時代を彩るクリエイターがデザインしてきた

読者だより　読者から届いた渋谷周辺のおすすめスポット→ Ron Herman Café 千駄ヶ谷店（交渋谷区千駄ケ谷2-1-11）、pixiv WAEN GALLERY（交渋谷区神宮前5-46-1 TWIN PLANET South BLDG. 1階）

「表参道」の約1/4の長さを占める

表参道ヒルズ

おもてさんどうひるず

「旧同潤会青山アパート」の建替事業として、2006年に誕生した全長250mの複合施設。約100店舗、38戸の住宅で構成される。安藤忠雄氏は景観と環境との調和を第一に考え、建物の高さを表参道のケヤキ並木と同じ程度に設計。地下6階～地上6階の西館、本館、同潤館から成る。

本館の吹抜け空間には表参道と同じ傾斜のスロープが配されている

MAP 別冊 P.31-B4

表参道ヒルズ
住 渋谷区神宮前4-12-10
TEL 03-3497-0310（11:00 ～ 18:00）
営 ショップ・カフェ 11:00 ～ 21:00、日～ 20:00、レストラン～ 23:00（L.O.22:00）、日 ～ 22:00（L.O.21:00）、営業時間が異なる店舗あり
休 不定休
交 地下鉄表参道駅A2出口から徒歩2分

東端の同潤館には、「同潤会青山アパート」の外観が再現されている

伊東豊雄氏による「道の建築」

WITH HARAJUKU

うぃずはらじゅく

原宿駅前に2020年に誕生した複合施設。竹下通りと表参道の間にあり、両者をつなぐ通路「WITH HARAJUKU STREET」を敷地内に整備した。石や天然木など自然の素材を多用し、ぬくもりが感じられる。屋外スペースが広く、2階と3階にはテラスが設けられている。

かつて「源氏山」と呼ばれた界隈でも高い位置にある

MAP 別冊 P.31-B3

WITH HARAJUKU
住 渋谷区神宮前1-14-30
営 店舗により異なる
休 年1回
交 JR原宿駅東口から徒歩1分

「WITH HARAJUKU STREET」の出入口は鳥居のようにも見える

庭と建築とアート作品が融合する空間

根津美術館

ねづびじゅつかん

東武鉄道の社長などを務めた実業家・初代根津嘉一郎が蒐集した日本・東洋の古美術品を展示する企画展を年7回開催。開館は昭和16年。大規模な新・改築工事を経て2009年に新創した。大屋根が印象的な本館の設計は隈研吾氏。外には4棟の茶室を含む広大な庭園が広がっている。

印象的なアプローチ空間には約680本の国内産のさらし竹が使われている

MAP 別冊 P.31-C4

根津美術館
住 港区南青山6-5-1
TEL 03-3400-2536
営 10:00 ～ 17:00（最終入館16:30、オンライン予約制）
休 月（祝日の場合は開館、翌日休館。展示と展示の間）
料 1500円～、高校・大学生1200円～、中学生以下無料（学生証提示必須）
交 地下鉄表参道駅A5出口から徒歩8分

庭園を望むエントランスホールにも作品が展示されている

東京見聞録

2024年春、神宮前交差点に新商業施設の開業予定が東急不動産から発表された。平田晃久が外装・屋上デザインを手がけ、地上9階地下3階の建物となる予定。外装のコンセプトは「KNIT DESIGN（まちを編む）」。

MAP 別冊 P.31-C4

岡本太郎記念館
住港区南青山 6-1-19　TEL03-3406-0801　営10:00 ～ 18:00（最終入館 17:30）　休火（祝日の場合は開館）、12 月 28 日～ 1 月 4 日、保守点検日　料650 円、小学生 300 円　交地下鉄表参道駅 A5 出口から徒歩 8 分

「坐ることを拒否する椅子」など彫刻が点在する庭も公開されている

42 年間住まい、多くの作品が生み出された

岡本太郎記念館（おかもとたろうきねんかん）

坂倉準三が設計した、岡本太郎の住居兼アトリエ。木造 2 階建ての書斎／彫刻アトリエを展示棟に建て替え、太郎没後 2 年の 1998 年に開館した。年に数回企画展も開催される。

床に塗料などが残るアトリエ。正面に並ぶ作品は定期的に入れ替えられる

MAP 別冊 P.31-B3

太田記念美術館
住渋谷区神宮前 1-10-10　TEL050-5541-8600（ハローダイヤル）
営10:30 ～ 17:30（最終入館 17:00）
休月（祝日の場合開館、翌日休館、展示替期間）　料展覧会により異なる
交JR 原宿駅表参道口から徒歩 5 分

葛飾北斎　冨嶽三十六景　神奈川沖浪裏　天保 2（1831）年頃

個人のコレクションとしては世界有数

太田記念美術館（おおたきねんびじゅつかん）

東邦生命保険相互会社社長を務めた太田清藏が蒐集した浮世絵公開のため設立。 葛飾北斎や歌川広重、歌川国芳など人気絵師の作品をはじめとする収蔵品は約 1 万 5000 点に及ぶ。

作品保護のため毎月テーマと作品を替えた企画展を開催している

MAP 別冊 P.31-C4

ヨックモックミュージアム
住港区南青山 6-15-1
TEL03-3486-8000
営10:00 ～ 17:00（最終入館 16:30）　休月、展示替期間
交地下鉄表参道駅 B1 出口から徒歩 9 分

カフェでは同社ハイブランド「UN GRAIN」も楽しめる

アートで学ぶ教育プログラムも充実

ヨックモックミュージアム（よっくもっくみゅーじあむ）

ヨックモック創業者藤縄則一の「菓子は創造するもの」という思いを受け継ぎ、二代目の利康氏が開館。30 年以上かけ蒐集した 500 点以上のピカソのセラミック作品を中心に企画展を開催する。

「自宅に友人を招くように迎えたい」と家型の建築が住宅地に設置された

MAP 別冊 P.31-B3

Galaxy Harajuku
住渋谷区神宮前 1-8-9
営11:00 ～ 19:00
休1 月 1 日
交地下鉄明治神宮前駅 5 番出口から徒歩 3 分

オリジナルアクセサリーを作れる工房「My Galaxy」とカフェがある

新しく、特別な体験を提供し続ける

Galaxy Harajuku（ぎゃらくしー はらじゅく）

世界最大級の Galaxy モバイル製品体験型施設。地下 1 階・地上 6 階の施設に製品の体験スペース、イベントスペース、テラス付きカフェなどがあり、楽しみながら Galaxy の世界観を体験できる。

1 階ではスマホやスマートウォッチなど、最新の Galaxy 製品を体験できる

SHOZO COFFEE STORE TOKYO は何度も行きたくなる落ち着く雰囲気のお店です。スコーンがとてもおいしい！（PN：R）住港区北青山 3-10-15 1 階 交地下鉄表参道駅 B2 出口から徒歩 1 分

現代アートファン層の拡大に貢献

ワタリウム美術館（わたりうむびじゅつかん）

1990年9月、スイスの建築家マリオ・ボッタの設計によりプライベート美術館として開館。以来世界的に活躍する国内外のアーティストを招き、独自の視点で企画展を開催している。また講演会、ワークショップ、研究会、現地への研修旅行なども開催する。

御影石とコンクリートのストライプが印象的な外壁

MAP 別冊 P.31-B4

ワタリウム美術館
住 渋谷区神宮前 3-7-6
TEL 03-3402-3001
営 11:00 ～ 19:00
休 月（祝日の場合開館）、展示替期間
料 展覧会により異なる
交 地下鉄外苑前駅 3 番出口から徒歩 7 分

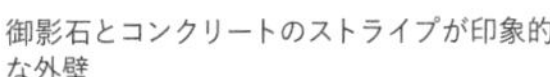

1987年鍋島家屋敷跡に開館

戸栗美術館（とぐりびじゅつかん）

実業家・戸栗亨のコレクションを保存・展示する陶磁器専門の美術館。伊万里・鍋島などの肥前磁器、中国・朝鮮などの東洋陶磁を主に所蔵する。さまざまな切り口からテーマを設定し、収蔵品を厳選した企画展を年4回開催。小展示室にて現代陶磁器作家の個展を行うこともある。

展覧会期間中は不定期で学芸員による展示解説がある。予約不要

MAP 別冊 P.32-B1

戸栗美術館
住 渋谷区松濤 1-11-3
TEL 03-3465-0070
営 10:00 ～ 17:00（最終入館 16:30)、金・土～ 20:00（最終入館 19:30）
休 月・火（祝日の場合は開館、両日祝日の場合のみ翌日休館)、展示替期間
料 展覧会により異なる
交 京王井の頭線神泉駅北口から徒歩 10 分

庭を望めるラウンジでは、セルフサービスでコーヒーなどを飲める

高級住宅地に建つ「区民の憩いの場」

渋谷区立松濤美術館（しぶやくりつしょうとうびじゅつかん）

渋谷区の文化向上のため昭和56年に開館。企画展のほか、区在住・在学・在勤者の作品を展示する公募展を定期的に開催している。住宅地という地域性を鑑み、地上2階・地下2階、外周の窓を最小限に抑え、中央の吹き抜けから採光する形状の建築は、白井晟一の晩年の代表作と言われる。

韓国産の花崗岩を取り寄せ、使用した特徴的な外観。白井晟一は紅雲石と呼んだ

MAP 別冊 P.32-B1

渋谷区立松濤美術館
住 渋谷区松濤 2-14-14
TEL 03-3465-9421
営 10:00 ～ 18:00、金～ 20:00
休 月（祝日の場合は開館、翌日休館)、12 月 29 日～ 1 月 3 日、展示替期間
料 展覧会により異なる
交 京王井の頭線神泉駅西口から徒歩 5 分

曲線が美しい螺旋階段が各階を結ぶ。多面体の照明も白井晟一のデザイン

松濤は都内有数の高級住宅地。江戸期は紀州徳川家の土地で、明治期鍋島家に払い下げられた。大正期には華族や事業家の邸宅街に変貌。「忠犬ハチ公」の主人・東京大学農学部教授の上野英三郎も松濤に住んでいた。

MAP 別冊 P.30-B2

代々木公園
住 渋谷区代々木神園町、神南 2
TEL 03-3469-6081（代々木公園サービスセンター）
営 24 時間　休 無休　料 無料
交 地下鉄明治神宮前駅 2 番出口徒歩 3 分

A 地区にあるバラ園とフラワーランドでは春と秋に 64 種のバラを楽しめる

都心でいちばん広い空が見える公園

代々木公園（よよぎこうえん）

陸軍代々木練兵場、ワシントンハイツ、東京オリンピック 1964 の選手村を経て昭和 42 年に開園。森林公園としての A 地区と陸上競技場や野外ステージを備える B 地区で構成される。

オランダ選手の宿舎だった建物が「オリンピック記念宿舎」として残る

MAP 別冊 P.30-B2

代々木八幡宮
住 渋谷区代々木 5-1-1
TEL 03-3466-2012
営 9:00 ～ 17:00
休 無休
交 地下鉄代々木公園駅 1 番出口徒歩 5 分

「出世稲荷社初午祭」では有志により紅白の幟が奉納される

鎌倉時代にご創建の古社

代々木八幡宮（よよぎはちまんぐう）

鎌倉幕府二代将軍頼家に列なる家臣・荒井外記智明が建暦 2（1212）年に創建。末社の「出世稲荷社」は仕事運にご利益があると話題。境内には縄文時代の復元住居跡もある。

社は自然林に囲まれ、クスノキ、ケヤキ、イチョウなどが見られる

MAP 別冊 P.31-A4

東京・将棋会館
住 渋谷区千駄ヶ谷 2-39-9　TEL 03-3408-6596（売店）　営 売店 10:00 ～ 17:00、道場月～金～ 18:00（最終手合 17:30）、土・日 12:00 ～ 20:00（最終手合 19:30）　休 売店火（祝日の場合は営業）、棚卸日、道場無休
交 地下鉄北参道駅 2 番出口から徒歩 5 分

付箋やポチ袋、扇子など、人気棋士のオリジナル商品が充実している

将棋の普及発展と技術向上に努める

東京・将棋会館（とうきょう・しょうぎかいかん）

日本将棋連盟の本部があり対局室では公式戦も行われる。誰でも入場可能な道場では将棋教室やセミナーを開催。売店には将棋に使う道具のほか、人気棋士のグッズも揃う。

現在の建物は昭和 51 年落成。2024 年に「千駄ケ谷センタービル」へ移転予定

MAP 別冊 P.30-B1

東京ジャーミイ・ディヤーナト トルコ文化センター
住 渋谷区大山町 1-19　TEL 03-5790-0760　営 一般見学月～木・土・日 10:00 ～ 18:00、金 14:00 ～　休 無休　料 無料　交 地下鉄代々木上原駅南口 1 番出口から徒歩 5 分

「ハラールマーケット」では多彩な食文化に触れられる

伝統と現代の融合を目指した空間

東京ジャーミイ・ディヤーナトトルコ文化センター（とうきょうじゃーみぃ・でぃやーなと　とるこぶんかせんたー）

昭和 13 年創建の「東京回教礼拝堂」を前身とする日本最大級のモスク。現在の建物は 2000 年に新築されたもの。信徒以外も見学することができる。

伝統職人により、イスラム芸術を代表する意匠が施された美しい空間

読者だより　私のおすすめスポットは代々木上原駅前の「吉野寿司」です。
住 渋谷区上原 1-35-9 交 地下鉄代々木上原駅南口 2 すぐ

2階は利為侯爵家族の生活の場だった

旧前田家本邸洋館
きゅうまえだけほんていようかん

旧加賀藩前田家第十六代当主・利為が昭和4年に建てた邸宅で、地上3階地下1階建ての洋館。ほぼ建築当時の姿が残され、内部は一般公開されている。壁や窓に施された装飾は必見。

階段のある広間。透かし窓の模様には宝相華唐草が取り入れられている

MAP 別冊 P.30-C1

旧前田家本邸洋館
住 目黒区駒場4-3-55　TEL 03-3466-5150（旧前田家本邸洋館管理事務室）　営 9:00～16:00　休 月・火（祝日の場合は開館）、12月29日～1月3日　料 無料　交 京王井の頭線駒場東大前駅西口から徒歩8分

スクラッチタイルの壁、張り出した車寄せ、とんがり屋根の塔が印象的

茶会ができる茶室も備える

旧前田家本邸和館
きゅうまえだけほんていわかん

上記の洋館と渡り廊下で結ばれた和館はロンドン駐在武官であった利為侯爵が外国賓客に日本文化を伝えるために建てたとされる。2階建ての書院造りで欄間の装飾や襖絵も見事。

回遊式庭園は原熙氏作。季節により表情が変わり、冬も美しい

MAP 別冊 P.30-C1

旧前田家本邸和館
住 目黒区駒場4-3-55　TEL 03-5722-9242（目黒区道路公園課公園活動支援係）　営 9:00～16:00　休 月（祝日の場合開館、翌日休館）、12月28日～1月4日　料 無料　交 京王井の頭線駒場東大前駅西口から徒歩8分

駒場公園内にあり、1階広間は無料開放されている

文学者・研究者らの訴えにより昭和42年に誕生

日本近代文学館
にほんきんだいぶんがくかん

夏目漱石や芥川龍之介、川端康成など明治以降に活躍した日本作家に関連する図書、日記、手書き原稿など約130万点の貴重な資料を収蔵。所蔵資料の展示や関連講座も開催する。

「閲覧室」を利用できるのは満15歳以上。肉筆資料の閲覧は要予約

MAP 別冊 P.30-C1

日本近代文学館
住 目黒区駒場4-3-55　TEL 03-3468-4181　営 9:30～16:30（最終入館16:00）　休 日・月（祝日の場合は開館、翌平日休館）、第4木、2月と6月の第3週　料 閲覧室300円、展示室300円、中・高校生100円　交 京王井の頭線駒場東大前駅西口から徒歩7分

館内の「喫茶室BUNDAN」も人気。約2万冊の書籍を閲覧できる

現館長はプロダクトデザイナー深澤直人氏

日本民藝館
にほんみんげいかん

「民藝」という概念の普及と民藝運動の本拠として柳宗悦氏らにより昭和11年開設。陶磁器、染織品、木漆工品など、古今東西の新古工芸品約1万7000点を収蔵している。

磨き込まれた中央階段が来館者を迎える本館。床は大谷石で造られている

MAP 別冊 P.30-C1

日本民藝館
住 目黒区駒場4-3-33　TEL 03-3467-4527　営 本館10:00～17:00（最終入館16:30）、西館第2・3水・土　休 本館月（祝日の場合開館、翌日休館）、展示替期間　料 1200円、高校・大学生700円、小・中学生200円　交 京王井の頭線駒場東大前駅西口から徒歩7分

西館は宗悦氏の生活の場。客間の小襖は芹沢銈介作（通常非公開）

江戸期前田家の屋敷は東京大学本郷キャンパス一帯にあり、赤門は前田家により建てられた。関東大震災後、本郷キャンパス拡充のため大学所有の駒場の土地と前田家の土地を交換。現在の駒場公園に本邸が造られた。

森に包まれた都会のオアシス
明治神宮のパワースポット

初詣の参拝者数は例年日本一。昼なお暗い神宮の森は都会のオアシスでありパワースポット。散策して元気をいただこう！

祭神は明治天皇と昭憲皇太后

明治神宮（めいじじんぐう）

明治45年に崩御された明治天皇と大正3年崩御の昭憲皇太后を祭神とする明治神宮は大正9年の創建。巨木が生い茂る神宮の杜の姿から大昔からあるものと思う人も今では多そうだが、実は100年を迎えたばかり。杜は全国各地から奉献された木を移植した人工林だ。ご祭神が近代の天皇という神社は100年を経て都会の癒やしスポットに成長した。

❶ 南参道鳥居

明治神宮の参道は南北西の3つあり南参道がメイン。原宿駅のすぐ西側に立つ南参道鳥居（第一鳥居）は2022年に建て替えたばかりで白木の美しい姿が緑に映える。

MAP 別冊 P.31-A3 原宿
住 渋谷区代々木神園町1-1　TEL 03-3379-5511　営 5:20～17:20　休 無休　料 本殿：お志、御苑拝観料：500円
交 JR原宿駅西口から徒歩1分

参道中ほど、フォレストテラスの先にある「奉献酒樽」。各地から奉納された日本酒酒樽（写真上）のほか、ワイン樽（下）もあるのがおもしろい。

❷ 代々木の杜

神宮の杜は照葉樹の人工林。全国から寄せられた10万本の木を計画的に配置し、100年後を見据えて荒地から森へと育てた。今では動植物の宝庫だ。

❹ 御社殿

南参道入口から約10分、最後の鳥居をくぐると御社殿（本殿）が見えてくる。本殿の北側には芝地があり、参拝後にのんびり過ごせる。御朱印やお守りなどは授与所で。

❸ 大鳥居

奉献酒樽の先を左折すると明治神宮でいちばん大きな鳥居、別名「第二鳥居」がそびえ立つ。このタイプの木造鳥居としては日本一で高さは12m、柱の直径は1.2m。

明治神宮御苑

隔雲亭

明治天皇の皇后、昭憲皇太后が御苑散策の折に休まれるために建てられたご休憩所・茶室。戦災で焼失したが昭和33年に再建された。

南池

清正井を水源とする池で、御社殿の南側にあることから南池と名づけられた。四季折々の花のほか、秋冬には渡り鳥の姿も見られる。

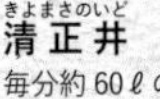

清正井（きよまさのいど）

毎分約60ℓの水量を誇る都会では珍しい天然の湧水。水温は1年を通じておよそ15℃を保つ。加藤清正が掘ったとされている。

ここにも立ち寄りたい

展示品で目を引くのが「六頭曳儀装車」。明治22年の憲法発布日に使われた英国製馬車

MAP 別冊 P.31-A3 原宿
TEL 03-3379-5875 営 10:00 ～ 16:30
休 木 料 1000円、高校生以下900円、小学生未満無料 CC 不可

明治天皇ゆかりの品々を保存・公開

明治神宮ミュージアム（めいじじんぐうみゅーじあむ）

明治神宮の祭神である明治天皇と昭憲皇太后ゆかりの品々を保存・展示する博物館。収蔵品は従来御社殿北側の宝物殿で保存・展示されてきたが、鎮座百年記念事業の一環として2019年に新しく明治神宮ミュージアムがオープンした。明治天皇が日々お使いになられた品々や縁のある美術工芸品を展示する常設展のほか、さまざまなテーマで企画展覧会が不定期に催される。

疲れたらカフェでひと休み

境内には、くつろげるカフェが2ヵ所ある。南参道入口付近の「杜のテラス」は開放的なウッドデッキが人気。フォレストテラス明治神宮内の「杜のテラス 2nd」では本格ピザやサンドイッチを楽しめ、テラス席もある。隣にはフードコートや本格レストランもある。

エネルギッシュな大都会と異文化ミックスタウン

新宿（しんじゅく）・新大久保（しんおおくぼ）・早稲田（わせだ）

「東京都庁第一本庁舎」（→P.208）展望室の南東方面から見える風景

エリア利用駅

新宿駅
JR山手線、JR中央線（快速）、小田急線、京王線、東京メトロ丸ノ内線、都営新宿線、都営大江戸線など

新宿三丁目駅
東京メトロ丸ノ内線、東京メトロ副都心線、都営新宿線

新大久保駅
JR山手線

早稲田駅
東京メトロ東西線

コインロッカー情報

新宿駅、新宿三丁目駅は各線の改札付近にロッカーがある場合が多い。新大久保駅は改札付近にある。

新宿・新大久保駅への行き方

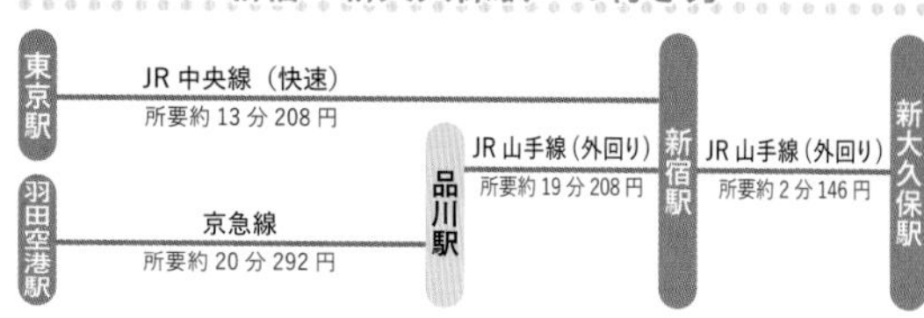

江戸時代の繁華街といえば日本橋や浅草、両国で、新宿周辺は農村地帯にすぎなかった。しかし元禄11（1698）年、甲州街道と青梅街道が交わり、江戸からちょうどよい距離にあったこの地に目をつけた浅草の商人たちにより、宿場町・内藤新宿が開かれた。町はすぐに多摩地域と江戸の中継地、あるいは盛り場として発展し、江戸四宿（ほかに中山道の板橋、東海道の品川、奥州・日光街道の千住）に数えられるほどの繁栄を誇った。この頃の中心は今の新宿1～3丁目付近だ。現在のように駅周辺がにぎわうようになったのは昭和に入ってからで、中央線と山手線が結ばれると、映画館や百貨店が次々と建てられた。北に隣接する新大久保は、明治・大正期には多くの文人や外国人が住んだ場所。1950年代にロッテの工場ができて、発展していく。

新大久保で、インド料理に使うスパイスが大量・格安で購入できる「The Jannat Haral Food」がおすすめです。（PN：あおいひと）住新宿区百人町 2-9-1

歩き方

新宿の見どころはおもに東口側に点在

新宿通りと明治通りが交わる新宿三丁目交差点。左側にそびえるのが伊勢丹新宿店

内藤新宿の名の由来となった内藤家の屋敷跡にある新宿御苑から歩いてみよう。日本庭園や玉藻池、温室など、ひとつの庭園でバリエーション豊かな景観が楽しめるので散歩に最適だ。この脇を走るのが甲州街道で、駅方面に歩くと「追分だんご本舗」がある。追分とは分岐点を意味し、ここが甲州街道と青梅街道の交わる地だったことからついた名だ。このふたつの街道に挟まれた新宿１～３丁目がかつての宿場町の中心地。現在もにぎわうエリアで、特に新宿３丁目には伊勢丹新宿店や紀伊國屋書店、マルイ、ビックカメラなど大きな商業施設がひしめく。靖国通りを越えると、歓楽街の歌舞伎町、新宿ゴールデン街などのディープな地区となり、新宿の総鎮守である花園神社もここにある。一方で西新宿にはおもにオフィスビルや大型のホテルが建ち並ぶ。

国際色あふれるコリアンタウンへ

コリアンタウンとして知られる新大久保の繁華街は、大久保通りを中心に広がっている。小滝橋通りあたりから明治通りまで、韓国料理店や韓国コスメなどを売る店がぎっしりと並び、異国情緒満点だ。新大久保駅のすぐ東側にあるイスラム横丁など、韓国系以外の店も増え、国際色豊かになりつつある。

メインストリートの大久保通り

おさんぽプラン

1. 新宿御苑（→ P.208）
   徒歩10分
2. 伊勢丹新宿店（→ P.209）
   徒歩2分
3. 花園神社（→ P.208）
   徒歩10分
4. 新宿東宝ビル（→ P.209）
   徒歩20分
5. 東京都庁第一本庁舎（→ P.208）

TOKYO小噺 知られざる百人町の歴史

コリアンタウンのある百人町は、南北に並行して延びる細い路地にみっちりと建物が並ぶ町並みが特徴的だが、ここは江戸開府の際に徳川家康が「鉄炮組百人隊」を配備した場所。彼らは足軽に当たる身分で、江戸から離れたこの地で長屋暮らしをしていた。この長屋の痕跡が現在の狭い路地というわけだ。百人隊に縁のある皆中稲荷神社（→ P.210）では、百人隊行列の祭礼が行われる。

TOKYO小噺 早稲田の歴史

早稲田は、江戸の馬場（馬術や弓術の練習をするところ）で最も歴史のある高田馬場があり、武家屋敷や町屋が点在するエリアだった。現在は周辺に早稲田大学のキャンパスが点在する一方で、閑静な住宅街も広がっている。

このエリアでできること

●異国タウン・新大久保冒険→ P.76
●ミニシアターデビュー→ P.211

かわら版 新宿の歴史を知りたいなら新宿歴史博物館へ

この都会的な町にかつて宿場町があったというのは現在では想像もつかないが、町名の起源である内藤新宿の歴史はとても興味深い。新宿区四谷にある新宿歴史博物館（MAP P.16-C2）に展示してある内藤新宿のジオラマは必見。宿場の町並みを見事に再現している。また、重厚な蔵造りの江戸時代の商家も復元展示されている。新宿出身であることは意外に知られていないが、夏目漱石に関する展示も充実している。ほかにも旧石器時代から現代にいたるまで、新宿に関する歴史資料が揃っている。

東京市電5000系の復元模型も見どころ

東京見聞録 花園神社の裏に広がるゴールデン街は、1960年代に文化人が集まり、のちに全共闘世代の若者が議論を交わした歴史をもつ飲み屋街。戦後に建てられたバラック長屋に300軒以上の飲み屋がひしめく。

ダイナミックな新宿のビル群を展望室から

東京都庁第一本庁舎（とうきょうとちょうだいいちほんちょうしゃ）

もともとは丸の内に位置していたが、1991年に新宿に移転している。日本が世界に誇る建築家・丹下健三による設計だ。45階にある展望室は新宿随一の見どころで、入場無料なのがうれしいところ。また、32階の職員食堂は一般にも開放されており、格安で食事ができる穴場スポットとして知られる。

近くにある新宿パークタワーも丹下健三の建築で、このふたつの建物は新宿のシンボル

MAP 別冊 P.34-B1

東京都庁第一本庁舎
住 新宿区西新宿2-8-1 東京都庁第一本庁舎45階 TEL 03-5320-7890
営 南展望室9:30～22:00（最終入場21:30）、職員食堂8:00～17:00（昼食11:00～14:00） 休 南展望室：第1・3火曜（祝日の場合は翌日）、都庁点検日、12月29日～12月31日、1月2日～3日、職員食堂は庁舎の閉庁日に準ずる（南展望室、職員食堂ともに詳細はHPにて確認）
交 地下鉄都庁前駅から徒歩1分
※2023年6月現在、北展望室は休室中。ウェブサイト（URL www.yokoso.metro.tokyo.lg.jp/tenbou/index.html）で混雑状況が確認できる

古くから芸能との縁が深い

花園神社（はなぞのじんじゃ）

江戸開府以前からの歴史をもち、内藤新宿が開かれたあとも新宿の総鎮守としてこの地を見守ってきた。末社として木花之佐久夜毘売（このはなのさくやひめ）を祀る芸能浅間神社があり、江戸時代から境内で芝居や舞踊などが催されていた。1960年代には唐十郎のテント芝居が行われた。

花園神社の拝殿

MAP 別冊 P.35-A3

花園神社
住 新宿区新宿5-17-3
TEL 03-3209-5265
営 9:00～20:00（社務所）
休 なし
交 地下鉄新宿三丁目駅E2出口から徒歩1分

浅間神社の玉垣奉納者には芸能関係者の名前もある

四季を通じて自然が楽しめる都会のオアシス

新宿御苑（しんじゅくぎょえん）

内藤新宿の名前の由来となった徳川家康の家臣・内藤清成の屋敷地がルーツ。内藤新宿が栄えたのはちょうどこの公園の北あたりだ。明治39年に皇室庭園として整備されたため、その美しい造園美や歴史的な建造物が楽しめる。桜が有名だが、年間を通してさまざまな植物を鑑賞できるのも魅力。

今でも住所に内藤の名が残っている

MAP 別冊 P.35-C4

新宿御苑
住 新宿区内藤町11
TEL 03-3350-0151
営 10月1日～3月14日9:00～16:00、3月15日～6月30日、8月21日～9月30日9:00～17:30、7月1日～8月20日9:00～18:30 休 月（祝日の場合は翌平日） 料 500円、高校生以上の学生・65歳以上250円。証明書要提示、中学生以下無料
交 地下鉄新宿御苑前駅1番出口から徒歩5分

日本庭園にある藤棚

読者だより　「新宿ゴールデン街」はお店もお客さんも多種多様でおもしろいですね。お酒が好きなので、1度は赤羽で立ち飲み屋さんを満喫したいです。（PN：とおるさん）

新宿３丁目交差点に立つ町のランドマーク

伊勢丹新宿店（いせたんしんじゅくてん）

明治19年、初代・小菅丹治が神田に伊勢屋丹治呉服店を創業し、昭和８年に新宿本店が開業。建物は当時流行のアールデコ調で、東京都選定歴史建造物に指定されている。2013年には、世界一の「ファッションミュージアム」を目指して大改装を行ない、今なお新宿のシンボルとし親しまれている。

外観はゴシック様式を取り入れている

MAP 別冊 P.35-B3

伊勢丹新宿店
住 新宿区新宿 3-14-1
TEL 03-3352-1111（大代表）
営 10:00 ～ 20:00、7階レストラン街 11:00 ～ 22:00（一部店舗により異なる）
休 不定休
交 地下鉄新宿三丁目駅 B5 出口から徒歩１分

本館地下２階にあるビューティーアポセカリー

新宿最大のシネコンを擁する

新宿東宝ビル（しんじゅくとうほうびる）

新宿コマ劇場の解体後、2015年４月に開業。迫力満点のゴジラヘッドは新たなランドマークとなっている。３～６階がTOHOシネマズ新宿で､8～30階はホテルグレイスリー。１～２階は飲食店、遊技場などが入っている。コマ劇場の歴史を引き継ぎ、低層階は劇場の幕がモチーフとなっている。

実物大のゴジラはガラス繊維補強セメント製

MAP 別冊 P.35-A3

新宿東宝ビル
住 新宿区歌舞伎町 1-19-1
営 施設による
休 施設による
交 西武新宿線西武新宿駅正面口から徒歩３分

12のスクリーンがあり、総席数は2323席

東京の消防の歴史を学ぶ

消防博物館（しょうぼうはくぶつかん）

江戸から現代までの消防の歴史に触れながら防火・防災を学べる博物館。正式には東京消防庁消防防災資料センターといい、歴代の消防服のほか、江戸時代の錦絵や瓦版など、1万2000点以上を展示している。5階のテーマは「消防の夜明け」で、江戸時代の街並みを再現したジオラマで火消したちの活動を学ぶことができる。

消防服の変遷がわかる展示

MAP 別冊 P.16-C1

消防博物館
住 新宿区四谷 3-10
TEL 03-3353-9119
営 9:30 ～ 17:00
休 月
料 無料
交 地下鉄四谷三丁目駅２番出口から徒歩１分

マキシム消防ポンプ自動車

「新宿御苑」の角には四谷大木戸跡という史跡がある。大木戸とは江戸の人や物の出入りを管理する関所で、つまりここから先は江戸の範囲外ということ。ほかに高輪や板橋に大木戸が置かれていた。

MAP 別冊 P.34-B2

SOMPO 美術館
住 新宿区西新宿 1-26-1 TEL 050-5541-8600 営 10:00 ～ 18:00 休 月（祝日・振替休日の場合は開館）、展示替期間 料展覧会により異なる、高校生以下無料 交 JR 新宿駅西口から徒歩 5 分

ゴッホの『ひまわり』を収蔵する

SOMPO 美術館（そんぽびじゅつかん）

2階がショップ、3～5階が展示スペースとなっている。年に5回ほど国内外作家の企画展を開催しており、ゴッホの『ひまわり』は展示室の最後に常設。開館中にいつでも見ることができる。

ゴッホの『ひまわり』が展示されている3階展示室

MAP 別冊 P.16-C1

皆中稲荷神社
住 新宿区百人町 1-11-16
TEL 03-3361-4398
営 9:00 ～ 17:00（社務所）
休 なし
交 JR 新大久保駅改札口から徒歩 1 分

江戸開府以前からある神社

皆中稲荷神社（かいちゅういなりじんじゃ）

百人町の由来となった「鉄炮組百人隊」の信仰を集めたが、ある日隊員の夢枕に稲荷之大神が現れ、射撃が百発百中になったという逸話から、「皆中（みなあたる）の稲荷」と呼ばれるようになった。

開運・招福・的中祈願でお参りしよう

MAP 別冊 P.16-C1

村上春樹ライブラリー
住 新宿区西早稲田 1-6-1 早稲田大学国際文学館 TEL 03-3204-4614 営 10:00 ～ 17:00 休 原則水曜（ウェブサイトを要確認）料無料（ウェブサイトから要予約。一部当日受付可、90 分入替制。B1 階のカフェのみの利用は予約不要） 交 地下鉄早稲田駅 3a 出口から徒歩 7 分

村上作品の世界に浸る

早稲田大学 国際文学館（村上春樹ライブラリー）（わせだだいがく こくさいぶんがくかん（むらかみはるきらいぶらりー））

他言語のものや関連書を含め、3000 冊もの村上作品を所蔵。村上氏寄贈のレコードが流れるオーディオルームや氏の書斎を再現した展示室など、ファン垂涎のライブラリーとなっている。

設計は建築家の隈研吾によるもの

MAP 別冊 P.16-C2

草間彌生美術館
住 新宿区弁天町 107
営 11:00 ～ 17:30（最終入館 16:30）
休 月～水曜（祝日の場合は開館） 料 1100 円（日時指定の完全予約・定員制。各回 90 分。チケットはウェブサイト URL yayoikusamamuseum.jp のみで販売、美術館窓口での取り扱いはなし） 交 地下鉄牛込柳町駅東口から徒歩 6 分、地下鉄早稲田駅 1 番出口から徒歩 7 分

日本を代表する前衛芸術家の美に触れる

草間彌生美術館（くさまやよいびじゅつかん）

2017 年に開館した、草間彌生自身により設立された美術館。コレクションを年約 2 回、異なるテーマの展覧会で展示している。地上 5 階の建物で、彫刻や映像作品などさまざまな表現手法で内面世界を深く描いた作品が多数。

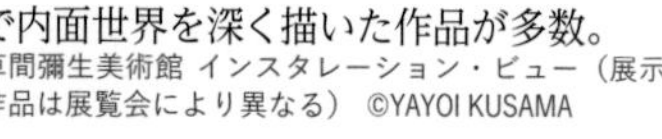
草間彌生美術館 インスタレーション・ビュー（展示作品は展覧会により異なる） ©YAYOI KUSAMA

早稲田周辺にある「焼き鳥 茜（住新宿区天神町 68 滝沢ビル 1 階）」、「手打ち蕎麦汐見（住新宿区早稲田鶴巻町 556 松下ビル 1 階）、とんかつの「とん太（住豊島区高田 3-17-8）がおすすめです。

個性派ラインアップが魅力

新宿ミニシアターへの扉

大規模なシネコンから個性派のミニシアターまで、多くの映画館が建ち並ぶ新宿。歴史を感じるミニシアターで、映画の世界に浸る。

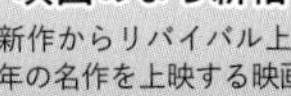

映画のまち新宿

最新作からリバイバル上映、往年の名作を上映する映画館が多く点在。2023年オープンした「東急歌舞伎町タワー」内には、新たに「１０９シネマズプレミアム新宿」も誕生。

100年以上の歴史をもつ老舗

足を踏み入れると、工夫を凝らした館内が鑑賞前の胸を高鳴らせる

しんじゅくむさしのかん

新宿武蔵野館

大正9年に新宿の商店街有志たちが集まってオープンした映画館で、当初は洋画専門館だった。現在は3スクリーンあり、国内のインディーズ作品から海外のアート系作品まで幅広いラインアップに定評がある。ロビーの展示は、映画のワンシーンや映画にまつわる空間が再現されているという。

MAP 別冊 P.35-B3

住新宿区新宿 3-27-10 武蔵野ビル3階 TEL 03-3354-5670 営上映時間による 休無休 CCADJMV 交JR新宿駅中央東口から徒歩2分

コアな名作に出合える

しねまーとしんじゅく

シネマート新宿

劇場独自の音響システム「ブーストサウンド」による迫力の重低音、高解像度の音像を活かした上映が特徴。作品に合わせた、スタッフ手作りのロビー装飾も人気のひとつ。アジア映画と音楽映画の上映に力を入れており、映画ファンが足しげく通っている。

MAP 別冊 P.35-B3

住新宿区新宿 3-13-3 新宿文化ビル6・7階 TEL 03-5369-2831 営上映時間による 休1月1日 CC不可 交地下鉄新宿三丁目駅B2出口から徒歩1分

随所に施されたこだわり

しんじゅくしねまかりて

新宿シネマカリテ

新宿武蔵野館の姉妹館として2012年にオープン。武蔵野館と比較すると女性や若年層が多く、ラインアップは客層に合わせたものをチョイスすることも。スクリーンはふたつある。座席の座り心地もよく、快適に鑑賞できる。

MAP 別冊 P.35-B3

住新宿区新宿 3-37-12 新宿NOWAビルB1階 TEL 03-3352-5645 営上映時間による 休無休 CCADJMV 交JR新宿駅東南口・中央東口から徒歩2分

地下に広がるモダン空間

てあとるしんじゅく

テアトル新宿

新宿の歴史ある1スクリーン邦画専門のミニシアター。昭和43年の開業当時は名画座だったが、昭和63年のリニューアルにより現在のスタイルとなった。音響システム「odessa」が新たに導入され、迫力の映画体験を楽しめる。

MAP 別冊 P.35-B3

住新宿区新宿 3-14-20 新宿テアトルビルB1階 TEL 03-3352-1846 営上映時間による 休無休 CCADJMV 交地下鉄新宿三丁目駅B3出口から徒歩3分

東京見聞録 ひとり映画は「TOHOシネマズ 新宿」に行くことが多いです。落ち着いて観たいときには、奮発して電動リクライニングが備わる「プレミア ラグジュアリーシート」に座ることも。（編集M）

山の手三大副都心、池袋を中心に発展

池袋（いけぶくろ）・巣鴨（すがも）・雑司が谷（ぞうしがや）

池袋の大通りである「サンシャイン60通り」

エリア利用駅

池袋駅
JR山手線、JR埼京線、JR湘南新宿ライン、東武東上線、西武池袋線、東京メトロ丸ノ内線、東京メトロ有楽町線、東京メトロ副都心線

巣鴨駅
JR山手線、都営三田線

雑司が谷駅
東京メトロ副都心線

都電雑司ヶ谷駅
都電荒川線

コインロッカー情報

池袋駅はJR各線改札付近にロッカーがある。巣鴨駅はJRなら改札内、都営三田線なら改札出口付近にある。

池袋・巣鴨駅への行き方

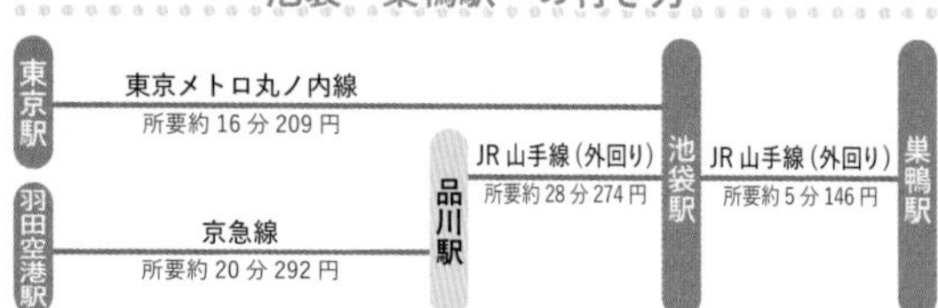

今でこそ新宿、渋谷と並ぶ副都心のひとつに数えられる池袋だが、江戸中期に内藤新宿が栄え始めた頃は、まだ田畑が広がる寒村だった。町としての歴史を歩み始めるのは、明治28年に巣鴨拘置所（現・サンシャインシティ）が建てられてから。明治36年に国鉄池袋駅が誕生し、大正時代には東武鉄道、武蔵野鉄道（現・西武鉄道）が乗り入れ、町は急速に拡大していった。一方で日本橋から京都までをつなぐ中山道の立場（休憩スポット）だった巣鴨がにぎわい始めるのは江戸中期。シンボルのとげぬき地蔵尊 高岩寺の登場はもっとあとで、明治24年に区画整理のため上野から移転してきた。池袋の南に位置する雑司が谷は、元禄時代に大本山 護国寺が建てられ、雑司ケ谷霊園あたりには徳川家が鷹を飼育する御鷹部屋があった。

池袋駅東口駅前にある「タカセ」は大正時代に創業した老舗パン屋です。1階のパン屋はいつ行っても大行列ですが、特におすすめはカステラパンです。（PN：いくみ）住 豊島区東池袋1-1-4 タカセビル

歩き方

カルチャー都市に生まれ変わる池袋

池袋駅はおもに埼玉から都心に向かう人々のターミナル駅として機能し、駅直結のデパート群と東にあるサンシャインシティが町の顔。2019年には、東口に映画館や多目的ホールなどを備えたHareza池袋が開業し、「国際アート・カルチャー都市」を標榜する池袋の新たなシンボルとなっている。近年はオタクの聖地としても知られ、サンシャイン60の西にあるアニメ関係の大型店舗が並ぶ池袋乙女ロードが有名。

2019年にリニューアルオープンした池袋西口公園

散歩に最適な雑司が谷を歩く

東池袋駅や雑司が谷駅、護国寺駅などからアクセスできる雑司が谷は、歴史と文化の香りとのどかな雰囲気が漂う町。池袋から歩ける距離なのであわせて訪れるといい。国指定重要文化財の鬼子母神と大本山 護国寺、文人・偉人が眠る雑司ケ谷霊園を散歩して、護国寺駅から帰ると便利だ。

若者にも人気の「おばあちゃんの原宿」

巣鴨といえばやはり巣鴨地蔵通り商店街。塩大福や赤パンツなどの名物を買ったら、とげぬき地蔵尊 高岩寺へ。こちらは病気平癒のご利益で有名だ。芥川龍之介や谷崎潤一郎などが眠る染井霊園、徳川綱吉の時代に造られた六義園（→ P.331）も近い。

元祖塩大福など和菓子屋が多い巣鴨地蔵通り商店街（→ P.60）

おさんぽプラン

1. サンシャイン水族館（→ P.214） 徒歩5分
2. 古代オリエント博物館（→ P.216） 徒歩15分
3. 鬼子母神（→ P.218） 徒歩10分
4. 豊島区立雑司が谷旧宣教師館（→ P.216） 徒歩10分
5. 大本山 護国寺（→ P.328）

TOKYO 小話 国指定重要文化財の月光殿

大本山 護国寺には、観音堂と月光殿のふたつの国指定重要文化財がある。観音堂とは本堂のことだ。月光殿は、滋賀県大津市の園城寺（三井寺）の日光院客殿として、桃山時代に建築された書院造の建物。明治25年に東京品川御殿山の原六郎氏の邸内に移築されたあと、護国寺に寄進され、月光殿と改称された。

大本山 護国寺は P.328

通常、中の拝観はできない

このエリアでできること

● IKEBUSで豊島区さんぽ→ P.219
●旧江戸川乱歩邸を見学→ P.325

かわら版 フクロウと縁の深い池袋

池袋の待ち合わせ場所といえば「いけふくろう」が定番。池袋（いけぶくろ）の「ぶくろ」と「ふくろう」の語呂合わせが広まり、昭和62年に待ち合わせの目印として設置された。ほかにも池袋ではさまざまなフクロウのオブジェが見られ、町のシンボルに。また、豊島区立南池袋小学校内には「豊島ふくろう・みみずく資料館」（MAP P.37-C3）があり、フクロウの資料収集家でもある、東大名誉教授の飯野徹雄氏から寄贈された膨大なフクロウコレクションを見ることができる。開館は土・日曜のみ。

200～300点ずつ順次展示している

東京見聞録 雑司ケ谷霊園には、夏目漱石、永井荷風、ジョン万次郎、竹久夢二、小泉八雲、泉鏡花などそうそうたる文人・偉人の墓がある。また、大本山 護国寺には大隈重信や山縣有朋などが眠る。

MAP 別冊 P.37-B4

サンシャインシティ
住豊島区東池袋 3-1
営施設による
休施設による
交 JR 池袋駅東口から徒歩 8 分

キッズプレイスペースやベビーカーの貸し出しがあり、家族でも楽しめる

池袋を象徴する超高層ビル

サンシャインシティ（さんしゃいんしてぃ）

地上高 239.7m の超高層ビル「サンシャイン 60」を中心とした大型複合施設。「サンシャイン 60 展望台てんぼうパーク」、「サンシャイン水族館」、「NAMJATOWN」などがある。もともと巣鴨拘置所があった場所で、サンシャインシティの開業は池袋が栄えるきっかけとなった。

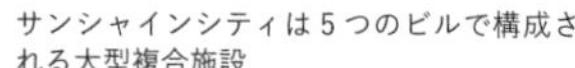
サンシャインシティは 5 つのビルで構成される大型複合施設

MAP 別冊 P.37-B4

サンシャイン 60 展望台てんぼうパーク
住豊島区東池袋 3-1 サンシャインシティサンシャイン 60 ビル 60 階
営 11:00 ～ 21:00（最終入場 1 時間前）
休無休
料平日 700 円～、土・日・祝 900 円～
交 JR 池袋駅東口から徒歩 10 分

さまざまなイベントや展示などを行うイベントスペース

2023 年にリニューアル

サンシャイン 60 展望台てんぼうパーク（さんしゃいん60てんぼうだいてんぼうぱーく）

サンシャイン 60 の最上階、高さ 221m に位置する展望台。東京スカイツリー®開業までは展望台として都内一の高さを誇っていた。2023 年 4 月にリニューアルオープンし、カフェや「てんぼうの丘」、イベントスペースなどがある、大人も子供も楽しめる空の公園のような施設に生まれ変わった。

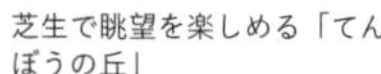
芝生で眺望を楽しめる「てんぼうの丘」

MAP 別冊 P.34-B4

サンシャイン水族館
住豊島区東池袋 3-1 サンシャインシティワールドインポートマートビル屋上
営 9:30 ～ 21:00、4 月 29 日～ 5 月 7 日は 8:30 ～（最終入場 1 時間前）
休無休
料 2600 ～ 2800 円、小・中学生 1300 ～ 1400 円、4 歳以上 800 ～ 900 円
交 JR 池袋駅東口から徒歩 10 分

サンシャインアクアリングでは真下からアシカを見られる

池袋では外せない見どころ

サンシャイン水族館（さんしゃいんすいぞくかん）

頭上を泳ぐペンギンやコツメカワウソなどが見られるオープンエアの「マリンガーデン 天空の旅」、サンゴ礁や浅瀬の海をイメージした展示や、クラゲも人気の「大海の旅」、海に加え川や陸地にすむ生物にも焦点を当てた「水辺の旅」などがある。「いきものディスカバリー」ではトレーニングや餌やりの様子が見られる。

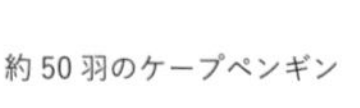
約 50 羽のケープペンギン

読者だより　池袋の「大和産業ビル」は、異質な空気の漂うディープな空間です。中にある「竹香園」は本格的な中華料理を味合うことができ、上階のスーパーはもはや中国です。住豊島区西池袋 1-28-6

繁華街のはずれにひっそりとたたずむ

自由学園明日館（じゆうがくえんみょうにちかん）

大正10年、羽仁もと子、吉一夫妻が創立した自由学園の校舎として、夫妻の教育理念に共鳴したアメリカ人建築家・フランク・ロイド・ライトの設計で建てられた。取り壊しの危機もあったが、1997年には国指定重要文化財となる。年間を通して各種イベントや公開講座を行っている。

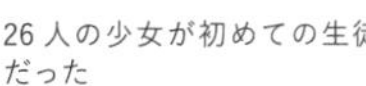
26人の少女が初めての生徒だった

MAP 別冊 P.36-B1

自由学園明日館
住 豊島区西池袋2-31-3
TEL 03-3971-7535
営 10:00～16:00、第3金曜18:00～21:00
休 月曜（祝日の場合は翌日）、結婚式利用日、その他不定休あり
料 500円～、中学生以下無料
交 JR池袋駅メトロポリタン口から徒歩5分

ライトの美学が表れたホールの窓

多彩なプログラムが催される

東京芸術劇場（とうきょうげいじゅつげきじょう）

複合芸術文化施設として、1990年にオープンした池袋駅西口のランドマーク。芦原義信設計のガラスアトリウムが特徴的な劇場で、コンサートや演劇、ダンスなどの公演が日々行われているほか、ギャラリー、アートショップ、レストランやカフェなども併設し、市民の憩いの場として親しまれている。

コンサートホールには世界最大級のパイプオルガンがある

MAP 別冊 P.36-A1

東京芸術劇場
住 豊島区西池袋1-8-1
TEL 03-5391-2111
営 9:00～22:00
休 不定休
料 イベントにより異なる
交 JR池袋駅西口から徒歩2分

カフェやアートショップなどの施設も充実

進化する池袋の象徴

Hareza池袋（はれざいけぶくろ）

豊島区の「国際アート・カルチャー都市構想」の一環として、2020年、旧豊島区庁舎跡地および旧豊島公会堂跡地に全体開業。TOHOシネマズ 池袋やオフィスの入る「Hareza Tower」、ライブ劇場やスタジオのある「東京建物Brillia HALL」、「としま区民センター」の3つの建物と中池袋公園にて構成されているエリア。

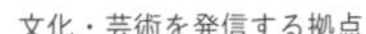
文化・芸術を発信する拠点

MAP 別冊 P.37-A3

Hareza池袋
住 豊島区東池袋1-19-1 他
TEL 各施設ウェブサイトを確認
営 各施設ウェブサイトを確認
休 各施設により異なる
交 JR池袋駅東口から徒歩4分

8つの劇場が連なる誰もが輝く“劇場都市”

東京見聞録 巣鴨プリズン（拘置所）は太平洋戦争のA級戦犯の刑が執行された場所。跡地に立つ「サンシャインシティ」そばの「東池袋中央公園」には慰霊碑が立っている。

MAP 別冊 P.37-B4

古代オリエント博物館
住 豊島区東池袋 3-1-4 サンシャインシティ文化会館ビル 7 階
TEL 03-3989-3491
営 10:00 ～ 17:00(最終入館 16:30)
休 展示替期間
料 館蔵品展 600 円
交 地下鉄東池袋駅 7 番出口から徒歩 6 分

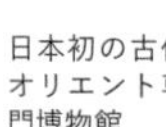

日本初の古代オリエント専門博物館

コンパクトながら充実の見応え

古代オリエント博物館（こだいおりえんとはくぶつかん）

人類最古の文明が花開いた古代オリエントに関する資料や美術品約 5000 点を所蔵。館蔵品展は古代イランとその周辺、シリアの発掘、古代エジプトの文化、古代メソポタミアなどに分け展示を行っている。ほかにオリエント関連の企画展も開催。独自の調査研究も行っており、展示などに反映されている。

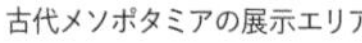
古代メソポタミアの展示エリア

MAP 別冊 P.36-B1

池袋防災館
住 豊島区西池袋 2-37-8
TEL 03-3590-6565
営 9:00 ～ 17:00、金曜～ 21:00(体験コーナーの最終受付は 16:15)
休 第 1・3 火曜、第 3 火曜翌日
料 無料
交 地下鉄池袋駅メトロポリタン口から徒歩 5 分

スクリーンの炎で消化体験

東京消防庁による都民防災教育センター

池袋防災館（いけぶくろぼうさいかん）

池袋消防署の 4 ～ 5 階にある。4 階に AED の操作方法を学べる救急コーナー、VR 防災体験コーナー、5 階に地震コーナー、煙コーナー、消火コーナーと、防災に関する体験型の施設が整っている。体験はショートツアー（50 分）、基本ツアー(1 時間 40 分)、ナイト（夜に開催。1 時間 40 分)があり、ウェブサイトで予約可能。

救急コーナーで正しい応急処置を身につけよう

MAP 別冊 P.16-B1

豊島区立雑司が谷旧宣教師館
住 豊島区雑司が谷 1-25-5
TEL 03-3985-4081
営 9:00 ～ 16:30
休 月、第 3 日曜、祝日翌日
料 無料
交 地下鉄東池袋駅 5 番出口から徒歩 10 分

当時の生活の様子を伝える展示室

東京都指定有形文化財の建造物

豊島区立雑司が谷旧宣教師館（としまくりつぞうしがやきゅうせんきょうしかん）

日本で約 50 年にわたり宣教活動を行ったアメリカ人宣教師　マッケーレブが、明治 40 年に自らの居宅として建てた木造 2 階建ての建物。建築のデザインはカーペンターゴシック様式で、19 世紀後半のアメリカ郊外住宅の特徴が見られる。東京都内でも貴重な明治期の近代木造洋風建築である。

カーペンターゴシックは北米特有の建築様式

読者だより　池袋といえば「池袋ウエストゲートパーク」。最近、アニメ化されたりして再び盛り上がっているので、「池袋西口公園（現 GLOBAL RING)」にプチ聖地巡礼しました。(PN：りさ) 住 豊島区西池袋 1-8-26

次女の榧氏が創設

豊島区立 熊谷守一美術館（としまくりつ くまがいもりかずびじゅつかん）

富や名誉よりも自身の芸術を貫いた画家・熊谷守一。旧宅跡地で個人美術館として運営されていたが、昭和60年に作品153点を区に寄贈。小さいながらも展示や解説にこだわり見応えがある。

常時60点の作品が鑑賞でき、カフェも併設する

MAP 別冊 P.9-B3

豊島区立 熊谷守一美術館
住豊島区千早2-27-6 TEL03-3957-3779 営10:30～17:30 休月 料500円 交地下鉄要町駅1・2番出口から徒歩9分

油絵が展示された第1展示室

カルガモが暮らす庭園

目白庭園（めじろていえん）

伝統的な池泉回遊式（池の周囲を回りながら鑑賞）の日本庭園。敷地面積は2843㎡で、数寄屋造りの茶室「赤鳥庵」をはじめ、表門（長屋門）や六角浮き見堂などの見どころがある。

四季折々の自然が楽しめる

MAP 別冊 P.36-C1

目白庭園
住豊島区目白3-20-18
TEL03-5996-4810
営9:00～17:00、7・8月～19:00
休第2・4月曜 料無料 交JR目白駅から徒歩5分

手前が六角浮き見堂

切手と遊ぶ発見ミュージアム

切手の博物館（きってのはくぶつかん）

日本はもちろん海外の切手もあわせて約35万種を所蔵する。1階の展示室では3ヵ月ごとにテーマを変えて企画展を開催。2階は図書館で、郵便切手関連の書籍約1万3000冊、雑誌約2000タイトルを公開している。

世界最初の切手「ペニー・ブラック」も所蔵

MAP 別冊 P.16-B1

切手の博物館
住豊島区目白1-4-23
TEL03-5951-3331
営10:30～17:00
休月、展示替時
料200円、小・中学生100円
交JR目白駅から徒歩3分

ミュージアムショップもある

佐伯が実際に使ったアトリエを復元

佐伯祐三アトリエ記念館（さえきゆうぞうあとりえきねんかん）

大正・昭和初期におもにパリで活躍した洋画家・佐伯祐三（1898～1928年）が4年あまり暮らしたアトリエ付き住宅を復元し、記念館として一般公開している。彼の生涯や画業に関する展示を見ることができる。

当時アトリエとして使われていた部屋

MAP 別冊 P.16-B1

佐伯祐三アトリエ記念館
住新宿区中落合2-4-21
TEL03-5988-0091
営10:00～16:30、10～4月～16:00
休月 料無料
交西武新宿線下落合駅南口から徒歩10分

貴重な大正期のアトリエ建築と復元

東京見聞録 雑司ヶ谷は古来さまざまな漢字表記がされていたが、八代将軍・徳川吉宗がこの地に鷹狩りに訪れた際に「雑司ヶ谷」村に統一するように命じたといわれている。

MAP 別冊 P.37-C3

鬼子母神
住豊島区雑司ヶ谷 3-15-20
TEL 03-3982-8347
営開堂 9:00 ～ 17:00、大黒堂 9:30 ～ 16:30
休無休
交地下鉄雑司が谷駅 1 番出口から徒歩 5 分

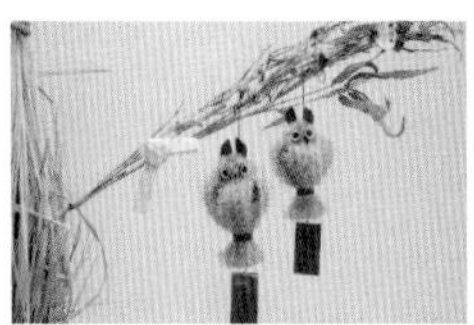
郷土玩具のひとつである「すすきみみずく」は参拝みやげとしても人気

安産・子育のご利益で知られる

鬼子母神（きしもじん）

雑司ヶ谷の閑静な住宅街にある鬼子母神を祀る寺院。鬼子母神とは仏教における守護神で、多くの子供がいながらも他人の子をとって食べることをやめなかったため、お釈迦様に子を隠され、悔い改めて帰依した。この寺院に収められている鬼子母神像は、永禄 4（1561）年に文京区目白台の地中から掘り出されたもの。現在の本殿も寛文 4(1664) 年の建立と古い歴史をもち、国の重要文化財に指定されている。

上／本堂では「鬼」の文字の角（点）がないところに注目
下／おだやかな表情の鬼子母神像

MAP 別冊 P.16-B2

とげぬき地蔵尊 髙岩寺
住豊島区巣鴨 3-35-2
TEL 03-3917-8221
営 6:00 ～ 17:00（4、14、24 日は 20:00 まで。境内は参拝自由）
休無休
交地下鉄巣鴨駅 A3 出口から徒歩 3 分

さまざまな逸話が残る巣鴨のシンボル

とげぬき地蔵尊 髙岩寺（とげぬきじぞうそん こうがんじ）

「江戸六地蔵尊 眞性寺」とともに巣鴨地蔵通り商店街の名前の由来である曹洞宗の寺院。とげぬき地蔵という名で知られる。江戸時代、針を誤飲した女性に地蔵尊の紙札「御影（おみかげ)」を飲ませたら、針が地蔵尊を貫いて出てきたのがとげぬきの縁起。境内には洗ったところがよくなるといわれている洗い観音もある。もとは慶長元（1596）年に湯島で創建された。本堂は国の有形文化財に指定されている。

上／「正五九」の 24 日に行われる大般若経の転読
下／巣鴨地蔵通りがかつての中山道。明治 24 年に巣鴨に移転

読者だより 南池袋にある「威光稲荷堂」は静かで落ち着いた雰囲気のパワースポットです。緑豊かで赤い鳥居がとても映えてきれいです。（PN：akane）住豊島区南池袋 3-18-25

IKEBUSアトカルツアーでもっとディープな池袋巡り

豊島区のさまざまな施設と街並みを巡るIKEBUSアトカルツアー。もう一歩深く楽しめる池袋探索へ、いざ出発！

IKEBUSとは
2019年から運行開始した池袋の主要スポットをつなぐバス。電気で走行し、最高時速は19kmとゆっくり車窓を楽しめる。

赤が目印！

バス停と車両上部には、かわいらしいフクロウの「イケちゃん」が設置

START IKEBUSアトカルツアーへ出発！

西コース

午前・東コース
- 豊島区役所本庁舎
- 鈴木信太郎記念館
- 大塚駅周辺
- すがも鴨台観音堂
- イケ・サンパーク
- 雑司が谷鬼子母神堂
- 豊島区役所本庁舎

料金＝1000円

午後・西コース
- 豊島区役所本庁舎
- 自由学園明日館
- 豊島区立熊谷守一美術館
- 豊島区立トキワ荘マンガミュージアム
- 池袋駅西口

料金＝2000円

▶申し込み方法
土・日中心に開催され、ウェブサイトから希望ツアーと日時を選び参加確定メール受信して申し込みが完了（定員に達し次第終了）。

14:00 豊島区役所本庁舎
本庁舎の1階ロビーに集合し参加料金を支払ったあと、バスに乗り込みツアー開始！　移動中はガイドを聞きながらじっくりと景色を堪能しよう。

14:40 自由学園明日館 →P.215
重要文化財に指定されている建物の外観見学や併設ショップで買い物もできる。

立ち寄りスポットも

撫でれば「創造の力を授ける」というマンガ地蔵がある「金剛院」にも立ち寄る。道中はIKEBUSの特徴もしっかりガイドしてくれる。

“IKEBUSおじさん”のガイドで楽しく学ぶ

大人も子供も楽しめます！

「IKEBUSおじさん」の愛称で親しまれる城所さんのガイドでは、クイズも交えながら建物の歴史や街の成り立ちを学ぶことができるので、乗車時間の楽しさが倍増！

15:20 豊島区立熊谷守一美術館 →P.217
1～3階までの展示室を回り、ツアーでは1ヵ月有効チケットがもらえるため再来館もできる。

16:00 豊島区立トキワ荘マンガミュージアム →P.340
トキワ荘の再現展示を見学したあとは、周辺の「トキワ荘通りお休み処」「トキワ荘マンガステーション」なども散策しよう。

17:00 池袋駅西口
GOAL

池袋西口公園でIKEBUSとお別れして約3時間のツアーが終了！

東京見聞録

週末を中心に開催しているIKEBUSアトカルツアーに参加しました！　のんびりバスに揺られながらガイドを聞けるので、いつも歩いている街並みでも新鮮に感じられました。区民の人も楽しめると思いますよ。（編集W）

学生の街から生まれた古書店街や老舗

水道橋（すいどうばし）・本郷（ほんごう）・飯田橋（いいだばし）

JR 水道橋駅前にそびえる東京ドームシティと東京ドーム

エリア利用駅

水道橋駅
JR 中央・総武線(各停)、都営三田線

本郷三丁目駅
東京メトロ丸ノ内線、都営大江戸線

飯田橋駅
JR 中央・総武線(各停)、東京メトロ南北線、東京メトロ東西線、東京メトロ有楽町線、都営大江戸線

コインロッカー情報

水道橋駅は JR なら西口改札付近、都営三田線なら改札出口付近。本郷三丁目駅は都営大江戸線の改札出口付近。飯田橋駅は東京メトロなら改札付近に多く、JR なら東口改札階段下、西口改札内にある。

水道橋・飯田橋駅への行き方

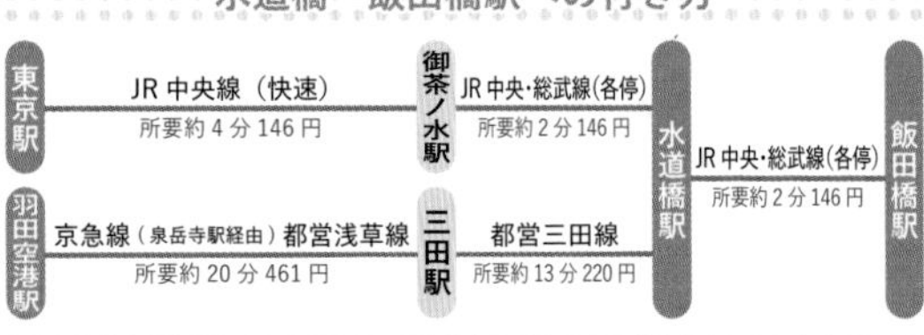

現在の JR 飯田橋駅の南東はかつて千代田村と呼ばれていたが、天正 18（1590）年に徳川家康が江戸に入府した際に案内役を務めた人物にちなんで飯田町と呼ばれるように。北に位置する神楽坂は、江戸時代に武家屋敷として整備された地域。江戸中期には多くの寺院が移転してきて、毘沙門天 善國寺の縁日などに多くの人が集まるようになる。明治期に武家屋敷が解体されると町人文化が花開き、明治の終わり頃までには花街も形成。東京有数の繁華街へと成長していった。隣の水道橋も現存する橋が名前の由来で、江戸時代に作られた神田上水が通る水道管の橋から水道橋と名づけられた。本郷も江戸時代は武家屋敷がほとんどで、現在の東京大学は加賀藩上屋敷跡地に立つ。明治～昭和初期には、樋口一葉、坪内逍遥など多くの文人が暮らした。

読者だより
秋葉原には、チロルチョコが安く手に入る「Shop チロルチョコ」があります。
住 千代田区外神田 4-5-4 亀松ビル 1 階

歩き方

「東京のお伊勢さま」でお参りをして神楽坂へ

紙の集積地として発展した飯田橋には印刷会社や出版社が多い。駅の南東には「東京のお伊勢さま」として親しまれる東京大神宮がある。ここでお参りをしたら、牛込橋を渡り神楽坂方面へ。神楽坂通りからはいくつもの小路が延び、花街の面影を残す石畳がたいへん趣深い。なかでもかくれんぼ横丁には老舗の料亭や小料理屋などの名店が並ぶ。坂の上には毘沙門天 善國寺や光照寺など、町の発展を担った寺院があるので、こちらもお参りしておきたい。

石畳が情緒を掻き立てる、かくれんぼ横丁

一大娯楽施設が揃う水道橋

水道橋駅は明治 39 年に開業し、昭和 12 年に後楽園スタヂアム（現東京ドーム）、昭和 30 年には後楽園ゆうえんち（現東京ドームシティ）がオープン。巨大な娯楽施設が多いが、東京ドームの東にある小石川後楽園も見逃せない。

文化の香り漂う本郷

水道橋方面から東京大学までは菊坂を通っていきたい。ここには樋口一葉旧居跡がある。このあたりの坂にはそれぞれ名前がついており、明治から昭和にかけて多くの文人が暮らした場所として知られる。東京大学のある本郷通りには赤門が立つ。

樋口一葉旧居跡から見た風景

おさんぽプラン

1. 東京大神宮（→ P.224）　徒歩10分
2. 神楽坂（→ P.225）　徒歩3分
3. 毘沙門天 善國寺（→ P.224）　徒歩15分
4. 小石川後楽園（→ P.228）　徒歩7分
5. 東京ドームシティ（→ P.226）

TOKYO 小咄 水道橋のおすすめホテル

水道橋駅から徒歩 4 分のところに立つ「庭のホテル 東京」は、昭和 10 年創業の日本旅館「森田館」をルーツとし、上品な和モダンのデザインと、4 つの庭がオリジナリティを感じさせるホテル。直送の新鮮野菜を使うなど、こだわりの詰まったふたつのレストランも人気。

URL www.hotelniwa.jp

TOKYO 小咄 神楽坂に漂うフランスの香り

神楽坂は「リトルパリ」などとも呼ばれ、フランスのおしゃれな雰囲気漂う町としても知られる。その起源は昭和 27 年に設立されたフランス国営の東京日仏学院（アンスティチュ・フランセ）。その後、昭和 50 年には東京国際フランス学園（現在は北区にある）もでき、フランス料理店なども増えた。

このエリアでできること

●小石川植物園＆後楽園→ P.228
●秋葉原の歩みを調査→ P.227

かわら版　大名屋敷の集まる地から文教地区へ

江戸時代、本郷はそのほとんどが武家屋敷や大名屋敷で占められていた。特に加賀藩前田家の屋敷は東京ドーム 7.3 個分もあり、現在の東京大学の敷地の半分以上を占める。加賀藩の屋敷の北は水戸藩徳川家中屋敷で、これも今は東京大学の敷地になっている。隣接する湯島には、かつて幕府直轄の学問所だった史跡湯島聖堂（→ P.328）や昌平坂学問所があり、もともとこの周辺は江戸の学問の中心地だった。明治になって昌平坂学問所が師範学校、女子師範学校となり、東京大学が前田家屋敷跡地に移転してきて、周辺には多くの文化人が暮らすようになった。現在では南部に医療施設、北西部には出版関連の企業が点在し、このエリアは変わらず東京屈指の文教地区として知られている。

東京見聞録　東京大学の赤門は国指定重要文化財で、正式名称は「旧加賀屋敷御守殿門」という。文政 10（1827）年に第十一代将軍・徳川家斉の息女・溶姫（ようひめ）が前田家に輿入れする際に造られた。

MAP 別冊 P.39-B4

神田明神
住 千代田区外神田 2-16-2
TEL 03-3254-0753
営 9:00 ～ 17:00、土・日・祝～ 18:00
休 無休
料 無料
交 JR 御茶ノ水駅聖橋口から徒歩 5 分

約 1300 年の歴史を誇る氏神様

神田明神（かんだみょうじん）

神田、日本橋、秋葉原、大手町、丸の内、魚市場など 108 町会から信仰される総氏神で、創建は天平 2（730）年。慶長 5（1600）年には徳川家康が祈祷し、関ヶ原の戦いで勝利した。国の有形文化財に登録された社殿や石造りのだいこく様、江戸時代から根付く大イチョウなど、見どころが多い。2 年に 1 度の「神田祭」（→ P.334）は江戸三大祭りのひとつに数えられる。

昭和 50 年、昭和天皇御即位 50 年記念として建立した随神門

上／境内には石造りでは日本一の高さ 6.6m のだいこく様尊像やえびす様尊像などが鎮座する
下／昭和 9 年竣工、権現造りの社殿。空襲にも耐えた鉄骨鉄筋コンクリート造り

MAP 別冊 P.39-B4

東京復活大聖堂
住 千代田区神田駿河台 4-1-3
TEL 03-3295-6879
営 13:00 ～ 16:00、冬季～ 15:30
休 月、冠婚葬祭時
料 300 円、中学生 100 円、小学生以下無料
交 地下鉄新御茶ノ水駅 B1 出口から徒歩 2 分

御茶ノ水の風景となったドームの大聖堂

東京復活大聖堂（とうきょうふっかつだいせいどう）

明治 24 年、鹿鳴館を手がけた建築家のジョサイア・コンドル監修により完成したドーム型の大聖堂。建築様式はビザンチン式を基本とし、ロマネスクやルネッサンスの様式も見られる。正教伝道を目的にロシアから来日した聖ニコライ指導のもとで建築され、通称「ニコライ堂」と呼ばれる。大正 12 年の関東大震災によりドームと鐘楼が崩落するが、昭和 4 年に復興した。

上・下／国の重要文化財。青緑のドームがひときわ映える。信徒でなくても、啓蒙所までは見学できる

「神田明神」のすぐ隣に、千代田区有形文化財の「カフェ井政」があります。とても素敵なカフェですよ。(PN：ゆみこ) 住 千代田区外神田 2-16 宮本公園内 交 JR 御茶ノ水駅聖橋口から徒歩 5 分

折り紙の伝統文化を楽しく体験

お茶の水おりがみ会館（おちゃのみずおりがみかいかん）

折り紙の魅力を見て楽しめる施設。ギャラリーでは折り紙など紙にちなんだ作品が展示され、工房では和紙を染める職人の技を見学できる（作業は不定期）。折り紙講座も開催しているので、ウェブサイトでスケジュールをチェックしてみよう。オリジナルの折り紙などを購入できるショップもある。

染め紙工房の作業風景

MAP 別冊 P.39-B4

お茶の水おりがみ会館
住 文京区湯島 1-7-14
TEL 03-3811-4025
営 9:30 ～ 16:30
休 日・祝
料 無料
交 JR 御茶ノ水駅御茶ノ水橋口・聖橋口から徒歩 7 分

季節の折り紙がディブプレイされている

400 年にわたる水道の歴史を紐解く

東京都水道歴史館（とうきょうとすいどうれきしかん）

江戸・東京の水道の歴史や技術・施設について、実物大の資料や再現模型などを通してわかりやすく紹介。隣接する本郷給水所公苑では、移築・復原された神田上水の石樋や白堀を見学できる。館内音声ガイドやタブレットによる江戸長屋の AR ガイドツアーも無料で体験できる。

おもに 1 階で近現代水道、2 階で江戸上水について展示

MAP 別冊 P.39-B3

東京都水道歴史館
住 文京区本郷 2-7-1
TEL 03-5802-9040
営 9:30～ 17:00(最終入館 16:30)
休 第 4 月曜（祝日の場合は翌日）
料 無料
交 JR 御茶ノ水駅御茶ノ水橋口から徒歩 8 分

開館時間中は同館の敷地内から本郷給水所公苑へ行き来できる

中央線のかつての駅舎をリノベーション

マーチエキュート神田万世橋（まーちえきゅーとかんだまんせいばし）

JR 神田駅～御茶ノ水駅間に昭和初期まであった万世橋駅の遺構を活用した商業施設。明治 45 年完成の赤れんが造りの高架橋に、個性豊かなショップが並ぶ。旧ホーム部分をデッキとして整備した「2013 プラットホーム」では、中央線がすぐ両脇を行き交う。駅開業時から残る「1912 階段」も公開。

レトロモダンな雰囲気のレストランやバー、カフェなどが並ぶ

MAP 別冊 P.39-B4

マーチエキュート神田万世橋
住 千代田区神田須田町 1-25-4
営 店舗により異なる（1912 階段・1935 階段・2013 プラットホーム 11:00 ～ 22：00、日・祝 ～ 20:30、オープンデッキ 11:00 ～ 22:30、日・祝～ 20:30）
休 店舗により異なる
交 地下鉄神田駅 6 番出口から徒歩 2 分、JR 秋葉原駅電気街南口から徒歩 4 分

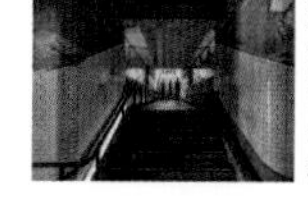
駅休止後に設置された交通博物館の名残がある 1935 階段

かつて伝統工芸職人の街だった御徒町で、「ものづくり」をテーマにショップやアトリエ、飲食店、ギャラリーが並ぶ「2k540 AKI-OKA ARTISAN」もチェック。住 台東区上野 5-9

MAP 別冊 P.38-B1

東京大神宮
住千代田区富士見 2-4-1
TEL03-3262-3566
営6:00 ～ 21:00、授与所 8:00 ～ 19:00、ご朱印受付 9:00 ～ 17:00
休無休
料無料
交JR 飯田橋駅西口から徒歩 5 分

良縁や恋愛成就に関連したお守りが多数並ぶ

縁結びで知られる“東京のお伊勢さま”

東京大神宮（とうきょうだいじんぐう）

明治 13 年に伊勢神宮の遥拝殿として創建され、「東京のお伊勢さま」と呼ばれて親しまれている。対人関係や仕事などの良縁にご利益があるといわれ、特に恋愛成就の祈願に訪れる人が多い。日本で初めて神前結婚式を行った神社としても知られ、現在も伝統的な結婚式が行われている。

伊勢神宮の神々が祀られる

MAP 別冊 P.38-B1

毘沙門天 善國寺
住新宿区神楽坂 5-36
TEL03-3269-0641
営9:00 ～ 18:00
休無休
料無料
交地下鉄飯田橋駅 B3 出口から徒歩 5 分

パワースポットとしても人気を集める毘沙門天

新宿山ノ手七福神のひとつに数えられる

毘沙門天 善國寺（びしゃもんてんぜんこくじ）

文禄 4（1595）年、徳川家康の意向を受けて創建。「神楽坂の毘沙門天様」として信仰を集め、新宿山ノ手七福神のひとつに数えられる。創建後、火災による 2 度の消失を経て寛政 4（1792）年頃、現在の場所に移転した。本堂横には藤棚があり、5 月の見頃には紫の花が彩りを添える。

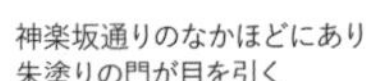
神楽坂通りのなかほどにあり、朱塗りの門が目を引く

MAP 別冊 P.16-B2

傳通院
住文京区小石川 3-14-6
TEL03-3814-3701
営9:30 ～ 16:30
休無休
料無料
交地下鉄後楽園駅後楽園駅連絡口から徒歩 10 分

木造二重門の山門は 2012 年に建立された

徳川家とのつながりが深い名刹

傳通院（でんづういん）

応永 22（1415）年に開山した寺院。慶長 7（1602）年に徳川家康の母於大の菩提寺になって以降、千姫をはじめ徳川家ゆかりの墓が多く建てられた。墓地北側の広大な一画に徳川家の墓域がある。写経会やお寺ヨガ教室、寄席、俳句会などの催しごとも活発に行われている。

永井荷風や夏目漱石などの小説にも登場する

読者だより　秋葉原から御茶ノ水駅への中央・総武線ガード下近くにある、老舗のトンカツ屋さん「丸五」は、この辺りではいちばんよいレストランだと思います。（PN：丸菱陸人）住 千代田区外神田 1-8-14

細川家ゆかりの起伏に富んだ庭園

肥後細川庭園（ひごほそかわていえん）

肥後熊本54万石の藩主細川家下屋敷の庭園跡地を整備。関口台地の起伏を活かした池泉回遊式庭園で、変化に富んだ風景を楽しめる。園内には細川家の学問所だった松聲閣が保存・修復されている。

新緑、紅葉、雪景色など、四季折々の情景を楽しめる

MAP 別冊 P.16-B1

肥後細川庭園
住 文京区目白台 1-1-22
TEL 03-3941-2010 営 2月～10月9:00～17:00（最終入園16:30）、11月～1月9:00～16:30（最終入園16:00）、松聲閣9:00～17:00 休 12月28日～1月4日
料 無料 交 都電荒川線早稲田停留場から徒歩5分

名建築家による美しく独創的な聖堂が必見

東京カテドラル聖マリア大聖堂（とうきょうかてどらるせいまりあだいせいどう）

カトリック東京大司教区の司教座聖堂。創建時は木造ゴシック式の聖堂だったが、第2次世界大戦で焼失。昭和39年、丹下健三の設計によってステンレス張りの外観や天窓から光が注ぐ内部が神秘的な現在の聖堂に生まれ変わる。

パイプオルガンによるコンサートも催される

MAP 別冊 P.16-B2

東京カテドラル聖マリア大聖堂
住 文京区関口 3-16-15
TEL 03-3941-3029 営 9:00～12:00、13:00～17:00（ミサや聖体礼拝の時間帯は見学を控える）
休 無休 料 無料 交 地下鉄江戸川橋駅1a出口から徒歩15分

上空から見ると十字架をかたどっているデザイン

新旧の風情が重なりあう石畳の街

神楽坂（かぐらざか）

明治後期から大正にかけて花街として栄え、その風情が今も石畳の路地や建物などに残る。趣きのある料亭や神社、おしゃれなレストランや雑貨店、ギャラリーなどが混在し、街歩きに飽きない。

夏目漱石や尾崎紅葉、泉鏡花ら文豪が住んだ街としても知られる

MAP 別冊 P.38-B1

神楽坂
住 新宿区
営 散策自由
休 無休
交 地下鉄神楽坂駅1a出口から徒歩1分

7月には「神楽坂まつり」が開かれ、多くの人でにぎわう

日本初の全天候型多目的スタジアム

東京ドーム（とうきょうどーむ）

昭和63年に日本初の全天候型多目的スタジアムとして開業。最大5万5000人を収容し、プロ野球はもちろん、年間を通してコンサートや格闘技、展示会などのビッグイベントが開催される。

建築面積は4万6755㎡、屋根膜の総重量は400t

MAP 別冊 P.38-A2

東京ドーム
住 文京区後楽 1-3-61
TEL 03-5800-9999
営 イベントにより異なる
休 イベントにより異なる
料 イベントにより異なる
交 JR水道橋駅西口から徒歩2分

「文京シビックセンター」には展望ラウンジがあり、自然豊かな小石川植物園（→P.229）や上野恩賜公園（→P.282）まで、地上約105mの高さから東京の全景を捉えることができる。展望レストランもある。

MAP 別冊 P.38-A2

東京ドームシティ
住 文京区後楽 1-3-61
TEL 03-5800-9999
営 施設により異なる
休 施設により異なる
料 施設により異なる
交 JR 水道橋駅西口から徒歩 2 分

世界初のセンターレス大観覧車

人気の都市型エンターテインメントエリア

東京ドームシティ（とうきょうどーむしてぃ）

東京ドームと東京ドームホテルを中心に、天然温泉「スパ ラクーア」、フードコート、遊園地などが揃う都市型エンターテインメントエリア。大人のための遊べるギャラリー「Gallery AaMo」、屋内型スポーツ施設「スポドリ！」、屋内型キッズ施設「アソボ～ノ！」もあり、幅広い層に人気。

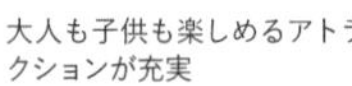

大人も子供も楽しめるアトラクションが充実

MAP 別冊 P.38-A2

野球殿堂博物館
住 文京区後楽 1-3-61
TEL 03-3811-3600
営 10:00 ～ 17:00、プロ野球開催時は 18:00 まで（最終入館は閉館の 30 分前）
休 月（祝日及び春休み、夏休み期間中は開館）
料 600 円、高校・大学生・65 歳以上 400 円、小・中学生 200 円
交 JR 水道橋駅西口から徒歩 2 分

野球ファンがうなる貴重な展示の数々

野球殿堂博物館（やきゅうでんどうはくぶつかん）

昭和 34 年 6 月に日本初の野球専門博物館として開館し、昭和 63 年東京ドーム内に移転。 野球界の発展に貢献し功労者として表彰された「野球殿堂入りの人々」の肖像レリーフを飾っているほか、プロ・アマを問わず野球の歴史資料 から話題性の高い資料を数多く収蔵・展示している。

日本野球の歴史が学べる

MAP 別冊 P.38-A1

印刷博物館
住 文京区水道 1-3-3 トッパン小石川本社ビル　TEL 03-5840-2300
営 10:00 ～ 18:00（最終入館 17:30）
休 月（祝日の場合は翌日）、展示替期間
料 400 円、学生 200 円、高校生 100 円、中学生以下・70 歳以上無料（企画展開催時は入場料が変更になる）　交 地下鉄江戸川橋駅 4 番出口から徒歩 8 分

常設展に加え、印刷・デザインにちなんだ企画展も楽しめる

奥深い印刷の世界を体感できる

印刷博物館（いんさつはくぶつかん）

印刷に関する展示や体験を楽しめる博物館。現存する世界最古の印刷物といわれる「百万塔陀羅尼」をはじめ、書物や活字、機械などのコレクションは約 7 万点に及ぶ。印刷工房では、活版印刷の制作工程を間近で見学できるほか、実際に活字を組んで活版印刷を体験することも可能(要予約)。

古今東西の印刷物や活字、道具、機械などを幅広く展示

読者だより　神楽坂周辺はグルメスポットが多数で歴史ある「赤城神社」、「毘沙門天 善國寺」（→ P.224）などがあります。隈研吾さんデザイン監修の「AKOMEYA TOKYO in la kagū」もおすすめ。 住 新宿区矢来町 67

電気街からアイドルまで

オタクの聖地・秋葉原の歩み

家電やアイドル、漫画&アニメなどサブカルチャーの街として知られる秋葉原。そのゆえんをたどりながら、歴史を振り返ってみよう。

明治 ～ 大正

“秋葉原”の地名は意外にも静岡県にゆかりがある？

明治2年の大火を機に、遠州（現在の静岡県）から火除けのため秋葉大権現を勧請して鎮火神社として祀り、のちに秋葉神社と改めたことが「秋葉原」と呼ばれる理由だ。その後、明治23年に上野駅から延伸した新駅が「秋葉原駅」と名付けられる。当時は“あきはのはらえき”と呼ばれ、貨物専用駅だった。明治26年、秋葉原ラジオ会館の前身となる「西東書房」が創業。大正時代にNHKがラジオ放送を開始したことで、このエリアにラジオ部品を扱う卸売商が増えていく。

昭和

現在の秋葉原のルーツとなる電気店が続々と建ち並ぶように

戦後、ラジオ部品を扱うようになった駿河台・小川町界隈の闇市がにぎわうものの、昭和26年の露天整理令で秋葉原のガード下に収容。これが電気街の始まりといわれている。また、前年には秋葉原ラジオ会館が開業し、電気製品·部品を扱う店が入居。その後、30年代には白黒テレビや電気洗濯機・冷蔵庫などが普及し、50年代にはコンピュータも販売開始。

平成 ～ 令和

オタクの街からサブカルの聖地&世界の“アキバ”へ

1990年代後半以降、パソコン愛好家の人々がゲームやアニメ、フィギュアに興味の幅を広げていき、結果的に専門店が増加。2000年代に入るとメイド喫茶やアイドルの専用劇場などが登場し、その先駆けとなった「AKB48劇場」は話題を集める。近年、オタク文化はより大衆化・細分化していき、ポップカルチャーの中心地として海外からも脚光を浴びる。

秋葉原の歴史を映す

あきはばららじおかいかん

秋葉原ラジオ会館

フィギュアやトレーディングカード、ドールなどの専門店が入居する商業施設。現在のビルは2014年に竣工。

MAP 別冊 P.39-B4 秋葉原

住 千代田区外神田1-15-16 営 10:00 ～ 20:00、B1階12:00 ～ 22:00（日・祝～ 21:00） 休 店舗により異なる 交 JR秋葉原駅電気街口から徒歩1分

2005年オープン

えーけーびーふぉーてぃーえいとしあたー

AKB48劇場

「会いに行けるアイドル」をコンセプトにしたAKB48の専用劇場。チケットは事前応募制。

MAP 別冊 P.39-B4 秋葉原

住 千代田区外神田4-3-3ドン・キホーテ秋葉原8階 TEL 03-5298-8648 営 16:30 ～ 20:00、土・日・祝11:30 ～ 19:30（公演時間により変更の場合あり） 料 一般男性3400円、一般女性2400円、小学生～高校生2400円、未就学児無料（公式サイトからの事前応募・申込制、特別公演は異なる） 交 JR秋葉原駅電気街口から徒歩5分

昭和26年に開業したJR秋葉原駅直結の「アキハバラデパート」。日用品・雑貨品店や飲食店が軒を連ねる商業施設は長らく秋葉原のランドマークだったが、2006年12月31日、歴史に幕を閉じた。

都会のオアシスにたたずむ名庭の粋

江戸時代に徳川家によって造られた庭園と植物園は、現代でも美しい観光地として人々を魅了。

寛永6年（1629年）築造

小石川後楽園の歴史

寛永 6（1629）年、水戸徳川家の初代藩主・頼房が江戸の中屋敷の庭として造った。二代藩主の光圀が自身の趣味である儒教的思想を庭園造りに活かして完成させた。「後楽園」という園名も、光圀が儒学者に命じて選ばせたものだ。

江戸期に完成した大名庭園

小石川後楽園（こいしかわこうらくえん）

1周 1時間

広大な池を中心にした「回遊式築山泉水庭園」になっており、中国の名所を表現した景観が特徴的。起伏に富んだ地形を利用して、「大泉水」の「海」の景観を中心に、「山」、「川」、「田園」などの風景が展開されている。昭和 27 年に特別史跡および特別名勝に指定された。園内には売店や茶寮もある。

MAP 別冊 P.38-A2 飯田橋

住 文京区後楽 1-6-6　TEL 03-3811-3015（小石川後楽園サービスセンター）　営 9:00 ～ 17:00（最終入園 16:30）　休 12 月 29 日～ 1 月 1 日　料 300 円、65 歳以上 150 円、小学生以下及び都内在住・在学の中学生は無料　CC MV　交 地下鉄飯田橋駅 C3 出口から徒歩 3 分

大泉水

三代将軍・徳川家光自ら泉水の形を描いたとされ、蓬莱島を配し、琵琶湖を表現している。

得仁堂

建立当時の姿を残す。かつては水戸光圀が慕う 3 人の木像が安置されていた。

円月橋

水戸光圀の命により、明の儒学者・朱舜水が設計した。水面に映る姿が満月に見えることから名づけられた。

水面に映る橋が美しく見える

西湖の堤

かつては白いハスが植えられており、中国の西湖にある堤防「蘇堤」を表現したもの。

唐 門

2020 年末に復元が完了した正式な入口門。私的空間の内庭と後楽園を隔てる役割を果たす。

読者だより　クチコミがあった 23 区の公園スポット→①「石神井公園」と「武蔵関公園」はボートが安くて比較的空いています。　②大田区の「海浜公園」は砂浜や樹々があり、1 年を通して自然に触れられてすばらしい場所です。

貞享元年(1684年)開園

日本庭園

文化財指定の旧東京医学校本館

五代将軍・徳川綱吉が幼少時に住んだ白山御殿の庭園に由来し、紅葉の時期は特に定評がある。

小石川植物園の歴史

貞享元（1684）年に徳川幕府が設置した「小石川薬園」が前身。享保6（1721）年に薬園が拡張され、ほぼ現在の植物園の形になる。その後、明治8年に「小石川植物園」と改称し、東京大学付属になるのは明治10年のこと。

公開温室

2019年竣工。6室ある温室では、熱帯・亜熱帯地域の植物を中心に約2000種を展示。

ニュートンのリンゴ

ニュートンの生家にあった木の枝を接木したもの。隣には「メンデルの葡萄」もある。

日本で最も古い植物園

小石川植物園

こいしかわしょくぶつえん

1周 2時間

正式名称は「東京大学大学院理学系研究科附属植物園」といい、植物学の研究や教育を目的とした施設。約4万9000坪の敷地内に多種多様な植物が配置され、2012年に国の名勝および史跡に指定されている。植物園にまつわる展示を行う「柴田記念館」では絵葉書や小石川植物園の冊子などを販売。

薬用保存園

徳川幕府の薬園であったことから現在もコガネバナはじめ約120種の薬用植物を栽培。

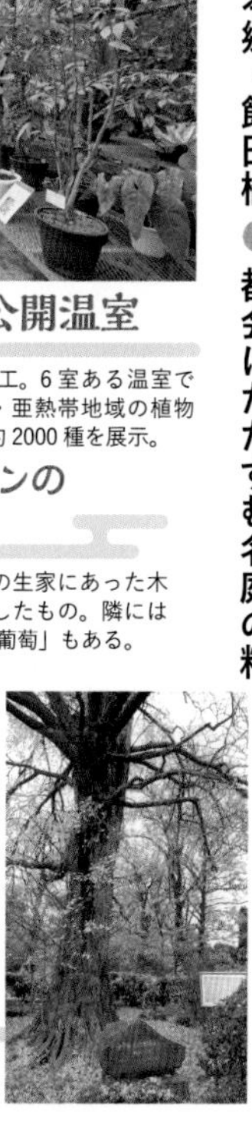

精子発見のイチョウ

樹齢約300年。平瀬作五郎が研究材料に用いて、明治29年にイチョウの精子を発見した。

MAP 別冊 P.16-B2 白山

住 文京区白山 3-7-1　TEL 03-3814-0138
営 9:00～16:30（最終入園16:00、温室10:00～15:00、柴田記念館10:30～16:00）　休 月、12月29日～1月3日　料 500円、小・中学生150円　CC 不可　交 地下鉄白山駅A1出口から徒歩10分

東京見聞録 「小石川植物園」の開花・紅葉状況は公式ウェブサイトでもチェック可能。園内各所や分類標本園、温室などさまざまなエリアの最新情報を写真とともにみることができる。URL koishikawa-bg.jp/kaikainfo

エリアナビ

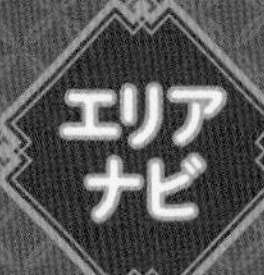

23区西部地域

23区内西部を中心とした全9区で構成され、他県や多摩地域に隣接しているエリアがほとんど。北から南まで多彩な魅力あふれる5エリアをご紹介。

1 品川・大森・蒲田

空の玄関口を備え、湾岸沿いは屋外施設も充実

P.232 MAP 別冊 P.48

多くの路線が乗り入れる品川駅は、クロネコヤマトミュージアム（→ P.234）など企業の博物館も多いうえ、西側はマクセル アクアパーク品川（→ P.235）といったエンタメ施設も充実。駅周辺だけでも1日中楽しめるエリアだ。蒲田～大森周辺を走る京急線と東京モノレールを使えば、大田市場（→ P.238）や大井競馬場（→ P.237）などベイエリアの観光スポットへアクセスも可能。また羽田神社（→ P.236）など、羽田空港周辺にも見どころは多く、飛行機に乗るだけにはとどまらない魅力が満載。

JAPAN AIRLINES

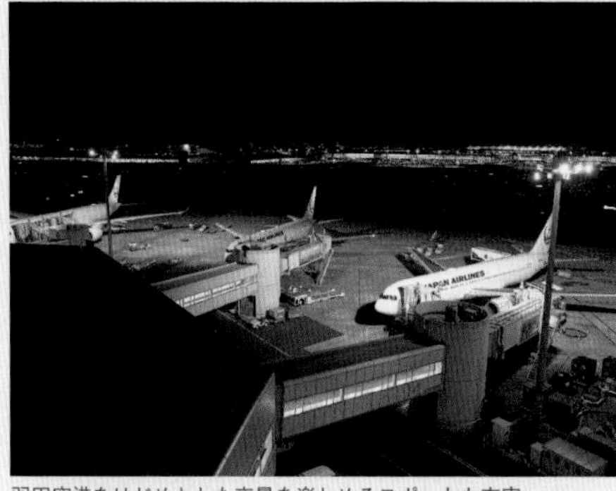

羽田空港をはじめとした夜景を楽しめるスポットも充実

2 恵比寿・目黒・代官山

洗練された雰囲気で少し大人の街歩き

P.240 MAP 別冊 P.49

おしゃれなショップやレストラン、美術館など立ち寄りたいスポットが充実し、落ち着いた雰囲気が魅力のエリア。目黒駅の東側を歩けば広大な自然の中に建つ東京都庭園美術館（→ P.243）、西側には目黒不動尊（→ P.245）やホテル雅叙園東京（→ P.247）の文化財「百段階段」など、歴史的スポットの見学もできる。渋谷にいたる恵比寿～代官山周辺には、恵比寿駅の由来に関連する恵比寿ガーデンプレイス（→ P.242）や旧朝倉家住宅（→ P.242）などが点在し、歩くだけでさまざまな魅力を発見できる。

恵比寿駅 Ebisu Station

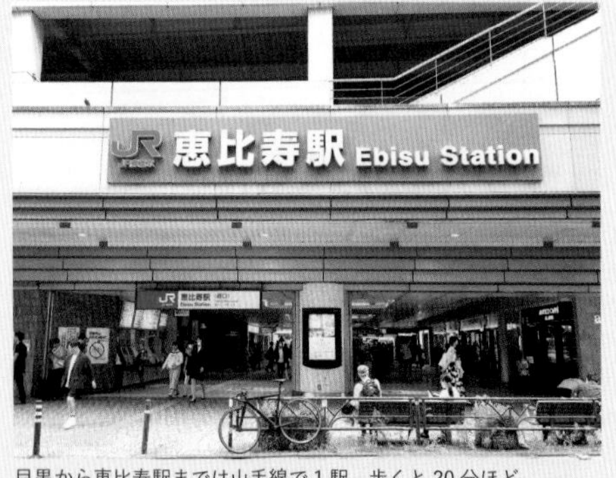

目黒から恵比寿駅までは山手線で1駅、歩くと20分ほど

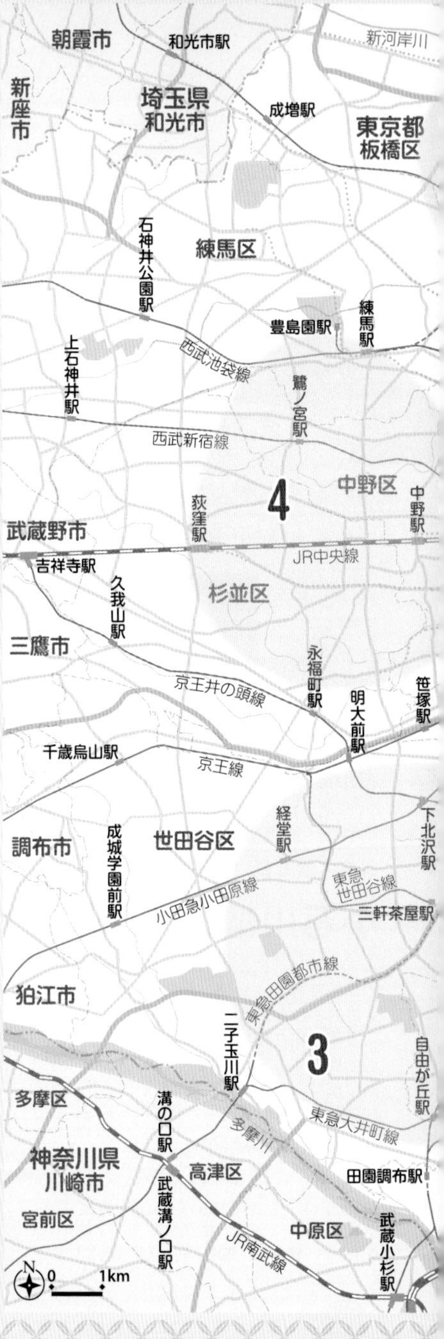

朝霞市
和光市駅
新河岸川
新座市
埼玉県
和光市
成増駅
東京都
板橋区
石神井公園駅
練馬区
練馬駅
豊島園駅
上石神井駅
西武池袋線
鷺ノ宮駅
西武新宿線
4
中野区
中野駅
荻窪駅
武蔵野市
吉祥寺駅
JR中央線
久我山駅
杉並区
三鷹市
永福町駅
京王井の頭線
明大前駅
笹塚駅
千歳烏山駅
京王線
経堂駅
下北沢駅
調布市
成城学園前駅
世田谷区
東急世田谷線
小田急小田原線
三軒茶屋駅
東急田園都市線
狛江市
二子玉川駅
3
自由が丘駅
多摩区
溝の口駅
多摩川
東急大井町線
神奈川県
川崎市
高津区
田園調布駅
武蔵溝ノ口駅
宮前区
中原区
JR南武線
武蔵小杉駅
N
0
1km

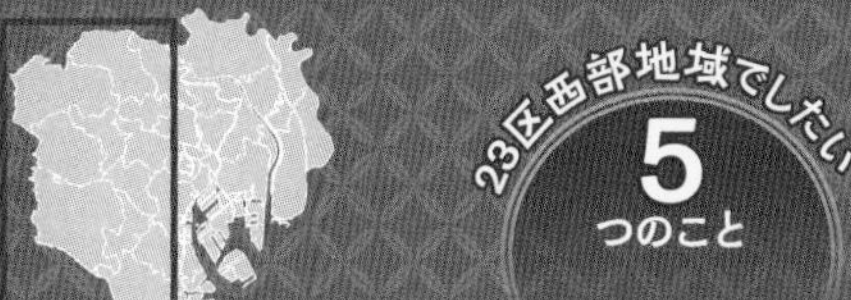

23区西部地域でしたい 5つのこと

❶ 下北沢でサブカル文化を体験 ▶ P.254
❷ 大田市場で名物グルメを堪能 ▶ P.238
❸ 渋沢栄一の足あとをたどる ▶ P.266
❹ 目黒雅叙園の文化財を見学 ▶ P.247
❺ 朝ドラで話題の記念庭園へ ▶ P.261

JR埼京線
東北・上越新幹線
高崎線
埼玉高速鉄道
川口市
赤羽岩淵駅
足立区
赤羽駅
北区
荒川
隅田川
5
JR埼京線
JR京浜東北線・宇都宮線・高崎線
東武東上線
荒川区
小竹向原駅
都電荒川線
JR山手線
田端駅
豊島区
池袋駅
文京区
高田馬場駅
御茶ノ水駅
新宿区
JR中央線
西武新宿駅
千代田区
東京都庁
新宿駅
四ツ谷駅
皇居
代々木上原駅
東京駅
中央区
新橋駅
渋谷区
渋谷駅
東京タワー
浜松町駅
JR山手線・埼京線
2
港区
中目黒駅
恵比寿駅
泉岳寺駅
目黒川
東急東横線
目黒駅
目黒区
品川駅
五反田駅
東急目黒線
大崎駅
大岡山駅
旗の台駅
1
大井町駅
品川区
東急池上線
京急本線
東京モノレール
JR京浜東北線・東海道線
東海道新幹線
JR横須賀線
大田区

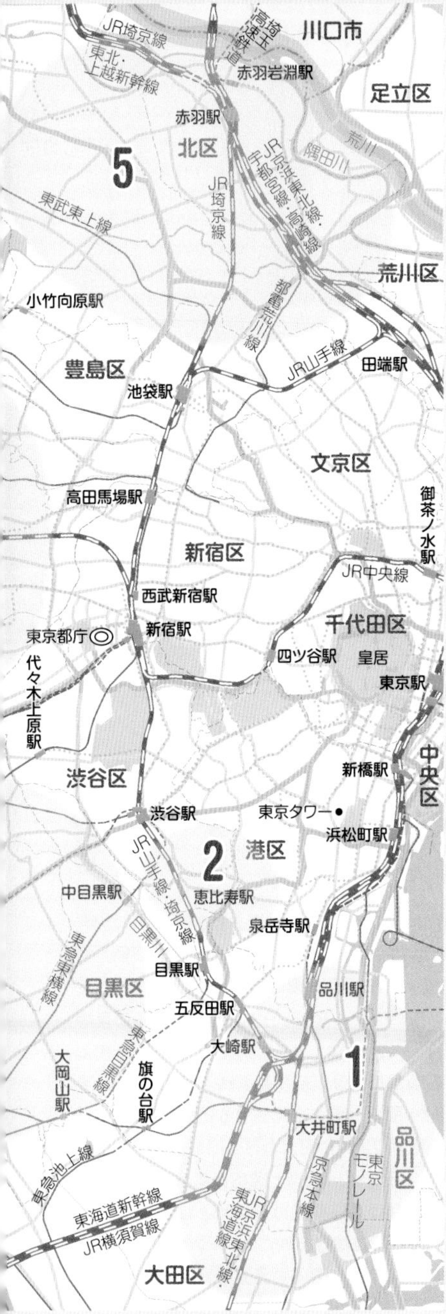

3 下北沢・三軒茶屋・世田谷

自然にほど近く、利便性も兼ね揃えるエリア

P.248 MAP 別冊 P.50

都心と自然、両方の魅力が感じられる世田谷区。サブカル文化が根づく下北沢は、古着屋やライブハウスなどバラエティに富んだ店が多い若者に人気の街で、2022年オープンの下北線路街 空き地（→ P.251）などニューフェイスも続々登場。多摩川を隔てて狛江市と隣接する二子玉川周辺にある等々力渓谷（→ P.252）はパワースポットとしても知られ、足を延ばして訪れたい場所。レトロな車両が特徴の東急世田谷線沿いで豪徳寺（→ P.250）、松陰神社（→ P.250）を巡る旅もおすすめだ。

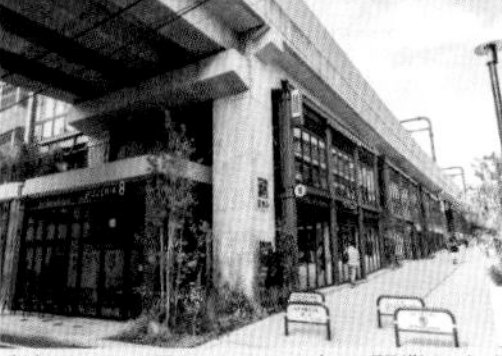

高架下では同じく2022年に開業したミカン下北（→ P.251）も楽しめる

4 中野・高円寺・練馬

ひと味違った街並みが満喫できるエリア

P.256 MAP 別冊 P.8-9

個性派揃いの街散策を楽しめる中央線沿線。中野駅前にはサブカルの聖地・中野ブロードウェイがあり、高円寺駅前はねじめ正一の小説で有名な高円寺純情商店街（→ P.259）をはじめとした10以上の商店街が集結。地域住民に根づいた活気あふれる街歩きが楽しめるはずだ。区内で最も西に位置する練馬区は、日本の植物学の父として知られる牧野富太郎ゆかりの地。練馬区立牧野記念庭園（→ P.261）をはじめ、練馬区立美術館（→ P.260）、ちひろ美術館・東京（→ P.260）など文化施設を巡ってみよう。

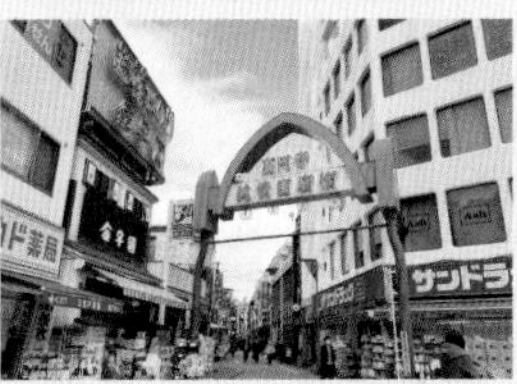

中央線沿線は活気あふれる商店街が多く、立ち寄ってみるのもおすすめ

5 王子・赤羽・板橋

グルメも自然も揃った都心北部の中心地

P.262 MAP 別冊 P.51

北区と板橋区にまたがり荒川沿いに位置するエリア。桜の名所として知られる飛鳥山公園には渋沢栄一の功績が展示される渋沢資料館（→ P.266）など、大人も楽しめる施設が充実しており、地名の由来である王子神社（→ P.264）ともほど近い。埼京線沿いでは十条銀座商店街（→ P.65）、赤羽の飲み屋街といったディープな食べ＆飲み歩きを楽しむのも◎。板橋区では、板橋区立熱帯環境植物館（→ P.264）、板橋区立赤塚植物園（→ P.265）などの個性的な施設に立ち寄ってみては。

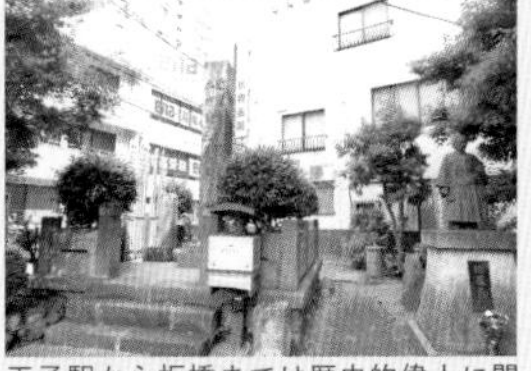

王子駅から板橋までは歴史的偉人に関連したスポットが点在

江戸の宿場町から全国の交通の要所へ

品川（しながわ）・大森（おおもり）・蒲田（かまた）

高輪方面から見る品川駅。反対側の港南口はビジネス街になっている

エリア利用駅

品川駅
JR 東海道線、JR 山手線、JR 京浜東北線など

蒲田駅
JR 京浜東北線、東急池上線、東急多摩川線

京急蒲田駅
京急本線、京急空港線

大森駅
JR 京浜東北線

コインロッカー情報

JR 品川駅改札内外に複数設置されている。中央改札口横にはコインロッカー検索機があり便利。

品川・大森・蒲田駅への行き方

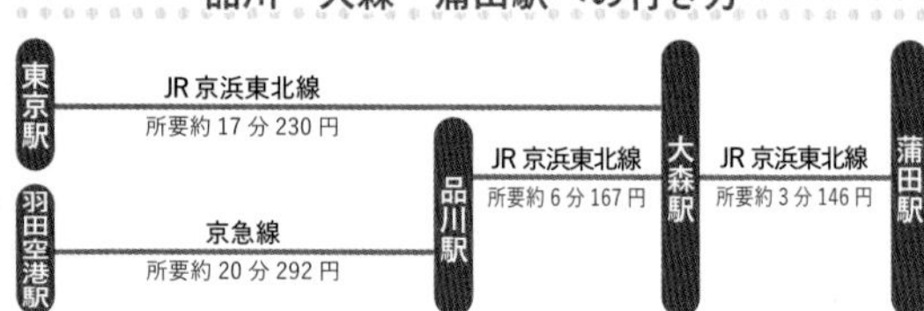

「品川」とは目黒川の下流から河口付近までを指していたが、現在は品川区品川地域と品川駅界隈を称する場合が多い。中世の頃から「品川湊」と呼ばれ東国の主要な海上輸送の拠点として発展したが、江戸時代になると日本橋から始まる旧東海道のひとつめの宿場町「品川宿」として栄えた。1990 年代になると品川駅東口側の港南エリアが開発され、2003 年には東海道新幹線の品川駅も開業し東京を代表するビジネスタウンとなっている。一方、昭和 22 年に旧大森区と旧蒲田区が合併してできたのが現在の大田区だ。大森と蒲田は東京都の東南部に位置するエリア。大森は海苔養殖の発祥地として有名だが、東京湾の開発にともない現在は行われていない。蒲田を含む大田区は " ものづくりの町 " として日本の産業を支えている。

読者だより

東急池上線荏原中延駅周辺には、「多賀野」と「井田商店」という有名なラーメン店がありますよ。
●中華そば 多賀野 住 品川区中延 2-15-10 ●井田商店 住 品川区中延 2-16-8

歩き方

品川の観光スポットはJR品川駅高輪口から

品川宿の面影を残す北品川界隈の旧東海道

品川駅高輪口の目の前に第一京浜道路（国道15号線）が走っており、渡るとすぐにショッピングセンターのウィング高輪や品川プリンスホテルがある。ホテル館内には映画館やボウリングセンターなどがあり、また都市型水族館のマクセル アクアパーク品川などを展開していて品川界隈の観光の中心となっている。赤穂浪士で有名な泉岳寺へは地下鉄泉岳寺駅が最寄りだが、JR高輪ゲートウェイ駅からも徒歩圏内だ。高輪口から第一京浜を横浜方面に向かい、箱根駅伝で有名な新八ツ山橋を過ぎれば旧東海道の品川宿、現在の北品川に着く。品川駅港南口方面は近年開発が進められたエリア。高層ビルが建ち並ぶオフィス街で企業が運営するミュージアムもある。港南口からすぐの一角にある昭和の雰囲気を残す路地裏の飲み屋街も人気だ。高浜運河沿い緑地は晴れた日の散策が気持ちいい。

大森と蒲田はJRの駅を起点に歩こう

大森駅や蒲田駅はJR京浜東北線と京浜急行本線の間に商業施設が集まっている。どちらの町にもアーケード商店街があり歩くだけでも楽しい。大森貝塚遺跡庭園へはJR大森駅北口を出ると池上通りが走っているので品川方面へ徒歩約5分。京急蒲田駅は羽田空港への起点となる駅。

蒲田は羽田空港への玄関口でもある

おさんぽプラン

1. 泉岳寺（→P.234）　徒歩20分
2. 物流博物館（→P.235）　徒歩5分
3. マクセル アクアパーク品川（→P.235）　徒歩15分
4. ニコンミュージアム（→P.234）　徒歩7分
5. クロネコヤマトミュージアム（→P.234）　徒歩20分
6. 品川神社（→P.234）

TOKYO 小噺　揚げパン発祥は大田区って本当？

誰もが大好きな「揚げパン」。ある調査によると、「小・中学校時代に好きだった給食のメニュー」で揚げパンが1位だったそう。昭和27年頃、大田区立嶺町小学校の給食担当職員が考案したと言われている。当時は欠席した児童に給食のパンを届けており、硬くなるパンを油で揚げて砂糖をまぶしておいしく食べてもらおうと考えたという。揚げパンといい、海苔養殖や羽根付き焼き餃子の発祥（→P.349）といい、大田区が日本人の国民食を生み出しているといっても過言ではない!?

このエリアでできること

- 羽根付き焼き餃子発祥の店へ→P.349
- 大田市場でグルメを堪能→P.238
- 羽田空港の夜景を撮影→P.86

かわら版　蒲田のシンボル、都内唯一の屋上観覧車に乗ろう！

「東急プラザ蒲田」（MAP P.11-C4）は蒲田駅直結のファッションビル。その屋上にイベントスペース「屋上かまたえん」がある。ここの人気は都内唯一の屋上観覧車。一時は存続の危機もあったが、地元の人々の存続を望む声で、地域に幸せを届ける願いを込めて「幸せの観覧車」と命名されて復活した。ゴンドラは9機しかない小さな観覧車で、1周約3分半の空中散歩。晴れていれば遠く富士山も望める。東京の空がこんなに広かったのかと感じるだろう。営10:00～18:00、12～2月～17:00（荒天時は中止）料1周300円

地元住民の憩いの場でもある

東京見聞録　東京都に11ヵ所ある中央卸売市場で唯一肉を取り扱う市場「東京都中央卸売市場食肉市場」が品川駅港南口近くにあり、食肉についての知識が深められる。毎年10月には「東京食肉市場まつり」が開催され多くの来場者が訪れる。

MAP 別冊 P.48-A1

泉岳寺
住 港区高輪 2-11-1
TEL 03-3441-5560
営 7:00～18:00、10～3月7:00～17:00、赤穂義士記念館9:00～16:30、冬季9:00～16:00
休 無休　料 無料、義士記念館 500 円、中高生 400 円、10 歳以上 250 円
交 JR 高輪ゲートウェイ駅から徒歩 8 分、地下鉄泉岳寺駅 A2 出口から徒歩 3 分

浅野の家の菩提寺で赤穂義士が眠る曹洞宗江戸三ヵ寺

泉岳寺（せんがくじ）

慶長 17（1612）年、徳川家康が幼年身を寄せた今川義元の菩提を弔うため江戸城近くの外桜田に創建。寛永の大火で伽藍が焼失したが三代将軍家光により高輪に移転・再建された。境内には義士館もある。

本堂の額「獅子吼」は「ししく」と読み、お釈迦様の説法のことを指す

MAP 別冊 P.18-C2

品川神社
住 品川区北品川 3-7-15
TEL 03-3474-5575
営 参拝自由、宝物殿 9:30 ～ 16:30（開館日：正月期間、6 月の例大祭期間中、11 月の土・日・祝）
休 無休　料 無料
交 京浜急行新馬場駅北口から徒歩 1 分

石造りの一之鳥居をくぐると 53 段の急階段がある

明治天皇が東京十社と定めた神社のひとつ

品川神社（しながわじんじゃ）

文治 3（1187）年、源頼朝が海上交通安全と祈願成就を祈って創始。北品川の鎮守であり、太々神楽は東京都無形民俗文化財に指定されている。境内には神楽殿や宝物殿、阿那稲荷神社などがある。

朱色が印象的な社殿は昭和 39 年に再建されたもの

MAP 別冊 P.48-C2

クロネコヤマトミュージアム
住 港区港南 2-13-26 ヤマト港南ビル 6 階
TEL 03-6756-7222
営 10:00 ～ 17:00（最終入館 16:30）
休 月（祝日の場合は翌日）、夏季
料 無料
交 JR・京浜急行品川駅港南口から徒歩 10 分

生活に欠かせない宅配便サービスの老舗

日本初の路線事業の先駆けとなった

クロネコヤマトミュージアム（くろねこやまとみゅーじあむ）

ヤマトグループが創業 100 周年を迎えたことを記念して、2020 年に設立されたミュージアム。創業からの歴史や宅急便の仕組みなどを展示・解説している。宅急便体験コーナーではウォークスルー車の乗車体験もできる。

創業から宅急便の誕生、未来への取り組みまで時系列で解説

MAP 別冊 P.48-C2

ニコンミュージアム
住 港区港南 2-15-3 品川インターシティ C 棟 2 階
TEL 03-6433-3900
営 10:00～ 17:00（最終入館 16:30）
休 月・日・祝、当館が定める日（土曜日が祝日の場合は休館）
料 無料　交 JR 品川駅港南口から徒歩 7 分

2024 年の夏頃に本社新社屋建設に伴い移転予定

創立 100 周年を記念し 2015 年にオープン

ニコンミュージアム（にこんみゅーじあむ）

ニコンの歴史や歴代製品、産業、バイオ・医療、宇宙などに関する膨大な製品や資料を公開している。特に「ニコンI型」から最新カメラ、レンズ約 500 点を展示している「映像とニコン」は圧巻。

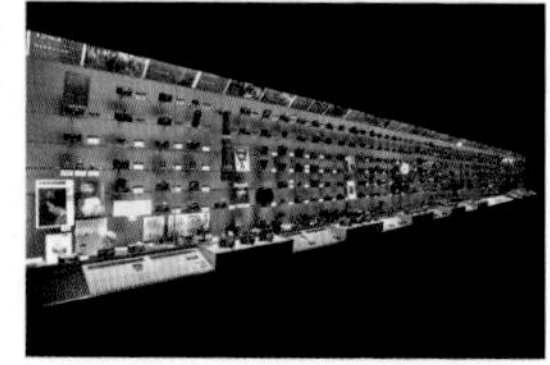
「映像とニコン」コーナーでは歴代製品に圧倒される

大田区のおすすめ銭湯は蒲田の「はすぬま温泉」です。
住 大田区西蒲田 6-16-11 交 東急池上線蓮沼駅から徒歩 2 分、JR 蒲田駅からも西口を出て 10 分ほど。

水族館の域を超えるエンターテインメント

マクセル アクアパーク品川
まくせる あくあぱーくしながわ

光・音・映像と生きものが織りなす幻想的な空間を演出し、非日常を体感できる都市型水族館。天窓から光が差し込む海中トンネル「ワンダーチューブ」や大迫力のドルフィンパフォーマンスは四季や昼夜で演出を変えている。

ドルフィンパフォーマンス（ナイトバージョン）

MAP 別冊 P.48-C1

マクセル アクアパーク品川
住 港区高輪 4-10-30 品川プリンスホテル内
TEL 03-5421-1111（音声ガイダンス）
営 営業概要は公式ウェブサイトで確認
休 無休
料 高校生以上 2500 円、小・中学生 1300 円、幼児（4 才以上）800 円（アトラクション・各種有料プログラムは別途料金が必要）
交 JR 品川駅高輪口から徒歩 2 分

本格的なコックピットで気分はパイロット

SKY ART JAPAN
すかい あーと じゃぱん

世界各地約 4 万 5000 の空港を再現し、世界でも 20 台しかない「ボーイング 777-フライトシミュレーター」で本格的なパイロット体験ができる。飛行ルートや時間設定はブリーフィングで決定できる。

コックピットのスイッチやボタンが実物大として再現されている

MAP 別冊 P.48-C1

SKY ART JAPAN
住 品川区北品川 6-7-29 ガーデンシティ品川御殿山 1 階
TEL 03-3440-6777
営 10:00-18:00　休 無休
料 プランやオプションによる（体験コース 1 万 1000 円～）
交 JR 大崎駅南改札口から徒歩 10 分

飛行経験豊富なインストラクターがアドバイス

物流の仕組みを分かりやすく紹介

物流博物館
ぶつりゅうはくぶつかん

江戸時代から昭和までの物流の変遷や現在の物流の概要を実物資料・写真・映像などで紹介している博物館。ゲームや体験コーナーでは楽しみながら物流を学ぶことができる。物流ターミナルの大型ジオラマは必見。

ジオラマで「陸海空の物流ターミナル」が再現されている

MAP 別冊 P.48-C1

物流博物館
住 港区高輪 4-7-15
TEL 03-3280-1616
営 10:00～17:00（最終入館16:30）
休 月、毎月第 4 火曜（祝日等の場合は翌日）、祝日の翌平日、展示替・資料整理期間
料 大人 200 円、65 歳以上 100 円、中学生以下無料
交 JR 品川駅高輪口から徒歩 7 分

災害から生き延びることを目的に

しながわ防災体験館
しながわぼうさいたいけんかん

防災意識の向上や災害時の正しい知識習得のための品川区の施設。防災展示では防災用品などを学習し、初期消火や避難姿勢、災害時の状況をリアルに体験できる防災 VR で災害時の対応を学ぶことができる。

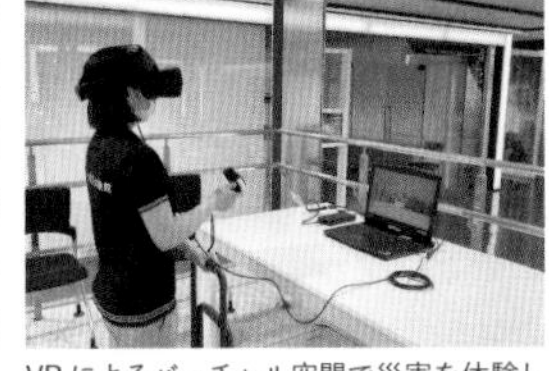
VR によるバーチャル空間で災害を体験してみよう

MAP 別冊 P.18-C2

しながわ防災体験館
住 品川区広町 2-1-36 防災センター 2 階
TEL 03-5742-9098
営 9:00 ～ 17:00
休 月・土・祝
料 無料
交 JR 線大井町駅から徒歩 8 分、東急大井町線下神明駅から徒歩 5 分

品川区役所の第二庁舎 2 階には「品川区役所食堂」があり一般の人も利用できる。日替わり定食や麺類、丼などメニューも豊富。ランチは月～金の 11:00 ～ 14:00。喫茶営業は月～金の 14:00 ～ 16:45。定休日は土･日･祝。

MAP 別冊 P.14-C1

羽田神社
住 大田区本羽田 3-9-12
TEL 03-3741-0023
営 9:00 ～ 17:00（問い合わせ）
休 無休
交 京浜急行空港線大鳥居駅から徒歩 10 分

大田区の文化財に指定されている羽田富士塚もある

羽田神社（はねだじんじゃ）

羽田空港を含む羽田全域の総氏神で、航空旅行安全や病気平癒祈願で多くの参拝者が参詣する。御祭神は須佐之男命と稲田姫命で縁結びや勝負事の神徳でも知られる。航空会社とのコラボ御朱印帳も人気。

現在の社殿は昭和 63 年に竣工し羽田の氏子を見守っている

MAP 別冊 P.14-C1

穴守稲荷神社
住 大田区羽田 5-2-7
TEL 03-3741-0809
営 参拝自由（拝殿・奥之宮外からの参拝） 休 無休
交 京浜急行空港線穴守稲荷駅から徒歩 3 分

日夜飛行機を見守る旧穴守稲荷神社一の大鳥居

航空・旅行安全神社として知られている

穴守稲荷神社（あなもりいなりじんじゃ）

江戸時代後期、水害から近隣一帯を守るため、現羽田空港内の堤防に稲荷大神を祀ったのが起源であり、後の空港拡張に伴い現在地へ遷座した。空港を災害から守る「羽田のお稲荷さん」として参拝者が絶えない。

印象的な朱色の鳥居と拝殿

MAP 別冊 P.14-C1

HANEDA INNOVATION CITY
住 大田区羽田空港 1-1-4
TEL 店舗による
営 店舗による
休 店舗による
交 京浜急行空港線天空橋駅直結

羽田空港を望む無料の足湯スカイデッキ

羽田から新たな体験や価値を創造・発信する

HANEDA INNOVATION CITY（はねだいのべーしょんしてぃ）

「先端」と「文化」のふたつをテーマにした、商業・オフィス・最先端研究施設などからなる大規模複合施設。羽田の利便性を強みにジャパンカルチャーの新たな価値を発信する“街”づくりを推進している。

この街に集まる人たちにイノベーションを提供

MAP 別冊 P.11-B4

しながわ水族館
住 品川区勝島 3-2-1
TEL 03-3762-3433
営 10:00～17:00(最終入館 16:30)
休 火（祝日・春休み・GW・夏休み・冬休みは営業）、1 月 1 日
料 1350 円、小・中学生 600 円、幼児 300 円、65 歳以上 1200 円
交 京浜急行大森海岸駅から徒歩 8 分

品川区民に愛される憩いの水族館

しながわ水族館（しながわすいぞくかん）

水辺とのふれあいをテーマに 1991 年しながわ区民公園に開業した水族館。毎日開催されるイルカやアシカのショーが人気。22 mのトンネル水槽ではウミガメたちが頭上を泳ぎ、海中散歩が楽しめる。

全長 22m のトンネル水槽で魚たちとダイバーが舞い泳ぐ

雑色駅の「Bistro CooPoo」がおすすめスポットです。
住 大田区仲六郷 2-20-10 交 京浜急行本線雑色駅西口から徒歩 3 分

東京シティ競馬の愛称で親しまれる

大井競馬場（東京シティ競馬）
おおいけいばじょう（とうきょうしてぃけいば）

日本初のナイター競馬「トゥインクルレース」で有名な競馬場。毎年冬季のレースがない日にはイルミネーションイベントの「東京メガイルミ」が開催される。競馬ファンでなくても訪れたい。

北門のイルミネーションで期待も膨らむ

MAP 別冊 P.14-B1

大井競馬場（東京シティ競馬）
住 品川区勝島 2-1-2 TEL 03-3763-2151(音声ガイダンス)
営 レース開催日による 休 レース開催日、イベント開催日以外
料 レース開催日 100 円、15 歳未満無料（指定席は別料金、20 歳未満のみでの入場不可） 交 東京モノレール大井競馬場前駅から徒歩 2 分

日本初の学術調査が行われた「日本考古学発祥の地」

大森貝塚遺跡庭園
おおもりかいづかいせきていえん

アメリカ人動物学者・モース博士が明治 10 年に発見した貝塚を遺跡公園として整備・公開している。庭園内には大森貝塚碑や貝層の剥離標本などがあり縄文時代や大森貝塚を学べる。

日本考古学の祖・モース博士の胸像

MAP 別冊 P.11-B4

大森貝塚遺跡庭園
住 品川区大井 6-21-6
TEL 03-5742-6526
営 9:00 ～ 17:00、7 ～ 8 月 9:00 ～ 18:00、11 ～ 2 月 9:00 ～ 16:00
休 無休 料 無料
交 JR 大森駅北口から徒歩 5 分

大森の海苔づくりの歴史と文化を次世代に伝える

大森 海苔のふるさと館
おおもり のりのふるさとかん

昭和 38 年に東京湾の埋め立てで海苔生産は終了したが、大森で育まれた海苔づくりの歴史や伝統を継承するために設立された。約 150 点の資料を展示し、海苔や海辺に関する情報を発信している。

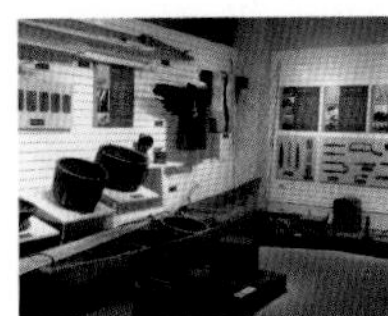
海苔養殖の貴重な道具が展示されている

MAP 別冊 P.14-C1

大森 海苔のふるさと館
住 大田区平和の森公園 2-2
TEL 03-5471-0333
営 9:00 ～ 17:00、6 ～ 8 月～ 19:00
休 第 3 月曜（祝日の場合は翌日）、12 月 29 日～ 1 月 3 日
料 無料 交 京浜急行平和島駅から徒歩 15 分

日蓮が入滅した日蓮宗七代本山のひとつ

池上本門寺
いけがみほんもんじ

弘安 5 (1282) 年の日蓮聖人入滅後、帰依していた池上宗仲が寺域の一部を寄進し「池上本門寺」と呼ばれるようになった。国重要文化財の五重塔や区指定文化財も多く歴史的遺産の宝庫。

大堂は日蓮聖人を祀ることから祖師堂ともいわれる

MAP 別冊 P.11-C4

池上本門寺
住 大田区池上 1-1-1
TEL 03-3752-2331
営 参拝自由
休 無休
交 東急池上線池上駅北口から徒歩 10 分

国登録有形文化財の旧清明文庫を記念館として整備

大田区立勝海舟記念館
おおたくりつかつかいしゅうきねんかん

勝海舟が晩年に愛した洗足池に、海舟の功績や地域の歴史を伝えるために 2019 年に開館。実資料のほか、CG を含む映像展示で勝海舟を深く知ることができる。

昭和 3 年竣工のモダンな建造物を保存・活用した記念館

MAP 別冊 P.11-B4

大田区立勝海舟記念館
住 大田区南千束 2-3-1
TEL 03-6425-7608
営 10:00 ～ 18:00（最終入館 17:30）
休 月（祝日の場合は翌日）
料 300 円、小・中学生 100 円、65 歳以上 240 円 交 東急池上線洗足池駅から徒歩 6 分

勝海舟と大田区のゆかりは、江戸城開城の交渉のため「池上本門寺」へ向かう途中、洗足池付近で休息をしこの地を気に入ったこと。晩年には別荘「洗足軒」を構えた。海舟夫妻の墓地も「洗足池公園」内にある。

ディープな穴場店がずらり！ 大田市場グルメを大解剖

羽田空港や東京港、首都高速湾岸線など物流の拠点として抜群の立地を誇る市場。早朝からオープンしており、空港到着後に訪れるなんて楽しみ方もアリ！

青果＆花きは日本最大規模

大田市場（おおたしじょう）

平成元年、青果の旧神田市場と荏原市場、水産の大森市場を統合して開設。現在は青果棟、水産棟、花き棟の3部門をもつ総合市場に。おもな飲食店は事務棟と関連棟に集中する。

MAP 別冊 P.14-C1 流通センター

住大田区東海 3-2-1　TEL 03-3790-8301　営店舗により異なる　休日　CC 店舗により異なる　交東京モノレール流通センター駅から徒歩 20 分

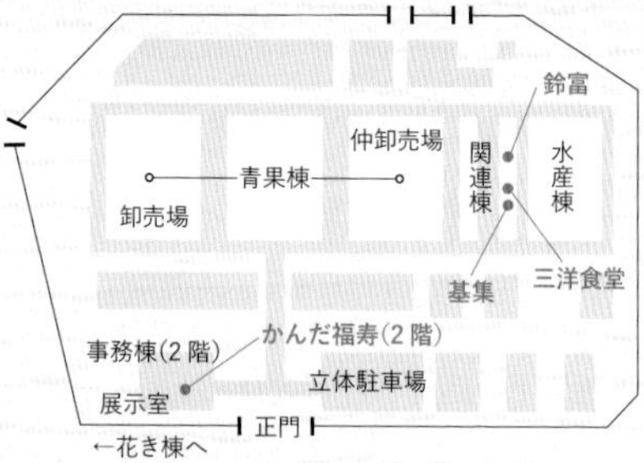

仲卸売場
青果棟
卸売場
鈴富
関連棟
水産棟
基集
三洋食堂
かんだ福寿（2階）
事務棟（2階）
展示室
立体駐車場
正門
←花き棟へ

見学者コースを歩いてみた

❶事務棟スタート

正門を入ったらすぐ左に折れ、事務棟の入口を目指そう。中に入ると「見学者コース」のプレートがあるので2階へ。かんだ福寿も2階にある。

❷展示室を見学

入場無料の展示室には、大田市場にまつわる情報パネルや市場内を走る運搬車両「ターレ」が展示されている。開室時間は市場開場日 8:30 ～ 15:30。

❸2階から見学

渡り廊下を通り、2階から青果棟と水産棟の様子を見学しよう。案内板もあるので理解を深められる。飲食店がある関連棟1階には降りていける。

朝イチで羽田空港に到着してそのまま大田市場に行きました！流通センター駅改札外と駅前の「東京流通センター イベントホール」2階にコインロッカーがあるので、大きい荷物を預けられます。（PN：庵）

編集部おすすめの4軒

絶品マグロもぜひ注文を！

昭和 25 年創業

三洋食堂
さんようしょくどう

上／「大エビフライ・貝柱フライ定食」1600 円
下／1 階のカウンター席と 2 階席がある

旧神田市場とともに移転してきた食堂。店の前に並ぶメニュー表はどれも食欲をそそるものばかりで、さまざまな組み合わせの定食がいただける。マグロ刺身や釜揚げしらす、アジフライにも定評がある。

住大田市場 関連棟内 TEL 03-5492-2875
営 5:00 ～ 13:30 休水・日 CC 不可

毎日中身が変わります！

豪華海鮮丼が自慢

基集
きしゅう

上／21 種類の海鮮がたっぷり乗る「基集丼」2000 円
下／レストランのような落ち着いた店内

名物の「基集丼」は仲卸直送の新鮮な魚に通常の醤油と甘めの九州醤油を好みでつけていただこう。洋食のシェフがおり、常連は「パスタセット」1000 円を頼む人も多い。

住大田市場 関連棟内 TEL 03-5755-9990 営月・木 7:30 ～ 15:00、火・金・土 7:00 ～
休休市日 CC 不可

大ぶり穴子を召し上がれ

五代目が受け継ぐ名店

かんだ福寿
かんだふくじゅ

上／ボリューム満点「穴子天丼」1800 円
下／座席とテーブルがあり、昼どきは近隣で働く人でいっぱい

明治時代に創業し、当時は神田市場で営業していたことから「かんだ」の名前がつけられた。ごま油が香ばしい「穴子天丼」が看板メニュー。いくら、ウニ、ネギトロに季節の海鮮が乗った「三花丼」も人気だ。

住大田市場 事務棟内 TEL 03-5492-5872
営 7:30 ～ 18:00 休日・祝 CC 不可

手間ひまかけ提供します！

フライに感動

鈴 富
すずとみ

上／時間をかけて煮込まれている「モツ煮定食」850 円
下／いちばん人気の「生アジフライ定食」1000 円

戦後に創業し、蒲田市場を経て大田市場の開設当初から移転オープン。アジフライやカキフライなど揚げ物が評判で、自家製タルタルソースがおいしさを引き立てる。マグロ刺身や焼魚、冬は豚汁もよく出るそうだ。

住大田市場 関連棟内 TEL 090-5433-8707
営 6:30 ～ 13:30 休水・日 CC 不可

花き部門と青果部門は個人で訪れる場合のみ、せりの見学が可能（7:00 頃）。中央卸売市場で日本一のシェアを占める花き棟で行われるせりは、電光掲示板と商品見本を見て、手元のボタンで値段を決めるシステム。

おしゃれスポットが点在

恵比寿(えびす)・目黒(めぐろ)・代官山(だいかんやま)

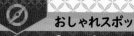

恵比寿のランドマーク「恵比寿ガーデンプレイス」の開業は1994年

エリア利用駅

目黒駅
JR山手線、東京メトロ南北線、都営三田線、東急目黒線

恵比寿駅
JR山手線、JR埼京線、JR湘南新宿ライン、東京メトロ日比谷線など

代官山駅
東急東横線

コインロッカー情報

JR恵比寿駅東口を出て、恵比寿ガーデンプレイスへと続く、動く歩道付近、JR目黒駅西口付近などにある。代官山駅は西口付近などにある。

目黒・恵比寿駅への行き方

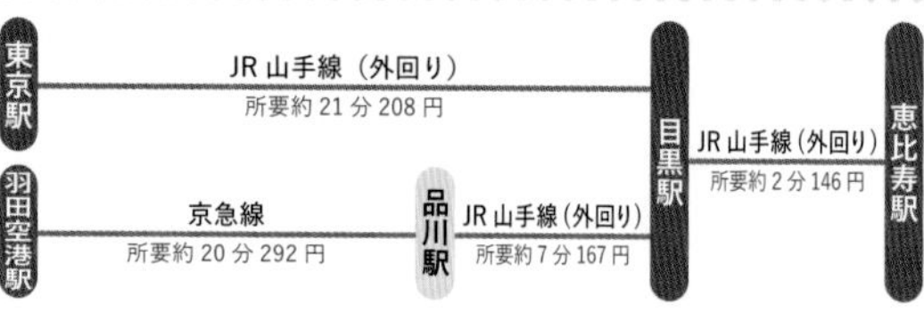

「恵比寿」の地名は「ヱビスビール」に由来する。現在恵比寿ガーデンプレイスがある場所にはかつてヱビスビールの醸造所があり、明治34年ビールの積み下ろし専用駅として新設されたのが恵比寿停車場。人口増加にともない明治39年渋谷寄りの地点に旅客駅である恵比寿駅が誕生した。最初のヱビスビール醸造所は、付近を流れる三田用水や目黒川流域の湧水を誘引に明治22年現在の目黒区三田に完成。農村だった目黒は明治40年の目黒競馬場の開設、玉川砂利電鉄の開通などを通じ発展していく。江戸期、富士山を眺める好立地とされた代官山には多くの藩士の屋敷が立っていたが、戦後それらを諸外国の大使館が取得し、モダンな街並みへと変化していった。

読者だより 目黒川は桜の時期になると花見客でいっぱいです。「STARBUCKS RESERVE® ROASTERY TOKYO」もおすすめ。住 目黒区青葉台2-19-23 交 東急東横線中目黒駅東口1から徒歩11分

歩き方

恵比寿駅と目黒駅はJRで1駅

恵比寿ガーデンプレイスへは、JR恵比寿駅東口を出て、動く歩道恵比寿スカイウォークを利用して徒歩約5分。エリアの南側にはウェスティンホテル東京や東京都写真美術館、そのさらに南には国立科学博物館附属自然教育園や東京都庭園美術館がある。目黒駅や白金台駅からも近い。

恵比寿駅西口の「ゑびす像」は待ち合わせスポットにもなっている

恵比寿駅から代官山駅は徒歩圏内

渋谷駅から1駅南にある東急東横線の代官山駅へは、地下鉄恵比寿駅の4番出口からも徒歩約7分でアクセスできる。代官山駅の渋谷方面には、東急東横線の線路跡地に造られたログロード代官山、同潤会アパート跡地に開発された代官山アドレスがある。旧山手通りには、現在の代官山の風景をつくり上げる礎となった代官山ヒルサイドテラスや、代官山 蔦屋書店を有する代官山 T-SITEが水戸の徳川邸屋敷跡地に建ち並ぶほか､明治期に西郷隆盛の弟・従道が建てた邸宅と庭園があった西郷山公園、朝倉家により大正期に建立され、古墳時代末期に築造されたと推定される猿楽塚の上に鎮座する猿楽神社、旧朝倉家住宅などもあり、歴史を伝えている。地下鉄・東急東横線中目黒駅までも徒歩圏内だ。

水戸徳川邸屋敷跡地に建てられた「代官山 蔦屋書店」は3棟からなる

おさんぽプラン

1. 旧朝倉家住宅（→P.242）
   徒歩17分
2. 恵比寿ガーデンプレイス（→P.242）
   徒歩3分
3. 東京都写真美術館（→P.243）
   徒歩13分
4. 松岡美術館（→P.244）
   徒歩11分
5. 八芳園（→P.244）

TOKYO 小咄　30年の歳月をかけて造られた建築

昭和42年から平成4年まで、数期にわたり建設されてきた「ヒルサイドテラス」は全部で14棟の住居・店舗・オフィスからなる複合建築。一帯の土地を所有していた朝倉家は急な開発を望まず、建築家・槇文彦氏とともに、環境に適合させながらゆっくりと代官山の街並みを形づくっていった。

TOKYO 小咄　同潤会アパートは複数あった

「同潤会アパート」は、関東大震災の復興支援のために設立された同潤会により東京・横浜の各所に建設された鉄筋コンクリート造りの集合住宅。跡地の大規模再開発は「表参道ヒルズ」と「代官山アドレス」が有名。

このエリアでできること

- 恵比寿からの夜景を望む→ P.89
- ホテル雅叙園東京の文化財→ P.247

2023年末、恵比寿でビール醸造再開！

ヱビスビール発祥の地・恵比寿で、35年ぶりにビール醸造が再開する。ヱビスのルーツに親しむミュージアム、ヱビスブランドのビール醸造を行うブリュワリー、ブリュワリーで造られたビールを楽しめるタップルームの機能を併せもつ「YEBISU BREWERY TOKYO」が2023年末に誕生する予定だ。すでにJR恵比寿駅構内には数種のヱビスブランドを楽しめる「TAPS BY YEBISU」がオープン。ヱビスビールを体感できる街へと進化する恵比寿から目が離せない。

ブリュワリーでは、目の前で造られているビールを五感で楽しむ体験ができる予定

東京見聞録　JR目黒駅と東急東横線中目黒駅は約2km離れている。約4kmにわたる「目黒川の桜」へは中目黒駅から､「家具屋通り」､「インテリアストリート」とも呼ばれる目黒通りへは目黒駅からのアクセスが便利。

MAP 別冊 P.49-B2

恵比寿ガーデンプレイス
住 渋谷区恵比寿 4-20
TEL 03-5423-7111
営 店舗により異なる
休 店舗により異なる
交 JR 恵比寿駅東口から動く通路「恵比寿スカイウォーク」で徒歩5分

新しい“すごしかた”を創造するまち

恵比寿ガーデンプレイス（えびすがーでんぷれいす）

「恵比寿ビール」（現ヱビスビール）の醸造所跡地に造られた大型複合施設。庭園都市（Garden City）と商業都市（Market Place）が融合した新スタイルの都市という意味をもつ。住宅、オフィス、ショップ、ホテルなどを有する敷地の約60%は広場や緑地。2022年商業棟が「センタープラザ」としてリニューアルし地下2階に食品・生活雑貨フロア「フーディーズガーデン」が誕生した。

上／「センタープラザ」の2階にはワークプレイスで、開放的なテラスが造られた
下／リニューアルした「センタープラザ」。新業態含む26店舗が入居する

MAP 別冊 P.49-A1

旧朝倉家住宅
住 渋谷区猿楽町 29-20
TEL 03-3476-1021
営 3月～10月 10:00～18:00（最終入場 17:30）、11月～2月～16:30（最終入場 16:00）
休 月（祝日の場合開館、翌日休館）、12月29日～1月3日
料 100円、小・中学生 50円
交 東急東横線代官山駅東口から徒歩5分

大正の邸宅文化を体感

旧朝倉家住宅（きゅうあさくらけじゅうたく）

明治以降おもに精米業で発展し、代官山一帯の地主だった朝倉家。現在の「代官山ヒルサイドテラス」オーナー朝倉健吾氏の祖父で、東京府や渋谷区議会議長も務めた虎治郎により大正8年に建てられた。木造2階建ての主屋はほぼ全室畳敷き、瓦葺屋根、下見板張りの外壁など明治から昭和30年代に建てられた邸宅の特徴をもつ。関東大震災があった東京中心部での現存は貴重。

上／国の重要文化財。宅地北側に主屋、西に土蔵、東に庭門や附属屋（車庫）がある
下／杉の木目を意匠のテーマにした趣味的な数寄屋座敷「杉の間」

崖線という地形を取り入れた回遊式庭園は、春はツツジ、秋はモミジの名所

読者だより 「たいやき ひいらぎ」が人生最高の鯛焼き！皮がパリッ、内側がもっちり、あんこがこのうえなくたっぷりほくほく詰まっています。（PN：コミエ）住 渋谷区恵比寿 1-4-1 恵比寿アーバンハウス 107

愛称は「トップミュージアム」

東京都写真美術館
とうきょうとしゃしんびじゅつかん

写真と映像両方に特化し、1995年に恵比寿ガーデンプレイス内に開館。約3万7000点の作品を収蔵し、3つの展示室で年間約15本の展覧会を開催する。1階ホールでは「写真美術館で観る映画」(実験劇場)と題し映画も上映。ワークショップなど教育プログラムも充実している。

写真・映像の専門図書室や暗室のあるスタジオなどを備える

MAP 別冊 P.49-B2

東京都写真美術館
住 目黒区三田1-13-3 恵比寿ガーデンプレイス内
TEL 03-3280-0099
営 10:00～18:00(最終入館17:30)、木・金～20:00(最終入館19:30)
休 月(祝日の場合は開館、翌日休館)
料 展覧会により異なる
交 JR恵比寿駅東口から動く通路「恵比寿スカイウォーク」で徒歩5分

昭和41年開館。日本初の日本画専門美術館

山種美術館
やまたねびじゅつかん

近現代の日本画を中心に、古画、浮世絵、油彩画など、6点の重要文化財を含む約1800点を所蔵。横山大観、川合玉堂、上村松園、速水御舟、東山魁夷などの作品を見ることができる。作品に描かれた花や動物などのモチーフをあしらった和菓子を楽しめる「Cafe 椿」も人気。

作品は保護のため常設展示せず、年5～6回の展覧会で順次公開している

MAP 別冊 P.49-A2

山種美術館
住 渋谷区広尾3-12-36
TEL 050-5541-8600(ハローダイヤル)
営 10:00～17:00(最終入館16:30)
休 月(祝日の場合は開館、翌日休館)
料 展覧会により異なる
交 JR恵比寿駅西口2番出口徒歩10分

展覧会ごとに異なる5種の和菓子を提供する「Cafe 椿」は1階にある

年1回建築が主役の「建物公開展」も実施

東京都庭園美術館
とうきょうとていえんびじゅつかん

旧皇族朝香宮邸として昭和8年竣工。昭和58年より美術館として開館した。主要な部屋の内装にアンリ・ラパンやルネ・ラリックら、アール・デコ様式における著名なデザイナーが起用されており、国の重要文化財。建物の特性を活かし絵画・工芸などの展覧会を開催する。

大客室の香水塔と壁面壁画はラパン、シャンデリアはラリックによるもの

MAP 別冊 P.49-B2

東京都庭園美術館
住 港区白金台5-21-9
TEL 03-3443-0201
営 10:00～18:00(最終入館17:30)
休 月(祝日の場合は開館、翌日休館) 料 展覧会により異なる、庭園200円、大学生160円、中学生・高校生・65歳以上100円
交 地下鉄南北線白金台駅1番出口から徒歩6分

床に国産の大理石を敷いたベランダからは芝庭や日本庭園が一望できる

「山種美術館」は山種証券(現SMBC日興証券)創業者・山﨑種二の蒐集品をもとに開館。地下1階のミュージアムショップではコレクションの持ち味を活かした普段使いしやすいオリジナルグッズが揃う。

2023年は創業80周年

八芳園（はっぽうえん）

広大な敷地には、江戸時代旗本や大名の屋敷があった。明治の所有者渋沢喜作から土地を譲り受け庭園の整備に着手したのは日立製作所などの企業の礎を築いた久原房之助。割烹などを経営していた長谷敏司に庭園の一部と屋敷を提供し現在に続く「八芳園」が誕生した。

広大な敷地には江戸から続く庭園、レストランや料亭、結婚式場を有する

MAP 別冊 P.18-B2

八芳園
住 港区白金台1-1-1
TEL 0570-064-128（代表）
営 サービスにより異なる
休 無休
交 地下鉄白金台駅2番出口から徒歩1分

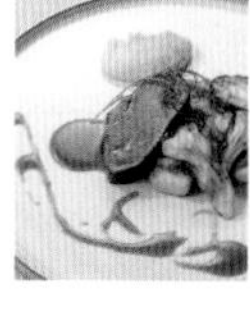
「スラッシュカフェ」メニューの一例。開放的な店内からは庭園を望める

小川も流れる都会のオアシス

国立科学博物館附属自然教育園（こくりつかがくはくぶつかんふぞくしぜんきょういくえん）

明治期は海軍・陸軍省下の火薬庫、大正期には宮内省帝室林野局所管となるなど、東京の中心部にありながら、開発の手が入らず豊かな自然が残る。昭和24年に全域が天然記念物および史跡に指定され一般公開されるように。草花や昆虫を身近に観察できる観察会や講座も開催する。

都会に残る貴重な森林緑地。落葉樹、常緑樹が広がる

MAP 別冊 P.49-B2

国立科学博物館附属自然教育園
住 港区白金台5-21-5
TEL 03-3441-7176
営 9月1日～4月30日 9:00～16:30（最終入園16:00）、5月1日～8月31日～17:00（最終入園16:00）
休 月（祝日の場合は開館、翌日休館）、祝翌日（土・日の場合は開館） 料 320円、高校生以下・65歳以上無料 交 地下鉄白金台駅1番出口から徒歩7分

「水辺の宝石」と呼ばれるカワセミの繁殖も確認されている

自身の審美眼を信じ、生涯蒐集

松岡美術館（まつおかびじゅつかん）

日本、中国、朝鮮、ベトナムなどの陶磁器、日本画、西洋絵画、現代彫刻、古代東洋彫刻、古代オリエント美術など、実業家松岡清次郎の蒐集品を展示するため昭和50年設立。2000年に清次郎私邸跡地である白金台に移転した。約2400点の所蔵品のみで常設展と企画展を開催する。

ガンダーラの仏教彫刻など56件の古代東洋彫刻が常設展示されている

MAP 別冊 P.49-B2

松岡美術館
住 港区白金台5-12-6
TEL 03-5449-0251
営 10:00～17:00（最終入館16:30）、第1金曜～19:00（最終入館18:30）
休 月（祝日の場合開館、翌日休館）
交 地下鉄白金台駅1番出口から徒歩7分

「日本ではあまり見られないものを紹介したい」と古代エジプト美術も所蔵

読者だより
焼きとん屋さん「たつや」さんがいち押しスポットです。
●たつや 駅前店 住 渋谷区恵比寿南1-8-1 STM恵比寿ビル1階 交 JR恵比寿駅西口から徒歩2分

都内最古の木造建築「釈迦堂」

圓融寺（えんゆうじ）

仁寿3（853）年、慈覚大師創建と伝わる天台宗古刹。鎌倉期日蓮宗（法華寺）になり、江戸期に再び天台宗に改宗、現在の寺号となる。坐禅会、写経会などイベントも各種開催。

仁王門をくぐると現れる入母屋造りの「釈迦堂」。国重要指定文化財

MAP 別冊 P.11-B3

圓融寺
住 目黒区碑文谷1-22-22
TEL 03-3712-2098
営 24時間（寺務所9:00～16:00）
休 無休　料 無料
交 東急東横線学芸大学駅東口から徒歩20分

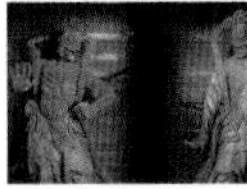
江戸庶民に「碑文谷黒仁王尊」として親しまれ大ブームとなった仁王像

宝物を「大きく取り込む」招福の神

大鳥神社（おおとりじんじゃ）

景行天皇44（114）年創祀。日本武尊ゆかりの地に鎮座する目黒区最古の神社とされ、目黒の地名の由来になったという説も。江戸時代より続く酉の市には多くの人が参拝に訪れる。

酉の市では出世を連想させる「八つ頭の芋」と福をかきこむ「熊手」を奉る

MAP 別冊 P.49-C1

大鳥神社
住 目黒区下目黒3-1-2
TEL 03-3494-0543
営 9:00～17:00
休 無休
料 無料
交 JR目黒駅西口から徒歩7分

「目黒のらかんさん」として親しまれる

五百羅漢寺（ごひゃくらかんじ）

元禄8（1695）年現在の江東区に創建し明治41年当地に移る。羅漢像は元禄期に松雲元慶禅師が十数年の歳月をかけ彫りあげた。500体以上の群像を完成したとされ305体が現存。

羅漢像は本堂と羅漢堂に祀られている

MAP 別冊 P.49-C1

五百羅漢寺
住 目黒区下目黒3-20-11
TEL 03-3792-6751
営 9:00～17:00
休 無休
料 500円、高校・大学生・65歳以上400円、中学生以下無料
交 東急目黒線不動前駅出口から徒歩8分

日本三大不動のひとつ

目黒不動尊（泰叡山護國院 瀧泉寺）（めぐろふどうそん（たいえいざんごこくいん りゅうせんじ））

大同3（808）年慈覚大師開山と伝わる関東最古の不動霊場。承応3（1654）年建立の都内最古の狛犬でも知られる。本堂は戦災で焼け昭和56年に再建。前不動堂は都指定有形文化財。

江戸時代に配置された五色不動のひとつで、江戸城の裏鬼門を守る立地

MAP 別冊 P.49-C1

目黒不動尊（泰叡山護國院 瀧泉寺）
住 目黒区下目黒3-20-26
TEL 03-3712-7549
営 9:00～17:00
休 無休
料 無料
交 東急目黒線不動前駅出口から徒歩12分

「五色不動」は、江戸時代に三代将軍・徳川家光が江戸の繁栄を願い江戸城を囲むように置いたとされる。目黒・目白・目赤・目青・目黄不動。戦争などで移転したり、伝えられる場所が諸説ある不動もあるが現存する。

MAP 別冊 P.49-C1

目黒寄生虫館
住 目黒区下目黒 4-1-1
TEL 03-3716-1264（音声案内）
営 10:00 ～ 17:00
休 月・火（祝日の場合は開館、翌日休館）
料 無料（募金箱あり）
交 JR 目黒駅西口から徒歩 12 分

目玉は 8.8 m のサナダムシの標本

目黒寄生虫館（めぐろきせいちゅうかん）

昭和 28 年、医学博士亀谷了が創設した寄生虫学専門の研究博物館。1 階は「寄生虫の多様性」、2 階は「人体に関わる寄生虫」をテーマに国内外から集めた約 300 点の標本・資料を展示している。

2 階では寄生虫のライフサイクルや人間に感染した場合の症状を解説

MAP 別冊 P.49-C1

目黒区美術館
住 目黒区目黒 2-4-36
TEL 03-3714-1201
営 10:00 ～ 18:00（最終入館 17:30）
休 月（祝日の場合は開館、翌日休館）、12 月 28 日～ 1 月 4 日、展示替期間
料 展覧会により異なる
交 JR 目黒駅西口から徒歩 10 分

ワークショップを積極的に開催

目黒区美術館（めぐろくびじゅつかん）

昭和 62 年開館。区にゆかりの深い作家や近現代の日本人作家約 250 名の美術作品約 2400 点を所蔵、企画展を行う。学芸員による「大人のための美術カフェ」が好評。

本館は地上 3 階地下 1 階。別棟に貸出しスペース「区民ギャラリー」がある

MAP 別冊 P.49-C2

久米美術館
住 品川区上大崎 2-25-5 久米ビル 8 階　TEL 03-3491-1510　営 10:00 ～ 17:00（最終入館 16:30）　休 月（祝日の場合は開館、翌日休館）、展示替期間　料 500 円、高校・大学生 300 円、小・中学生 200 円　交 JR 目黒駅西口から徒歩 1 分

桂一郎氏の友人・黒田清輝の作品も展示。「自画像（ベレー帽）」明治 30 年

邦武は岩倉使節団の一員

久米美術館（くめびじゅつかん）

歴史家久米邦武と息子の洋画家桂一郎の資料を所蔵。「館蔵品展」では歴史・美術の両分野を扱うが、企画展・特別展ではどちらか一方をテーマとする。事前に展示内容を確認すると安心。

久米邦武　編・著『特命全権大使 米欧回覧実記』 明治 11 年刊

MAP 別冊 P.49-C2

杉野学園衣裳博物館
住 品川区上大崎 4-6-19
TEL 03-6910-4413
営 10:00 ～ 16:00
休 日・祝、大学の休業日
料 300 円、高校生 250 円、小・中学生 200 円
交 JR 目黒駅西口から徒歩 7 分

日本で初めての衣装博物館

杉野学園衣裳博物館（すぎのがくえんいしょうはくぶつかん）

昭和 32 年設立。西洋衣装の他、日本の着物、アジア・ヨーロッパの民族衣装、創立者杉野芳子の作品、ファッション・スタイル画、1950 年代の楮製紙製のマネキンなどを収蔵する。

杉野服飾大学、ドレスメーカー学院などがある「ドレメ通り」にある

「林試の森公園」は、外せません！　四季折々の自然や大木もあり、都会の喧騒から逃れられます。（PN：近所の目黒区民）住 目黒区下目黒５丁目、品川区小山台２丁目　交 東急目黒線武蔵小山駅東口から徒歩 10 分

館内全体がミュージアム

ホテル雅叙園東京と文化財「百段階段」

きらびやかで美しい館内は、宿泊せずとも訪れて歴史を感じたい唯一無二のホテル。結び切りのモチーフを施した招きの大門や螺鈿細工の豪華なエレベーターにも注目。

五感で楽しむ昭和の竜宮城

ホテル雅叙園東京

ほてるがじょえんとうきょう

エントランスを抜けると、敷地内に点在する2500点もの美術品や豪華絢爛の装飾がお出迎え。「和敬清心」をテーマとした客室は全室80㎡以上で、スチームサウナとジェットバスを完備。7つのレストランとショップでは、美食を味わうことができる。ウエディングや宴会利用も多い。

MAP 別冊 P.49-C2 目黒

住 目黒区下目黒1-8-1　TEL 03-3491-4111(代表)
営 文化財「百段階段」はHPを参照　料 企画展による　交 JR目黒駅西口から徒歩3分

左／ロビーを進むと、彩色木彫板と日本画に彩られた回廊が広がる
右／四季折々の姿を見せる庭園の滝。滝の裏側にも回ることができる

ホテルの歴史

創業者の細川力蔵が自邸を改築した高級料亭「芝浦雅叙園」がルーツ。昭和6年、より多くの人々に本格的な料理を食べてもらおうと、ホテル雅叙園東京の前身である目黒雅叙園が誕生。館内の装飾は芸術家に描かせたもの。

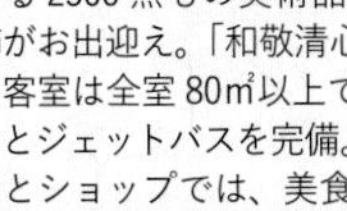

旧目黒雅叙園の玄関。当時から細かな装飾が施されているのが見てとれる

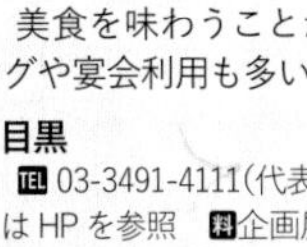

昭和12年頃の宴会場。日本初の総合結婚式場としても知られている

東京都指定有形文化財「百段階段」

昭和10年建造。館内に現存する唯一の木造建築で、7部屋の晴れやかな宴会場を99段の階段でつないでいる。部屋にはそれぞれ異なる趣向が凝らされており、天井や壁の装飾も見事。季節によってさまざまな企画展が開催される。

❶厚さ約5cmのケヤキ板を使用した階段　❷「漁樵の間」はすべて純金箔、純金泥、純金砂子で仕上げられている　❸鳳凰や舞鶴などが描かれた「静水の間」の天井　❹光が差し込む最上階の「頂上の間」

「ホテル雅叙園東京」のアフタヌーンティー4950円～は、ひとりひとつのスタンドで提供されるのでおひとりさまにぴったり。季節で変わるスイーツの種類も豊富。

住宅街の周りに商業エリアが続々誕生

下北沢（しもきたざわ）・三軒茶屋（さんげんぢゃや）・世田谷（せたがや）

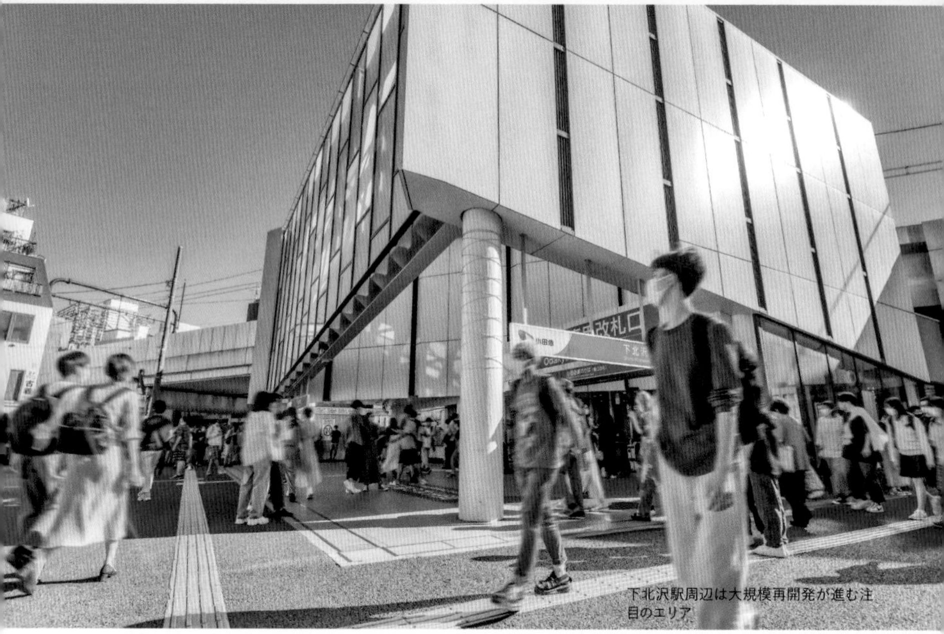

下北沢駅周辺は大規模再開発が進む注目のエリア

エリア利用駅

下北沢駅
京王井の頭線、小田急小田原線

三軒茶屋駅
東急田園都市線、東急世田谷線

世田谷駅
東急世田谷線

コインロッカー情報

下北沢駅の小田急線中央改札口と京王線中央口の間、東急田園都市線三軒茶屋駅の中央改札口を出て北口方面へ上がるエスカレーター付近などにある。

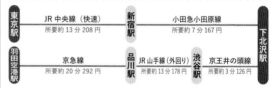

下北沢駅への行き方

出発	路線	乗換	路線	乗換	路線	到着
東京駅	JR 中央線（快速）所要約 13 分 208 円	新宿駅	小田急小田原線 所要約 7 分 167 円			下北沢駅
羽田空港駅	京急線 所要約 20 分 292 円	品川駅	JR 山手線（外回り）所要約 13 分 178 円	渋谷駅	京王井の頭線 所要約 3 分 126 円	下北沢駅

室町時代、後北条氏が設けた世田谷新宿は、現在の世田谷ボロ市に続く楽市が開かれ交通の要所として栄えた。江戸期には世田谷の村の約半数は伊井家の領地に。明治期には池尻から三宿にかけ軍の施設が造られ、明治 40 年玉川電気鉄道、昭和 2 年小田原急行鉄道、昭和 8 年現在の京王井の頭線が開業。第 2 次世界大戦後には被害の大きかった地域からの移住者も増え商業地へと急速に成長していった。昭和 57 年に下北沢に本多劇場が開業し「演劇の街」とも呼ばれるように。三軒茶屋は、江戸期大山参拝者のお休み処として栄え、三軒の茶屋があったことにその名が由来する。戦後闇市がつくられたエリアは三角地帯と呼ばれ飲食店がひしめき合っている。

読者だより　世田谷線沿いには、ベーカリーやセレクトショップなどおしゃれなお店がどんどん増えているので各駅で降りて巡るのが楽しいです。最後は三軒茶屋の居酒屋さんをはしごするのが私の楽しみ方です。（PN：あずみ）

歩き方

注目の再開発エリア

茶沢通りと下北沢駅の間に「本多劇場」を中心に劇場が複数建つ

下北沢は、ライブハウスや劇場はもちろん、古着やサブカルチャーに関する店まで幅広いラインアップが魅力のひとつ。最近では、小規模の複合施設が続々誕生している。小田急線の東北沢駅～下北沢駅～世田谷代田駅が地下化され、約1.7kmの線路跡地に誕生した下北線路街は全13施設からなる。下北沢駅にはシモキタエキウエが直結し、東口には下北線路街 空き地が広がる。その先の茶沢通りを渡ると、reloadやADRIFTなどの施設がずらりと並び、10分ほどで東北沢駅に出る。一方で下北沢駅南西口を出ると、BONUS TRACKや温泉旅館 由縁別邸 代田が世田谷代田駅まで並び、京王井の頭線とも交差する下北沢駅には、渋谷方面の高架下にミカン下北もある。さらに、新しく誕生したナカハラソウ nakahara-sou（→P.14）にも注目。

路面電車も活躍

三軒茶屋駅は、渋谷駅から東急田園都市線で約5分の場所にあるが、下北線路街空き地とreloadの間の茶沢通りを約2.5km南へ下ると駅前にたどり着く。三軒茶屋駅からは下高井戸駅まで路面電車の東急世田谷線が走る。途中には世田谷駅や、松陰神社前駅、豪徳寺に最寄りの宮の坂駅などがある。世田谷区のスポットへは東急大井町線も活用したい。

世田谷線で12月と1月に開催される世田谷ボロ市は大にぎわい

おさんぽプラン

1. reload（→P.251）　徒歩1分
2. 下北線路街 空き地（→P.251）　徒歩4分
3. ミカン下北（→P.251）　徒歩2分
4. (tefu) lounge（→P.251）　徒歩5分
5. BONUS TRACK（→P.251）

TOKYO小噺 面積は23区第2位の世田谷区

世田谷区は23区で2番目に広い区で、京王線の代田橋～千歳烏山駅、小田急線の東北沢～成城学園前駅、東急田園都市線の池尻大橋～二子玉川駅周辺などを含み、多くは住宅街だが、「駒沢オリンピック公園」や「砧公園」、「等々力渓谷」なども有している。

TOKYO小噺 九品仏川を暗渠化した緑道

「九品仏川緑道」は、9体の阿弥陀如来像が安置されている「九品仏浄眞寺」から東急大井町線緑が丘駅まで、世田谷区と目黒区を跨ぎ約1.6kmの道。特に自由が丘駅周辺の沿道には美しい木々やおしゃれな店が建ち並ぶ。

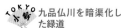

このエリアでできること

●世田谷ボロ市を探検→P.84
●世田谷産野菜&果物をいただく→P.360

かわら版

日本最大級のパンの祭典

世田谷は日本有数の質の高いベーカリーが集まるパン激戦区。2011年、「世田谷はパンの街」をコンセプトに、三軒茶屋と池尻大橋の間に位置する三宿地域のローカルイベントとしてスタートした「世田谷パン祭り」は、日本最大級のパンイベントに成長した。人気ベーカリーはもちろん、ジャムなどパンのおとも、パンに合うフードやドリンクが集まるほか、イベント限定のパンの販売、パンについて学べるトークやワークショップなども開催される。

過去には240店ものベーカリーが出店

東京見聞録 自由が丘駅の名は『窓ぎわのトットちゃん』（黒柳徹子著、講談社文庫）にも描かれた後の「トモエ学園」の前身「自由が丘学園」に由来。現・九品仏駅開業までは「九品仏浄眞寺」の最寄りで九品仏駅と呼ばれていた。

MAP 別冊 P.50-B1

豪徳寺
住 世田谷区豪徳寺 2-24-7
TEL 03-3426-1437
営 参拝 3 月下旬～ 9 月下旬 6:00 ～ 18:00、9 月下旬～ 3 月下旬～ 17:00
休 無休　料 無料
交 東急世田谷線宮の坂駅 1 番出口から徒歩 5 分

高さ 22.5 メートルの三重塔には釈迦如来像、迦葉尊者像、阿難尊者像が祀られている

幕末の大老十三代・直弼はじめ歴代藩主や正室たちの墓が並ぶ「井伊家墓所」

井伊家ゆかりの文化財を数多く所蔵

豪徳寺（ごうとくじ）

寛永 10（1633）年、世田谷が彦根藩の所領地となる。藩主井伊家は「弘徳院」を江戸菩提寺と定め万治 2（1659）年豪徳寺と改称。縁を結んだのは鷹狩り帰りの藩主・直孝をこの地に手招きした猫。立ち寄ったことで雷雨を避けられ和尚との話も楽しめた幸運に感動したとか。福を招いた猫は「招福猫児（まねきねこ）」と呼ばれ招福殿が建立された。堂内には招福観音菩薩立像が祀られている。

上／法堂には寺宝の「井伊直弼肖像画（井伊直安作）」が飾られている
下／家内安全、商売繁盛、開運招福を願う参詣者が奉納した大小さまざまな招福猫児が並ぶ

MAP 別冊 P.50-C1

松陰神社
住 世田谷区若林 4-35-1
TEL 03-3421-4834
営 参拝 7:00 ～ 17:00
休 社務所のみ不定休
料 無料
交 東急世田谷線松陰神社前駅から徒歩 3 分

吉田松陰を祀る

松陰神社（しょういんじんじゃ）

安政の大獄で死罪となった吉田松陰。門下生であった高杉晋作、伊藤博文らは長州藩の抱地であったこの地に遺骸を埋葬した。江戸幕府による長州征伐で 1 度墓は破壊されるが、明治期木戸孝允氏が新たに墓碑を建て、明治 15 年に門下の人々により神社が築かれた。創建時の本殿は現在内陣となり、今日の社殿は昭和に造営。社殿の東側には、松下村塾の建物が再現されている。

上／近代日本の原動力となった多くの逸材を輩出した「松下村塾」を主宰した吉田松陰の墓碑
下／社殿。吉田家の家紋「五瓜に卍」（ごかにまんじ）が各所に見られる

再現された「松下村塾」（模造）。薫陶を受けた塾生は約 90 名と伝わる

読者だより　「都夏 下北沢本店」は地元に愛される居酒屋です。
住 世田谷区代沢 5-29-16　交 小田急小田原線世田谷代田駅南口から徒歩 8 分

みんなでつくる、自由な遊び場

下北線路街 空き地（しもきたせんろがい あきち）

「下北線路街」に誕生した「やってみたい」を応援する、キッチンスペースやイベントスペースなどのレンタルスペース。使い方は無限大。常設のカフェもある。

キッチンカーエリアもあり最短半日から借りられる

MAP 別冊 P.50-B2

下北線路街 空き地
住 世田谷区北沢 2-33-12
営 10:00 ～ 21:00
休 月（祝日の場合は営業）
交 小田急線下北沢駅東口から徒歩 4 分

新しい挑戦や個人の商いを応援する長屋

BONUS TRACK（ぼーなすとらっく）

「みんなで使い、みんなで育てる、新しい商店街」をコンセプトに、飲食店や物販店など全 13 店が集まる商業施設。敷地内の広場ではマルシェなども開催する。

「発酵デパートメント」、「本屋 B&B」などが入居

MAP 別冊 P.50-A2

BONUS TRACK
住 世田谷区代田 2-36-12 ～ 15
TEL 店舗により異なる
営 店舗により異なる
休 店舗により異なる
交 小田急線下北沢駅南西口から徒歩 5 分

洗練された個店が集まる

reload（りろーど）

セレクトショップやこだわり食材のカフェなどが集う、店主の顔が見える個店街。従来のビル型商業施設とは異なり、街中の路地を散策する楽しさを感じられる。

「OGAWA COFFEE LABORATORY」などが入居

MAP 別冊 P.50-A2

reload
住 世田谷区北沢 3-19-20
TEL 店舗により異なる
営 店舗により異なる
休 店舗により異なる
交 小田急線下北沢駅東口、京王井の頭線京王中央口から徒歩 4 分

コンセプトは“まちのラウンジ”

(tefu)lounge（てふらうんじ）

「NANSEI PLUS」に誕生した 5 階建ての複合施設。ナチュラルスーパー、コーヒースタンド、カフェラウンジ、ミニシアター、シェアオフィス、レンタルスペースで構成。

生活の中の居場所として楽しめるよう屋外空間も整備

MAP 別冊 P.50-A2

(tefu)lounge
住 世田谷区北沢 2-21-22
TEL 店舗により異なる
営 店舗により異なる
休 店舗により異なる
交 小田急線下北沢駅南西改札口すぐ

遊ぶと働くの「未完」地帯

ミカン下北（みかんしもきた）

京王井の頭線下北沢駅渋谷寄り高架下に誕生した 5 つの街区からなる施設。飲食店などの商業エリアと遊ぶように働けるワークプレイス「SYCL by KEIO」が同居。

A ～ E の街区があり、562 台分の駐輪スペースを有する

MAP 別冊 P.50-A2

ミカン下北
住 世田谷区北沢 2-11-15
TEL 店舗により異なる
営 店舗により異なる
休 店舗により異なる
交 京王井の頭線下北沢駅東口すぐ

「下北線路街 空き地」、「BONUS TRACK」、「reload」、「(tefu)lounge」はいずれも「下北線路街」に属する施設。地下化された小田急線の線路跡地にできたエリアで、大ヒットした民放ドラマ『silent』のロケ地として話題。

渋谷駅から電車でわずか 20 分

等々力渓谷（とどろきけいこく）

東京 23 区で唯一の渓谷。多摩川の支流・谷沢川が流れる約 1kmの渓谷には 30 ヵ所以上の湧水がある。川沿いには遊歩道が整備されており、散策することができる。ゴルフ橋や不動の滝、等々力不動尊、日本庭園、書院など見どころも多い。新緑や紅葉、夏には涼を求めて多くの人が訪れる。

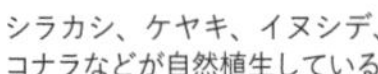

シラカシ、ケヤキ、イヌシデ、コナラなどが自然植生している

MAP 別冊 P.11-B3

等々力渓谷
住 世田谷区等々力 1-22-26
TEL 03-3704-4972（玉川公園管理事務所）
営 24 時間（一部の区域は開閉時間あり）
休 無休
交 東急大井町線等々力駅南口から徒歩 3 分

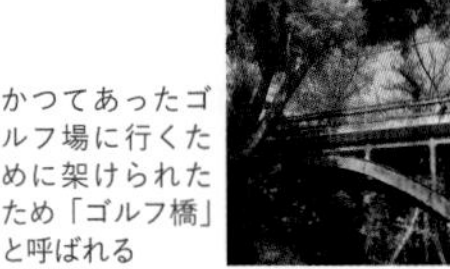

かつてあったゴルフ場に行くために架けられたため「ゴルフ橋」と呼ばれる

自然と建築の美しさに癒やされる

世田谷美術館（せたがやびじゅつかん）

緑豊かな砧公園の一角にあり自然との共生をコンセプトに内井昭蔵により設計された。昭和 61 年開館。区ゆかりの作品や北大路魯山人の作品を多く所蔵する。中庭に面したオープンカフェやアートライブラリーがありコレクションにちなんだオリジナルミュージアムグッズも人気。

石と木を基調に緩やかな弧を描く展示室。窓越しに豊かに枝を伸ばす木々を楽しめる

MAP 別冊 P.10-A2

世田谷美術館
住 世田谷区砧公園 1-2
TEL 03-3415-6011
営 10:00 ～ 18:00（展覧会の最終入場は 17:30）
休 月（祝日の場合は開館、翌平日休館）、12 月 29 日～ 1 月 3 日
料 展覧会により異なる
交 東急田園都市線用賀駅北口から徒歩 17 分

魯山人の作品からデザインした手ぬぐいは絶大な人気

古写経コレクションは自ら日本一と誇る

五島美術館（ごとうびじゅつかん）

東急グループの礎を築いた五島慶太の構想により昭和 35 年に誕生。日本・東洋の古美術品、絵画・書・陶芸など約 5000 件を収蔵し、年 6 ～ 7 回展覧会を企画する。毎年春と秋に「名品展」を開催し、国宝「源氏物語絵巻」は春に、国宝「紫式部日記絵巻」は秋に、それぞれ 1 週間程度公開する。

本館は吉田五十八設計。寝殿造の意匠が随所に取り入れられている

MAP 別冊 P.10-B2

五島美術館
住 世田谷区上野毛 3-9-25
TEL 050-5541-8600（ハローダイヤル）
営 10:00 ～ 17:00（最終入館 16:30）
休 月（祝日の場合は開館、翌日閉館）、展示替期間、夏期整備期間
交 東急大井町線上野毛駅正面口から徒歩 5 分

読者だより 自由が丘には「ルピシア」や「TWG」などお茶を楽しめるスポットがあります。（PN：ぽいにょん）●ルピシア自由が丘本店 住 目黒区自由が丘 1-26-7 田中ビル 1 階 ● TWG Tea 自由が丘 住 目黒区自由が丘 1-9-8

食と農の「今まで」、「今」、「これから」を発信する

東京農業大学「食と農」の博物館

とうきょうのうぎょうだいがく「しょくとのう」のはくぶつかん

食と農、環境などをテーマにした企画展に加え日本の剥製や古農具、酒器等を常設。(一財) 進化生物研究所の貴重な動植物を生態展示する温室「バイオリウム」が隣接する。

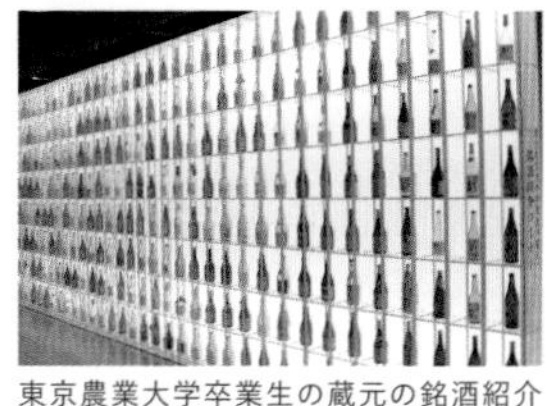
東京農業大学卒業生の蔵元の銘酒紹介コーナー

MAP 別冊 P.10-A2

東京農業大学「食と農」の博物館
住 世田谷区上用賀 2-4-28
TEL 03-5477-4033
営 9:30 ～ 16:30
休 日・月・祝、大学が定める日
料 無料　交 小田急線経堂駅南口から徒歩 20 分

隈研吾氏設計。時とともに色合いが美しく変化する自然素材を用いている建物

新たな地域文化創造の拠点を目指す

世田谷文学館

せたがやぶんがくかん

開館以来文学を軸にマンガ、映画、美術、デザイン、音楽など近接する諸分野も視野に入れた特色ある企画展示を開催している。出張展示など地域と連携した活動も展開する。

1995 年開館。世田谷区にゆかりの深い作品など約 10 万点以上の資料を所蔵

MAP 別冊 P.10-A2

世田谷文学館
住 世田谷区南烏山 1-10-10
TEL 03-5374-9111　営 10:00 ～ 18:00（最終入館 17:30）　休 月（祝日の場合は開館、翌日休館）、12 月 29 日～ 1 月 3 日　交 京王線芦花公園駅南口から徒歩 5 分

幅広い層に向けたライブラリー「ほんとわ」では企画性ある選書に出会える

代官屋敷の敷地内に建つ

世田谷区立郷土資料館

せたがやくりつきょうどしりょうかん

世田谷区政 30 周年事業の一環として昭和 39 年に開館した都内最初の公立地域博物館。区に関する歴史・民俗資料等の展示、調査・研究などを行い、歴史講座も開催する。

本館設計は前川國男。収蔵資料の増加により昭和 62 年新館を増築した

MAP 別冊 P.50-C1

世田谷区立郷土資料館
住 世田谷区世田谷 1-29-18
TEL 03-3429-4237
営 9:00 ～ 16:30（休館中。再開館は 2023 年 8 月 1 日を予定）
休 月・祝（11 月 3 日は開館）12 月 29 日～ 1 月 3 日
料 無料
交 東急世田谷線上町駅から徒歩 4 分

大名領の代官屋敷としては都内唯一の存在

大場代官屋敷

おおばだいかんやしき

彦根藩世田谷領の代官を代々務めた大場家が、約 440 年前に北条市が始めたボロ市（当時は市町）の管理を任されボロ市通り前に構えた居宅兼役宅。主屋と表門は国の重要文化財。

現在の建物は七代目当主が 1737 年頃に建てたものとされる

MAP 別冊 P.50-C1

大場代官屋敷
住 世田谷区世田谷 1-29-18
営 9:00 ～ 17:00
休 月・祝（11 月 3 日は開館）、12 月 29 日～ 1 月 3 日
料 無料
交 東急世田谷線上町駅から徒歩 4 分

世田谷区奥沢のフレンチレストラン「KOST」、「PÂTISSERIE R」、デリカッセン「BÉNTO」、「CAFÉ TORA」、「BOULANGERIE NEUF9」は姉妹店。どのお店にも魅力がありお気に入りです。最寄りは九品仏駅。(編集 S)

小劇場とライブハウスの街
下北沢の歩き方

「古着の街」、「サブカルの街」とも称され、“シモキタ”の愛称で呼ばれるエリア。劇場とライブハウスにスポットを当てる。

「下北沢南口商店街」には外食チェーン店から古着店、雑貨店、居酒屋など多種多様なショップや飲食店が軒を連ねる

ひとりの演劇人の熱き思いから“演劇の街”へと成熟していった

ランドマーク的存在の本多劇場をはじめ、半径 500 メートルのエリアに劇場やライブハウスがひしめき合う下北沢エリア。「演劇の街」としてその名が知れるようになったのは、劇場経営者でもあり俳優でもある本多一夫による功績が大きいだろう。もともと若い頃は映画俳優だったという本田氏は、所属していた映画会社の倒産とともに下北沢でバーを開業して実業家として成功を収める。しかし、若い役者たちに活動の場所を提供したいという思いは変わらず、俳優養成所「本多スタジオ」を主宰し、アパートを改築して稽古場にする。これが、本多氏がいちばん最初に手がけた小劇場「ザ・スズナリ」のはじまりだった。本格的に劇場として利用されることになったのは 1975 年のこと。その翌年には、演劇専用劇場となる「本多劇場」がオープン。全 386 席とグループ全体ではいちばんキャパが大きい。こけら落としは唐十郎作・『秘密の花園』。出演者のなかには今もテレビや舞台で活躍する柄本明もいた。

その後、1980 年代に「小劇場ブーム」が起こり、大学在学中に劇団を立ち上げて数々の名作を生みだした野田秀樹や劇作家・演出家の鴻上尚史、90 年代にはケラリーノ・サンドロヴィッチや松尾スズキ、そして彼が主宰する「大人計画」らが台頭する。本多氏も次々と小劇場を開業していくことで、本多劇場グループが形成されていった。1984 年に駅前劇場、1993 年にビルの同じフロアに「OFF・OFF シアター」(旧下北沢ロングランシアター)、1997 年には「劇」小劇場。そして少し時期が空いて、2007 年に“大人のための劇場”というコンセプトの「小劇場楽園」、2009 年に「シアター 711」、2014 年に「小劇場 B1」が続く。2021 年には新宿に「新宿シアタートップス」も開業し、グループ代表の本田氏は今も役者として本多劇場グループの舞台に立ち続けている。

本多劇場グループ以外にも小劇場と呼べるスペースはある。茶沢通りに位置する「北沢タウンホール」は公民館としての役割をもち、集会室やミーティングルームなども備わる。また、2013 年に誕生した「シアターミネルヴァ」や 2017 年にオープンした「shimokita-dawn」など、寄席やお笑いライブにも使用される少人数キャパシティの劇場も多い。

劇場やライブハウスは茶沢通りや下北沢駅東口改札を出た先に密集している。この周辺に「珉亭」(→ P.365) など老舗も並ぶ

読者だより
下北沢の名喫茶といえば「カフェ トロワ・シャンブル」。おいしいコーヒーとチーズケーキでホッとひと息つくのが好きです。(PN：楓) 住 世田谷区代沢 5-36-14 湯浅ビル 2 階

日本を代表するアーティストのデビュー前に立ち合えた下北沢

ギターケースを背負った若者が下北沢駅を降りてライブハウスへ。周辺に点在するレコード店や楽器店に足を運び、機材や新譜をチェックする人々の姿も下北沢ではよく見かける光景のひとつだ。

下北沢界隈で最古参のライブハウスのひとつといえば1975年にオープンした「下北沢LOFT」が挙げられる。現在ではアコースティックがメインの箱になっているが、古くは大瀧詠一、最近ではmiwaなど数多くのミュージシャンを輩出した。その後、下北沢がバンドマンの憧れの地となったのは下北沢LOFT同様、1975年に渋谷で創業して1986年に下北沢に移転した「下北沢屋根裏」の影響が大きいだろう。2015年に惜しまれつつその幕を閉じるまで、若き日のTHE BLUE HEARTSやスピッツ、RCサクセション、ミッシェル・ガン・エレファントなどそうそうたるアーティストがステージに立つことで、「下北沢屋根裏」は聖地と化していった。

ステージと客席フロアが近く、一体感がある「下北沢SHELTER」。ほぼ毎日のようにライブやイベントが行われる

「ミカン下北」(→P.251)や「下北線路街 空き地」(→P.251)など個性豊かな商業施設が続々オープンしている

さらに、1991年に「下北沢SHELTER」がオープン。新宿LOFTの姉妹店ということもあって創業当初から有名アーティストが出演。ホールツアーや夏フェスのヘッドライナーになっても、ツアーの初日やデビュー記念日には「下北沢SHELETER」でライブを行うというバンドは今でも多くいるほどだ。1993年に「CLUB251」、1994年に「GARAGE」と「CLUB Que」が立て続けにオープン。BUMP OF CHICKENが東京で初ライブを行ったのはCLUB251、NUMBER GIRLの東京初ライブは下北沢SHELETERであったように、デビューを夢見て、のちのスターになっていくバンドやアーティストらが集まっていたといえるだろう。今も「下北沢MOSAiC」や「下北沢ReG」など100〜200名キャパのライブハウスが多くあり、「KNOCKOUT FES」など下北沢エリア全体のライブハウスを巻き込んだサーキット型のフェスも精力的に開催している。

本文で紹介したライブハウス

しもきたざわ しぇるたー
下北沢 SHELTER

老舗ライブハウス「新宿LOFT」の姉妹店としてオープン。ステージとフロアは地下にあり、キャパシティはスタンディングで250名。開業当初はHi-STANDARDなどのメロコアバンドやミッシェル・ガン・エレファント、エレファントカシマシなどが出演してきた。現在はバンドマンの登竜門的存在に。

MAP 別冊P.50-A2 下北沢
住 世田谷区北沢2-6-10 仙田ビルB1階 TEL 03-3466-7430 営 公演により異なる 料 公演により異なる CC AJMV 交 京王井の頭線下北沢駅東口改札から徒歩3分

しもきたざわ ろくでもないよる
下北沢 ろくでもない夜

惜しまれつつ2015年に終止符を打った伝説のライブハウス「下北沢屋根裏」の跡地に、屋根裏のスタッフ3名でオープン。フロアはスタンディングで120名キャパ。若いバンドマンたちが日々切磋琢磨している。併設のバーはチケットを持っていなくてもノーチャージで入ることができ、朝方まで営業している日も。

MAP 別冊P.50-A2 下北沢
住 世田谷区北沢2-6-5 ルイビル3階 TEL 03-6804-9567 営 公演により異なる 料 公演により異なる CC 不可 交 京王井の頭線下北沢駅東口改札から徒歩3分

下北沢の音楽シーンが最近脚光を浴びたできごといえば、TVアニメ『ぼっち・ざ・ろっく！』の人気。主人公が組んだ「結束バンド」の活動拠点「ライブハウスSTARRY」のモデルは「下北沢SHELETER」だ。

個性あふれる人気の街、中野・高円寺と緑豊かな練馬

中野(なかの)・高円寺(こうえんじ)・練馬(ねりま)

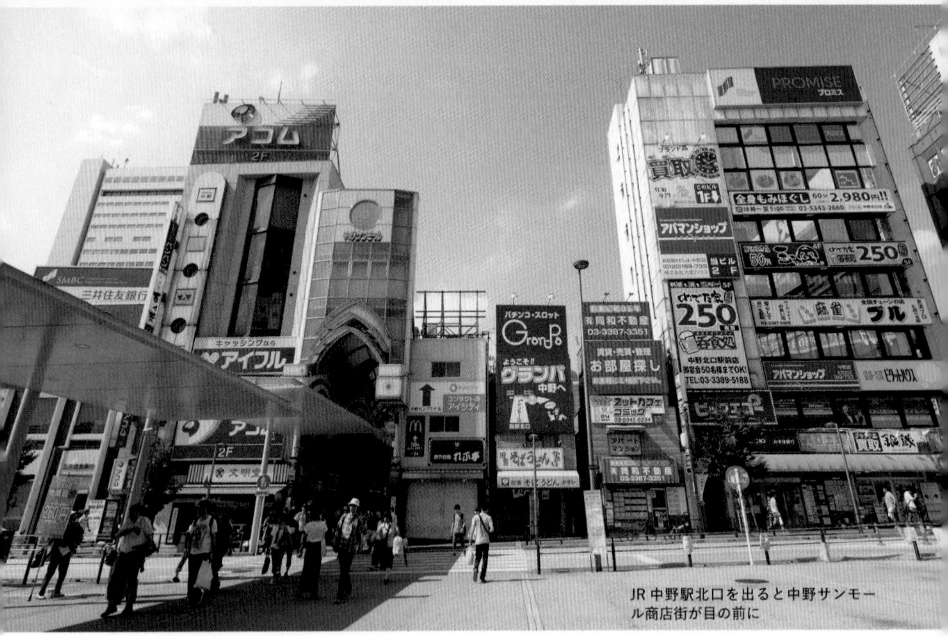

JR 中野駅北口を出ると中野サンモール商店街が目の前に

エリア利用駅

中野駅
JR 中央線（快速）、JR 中央・総武線（各停）、東京メトロ東西線

高円寺駅
JR 中央線(快速)※平日のみ停車、JR 中央・総武線（各停）

練馬駅
西武池袋線、西武豊島線、都営大江戸線など

コインロッカー情報

JR 中野駅、JR 高円寺駅ともに改札内外に設置されている。練馬駅は西武線 2 階北口方面などに設置。

中野・高円寺駅への行き方

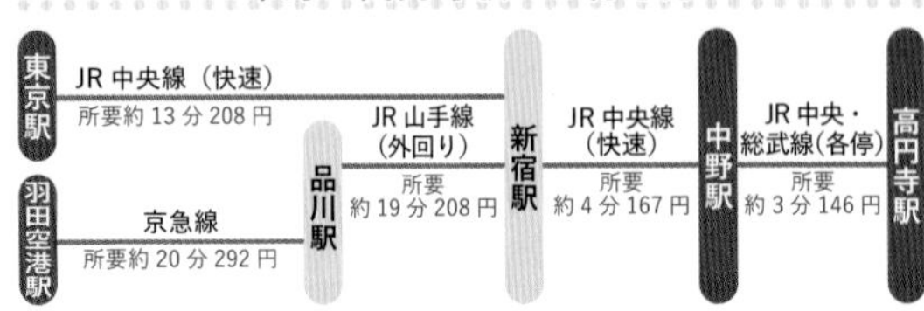

世界に誇る日本のサブカルチャーの聖地・中野区中野。江戸時代は農作地であったが、明治以降、特に関東大震災以降は都心や東部からの転居者が多くなり街が拡大した。中野ブロードウェイや中野サンプラザの存在は大きいが、地域に根ざした商店街やそこに集まる人々が創り出す混沌とした雰囲気が中野の魅力である。杉並区高円寺の地名は曹洞宗「宿鳳山高円寺」に由来しているといわれる。古着屋やライブハウスが多く、学生など単身者に人気の街。祭りの街としても有名で、特に東京高円寺阿波おどりは毎年多くの人々でにぎわう。「練馬」の名称由来は定かではない。都心でありながら農地が多く 23 区内農地面積はいちばん広い。江戸東京野菜の「練馬大根」は有名である。

読者だより 阿佐ケ谷駅から徒歩 10 分ぐらいのところにある「酒ノみつや」は老舗の酒屋で、最近では角打ちのお店として人気です。（PN：Yaya）住 杉並区阿佐谷南 1-13-17 パークプレース 1 階

歩き方

中野も高円寺もアーケード街が楽しい

中野周辺の散策は、JR中野駅を中心に北は早稲田通りから南は大久保通りまでの範囲となる。中野駅北口を出ると、正面に中野サンモール商店街が目に飛び込んでくる。衣食住何でも揃う約224mの屋根付きアーケード商店街は、地元民になったつもりで散策してみよう。スイーツやベーカリーのお店も多く、食べ歩きしたくなる商店街だ。商店街の突き当たりには中野ブロードウェイがあるので、サブカルの聖地を楽しもう。また、北口にはふれあいロードや昭和新道など昭和レトロな通りも多い。高円寺はJR高円寺駅北口にある高円寺純情商店街を歩いてみよう。メイン通りを中心に路地が枝わかれし、北口一帯が商店街と化している。古着屋なども多く、特徴ある個人商店街が多い。マーケットの雰囲気を感じる商店街である。

中野サンモール商店街にはアーケードがかかっている

練馬は見どころが点在している

練馬区内の鉄道路線は、西武池袋線や西武新宿線、東京メトロ、都営地下鉄線など走っているが、見どころは点在しているので、各スポット間を徒歩移動することはあまりない。効率よく巡るには事前にアクセスを調べてよう。日本アニメの発祥の地・大泉学園は西武池袋線の利用が便利。

大泉学園には東映アニメーションミュージアムもある

おさんぽプラン

1. 中野サンモール商店街（→ P.258）
   徒歩1分
2. 第二力酒造（→ P.341）
   電車5分
3. 高円寺純情商店街（→ P.259）
   電車60分
4. 東映アニメーションミュージアム（→ P.258）
   電車30分
5. 練馬区立美術館（→ P.260）

TOKYO 小噺 日本アニメ発祥の地・練馬区大泉学園

大泉学園が日本アニメ発祥の地と言われるゆえんは、東映動画（現東映アニメーション）が昭和33年に日本初のカラー長編アニメ『白蛇伝』や松本零士氏の『銀河鉄道999』を制作したこと。また、松本氏を含む多くの漫画家が大泉学園に居住していた影響も大きい。西武池袋線大泉学園駅の北口にある「大泉アニメゲート」には、『鉄腕アトム』や『銀河鉄道999』などの人気主人公たちのブロンズ像が設置され、アニメの街を演出している。2018年には東映アニメーションミュージアムがオープン。貴重な資料を展示している。

このエリアでできること
- サブカルの聖地を訪れる→ P.341
- 人気商店街を散策→ P.258、259

かわら版

惜しまれつつ閉館した中野サンプラザ

また都内の有名ビルがその歴史に幕を下ろした。JR中野駅前に建つ「中野サンプラザ」で、建物の再開発事業によるものだ。昭和～令和のミュージックシーンを牽引し、ホテルやレストランなどを有する複合施設で、誰もがその名前を聞いたことがあるだろう。昭和48年の開業以来、中野サンプラザはアーティストだけでなく、ファンにとっても聖地であった。跡地には、60階建てで高さ約250mの高層棟と約60mの低層棟からなる複合施設が2028年に竣工予定。サンプラザのDNAを受け継ぐ新たな施設に生まれ変わる。

2023年7月で幕を下ろす中野サンプラザ

東京見聞録　サブカルチャーの聖地「中野ブロードウェイ」には、漫画専門古書店「まんだらけ」を筆頭にフィギュアやアニメグッズからビットコインや3Dプリンターなどさまざまな店舗が入居している。

MAP 別冊 P.9-C3

中野サンモール商店街
住 中野区中野 5-67-1
営 店舗による
休 店舗による
交 JR 中野駅北口すぐ

雨でも安心な駅近のアーケード商店街

なかのさんもーるしょうてんがい 中野サンモール商店街

中野駅北口広場からまっすぐ伸びる 224 mの商店街。チェーン店だけでなく昔ながらの個人店も多く残っており、100 店舗以上が軒を連ねる。季節で変わる天井の LED 装飾や、SL 機関車が走り抜ける音の時報など空間演出にもこだわりがあり明るい雰囲気で買い物が楽しめる。夏と冬のセールをはじめ、餅つき大会や美術展などの季節のイベントも多く開催する。

上／中野駅すぐのアーケード商店街。雨の日も傘なしで買い物が楽しめる
下／商店街の名前にちなんだ太陽モチーフや LED 装飾が華やか

MAP 別冊 P.8-B2

東映アニメーションミュージアム
住 練馬区東大泉 2-10-5
TEL 03-5905-5115
(受付時間 10:00 ～ 17:00)
営 11:00 ～ 16:00（最終受付 15:30）
休 火・水、不定休
料 無料
交 西武池袋線大泉学園駅北口から徒歩 15 分
※営業時間・休館日は変更の可能性があるので、ウェブサイトを要確認。

シンボルキャラクター「ペロ」がお出迎え

とうえいあにめーしょんみゅーじあむ 東映アニメーションミュージアム

プリキュアシリーズや『ワンピース』など現在放送している東映アニメーションの関連資料を展示しているエリアでは、アニメーション作品ができる流れを解説したコーナーがあり、興味深い。「わくわくエリア」はキャラクターと一緒に写真が撮れるフォトスポットや東映アニメーションの関連書籍が読める本コーナーなど体験要素満載。ミュージアム限定商品を扱うショップも併設。

上／作品の情報や映像を見ることができる「東映アニメーションワークス」
下／入口には『長靴をはいた猫』に登場する「ペロの噴水」があるので記念撮影しよう

© 東映アニメーション

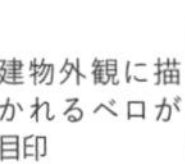

建物外観に描かれるペロが目印

キャラクターが勢揃いする「フォトスポット」は絶対に訪れたいエリア

©ABC-A・東映アニメーション

読者だより 高円寺にある喫茶「yummy」がおすすめです。素敵な音楽でおいしいご飯をゆっくりと楽しめる場所です。(PN：はこぱんだ) 住 杉並区高円寺北 2-9-8 コーセイドーハイツ 1 階 交 JR 高円寺駅北口から徒歩 2 分

イベントが盛りだくさんの商店街

高円寺純情商店街（こうえんじじゅんじょうしょうてんがい）

高円寺駅の北口側に広がる商店街。正式名称は「高円寺銀座商店会」だが、この商店街を舞台とするねじめ正一の小説タイトルから『高円寺純情商店街』の愛称で親しまれている。有名な「東京高円寺阿波おどり」（→P.337）をはじめとして、お得に買い物ができる催しも随時行われている。

高円寺のシンボルとしての役割も果たす入口のアーチ

MAP 別冊 P.9-C3

高円寺純情商店街
住 杉並区高円寺北2、3丁目エリア他
営 店舗による
休 店舗による
交 JR高円寺駅北口から徒歩2分

大手の店舗から昔ながらの精肉店や青果店、個人飲食店までさまざまな店が建ち並ぶ

杉並区の歴史や昔の暮らしが学べる

杉並区立郷土博物館（本館）（すぎなみくりつきょうどはくぶつかん（ほんかん））

常設展では原始時代から近現代の歴史を時代ごとに展示。原始・古代コーナーでは区内の遺跡から出土した土器や石器が展示され、近世コーナーでは区内にあった高井戸宿の模型を眺めることができる。2階には昭和40年頃の住居の再現も。また、敷地内には移築された長屋門と古民家がある。

区内の名主の家に建てられた江戸時代後期の長屋門が入口

MAP 別冊 P.9-C3

杉並区立郷土博物館（本館）
住 杉並区大宮1-20-8
TEL 03-3317-0841
営 9:00〜17:00
休 月・第3木曜（祝日の場合は翌日）
料 100円、中学生以下無料
交 京王井の頭線永福町駅北口から徒歩15分

「多摩の大宮」と親しまれる東京のへそ

大宮八幡宮（おおみやはちまんぐう）

御母の胎内にあるころから御神威を発揮された応神天皇を主祭神とする神社。安産・子育厄除け・縁結びのご利益を願って訪れる参拝者が多く、戌の日には安産祈願の家族で賑わう。東京の重心に位置したことから「東京のへそ」と呼ばれ、都内でも有数のパワースポットとしても人気だ。

境内には摂社がいくつかあり、商売繁盛や学業向上の祈願もできる

MAP 別冊 P.8-C2

大宮八幡宮
住 杉並区大宮2-3-1
TEL 03-3311-0105
営 参拝自由
休 無料
料 無料
交 京王井の頭線西永福駅北口から徒歩7分

「中野沼袋氷川神社（→P.343）」は、人気漫画『東京卍リベンジャーズ』単行本8巻で暴走族チームである東京卍會を結成した場所のモデルになっている。住 中野区沼袋1-31-4 交 西武新宿線沼袋駅北口から徒歩2分

MAP 別冊 P.8-B2

練馬区立美術館
住 練馬区貫井 1-36-16
TEL 03-3577-1821
営 10:00 ～ 18:00
（最終入館 17:00）
休 月（祝日の場合は翌日）
料 展覧会による
交 西武池袋線中村橋駅北口から徒歩 3 分

収蔵作品数は6000点を超え、その一部はウェブサイトで閲覧することができる

新しい視点を開く企画展を開催

練馬区立美術館（ねりまくりつびじゅつかん）

昭和 60 年設立の区立美術館。国内の近現代美術を中心に、近年では海外作家などジャンルの枠を広げ、さまざまな展覧会を開催している。隣接する練馬区立美術の森緑地は、天然芝のフィールドに 32 体の幻想的な動物の彫刻が配置されており、子供から大人まで楽しめる空間だ。

美術館へと続く入り口では緑のクマとマスコットが出迎える

MAP 別冊 P.8-B2

ちひろ美術館・東京
住 練馬区下石神井 4-7-2
TEL 03-3995-0612
営 10:00 ～ 17:00
休 月（祝日の場合は翌平日）、展示替期間、冬季休館あり
料 1000 円、高校生以下無料
交 西武新宿線上井草駅北口から徒歩 7 分

最後の 22 年間を過ごした自宅兼アトリエの跡地に建てられた

バリアフリーで子供連れも歓迎の美術館

ちひろ美術館・東京（ちひろびじゅつかん・とうきょう）

水彩画の子供の絵で有名ないわさきちひろの美術館。世界初の絵本美術館として昭和 52 年に開館し、2002 年に現在の形へリニューアルした。ちひろの愛用していたソファでくつろいだり、復元されたアトリエなどもあり、ちひろと世界の絵本画家の作品を鑑賞することができる。

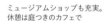

ミュージアムショップも充実。休憩は庭つきのカフェで

MAP 別冊 P.8-A2

光が丘美術館
住 練馬区田柄 5-27-25
TEL 03-3577-7041
営 10:00 ～ 17:00
（最終入館 16:30）
休 月、第 1·3 火曜（臨時休館あり）
料 500 円、小·中·高校生 300 円（陶芸・食事とのセット料金あり）
交 地下鉄光が丘駅 A1 出口から徒歩 5 分

世界でも貴重なグランドピアノが展示

光が丘美術館（ひかりがおかびじゅつかん）

日本画、陶芸、版画を中心に国内の伝統的な芸術作品を収蔵する美術館。版画家・井上員男の全長 76 m にも及ぶ「版画・平家物語」は圧巻の作品で定期的に展示されている。また、体験もできる陶芸教室とそば処を併設しており、多角的な楽しみ方ができるのが特徴。

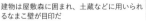

建物は屋敷森に囲まれ、土蔵などに用いられるなまこ壁が目印だ

私の住んでいる高円寺は新陳代謝が激しく、とてもおもしろい街です。エスニックから焼肉、ラーメンからバーガーまで、ないものはない！ので、ぜひ遊びに来てほしいです！

2023年の朝ドラでも話題！

植物学者・牧野富太郎博士の記念庭園へ

NHK 連続テレビ小説『らんまん』のモデルにもなった牧野富太郎博士の情熱が息づく「牧野記念庭園」。晩年の地で博士の足あとをたどる。

2023年春公開！
牧野博士の書斎を再現

❶日本全国の植物が四季の彩りを見せる ❷書斎は、博士のこだわりが忠実に再現されている ❸妻・壽衛の名から命名した「スエコザサ」

博士ゆかりの植物に出合える

練馬区立牧野記念庭園

ねりまくりつまきのきねんていえん

牧野富太郎博士が、大正 15 年に移り住んでから昭和 32 年に没するまでの約 30 年間を過ごした場所。博士の晩年は、この庭の植物を観察する日々だったという。無料で解放されている園内では、約 300 種類の植物が生育しており、ゆっくりと散策するのにうってつけだ。記念館には、標本や書物のほかに、博士の写真も多く展示されている。植物と写る博士が蝶ネクタイを着けているのは、「植物に敬意を表して」という気持ちからだといい、博士の熱心な植物愛がうかがえる。

右／胴乱や根掘りなど、博士愛用の採集道具が並ぶ
左／ 2010 年に再建された、博士の遺品や関連資料を展示する記念館

MAP 別冊 P.8-B1 大泉学園

住練馬区東大泉 6-34-4 TEL 03-6904-6403 営 9:00 ～ 17:00（企画展と講習室での映像視聴 9:30 ～ 16:30） 休火（祝日の場合は翌平日）、12 月 29 日～ 1 月 3 日 料無料 CC 不可 交西武池袋線大泉学園駅南口から徒歩 5 分

牧野富太郎博士の生涯

文久 2（1862）年に現在の高知県高岡郡佐川町に生まれ、豊かな自然に育まれて過ごした。創刊に携わった『植物学雑誌』に新種ヤマトグサを発表し、日本国内で日本人として初めて新種に学名をつけた。その後も約 1500 種類に及ぶ植物を発見・命名し、日本植物分類学の基礎を築いた。94 歳で生涯を閉じるまで、日本全国を回って収集・製作した植物標本の数は 40 万枚にも及ぶ。

広大な園内を見守るように立つ牧野博士の銅像

庭園の講習室には室内のモニターで博士の生涯や功績に関する映像資料、関連書籍などを見ることができる。また、記念スタンプを押すこともできるので訪れてみよう。

23区北部に位置し荒川を挟んで埼玉県と接する

王子（おうじ）・赤羽（あかばね）・板橋（いたばし）

明治6年、日本最初の公園に指定された飛鳥山公園

エリア利用駅

王子駅
JR京浜東北線、東京メトロ南北線

王子駅前停留場、飛鳥山停留場
都電荒川線

赤羽駅
JR京浜東北線など

コインロッカー情報

JR王子駅北口改札外に設置されている。また東京メトロ王子駅改札外にもある。都電荒川線の王子駅前停留場や飛鳥山停留場にはない。赤羽駅の北口、南口の改札内、改札外に設置されている。

王子・赤羽駅への行き方

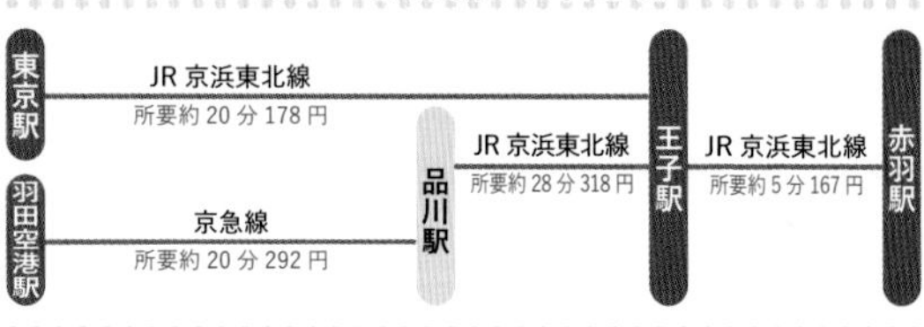

現在の北区王子界隈は「岸村」と呼ばれていたが、元亨2（1322）年この地を治めていた豊島氏が紀伊熊野より若一王子社を勧請したことから「王子村」と呼ばれるようになった。江戸時代には八代将軍・徳川吉宗が享保の改革の施策として飛鳥山に桜を植え、現在の飛鳥山公園にいたる桜の名所に。明治に入ると渋沢栄一が中心となって初代王子製紙が設立され町もにぎわったという。赤羽は埼玉県と接する北区のなかでも北部に位置し北の玄関口と呼ばれ、明治時代に鉄道が敷設されたことにより次第に発展した。旧中山道の1番目の宿場町として栄えた板橋宿。「板橋」の地名の由来は、旧中山道と石神井川が交差する場所に架けられた板の橋に由来しているといわれているが定かではない。

読者だより
「王子駅」前はラーメン屋や中華料理屋、寿司屋など飲食店が多く、ショッピングモールや公園もあります。歩いているだけで楽しく、散歩にもピッタリです！

歩き方

王子散策の起点はJR王子駅の北口

王子界隈の街歩きはJR王子駅北口から

王子界隈の見どころはJR王子駅から近く、散策の起点はJR王子駅の北口前のロータリーがわかりやすい。東京メトロの王子駅とも接続しており、また都電荒川線の王子駅前も隣接している。北口を出て右方向に行くとすぐに東京の大動脈・明治通り（環状5号線）が走っている。JRの線路をくぐって明治通り沿いに行けば、すぐ左側に飛鳥山公園が見えてくる。飛鳥山公園に行くのであれば、王子駅の北口利用が便利。都電荒川線利用なら、飛鳥山停留場下車が最も近い。王子駅から王子神社に行くなら、駅通路の北口のロータリーとは反対側の親水公園口から出れば約3分だ。

交通アクセスが多くて便利な板橋と赤羽

板橋区へのアクセスはおもに2路線。池袋からの東武東上線と日比谷や大手町からの都営三田線。見どころは点在しているので、事前に最寄り駅などを調べておこう。東京の“北の玄関口”北区赤羽駅にはJR京浜東北線、宇都宮・高崎線、埼京線、湘南新宿ラインの4路線が乗り入れ、赤羽岩淵駅には東京メトロ南北線と埼玉高速鉄道が乗り入れている。ふたつの駅は歩いても10分程度なので行き先によって使い分けるのがおすすめだ。

多くの飲食店が集まる赤羽一番街商店街。散策するだけでも楽しい

おさんぽプラン

1. お札と切手の博物館 (→P.265) 徒歩5分
2. 王子神社 (→P.264) 徒歩8分
3. 北区飛鳥山博物館 (→P.265) 徒歩1分
4. 紙の博物館 (→P.265) 徒歩1分
5. 渋沢史料館 (→P.266) 徒歩30分
6. 近藤勇の墓 (→P.267)

TOKYO小咄 日本初の「公園」に指定された

JR王子駅近くの飛鳥山は、明治6年の太政官布達によって浅草公園、上野恩賜公園、芝公園、深川公園とともに日本初の「公園」に指定された。当時の東京府で公園に指定されたのはこの5つ。飛鳥山公園がときを超えて人々に親しまれているのは、桜を植えて庶民に開放した八代将軍・徳川吉宗公のおかげ。

四季折々の花が咲く

このエリアでできること

●渋沢栄一の足あとをたどる→P.266
●飛鳥山公園の博物館めぐり→P.265

かわら版 境内の下を新幹線が通る珍しい神社、赤羽八幡神社

JR赤羽駅から徒歩約10分の武蔵野台地の高台に赤羽八幡神社（MAP P.9-A4）がある。坂上田村麻呂にゆかりのある赤羽地区の鎮守で、勝運や受験、交通安全など多くのご利益があると参詣者が絶えない。境内の下には新幹線が通り、“新幹線の上に鎮座する神社”でも有名だ。鳥居の向こう側に新幹線が収まる写真を撮れるのはここだけかも。縁結びの神様・大国主大神の末社もあり恋愛運もアップ。「∞（無限大）」のついた御朱印やお守りもあり、アイドルグループファンの聖地にもなっている。

御朱印を求める参拝者が絶えない神社

東京見聞録　東京最北端の繁華街といわれる赤羽。1000円で酔える“せんべろ”の大衆居酒屋も多くのんべえの聖地だが、最近はおしゃれなカフェなども増え老若男女が集う町に。とても魅力的な町だけど、くれぐれも飲みすぎには注意！

MAP 別冊 P.51-A1

王子神社
住 北区王子本町 1-1-12
TEL 03-3907-7808
営 参拝自由（社務所 9:00 ～ 17:00）
休 無休
交 JR 王子駅北口から徒歩 3 分

東京十社のひとつで東京の北方守護として鎮座

王子地区の総鎮守

王子神社（おうじじんじゃ）

創建は明らかではないが、元亨 2（1322）年に領主豊島氏が紀州熊野三社より王子大神を迎え「若一王子宮」として勧進し、この地が王子と呼ばれる由来でもある。歴代将軍の崇敬もあつく、明治になると准勅祭社に指定された。北区無形文化財の王子神社田楽舞や東京都指定文化財の大イチョウは地域の誇り。

御神徳は開運除災と子育大願

MAP 別冊 P.9-A3

板橋区立美術館
住 板橋区赤塚 5-34-27
TEL 03-3979-3251
営 9:30 ～ 17:00（最終入館 16:30）
休 月（祝日の場合は翌日）
料 展覧会ごとに異なる。館蔵品展などは無料、企画展は一般 650 円、大学生 450 円、高校生 450 円、小・中学生 200 円
交 地下鉄西高島平駅から徒歩 14 分

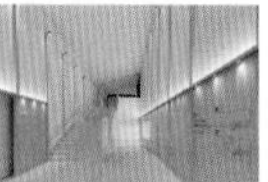
白を基調としたモダンなエントランス

地域に根ざした美術館を目指す

板橋区立美術館（いたばしくりつびじゅつかん）

昭和 54 年に 23 区初の区立美術館として開館した美術館。常設展示室はないが個性的な企画展を開催している。収蔵品は江戸狩野派などの江戸絵画、大正から昭和初期までの前衛美術、絵本・デザイン、板橋区ゆかりの作家の作品集などが多い。イタリア・ボローニャ国際絵本原画展を毎年開催している。

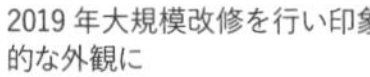
2019 年大規模改修を行い印象的な外観に

MAP 別冊 P.9-A3

板橋区立熱帯環境植物館
住 板橋区高島平 8-29-2
TEL 03-5920-1131
営 10:00 ～ 18:00(最終入館 17:30)
休 月（祝日の場合は翌日）
料 大人 260 円、小・中学生 130 円、65 歳以上 130 円
交 地下鉄高島平駅東口から徒歩 7 分

地下 1 階から地上 2 階まで吹き抜けになっている

環境に配慮し板橋清掃工場の余熱を利用

板橋区立熱帯環境植物館（いたばしくりつねったいかんきょうしょくぶつかん）

東南アジアの熱帯雨林を再現している博物館型植物館。館内は地下 1 階の水族館から 1・2 階に続く高山帯までのジャングルを巡りながら熱帯の環境を知る仕組みになっている。熱帯や地球環境をテーマにさまざまな企画展示やイベントも行っており、熱帯地域と地球環境の大切さを学べる。

熱帯雨林を再現している熱帯低地林

読者だより
赤羽の「丸建水産」は、おでんももちろんおいしいのですが、カップ日本酒をおでんのだしで割り、七味をかけてもらって飲むのが最高です。（PN：みんぐり）住 北区赤羽 1-22-8　交 JR 赤羽駅東口から徒歩 3 分

1年を通して植物を鑑賞できる

板橋区立赤塚植物園

いたばしくりつあかつかしょくぶつえん

武蔵野の面影を残す赤塚の丘陵地にある3つの園。本園には里山の樹木や野草など多種多様な植物が、万葉・薬用園には万葉集に詠まれた植物などが集まる。農業園では野菜や果樹の観賞や農業体験ができる。

600種類を超える植物が四季折々の姿を見せる

MAP 別冊 P.9-A3

板橋区立赤塚植物園
住 板橋区赤塚5-17-14
TEL 03-3975-9127
営 9:00～16:30、12月～16:00
休 12月29日～1月3日
料 無料　交 東武東上線成増駅または下赤塚駅から徒歩18分

ウェルカムセンターには緑化教育指導員が常駐している

北区の歴史・自然・文化を伝える

北区飛鳥山博物館

きたくあすかやまはくぶつかん

北区の貴重な文化遺産を保存・継承するために調査研究を行っており、区の歴史や考古、民族、自然に関する資料を展示している。常設展示のほか企画展等も開催し、地域に関心をもつ場を提供している。

律令時代の稲を納める蔵を復元した「豊島郡衙の正倉」

MAP 別冊 P.51-C2

北区飛鳥山博物館
住 北区王子1-1-3 飛鳥山公園内
TEL 03-3916-1133
営 10:00～17:00（常設展示室観覧券の発行は16:30まで）
休 月（祝日の場合開館し直後の平日に振替休館）、12月28日～1月4日　料 300円、65歳以上150円（年齢を確認できる証明書を提示）、小・中・高校生100円
交 JR王子駅南口から徒歩5分

世界でも数少ない紙専門の総合博物館

紙の博物館

かみのはくぶつかん

昭和25年に洋紙発祥の地・王子に開設された博物館。「和紙」や「洋紙」に関する資料約4万点を収集・保存・展示している。紙が人々の暮らしに果たした役割を、歴史・文化・産業面から紹介している。

種類や用途、製造工程、歴史的資料、紙の美術・工芸品などを展示

MAP 別冊 P.51-C2

紙の博物館
住 北区王子1-1-3 飛鳥山公園内
TEL 03-3916-2320
営 10:00～17:00(最終入館16:30)
休 月（祝日の場合は開館）、祝日直後の平日、その他臨時休館日あり
料 400円、小・中・高校生200円
交 JR王子駅南口から徒歩5分

お札と切手の歴史から社会の移り変わりが分かる

お札と切手の博物館

おさつときってのはくぶつかん

昭和46年に国立印刷局創立100年を記念して開設され、多くの貴重な展示資料からお札と切手に関する歴史を学ぶことができる。お札の偽造防止技術を体験できるコーナーもある。

世界のお札約190点、各国の切手約320点を展示している

MAP 別冊 P.51-A2

お札と切手の博物館
住 北区王子1-6-1
TEL 03-5390-5194
営 9:30～17:00
休 月（祝日の場合は開館、翌日休館）　料 無料
交 JR王子駅中央口から徒歩3分

お札や切手の多様性から世界を知ることができる

板橋区赤塚には約600年の歴史をもつ「東京大仏 乗蓮寺」があり、江戸時代には徳川将軍が鷹狩りをする際の休憩処になっていた。境内には高さ13m、重さ32tの大仏が鎮座。住 板橋区赤塚5-28-3

渋沢栄一も住んでいた
王子～板橋をディープに巡る

「日本近代社会の創造者」と称される渋沢栄一の邸宅があった王子や新選組ゆかりの板橋周辺を散策しよう。

渋沢栄一と王子

明治 11 年、自身が設立に尽力した抄紙会社（現王子ホールディングス）の工場を見下ろせる飛鳥山の地に邸宅を構えた。当初は賓客を招く別荘として、明治 34 年から亡くなる昭和 6 年までは家族と過ごす本邸として使用。「曖依村荘」とも呼ばれた。

王子～板橋さんぽ MAP

旧岩槻街道
王子新道
王子駅
旧中山道
紅葉橋通り
本郷通り
中山道
明治通り
板橋駅
西巣鴨駅

渋沢栄一の足あとをたどる

1 渋沢史料館

（しぶさわしりょうかん）

常設展示を行う本館、旧渋沢庭園に現存する「晩香廬」と「青淵文庫」、3 つの建物を見学できる。本館では、渋沢栄一の生涯や設立に携わった事業に関する資料を収蔵・展示し、年 2 回の企画展も実施。大正期に建てられた「晩香廬」と「青淵文庫」は国の重要文化財に指定され、ステンドグラスやタイルなど美しい洋風の内装が見どころ。

❶❷ 3 つのテーマでひも解く常設展示。「渋沢栄一をたどる」展示ユニットでは年齢で区切って生涯を紹介　❸「渋沢栄一を知る」では栄一の幅広い事業や活動を学べる　❹書庫や接客の場として使用されてきた「青淵文庫」

MAP 別冊 P.51-C2 王子

住 北区西ケ原 2-16-1　TEL 03-3910-0005　営 10:00 ～ 17:00　休 月　料 300 円、小・中・高校生 100 円　CC JMV　交 JR 王子駅南口から徒歩 5 分

「北とぴあ」の 17 階は展望ロビーになっていて、東京スカイツリー ® やさいたま新都心などが見える絶好のスポットです。（PN：モモ実）住 北区王子 1-11-1

火防凧入り御朱印もゲット

② 王子稲荷神社（おうじいなりじんじゃ）

征夷大将軍・源頼義から「関東稲荷総司」の称号を授かり、北条氏や徳川将軍家の祈願所として定められてきた。境内の「狐の穴跡」は落語『王子の狐』の舞台。

左／大晦日の行事「狐の行列」は街の風物詩
右／現社殿は徳川十一代将軍・家斉から寄進された

MAP 別冊 P.16-A2 王子
住 北区岸町 1-12-26　TEL 03-3907-3032
営 参拝自由　休 無休　交 JR 王子駅北口から徒歩 5 分

昔懐かしい番台が残る

③ 滝野川稲荷湯（たきのがわいなりゆ）

歴史ある名所を巡るなら、ぜひとも途中で立ち寄ってほしいのがこの銭湯だ。大正時代に創業し、隣にお稲荷様があったことから「稲荷湯」と呼ばれるようになったといい、現在は五代目夫妻が宮造りの建物や番台、ペンキ絵など、古きよき銭湯の姿を守り続けている。

DATA → P.70

上／46 度のあつ湯、中温、ぬるま湯と 3 つの浴槽がある
左／入口をくぐると右が男湯、左が女湯に分かれている

新選組・近藤勇と板橋

慶応 4（1868）年、新選組局長・近藤勇は駐屯していた下総国流山（現在の千葉県流山市）で捕らえられ、新政府軍の本陣が置かれていた板橋宿に連行された。同年 4 月 25 日、板橋刑場で処刑された。

近藤勇が過ごした最期の地

④ 近藤勇の墓（こんどういさみのはか）

明治 9 年、新選組で二番隊組長を務めた永倉新八が発起人となって建立した墓所。副長・土方歳三をはじめ戦死した新選組隊士たちが供養されており、近藤勇の命日付近には、毎年墓前供養祭が行われる。

MAP 別冊 P.16-A1 板橋
住 北区滝野川 7-8-10　TEL 03-3909-7766
営 散策自由　料 無料　交 JR 板橋駅東口から徒歩 3 分

2003 年に北区の指定文化財になる。墓の隣には近藤勇像が立つ

北区にある「名主の滝公園」は観光スポットのひとつ。安政年間、王子村の名主である畑野孫八が自邸に開いたのが始まりとされ、明治中頃に庭園として整備された。住 北区岸町 1-15-25

エリアナビ

23区東部地域

全７区にまたがる東部地域は、江戸から続く下町風情を残しつつ、それらを活かした新名所となるスポットも各所に点在。新旧のよさが交わった進化を続けるエリアだ。

1 浅草・押上・蔵前

国内外で人気を集める王道観光スポットを巡る

P.270 MAP 別冊 P.42-43

隅田川を隔てた西側には浅草寺（→ P.277）、東側には東京スカイツリー（→ P.56）と東京を代表する二大ランドマークが並ぶ。浅草名所七福神巡りや浅草花やしき（→ P.272）など、さまざまなジャンルが楽しめるほか、上質な料理道具が揃うかっぱ橋道具街®（→ P.394）、昭和レトロな雰囲気のホッピー通り（→ P.92）など、マニアックな通りも歩いてみよう。東側へ渡ると東京ミズマチ®（→ P.273）が立ち、現代的な景色へと一変。買い物や夜景を満喫するなど、朝から晩まで楽しみ方は自由自在。

浅草と押上はすみだリバーウォークで相互に移動可能

2 上野・湯島・谷根千

江戸の薫りが残る、今も昔も文化芸術が盛んなエリア

P.280 MAP 別冊 P.40-41、46

散策の起点となる上野駅を出た先、上野恩賜公園（→ P.282）には上野動物園（→ P.282）をはじめ東京国立博物館（→ P.283）を含めた多くの文化施設が揃う。さらに、湯島には学問の神様として知られる湯島天満宮（→ P.288）が鎮座し、古くから文化的な地区として知られる。谷中・根津・千駄木の３エリアを指したいわゆる谷根千は、谷中銀座商店街や夕やけだんだんなど、どこか懐かしい雰囲気が魅力のエリア。千駄木はかつて夏目漱石など多くの文人が住んだという歴史ある町だ。

東京藝術大学（→ P.290）は見学可能なエリアもある

❶ 東京スカイツリー® を楽しみつくす ▷ P.56
❷ 問屋街でおみやげをゲット ▷ P.394
❸ 屋形船で東京の夜を堪能 ▷ P.410
❹ 東京さくらトラムで荒川さんぽ ▷ P.298
❺ 最多9社を歩く浅草名所七福神巡り ▷ P.276

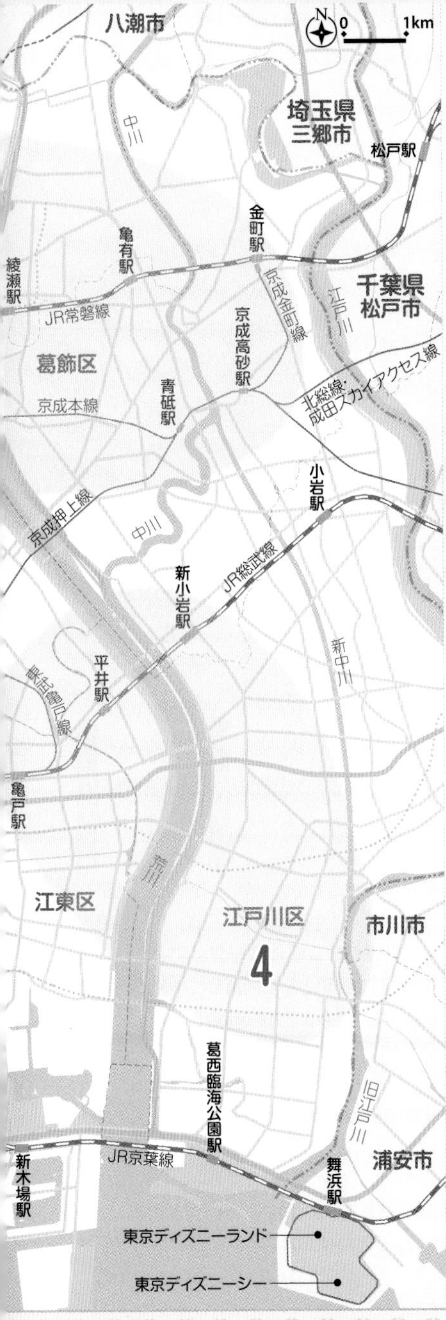

八潮市
N 0 1km
埼玉県 三郷市
松戸駅
中川
金町駅
亀有駅
綾瀬駅
千葉県 松戸市
京成金町線
江戸川
JR常磐線
京成高砂駅
葛飾区
青砥駅
北総線・成田スカイアクセス線
京成本線
小岩駅
京成押上線
中川
JR総武線
新小岩駅
新中川
平井駅
東武亀戸線
亀戸駅
荒川
江東区
江戸川区
市川市
4
葛西臨海公園駅
旧江戸川
新木場駅
JR京葉線
舞浜駅
浦安市
東京ディズニーランド
東京ディズニーシー

3 葛飾・北千住・西新井

古きよき時代の面影が残るノスタルジックな町

P.292 MAP 別冊 P.12-13

葛飾区、足立区、荒川区の３区にまたがるエリア。柴又帝釈天（→ P.294）に参拝した後は、映画『男はつらいよ』で知られる葛飾柴又寅さん記念館（→ P.295）に訪れて寅さんのふるさとを歩いてみよう。京成線を使えば堀切菖蒲園（→ P.294）にもアクセスできるほか、足立区にある関東三大厄除大師のひとつ、西新井大師（→ P.297）もぜひ参拝したい。このエリアの魅力をさらに体感できるのが、おもに荒川区を走る都電荒川線。沿線に咲くバラや桜とともに下町情緒あふれる町並みを満喫してみて。

レトロな雰囲気が魅力の都電荒川線で途中下車散歩（→ P.298）

4 両国・亀戸・小岩

豊かな緑と河川が広がる、江戸が息づく職人の町

P.300 MAP 別冊 P.44-45

荒川を隔て西側の両国周辺は古くから相撲の町として知られ、駅前の国技館（→ P.47）などは相撲ファンなら訪れたい聖地のひとつ。両国花火資料館（→ P.303）や、旧安田庭園（→ P.303）も徒歩圏内で移動でき、さらに総武線で２駅移動すれば学問の神様・菅原道真を祀る亀戸天神社（→ P.302）にも参拝できる。荒川より東の江戸川区は、河川と東京湾に面した豊かな地形が広がる。江戸川区自然動物園（→ P.305）や葛西臨海公園（→ P.304）など、開放的なスポットでリフレッシュしよう。

隅田川花火大会で知られる隅田川にはさまざまな橋が架かる

浅草寺の門前町から世界有数の観光地へ

浅草（あさくさ）・押上（おしあげ）・蔵前（くらまえ）

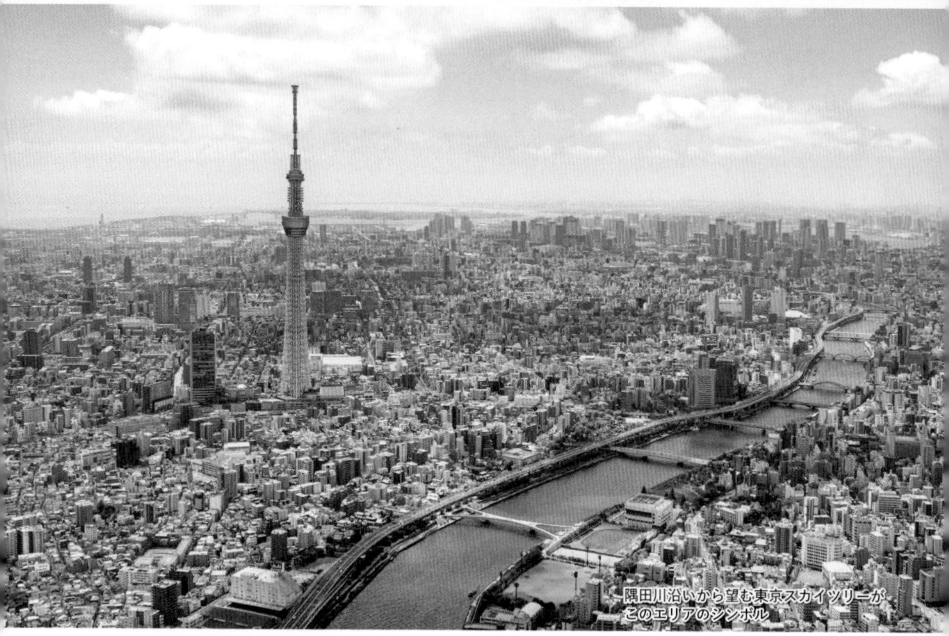

隅田川沿いから望む東京スカイツリーがこのエリアのシンボル

エリア利用駅

浅草駅

東京メトロ銀座線、都営浅草線、東武スカイツリーライン、つくばエクスプレス

とうきょうスカイツリー駅

東武スカイツリーライン

押上駅

東武スカイツリーライン、京成押上線、東京メトロ半蔵門線、都営浅草線

蔵前駅

都営浅草線、都営大江戸線

コインロッカー情報

浅草駅は東京メトロ銀座線なら1階出口エレベーター付近、雷門方面改札出口付近、東武スカイツリーラインなら正面改札口付近にある。

浅草・押上駅への行き方

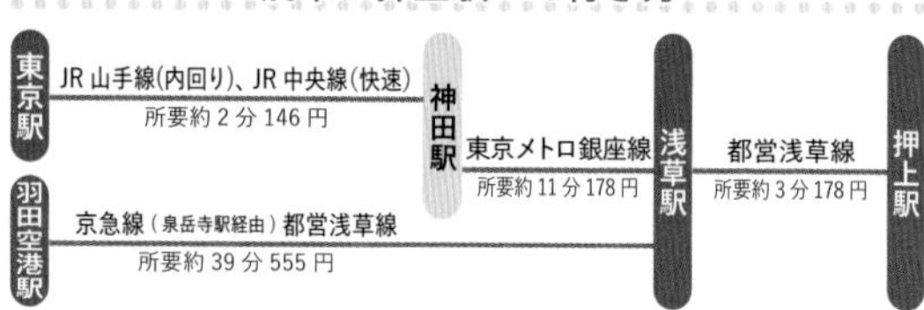

浅草寺の創建は飛鳥時代の推古天皇 36（628）年。隅田川で投網に引っかかった聖観世音菩薩の像を堂に祀ったのがその起源とされ、町は宗教的な聖地として発展してゆく。浅草寺が東京最古の寺院であることはあまり知られていない。江戸時代になると浅草御蔵（おくら）という幕府の米蔵が現在の蔵前に置かれ、人・金・モノが集まり始める。浅草は日本橋とともに江戸の二大繁華街といわれるほどに成長し、近代には日本一の繁華街となった。日本橋と浅草に挟まれた蔵前は、古くから職人の町。現在でもデザイナーやクラフトマンに人気があり、洗練されたショップやカフェが点在する最先端の町に変貌している。一方、押上エリアには 2012 年に東京スカイツリーが開業し、東京スカイツリータウンとして進化を続けている。

蔵前は、職人の町として食事や雑貨の店が集まっていてレトロでシックな感じがして、街歩きをしていてとても楽しかったです。

歩き方

歴史の古い浅草は見どころが盛りだくさん

浅草六区の目抜き通りであるブロードウェイ商店街は夜も楽しい

雷門を抜け、仲見世通りでグルメ（歩きながら食べるのは禁止）やショッピングを楽しみ、参拝を終えたら周辺を散策してみよう。老舗のレストランや和菓子店、昔ながらの喫茶店、最先端のカフェなど、新旧交じりあった混沌の世界が広がっている。また、エンターテインメントの発信地として日本一の繁栄を誇った浅草六区には、今でも映画館や演芸場、ストリップ劇場など、往時の面影が残る。

最先端の町として注目を集める蔵前

浅草六区の脇を走る国際通りを南に歩けば蔵前地区。この町ではショップ&カフェ巡りを楽しみたい。国際通りを中心に東西に店が点在し、ぶらぶらと歩きながら散策しよう。東には隅田川が流れ、リバービューのレストランもある。蔵前が「東京のブルックリン」と呼ばれるのは、モノづくりに加え、この川の景観があるからだ。

進化を続ける東京スカイツリータウン

東武スカイツリーラインの高架下に東京ミズマチ®がある

2012年に開業した東京スカイツリータウン®。2020年には隅田川までの北十間川沿いに東京ミズマチ、そして浅草まで続くすみだリバーウォークがオープンし、さらなる進化を遂げている。

おさんぽプラン

1. 東京スカイツリー（→P.56） 徒歩8分
2. 東京ミズマチ（→P.273） 徒歩11分
3. 浅草寺（→P.277） 徒歩すぐ
4. 浅草仲見世（→P.62） 徒歩19分
5. 蔵前水の館（→P.274）

TOKYO 小録 日本一高い場所にある屋内ポスト

東京スカイツリーの天望デッキフロア345にはスカイツリー型の「スカイツリー® ポスト」が設置されている。脇にはスカイツリーのイラストの入った記念スタンプを押すカウンターもある。展望台を訪れる際には、記念にここで手紙やはがきを投函するのもいい。

東京スカイツリー®はP.56

同フロアのショップではポストカードも販売されている（©TOKYO-SKYTREE）

このエリアでできること

●浅草名所七福神巡り→P.276
●日本最古の天ぷら屋へ→P.30

かわら版 浅草文化観光センターの展望テラス

浅草の雷門前には2012年にリニューアルオープンした浅草文化観光センター（MAP P.42-C2）がある。印象的な和モダンの建築を手がけたのは、新国立競技場や高輪ゲートウェイ駅などの設計で知られる建築家、隈研吾だ。ここでは周辺地区の観光情報が手に入るが、意外に知られていないのが8階にある展望テラス。雷門から仲見世通り、浅草寺にいたるまでを上から見渡せるという穴場スポットだ。カフェもあるので立ち寄るのもいいだろう。入場無料なのもうれしい。浅草寺と東京スカイツリー、両方の夜景を楽しめる。

8階展望テラスからの眺望

東京見聞録　蔵前橋のたもとには浅草御蔵跡の記念碑が立っている。今は蔵の影も形もないが、この蔵によって浅草や蔵前が繁栄したことを考えると感慨深い。

MAP 別冊 P.42-B1

浅草花やしき
住台東区浅草 2-28-1
TEL 03-3842-8780
営 10:00～ 18:00（最終入園17:30、季節・天候により異なる）
休メンテナンス休園あり（ウェブサイトを要確認）
料 1000 円、小学生 500 円、未就学児無料（のりもの料金別途）
交つくばエクスプレス浅草駅 A1 出口から徒歩 5 分

下町ならではの風情とレトロな雰囲気が楽しい

浅草を代表する日本最古の遊園地

浅草花やしき（あさくさはなやしき）

2023 年で開園 170 周年を迎える遊園地として広く知られる。江戸時代末期に花園として誕生後、明治 5 年頃から遊戯施設が置かれ、現在は小さな子供でも楽しめる乗り物から絶叫マシン、お化け屋敷までさまざまなアトラクションがぎゅっと集まっている。随時開催されるショーやイベントも人気。

最高時速 42km で爆走するローラーコースター

MAP 別冊 P.43-B3

牛嶋神社
住墨田区向島 1-4-5
TEL 03-3622-0973
営参拝自由
休無休
交地下鉄本所吾妻橋駅 A3 出口から徒歩 3 分

石造りの「撫で牛」は多くの参拝者に撫でられている

「撫で牛」が鎮座するユニークな神社

牛嶋神社（うしじまじんじゃ）

「牛」にちなんだ全国的にも珍しい神社。神社の入口には狛犬ではなく狛牛が座り、境内にある「撫で牛」は自分の体の悪いところと同じ部分を触ると健康になるといわれる。5 年に 1 回の大祭では、本物の黒牛が町内を練り歩く。神社の歴史は長く、創建は平安時代の貞観 2（860）年。

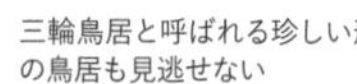

三輪鳥居と呼ばれる珍しい形の鳥居も見逃せない

MAP 別冊 P.42-B1

浅草東洋館
住台東区浅草 1-43-12
TEL 03-3841-6631
営公演により異なる
休無休
料 2500 円、学生 2000 円、子供1000 円（時間割引あり）
交つくばエクスプレス浅草駅 A1 出口から徒歩 1 分

座席数は 202 席で、幅広い世代のお笑いファンが訪れている

浅草のお笑い文化の一角を担う演芸場

浅草東洋館（あさくさとうようかん）

ビートたけしを輩出したストリップ劇場「浅草フランス座」を改装し、2000 年に演芸場の浅草東洋館としてオープンした。漫才、漫談、コント、マジック、紙切りなどの公演を連日行い、落語を中心とした姉妹館「浅草演芸ホール」（→ P.44）とともに浅草のお笑い文化を支えている。

落語以外の演芸、「いろもの（→ P.44）」を連日公演する

読者だより
浅草六区の「水口食堂」（→ P.374）や千束通り商店街にある食堂「酒・食事処ナカジマ」は名店です！
●酒・食事処ナカジマ 住台東区浅草 5-37-6 交つくばエクスプレス浅草駅 A1 出口から徒歩 15 分

浪曲の語り芸を楽しめる希少な場所

木馬亭（もくばてい）

浅草で昭和45年から続く浪曲の寄席。毎月1～7日の12:15から浪曲の定席公演が行われ、連日7組の浪曲師と1組の講談師が登場する。定席公演のほか、お笑いや落語、演劇などを開催。

木馬館という建物の外観。2階は大衆演劇の劇場

MAP 別冊 P.42-B1

木馬亭
住台東区浅草2-7-5 TEL 03-3844-6293 営公演により異なる 休公演により異なる 料定席公演2400円、25歳以下1200円 交つくばエクスプレス浅草駅A1出口から徒歩3分

こぢんまりとした規模なので、浪曲を間近で楽しめる

東京スカイツリー® を望む水辺の複合商業施設

東京ミズマチ®（とうきょうみずまち）

隅田公園と北十間川に沿って位置する東武鉄道の高架下複合商業施設。水辺の心地よい空間に、カフェやライフスタイルショップ、スポーツ複合施設、ホステルなど、個性豊かな店舗が揃う。

北十間川沿いのテラスを散策すると気持ちいい

MAP 別冊 P.43-C3

東京ミズマチ®
住墨田区向島1 TEL店舗により異なる 営店舗により異なる 休店舗により異なる 交東武スカイツリーラインとうきょうスカイツリー駅から徒歩3分

隅田公園側もスカイツリーと緑を見晴らせて爽快

春は桜、夏は花火大会の名所

隅田公園（すみだこうえん）

隅田川沿いにある公園。春には桜が満開に咲き誇り、夏には隅田川花火大会が行われることで知られる。墨田区側にはかつて水戸徳川邸があり、現在は純日本風庭園として整備されている。

園内からは東京スカイツリーの絶景を眺めることができる

MAP 別冊 P.42-C2

隅田公園
住墨田区向島1、2、5丁目、台東区浅草7-1他
TEL墨田区：03-5608-6661
台東区：03-5246-1111
営散策自由
休無休 料無料
交地下鉄浅草駅5番出口から徒歩5分

全国各地の食品や酒が浅草に集結

まるごとにっぽん

地方創生をテーマに、全国から厳選した食品や酒を約2500点揃えた専門店。酒の売り場には日本酒、ワイン、焼酎などが並び、角打ちコーナーではグラス一杯から有料試飲を楽しめる。

バイヤーが全国各地を訪ね、吟味した商品に目移り必至

MAP 別冊 P.42-B1

まるごとにっぽん
住台東区浅草2-6-7 東京楽天地浅草ビル1階
TEL 03-3845-0510
営11:00～20:00 休無休
交つくばエクスプレス浅草駅A1出口から徒歩1分

水産品や畜産品、調味料など、地元の味を探すのも楽しい

東京どら焼きの御三家といえば、上野の「うさぎや」（→P.323）、東十条の「草月」、浅草の「亀十」だ。「亀十」は大正末期創業の老舗で連日行列ができる人気ぶり。●亀十 住台東区雷門2-18-11 交地下鉄浅草駅2番出口すぐ

おもな見どころ

MAP 別冊 P.43-B3

すみだ郷土文化資料館
住墨田区向島 2-3-5　TEL03-5619-7034　営9:00 ～ 17:00（最終入館16:30）　休月(祝日の場合は翌平日)、第 4 火曜（館内整理日・祝日の場合は翌平日)、12 月 29 日～1 月 2 日
料100 円、中学生以下無料　交東武スカイツリーラインとうきょうスカイツリー駅東改札口から徒歩 7 分

貴重な資料やジオラマで墨田区を知る

すみだ郷土文化資料館（すみだきょうどぶんかしりょうかん）

墨田区の歴史や文化、伝統を紹介。1 階では実物資料や写真で歴史を解説し、2 階では明治末期の墨堤の様子をジオラマで再現。3 階では年に数回の企画展を開催する。

東京大空襲に関する展示を行っている

MAP 別冊 P.43-C4

郵政博物館
住墨田区押上 1-1-2 東京スカイツリータウン・ソラマチ 9 階
TEL03-6240-4311
営10:00 ～ 17:30(最終入館 17:00)
休不定休
料300 円、小・中・高校生 150 円
交地下鉄押上駅連絡通路直結

日本最大の 33 万種の切手展示も見もの

郵政博物館（ゆうせいはくぶつかん）

情報通信関係の収蔵品を展示する国内唯一の博物館。体感コンテンツも楽しめる。スカイツリー風ポスト「ポスツリー」に投函すると、スカイツリーがデザインされた風景印が押印されて届けられる。

写真右奥は明治に設置された黒塗柱箱と書状集め箱（模型）

MAP 別冊 P.44-A1

東京おりがみミュージアム
住墨田区本所 1-31-5
TEL03-3625-1161
営9:30 ～ 17:30
休祝（日曜の場合は翌日）
料無料　CCADJMV
交地下鉄蔵前駅 A7 出口から徒歩 8 分

繊細であたたかい折り紙の世界を満喫

東京おりがみミュージアム（とうきょうおりがみみゅーじあむ）

折り紙の普及活動を行う日本折紙協会が設立。作家による折り紙作品を鑑賞できるほか、ショップでは協会発行の月刊誌や折り紙、教本を購入できる。講習室で行われる折り紙教室にも参加可能。

常設展示場には高度な技術で作られた折り紙作品が並ぶ

MAP 別冊 P.42-C1

世界のカバン博物館
住台東区駒形 1-8-10
TEL03-3847-5680
営10:00 ～ 16:30
休日･祝､不定休あり
料無料
交地下鉄浅草駅 A1 出口から徒歩 1 分

あの有名アスリート愛用のカバンも展示

世界のカバン博物館（せかいのかばんはくぶつかん）

カバンメーカーの老舗、エースが運営するカバンの博物館。世界五大陸・50 ヵ国以上から収集した希少価値の高いコレクションをはじめ、カバンの歴史や文化、カバンづくりの技術などを展示する。

コレクションの中には世界に数個しか現存しないカバンも

MAP 別冊 P.44-B1

蔵前水の館
住台東区蔵前 2-1-8 北部下水道事務所敷地内
TEL03-3241-0944
営9:00～16:30(見学は要電話予約)
休土・日・祝　料無料
交地下鉄蔵前駅 A1a 出口から徒歩 5 分

実物の下水道管を見られる希少な施設

蔵前水の館（くらまえみずのやかた）

東京都下水道局が所管し、東京 23 区内で唯一、内径 6.25m、地下 30m の下水道管の内部を見学できる。らせん状に下水が流れる仕組みや歴代のマンホール蓋なども。

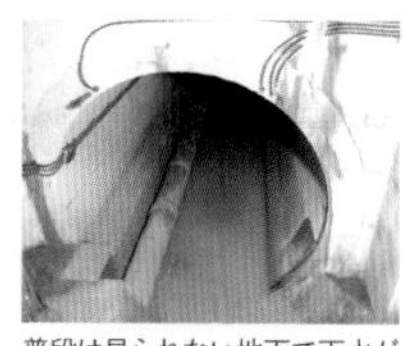
普段は見られない地下で下水が流れている様子を間近で見学

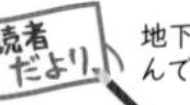

地下鉄押上駅から浅草駅周辺まで歩いて楽しめる「東京ミズマチ」（→ P.273）があります。お店はもちろんですが、浅草方面から歩いていくと、隅田公園の景色と東京スカイツリーがマッチして気持ちがいいです。

たばこと塩に関わる資料を約４万点所蔵

たばこ と しお の はくぶつかん
たばこと塩の博物館

専売品だったたばこと塩の歴史や文化をひも解く博物館。喫煙具や浮世絵、たばこパッケージやポスターなどの展示を通して、たばこの起源から日本への伝来、独自に育まれたたばこ文化について解説。塩については、製塩の歴史や技術を実物展示を織り交ぜて解説する。特別展も随時開催している。

明治から現代にかけてのたばこ産業の遍歴を紹介する展示

MAP 別冊 P.45-A3

たばこと塩の博物館
住 墨田区横川 1-16-3
TEL 03-3622-8801
営 10:00 ～ 17:00（最終入館 16:30）
休 月（祝日の場合は翌平日）
料 100 円、小・中・高校生、満 65 歳以上 50 円
交 地下鉄本所吾妻橋駅 A2・A5 出口から徒歩 10 分

世界の塩資源に関する常設展示室「塩の世界」

蒸気機関車をはじめ実物車両を多数展示

とうぶはくぶつかん
東武博物館

東武鉄道の歴史や役割を紹介。5 号蒸気機関車の復元や、大正 13 年当時の木造電車など、実物車両を屋内外に展示し、電車・バスのシミュレータでは運転体験も楽しめる。「ウォッチングプロムナード」では、東向島駅のホーム下から実際に走る電車の車輪やモーターを間近で見られる。

東武鉄道が開業のために英国から購入した蒸気機関車のうちの 1 両

MAP 別冊 P.12-B2

東武博物館
住 墨田区東向島 4-28-16
TEL 03-3614-8811
営 10:00 ～ 16:30（最終入館 16:00）
休 月（祝日の場合は翌平日）、12 月 29 日～ 1 月 3 日
料 210 円、4 歳～中学生 100 円
交 東武スカイツリーライン東向島駅すぐ

館内では蒸気機関車が汽笛を鳴らし車輪を回転させるショーを実施

梅をはじめ四季折々の草花が彩る

むこうじまひゃっかえん
向島百花園

江戸時代中期に造園された当時から梅の名所として知られ、「新梅屋敷」といわれ親しまれてきた。2 月上旬から 3 月上旬にかけて白梅や紅梅の花が見頃になる。梅のほか、四季折々の草花が園内を彩り、秋には赤紫や白の花を咲かせるハギの全長約 30m にわたるトンネルが見ものだ。

鮮やかな梅の花と東京スカイツリーのコントラストが見事

MAP 別冊 P.12-B2

向島百花園
住 墨田区東向島 3
TEL 03-3611-8705
営 9:00 ～ 17:00（最終入園 16:30）
休 12 月 29 日～ 1 月 3 日
料 150 円、小学生以下および都内在住・在学の中学生無料
CC MV
交 東武スカイツリーライン東向島駅から徒歩 8 分

江戸の文人墨客たちも庭造りに協力した庶民的な庭園

蔵前駅周辺はおしゃれなカフェやショップが並ぶスポット。以前取材したなかで体験ものとして楽しめるのは、自分だけのオリジナルノートやインクが作れる「カキモリ」や 1 年後の自分に手紙が書ける「自由丁」。（編集 M）

半日で東京最多の9寺社を攻略！

浅草名所七福神巡り

浅草に点在する寺社を巡って福をいただく七福神巡り。おすすめルートを攻略して歴史ある浅草の町をお散歩しながら、９体の御朱印をコンプリート！

雷門

風神・雷神が守護する「雷門」は浅草寺の総門

七福神巡りとは？

室町時代の説に基づく信仰に由来し、１年の幸福を願って神様を祀る寺社で福を授かる巡礼。現在は、定められた寺社を巡って御朱印を授かるスタイルが定着。１月１～７日に行われることが多いが、浅草は１年中御朱印をいただける。

どんな神様がいるの？

人間が求める福を与えてくれる神様を具現化したものといわれる。「恵比須」、「大黒天」、「毘沙門天」、「弁財天（辨財天）」、「布袋尊」、「寿老人」、「福禄寿」からなり、それぞれご利益が異なる。

用意するものは？

御朱印は一体 500 円。最初に訪れる寺社でオリジナル色紙 300 円をもらって、色紙に御朱印を集めよう。できるだけお釣りのないようにして行きたい。また、色紙が入るバッグを持参しよう。

浅草名所七福神の特徴とは？

通常は「七福神」というだけあって７寺社巡りがほとんどだが、浅草は数字の中で最も大きい究極の数字、かつ縁起のよい「鳩」の漢字に使われていることから９寺社になったという。

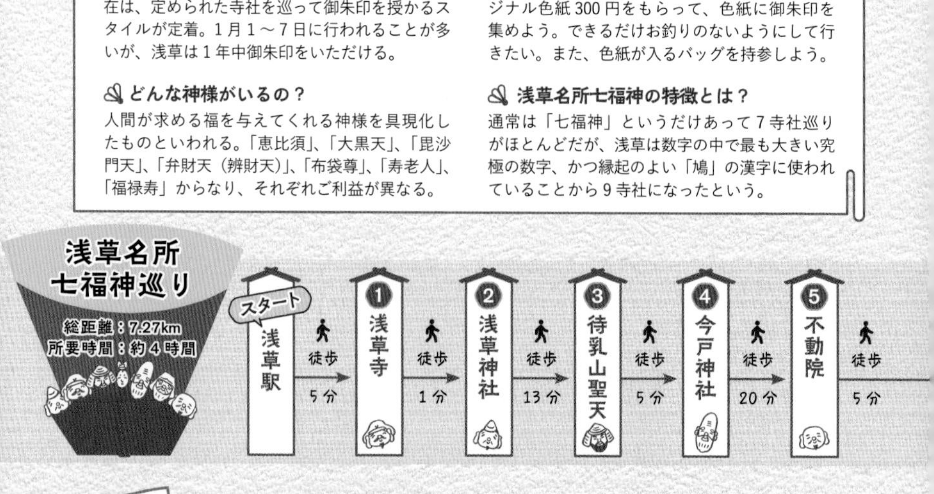

読者だより

「待乳山聖天」では、奉納した大根を「お下がり大根」として無料で提供してくれます。また、世界一短いモノレールというレアな乗り物があり、あっという間に駐車場に着きますが、傾斜が急でスリリングでした！

入母屋造りの大屋根は浅草仲見世からもよく見える

都内最古の寺院

1 浅草寺（せんそうじ）

大黒天

推古天皇 36（628）年、隅田川のほとりで発見した像を、土地の長・土師真中知の私邸に聖観世音菩薩として奉安したのが起源。徳川家康入府の際に祈願所に定められ、その後庶民の一大観光地に。

MAP 別冊 P.42-B2 浅草
住台東区浅草 2-3-1 TEL 03-3842-0181 営参拝自由（6:00 ～ 17:00、10 ～ 3 月 6:30 ～） 休無休 交地下鉄浅草駅 1 番出口から徒歩 5 分

本堂

創建以来、幾度も焼失しては再建されており、現在の本堂は昭和 33 年に建てられたもの。本尊の聖観世音菩薩を奉安することから、「観音堂」とも呼ばれる。「米びつ大黒」として江戸庶民に親しまれ、黒に金色の柄が特徴的な大黒天像が本堂北西の影向堂に祀られる。外陣の天井には中央に川端龍子画『龍之図』、左右に堂本印象画『天人之図』と『散華之図』が描かれている。

浅草寺二天門

慶安 2（1649）年、浅草寺の東門として創建され、国の重要文化財に指定。門に向かって右に持国天、左に増長天が奉納されている。

五重塔と宝蔵門

もともとは「三重塔」だった

スリランカの寺院から伝来した仏舎利が奉納されている「五重塔」は、昭和 48 年に再建された朱色の塔。経典や寺宝を収蔵することから昭和 39 年に改称された「宝蔵門」。創建当初は「仁王門」と呼ばれ、現在も両端には仁王像が鎮座。

本堂
二天門
おみくじ
五重塔
宝蔵門
浅草仲見世
雷門

おみくじ

宝蔵門を入ってすぐの立地

平安時代、比叡山延暦寺の良源僧正によって伝わった「観音百籤」というもので、凶が多いといわれるのも古来のまま。凶が出たら所定の場所に結んでご縁つなぎをしよう。

御朱印

朱印：浅草名所七福神、大黒天、浅草寺印　墨書：奉拝、大黒天
本堂西側にある影向堂で受付。七福神以外に、御本尊様の御朱印や雷門が描かれた御朱印帳も授与している。

浅草名所
七福神巡り MAP

⑥ 石浜神社 → 徒歩 30 分 → ⑦ 吉原神社 → 徒歩 5 分 → ⑧ 鷲神社 → 徒歩 23 分 → ⑨ 矢先稲荷神社 ゴール

【お寺の一般的な参拝方法】①山門の前で一礼→②手水舎で清める（設置を休止・廃止しているところもある）→③常香炉にお香を立てる→④お賽銭を入れる→⑤合掌して祈願。終わったら一礼

2 5月の三社祭も有名

浅草神社（あさくさじんじゃ）

恵比須

慶安2（1649）年、徳川家光によって建立された権現造りの荘厳な社殿を構える。地元の人々には「三社様」として古くから親しまれており、境内奥には出世開運の「被官稲荷神社」がある。

見事な天井画も

補修作業を行い、1996年によみがえった鮮やかで美しい天井画が見どころ

MAP 別冊 P.42-B2 浅草
住台東区浅草 2-3-1 TEL 03-3844-1575 営参拝自由（社務所 9:00 ～ 16:00、土・日・祝～ 16:30） 休無休 交地下鉄浅草駅1番出口から徒歩7分

江戸初期に作られ、恋愛成就などのご利益がある「夫婦狛犬」

御朱印

印：浅草三社、社紋、浅草神社 墨書：奉拝、恵比須
極彩色の木彫りが特徴的な恵比須像は見学不可だが、その姿は温和だといわれる。

威風堂々とした朱色の本堂が目を引く

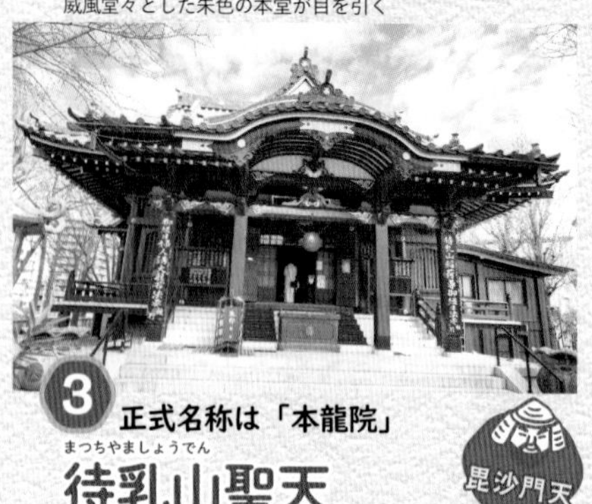

3 正式名称は「本龍院」

待乳山聖天（まつちやましょうでん）

毘沙門天

御本尊は大聖歓喜天。無病息災や良縁成就などのご利益を表す二股大根が紋章であることから、堂内には大量の大根がお供えされる。安置されている毘沙門天は凛とした木彫り像。

御朱印

印：浅草名所七福神、大聖歓喜天、待乳山本龍院 墨書：奉拝、大聖歓喜天

MAP 別冊 P.43-A3 浅草
住台東区浅草 7-4-1
TEL 03-3874-2030 営参拝自由（寺務所 6:00 ～ 16:00） 休無休 交地下鉄浅草駅1番出口から徒歩10分

本殿には白髭童顔の福禄寿が安置されている

4 招き猫のお守りもある

今戸神社（いまどじんじゃ）

福禄寿

恋愛成就のパワースポットとしても人気を集める。本殿に参拝すると、良縁を引き寄せるとされる招き猫が出迎えてくれる。「縁結絵馬」にも招き猫モチーフの絵が描かれているのが特徴。

MAP 別冊 P.43-A3 浅草
住台東区今戸 1-5-22
TEL 03-3872-2703
営参拝自由（社務所 9:00 ～ 16:00） 休無休 交地下鉄浅草駅7番出口から徒歩15分

御朱印

印：浅草名所七福神、福禄寿、今戸神社 墨書：奉拝、福禄寿

【神社の一般的な参拝方法】①鳥居をくぐる→②手水舎で清める（※休止・廃止しているところもある）→③お賽銭を入れる→④二拝二拍手一拝（寺も共通）→⑤七福神が御開帳されていたら拝礼→⑥御朱印をいただく

5 美しく簡素な本堂
ふどういん
不動院

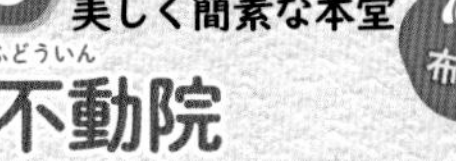

江戸時代の建築様式を保ったたたずまい

関東厄除けの不動明王が御本尊で、橋場不動尊の名で親しまれる。現在の本堂は弘化 2（1845）年に建立。おなかに袋がある珍しい布袋尊で、大きい度量、清く正しい行為の福を授けてもらえる。

御朱印
印：布袋尊、橋場不動尊、浅草名所七福神　墨書：砂尾山、布袋尊、不動院

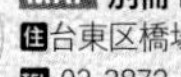

MAP 別冊 P.17-B4 南千住
住 台東区橋場 2-14-19
TEL 03-3872-5532　営 参拝自由（寺務所 9:00 ～ 16:00）
休 無休　交 JR 南千住駅南口から徒歩 18 分

6 江戸庶民の信仰篤い
いしはまじんじゃ
石浜神社

併設の茶寮で「開運七福天丼」がいただける

かつて石浜城があったと伝わる地に立つ神社。境内には独特の石浜鳥居や『伊勢物語』の都鳥歌碑がある。昭和 52 年に浅草名所七福神が復興した際、延命長寿を願って寿老人神が安置された。

MAP 別冊 P.17-B4 南千住
住 荒川区南千住 3-28-58
TEL 03-3801-6425　営 参拝自由（社務所 9:00 ～ 16:00）
休 無休　交 地下鉄南千住駅南口から徒歩 15 分

御朱印
印：天照皇大神、浅草地方橋場町鎮座　墨書：奉拝、寿老人、石濱神社

江戸幕府公認の遊郭があったエリアにある

7 唯一の女性神を祀る
よしわらじんじゃ
吉原神社

弁財天

かつて遊郭に祀られていた 5 つの稲荷神社と遊郭に隣接する吉原弁財天を合祀。清純さと美しい容姿をもつ弁財天は、女性の願いをかなえるといわれる。

御朱印

印：弁財天、吉原神社、浅草名所七福神　墨書：奉拝、よし原弁財天

MAP 別冊 P.17-B4 三ノ輪
住 台東区千束 3-20-2　TEL 03-3872-5966　営 参拝自由（社務所 9:30 ～ 16:30）休 無休　交 地下鉄入谷駅 3 番出口から徒歩 15 分

8 酉の市の起源
おおとりじんじゃ
鷲神社

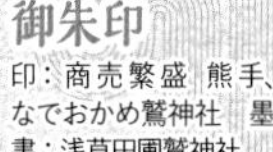

社殿には大きな「なでおかめ」がいて、鼻を撫でると金運、向かって右の頬を撫でると恋愛成就などのご利益があるといわれる。

御朱印
印：商売繁盛 熊手、なでおかめ鷲神社　墨書：浅草田圃鷲神社

MAP 別冊 P.17-B4 入谷
住 台東区千束 3-18-7　TEL 03-3876-0010　営 参拝自由（社務所 9:00 ～ 16:00）休 無休　交 地下鉄入谷駅 3 番出口から徒歩 7 分

寿老人からは不老長寿を授かれる

9 立身出世を祈願
やさきいなりじんじゃ
矢先稲荷神社

徳川家光が建立した三十三間堂で、通し矢を行った的の先に稲荷社があったことが由来。拝殿には馬の天井画が描かれている。

御朱印
印：福禄寿、矢先稲荷神社、浅草名所七福神　墨書：奉拝、福禄寿

MAP 別冊 P.17-B4 田原町
住 台東区松が谷 2-14-1　TEL 03-3844-0652　営 参拝自由（社務所 9:00 ～ 16:30）休 無休　交 地下鉄田原町駅 1 番出口から徒歩 7 分

福禄寿は拝殿右手に鎮座する

江戸・明治・大正期創建の建物が多く残る

上野・湯島・谷根千

「上野恩賜公園」には歴史をもつ文化施設が集まっている

エリア利用駅

上野駅
JR 山手線、JR 京浜東北線、JR 常磐線、東京メトロ日比谷線、東京メトロ銀座線など

湯島駅
東京メトロ千代田線

日暮里駅
JR 山手線、JR 京浜東北線、京成本線、日暮里・舎人ライナーなど

コインロッカー情報
JR 上野駅公園口改札内の連絡通路、不忍改札内付近の不忍口通路、中央改札口を出て左手、公園口改札を出て右手などにある。

上野・日暮里駅への行き方

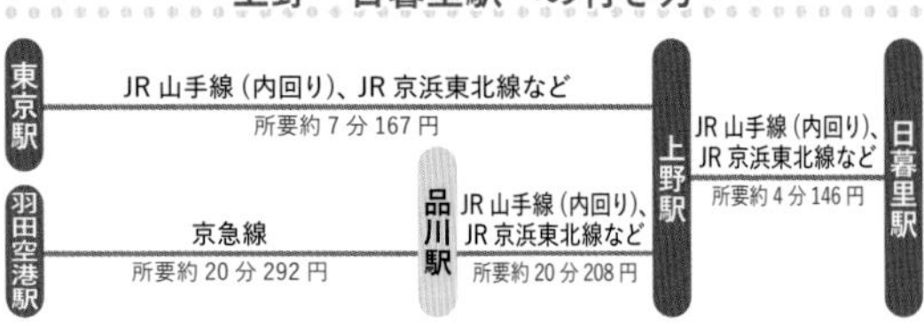

江戸城の北東に当たる鬼門を封じるために建立されたのが上野の東叡山 寛永寺。北側に位置する谷中には、江戸の市街地拡張に伴い、神田から多くの寺院が移転し、寺町が形成された。近隣の根津・千駄木とともに、昭和 59 年創刊の地域雑誌『谷中・根津・千駄木』により人気となり、「谷根千」の愛称で親しまれる。寛永寺の敷地には明治初期には上野恩賜公園が開園。近代化の波が押し寄せると博覧会の会場として使用されたほか、教育博物館や東京美術学校などが設置され、近代国家を支える文化施設が集められた。第 2 次世界大戦後の闇市は現在のアメ横商店街（→ P.63）へ発展、昭和 30 年代に、JR 上野駅は北陸や東北からの集団就職者たちの玄関口となる。

読者だより　西日暮里の「サンドイッチ専門店 ポポー」が日本で一番好きなサンドイッチ屋です。どれもボリュームがあり、人気の種類はすぐ売り切れてしまうので、朝食に購入して下さい！（PN：みさぴ）住荒川区西日暮里 3-6-12

歩き方

歴史あるスポットが点在

JR上野駅の公園口を出ると、上野恩賜公園は目の前だ。北側には東京文化会館や国立科学博物館、国立西洋美術館が建ち並び、噴水広場方面へ歩くと東京都美術館や上野動物園が見えてくる。その奥の452号線を渡ると、東京藝術大学 上野キャンパスや国立国会図書館 国際子ども図書館、東京国立博物館、東叡山 寛永寺があるといった具合にコンパクトに見どころはまとまっている。上野駅から寛永寺までは徒歩約20分。北西には谷中霊園があり、敷地の北側からは徒歩1分で日暮里駅に着く。日暮里駅西口から御殿坂を進むと、谷根千エリア。谷中銀座商店街へと続く夕やけだんだんが見えてくれば、根津神社へは歩いて約7分で到着する。

「夕やけだんだん」は夕日の名所として知られる

学問の町へと続く道。アメ横も見逃せない

戦後に多く販売されていたとされる"飴"または"アメリカからの舶来品にその呼び名が由来する「アメ横」は、上野駅と御徒町駅の間に延びる商店街。JR上野駅の広小路口を出ると約4分でたどり着く。西方には上野恩賜公園の南に位置する不忍池、学問の町を象徴する湯島天満宮、東京大学があり、「学問の道」と呼ばれる通りもある。

「アメ横」には輸入雑貨、食品、日用品など約400の店舗が並ぶ

おさんぽプラン

1. 国立科学博物館 (→P.283) 徒歩3分
2. 国立西洋美術館 (→P.283) 徒歩1分
3. 東京文化会館 (→P.284) 徒歩19分
4. 竹久夢二美術館 (→P.287) 徒歩10分
5. 根津神社 (→P.287)

TOKYO 小咄 所蔵資料は約50万冊を誇る

2000年に日本初の国立の児童書専門図書館として設立された「国立国会図書館 国際子ども図書館」。「帝国図書館」として明治39年落成し、昭和4年に増築したレンガ棟と、2015年に竣工したアーチ棟からなる。レンガ棟の改修は安藤忠雄氏らが手がけ、旧建物の内外装の意匠と構造ができるだけ活かされた。ガラス張りのエリアを増設することで、中庭に面していた外壁をそのまま保存したラウンジが特徴的。漆喰装飾や寄木細工の床板など、帝国図書館当時の内装が多く保存・復元されている。

このエリアでできること

●文豪&文化人の洋食グルメ→P.51
●上野アメ横で掘り出し物ゲット→P.63
●東京藝術大学に潜入→P.290

かわら版 銭湯リノベーションの先駆け

谷根千エリアには古民家を生かした施設が次々とオープン。1993年に創設された「SCAI THE BATHHOUSE」（MAP P.40-C2）はその先駆け。谷中で親しまれ、1991年に廃業した銭湯「柏湯」を改装したギャラリースペースで、現代アートに特化し、数々の展覧会やプロジェクトを実現。柏湯の創業は昭和62年。現在の建物は昭和26年に建て替えられたもので、ホワイトキューブに改装されている場所もあるが、屋根瓦や壁面のタイル、下足箱など当時の面影を伝えるものも残されている。

撮影：上野則宏（提供：SCAI THE BATHHOUSE）

東京見聞録 限定のパンダグルメが揃うJR上野駅のエキナカ商業施設「ecute上野」。なかでも「名菓ひよ子」でおなじみ「東京ひよ子」が手がける「館舎ひよ子」の大判焼き「ふたごパンダのカスタード」は人気商品。（編集S）

日本で最初の都市公園

上野恩賜公園（うえのおんしこうえん）

「上野の山」と呼ばれる台地と「不忍池」からなる、日本を代表する桜の名所。早咲きの寒桜からソメイヨシノまで約２ヵ月にわたり桜を楽しむことができる。７月下旬に見頃を迎える不忍池の蓮も桜と同じく公園を代表する風物詩。約 53 万平方メートルの敷地内に博物館や美術館、動物園など多くの文化施設が集積していることも特徴で、質の高い芸術文化に親しむことができる。

上／「不忍池」には「不忍弁天堂」が建立されている。池の四方からお参りできる八角形のお堂が特徴
下／江戸時代からの桜の名所で、約 800 本の桜の木が園内を彩る

MAP 別冊 P.46-B2

上野恩賜公園
住 台東区上野公園
TEL 03-3828-5644（上野恩賜公園管理所）
営 5:00 ～ 23:00
休 無休
料 無料
交 JR 上野駅公園口すぐ

南端には「西郷隆盛像」が建つ。西郷像は高村光雲作、犬は後藤貞行作

明治期に農商務省所管の施設として開園

上野動物園（うえのどうぶつえん）

明治 15 年開園の日本初の動物園。上野公園の丘陵地に位置する「東園」と不忍池北側の「西園」からなり、2022 年 7 月 31 日現在約 300 種 3000 点の動物を飼育。人気は日中国交回復を記念し、昭和 47 年に初来園したジャイアントパンダ。西園には生息地を再現した「パンダのもり」があり、繁殖・研究に努めている。近年は希少な日本産動物の保全にも成果が現れてきている。

上／2022 年にリニューアルした正門
下／2021 年には双子のジャイアントパンダ・シャオシャオ（左）とレイレイ（右）が誕生（2022 年 10 月 7 日撮影）

MAP 別冊 P.46-B1

上野動物園
住 台東区上野公園 9-83
TEL 03-3828-5171
営 9:30 ～ 17:00（最終入園 16:00）
休 月（祝日の場合は開園、翌日休園）
料 600 円、中学生 200 円、小学生以下・都内在住あるいは在学の中学生無料
交 JR 上野駅公園口から徒歩 5 分

旧寛永寺の敷地内にあり、国重要文化財の上野東照宮・五重塔がある

数世代の繁殖に成功した小笠原諸島のアカガシラカラスバト

読者だより

御徒町駅前にある魚介専門スーパー「吉池」や上野にある「陽山道」の和牛カルビランチがこのエリアイチ押しです！ ●吉池 住 台東区上野 3-27-12 ●焼肉陽山道 上野本店 住 台東区上野 6-5-3

人類と自然の共存を目指す

国立科学博物館（こくりつかがくはくぶつかん）

日本列島の成り立ちや日本人の形成過程を紹介する「日本館」と、地球生命史や科学技術の歩みを展示する「地球館」からなる。国指定重要文化財の日本館は、着工当時の科学技術の象徴であった飛行機型にデザインされている。ミュージアムショップにはオリジナルグッズも揃う。

飛行機型をした「日本館」。「地球館」と合わせて約2万5000点の展示を誇る

MAP 別冊 P.46-B2

国立科学博物館
住 台東区上野公園 7-20
TEL 050-5541-8600（ハローダイヤル）
営 9:00 〜 17:00（最終入館 16:30）
休 月（祝日の場合は開館、翌日休館）
料 630円、18歳未満・65歳以上無料
交 JR上野駅公園口から徒歩5分

日本館のステンドグラスも必見。制作は小川三知スタジオ

明治5年開催の博覧会に歴史が始まる

東京国立博物館（とうきょうこくりつはくぶつかん）

国宝89件、重要文化財648件を含む約12万件の収蔵品や寄託品で構成される「総合文化展」では、常時約3000件を展示。年約300回にも及ぶ展示替えが行われる。「本館」、「平成館」、「東洋館」、「法隆寺宝物館」、「表慶館」と、黒田清輝作品を展示する「黒田記念館」の6つの展示館を有する。

日本の考古作品を展示する「平成館考古展示室」には古墳時代の埴輪が並ぶ

MAP 別冊 P.46-A2

東京国立博物館
住 台東区上野公園 13-9
TEL 050-5541-8600（ハローダイヤル）
営 9:30 〜 17:00（最終入館 16:30）
休 月（祝・休日の場合は開館、翌平日休館）
料 1000円、大学生500円、高校生以下・18歳未満・満70歳以上無料（特別展は別途）
交 JR上野駅公園口から徒歩10分

日本の美術、工芸、歴史資料を展示する「本館」。渡辺仁設計の帝冠様式

美術トークや建築ツアーも開催

国立西洋美術館（こくりつせいようびじゅつかん）

川崎造船所社長だった松方幸次郎が蒐集しフランス政府から寄贈返還された松方コレクションを基礎に中世から20世紀までの西洋美術を展示している。国立西洋美術館を含むル・コルビュジエによる17の建築は世界文化遺産に登録。館内には観覧券無しで立ち寄れる場所もある。

陸屋根、増床できる平面計画などル・コルビュジエの思想が体現されている本館

MAP 別冊 P.46-B2

国立西洋美術館
住 台東区上野公園 7-7
TEL 050-5541-8600（ハローダイヤル）
営 9:30 〜 17:30（最終入館 17:00）、金・土〜 20:00（最終入館 19:30）
休 月（祝休日の場合は開館、翌平日休館）
料 常設展500円、大学生250円、高校生以下・18歳未満・65歳以上無料（企画展は展覧会により異なる）
交 JR上野駅公園口から徒歩1分

ル・コルビュジエ命名「19世紀ホール」は常設展の起点。当面、無料開放されている

上野の地名は伊賀上野の大名・藤堂高虎の屋敷があったことに由来。現上野恩賜公園の敷地には「東叡山 寛永寺」が建立され、慶応4（1868）年に彰義隊の拠点に。新政府軍から攻撃を受ける「上野戦争」の舞台となった。

MAP 別冊 P.46-A1

東京都美術館
住 台東区上野公園 8-36
TEL 03-3823-6921
営 9:30 ～ 17:30（最終入館 17:00）
休 第 1・3 月曜、特別展・企画展は毎週月休室（祝日の場合は翌日）
料 入館無料。観覧料は展覧会により異なる
交 JR 上野駅公園口から徒歩 7 分

ミュージアムショップには「TOKYO CRAFTS＆DESIGN」の工芸品も揃う

多彩なラインアップで古今東西の美を楽しめる

東京都美術館（とうきょうとびじゅつかん）

大正 15 年「東京府美術館」として誕生した日本初の公立美術館。国内外の名品を展示する特別展や多彩な企画展、公募展などを開催。建築ツアーや子ども向けのプログラム、展覧会に因んだイベントも実施する。レストランやミュージアムショップも充実。

昭和 50 年竣工の現在の建物は前川國男設計。上野恩賜公園の自然と調和している

MAP 別冊 P.46-B2

上野の森美術館
住 台東区上野公園 1-2
TEL 03-3833-4191
営 10:00 ～ 17:00（最終入館 16:30）
休 不定休
料 展覧会により異なる
交 JR 上野駅公園口から徒歩 3 分

上野の人気者、西郷どんがほのぼのと描かれたオリジナルグッズ

美術普及の一翼を担う

上野の森美術館（うえののもりびじゅつかん）

昭和 47 年開館。日本の美術団体として最も古くからある公益財団法人日本美術協会が運営する。常設展示は行わず、若手作家の登竜門として知られる VOCA 展や、上野の森美術館大賞展など館主催の公募展のほか、定期的に独創的な企画展を開催。「上野の森アートスクール」も開講する。

西洋絵画、書道、浮世絵、漫画などさまざまなジャンルの展覧会を開催

MAP 別冊 P.46-B2

東京文化会館
住 台東区上野公園 5-45
TEL 03-3828-2111
営 公演により異なる
休 公演により異なる
料 公演により異なる
交 JR 上野駅公園口から徒歩 1 分

打ち放しコンクリートや反り返ったひさしが特徴的な外観

東京を代表する音楽の殿堂

東京文化会館（とうきょうぶんかかいかん）

「首都東京にオペラやバレエもできる本格的な音楽ホールを」という要望に応え、東京都が開都 500 年事業として建設、昭和 36 年にオープンした。大理石を埋め込んだ城砦のような厚い壁に包まれた大小ホール、レストラン、リハーサル室、専門の音楽図書館である音楽資料室を備える。

5 階建て 2303 席を有する大ホール。音を響かせる雲形のパーツ向井良吉作

読者だより 東上野の「チング」は愉快なご夫婦が経営されている激うまホルモン屋です。コスパも味もいいです！（PN：チング推し）●韓国家庭料理と焼肉の店チング 住 台東区東上野 6-10-6 交 JR 稲荷町駅 3 番出口から徒歩 2 分

年４回の企画展・特別展を開催

台東区立書道博物館（たいとうくりつしょどうはくぶつかん）

洋画家・書家中村不折が蒐集した、甲骨、青銅器、玉器、鏡鑑、仏像、文房具、経巻文書、文人法書、拓本など、中国・日本の書道史研究上重要なコレクションを有する。

重要文化財12点、重要美術品5点を含む貴重な文化財を見られる

MAP 別冊 P.41-B3

台東区立書道博物館
住台東区根岸2-10-4 TEL03-3872-2645
営9:30～16:30（最終入館16:00）
休月（祝日の場合は開館、翌日休館）、12月29日～1月3日、展示替期間等
料500円、小・中・高校生250円 交JR鶯谷駅北口から徒歩5分

本館と、台東区に寄贈後新たに建設した中村不折記念館からなる

彫刻家こだわりの空間

台東区立朝倉彫塑館（たいとうくりつあさくらちょうそかん）

彫刻家・朝倉文夫の住居とアトリエを美術館として公開。作品のほか朝倉が収集したコレクションも展示する。建物と庭園は朝倉自らが設計。敷地全体が国の名勝に指定。

朝倉氏は東京美術学校で学びこの地にアトリエを構えた

MAP 別冊 P.40-B2

台東区立朝倉彫塑館
住台東区谷中7-18-10 TEL03-3821-4549 営9:30～16:30（最終入館16:00）
休月・木（祝日の場合開館、翌平日休館）
料500円、高校生以下250円 交JR日暮里駅北改札西口から徒歩5分 ※靴を脱いで入館。靴下の着用必須。

屋上庭園にはオリーブの大木、四季咲きのバラ、アガパンサスなどが植えられている

多くの著名人が眠る

谷中霊園（やなかれいえん）

明治政府が「天王寺」の所有地を一部没収し、公共墓地としたことに歴史が始まる。桜の名所で知られる中央園路は「天王寺」の参道。約10ヘクタールの敷地に7000基の墓がある。

霊園の中央を通る中央園路（さくら通り）には桜のトンネルができる

MAP 別冊 P.41-B3

谷中霊園
住台東区谷中7-5-24
TEL03-3821-4456
（谷中霊園管理所）
営8:30～17:30
休無休 料無料 交JR日暮里駅南口改札から徒歩5分

東大病院初代院長花岡真節の碑が管理所横にある。東京都の史跡

幸田露伴の小説『五重塔』のモデル

天王寺五重塔跡（てんのうじごじゅうのとうあと）

「谷中霊園」内にある礎石。「天王寺」に寛永21（1644）年建立の五重塔は、焼失前は総けやき造り、高さ約34mの関東でいちばん高い塔だったと伝わる。現在は史跡のみが残る。

現存する約90cm四方の石材はすべて花崗岩

MAP 別冊 P.40-B2

天王寺五重塔跡
住台東区谷中7-9-6
TEL03-3821-4456
（谷中霊園管理所）
営8:30～17:30
休無休
料無料
交JR日暮里駅西口から徒歩4分

前川國男はル・コルビュジエの弟子。「東京文化会館」は師の建築「国立西洋美術館」に隣接し、2年遅れて竣工した。調和を大切にし、ひさしの上部は「国立西洋美術館」の屋根と同じ高さに合わされている。

MAP 別冊 P.40-B2

岡倉天心記念公園
住台東区谷中 5-7-10
TEL03-5246-1111（台東区）
営24 時間
休無休
料無料
交地下鉄千駄木駅 2 番出口から徒歩 4 分

日本美術の中心的場所だった

岡倉天心記念公園（おかくらてんしんきねんこうえん）

日本の伝統美術復興に努力した岡倉天心が創設した「日本美術院」跡に台東区が造った約 700 平方メートルの小さな公園。六角堂内には平櫛田中作の天心坐像が安置されている。

シンボルの六角堂。公園内の水飲み場やタイルなどにも六角形が施されている

MAP 別冊 P.46-B1

横山大観記念館
住台東区池之端 1-4-24
TEL03-3821-1017　営10:00 〜 16:00（最終入館 15:30）休月〜水、展示替期間　料800 円、高校生・中学生 650 円、小学生 300 円　交地下鉄湯島駅 1 番出口から徒歩 7 分

表門から前庭に続く石畳は筑波石が敷き詰められている

旧宅及び庭園は国の史跡及び名勝に指定

横山大観記念館（よこやまたいかんきねんかん）

横山大観が 50 年間暮らした住居兼アトリエ。自ら設計指導し、母屋は数寄屋造り、意匠を凝らした柱や欄間、電灯などが見られる。客間「鉦鼓洞」には多くの文化人が訪れた。

自然と一体化する造りで、大観の絵のような景色を楽しめる「鉦鼓洞」

MAP 別冊 P.40-B1

旧安田楠雄邸庭園
住文京区千駄木 5-20-18
TEL03-3822-2699
営10:30 〜 16:00（最終入館 15:00）
休日〜火、木・金　料500 円、高校生・中学生 200 円　交地下鉄千駄木駅 1 番出口徒歩 7 分

唯一の洋間・応接間にはサンルームがあり藤田・安田家が使用した家具も残る

当主亡き後日本ナショナルトラストに寄贈

旧安田楠雄邸庭園（きゅうやすだくすおていていえん）

「豊島園」の創始者藤田好三郎が大正 8 〜 9 年に造った邸宅と庭園。関東大震災後旧財閥安田家が所有した。当主楠雄の結婚の際に改装された台所を除き創建当時のまま残る。

多様な意匠が随所に残る邸宅。庭園は邸宅からの眺めが重視されている

MAP 別冊 P.39-A3

文京ふるさと歴史館
住文京区本郷 4-9-29
TEL03-3818-7221
営10:00 〜 17:00
休月、第 4 火曜（祝日の場合は開館、翌日休館、他工事等による休館日あり）
料100 円、中学生以下・65 歳以上無料
交地下鉄本郷三丁目駅 1 番出口（丸の内線）・3 番出口（大江戸線）から徒歩 5 分

テーマは歴史への時間飛行

文京ふるさと歴史館（ぶんきょうふるさとれきしかん）

「弥生時代」命名の由来とされる区内の弥生町から出土した「弥生式土器」はじめ、旧石器時代から現代まで歴史ある文京区の文化、暮らし、ゆかりの文学者や史跡について学べる。

竪穴住居の模型などを展示する 1 階「文京のあけぼの」コーナー

日暮里の「真面目焼鳥 助平」は、本当に美味しいです！お店の雰囲気もすてき。
住 荒川区西日暮里 2-25-1 ステーションガーデンタワー 1 階 交 JR 日暮里駅ガーデンタワー口から徒歩 1 分

都内で夢二作品を鑑賞できる唯一の美術館

竹久夢二美術館（たけひさゆめじびじゅつかん）

弁護士・鹿野琢見が1990年に創設。竹久夢二の日本画、版画、スケッチ、デザイン、装幀本など約3300点を所蔵。年4回3ヵ月ごとに企画展を開催する。夢二が滞在し、最愛の女性・笠井彦乃と逢瀬を重ねた「菊富士ホテル」があった旧本郷区に建つ。

常時約200～250点の作品を鑑賞できる。竹久夢二「水竹居」1933年

MAP 別冊 P.17-B3

竹久夢二美術館
住 文京区弥生2-4-2
TEL 03-5689-0462
営 10:00～17:00（最終入館16:30）
休 月、展示替期間
料 1000円、大学生・高校生900円、中学生・小学生500円（弥生美術館も観覧可）
交 地下鉄根津駅1番出口・東大前駅1番出口から徒歩7分

併設の「夢二カフェ 港や」では夢二のカット絵を描くカプチーノが人気

3階は華宵作品の常設展示室

弥生美術館（やよいびじゅつかん）

「竹久夢二美術館」と同じ敷地に建つ、同じく鹿野琢見によって創設された美術館。鹿野が9歳で感銘を受けたという挿絵画家・高畠華宵の作品3000点と明治末から戦後にかけ活躍した挿絵画家の作品、装幀本、漫画、木版口絵など合計2万7000点を収蔵し年4回企画展を行う。

「竹久夢二美術館」とは渡り廊下でつながっている。出入口は1ヵ所

MAP 別冊 P.17-B3

弥生美術館
住 文京区弥生2-4-3
TEL 03-3812-0012
営 10:00～17:00（最終入館16:30）
休 月、展示替期間
料 1000円、大学生・高校生900円、中学生・小学生500円（竹久夢二美術館も観覧可）
交 地下鉄根津駅1番出口・東大前駅1番出口から徒歩7分

高畠華宵「真澄の青空」。華宵作品は年4回テーマを替え常時50点が公開

日本武尊が創祀したと伝わる古社

根津神社（ねづじんじゃ）

徳川五代将軍・綱吉の兄の屋敷があり六代将軍・家宣が誕生した地。綱吉は世継ぎが定まったと宝永3（1706）年に現在の社殿を奉建。権現造りの完成形として、本殿、拝殿、幣殿、唐門、西門、楼門、透塀が国の重要文化財に指定されている。境内のつつじ苑は3000株のツツジを有する。

境内の敷地は7000坪。唐門は社殿の前、楼門の先にある

MAP 別冊 P.40-C1

根津神社
住 文京区根津1-28-9
TEL 03-3822-0753
営 唐門6:00～17:00（時期により異なる）、授与所9:00～閉門時間30分前まで（時期により異なる）
休 無休
料 無料
交 地下鉄根津駅1番出口から徒歩5分

入母屋造、栈瓦葺が特徴の楼門をくぐり境内へ入る

竹久夢二は日本橋呉服町に千代紙や絵封筒など自らデザインした小物を販売する「港屋絵草紙店」を開いていた。「竹久夢二美術館」のカフェの名はこれに由来。日本橋には現在竹久夢二専門画廊「港屋」がある。

学問の神様「湯島天神」として有名

湯島天満宮（ゆしまてんまんぐう）

雄略天皇2(458)年創建と伝わる。正平10／文和4(1355)年菅原道真を勧請して以来多くの学者・文人が参拝。文明10（1478）年太田道灌が再建、徳川家康もあつく崇拝した。五代・綱吉が「史跡湯島聖堂」を昌平坂に移すとさらに文教の中心に。現在の社殿は1995年に総檜造りで造営。

権現造りの社殿。樹齢250年といわれる木曽ひのきが使用されている

MAP 別冊 P.46-C1

湯島天満宮
住 文京区湯島 3-30-1
TEL 03-3836-0753
営 6:00 ～ 20:00、授与所 8:30 ～ 19:30
休 無休
料 無料
交 地下鉄湯島駅 3 番出口から徒歩 2 分

かつては約1万5000坪の敷地を誇った

旧岩崎邸庭園（きゅういわさきていていえん）

明治29年に建設された三菱第三代社長岩崎久彌の本邸と庭園を公開。20棟あった建物のうち洋館・撞球室（ビリヤード場）・和館が現存する。洋館と撞球室の設計はジョサイア・コンドル。洋館には17世紀の英国で主流となったジャコビアン様式の細やかな装飾が随所に見られる。

木造2階建・地下室付きの洋館。1階テラスのイギリスミントン社製タイルも必見

MAP 別冊 P.46-C1

旧岩崎邸庭園
住 台東区池之端 1-3-45
TEL 03-3823-8340
営 9:00 ～ 17:00（最終入園 16:30）
休 12 月 29 日～ 1 月 1 日
料 400 円、65 歳以上 200 円、小学生以下・都内在住在学中学生無料
交 地下鉄湯島駅 1 番出口から徒歩 3 分

書院造りの和館は棟梁大河喜十郎によるとされる

三菱創業125周年記念事業として設立

三菱史料館（みつびししりょうかん）

1996年に三菱経済研究所の付属施設として併設。岩崎彌太郎に始まる三菱創業から戦後の三菱本社解体、新しい三菱グループの発足にいたるまでの史料約8万5000点を所蔵する。展示室では所蔵史料の一部を無料で公開。旧岩崎邸庭園に隣接する久彌の長男彦彌太の邸宅跡に建つ。

煉瓦造りの三菱経済研究所。展示室は1階にある

MAP 別冊 P.39-A4

三菱史料館
住 文京区湯島 4-10-14
TEL 03-5802-8673
営 10:00 ～ 16:30（最終入館 16:00）
休 土・日・祝、12 月 28 日～ 1 月 5 日
料 無料
交 地下鉄湯島駅 1 番出口から徒歩 6 分

読者だより 東京で京都に出合える「清水観音堂」がおすすめです。（PN：筆算）
住 台東区上野公園 1-29 交 JR 上野駅不忍口から徒歩 5 分

東洋全域の歴史と文化を研究

東洋文庫ミュージアム

とうようぶんこみゅーじあむ

大正13年岩崎久彌が設立した日本初の東洋学を対象とする研究図書館「東洋文庫」。読書家だった久彌は特に東洋学関係の図書の蒐集に興味を示し、大正6年当時中華民国総統府顧問だったモリソンの膨大な蔵書を購入。国宝5点・重要文化財7点をはじめとするアジア諸言語の資料など、現在の蔵書は約100万冊を誇る。ミュージアムは東洋学の普及のため2011年に設置された。

上／東洋文庫の歩みや蔵書の全容を映像で紹介する「オリエントホール」
下／高さ約9mの書架に実物のモリソンコレクションを展示する「モリソン文庫」

MAP 別冊 P.16-B2

東洋文庫ミュージアム
住 文京区本駒込2-28-21
TEL 03-3942-0280
営 10:00～17:00（最終入館16:30）
休 火（祝日の場合開館、翌平日休館）
料 900円、65歳以上800円、大学生700円、中・高校生600円、小学生無料（中学生以上の保護者同伴が必要）
交 地下鉄千石駅A3出口から徒歩7分

「知恵の小径」の壁面にはアジア各地の名言が原語で刻まれたパネルが並ぶ

久彌が経営した「小岩井農場」とプロデュースする「オリエント・カフェ」

和と洋が見事に調和

旧古河庭園

きゅうふるかわていえん

地形を活かし北側の小高い丘に洋館、斜面に洋風庭園、低地には日本庭園が配されている。陸奥宗光の本邸の場所を古河家が譲り受け、古河家三代目当主・古河虎之助の邸宅として今の庭園の形になったのは大正8年。洋館と洋風庭園の設計はジョサイア・コンドル、日本庭園の作庭者は小川治兵衛。5月上旬～6月下旬、10月中旬～11月下旬にバラの見頃が訪れる。

上／バラが有名だが、ツツジや紅葉も美しく1年中見物客が訪れる
下／敷地内の洋館（旧古河邸）・茶室は（公財）大谷美術館が管理。庭園とは営業時間等も異なるので注意

MAP 別冊 P.16-A2

旧古河庭園
住 北区西ヶ原1-27-39
TEL 03-3910-0394（庭園：旧古河庭園サービスセンター）、03-3910-8440（洋館・茶室：公益財団法人 大谷美術館） 営 9:00～17:00（最終入園16:30、洋館・茶室は異なる） 休 12月29日～1月1日（洋館・茶室は異なる）
料 150円、65歳以上70円、小学生以下・都内在住在学中学生無料（洋館、茶室は異なる）
交 JR上中里駅出口から徒歩7分

春と秋、約100種200株ものバラが園内を彩る

心字池を中心に枯滝・大滝・中島を配し、見どころが多い

三菱、岩崎家に関わる建築を多く残したジョサイア・コンドルは「お雇い外国人」として来日。日比谷の「鹿鳴館」を設計したのも彼で、辰野金吾や片山東熊らを育成し、「日本近代建築の父」と呼ばれている。

美術と音楽の英知が集まる　上野キャンパス

東京藝術大学を探検

世界に名だたる芸術家を輩出している東京藝術大学。一般の人も入れるギャラリーやホールがあるので、キャンパスの雰囲気を味わってみよう。

年表	できごと
明治 20（1887）年	東京美術学校設立 東京音楽学校設立
昭和 24（1949）年	東京美術学校、東京音楽学校を包括して東京藝術大学設立
昭和 63（1988）年	旧東京音楽学校奏楽堂が国の重要文化財に
平成 10（1998）年	大学美術館を設置
平成 30（2018）年	藝大アートプラザオープン

前身となった学校

東京美術学校

岡倉天心やアーネスト・フェノロサらの貢献により、日本初の官立美術学校として創立。1 期生の生徒には横山大観も。当初は絵画科（日本画）、彫刻科（木彫）、美術工芸科（金工・漆工）のみだったが、明治 29 年に西洋画科と図案科が新設された。

東京音楽学校

日本初の国立音楽学校。文部省出身の伊澤修二が初代校長を務め、欧米の音楽教育を取り入れながら学生の育成を行った。奏楽堂の建設や日本人初のオペラ公演、フルオーケストラの結成など西洋音楽の礎を築く。

おもな学部と学科

美術学部

日本画や油画、版画などを学べる絵画科、彫金から染織まで幅広い工芸科、1999 年に新設されて多種多様な表現方法を学べる先端芸術表現科、美術を学問として学ぶ芸術学科、彫刻科、デザイン科、建築科の全 7 学科ある。

● おもな卒業生

村上隆（現代美術家）、青沼英二（ゲームクリエイター）、箭内道彦（クリエイティブディレクター）、山口つばさ（漫画家）など幅広い職種。

音楽学部

ピアノから弦楽などを網羅する器楽科、能楽、雅楽などを扱う邦楽科、音楽史や音楽理論を研究する楽理科、映像・メディアなど音楽に隣接する表現分野の研究を行う音楽環境創造科、作曲科、声楽科、指揮科の全 7 学科。

● おもな卒業生

野村萬斎（狂言師）、坂本龍一（作曲家・ミュージシャン）、フジコ・ヘミング（ピアニスト）、井上芳雄（舞台俳優）ら各分野の一流が揃う。

東京美術学校時代の卒業生に佐伯祐三、藤田嗣治らそうそうたる顔ぶれがいる。また、東京音楽学校では山田耕筰や瀧廉太郎といった教科書にも登場するような著名人たちが卒業生に名を連ねる。

一般見学もウエルカム！

上野キャンパスを歩こう！

入場無料のギャラリー

藝大アートプラザ（げいだいあーとぷらざ）

図書館棟を改装してオープンしたギャラリー＆ショップ。東京藝術大学の学生や卒業生、教員を中心に、藝大に関わる作家たちのアート作品を展示。年に6回の企画展が行われ、絵画や彫刻などの作品はそのまま購入することもできる。

作品は写真撮影OKなものも。自由にアートを楽しんで

上／企画展のテーマや美術・音楽に関する書籍を販売
左／前庭のキッチンカーでコーヒーやチャイをいただける

オリジナルグッズも

右／ロゴ入りトートバッグやピンバッジなども販売

左／「藝大アートプラザ」のロゴは現学長がデザイン

住東京藝術大学 附属図書館上野本館内 TEL 050-5525-2102 営10:00～18:00 休月・火 料無料 CC ADJMV

約3万件の作品や資料を収蔵

東京藝術大学大学美術館（とうきょうげいじゅつだいがくだいがくびじゅつかん）

東京藝術大学内にある美術館。さまざまなテーマの特別展や藝大コレクション展に加えて、卒業・修了作品展、博士審査展や退任記念展など、無料の展覧会も数多く開催している。

上／美しい螺旋階段。展示室は地下2階と地上3階　下／1階のエントランスホール

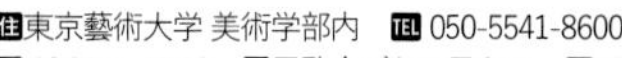

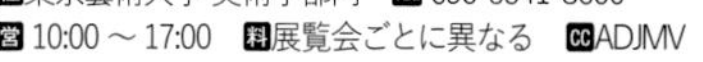

住東京藝術大学 美術学部内 TEL 050-5541-8600 営10:00～17:00 料展覧会ごとに異なる CC ADJMV

フランスのガルニエ製オルガンを設置

東京藝術大学奏楽堂（とうきょうげいじゅつだいがくそうがくどう）

クラシックコンサートなどを開催しているホールで一般の人々も入場可能。明治23年に創設された前身の「旧東京音楽学校奏楽堂」は、上野公園内に移築再建されている。

邦楽やジャズなど幅広い

住東京藝術大学 音楽学部内 TEL 050-5525-2300 営公演ごとに異なる 料公演ごとに異なる CC 不可

音楽と美術の最高学府

東京藝術大学 上野キャンパス（とうきょうげいじゅつだいがく うえのきゃんぱす）

昭和24年、日本で唯一の国立総合芸術大学として創設。現在は、2学部14学科と4つの研究科をもつ大学院で構成され、世界最高水準の芸術教育を行っている。足立区千住や茨城、横浜にもキャンパスが所在。

大部分の学科は上野にある

MAP 別冊 P.46-A1 上野

住台東区上野公園12-8 TEL 050-5525-2013
交 JR上野駅公園口から徒歩10分

漫画『ブルーピリオド』（講談社・山口つばさ作）は、主人公の高校生・矢口八虎が美術室で出合った1枚の絵をきっかけに東京藝術大学を目指すストーリー。『月刊アフタヌーン』で連載中、アニメ化もされた。

荒川沿いの歴史ある交通の要所

葛飾（かつしか）・北千住（きたせんじゅ）・西新井（にしあらい）

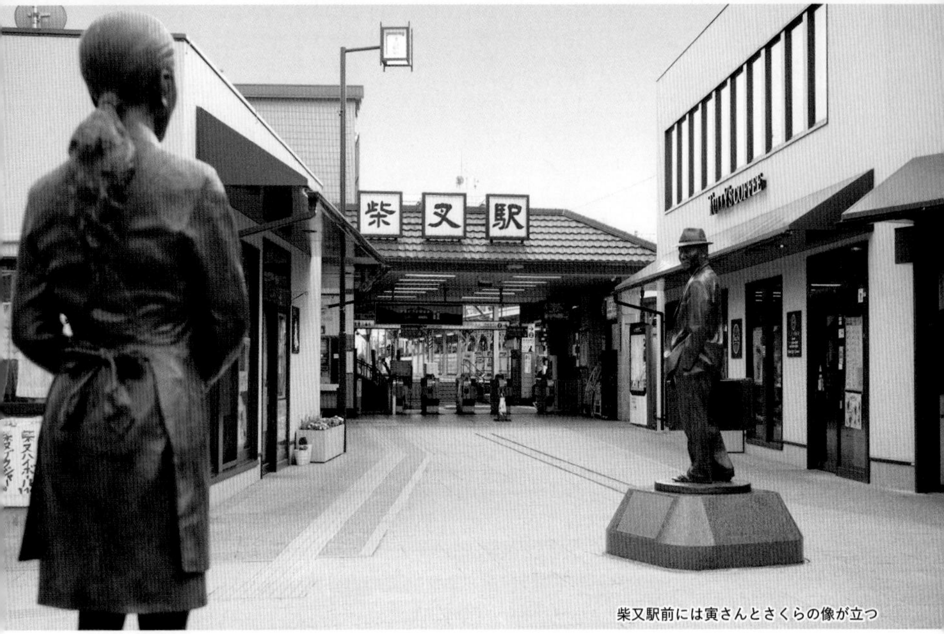

柴又駅前には寅さんとさくらの像が立つ

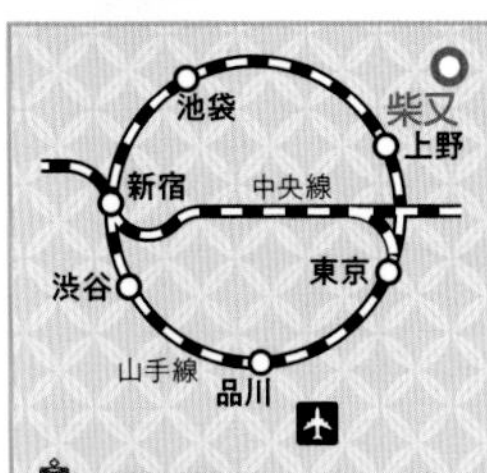

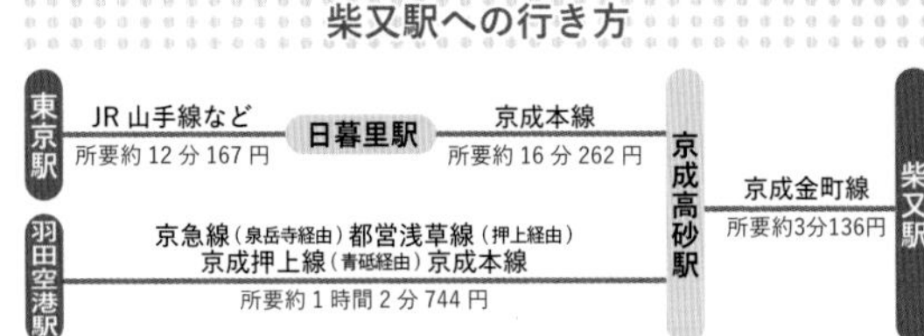

エリア利用駅

柴又駅
京成金町線

北千住駅
JR 常磐線、東京メトロ日比谷線、東京メトロ千代田線、東武スカイツリーライン、つくばエクスプレス

西新井駅
東武スカイツリーライン、大師線

コインロッカー情報

各駅にコインロッカーが設置してある。特にターミナル駅の北千住駅には JR、東武線、東京メトロ、つくばエクスプレスの改札口付近中心に設置されている。

柴又駅への行き方

東京駅 → JR 山手線など 所要約 12 分 167 円 → 日暮里駅 → 京成本線 所要約 16 分 262 円 → 京成高砂駅

羽田空港駅 → 京急線（泉岳寺経由）都営浅草線（押上経由）京成押上線（青砥経由）京成本線 所要約 1 時間 2 分 744 円 → 京成高砂駅

京成高砂駅 → 京成金町線 所要約3分136円 → 柴又駅

古代の「葛飾」とは、葛飾区、江戸川区、墨田区、江東区、千葉県の市川市、船橋市など、埼玉県の当時の栗橋町そして茨城県古河市、当時の総和市までおよぶ広大なエリアの総称で、地名は『万葉集』にも登場している。昭和 18 年に東京府と東京市が廃止され東京都葛飾区となった。荒川と江戸川に挟まれており、総じて低地帯である。「北千住」は行政地名ではなく、JR 常磐線、東京メトロ千代田線・日比谷線が乗り入れている北千住駅や駅周辺の繁華街を称する場合が多い。足立区千住に位置しているが、江戸時代には千住宿が置かれ、日光街道と奥州街道の日本橋から１番目の宿場町として栄えた。「西新井」は足立区にあり、関東厄除け三大師のひとつ西新井大師の門前町だった。

読者だより　北千住にある「きそば 柏屋」は老舗のお蕎麦屋さんです。名物「地獄そば」はぜひ注文してみてください。(PN：Y.O) 住 足立区千住 2-32

歩き方

門前町の葛飾柴又、宿場の雰囲気が残る北千住

食べ歩きしながら歩きたい帝釈天参道

『男はつらいよ』シリーズの舞台になったのが葛飾区柴又。京成金町線の柴又駅を起点に、柴又帝釈天参道、柴又帝釈天、葛飾柴又寅さん記念館、山田洋二ミュージアムはそれぞれ見学しながら移動しても2～3時間の散策コース。参道には名物の草だんごやくず餅、せんべい屋などが軒を連ねているので、食べ歩きしながら映画そのままの参道の雰囲気を楽しもう。現在の北千住駅周辺は、江戸時代に栄えた千住宿の名残を残している。北千住駅西口を出ると北千住駅前通りがあり、ひとつめの信号を横切っているのが旧日光街道。現在も街道の雰囲気を残す通りで、北千住宿場町通り商店街として、地元の買い物客でにぎわいをみせている。宿場町通りを北上すると荒川の河川敷に突き当たるので、晴れた日の散歩にはちょうどいい。北千住駅前広場前の一角には安くておいしい飲食店が集中しており、北千住に人が集まる要因にもなっている。

西新井駅から西新井大師を目指そう

千住の「宿場町通り」は旧日光街道の雰囲気が漂う

東武伊勢崎線の西新井駅で東武大師線に乗り換えると、西新井駅の次の駅が終点の大師前駅。駅から西新井大師までは徒歩3分。小さいながらも門前町の雰囲気は残している。

おさんぽプラン

1. 柴又帝釈天（経栄山 題経寺）（→P.294）
   徒歩5分
2. 山田洋二ミュージアム（→P.295）
   徒歩1分
3. 葛飾柴又寅さん記念館（→P.295）
   電車60分
4. 西新井大師（→P.297）
   電車50分
5. あらかわ遊園（→P.296）

TOKYO小話 「こち亀」の舞台になった亀有

『週刊少年ジャンプ』で40年もの間連載された漫画、『こちら葛飾区亀有公園前派出所』。舞台になったのが葛飾区亀有だ。下町・亀有で、破天荒だが人情味あふれる警察官の主人公・両津勘吉が発する人生を示唆する言葉に、心を動かされた読者も多いのではないだろうか。亀有駅を中心に、「こち亀」モニュメントが10体以上あるので、両さんを巡る散歩はいかが。

TOKYO小話 「葛」と「葛」の不思議

葛飾区の「葛」は、中世までは「葛」と表記されることが多かったようだ。「葛」と「葛」は異体字で意味は同じ。行政文書や新聞などでも混在していた。現在は葛飾区の働きかけで「葛」が使われているが、古くからの看板などは「葛」のまま。ちなみに、奈良県葛城市（かつらぎし）は「葛」を使用している。

このエリアでできること

●「寅さん」ゆかりの地を散策→ P.294
●西新井大師をお参り→ P.297

始まりは天正年間までさかのぼる足立市場

東京都には11の中央卸売市場があるが、足立市場（MAP P.17-A4）は唯一の水産物専門中央卸売市場。都内城北地区を中心に水産物を供給している。市場には5つの食堂があり、お寿司や定食などの新鮮でおいしい魚介料理が食べられる。奇数月の第2土曜日（1月は第3土曜日）には一般の人に向けて市場を開放する「あだち市場の日」が開催され、地域に根ざした市場を目指している。TEL 03-3879-2750　休 WEBで要確認　交 京成本線千住大橋駅1番出口より徒歩2分

地元に根ざす市場を目指している

柴又帝釈天は、参道もおいしいグルメが並び散策が楽しい。歩いているとごま油の香りに足を止めざるをえない「大和家」の天丼は絶品。店内には山田洋次監督の色紙や寅さんも通っていた当時の写真も。（制作S）

MAP 別冊 P.13-A3

柴又帝釈天（経栄山 題経寺）
住 葛飾区柴又 7-10-3
TEL 03-3657-2886
営 9:00 ～ 18:00
休 無休
料 無料（邃渓園、彫刻ギャラリーのみ 400 円、子供 200 円）
交 京成金町線柴又駅出口から徒歩 3 分

国の重要文化的景観に指定された歴史ある参道を通って向かおう

美しい彫刻ギャラリーと庭園も必訪

柴又帝釈天（経栄山 題経寺）
しばまたたいしゃくてん（きょうえいざん だいきょうじ）

帝釈天とはインドの重要な軍神・インドラのことで、日蓮聖人が刻んだという帝釈天の板本尊をご本尊とする。中世に一時消失していた板本尊が庚申の日に発見されたことから、60 日に 1 度のこの吉日にはご開帳が行われる。「邃渓園」は東京都指定名勝、「瑞龍のマツ」は東京都指定天然記念物に指定されている。

寛永 6（1629）年、開創のきっかけとなった「瑞龍のマツ」も見ものだ

MAP 別冊 P.12-B2

堀切菖蒲園
住 葛飾区堀切 2-19-1
TEL 03-3697-5237
営 9:00 ～ 17:00、6 月 1 ～ 25 日は 8:00 ～ 18:00
休 12 月 29 日～ 1 月 3 日
料 無料
交 京成本線堀切菖蒲園駅から徒歩 10 分

毎年開花期には「かつしか菖蒲まつり」が開催され多くの人でにぎわう

梅、藤、十月桜、牡丹と四季折々の花々も

堀切菖蒲園
ほりきりしょうぶえん

堀切は隅田川の分流が多く湿地帯であったため花の栽培が盛んだった。戦前までは江戸・明治時代から続く花菖蒲園が複数残っていたが廃園。戦後の昭和 34 年、唯一堀切菖蒲園だけが復興を果たした。園内には江戸花菖蒲約 200 種 6000 株が植栽され、例年 5 月末～ 6 月中旬に見頃を迎える。

歌川広重『名所江戸百景』にも堀切の花菖蒲が描かれた

MAP 別冊 P.13-A3

水元公園
住 葛飾区水元公園 3-2
TEL 03-3607-8321
営 散策自由
休 無休
料 無料
交 JR 金町駅から京成バス戸ヶ崎操車場・西水元三丁目行きで水元公園下車、徒歩 7 分

水路が園内を走り水辺の小道を散歩するだけで気持ちいい

都内最大規模の敷地を誇る

水元公園
みずもとこうえん

豊かな緑と東京都天然記念物のオニバスなど貴重な水辺の生物を守る水郷公園。約 200 本のポプラ並木や生きた化石として知られるメタセコイアが約 1500 本と東京とは思えない景色が広がっている。野鳥観察やバーベキュー（要予約）など楽しみ方も豊富で、1 日がかりで満喫できる。

メタセコイアの紅葉は 11 月下旬～ 12 月上旬ごろが見頃

読者だより　新砂リバーステーションを起点に武蔵丘陵森林公園をゴールとする「荒川サイクリングロード」は天気がよい日は最高に気持ちいいです！河川敷が多く、坂や交差点が少ないのも特徴です。（PN：荒サイ）

柴又の名を世に知らしめた寅さんの世界へ

葛飾柴又寅さん記念館

かつしかしばまたとらさんきねんかん

柴又公園の地下にある、映画『男はつらいよ』の記念館。「松竹大船撮影所」から移設された「くるまや」のセットや、タコ社長の印刷所の再現、昭和30年代の帝釈天参道を再現した「わたくし生まれも育ちも葛飾柴又です」コーナーなど15のテーマで映画の世界をめぐることができる。

「くるまや」のセットは中に入ることができる

MAP 別冊 P.13-A3

葛飾柴又寅さん記念館
住 葛飾区柴又 6-22-19
TEL 03-3657-3455
営 9:00 ～ 17:00（最終入館 16:30）
休 第3火曜（祝日の場合は翌日）、12月第3火～木曜
料 500円、小・中学生300円、65歳以上400円（山田洋次ミュージアムとの共通券）
交 京成金町線柴又駅出口から徒歩8分

葛飾柴又寅さん記念館に併設

山田洋次ミュージアム

やまだようじみゅーじあむ

『男はつらいよ』シリーズの生みの親・山田洋次監督の作品や映画作りへの想いをつづるミュージアム。14のテーマに分けた作品紹介や撮影・編集機材などを鑑賞し山田監督作品の新たな魅力に出合える。柴又キネマはレトロな映画館を模したスペースで、全作品の予告編を上映している。

山田監督の創作の原点である松竹大船撮影所のジオラマ

MAP 別冊 P.13-A3

山田洋次ミュージアム
住 葛飾区柴又 6-22-19
TEL 03-3657-3455
営 9:00 ～ 17:00（最終入館 16:30）
休 第3火曜（祝日の場合は翌日）、12月第3火～木曜
料 500円、小・中学生300円、65歳以上400円（葛飾柴又寅さん記念館との共通券）
交 京成金町線柴又駅出口から徒歩8分

ふたつの要素で見応え抜群の博物館

葛飾区郷土と天文の博物館

かつしかくきょうどとてんもんのはくぶつかん

郷土展示室とプラネタリウム、天体観測室を擁する施設。「葛飾郡」として正倉院文書にも登場し、古代から続く農村地帯から近代の都市へと発展した葛飾の軌跡と天文や宇宙に関する科学を楽しみながら学べる。プラネタリウムでは子供向けから本格的な番組まで、随時投映している。

地球の自転現象を学ぶことができるフーコーの振り子

MAP 別冊 P.13-B3

葛飾区郷土と天文の博物館
住 葛飾区白鳥 3-25-1
TEL 03-3838-1101
営 9:00 ～ 17:00（祝日を除く金・土曜は～ 21:00）
休 月曜、第2・4火曜（祝日の場合は翌平日）
料 100円、小・中学生50円（プラネタリウムは別途350円、小・中学生100円、座席を使う幼児50円）
交 京成本線お花茶屋駅から徒歩8分

プラネタリウムでは、宇宙や天文に親しむプログラムを上映している

文化財保護法に基づいて国が指定する「文化的景観」。2023年6月現在全国で約70件が登録されているなかで、東京都で登録されているのはなんと「葛飾柴又の文化的景観」のみだ。

高校生以上から利用できる大人のプラネタリウム

プラネターリアム銀河座（ぷらねたーりあむぎんがざ）

寺に併設された国内でも珍しいプラネタリウム。毎月変わった切り口のテーマで上演し、プログラムの解説はライブで行われるので生の臨場感を味わえる。館長はテノール歌手でもあり、国内外のステージに立つ。一般的なプラネタリウムでは物足りない人にはぜひ訪れてみてほしい。

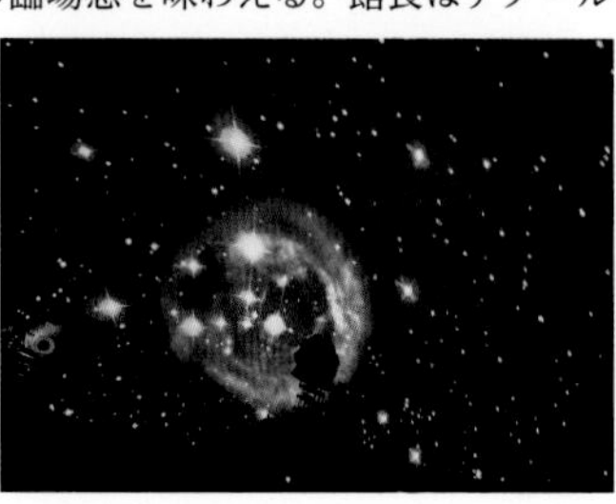
椅子の大きさもゆったりで床暖房完備。居心地も◎

MAP 別冊 P.13-B3

プラネターリアム銀河座
住 葛飾区立石 7-11-30（證願寺内）
TEL 03-3696-1170
営 14:00 ～ 15:00（第 1・3 土曜）
休 完全予約制
料 1000 円（プレミアム 1500 円）
交 京成押上線京成立石駅北 2 出口から徒歩 5 分

完全予約制で定員を超えた場合には抽選となる。ウェブサイトから申し込もう

元渕江公園内にある動物園

足立区生物園（あだちくせいぶつえん）

昆虫、魚、両生爬虫類、カンガルーなどの哺乳類を飼育する生物園。日本では対馬にのみ生息する固有亜種チョウ・ツシマウラボシシジミの保全活動も行なっている。2 階建ての屋内展示と屋外展示場があり、吹き抜けの大温室では 1 年を通じて無数のチョウが飛び交う様子を観察できる。

入口をくぐると金魚の大水槽が出迎えてくれる

MAP 別冊 P.12-A2

足立区生物園
住 足立区保木間 2-17-1
TEL 03-3884-5577
営 9:30 ～ 17:00（11 月～ 1 月は～ 16:30）
休 月（祝日の場合は翌日）
料 300 円、小・中学生 150 円
交 東武スカイツリーライン竹ノ塚駅東口から東武バス花畑団地行きで保木間仲通り下車、徒歩 10 分

モルモットに触って学べるふれあいコーナーも（平日限定）

住宅街に構える 23 区内唯一の区営遊園地

あらかわ遊園（あらかわゆうえん）

大正 11 年、煉瓦工場の跡地に建てられた。現在は数度の改装を経て、アトラクションやどうぶつ広場、水あそび広場、しばふ広場、売店施設 3 店などを備えた幅広い世代が楽しめる施設へと変貌。2022 年にリニューアルし、観覧車のライトアップやイルミネーションを開始した。

直径 38 m× 高さ 40 m の観覧車。ガラス張りのゴンドラも

MAP 別冊 P.17-A3

あらかわ遊園
住 荒川区西尾久 6-35-11
TEL 03-3893-6003
営 9:00 ～ 17:00（夜間開園実施日～ 20:00）
休 火（祝日の場合は翌日）
料 入園料 800 円、中学生・65 歳以上 400 円、小学生 200 円
交 都電荒川線荒川遊園地前停留場から徒歩 3 分

夜間開園日を狙ってイルミネーションを楽しもう

読者だより

柴又、堀切菖蒲園、東京スカイツリー®方面を巡るには、京成電鉄の「下町日和きっぷ」がお得です！各施設の割引優待もあり、個人的には「食事処とらや」の食べ歩き草だんご1本150円が100円になるのでおすすめ！

足立区最大級のパワースポット
関東厄除け三大師の西新井大師

江戸時代、厄災消除の祈願寺として名を馳せた歴史ある西新井大師。厄除けのみならず毎日の護摩祈願を行いに、関東近県からも多くの人々が訪れる。

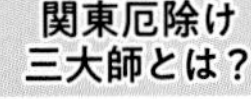

関東厄除け三大師とは？

東京都の「西新井大師」、神奈川県の「川崎大師」、千葉県の「観福寺大師堂」の3寺院を指す。いずれも真言宗の宗祖である弘法大師（空海）を祀っており、その功績から厄除けのご利益があるとして信仰されている。

文化的価値が高い建造物が点在！

貴重な建物

❶大本堂では十一面観音と弘法大師を祀る　❷精巧な彫刻と金剛力士像を拝覧できる山門　❸五穀豊穣の神・稲荷明神を祀る出世稲荷　❹都に現存する唯一の三匝堂　❺十三重宝塔には仏舎利一粒が納められる

1度は拝みたい由緒ある寺院

西新井大師（にしあらいだいし）

正式名称は「五智山遍照院總持寺」。天長3（826）年、弘法大師が西新井を訪れた際、疫病に苦しむ村人たちを救おうと十一面観音と自身の像を彫ったのがはじまり。観音像を本尊に、自身の像を枯れ井戸に安置して護摩祈願を行ったところ、清らかな水が湧いて病も平癒したといい、その井戸が本堂の西側にあったことから「西新井」の地名ができたという。山門は江戸時代に建立され、女性の厄除け祈願所としても有名になった。

MAP 別冊 P.12-A1 西新井
住足立区西新井 1-15-1　TEL 03-3890-2345　営 6:00 ～ 20:00（本堂 8:00 ～ 18:00、各種受付 9:00 ～ 16:30）
休無休　交東武大師線大師前駅から徒歩 5 分

厄除け祈願

護摩木と呼ばれる薪を燃やしてご本尊に祈る「護摩焚き」は、荘厳な大本堂の中で行われる。5000円以上の護摩札を授かることで祈願することができる。

四国八十八箇所お砂踏み霊場

四国八十八箇所霊場と同数の 88 体の大師像が祀られ、周りの石畳に納められる各寺の砂を踏みながら礼拝すると、四国霊場巡礼と同じご利益が得られる。

「塩地蔵」は、真っ白な塩に埋もれた姿が印象的。患部にこの塩を塗ると治るといい、お礼参りの際に塩を倍にしてお供えする風習がある。また、参道には甘味処やみやげ屋が軒を連ねるのであわせて訪れたい。

東京さくらトラムとは？

東京に残る唯一の都電「都電荒川線」（→ P.99）の愛称で、三ノ輪橋～早稲田間を運行。30の停留場があり全長は12.2km。

東京に残る唯一の都電 東京さくらトラム途中下車の旅

荒川や王子を通り、早稲田周辺へ。ひと味違うノスタルジックなエリアを都電でおさんぽしよう。

11:00 ジョイフル三ノ輪商店街でランチ

三ノ輪橋停留場前から隣の停留場、荒川一中前までさくらトラムの軌道と並行して延びる昭和レトロなアーケード商店街。オープンと同時に、砂場蕎麦で有名な「砂場総本家」でお昼ごはん。

砂場総本家 → P.33

❶揚げ物や串が人気の「とりふじ」や天ぷら専門店「お惣菜の店 きく」など名店も多い ❷商店街の一角にたたずむ「砂場総本家」 ❸こだわりの「天ざる」1550円

12:00 沿線の情報をゲットして出発

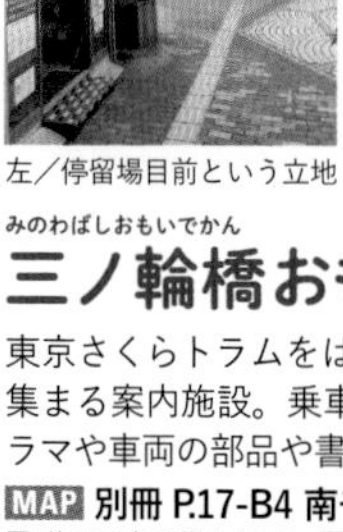

三ノ輪橋

沿線の観光パンフレットも置いてあるので、情報収集に立ち寄ってみよう。オリジナルグッズも要チェック。

左／停留場目前という立地 右／沿線モチーフのジオラマ

三ノ輪橋おもいで館（みのわばしおもいでかん）

東京さくらトラムをはじめ、都営交通の情報が集まる案内施設。乗車券やグッズの販売、ジオラマや車両の部品や書籍などの展示もある。

MAP 別冊 P.17-B4 南千住

住 荒川区南千住1-12-6 TEL 03-3816-5700 営 10:00～18:00

休 火・水 交 東京さくらトラム三ノ輪橋停留場下車すぐ

読者だより 東京さくらトラム沿いは美しいバラが咲き誇るので外からでもトラムの中からでも写真を撮るのが楽しかったです。（PN：ヤス）

12:15 吉村昭記念文学館へ

荒川二丁目（ゆいの森あらかわ前）

融合施設「ゆいの森あらかわ」には中央図書館や絵本に囲まれた「ゆいの森ホール」、「吉村昭記念文学館」が入る。ゆったりと文学や絵本の世界に浸りたい。

吉村昭記念文学館 → P.325

上／屋上のゆいの森ガーデンテラスからは東京スカイツリー®が見える　下／常設展には書斎の再現展示もある

13:30 旧型車両の展示を見学

荒川車庫前

昔懐かしい停留場をイメージした「都電おもいで広場」へ。広場内にはだれでもトイレやベビーシートが設置されているので、小さい子供連れでも利用しやすい。

都電おもいで広場（とでんおもいでひろば）

5500形と旧7500形という旧型車両を2両展示。車両の中には模擬運転台や模擬装置操作台、ジオラマや資料などが設置されている。

MAP 別冊 P.16-A2 西尾久

住 荒川区西尾久8-33-7　TEL 03-3893-7451　営 10:00～16:00　休 月～金　料 無料　交 東京さくらトラム荒川車庫前停留場下車すぐ

昭和29年製造の5500形（5501号車）

14:15 飛鳥山公園の自然＆博物館へ

飛鳥山

桜の名所で区民の憩いの場「飛鳥山公園」では、「渋沢史料館」、「北区飛鳥山博物館」（→P.265）、「紙の博物館」（→P.265）と3つの博物館を訪れてみたい。

渋沢史料館 → P.266

上／園内には"アスカルゴ"と呼ばれるモノレールや都電、蒸気機関車の展示なども点在し、見どころが多い　右／旧渋沢邸跡地に立つ「渋沢史料館」の「青淵文庫」

15:30 富田染工芸でおみやげ探し

面影橋

早稲田や落合周辺は古くから神田川沿いにあり、染色が地場産業として栄えたエリア。「富田染工芸」のブランド「SARAKICHI」でモダンにアレンジされた小物をゲット。

染色の過程が分かる「東京染め物語博物館」を併設する

富田染工芸 → P.40

ヌメ革に江戸小紋を施したウォレット2万7500円

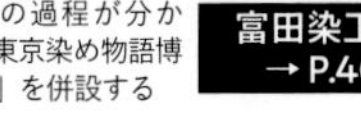

繊細な柄が入ったカードケース1万3200円

鬼子母神にも立ち寄ろう

もっと歴史に触れたいという人は「鬼子母神」（→P.218）を訪れてみてはいかがだろう？鬼子母神前停留場から広がる参道のケヤキ並木は樹齢400年のものもあり、鬼子母神堂は国の重要文化財に指定。安産や子育の神様として崇拝されている。

鬼子母神では「雑司ヶ谷 手創り市」（→P.85）が行われる

東京さくらトラム沿線の情報を探すなら、商店街の情報や立ち寄りスポットが掲載されている「東京都電さんぽ」の特集もおすすめ。URL toden-arakawasen.tokyo-np.co.jp/

観光の人気スポット、23 区の東部エリア

両国（りょうごく）・亀戸（かめいど）・小岩（こいわ）

JR 亀戸駅前の亀戸駅前公園にセットされている亀のオブジェ

エリア利用駅

両国駅
JR 中央・総武線（各停）、都営大江戸線

亀戸駅
JR 中央・総武線（各停）、東武亀戸線

小岩駅
JR 中央・総武線（各停）

コインロッカー情報
両国駅は JR 改札内外に全 3ヵ所、都営大江戸線構内に1ヵ所、亀戸駅は JR 北口改札内外に 1ヵ所ずつ、東口改札外付近に 1ヵ所設置されている。小岩駅には設置されていない。

両国・亀戸・小岩駅への行き方

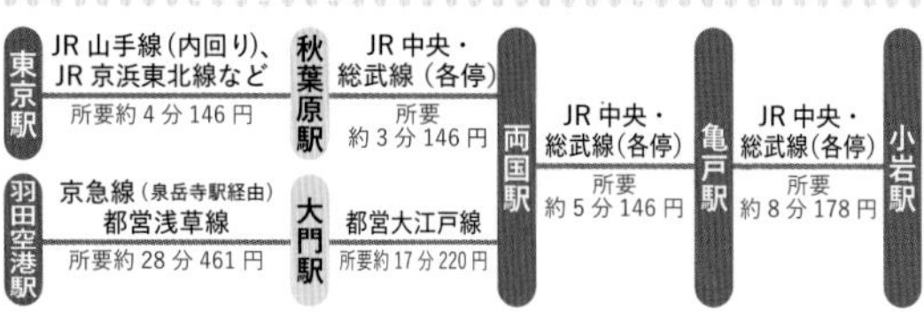

両国という地名は、武蔵国と下総国の国境を流れる隅田川に架かる両国橋に由来する。かつては川の両岸の名称であったが、その中心は西岸であり、東岸は「向両国」と呼ばれていた。近代になると総武鉄道の両国橋駅開業などにより、次第に川の東側だけを両国と呼ぶようになった。亀戸は、地域に「亀が井」という井戸があり、それらが混同されて「亀井戸」となり、「井」が取れ「亀戸」となったが、読みだけが「かめいど」と残ったという説がある。街の鎮守・亀戸天神社は梅や藤の名所として人気があり、1 年中参拝者が絶えない。小岩という地名は、古文書に記載された「甲和」という地名が現在の「小岩」になったと考えられている。下町情緒が残る、近年人気の街である。

読者だより　JR 両国駅は改札の内外に相撲に関する展示があって、テンションが上がりますよ！「相撲博物館」もおもしろいですが、こちらもお見逃しなく。（PN：スー）

歩き方

下町の歩き方は町の風情を楽しみながら

両国駅周辺にはお相撲さんの像が多い

JR 両国駅の改札を出て右に曲がるとすぐに - 両国 - 江戸 NOREN がある。そこには両国観光案内所があるので、まずは周辺マップやパンフレットを手に入れよう。すぐ右手には国技館が見えている。国技館の前を南北に走る国技館通りを南に下ると大きな通りの京葉道路に突き当たる。目の前には両国花火資料館と諸宗山 回向院がある。右手には「両国」という地名の由来になった両国橋があるので、隅田川沿いを散歩するのもいいだろう。両国にはすみだ北斎美術館や吉良邸跡などもあるので、足を延ばしてみよう。JR 亀戸駅北口を出ると亀戸駅前公園がある。南北に貫く明治通りを渡ると公園内に亀戸の象徴、亀のモニュメントがある。明治通りの商店街を北上すると蔵前橋通りに当たるので、左に曲がって亀戸天神社まで歩こう。亀戸駅からは徒歩 15 分だ。亀戸駅前のアトレ周辺には有名なホルモン屋や餃子店があるので、亀戸グルメを楽しめる。

「小岩」の観光は JR 小岩駅と新小岩駅

小岩駅周辺には小さいながら昭和レトロな飲食街も点在している

小岩周辺の見どころは JR 中央・総武線の小岩駅と新小岩駅のどちらかを利用することが多いので、事前にアクセスを確認しよう。小岩駅周辺にはディープな飲食店街や商店街がある。

おさんぽプラン

1. ー両国ー江戸 NOREN (→ P.301)
   徒歩1分
2. 国技館 (→ P.47)
   徒歩5分
3. 両国花火資料館 (→ P.303)
   徒歩1分
4. 諸宗山回向院 (→ P.302)
   徒歩15分
5. すみだ北斎美術館 (→ P.302)

TOKYO 小ネタ 休館中の江戸東京博物館は 2025 年度に再オープン予定

両国エリアで欠かせない見どころのひとつ、「東京都江戸東京博物館」。江戸東京の歴史と文化を継承し、後世に伝える場として 1993 年に開館した。常設展は、徳川家康が江戸に入城してからの約 400 年間を中心に、江戸・東京の歴史を実物の資料や模型で紹介。また、1 年に数回行われる特別展や講座、体験教室などを開催していたが、現在は大規模改修工事のために 2025 年度まで休館中だ。江戸東京博物館公式 YouTube チャンネル「えどはくチャンネル」を観て再開を待とう。

このエリアでできること

- 江戸切子を体験 → P.36
- 大相撲を観に行く → P.46

かわら版 江戸の粋な食と文化を発信する「ー両国ー江戸 NOREN」

JR 両国駅の目の前に、「- 両国 - 江戸 NOREN」（MAP P.44-B1）がある。旧両国駅舎をリノベーションして誕生した複合飲食施設だ。「美味しさと文化の今を江戸空間でつなぐ」をコンセプトに、火の見櫓や原寸大の土俵が設置され、それを取り囲むように江戸東京の人気飲食店が配置されている。施設内には両国観光案内所もあり、両国や墨田区の観光マップやイベントパンフレットなども揃えられているので、散策前にぜひ立ち寄ってみよう。TEL 03-5637-7551 営 10:00 ～ 18:00（飲食店は店舗による）

建物の 1 階には原寸大の土俵も設置

江戸川河川敷に広がる「小岩菖蒲園」。約 4900㎡の菖蒲田にはは、約 5 万本の花菖蒲が咲き誇り、例年 6 月には「小岩菖蒲園まつり」が開催される。住 江戸川区北小岩 4 丁目先（江戸川河川敷）

貴賤を問わず江戸の市民を供養してきた

諸宗山 回向院（しょしゅうざん えこういん）

江戸市街が6割以上焼失した明暦の大火をきっかけに、当時の将軍・家綱より土地を授かり開山。以降、有縁・無縁、人・動物にかかわらず生あるすべてのものへの仏の慈悲を説いてきた。江戸後期には勧進相撲の定場所に定められ、両国大相撲の起源とされる。

御本尊は釜屋六右衛門作の阿弥陀如来で都の有形文化財にも指定される

MAP 別冊 P.44-C1

諸宗山 回向院
住 墨田区両国 2-8-10
TEL 03-3634-7776
営 参拝自由(寺務所 9:00 ～ 16:30)
休 無休
交 JR 両国駅西口から徒歩 3 分

東京十社に数えられる東の天満宮

亀戸天神社（かめいどてんじんしゃ）

寛文2（1662）年、九州の太宰府天満宮より境内の造りをならって創建された。また、行楽の名勝地としても広く知られており、江戸庶民の関東天神信仰の中枢を担ってきた。現在では花の名所、学問の神様としてたくさんの人々が訪れる。

境内の太鼓橋は歌川広重「名所江戸百景」にも描かれた

MAP 別冊 P.45-A4

亀戸天神社
住 江東区亀戸 3-6-1
TEL 03-3681-0010
営 参拝自由（本殿の開門 6:00 ～ 17:00）
休 無休
交 JR 亀戸駅北口から徒歩 15 分

春は梅・藤、秋は菊が見事に咲き誇り「花の天神さま」と親しまれる

北斎ゆかりの地に立つ美術館で北斎を堪能

すみだ北斎美術館（すみだほくさいびじゅつかん）

浮世絵師・葛飾北斎の作品を多く所蔵・展示する美術館。AURORA（常設展示室）では、代表作を実物大高精細レプリカで展示。さまざまなテーマで開催される企画展では、北斎や門人たちの浮世絵を展示し、企画展ごとに作品が替わるため、年間を通じて多彩な作品に出合える。

AURORA（常設展示室）には、タッチパネル式の端末やアトリエの再現模型もある

MAP 別冊 P.44-B2

すみだ北斎美術館
住 墨田区亀沢 2-7-2
TEL 03-6658-8936（9:30 ～ 17:30）
営 9:30 ～ 17:30(最終入館 17:00)
休 月（祝日・振替休日の場合は翌平日）
料 400 円、高校・大学・専門学生・65 歳以上 300 円、企画展は展覧会ごとに設定
交 地下鉄両国駅 A3 出口から徒歩 5 分

アルミパネルで覆われた特徴的な外観

読者だより

亀戸にある中華屋「菜苑」の ラーメン、両国にある「とんかつ いちかつ」のとんかつがおすすめです。
●菜苑 住 江東区亀戸 3-1-8 ●とんかつ いちかつ 住 墨田区横綱 1-3-4

美術品としての日本刀をじっくり鑑賞

刀剣博物館（とうけんはくぶつかん）

昭和43年に開館した日本刀を保存・公開する博物館。国宝の「太刀 銘 延吉」や重要文化財「太刀 銘 信房作」など、平安～南北朝時代を中心にさまざまな年代や流派の作品を収蔵している。

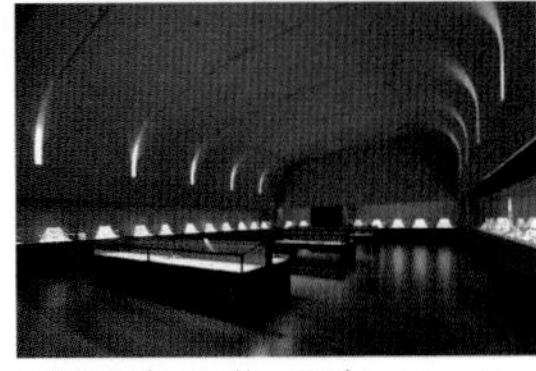
3階展示室では数ヶ月ごとにテーマに沿った企画展を開催

MAP 別冊 P.44-B1

刀剣博物館
住墨田区横網1-12-9 TEL03-6284-1000 営9:30～17:00（最終入館16:30）休月（祝日の場合は翌日）、展示替期間 料1000円、学生500円、中学生以下無料 交JR両国駅西口から徒歩7分

刀にまつわる解説を見て基礎知識を学べる1階の情報コーナー

夜空に咲く花を徹底解剖

両国花火資料館（りょうごくはなびしりょうかん）

隅田川花火大会の起源となった両国川開き花火や江戸の花火の歴史について学べる資料館。花火玉の断面模型や作り方の動画を見ることができ、花火ポスターや写真なども展示する。

両国の花火は徳川吉宗が死者供養や厄払いのために始めたのが始まり

MAP 別冊 P.44-C1

両国花火資料館
住墨田区両国2-10-8
TEL03-5637-7551（両国観光案内所10:00～18:00）営12:00～16:00
休月～水（7・8月は毎日開館）
料無料 交JR両国駅西口から徒歩5分

花火玉の断面と打ち上がった花火の写真が並べて展示されている

汐の満ち引きが風情を生む日本庭園

旧安田庭園（きゅうやすだていえん）

常陸国笠間藩主の屋敷庭園として元禄年間に築造されたと伝えられている。当時は、隅田川水を引き、汐入回遊式庭園として整備されたが、現在は人工的に干満を行い汐入を再現している。

小島が浮かぶ心地池を中心に老樹と散策路が取り囲んでいる

MAP 別冊 P.44-B1

旧安田庭園
住墨田区横網1-12-1
営9:00～19:30、10～3月9:00～18:00）
休無休
料無料
交JR両国駅西口から徒歩4分

関東大震災、太平洋戦争と大きな苦難を経て復元された

忠臣蔵ゆかりの地

吉良邸跡（きらていあと）

元禄赤穂事件の中心人物のひとり・吉良上野介義央の屋敷跡地。昭和9年に地元の町会有志によって邸の一部が東京都に寄付され、現在は本所松坂町公園としてこの地に歴史を遺している。

毎年12月に行われる赤穂義士祭では泉岳寺へ向かう行列の起点となる

MAP 別冊 P.44-C1

吉良邸跡
住墨田区両国3-13-9
営見学自由
休無休
料無料
交JR両国駅西口から徒歩7分

邸内には押し入りに伏した吉良の首を洗ったという井戸がある

2022年、亀戸にオープンした大型商業施設「カメイドクロック」。「船橋屋」（→P.353）、鮮魚バル「にだいめ野口鮮魚店」、江東区にある精肉店が手掛ける焼肉店「肉の田じま」など地域に密着型店舗が軒を連ねる。

見どころ満載な海を望む大型公園

葛西臨海公園（かさいりんかいこうえん）

東京湾に面し、敷地面積約78万㎡と都心でも有数の広さを誇る都立公園。芝生広場、鳥類園、水族園など複数のゾーンに分かれ、1日中楽しむことができる。水族園では約600種の生物が展示され、日本最大級のペンギン展示場とクロマグロの群泳は必見だ。

公園のシンボルともいえるダイヤと花の大観覧車は日本でも最大級クラス

MAP 別冊 P.15-A3

葛西臨海公園
住 江戸川区臨海町6
TEL 03-5696-1331
営 水族園9:30〜17:00（最終入園16:00）、その他施設による
休 水族園：水（祝日の場合は翌日）、その他施設による
料 公園：無料、水族館：700円、中学生250円、65歳以上350円
交 JR葛西臨海公園駅西口・東口から徒歩5分

クロマグロが展示される水族園の大水槽は迫力満点

水と緑に癒やされる都会のオアシス

夢の島熱帯植物館（ゆめのしまねったいしょくぶつかん）

1000種を超える熱帯植物を観察できる室内植物園で、温室の暖房や本館の冷暖房に必要なエネルギーはゴミ処理場から送られてくる高温水でまかなっている。小笠原諸島の固有種も栽培され、タコノキやムニンノボタンなどの本島では珍しい植物たちに出合える。

滝や池などもあり、熱帯雨林を探検する気分が味わえる

MAP 別冊 P.14-A2

夢の島熱帯植物館
住 江東区夢の島2-1-2
TEL 03-3522-0281
営 9:30〜17:00(最終入館16:00)
休 月（祝日の場合は翌日）
料 250円、中学生100円、65歳以上120円、小学生以下・都内在住在学の中学生無料
交 JR新木場駅から徒歩13分

土・日にはトロピカルドリンクやアイスを提供するカフェも営業する

東京の地下を大解剖

地下鉄博物館（ちかてつはくぶつかん）

地下鉄の歴史や仕組みが学べる博物館。昭和2年に開通した地下鉄（現銀座線）上野駅ホームの再現や、重要文化財に指定されている東京地下鉄道1000形電車などの貴重な車両を見学することができる。地下鉄の電車運転シミュレーターやクイズコーナーも設置され、体験型の展示がある。

営団300形電車（左）と東京地下鉄道1000形電車

MAP 別冊 P.15-A3

地下鉄博物館
住 江戸川区東葛西6-3-1
TEL 03-3878-5011
営 10:00〜17:00(最終入館16:30)
休 月（祝日の場合は翌日）
料 220円、満4歳以上〜中学生100円
交 地下鉄東西線葛西駅環七通り東側《地下鉄博物館》方面出口から徒歩1分

入館券は自動券売機で購入し、実際の自動改札機を通して入館する

葛飾区「業平山 南蔵院」にあるしばられ地蔵と出世牛がおすすめです。
住 葛飾区東水元2-28-25 交 JR金町駅南口からバスでしばられ地蔵下車、徒歩2分

水運の要所だった江東の歴史を体感

江東区中川船番所資料館（こうとうくなかがわふなばんしょしりょうかん）

江戸時代に小名木川を通る船を取り締まっていた中川番所跡の北側に建つ資料館。水運、江東区の歴史や文化に関する資料を展示し、展望室からは実際の番所跡や川の様子を望むことができる。

中川番所の一部を実物大で再現したジオラマは必見

MAP 別冊 P.13-C3

江東区中川船番所資料館
住 江東区大島 9-1-15
TEL 03-3636-9091
営 9:30 ～ 17:00（最終入館 16:30）
休 月（臨時休館あり）
料 200 円、小・中学生 50 円
交 地下鉄東大島駅大島口より徒歩 5 分

広い公園内にある癒やしの動物園

江戸川区自然動物園（えどがわくしぜんどうぶつえん）

絶滅危惧種のオオアリクイやフンボルトペンギンのほかレッサーパンダやプレーリードッグ、アシカの仲間のオタリアなど約 57 種 630 点の動物を間近で見ることができる。

オオアリクイのアイチ（メス）はおとなしくて穏やかな性格

MAP 別冊 P.13-C3

江戸川区自然動物園
住 江戸川区北葛西 3-2-1
TEL 03-3680-0777
営 10:00 ～ 16:30、土・日・祝 9:30 ～、11 ～ 2 月～ 16:00
休 月（祝日の場合は翌日）
料 無料
交 地下鉄西葛西駅から徒歩 15 分

住宅街にたたずむ私立美術館

杉山美術館（すぎやまびじゅつかん）

20 世紀最後の印象派と名高い画家、J・トレンツ・リャドの魅力を伝える美術館。藤田嗣治（常設）ほか、国内外作家の特別展も開催し、貴重な自動車（予約制）の展示も行う。

リャドの作品は常設で展示。国内では貴重な空間だ

MAP 別冊 P.13-C3

杉山美術館
住 江戸川区松島 3-42-1 TEL 03-5879-9951 営 10:30 ～ 16:30（最終入館 16:00） 休 祝、奇数週の土・日、開館の土・日の後の月・火 料 500 円、高校・大学生 300 円、小・中学生 200 円（自動車の見学は大人 +300 円、高校・大学生＋ 200 円、小・中学生 +100 円）
交 JR 新小岩駅から徒歩 13 分

なかには 1 億円の価値のある盆栽も

春花園 BONSAI 美術館（しゅんかえんぼんさいびじゅつかん）

内閣総理大臣賞を 4 度も受賞する盆栽界の巨匠・小林國雄氏が設立した盆栽園と美術館。約 800 坪の敷地に伝統的な日本家屋と庭園があり 1000 点近い盆栽や美術品を鑑賞できる。

館内では美しい床の間に盆栽・置物・掛け軸を展示

MAP 別冊 P.13-C4

春花園 BONSAI 美術館
住 江戸川区新堀 1-29-16
TEL 03-3670-8622
営 10:00 ～ 17:00
休 月（祝日の場合は開園）
料 1000 円（お茶つき）
交 JR 小岩駅から京成バス 76 番で京葉口下車、徒歩 2 分

庭の椅子に座ってのんびりと鑑賞できる

関口美術館（せきぐちびじゅつかん）

生活美と芸術家支援をテーマにした美術館。本館では「風の中の鴉」などのブロンズ彫刻で知られる近代彫刻家・柳原義達の彫刻作品やドローイングを展示している。

本館から徒歩 2 分の東館では特別展や展示室の貸し出しも行う

MAP 別冊 P.15-A3

関口美術館
住 江戸川区中葛西 6-7-12 アルトジャルダン 1 階
TEL 03-3869-1992 営 11:00～16:30
休 月・祝（企画により変更あり）
料 500 円、小学生以上の学生 300 円 交 地下鉄葛西駅西口から徒歩 10 分

2022 年 1 月、新木場にあったエンタメ施設「STUDIO COAST」が閉館。クラブイベントで人気を博したほか、国内外のアーティストのライブで利用した人も多かっただろう。現在は更地になっており、今後の行方に注目だ。

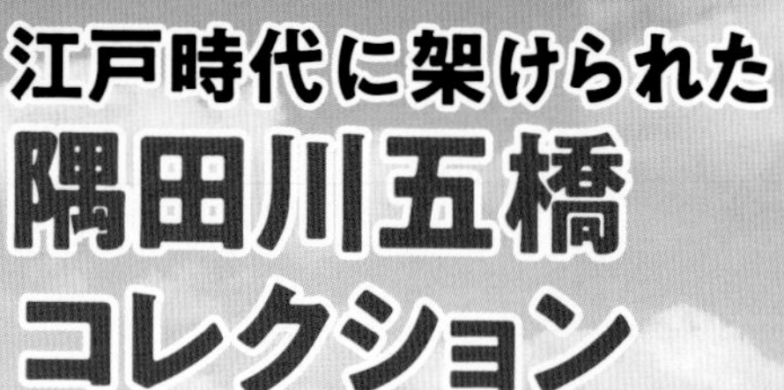

江戸時代に架けられた 隅田川五橋コレクション

浮世絵に描かれたり落語の舞台にも登場する隅田川の橋。
江戸時代に架けられた5つの橋のヒストリーとは。

隅田川の橋と歴史

隅田川に架かる橋は「隅田川橋梁群」といわれる。徳川幕府によって5橋が架橋され、明治時代以降も増えて現在は30以上の橋が架かっており、そのうち26橋は徒歩で渡ることができる。

乗り物から楽しむ

屋形船→ P.410
両国船着き場を出発し、貴重な橋の夜景をたっぷり見ることができる。

神田川クルーズ®→ P.338
神田川から隅田川に出て、両国橋、新大橋、永代橋を間近に望む。

江戸幕府開府前に架橋

❶千住大橋（せんじゅおおはし）

徳川家康の命によって隅田川に架けられた初めての橋。当初は「大橋」と言われ、両国橋が架けられてから「千住大橋」と呼ばれるように。架橋以前まで下流の渡船で経由していた佐倉街道、奥州街道、水戸街道は千住大橋に移り、松尾芭蕉が『おくのほそ道』へ旅立った地としても知られる。江戸時代には何度も改架・改修が行われ、明和4（1767）年にほぼ現在地に。現在の鉄橋（下り）は、昭和2年に架け替えられたもの。

MAP 別冊 P.17-A4 千住
住足立区千住橋戸町～荒川区南千住6　営散策自由
交京成本線千住大橋駅北口から徒歩4分

本所や深川周辺の発展に貢献

❷両国橋（りょうごくばし）

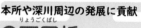

寛文元年

明暦3（1657）年の明暦の大火において、橋がないことで多くの人々が逃げられなかったという反省から、千住大橋に続き2番目に架橋。武蔵国と下総国（現在の墨田区）の間に架けられたことから「両国橋」と呼ばれた。明治8年には西洋風の木橋になったが、明治30年の隅田川花火大会で群衆に押された欄干が崩落し、鉄橋へ架け替えられた。その後、昭和7年に竣工した「ゲルバー橋」というタイプの橋になった。

MAP 別冊 P.17-C4 両国
住中央区東日本橋～墨田区両国1　営散策自由　交JR両国駅西口から徒歩10分

浮世絵や俳句に登場

元禄6年

③新大橋（しんおおはし）

千住大橋の次に“大橋”と呼ばれていた両国橋に続く橋として「新大橋」と命名。深川に芭蕉庵を構えていた松尾芭蕉（→P.154）が建設中から幾度も句に詠んだほか、新大橋を描いた歌川広重の『名所江戸百景』は画家・ゴッホにも影響を与えたとされる。明治45年、現在地に鉄橋が架橋されたあとには、橋の上を東京市電が走っていたことも。

MAP 別冊 P.22-A2 森下
住中央区日本橋浜町2～江東区新大橋1 営散策自由 交地下鉄森下駅A2出口から徒歩5分

ライトアップが美しい

元禄11年

④永代橋（えいたいばし）

徳川五代将軍・綱吉の50歳を祝して、富岡八幡宮が鎮座する永代島に通じる渡しとして架けられたことから、その名がつけられた。元禄15（1702）年、赤穂浪士の討ち入り後に吉良上野介の首を掲げ、永代橋を渡って泉岳寺へ向かったという逸話が残る。明治30年には、道路橋としては日本で初めて鉄橋になる。

MAP 別冊 P.22-C1 茅場町
住江東区永代1～中央区新川1
営散策自由 交地下鉄茅場町駅3番出口から徒歩10分

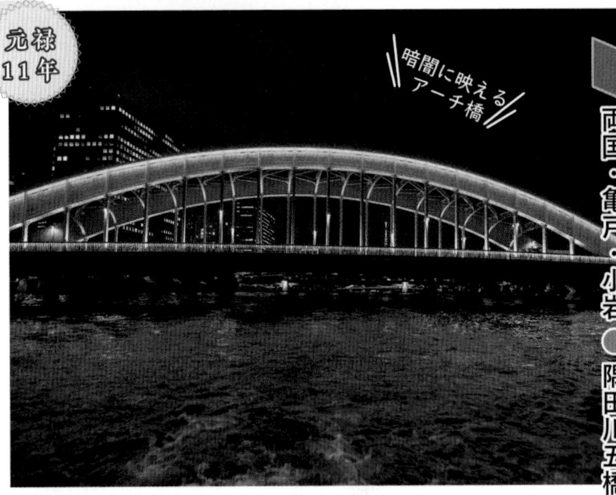

浅草の町を彩る朱色の橋

安永3年

⑤吾妻橋（あづまばし）

浅草と下谷の町人2名の嘆願によって架橋。武士以外の通行者から通行料として2文徴収していた。隅田川の俗称「大川」の名を取って大川橋と称していたが、江戸の東側にあることから町民からは「東橋」と呼ばれていた。明治9年、架け替えが行われた際に「吾妻橋」と命名。現在の橋は昭和6年に関東大震災の復旧事業として架けられたもので、平成初期に朱色に塗り替えられた。

MAP 別冊 P.42-C2 浅草
住台東区雷門2～墨田区吾妻橋1
営散策自由 交地下鉄浅草駅4番出口すぐ

地球の歩き方編集室に届いたたくさんの感想&ご意見のなかから、いくつかピックアップしてクチコミをご紹介。マニアックなおすすめスポットや隠れた穴場、東京在住者の声は参考になるはずだ。

◆上野の「**晴々飯店**」は有名店だが、うまい、安い、早い。同じく上野にある「**国際子ども図書館**」はもとの帝国図書館を安藤忠雄がリニューアルしていて見応えあり。 (PN:カキヲ)

●晴々飯店
住台東区上野 7-8-16
交JR 上野駅入谷口から徒歩 2 分
●国立国会図書館国際子ども図書館
住台東区上野公園 12-49
交JR 上野駅公園口から徒歩 10 分

◆大田区下丸子にある「**二十一世紀桜並木**」は桜のトンネルが美しいのに、花見シーズンでもあまり人がいない穴場! 近くにスーパーやコンビニがあるので、花見の買い出しもラクチンです。 (PN:とみ)

交東急多摩川線下丸子駅多摩川方面出口から徒歩 12 分

◆「**ザ ジャンナット ハラルフード**」は新大久保でインド料理に使うスパイスが大量・格安で購入できる店でおすすめです。 (PN:あおいひと)

住新宿区百人町 2-9-1
交JR 新大久保駅から徒歩 3 分

◆「**東京大学本郷キャンパス**」は、特に秋の銀杏並木が色づいた時期に訪れたらとてもよかった!本郷キャンパスは、周りの建物が独特な雰囲気なので、素晴らしいです。 (PN:コミエ)

住文京区本郷 7-3-1
交地下鉄本郷三丁目駅 4 番出口から徒歩 6 分

◆早稲田大学にある「**大隈庭園**」。一般の人でも入れるし、構内の「Uni.Shop & Cafe 125」というカフェはオープンテラスもあって、犬連れの人もいます。 (PN:まりぴ)

住新宿区戸塚町 1-104
交地下鉄早稲田駅 3a 出口から徒歩 4 分

◆明治大学駿河台キャンパスにある「**明治大学博物館**」は、神保町、御茶ノ水駅から徒歩圏内で、無料で見学できます。刑事部門の展示では、ギロチンやアイアンメイデンなど有名な処刑・拷問器具が展示されているほか、大学が力を入れている考古学の展示もあり、とても興味深いです。

住千代田区神田駿河台 1-1 アカデミーコモン地階
交JR 御茶ノ水駅御茶ノ水橋口から徒歩 5 分

◆浅草にある「**大学いも 千葉屋**」がおすすめです! (PN:こはだ)

住台東区浅草 3-9-10
交つくばエクスプレス浅草駅 A1 出口から徒歩 7 分

◆「**戸越八幡神社**」は戸越銀座商店街に近い場所に鎮座し、境内にはソファやテーブルが置いてあり、とてもゆったりとした時間を過ごすことができる。かわいい御朱印は月ごとにデザインが異なり、種類も多いため迷ってしまうほど。

住品川区戸越 2-6-23
交都営浅草線戸越駅 A1 出口から徒歩 6 分

◆油そば専門店「**武蔵野アブラ學会**」は学生時代の思い出の味。深夜まで営業し、徹夜でレポートに励む苦学生の心と腹を満たしてくれます。 (PN:卒業三流)

●武蔵野アブラ學会 早稲田総本店
住新宿区西早稲田 1-18-12
交都電荒川線早稲田停留場徒歩すぐ

◆「**江東区深川江戸資料館**」(→ P.150)は本当におすすめです。実際に江戸時代に存在した一区画を再現しており、家の中のものには触ることもできて、スタッフの方が驚異的に展示や江戸時代の風俗に詳しいです。国籍年齢興味関心の幅問わず、ぜひ1度行ってみてほしいです。 (PN:荷物)

◆写真を撮るのが好きなので、東武スカイツリーラインの高架下から電車と一緒に見える東京スカイツリーがおすすめです。 (PN:ありる)

◆京急線で羽田空港へ行く際はいつも通り過ぎる駅でしたが、たまたま空港近くの宿に泊まることになり、**穴守稲荷駅**で下車しました。時間があれば羽田空港国際線ターミナルまで徒歩で移動することもでき、よい場所です。

◆「**明治神宮**」(→ P.204)の宝物殿前に広がる芝生でピクニックがおすすめ。レジャーシートがあればなおよしです。 (PN:にしけん)

◆「**豊洲ぐるり公園**」はお散歩コースにぴったりです。夜でも釣り人が多く、比較的安心してウオーキングが可能です。豊洲の湾に架かっている橋も、風が厳しくない日は夜のお散歩コースとして夜景が楽しめます。

住江東区豊洲 6-1 先・江東区豊洲 5-1 先
交ゆりかもめ市場前駅 2A 出口から徒歩 9 分

第三章 歴史と文化

年表で見る東京23区の歴史

時代	西暦	和暦	東京23区のできごと	日本・世界のできごと
旧石器・縄文時代	約3万年前		・ナイフ形石器文化（板橋区・茂呂遺跡）があったとされる ・細石刃文化（世田谷区・廻沢北遺跡など）があったとされる	・岩宿遺跡（群馬県赤城山）から黒曜石の打製石器が出土、旧石器時代の人類の存在が確認された
	1万年以上前		・赤羽台遺跡で北区最古となる石器が発掘される	
	約5000年前		・後期から貝塚がどんどん形成されていく ・大森貝塚の形成　**大森貝塚遺跡庭園→ P.237**	
弥生時代	紀元前4～紀元3世紀		・関東で弥生文化が発展する ・飛鳥山に大規模な環濠集落が出現する（飛鳥山遺跡）	・水稲耕作・金属文化が伝わる
古墳時代	3世紀～7世紀		・東京低地で居住が開始され集落がひらける ・野毛大塚古墳（世田谷区）が造られたとされる	・百済から仏教が伝来する
飛鳥時代	628年	推古36年	・浅草寺が創建　**浅草寺→ P.277**	・ローマ帝国が東西に分裂（395年） ・大化の改新（645年） ・大宝律令制定（701年）
	7世紀		・武蔵国（現在の埼玉県と東京都、神奈川県の一部）が成立	
奈良時代	701年	大宝元年	・大宝律令によって武蔵国の国府が府中に置かれる	・平城京(710年)が成立 ・平安京(794年)が成立 ・富士山噴火（800年）
	730年	天平2年	・神田明神が創建　**神田明神→ P.222**	
	755年	天平勝宝7年	・武蔵国から防人を派遣し、防人歌を献進する	
	757～765年	天平宝字年間	・武蔵国分寺（国分寺市）建立	
平安時代	939年	天慶2年	・平将門が反乱を起こす	
	1063年	康平6年	・大宮八幡宮が創建　**大宮八幡宮→ P.259**	・趙匡胤が宋を建国する（960年） ・武士の誕生(10世紀ごろ) ・キリスト教会が東西に分裂（1054年）
	1156年	保元元年	・武蔵七党、保元の乱主力部隊に	
	1159年	平治元年	・平治の乱が起こる。武蔵武士、源義朝に属して敗れる	
	1180年	治承4年	・源頼朝、江戸重長を武蔵国諸雑事のまとめ役とする	
鎌倉時代	1187年	文治3年	・品川神社が創建　**品川神社→ P.234**	
	1207年	建永2年	・幕府、武蔵野の開墾を命令	・承久の乱（1221年）
	1212年	建暦2年	・代々木八幡宮が創建　**代々木八幡宮→ P.202**	
	1282年	弘安5年	・池上本門寺が創建　**池上本門寺→ P.237**	
	1333年	元弘3年	・新田義貞が幕府討幕の旗揚げ	
室町時代	1352年	正平7年 文和元年	・武蔵野合戦。新田義興ら、人見原・金井原の合戦で尊氏を破る	・室町幕府が成立(1336年) ・百年戦争（1339年）
	1393年	明徳4年	・大本山 増上寺が創建　**大本山 増上寺→ P.327**	
	1456年	康正2年	・太田道灌、江戸城築城を開始	
	1457年	長禄元年	・太田道灌が江戸城を築城　**江戸城跡→ P.138**	
	1466年	文正元年	・小網神社が創建　**小網神社→ P.145**	・応仁の乱（1467年）
	1478年	文明10年	・日枝神社が創建　**日枝神社→ P.191**	
	1524年	大永4年	・北条氏綱、武蔵に攻め込み高輪原の戦いで勝利。江戸城に入城	・ルターの宗教改革(1517年) ・桶狭間の戦い（1560年）
	1533年	天文2年	・皆中稲荷神社が創建　**皆中稲荷神社→ P.210**	
安土桃山時代	1578年	天正6年	・北条氏政、世田谷新宿に楽市令をだす　**世田谷ボロ市→ P.84**	・織田信長が安土城を築城開始（1576年） ・本能寺の変(1582年) ・豊臣秀吉が天下統一（1590年） ・関ヶ原の戦い(1600年)
	1590年	天正18年	・伊場仙が創業　**伊場仙→ P.391** ・江戸城開城、徳川家康、江戸に入府	
	1592年	文禄元年	・江戸城西の丸工事を開始。この年、日比谷入江を埋め立てる	

日本考古学発祥の地

約1300年の歴史を誇る

平安時代末期に等々力不動尊創建されたとされる。

時代	西暦	和暦	東京23区のできごと	日本・世界のできごと
	1594年	文禄3年	・千住大橋架橋 **千住大橋→P.306**	
	1596年	慶長元年	・豊島屋本店が創業 **豊島屋本店→P.398**	
江戸時代	1600年	慶長5年	・徳川家康、関ヶ原で石田三成らを破る（関ヶ原の戦い）	
	1603年	慶長8年	・家康、征夷大将軍に任ぜられ、江戸幕府を開く	
	1604年	慶長9年	・江戸城の修築工事開始	
	1607年	慶長12年	・江戸城内で出雲の阿国が歌舞伎踊りを演じる ・天守の石垣と五層の天守が完成	
	1617年	元和3年	・庄司甚右衛門、葺屋町に公認の遊郭を創設（吉原遊郭の創始）	
	1623年	元和9年	・徳川家光、三代将軍となる	
	1625年	寛永2年	・徳川家の菩提寺・寛永寺が創建 **東叡山 寛永寺→P.329**	
	1635年	寛永12年	・武家諸法度を改定し、参勤交代の期日などを定める「寛永礼」を発布 ・江戸城会場、徳川家康、江戸に入府	・後金、国号を清と改称（1636年） ・鎖国体制が完成する（1641年）
	1651年	慶安4年	・上野東照宮に金色殿が建てられる **上野東照宮→P.327** ・徳川家綱、四代将軍となる	
	1657年	明暦3年	・明暦の大火	
	1661年	寛文元年	・両国橋架橋 **両国橋→P.306**	
	1675年	延宝3年	・酒悦が創業 **酒悦 上野本店舗→P.385**	
	1680年	延宝8年	・徳川綱吉、五代将軍となる	
	1684年	貞享元年	・江戸幕府の御薬園を移転 **小石川植物園→P.229**	
	1686年	元禄元年	・神田祭礼、はじめて江戸城にはいる	・イギリスで名誉革命（1688年）・スペイン継承戦争（1701年） ・富士宝永山の噴火で江戸に降灰（1707年）
	1689年	元禄2年	・黒江屋が創業する **黒江屋→P.391** ・松尾芭蕉が採荼庵跡から「おくのほそ道」へ出発 **採荼庵跡→P.155**	
	1702年	元禄15年	・赤穂浪士、本所松坂町の吉良邸を襲撃し義央を討つ **吉良邸跡→P.303** ・笹巻けぬきすし総本店が創業 **笹巻けぬきすし総本店→P.380**	
	1704年	宝永元年	・さるやが創業 **さるや→P.392**	
	1709年	宝永6年	・徳川家宣、六代将軍となる	
	1713年	正徳3年	・徳川家継、七代将軍となる	
	1714年	正徳4年	・江戸三座が発展 ・絵島・生島事件により関係者を処罰する	
	1716年	享保元年	・徳川吉宗、八代将軍となる。享保の改革を開始	
	1717年	享保2年	・長命寺桜もち 山本やが創業 **長命寺桜もち 山本や→P.383**	
	1721年	享保6年	・享保の改革の一環として評定所に目安箱を設置する	
	1732年	享保17年	近畿・中国・四国・九州地方にイナゴが大発生し大被害を受ける（享保の大飢饉）	
	1745年	延享2年	・徳川家重、九代将軍となる	
	1747年	延享4年	・上野凮月堂が創業 **上野凮月堂 本店→P.382**	
	1760年	宝暦10年	・徳川家治、十代将軍となる ・玉ひでが創業 **玉ひで 親子丼 テイクアウト専門店→P.31**	・イギリスで産業革命始まる（1760年頃） ・アメリカ合衆国独立宣言（1776年） ・フランス革命勃発（1789年）
	1773年	安永2年	・あけぼの湯が創業 **あけぼの湯→P.72**	
	1778年	安永7年	・この頃、柴又 川千家が創業 **柴又 川千家→P.31**	

日本最古の酒店！

屋台や露天商、見世物や芝居の小屋などが建ち並ぶようになり、両国は江戸随一の盛り場としてにぎわう。

元祖福神漬けを販売

興行権の官許を得た中村座、市村座、森田座が「江戸三座」として人気を誇った。

長命寺の門前で販売開始

年表で見る東京23区の歴史

時代	西暦	和暦	東京 23 区のできごと	日本・世界のできごと
	1781 年	天明元年	・上川口屋が創業　**上川口屋→ P.400**	
	1783 年	天明 3 年	・浅間山噴火、江戸にも降灰 ・うぶけやが創業　**うぶけや→ P.390**	
	1787 年	天明 7 年	・松平定信、老中首座となる ・徳川家斉、十一代将軍となる	
	1789 年	寛政元年	・総本家 更科堀井が創業　**総本家 更科堀井麻布十番本店→ P.33**	
	1801 年	享和元年	・駒形どぜうが創業　**駒形どぜう 浅草本店→ P.34**	
	1805 年	文化 2 年	・船橋屋が創業　**船橋屋 亀戸天神前本店→ P.353**	
	1806 年	文化 3 年	・榛原が創業　**榛原→ P.389**	
	1819 年	文政 2 年	・羽二重団子が創業　**羽二重団子 本店→ P.322**	
	1830 年	天保元年	・いせ源が創業　**いせ源→ P.35** ・白木屋 傳兵衛が創業　**白木屋 傳兵衛→ P.393**	・シーボルトが長崎に来航（1823 年） ・アメリカ商船モリソン号、浦賀に入港するが追い返される（1837 年）
	1837 年	天保 8 年	・元祖佃煮天安が創業　**元祖佃煮天安→ P.383** ・雷門 三定が創業　**雷門 三定→ P.30**	
	1841 年	天保 12 年	・老中水野忠邦、天保の改革を開始	・清でアヘン戦争勃発（1840 年） ・ペリー艦隊、浦賀に来航（1853 年） ・南北戦争勃発（1861 年） ・日米修好通商条約締結（1858 年）
	1848 年	嘉永元年	・砂場総本家が創業　**砂場総本家→ P.31**	
	1850 年	嘉永 3 年	・日本橋弁松が創業　**日本橋弁松総本店 日本橋本店→ P.380**	
	1853 年	嘉永 6 年	・浅草花やしきの前身が開園　**浅草花やしき→ P.272**	
	1854 年	安政元年	・ペリー再航する。日米和親条約を調印	
	1856 年	安政 3 年	・芝浦おかめ鮨が創業　**芝浦おかめ鮨→ P.29**	
	1857 年	安政 4 年	・榮太樓の屋号が誕生　**榮太樓總本鋪 日本橋本店→ P.384**	
	1858 年	安政 5 年	・井伊直弼らによる安政の大獄 ・江戸でコレラ大流行	
	1860 年	安政 7 年	・大老井伊直弼、桜田門外で水戸浪士に殺害される（桜田門外の変）	
	1861 年	文久元年	・九段下 寿司政が創業　**九段下 寿司政→ P.29**	・生麦事件が起こる（1862 年） ・リンカーン大統領暗殺（1865 年） ・薩長同盟締結（1866 年） ・スエズ運河開通（1869 年） ・戊辰戦争終わる（1869 年）
	1864 年	元治元年	・いせ辰が創業　**いせ辰→ P.393**	
	1866 年	慶応 2 年	・徳川慶喜、十五代将軍となる ・弁天山美家古寿司が創業　**弁天山美家古寿司→ P.28**	
	1867 年	慶応 3 年	・大政奉還	
	1868 年	慶応 4 年	・江戸を東京と改称　（西郷隆盛と勝海舟が会見し江戸城明け渡しを決定する。）	
明治時代	1868 年	明治元年	・9 月に年号を明治と改元。東京府職制が制定	
	1869 年	明治 2 年	・版籍奉還 ・銀座木村家が創業　**銀座木村家→ P.351** ・丸善日本橋店の前身が創業する　**丸善 日本橋店→ P.69** ・伊勢重が創業　**伊勢重→ P.355**	
	1871 年	明治 4 年	・廃藩置県	
	1872 年	明治 5 年	・新橋～横浜間に初の鉄道が開通 ・大森貝塚と縄文土器が発掘される ・上野精養軒が創業　**上野精養軒本店 レストラン（洋食）→ P.51**	
	1873 年	明治 6 年	・この頃かんだ福寿が創業　**かんだ福寿→ P.239**	
	1877 年	明治 10 年	・カトレアの前身、名花堂が創業　**カトレア→ P.351,371** ・志乃多寿司が創業　**人形町 志乃多寿司總本店→ P.380**	

鬼子母神で創業

くず餅が江戸名物になる

さまざまな甘味を販売

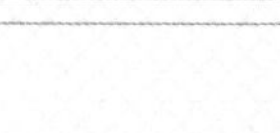
日本人の口に合う味

年表で見る東京23区の歴史

時代	西暦	和暦	東京23区のできごと	日本・世界のできごと
	1878年	明治11年	・東京府が15区6郡に改編される	
	1880年	明治13年	・かんだやぶそばが創業　**かんだやぶそば→ P.32** ・神谷バーが創業　**神谷バー→ P.412**	
	1881年	明治14年	・三省堂書店が創業　**三省堂書店 神保町本店（小川町仮店舗）→ P.69**	
	1882年	明治15年	・東京馬車鉄道会社が新橋～日本橋間に馬車鉄道を開業 ・大屋書房が創業　**大屋書房→ P.67**	
	1885年	明治18年	・品川～赤羽間に日本鉄道開道 ・銀座よし田が創業　**銀座よし田→ P.349**	
	1886年	明治19年	・伊勢屋丹治呉服店が開業　**伊勢丹新宿店→ P.209**	
	1888年	明治21年	・市制・町村制公布される	
	1889年	明治22年	・東京市誕生。新宿～八王子間に鉄道開通（甲武鉄道） ・築地寿司清が創業　**築地寿司清→ P.173**	・大日本帝国憲法発布（1889年） ・市制・町村制施行（1889年） ・教育勅語発布（1890年）
	1890年	明治23年	・日本初の貨物専用駅、秋葉原貨物取扱所が誕生 ・帝国ホテルが創業　**帝国ホテル 東京→ P.420**	
	1893年	明治26年	・三多摩地方を神奈川県から東京府へ移管	
	1894年	明治27年	・銀座四丁目角地に初代時計塔完成　**和光本店（セイコーハウス銀座）→ P.165**	・日清戦争が勃発（1894年）
	1895年	明治28年	・煉瓦亭が創業　**煉瓦亭→ P.50,347**	
	1896年	明治29年	・日本銀行本店の現本館が完成　**日本銀行本店→ P.147**	
	1897年	明治30年	・みの家が創業　**みの家→ P.357** ・水新菜館が創業　**水新菜館→ P.368**	
	1901年	明治34年	・この頃、食堂もり川が創業　**食堂もり川→ P.373** ・新宿中村屋が「中村屋」として創業 **レストラン&カフェ Manna 新宿中村屋→ P.370**	
	1902年	明治35年	・資生堂パーラーが創業　**資生堂パーラー銀座本店→ P.48** ・玉英堂書店が創業　**玉英堂書店→ P.66**	
	1903年	明治36年	・東京電車鉄道が品川～新橋間に路面電車を開業 ・日比谷公園が開園　**日比谷公園→ P.162** ・日比谷松本楼が創業　**日比谷松本楼→ P.49** ・デンキヤホールが創業　**デンキヤホール→ P.379** ・この頃には南青山 清水湯がすでに営業していたとされる **南青山 清水湯→ P.73**	
	1904年	明治37年	・ロシアに宣戦布告し、日露戦争はじまる ・日本初の百貨店、三越が誕生　**日本橋三越本店→ P.144**	
	1905年	明治38年	・亀戸升本 本店が創業　**亀戸升本 本店→ P.358** ・ぽん多本家創業　**ぽん多本家→ P.52** ・巴裡 小川軒が創業　**巴裡 小川軒 新橋店→ P.352**	・第1次ロシア革命始まる（1905年） ・韓国併合（1910年） ・辛亥革命（1911年） ・中華民国発足（1912年）
	1906年	明治39年	・新宿御苑が皇室庭園として誕生　**新宿御苑→ P.208** ・揚子江菜館が創業　**揚子江菜館→ P.366**	
	1909年	明治42年	・甘味処みつばちが創業　**甘味処みつばち→ P.352** ・鳥割烹 末げんが創業　**鳥割烹 末げん→ P.356** ・海鮮丼 大江戸が創業　**築地海鮮丼 大江戸 豊洲市場内店→ P.185**	
	1910年	明治43年	・朝松庵が創業　**朝松庵→ P.371**	
	1911年	明治44年	・東京市電気局開局、路面電車事業を開始 ・王子電気軌道が路面電車を開業 ・カフェーパウリスタ銀座本店が創業 **カフェーパウリスタ銀座本店→ P.377**	
	1912年	明治45年	・万世橋駅完成 ・味の萬楽が創業　**味の萬楽→ P.362**	

1880年代に神田古書店街が形成される。神田古書店街→ P.66

現・すずらん通りにて

伝統の建築美に注目

服部時計店の新店舗

最新設備が備わる新館

三島由紀夫も訪れた

飛鳥山上～大塚間に路面電車を開業する（現在の荒川線「飛鳥山」～「大塚駅前」）

年表で見る東京23区の歴史

時代	西暦	和暦	東京23区のできごと	日本・世界のできごと
大正時代	1912年	大正元年	・かっぱ橋に数軒の道具商が誕生 **かっぱ橋道具街®** →P.394	・第1次護憲運動始まる（1912年）
	1913年	大正2年	・うさぎやが創業 **うさぎや**→P.323 ・泪橋大嶋屋提灯店が創業 **泪橋大嶋屋提灯店**→P.39 ・滝野川稲荷湯が創業 **滝野川稲荷湯**→P.70	
	1914年	大正3年	・東京駅完成 **東京駅**→P.106、**東京駅丸の内駅舎**→P.136 ・富田染工芸が創業 **富田染工芸**→P.40 ・江戸一が創業 **江戸一**→P.175 ・センリ軒が創業 **センリ軒**→P.184	・第1次世界大戦勃発（1914年）
	1915年	大正4年	・武蔵野鉄道（現西武池袋線）が開通 ・東京ステーションホテル開業 **東京ステーションホテル**→P.422 ・悠久堂書店が創業 **悠久堂書店**→P.68 ・篠原まるよし風鈴が創業 **篠原まるよし風鈴**→P.37	東京駅丸の内駅舎を望む
	1916年	大正5年	・改良湯が創業 **改良湯**→P.73	
	1917年	大正6年	・赤垣が創業 **赤垣**→P.403	
	1918年	大正7年	・田園都市会社が設立。目黒蒲田電鉄を設立 ・河金が創業 **河金 千束店**→P.371	
	1919年	大正8年	・内務省が都市計画法を制定 ・旧朝倉家住宅が建てられる **旧朝倉家住宅**→P.242	
	1920年	大正9年	・東京地下鉄道株式会社創立 ・明治神宮が創建 **明治神宮**→P.204 ・東京會舘が創業 **東京會舘**→P.53	・国際連盟が成立（1920年） ・ワシントン会議開催（1921年）
	1921年	大正10年	・奥野かるた店が「奥野一香商店」として創業 **奥野かるた店**→P.68	
	1922年	大正11年	・現在は公営遊園地の「あらかわ遊園」開園 **あらかわ遊園**→P.296	23区唯一の公営遊園地
	1923年	大正12年	・関東大震災 ・この頃にはアクア東中野がすでに営業 **アクア東中野**→P.75	
	1924年	大正13年	・旧芝離宮恩賜庭園が一般に公開 **旧芝離宮恩賜庭園**→P.178 ・つきぢ松露が創業 **つきぢ松露**→P.174	
	1925年	大正14年	・ラジオ放送はじまる、芝浦仮送信所から放送 ・東京地下鉄道（現東京メトロ）浅草〜上野間着工 ・山利喜が創業 **山利喜 本館**→P.403	・普通選挙法成立（1925年） ・治安維持法成立（1925年） ・日本で金融恐慌が起こる（1927年）
	1926年	大正15年	・明治神宮外苑が完成 **明治神宮外苑**→P.19 ・名曲喫茶ライオンが創業 **名曲喫茶ライオン**→P.378	
昭和時代	1927年	昭和2年	・西武鉄道（現西武新宿線）・小田原急行鉄道（現小田急小田原線）が開通 ・日本初の地下鉄（東京地下鉄道）、銀座線が開通 ・タカラ湯が創業 **タカラ湯**→P.72	
	1928年	昭和3年	・銀座ルパンが創業 **銀座ルパン**→P.413 ・中華料理 三河屋が創業 **中華料理 三河屋**→P.367	
	1930年	昭和5年	・震災記念堂が建てられる ・井泉 本店が創業 **井泉 本店**→P.348 ・わしやが創業 **わしや**→P.385	・世界恐慌始まる（1929年） ・満州事変（1931年）
	1931年	昭和6年	・羽田空港完成、旅客機の発着開始 **羽田空港第1・第2ターミナル展望デッキ**→P.86 ・ホテル雅叙園東京の前身となる目黒雅叙園が創業	
	1932年	昭和7年	・大東京市誕生。35区となり人口は500万人以上にのぼる ・黄金湯が創業 **黄金湯**→P.74 ・奥野ビルが竣工 **奥野ビル**→P.163 ・清澄庭園が一般に開園 **清澄庭園**→P.150	・五・一五事件（1932年5月15日） ・ドイツにヒトラー内閣が成立(1933年) ・二・二六事件（1936年2月26日）
	1933年	昭和8年	・帝都電鉄（現京王井の頭線）開通（渋谷〜井の頭公園） ・小杉湯が創業 **小杉湯**→P.71 ・芳味亭が創業 **芳味亭**→P.49、61	

時代	西暦	和暦	東京23区のできごと	日本・世界のできごと
	1934年	昭和9年	・東京宝塚劇場が開業　**東京宝塚劇場→ P.161** ・江戸川乱歩が旧江戸川乱歩邸に移り住む　**旧江戸川乱歩邸→ P.325** ・現存する最古のビヤホールが開業 **ビヤホールライオン 銀座七丁目店→ P.416**	
	1936年	昭和11年	・国会議事堂新築落成　**国会議事堂→ P.132** ・野方食堂が創業　**野方食堂→ P.375**	
	1937年	昭和12年	・ちゃんこ川崎が創業　**ちゃんこ川崎→ P.35** ・池袋三原堂が創業　**池袋三原堂→ P.357**	
	1938年	昭和13年	・小石川後楽園が一般に開園　**小石川後楽園→ P.228**	・日中戦争勃発(1937年) ・国家総動員法公布(1938年)
	1939年	昭和14年	・東京緑地化計画を策定 ・地下鉄浅草～渋谷間全通する	・第2次世界大戦勃発（1939年） ・日独伊三国同盟成立（1940年）
	1940年	昭和15年	・皇居周辺の整備 ・勝鬨橋が完成　**勝鬨橋→ P.169**	
	1941年	昭和16年	・東京港開港	・太平洋戦争勃発(1941年)
	1942年	昭和17年	・米軍機が東京を初空襲	
	1943年	昭和18年	・東京都発足、東京都制施行、都長官は官選	
	1944年	昭和19年	・米軍爆撃機、中島飛行機武蔵製作所を空襲	
	1945年	昭和20年	・東京大空襲（→ P.320）で都心部は焼け野原になる ・足立市場が開設　**足立市場→ P.293**	
	1947年	昭和22年	・22区成立（8月に練馬区が独立して23区となる）。都長官公選 ・銀座スイスが創業　**銀座スイス 銀座店→ P.52** ・銀座ウエストが創業　**銀座ウエスト 本店→ P.376** ・きつねやが創業　**きつねや→ P.174**	・広島（8月6日）・長崎（8月9日）に原子爆弾投下(1945年) ・日本敗戦　ポツダム宣言受諾（1945年8月15日）
	1949年	昭和24年	・公共企業体「日本国有鉄道」が発足 ・旅館 澤の屋が開業　**旅館 澤の屋→ P.435** ・荻窪中華そば春木屋が創業　**荻窪中華そば春木屋→ P.363** ・東京藝術大学が創立　**東京藝術大学→ P.290**	・朝鮮戦争始まる(1950年) ・対日講和条約・日米安全保障条約調印（1951年） ・メーデー事件(1952年) ・首都圏整備法公布(1956年)
	1950年	昭和25年	・名曲・珈琲 新宿らんぶるが創業　**名曲・珈琲 新宿らんぶる→ P.379** ・常盤仙食堂が創業　**常盤仙食堂→ P.375** ・水口食堂が創業　**水口食堂→ P.374** ・鯉とうなぎのまるます家 総本店が創業 **鯉とうなぎのまるます家 総本店→ P.404** ・もんじゃ 近どうが創業　**もんじゃ 近どう→ P.350** ・三洋食堂が創業　**三洋食堂→ P.239** ・来集軒が浅草で営業開始　**来集軒→ P.363** ・燕湯が再建　**燕湯→ P.71**	
	1951年	昭和26年	・営団地下鉄が丸ノ内線池袋～御茶ノ水駅間の土木工事に着手	
	1952年	昭和27年	・喜楽が創業　**喜楽→ P.362** ・一番飯店が創業　**一番飯店→ P.341** ・宝龍が創業　**宝龍→ P.369**	
	1954年	昭和29年	・営団地下鉄が丸ノ内線池袋～御茶ノ水間開業 ・都議会、都営による地下鉄の建設を決議 ・山の上ホテルが開業　**山の上ホテル→ P.424** ・赤津加が創業　**赤津加→ P.404**	
	1956年	昭和31年	・ことぶき食堂が創業　**ことぶき食堂→ P.373** ・松崎大包堂が創業　**松崎大包堂→ P.41**	
	1957年	昭和32年	・café 紅鹿舎が創業　**café 紅鹿舎→ P.348**	
	1958年	昭和33年	・東京タワーが開業　**東京タワー→ P.54** ・中目黒に「ばん」が創業	
	1959年	昭和34年	・東京でオリンピックが開催されることが決定 ・来々軒が創業　**来々軒→ P.365**	・カラーテレビ放送開始（1960年） ・キューバ危機(1962年) ・J・F・ケネディ米大統領暗殺（1963年）
	1960年	昭和35年	・都営地下鉄1号線、押上～浅草橋開業	

建物は登録有形文化財

空襲後の日本の様子

渋谷の名店！

人々でにぎわう展望台

年表で見る東京23区の歴史

時代	西暦	和暦	東京23区のできごと	日本・世界のできごと
	1961年	昭和36年	・DUG jazz Café & Barの前身DIGが創業 ・らぁめん 満来が創業　**らぁめん 満来→P.364**	
	1962年	昭和37年	・東京都の人口1000万人を突破する ・The Okura Tokyoの前身となる「ホテルオークラ」本館開業 ・第二力酒蔵が創業　**第二力酒蔵→P.341** ・大和寿司が創業　**大和寿司→P.184**	
	1963年	昭和38年	・東京ヒルトンホテル（現ザ・キャピトルホテル 東急）の前身が開業 ・古城が創業　**古城→P.377** ・香妃園が創業　**香妃園→P.359**	ホットケーキも提供
	1964年	昭和39年	・東京オリンピック開催（10月10日） ・珉亭が創業　**珉亭→P.365**	
	1965年	昭和40年	・赤坂珉珉が創業　**赤坂珉珉→P.369** ・寳華園が創業　**寳華園→P.368**	
	1966年	昭和41年	・株式会社東京ひよ子が創業　**東京ひよ子→P.386**	
	1968年	昭和43年	・皇居新宮殿完成。この頃、大学紛争続く ・日本初の超高層ビル、霞が関ビルディングがオープン ・蕎麦処 長寿庵が創業　**蕎麦処 長寿庵→P.359**	・川端康成がノーベル文学賞を受賞（1968年） ・小笠原諸島返還、東京都に編入（1968年）
	1970年	昭和45年	・三島由紀夫、陸上自衛隊東部方面総監部で自殺	・沖縄返還（1972年） ・日中国交正常化（1972年）
	1973年	昭和48年	・巣鴨ときわ食堂が創業　**巣鴨ときわ食堂 本店→P.374**	
	1975年	昭和50年	・23区で24年ぶりに区長公選実施 ・お台場海浜公園が開園　**お台場海浜公園→P.180**	
	1976年	昭和51年	・ロッキード事件で田中角栄首相逮捕（7月27日）	
	1977年	昭和52年	・この頃、タカノが創業　**タカノ→P.369**	渋谷のランドマーク
	1978年	昭和53年	・サンシャインシティが開業　**サンシャインシティ→P.214** ・支那そば たんたん亭が創業　**支那そば たんたん亭→P.364**	
	1979年	昭和54年	・SHIBUYA109渋谷店が開業　**SHIBUYA109渋谷店→P.197**	
	1982年	昭和57年	・喫茶マコが創業　**喫茶マコ→P.174**	
	1983年	昭和58年	・你好 本店が創業　**你好 本店→P.349**	・東京ディズニーランド開園（1983年） ・日航機、群馬県御巣鷹山に墜落（1985年） ・伊豆大島三原山噴火（1986年） ・国鉄分割民営化（1987年）
	1985年	昭和60年	・現在の国技館が開業　**国技館→P.47**	
	1987年	昭和62年	・深川宿 本店が創業　**深川宿 本店→P.34** ・けやき書店が創業　**けやき書店→P.66**	
	1988年	昭和63年	・恵比寿ガーデンプレイスが開業　**恵比寿ガーデンプレイス→P.242、** ・BLUE NOTE TOKYOが創業　**BLUE NOTE TOKYO→P.406**	
平成時代	1989年	平成元年	・大田市場が開設　**大田市場→P.238**	・消費税実施(1989年) ・ベルリンの壁崩壊（1989年） ・イラクがクウェートへ侵攻（1990年） ・スーパーファミコン発売（1990年） ・湾岸戦争起こる（1991年）
	1991年	平成3年	・東京都庁が新宿に移転　**東京都庁第一本庁舎→P.208、東京都庁展望室→P.88** ・東京ばな奈が誕生　**東京ばな奈→P.387** ・下北沢SHELTERが創業　**下北沢SHELTER→P.255**	
	1992年	平成4年	・東京マラソンの前身、第1回東京シティーマラソン大会開催 ・林芙美子記念館が開館　**新宿区立 林芙美子記念館→P.325**	
	1993年	平成5年	・東京港連絡橋「レインボーブリッジ」開通 **レインボーブリッジ遊歩道（レインボープロムナード）→P.180** ・田端文士村記念館が開館　**田端文士村記念館→P.325**	・白神山地（自然）、屋久島（自然）、法隆寺（文化）、姫路城（文化）が世界遺産に認定される（1993年）
	1994年	平成6年	・恵比寿ガーデンプレイスタワーが開業 **恵比寿ガーデンプレイスタワー SKY LOUNGE→P.89**	
	1995年	平成7年	・地下鉄サリン事件発生	・阪神淡路大震災（1995年1月17日）
	1996年	平成8年	・現在の練馬区役所本庁舎が竣工　**練馬区役所展望ロビー→P.88**	
	1997年	平成9年	・東京国際フォーラムが開業　**東京国際フォーラム→P.59,161** ・MORI BARが創業　**MORI BAR→P.414**	

時代	西暦	和暦	東京23区のできごと	日本・世界のできごと
	1999年	平成11年	・タワーホール船堀が開業　**タワーホール船堀展望室→P.89**	
	2000年	平成12年	・三宅島で噴火降灰被 ・大江戸線が全線開業	・九州・沖縄サミット（2000年） ・アメリカ同時多発テロ（2001年）
	2001年	平成13年	・セルリアンタワー能楽堂が開業　**セルリアンタワー能楽堂→P.332** ・池波正太郎記念文庫が開設　**池波正太郎記念文庫→P.324**	
	2002年	平成14年	・大江戸線、ゆりかもめ「汐留駅」が開業 ・永森書店が創業　**永森書店→P.67** ・カレッタ汐留が開業　**カレッタ汐留→179、カレッタ汐留 SKY VIEW→P.89**	 東京国際フォーラムで開催
	2003年	平成15年	・六本木ヒルズが開業　**六本木ヒルズ→P.189** ・大江戸骨董市の開催が始まる　**大江戸骨董市→P.82**	
	2004年	平成16年	・老舗硝子メーカー「廣田硝子株式会社」からすみだ江戸切子館が分離独立 **すみだ江戸切子館→P.36**	
	2005年	平成17年	・ザ・プリンスパークタワー東京が開業 **ザ・プリンスパークタワー東京→P.429** ・COTTON CLUBが開業　**COTTON CLUB→P.407** ・もつやき ばんが祐天寺に開業　**もつやき ばん→P.402**	・JR福知山線脱線事故（2005年） ・郵政民営化法が成立（2005年）
	2007年	平成19年	・DUG jazz Cafe & Barが現在地で営業開始　**DUG jazz Café & Bar→P.414** ・Billboard Live Tokyoが開業　**Billboard Live Tokyo→P.407**	
	2008年	平成20年	・恵比寿横丁が開業　**恵比寿横丁→P.93**	
	2010年	平成22年	・ザ・キャピトルホテル 東急、ザ・キャピトル バーが開業 **ザ・キャピトルホテル 東急→P.430、ザ・キャピトル バー→P.415**	
	2011年	平成23年	・東京港醸造が開業　**東京港醸造→P.399**	
	2012年	平成24年	・東京スカイツリータウン®が創業　**東京スカイツリータウン®→P.56** ・文京区立森鴎外記念館が開業　**文京区立森鴎外記念館→P.324**	・東日本大震災（2011年3月11日） ・小笠原諸島が世界自然遺産に登録（2011年） ・ロンドンオリンピック開催（2012年）
	2013年	平成25年	・2020年の東京オリンピック・パラリンピック開催が決定 ・JPタワー商業施設「KITTE」が開業 **JPタワー商業施設「KITTE」→P.134** ・世田谷いちご熟が創業　**世田谷いちご熟→P.361** ・ホテル椿山荘東京がリブランドオープン　**ホテル椿山荘東京→P.426** ・現在の歌舞伎座が竣工　**歌舞伎座→P.43**	
	2015年	平成27年	・夢野書店が営業開始　**夢野書店→P.68** ・下北沢ろくでもない夜が創業　**下北沢ろくでもない夜→P.255** ・小料理屋 石井が創業　**小料理屋 石井→P.360** ・カマタ食堂が創業　**カマタ食堂→P.360**	・ソチ冬季オリンピック開催（2014年） ・「和紙 日本の手漉和紙技術」がユネスコ無形文化財に登録（2014年） ・リオデジャネイロオリンピック開催（2016年） ・平昌オリンピック開催（2018年）
	2016年	平成28年	・国立西洋美術館が世界文化遺産に登録　**国立西洋美術館→P.283** ・豊島区立 トキワ荘マンガミュージアムが開業 **豊島区立トキワ荘マンガミュージアム→P.340**	
	2017年	平成29年	・吉村昭記念文学館が開館　**吉村昭記念文学館→P.325** ・新宿区立漱石山房記念館が開館　**新宿区立漱石山房記念館→P.324** ・ホテル雅叙園東京として営業開始　**ホテル雅叙園東京→P.247**	・皇太子徳仁親王が第126代天皇に即位し「令和」に改元(2019年5月1日) ・ラグビーワールドカップが日本で開催、味の素スタジアム（調布市）が会場になる
	2018年	平成30年	・東京ミッドタウン日比谷が開業　**東京ミッドタウン日比谷→P.162** ・豊洲市場が設立　**豊洲市場→P.182**	
令和時代	2019年	令和元年	・The Okura Tokyoが開業　**The Okura Tokyo→P.418** ・ONSEN RYOKAN 由縁 新宿が開業　**ONSEN RYOKAN 由縁 新宿→P.434** ・国立競技場が竣工する　**国立競技場→P.58**	
	2020年	令和2年	・メズム東京、オートグラフ コレクションが開業 **メズム東京、オートグラフ コレクション→P.428** ・すみだリバーウォークが開業　**すみだリバーウォーク→P.86** ・MIYASHITA PARK、渋谷横丁が開業 **MIYASHITA PARK→P.197、渋谷横丁→P.93** ・ザ・ゲートホテル両国 by HULICが開業 **ザ・ゲートホテル両国 by HULIC→P.431**	・新型コロナウイルスの世界的流行（2020年） ・東京オリンピック・パラリンピック開催予定が延期(2020年) ・イギリスがEUから離脱（2021年） ・北京冬季オリンピック（2022年） ・ロシア軍、ウクライナに侵攻（2022年）
	2021年	令和3年	・東京オリンピック開催　**オリンピック会場→P.58**	
	2023年	令和5年	・東京ミッドタウン八重洲が開業　**東京ミッドタウン八重洲→P.15** ・東急歌舞伎町タワーが開業　**東急歌舞伎町タワー→P.14**	

江戸から東京府、東京都へ――
東京都の歴史と23区への変遷

徳川家康の入府から開府、明暦の大火による隅田川の橋の創設（→ P.306）や町の拡大、大正時代の関東大震災から戦後復興まで、さまざまなドラマとともに歩んできた東京の歴史を振り返る。

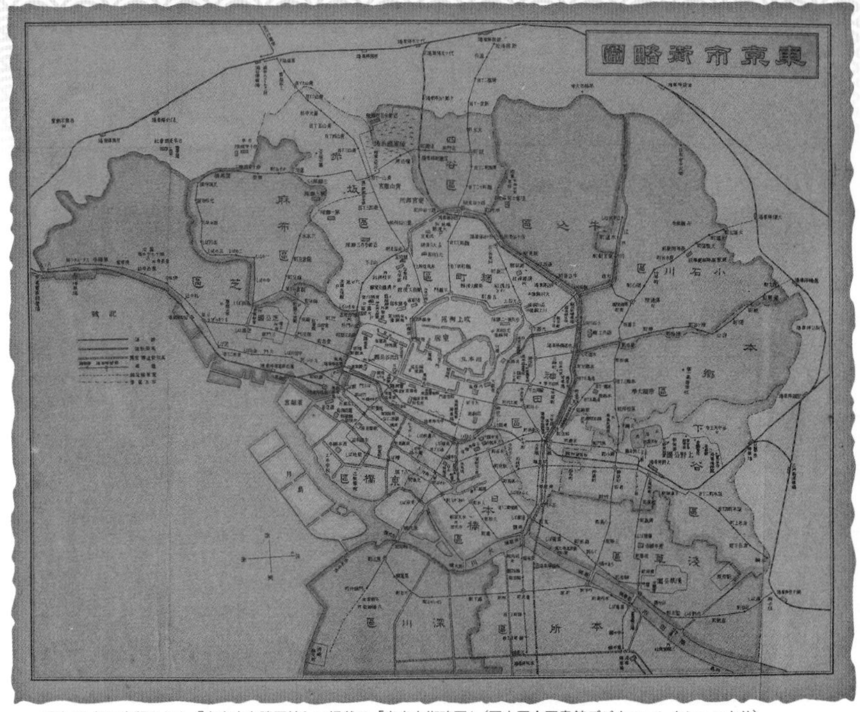

明治 45 年に出版された『東京府名勝図絵』に掲載の「東京市街略図」（国立国会図書館デジタルコレクションより）

不毛な湿地帯だった江戸は 300 年かけて広がりを見せる

天正 18（1590）年、徳川家康が入府したころの江戸は湿地帯だった。大規模な土木事業を行い、入り江を埋め立てることで江戸城や武家屋敷、城下町が形成。1600 年代中頃までには約 300 の町が新設され、「古町」と呼ばれていた。明暦 3（1657）年の「明暦の大火」を契機に新たな都市計画が立てられ、延享 4（1747）年頃までには 1600 を超す町が作られる。文政元年に評定所で評議された結果、江戸の範囲は東…中川限り、西…神田上水限り、南…南品川町を含む目黒川辺、北…荒川・石神井川下流限りと位置づけられた。

明治時代に 23 区の基礎が誕生 区部周辺も町村合併を繰り返す

明治元年に東京府を設置。23 区の原形となったのは明治 11 年に制定された「群区町村編成法」だ。現在の千代田区、中央区、港区、新宿区の一部、文京区、台東区、墨田区の一部、江東区の一部に 15 区が置かれ、明治 22 年には「市制町村制」の施行により、15 区の範囲に「東京市」を設置。区はその下部組織として存続する。また、15 区周辺の荏原郡、南豊島郡、東多摩郡、北豊島郡、南足立郡、南葛飾郡は町村合併で 85 町村が成立。その後も南豊島郡と東多摩郡が合併して豊多摩郡になり、5 郡 82 町村に減少する。

東京が35区編成になり、人口約500万人の"大東京"へ

図①昭和7年以前の東京府

大正12年、関東大震災が発生。被災を受けて「帝都復興事業」が展開され、道路や公園などを整備。その過程で人口の増加も進んでいく。郡はのちに行政区画ではなく単なる地理的呼称となっていたというが、昭和7年、区外に位置していた荏原郡、豊多摩郡、北豊島郡、南足立郡、南葛飾郡の5郡82町村を東京市に編入し(図①)、さらにここから改編。新たに20区を設置して、それまであった15区と合わせて35区に定められた(図③)。もとからあった東京15区と、隣接する5郡は大正時代〜昭和初期ごろまで「大東京」とも呼ばれている。昭和11年には、北多摩郡の千歳村と砧村が世田谷区に編入。35区をもつ東京市の人口は、昭和10年には約590万人、昭和15年には約670万人を超え、名実ともに大都市に成長していく。

東京府から東京都、幻の東京22区から東京23区へ

昭和18年、「東京都制」によって東京府の範囲に東京都を設置。東京市が東京府と国から監督を受けてきたのに対して、東京都は国の直接監督を受けるようになったことなどがおもな特徴で、今まで「東京市」の下部組織だった35区は、東京都の下部組織として存続。しかし、昭和20年の東京大空襲で東京の町は焼け野原になり、多数の死傷者が出たことで人口が減少。戦後、昭和22年に「日本国憲法」とともに施行された「地方自治法」で、人口の偏りをなくすために35区は22区に再編成されることになった。さらに同年

図② 35区時代の東京府の区分

8月には板橋区から練馬区が分離。ちなみに、憲法や地方自治法の施行にともなって「東京都制」は廃止。こうして東京は現在の23区となり、「地方自治法」に基づく特別地方公共団体(特別区)として発足した。

35区だった頃の東京市と区の順番とは?

明治11年に定められた15区時代には、皇居がある麹町区を起点に、麹町、神田、日本橋、京橋、芝、麻布、赤坂、四谷、牛込、小石川、本郷、下谷、浅草、本所、深川と時計回りに「の」の字で区の順番が定められていた。ちなみに、区外の郡部は荏原郡、豊多摩郡、北豊島郡、南足立郡、南葛飾郡という順番だ。その後、昭和7年に35区になってからも原則は変わらず、「の」の字のあとに、旧荏原郡の品川区を起点に、目黒、荏原、大森、蒲田、世田谷、次いで旧豊多摩郡の渋谷、淀橋、中野、杉並、旧豊島郡の豊島、滝野川、荒川、王子、板橋、旧南足立郡の足立、最後に旧南葛飾郡の向島、城東、葛飾、江戸川と続いていた。太線の内側15区を旧市域、外側の区部を新市域と呼んで区別することもあったという。

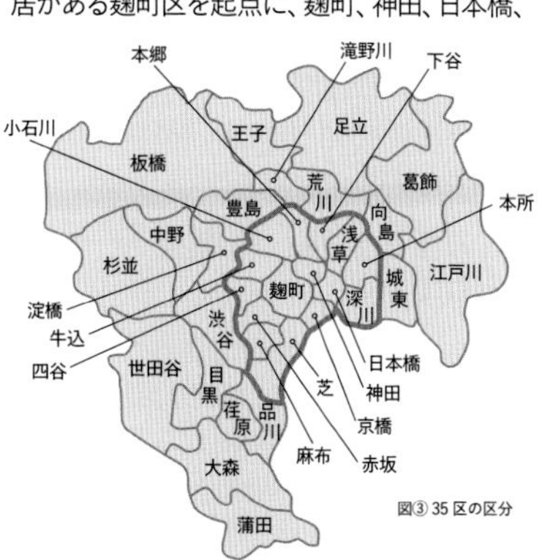

図③ 35区の区分

参考:東京都公文書館ホームページ「大東京35区物語〜15区から23区へ〜東京23区の歴史」

資料からひもとく戦争の跡と平和の尊さ
東京の空襲と戦後復興への歩み

第2次世界大戦による、東京区部への空襲は60回を超えるという。日本本土への初空襲から東京大空襲、そして8月15日の「ポツダム宣言」受諾の流れを追いながら、平和への歩みを考える。

60回を超える東京区部への空襲のはじまりとは

アメリカ軍による日本本土への空襲が初めて行われたのは1942年のことだった。東京では品川区の工場や荒川区内の住宅などが爆撃され、41人が亡くなっている。その後、2年以上もの間は区部への空襲がなかったが、1944年6月の「マリアナ沖海戦」で日本が大敗を喫したこと、また、それによってサイパン、グアムなどのマリアナ諸島から東京がB29の射程圏内に入ったことで、再び東京への本格的な空襲が始まることになった。

1944年11月から開始された空襲は、日中に高度から飛行機工場や産業都市をB29で爆撃するというもので、目標地点は現在の西東京市にある中島飛行機武蔵製作所だった。その後、東京の市街地を無差別に爆撃し始めるようになる。1945年に入ってからも、2月25日には170機を超えるB29の焼夷弾が東京下町の市街地に落とされた。これは3月10日の東京大空襲と同じ目標地域だったとされる。1944年11月～1945年3月4日までの空襲によって、区部で2000人以上が亡くなった。

昭和20（1945）年3月10日 下町を襲った“東京大空襲”

アメリカ軍は人口密度やさまざまなデータに基づいて、都市別の「焼夷区画図」を作っていたという。その結果、住宅密集地や商業・家内工業地を目がけて集中投下することとなり、「焼夷地区1号」に指定されたのが当時の深川区北部、本所区、浅草区、日本橋区の大部分だった。また、市街地を狙うことでそのエリアに点在する小さな軍需工場に被害が及ぶことも狙っていたと思われる。

米軍が公開している資料より、空襲後の日本の様子を捉えたもの（National Archives and Records Administration）

3月9日夜から10日未明にかけて、まずは目標地域に爆撃照準点を合わせて大型の50キロ焼夷弾を投下。大火災を起こして、その後に小型の焼夷弾を落とす目印の役割を果たした。夜間に低空から無差別で焼夷弾を落とす「絨毯爆撃」は、強風の影響もあり、目標地域だけでなく東や南にも広がり、本所区、深川区、城東区全域、浅草区、神田区、日本橋区大部分、下谷区東部、荒川区南部、向島区南部、江戸川区荒川放水路から西部など、下町エリアの多くを焼き尽くした。火災に弱い日本の木造家屋の密集地に大量の焼夷弾が投下されたこと、風が強く大火災になったことなど数々の要因が重なった結果、約10万人にも及ぶ人々が亡くなり、被災家屋は約27万戸、被災者は約100万人にも上った。

山の手大空襲、原爆投下 そして終戦――

同年4～5月にかけては山の手地域を爆撃が襲う。豊島区、滝野川区、荒川区、蒲田区、荏原区、品川区、大森区、目黒区、渋谷区などほぼ全域に焼夷弾が投下され、規模や焼失面積は3月10日を上回るもの

「平和祈念展示資料館」では、兵士や戦後強制抑留者、海外からの引揚者の労苦について理解を深めるためのさまざまな実物資料、映像、ジオラマなどを展示している。住新宿区西新宿2-6-1 新宿住友ビル33階

(写真左) 東方社・光墨弘撮影、提供:東京大空襲・戦災資料センター

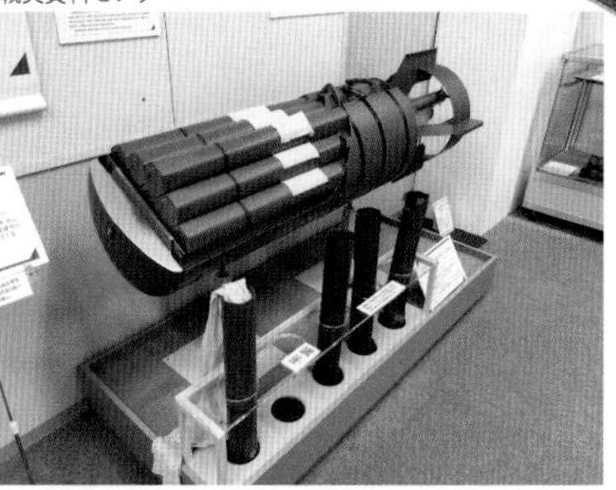

左/1945年6月、神田区須田町での瓦礫片付け作業中の様子　右/戦災資料センターに展示される焼夷弾の実物や模型

だった。また、7月には東京駅八重洲口近くの堀と多摩地域の保谷に原爆の模擬爆弾が投下され、人の殺傷を狙った機銃掃射による攻撃も行われた。

8月6日に広島、8月9日には長崎に原爆が投下され、1945年末までに広島では約14万人、長崎では約7万人が亡くなったと推計される。8月15日、昭和天皇による玉音放送で「ポツダム宣言」受諾が伝えられ、9月2日に降伏調印式が行われた。

日本の戦後復興と平和、考え続けることの大切さ

終戦後、日本は1952年までGHQの占領下におかれ、間接統治が行われた。また、戦災復興院や建設院などの特別な機関が設置されるなどし、日本全土の復興が進められていく。一方で、食糧や物資は不足し、失業者や孤児があふれた。引き続き配給制が取られていたため、都心部に住む人々は農村部に買い出しに行ったり、闇市で入手したりしながら飢えを凌いでいた。1950年、朝鮮戦争によってアメリカから大量の軍事物資の注文が入ったことで「特需」といわれる好景気になり、1950年半ばから急速な経済成長を遂げていく。高度経済成長の波に乗り、バブルで一時的に景気が加速するも、平成に入って1991年には崩壊。「失われた30年」といわれる低成長が続いている。

2023年、外に目を向けてみればウクライナ侵攻やスーダンの内戦など今でも紛争が現在進行形で続いている。終戦から75年以上が経ち、戦争を知らない世代も増えている。ガイドブックを持って旅する平和を噛みしめるとともに、節目節目で風化させることなく語り継ぎ、考え続けていくことが必要だ。

もっと詳しく知るなら

戦争や空襲の歴史を伝える

とうきょうだいくうしゅう・せんさいしりょうせんたー

東京大空襲・戦災資料センター

東京大空襲をはじめとする空襲や戦争による一般民間人の被害の実態を明らかにし、伝えることを目的に、公益財団法人政治経済研究所の付属博物館として開館。2階の常設展示室では、「東京の空襲」をメインテーマに4つのコーナーで構成されている。焼夷弾の模型や灯火管制下の部屋の再現、東京大空襲の展示などを見学することができる。別館ではガイダンス映像の上映や空襲に関する歴史年表の展示がある。

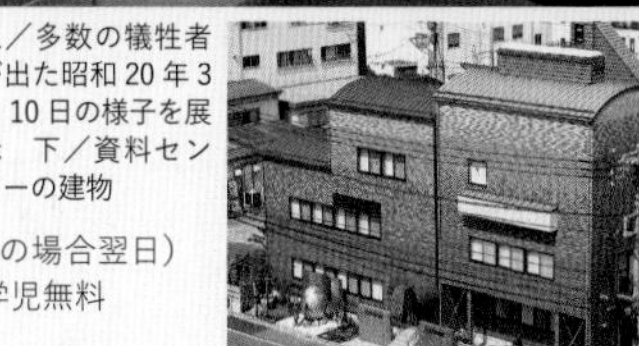

上/多数の犠牲者が出た昭和20年3月10日の様子を展示　下/資料センターの建物

MAP 別冊P.12-C2 住吉

住 江東区北砂1-5-4　TEL 03-5857-5631
営 10:30～16:00　休 月(月曜が祝日または振替休日の場合翌日)
料 300円、中・高校生200円、小学生100円、未就学児無料
CC 不可　交 地下鉄住吉駅B1出口から徒歩20分

東京見聞録　戦傷病者やその家族が体験した戦中・戦後の労苦に関する証言や歴史的資料などを収集・保存・展示している「しょうけい館」も戦争を知る手がかりのひとつ。住 千代田区九段南1-5-13 ツカキスクエア九段下

活字の世界にどっぷりつかりたい！

小説の舞台&文学館さんぽ

小説家がひいきにしていた名店、文豪の生涯や功績を遺した記念館は文学ファン必訪のスポット。

第一章 小説に登場する老舗

夏目漱石
『吾輩は猫である』
（明治38年／初出『ホトトギス』）
―「行きませう。上野にしますか。芋坂へ行って團子を食いましょうか。先生あすこの團子を食ったことがありますか。奥さん一辺行って食って御覧。柔らかくて安いです。酒も飲ませます。」と例によって秩序のない駄辯を揮っているうちに主人はもう帽子を被って沓脱へ下りる。

羽二重団子 616円
生醤油焼きとこしあんの2種類。きめが細かく羽二重のようだとその名がつけられた。

粘りと独特の歯ざわりが特徴

羽二重団子 本店
はぶたえだんご ほんてん

文政2（1819）年、初代・庄五郎が現在地に「藤の木茶屋」を開業。目の前の王子街道をゆく人々に団子を提供したのがはじまり。持ち帰り用は4本入り1208円など複数種あり。

MAP 別冊 P.41-B3 日暮里
住荒川区東日暮里5-54-3 TEL 03-3891-2924
営 9:30～16:30、土・日10:00～ 休無休
CC ADJMV 交 JR・京成日暮里駅南口から徒歩3分

左／羽二重団子の由来や正岡子規が詠んだ句が書かれた看板が立つ 右／木のぬくもりあふれるテーブル席と縁台がある

芥川龍之介
『本所両国』
（昭和2年／初出『東京日日新聞』）
―長命寺の桜餅を…僕は未だにこの二人を田舎者めと軽蔑したことを覚えている

召し上がり 500円（煎茶付き）
小麦粉製の薄皮もち、北海道産の小豆、塩漬けしたオオシマザクラの葉で作る伝統の味

長命寺 桜もち 山本や

300年以上続く老舗。芥川龍之介だけでなく、「月香楼」と称して店の2階でひと夏を過ごした正岡子規が句を詠んだことでも知られている。

DATA → P.383

太宰治
『人間失格』
（昭和23年／初出『展望』）
―酔いの早く発するのは、電気ブランの右に出るものはないと保証し、とにかくその勘定に就いては自分に、一つも不安、恐怖を覚えさせた事がありませんでした。

デンキブラン 350円
ジン、ワイン、キュラソー、薬草など秘伝のレシピで作る

神谷バー

太宰治は神谷バーの常連でデンキブランがお気に入りだった。大正初期に萩原朔太郎が詠んだ詩や芥川賞作家・三浦哲郎の『忍ぶ川』にも登場。

DATA → P.412

「池袋 三原堂」の「池ぶくろう最中」がかわいくていつも手みやげに購入しています！どの商品もストーリーがあるので、人にあげるときにも喜ばれます。（PN：ママ隊長）

第二章 小説家が通った名店巡りへ

「乱歩の蔵」1個250円は邸宅の土蔵から着想

中央には創業者の谷口喜作の書判が押されている

江戸川乱歩が愛した 薯蕷饅頭 4個入り1120円

すった山芋と砂糖、米粉などの生地にあんが包まれたシンプルな一品でいちばんのお気に入りだった。乱歩はこしあんを食していたという。

乱歩にちなんだパッケージも

池袋 三原堂（いけぶくろ みはらどう）

伝統の菓子に加え時代に合わせた商品も豊富で、昭和12年から池袋で愛される。この地を終の棲家とした乱歩も作中で店について書き残すほど通い続けた。

原稿用紙をイメージ

MAP 別冊 P.36-A2 池袋
住 豊島区西池袋1-20-4
TEL 03-3971-2070
営 10:00～18:00
休 無休 CC ADJMV
交 JR池袋駅西口から徒歩1分

芥川龍之介が愛した 喜作最中 120円

鎌倉に逗留した際、うさぎやの最中を求める書簡を送ったほど芥川にとってなじみの味だった。あんは当時から代々守られてきた伝統の風味。

甘党の芥川が惚れ込んだ味

うさぎや

大正2年、初代の名前にちなんだ喜作最中を看板商品として創業。数々の文豪が通った名店で、二代目が提供を始めたどらやきも人気。

うさぎや始まりの味

MAP 別冊 P.46-C1 上野
住 台東区上野1-10-10
TEL 03-3831-6195
営 9:00～18:00
休 水 CC 不可
交 地下鉄上野広小路駅A1出口から徒歩4分

オールド・トム・ジンにレモンジュースとシロップを混ぜ、炭酸で満たす

三島由紀夫が愛した トムコリンズ 1980円

日記形式の評論・随筆『小説家の休暇』の一節に「東京會舘のカクテル・ラウンジでトム・コーリンスを呑んでから～」という記述が残る。

東京會舘

作家・三島由紀夫の作品にはたびたび東京會舘が登場。「レストラン プルニエ」の舌平目の「ソールピラフ」も好んでよく食べていたそう。

DATA → P.53

乳酸発酵でじっくりと熟成させたこだわりのくず餅

吉川英治が愛した くず餅 790円（店内利用時）

執筆に疲れるとパンに黒蜜を塗って食べていたそうで、最もおいしいと選んだのが船橋屋の黒蜜だったという。

船橋屋 亀戸天神前本店

本店の喫茶ルームに掲げられる「船橋屋」と墨で書かれた大看板は吉川英治が手がけたもの。当時は芥川龍之介や永井荷風らもよく訪れていた。

DATA → P.353

東京見聞録 三島由紀夫が最後の晩餐に選んだ「鳥割烹 末げん」（→P.356）や永井荷風や谷崎潤一郎が通った「資生堂パーラー 銀座本店」（→P.48）など、本書のさまざまな特集で文豪たちの足あとを紹介している。

第三章 記念館で文豪の足あとをたどる

夏目漱石 1867年～1916年

英国留学後、38歳で処女作『吾輩は猫である』を発表。教職を辞したあとは朝日新聞専属の作家となり若手文学者が集う「木曜会」も開催した。

ショップではオリジナルグッズの販売も

旧居の一部を忠実に再現

新宿区立 漱石山房記念館（しんじゅくくりつ そうせきさんぼうきねんかん）

県立神奈川近代文学館と東北大学附属図書館の協力による漱石の書斎を再現した展示室のほか、映像資料や初版本などを展示。小説に登場する老舗店の甘味を楽しめるブックカフェも併設している。

MAP 別冊 P.16-C2 早稲田
住 新宿区早稲田南町7　TEL 03-3205-0209　営 10:00～18:00　休 月　料 300円、小・中学生100円（特別展等の観覧料は内容によって異なる）　CC ADJMV　交 地下鉄早稲田駅1番出口から徒歩10分

森鷗外 1862年～1922年

大学で医学を学び軍医としてドイツへ留学した後『舞姫』を発表。陸軍トップの軍医総監を務めるかたわら『雁』、『山椒大夫』などの名作を生み出した。

カフェでは鷗外ゆかりのメニューが楽しめる

半生を生きた千駄木に開館

文京区立 森鷗外記念館（ぶんきょうくりつ もりおうがいきねんかん）

森鷗外の旧居「観潮楼」の跡地に立ち2022年に開館10周年を迎えた。鷗外や文京区ゆかりの文学作品に関する通常展示のほか年に2回特別展を開催。図書室では鷗外の著作や資料の閲覧も可能。

MAP 別冊 P.40-B1 千駄木
住 文京区千駄木1-23-4　TEL 03-3824-5511　営 10:00～18:00、カフェ～17:30　休 第4火曜、そのほか臨時休館あり　料 300円、中学生以下無料（特別展は展示により異なる）　CC 不可　交 地下鉄千駄木駅1番出口から徒歩10分

池波正太郎 1923年～1990年

戦後に都職員となった後、劇作家として新国劇の脚本・演出を担当。『錯乱』で直木賞を受賞し『鬼平犯科帳』をはじめとした時代小説で人気を博した。

テーマごとに並ぶエッセイコーナーも

講座・講演会を定期的に開催

池波正太郎記念文庫（いけなみしょうたろうきねんぶんこ）

池波正太郎の故郷である浅草にあり、復元された書斎や自筆原稿、絵画、生前の愛用品、人気作品の創作ノートなどを展示。時代小説コーナーでは戦前から現代までの時代小説約3000冊を公開する。

MAP 別冊 P.17-B4 浅草
住 台東区西浅草3-25-16　TEL 03-5246-5915　営 9:00～20:00、日・祝～17:00　休 第3木曜　料 無料　交 つくばエクスプレス浅草駅A2出口から徒歩8分

読者だより　林芙美子の紀行文が好きでよく読みます。女ひとりでシベリア鉄道三等列車に乗りヨーロッパへ向かうなど、今から約90年前とは思えないほどの行動力がかっこいいのです。林芙美子記念館もおすすめです。（PN：本の虫）

乱歩が使用した応接間や土蔵は外から観覧可能

江戸川乱歩 1894年～1965年

大正12年『二銭銅貨』で作家としてデビューし、日本における探偵小説を確立した第一人者として知られる。

貴重な書物と建物が残る

旧江戸川乱歩邸（きゅうえどがわらんぽてい）

江戸川乱歩がその半生を過ごした邸宅と、当時は書庫として使われ現在も多数の蔵書や自著を収める豊島区指定有形文化財の土蔵を公開する。

MAP 別冊 P.16-B1 池袋
住豊島区西池袋3-34-1 TEL 03-3985-4641 営10:30～16:00 休火・木・土・日（月2回程度土曜開館） 料無料 交JR池袋駅西口から徒歩7分

自らも建築について学び建てたという数寄屋風造りの邸宅

林芙美子 1903年～1951年

尾道から上京後、その苦闘の時代が元となった『放浪記』がベストセラーとなり女流作家の第一線で活躍した。

家族と過ごした落合の住まい

新宿区立 林芙美子記念館（しんじゅくくりつ はやしふみこきねんかん）

林芙美子が晩年の10年間を過ごした邸宅を公開し、こだわりを持って設計された茶の間や書斎のほか四季折々の草花が咲く庭などを楽しめる。

MAP 別冊 P.9-B3 中井
住新宿区中井2-20-1 TEL 03-5996-9207 営10:00～16:30 休月 料150円、小・中学生50円 交地下鉄中井駅A1出口から徒歩5分

吉村昭 1927年～2006年

大学在学中に小説家を志し『星への旅』で太宰治賞受賞。入念な取材をもとに戦史・歴史作品などを生み出した。

緻密な作品世界を味わう

吉村昭記念文学館（よしむらあきらきねんぶんがくかん）

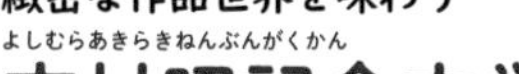

図書館などと一体化した「ゆいの森あらかわ」内にあり、再現書斎や取材ノート、自筆原稿などを展示し生い立ちから作品まで幅広く紹介する。

MAP 別冊 P.17-A3 荒川
住荒川区荒川2-50-1 TEL 03-3891-4349 営9:00～20:30 休第3木曜 料無料 交都電荒川線荒川二丁目停留場から徒歩1分

9つのゾーンからなる常設展示と時期により企画展も実施

無料で楽しめる展示が魅力

田端の王様的存在・芥川龍之介

かつての芥川邸を30分の1スケールで復元した精密な模型は必見。木登りする芥川を映像とあわせて見られる。

若き文士・芸術家たちが集った町

田端文士村記念館（たばたぶんしむらきねんかん）

明治後期～昭和に田端に住んだ芥川龍之介、室生犀星、小杉放庵ら文士・芸術家の功績を通して、田端文士芸術家村の歴史を紹介。

MAP 別冊 P.17-A3 田端
住北区田端6-1-2 TEL 03-5685-5171 営10:00～17:00（最終入館16:30） 休月 料無料 交JR田端駅北口から徒歩2分 ※2023年10月末（予定）まで休館

260年続いた栄華の軌跡

徳川将軍ゆかりの地と歴史

徳川将軍ゆかりの寺社や庭園は、明治維新後の再開発や関東大震災、戦災をくぐりぬけて今もなおその姿を残している。

増上寺大殿と東京タワーの対比が感動的だ

覚えておきたい将軍と功績

没後は江戸の守護神に

初代 家康

天正３（1575）年
長篠の戦いで武田勝頼を撃破

慶長５（1600）年
関ヶ原の戦いで石田三成らを破る

慶長８（1603）年
征夷大将軍となり江戸幕府を開く

江戸幕府の創設後も、西欧の進出阻止や豊臣氏の勢力そぎ落としであらゆる内憂外患を取り除き、天下泰平の礎を確立した。没後は東照大権現という神となり崇拝されている。

時代劇でもおなじみの将軍

八代 吉宗

享保元（1716）年
第八代将軍になり、享保の改革を進める

享保６（1721）年
目安箱を設置

寛保２（1742）年
公事方御定書を制定

御三家の紀州藩主から将軍という異色の存在。享保の改革では質素倹約による財政再建を進め、江戸町火消の創設、目安箱や小石川養生所設置などを大岡忠相とともに行った。

外交政策や役職制度を確立

三代 家光

元和９（1623）年
第三代将軍になる

寛永９（1632）年
老中・若年寄などの役職制度を作る

内政では参勤交代の義務化や目付・大目付の設置などを行った。対外面ではキリシタンの排除と弾圧を強硬に進め、いわゆる鎖国体制を確立した。

生類憐みの令で知られる

五代 綱吉

延宝８（1680）年
第五代将軍になる

貞享２（1685）年
生類憐みの令を発令

学問を好み、湯島聖堂を建立するなど儒学を重んじ文治政治を行った。反面、側用人の重用や生類憐みの令の発布など極端な政策は反発を招いた。

大政奉還をした最後の将軍

十五代 慶喜

慶応２（1866）年
第十五代将軍になる

慶応３（1867）年
大政奉還を行う

攘夷運動や薩長の台頭という大混乱の最中、慶応２（1866）年、将軍に。翌年に大政奉還したものの戊辰戦争が勃発してしまい、失意の日々を送った。

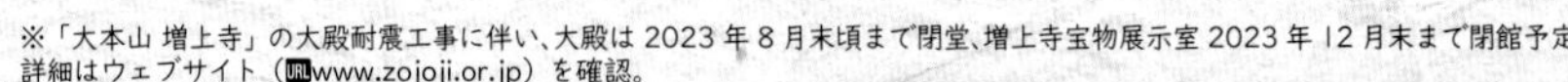

※「大本山 増上寺」の大殿耐震工事に伴い、大殿は 2023 年 8 月末頃まで閉堂、増上寺宝物展示室 2023 年 12 月末まで閉館予定。詳細はウェブサイト（URL www.zojoji.or.jp）を確認。

家康が徳川家の菩提寺とした

大本山 増上寺

だいほんざん ぞうじょうじ

増上寺の創建は室町時代の明徳 4（1393）年。徳川家康が江戸に居を構えると天正 18（1590）年に徳川家の菩提寺に。その後家康は天下統一を成し江戸に幕府を置くが、増上寺も徳川家の庇護を得て壮麗な墓所が設けられるなど隆盛を極めた。境内の敷地は今よりもはるかに広く 25 万坪もあったという。明治維新後は新政府に境内地を接収され、2 度の火災で大殿を焼失するなど苦難が続く。大正期に大殿を再建するも戦災で再び多くの堂宇を焼失し、戦後はその復興に明け暮れた。

MAP 別冊 P.29-C4 芝公園

住 港区芝公園 4-7-35　TEL 03-3432-1431
営 参拝自由（寺務所 9:00 ～ 17:00）　休 無休
交 地下鉄御成門駅 A1 出口から徒歩 3 分

墓所入口の鋳抜門は 6 代徳川家宣の霊廟のものを移設

❶ 徳川将軍家墓所

元来の徳川家霊廟は現在の東京プリンスホテルおよびザ・プリンス パークタワー東京の場所で、戦災による主要な建物の焼失・荒廃を受けて昭和 33 年に現在地に移転・改葬された。墓所内には石造・銅造の宝塔が 8 基あり、6 人の将軍、正室 5 人、その他含めて合計 38 人が眠る。

❷ 増上寺宝物展示室

2015 年に大殿の地下にオープン。展示の中心は「台徳院殿霊廟模型」。二代秀忠の墓所を明治 43 年に 10 分の 1 で再現した精巧なもので、英国から貸与・里帰りした。焼失前の壮麗な姿をしのべる。

落ち着いたたたずまいの貞恭庵。茶室は四畳半二間からなる

境内図

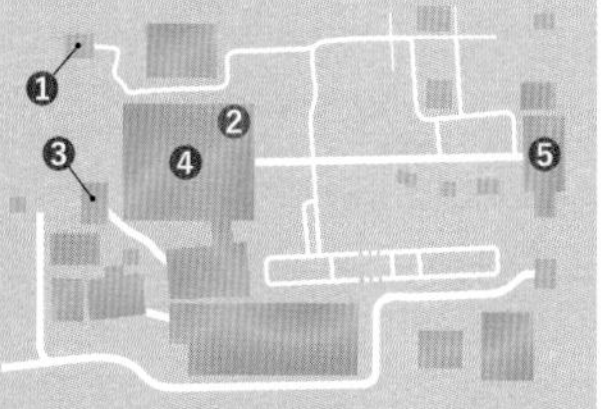

宝物展示室の入口。「台徳院殿霊廟模型」常設展のほか企画展を開催

❸ 貞恭庵

十四代将軍家茂の正室、静寛院宮（孝明天皇の妹。公武合体策で徳川に降嫁した和宮）ゆかりの茶室といい、昭和 55 年に大殿東側の現在地に移築・改修。「貞恭」の名は静寛院宮の法号の一部から。寺では、宮の遺品と伝えられる袈裟などの品々を所蔵。自然木を使った印象的なたたずまいが心を癒やす。通常は非公開だが不定期の茶会などで一般開放されている。

貞恭庵の入口。茶室は緑豊かな空間にひっそりと立っている

大殿に上る階段は 25 菩薩を表す 25 段になっている

❹ 大殿

本尊の阿弥陀仏が鎮座する本堂に当たる堂宇。明治期以降 3 度焼失し、現在の堂宇は昭和 49 年に再建された。右隣の安国殿には家康の念持仏だった黒本尊が秘仏として祀られている。

❺ 三解脱門

増上寺の伽藍は多くが焼失したが、この門は戦災を免れた。今残るのは元和 8（1622）年に再建されたもので、江戸初期に造営された増上寺の建物の中で唯一現存し、国の重要文化財にも指定されている。三解脱とは、煩悩から悟りを開く三種の修行「空門」「無相門」「無願門」を表す。非公開の二階には釈迦三尊像と十六羅漢像を安置。

増上寺の表門は大門であり、三解脱門は中門にあたる

江戸初期の社殿が金色に輝く

うえのとうしょうぐう
上野東照宮

東照宮は「東照大権現」という神となった徳川家康を祀る神社。上野東照宮は寛永寺の一角に寛永4（1627）年に創建され、遠く日光まで参詣できない人々のため三代将軍家光が慶安4（1651）年に金色殿を建てるなど整備した。社殿は奇跡的に震災や戦災を免れ300年以上前の姿を保っている。

MAP 別冊 P.46-A1 上野
住台東区上野公園9-88 TEL 03-3822-3455（社務所） 営9:00～16:30、3～9月～17:30
休無休 交JR上野駅公園口から徒歩10分

拝観料を支払うと社殿の近くから見事な装飾を見ることができる

社殿

家康公を祀る国指定重要文化財の本殿で、別名「金色殿」。柱や彫刻の数々は金箔で覆ったあとに彩色された絢爛豪華なもので家光が日光に準じて建て替えた。2013年に修復が終わり江戸初期の華やかな姿を取り戻した。社殿内は非公開。

屋根材は境内にあった大銀杏を活用

御神木と静心所

社殿の南側には樹齢600年ともいわれる神木の大楠がそびえたつ。大楠の南には落ち着いて神木と対面できる静心所というテラスがある。神符授与所とともに気鋭の建築家、中村拓志が祈りの空間として設計。

不忍口鳥居

江戸城内の紅葉山にあった東照宮の鳥居を明治6年に移設した。御影石製の鳥居で、表参道にある重要文化財の大石鳥居に比べるとあまり目立たないが、江戸城内にあった建造物はほとんど残っていないので貴重な遺物。

不忍口鳥居は動物園通りに面して立っている

大成殿

孔子と孟子・顔子・曽子・子思の四賢人を祀る正殿。湯島聖堂の建物は関東大震災時にほとんどが消失し、大成殿も昭和10年に鉄筋コンクリート造りで再建された。孔子像は明の遺臣、朱舜水が持参したものが大正天皇に献上され、後に下賜された。

寛政9（1797）年当時の建物を復元している

江戸期儒学の中心地

しせきゆしませいどう
史跡湯島聖堂

儒学に親しんだ五代将軍綱吉が元禄3（1690）年に孔子を祀る聖堂を建立したのが始まり。その後幕府直轄の学校、昌平坂学問所が開かれ、学問の中心として栄えた。

MAP 別冊 P.39-B4 湯島
住文京区湯島1-4-25 TEL 03-3251-4606 営9:30～17:00、冬季～16:00（土・日・祝は10:00～閉門まで大成殿公開） 休8月13日～17日、12月29日～31日 料無料 交JR御茶ノ水駅聖橋口から徒歩2分

孔子銅像

昭和50年に台湾の篤志家から寄贈された。像の高さは約4.6m、重量は1.5tといい、銅像としては世界最大の孔子像といわれている。なお、孔子を祀る「釈奠」という祭典が毎年4月の第4日曜に催されている。

孔子像の近くにある「楷」の木は中国曲阜から種を持ち帰ったもの

千代田区観光協会では、「家康所縁の地9選」という記事を掲載している。こちらもチェックしてみよう。
URL visit-chiyoda.tokyo/app/feature/detail/130

江戸城の鬼門を鎮める寺

東叡山 寛永寺

とうえいざん かんえいじ

寛永2（1625）年、天海大僧正が建立した天台宗の寺。天海は徳川家康、秀忠、家光の三代が帰依した高僧であり、幕府と万民の安泰を願い江戸城の鬼門・東北の方角にある上野に寺を建立した。東叡は東の比叡山という意味。江戸時代は隆盛を極め、境内は今の上野恩賜公園全域を超える広大なものだった。しかし、戊辰戦争で彰義隊が立てこもり激しい戦闘で伽藍の大半が焼失、明治初期には境内地を没収されるなど苦難の時期が続いた。建物の一部は震災や戦災を生き延びて歴史を今に伝えている。

MAP 別冊 P.41-C3 鶯谷
住 台東区上野桜木 1-14-11　TEL 03-3821-4440
営 9:00 ～ 17:00　休 無休　交 JR 鶯谷駅北口から徒歩 9 分

❶ 徳川歴代将軍御霊廟

増上寺同様、寛永寺にも徳川将軍の霊廟があり、四代家綱、五代綱吉、八代吉宗、十代家治、十一代家斉、十三代家定の 6 人の将軍と天璋院篤姫が土葬されている。霊廟にあった拝殿などの建物は戦災で多くが消失し、常憲院殿（綱吉）勅額門と水盤舎がわずかに江戸時代の面影を留めるのみ。いずれも重要文化財に指定されている。宝塔は往時のままで、豪華な青銅製の綱吉、質素な石製の吉宗という対比がおもしろい。通常非公開。

不忍池の弁財天は「谷中七福神」のひとつ

❷ 辯天堂

べんてんどう

天海大僧正は寛永寺を建立する際、境内の堂宇を京都の寺社になぞらえて配置していったという。不忍池は琵琶湖であり、池にあった小島を大きく造成して琵琶湖の竹生島に見立て、竹生島の宝厳寺に見立てた辯天堂が建立された。現在のお堂は戦災で焼失したものを昭和 33 年に再建したもの。島内には小さな大黒天堂もある。

境内図

塔は昭和 33 年に寛永寺から東京都に寄贈された

❸ 旧寛永寺五重塔

上野動物園内にそびえる五重塔は、元来は神仏習合により東照宮の塔だった。寛永 8（1631）年に創建され、同 16 年に焼失・再建された。明治維新後の神仏分離で取り壊される予定だったが、寛永寺に帰属して残存した。

❹ 根本中堂

徳川家菩提寺の本堂にしてはこぢんまりしていると感じるが、それもそのはず、戊辰戦争で焼失後の明治 12 年に川越喜多院の本地堂（寛永年間の建物）を大慈院跡に移築したものだからだ。本尊は秘仏の薬師瑠璃光如来像で、最澄作と伝わり国指定の重要文化財。

江戸時代の根本中堂は川越から移築されたこの建物よりはるかに大きく、上野恩賜公園大噴水の場所にあった

❺ 清水観音堂

庶民のために天海が自費で建立した

寛永寺を開いた天海大僧正により、寛永 8（1631）年に建立。京都の清水寺に見立てた舞台造りの堂宇であり、奇跡的に焼失を免れて江戸時代の姿を残す。本尊は清水寺から移した秘仏の千手観音像。

昔上野には大仏があった。江戸期から地震や火災で幾度となく崩れ落ち、関東大震災での崩壊後は戦時中に胴体部が金属供出され現在は顔部分のみが残る。「これ以上落ちない」と受験で願掛けする人も多いとか。

観音堂は重要文化財に指定されている

元禄時代の本堂が残る

大本山 護国寺

だいほんざん　ごこくじ

五代将軍綱吉の生母、桂昌院の発願により天和元（1681）年に創建され、翌年に桂昌院の念持仏である琥珀如意輪観世音菩薩像（秘仏）を本尊とする堂宇が完成した。火災で焼失したものもあるが、観音堂などは江戸時代からの姿を残す。

MAP 別冊 P.16-B2 護国寺
住文京区大塚 5-40-1　TEL 03-3941-0764
営 10:00 〜 16:00（12:00 〜 13:00 閉堂、行事等により拝観不可の場合あり）休無休　交地下鉄護国寺駅 1 番出口すぐ

観音堂

秘仏の本尊を祀る本堂。元禄 10（1697）年に幕府の命により造営された建物が今に伝わる。表門の仁王門も江戸期の作。

鐘楼

江戸中期の建立と伝えられ、都心部に残る当時の鐘楼は少なく貴重。梵鐘は天和 2（1682）年に寄進されたもので、観音堂建立の経緯を記載。

袴腰付重層入母屋造という様式

扁額の「不老」の字は徳川家十六代当主、徳川家達氏による

不老門

表門である仁王門と観音堂の間に、昭和 13 年に建立された。京都の鞍馬寺の門を基本とした設計で、美術商・政治家の三尾邦三（春海熊三）氏が寄進。

御社殿

享保 15（1730）年に吉宗の命で建立された本殿。将軍の寄進としては小さく質素に見えるが、吉宗の倹約指向の表れともいえよう。奇跡的に焼失を免れ、東京都有形文化財となっている。

簡素に見えるが、装飾は重厚で見事なものが多い

1000 年を超える歴史がある

赤坂氷川神社

あかさかひかわじんじゃ

創建は天暦 5（951）年と伝わる。享保 14（1729）年に八代将軍吉宗が老中水野忠之に命じて現在地に社殿を造営し、翌年に遷座した。以降、幕府の庇護を受け、徳川ゆかりの品が社宝として残る。戦災を受けず、江戸期の社殿が残っている。

MAP 別冊 P.28-B2 赤坂
住港区赤坂 6-10-12　TEL 03-3583-1935　営 6:00 〜 17:30（社務所 9:00 〜 17:00）休無休　交地下鉄赤坂駅 6 番出口から徒歩 8 分

四合稲荷

「しあわせいなり」と読む。明治 31 年に 4 つの稲荷を合祀したことに由来。

四合稲荷の名付け親は勝海舟。幸せと志合わせを掛けた

天水桶

防火用水として雨水を溜める桶。幕府御用達の鋳物師「釜六」が作った鉄桶。

「釜六」の作品は中門前のこの天水桶

東京メトロ半蔵門駅から徒歩 5 分の場所にある「半蔵門」。当時、徳川家康の信頼を得ていた伊賀衆の組頭・服部半蔵を警護に付けたことから名づけられたという。

藤代峠

六義園で最も高い築山で園内を一望できる。頂上は富士見山といい標高は35mほど。江戸時代は右手に富士山、左手に筑波山が見えたという。

藤代峠から見下ろした中の島と田鶴橋

側用人柳澤吉保の屋敷跡

六義園（りくぎえん）

五代将軍綱吉の側用人柳澤吉保が将軍から拝領した地に下屋敷を作り、庭園を六義園と称した。元禄8（1695）年から、7年の歳月をかけて造園した「回遊式築山泉水庭園」で、和歌にちなんだ88の名勝を再現。

MAP 別冊 P.16-B2 駒込

住 文京区本駒込6　TEL 03-3941-2222（六義園サービスセンター）　営 9:00～17:00（最終入園16:30）　休 12月29日～1月1日　料 300円、65歳以上150円、小学生以下及び都内在住・在学の中学生は無料　交 JR駒込駅南口から徒歩7分

しだれ桜のライトアップでは1日4万人も来園した日があったそうだ

ライトアップ

春の桜花期や秋の紅葉期に「夜間特別観賞」として期間限定で夜間特別入園とライトアップの催しがある。特に春のしだれ桜が見事だと毎年多くの人が訪れる。

まだある 徳川将軍ゆかりの地

綱吉時代の「犬小屋」関連展示もある

中野区立歴史民俗資料館（なかのくりつれきしみんぞくしりょうかん）

中野地域の歴史や郷土文化を展示解説する郷土資料館。現在の中野区役所付近には、五代将軍綱吉時代に生類憐みの令により大規模な野犬収容施設があった。犬を運ぶ駕籠のレプリカがありおもしろい。

MAP 別冊 P.9-B3 沼袋

住 中野区江古田4-3-4　TEL 03-3319-9221　営 9:00～17:00（最終入館16:30）　休 月、第3日曜　料 無料　交 西武新宿線沼袋駅北口から徒歩8分

旧江戸城 → P.138

❶綱吉時代に使った犬用の駕籠　❷さまざまな歴史の舞台になった江戸城跡巡りへ
❸日枝神社独特の「山王鳥居」　❹国登録有形文化財の神田明神社殿

日枝神社 → P.191

神田明神 → P.222

江戸（御府内）の範囲を定めたのは文政元（1818）年の「江戸朱引図」。東端は荒川手前、西端は中井～代々木上原、南端は品川、北端は王子～南千住あたり。町奉行支配地は山手線内側＋錦糸町手前あたりまで。

現存する世界最古の舞台芸術

美しき能楽入門

室町時代から650年以上もの間、途絶えることなく継承されてきた伝統芸能。本書の解説や劇場の字幕を頼りに初体験はいかが？

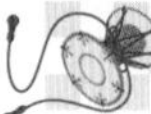

能楽とは？

「能」と「狂言」というふたつの伝統芸能の総称。室町時代に観阿弥・世阿弥親子によって確立され、戦国武将の豊臣秀吉や江戸幕府初代将軍の徳川家康らも愛好家のひとり。2008年にはユネスコの無形文化遺産に登録された。

おもな劇場

渋谷駅から5分の非日常空間

せるりあんたわー のうがくどう

セルリアンタワー能楽堂

能や狂言を中心にクラシックバレエからコンテンポラリーダンスまで多彩なラインアップを上演。公演がない日は能楽堂内の見学が可能。公式サイトで確認を。

MAP 別冊 P.32-C2 渋谷

住 渋谷区桜丘町26-1 B2階　TEL 03-3477-6412　営料 公演により異なる、見学は無料（見学可能時間14:30～17:30）

休 不定休　CC 不可　交 JR渋谷駅西口から徒歩5分

能楽の歴史

さまざまな芸能の影響を受けて発展した能楽。戦国時代に豊臣家庇護のもと能の様式が整い、江戸時代には狂言も流派ごとの違いが表れるように。

能楽の起源

奈良時代に中国から伝来した「散楽」がルーツ。モノマネや寸劇などの側面が狂言の原型に、歌舞伎が能の原型になったとされ、「猿楽」と呼ばれるように。

室町時代の発展

猿楽の一座を率いていた観阿弥と息子の世阿弥がほかの芸能要素も取り入れながら、能を大成させる。三代将軍・足利義満によって保護され、公家にも愛される。

江戸時代の広がり

江戸幕府が猿楽を幕府の「式楽」に定め、安定した地位を確立。一般庶民が触れる機会は限られたが、裕福な町人たちが江戸城で観覧できる機会もあったという。

明治時代

明治維新によって大打撃を受けるが、華族や財閥などの支援を受け復興。「猿楽」という名から、能と狂言を合わせて「能楽」に改称されたのも明治時代のこと。

建築家・大江宏設計で、神社建築で見られるこけら葺を模した黒い屋根が特徴。樹齢400年のヒノキが使われた舞台や中庭も注目

1. チケットを購入

国立劇場チケットセンターの公式サイトまたは電話から予約可能。料金は公演や座席にもよるが、国立能楽堂主催公演の場合3000～5000円程度が目安。
URL ticket.ntj.jac.go.jp

2. 入場して席へ

受付後、劇場内へ。座席は3タイプで全席指定。舞台と登退場の通路に面した橋掛りが見渡せる正面、真横から見る脇正面、正面と脇正面に挟まれ、舞台をななめから見る中正面があり、それぞれ見え方の印象が異なる。

はじめての能楽

日本有数の能楽専門劇場

国立能楽堂（こくりつのうがくどう）

昭和58年、能楽の保存と普及を図ることを目的に開場。627席ある客席には座席字幕表示システムを備え、定例公演や解説が付いた普及公演など、能楽に親しむ機会を作る主催公演を通年で開催。館内には食堂「BISTOIRE Himawari」があり、公演日は開場30分前から営業。

MAP 別冊 P.31-A4 千駄ヶ谷
住 渋谷区千駄ヶ谷4-18-1　TEL 03-3423-1331　営 公演により異なる
料 公演により異なる　CC 不可
交 JR千駄ケ谷駅A4出口から徒歩5分

3. 本編は二部構成

現在は能1～2曲と狂言1曲をセットで上演することが多く、所要時間2～3時間。演目や出演者が記載された公演プログラムを「番組」といい、事前に番組やあらすじをチェックしておくことをすすめる。

4. 幕後の楽しみ

より知識を深めるなら、国立能楽堂内にある「資料展示室」や「図書閲覧室」で能面や能装束、文献などに目を通してみるのもよいだろう。また、オリジナルグッズを販売する売店「小林能装束」ものぞいてみよう。

左／資料展示室では企画展も行う　右／ペンケースや絵葉書などが揃う売店

マナーは？
服装に決まりはない。携帯電話の電源を切る、私語厳禁など一般的な劇場マナーを守ればOK。途中での入退場は控えよう。

字幕あり！
座席に設置されているパーソナルタイプの座席字幕システムで、能の詞章を表示したり能や狂言の決まりごとを解説してくれる。

能を楽しむキーワード

その1 能の特徴と演目

仮面をつけ、台詞と舞によって物語を展開させる歌舞劇。亡霊や精霊などが主役（＝シテ）となることが多く、怨霊がシテの『船弁慶』や牛若丸の物語が題材の『鞍馬天狗』が親しみやすい演目。また『道成寺』や『高砂』などもおすすめ。

その2 狂言の特徴と演目

日常のできごとを題材にして、しぐさや会話によって風刺や笑いを軸に物語を展開する劇。主人の留守中に酒を飲みたい家来の滑稽な様子を描いた『棒縛』や柿泥棒の山伏と畑の主のやり取りが笑いを誘う『柿山伏』などがある。

その3 仮面と装束（衣装）

仮面は「面（おもて）」と呼ばれる。能では主役が仮面をつけることが多く、演者の技術や見る角度、光の具合によってさまざまな表情を見せる。装束は役柄の年齢や身分、職業などによって色や着つけに決まりごとがある。

その4 能と狂言の表現方法

立ち姿「カマエ」と歩き方「ハコビ」を基本とし、多様な身体表現で役柄を表す。また、能では抽象的な、狂言では写実的な「型」を用いて感情表現を行う。「謡（うたい）」や「囃子」といった音楽も重要な要素だ。

1年に1回の盛り上がりを見逃すな！
東京をアツくする祭り＆季節行事

江戸の祭りや花火に踊りまで、見るもよし＆参加するもよしの熱気に包まれたイベントを楽しもう。

江戸三大祭り

江戸の庶民から将軍にまで親しまれてきた3つの祭りで、「神輿深川、山車神田、だだっ広いが山王様」とうたわれ今も昔も江戸っ子にとっては特別な行事。

境内は揃いの法被と神輿で埋め尽くされ、神田祭一色に染まる

掛け声とともに神輿が登場！

神輿が主役の天下祭
神田祭（かんだまつり）

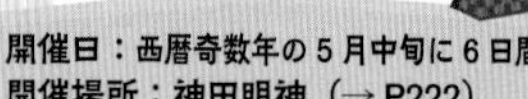

開催日：西暦奇数年の5月中旬に6日間
開催場所：神田明神（→ P.222）

1000年以上の歴史をもつ祭りで、関ヶ原の戦いの際には徳川家康が戦勝祈祷に訪れ、神田祭の日に勝利を収めたことで知られる。そのことから、縁起のよい祭りとして将軍家の厚い庇護を受け江戸城でもたびたび上覧されたという。「天下祭」と呼ばれ親しまれ、神田明神は江戸総鎮守として信仰を集めた。

祭りの流れと見どころ

約1週間にわたり開催される神田祭は、土曜日に行われる「神幸祭」の行列が見どころのひとつ。平安時代の雅な衣装を身にまとい、丸の内や秋葉原を通りながら神田、日本橋を1日かけて巡行するにぎやかな行列だ。やがて日本橋三越前に到着すると、江戸時代から人気の「附け祭」の曳き物や仮装行列が合流し、大行列となって盛り上がりは最高潮に。附け祭では浦島太郎や花咲か爺さん、ご祭神である平将門が行った野馬追いに由来する騎馬隊など趣向を凝らした出し物が人気を集める。翌日の約200基の町神輿による「神輿宮入」は、神田っ子のエネルギーを感じる大迫力の光景で、その掛け声とともに楽しみたい。最終日は「例大祭」が行われ、厳かな雰囲気で神田祭の幕が閉じられる。

左／境内は朝から晩まで人々でにぎわう　右／朱色の社殿が美しい御神殿前で催しが行われる

読者だより　「神田祭」に参加したことがあります。地元の人だけではなく観光客もたくさんいるのでとてもにぎわっていました。神輿を近くで見ることができて迫力満点でした。（PN：マロ）

江戸から続く華やかさ

さんのうまつり
山王祭

開催日：西暦偶数年の6月中旬
開催場所：日枝神社（→ P.191）

日枝神社は江戸の中でも最も氏子域が広く、徳川家光以降に上覧されるようになった神幸行列の場内渡御の回数も106回と最多を誇る。「天下祭」と呼ばれ各町が競い合うよう工夫を凝らした行列は、将軍から取り締まりを受けるほど豪華絢爛であったという。

祭りの流れと見どころ

11日間の中で盛り上がりを見せるのが「神幸祭」。皇居を中心に四谷、日本橋、銀座など氏子地区である約23kmを装束に身を包んだ総勢500人が盛大に練り歩き、にぎわいを見せる。日本橋〜京橋にかけて町神輿が合流していく「下町連合渡御」では、一斉に神輿を上げる「差し」が行われ、その大迫力の光景も必見だ。そのほか「稚児行列」や「盆踊り」などの気軽に参加できる催しものも。

国会議事堂や東京駅、和光前などは人気のビュースポット

迫力満点の水かけ祭り

ふかがわはちまんまつり
深川八幡祭

開催日：毎年8月15日前後
開催場所：富岡八幡宮（→ P.151）

掛け声を響かせ盛り上がれ！

大型トラックや消防団も登場し、水かけをさらに盛り上げる

「江戸最大の八幡様」として、将軍家の厚い庇護を受けた富岡八幡宮。深川祭は寛永19（1642）年、徳川家光の長男である家綱の成長を祈念して執り行ったことが始まりとされる。その人気ぶりは訪れた観客で永代橋が崩落し死者が出るほどであったという。

祭りの流れと見どころ

毎年開催される深川八幡祭の中でも、3年に1度行われる「本祭り」は見逃せない行事のひとつ。「わっしょい」の威勢のよい掛け声とともに120数基以上の町神輿が練り歩き、特に大神輿が一堂に揃う「連合渡御」では、お清めの水が勢いよく浴びせられ、担ぎ手と観衆の見事な一体感が味わえる。本祭りの翌年は御本社二の宮神輿渡御、前年には子供神輿連合渡御が開催され、毎年違った魅力を楽しむことができる。

その他の祭り

下町の勢い感じる神輿が揃う

さんじゃまつり
三社祭

5月の第3土曜日を基点に3日間にわたり浅草神社で開催。都の無形文化財指定の「神事びんざさら舞」をはじめ華やかな江戸風情を感じる舞が楽しめるほか、鳥居をくぐり100基もの町神輿が練り歩く姿も必見。

開運と商売繁盛の熊手が名物

とりのいち
酉の市

鷲神社から江戸を中心に広まり、今では関東各地で行われる開運招福・商売繁盛を願う祭り。開催日である11月の酉の日には、七福神や大判小判、招き猫などの指物がついた縁起物の熊手を求める客でにぎわう。

新型コロナウイルスの影響でしばらく祭りは開催されていなかったが、「神田祭」は2023年5月に4年ぶりに開催。また、「山王祭」の次回の開催は2024年を予定している。

花火大会

花火の技術は町民文化の発達と火薬職人たちが花火師へと転身したことにより江戸時代から発展。夏の始まりを告げる風物詩として現在まで愛され続ける。

第1会場では毎年恒例のコンクールも開催

光と色が隅田川に花開く！

粋な江戸っ子の心を捉えた

隅田川花火大会（すみだがわはなびたいかい）

開催日：毎年7月最終土曜日
開催場所：隅田川沿い（台東区浅草右岸・墨田区向島左岸周辺）の河川敷

もともとは「両国の川開き」という名で、徳川吉宗の時代に享保の大飢饉による悪疫退散と犠牲者の慰霊を祈念し、両国橋付近の料理屋へ花火を打ち上げる許可を出したことから始まる。その後交通事情の悪化などにより一時中断されたが、昭和53年に打上場所を両国橋上流からさらに隅田川上流へと改め、「隅田川花火大会」として復活させた。

見どころ

全国でも有数の2万発以上が隅田川の上空へ次々と打ち上げられ、東京スカイツリー®との共演も楽しめる。当日はふたつの会場で実施され、屋形船に乗り江戸風情を感じながら観覧するのもおすすめ。

視界いっぱいに花火が広がる

江戸川区花火大会（えどがわくはなびたいかい）

開催日：毎年8月第1土曜日
開催場所：江戸川河川敷（都立篠崎公園先）

周囲に高層ビルなど視界を遮るものがない河川敷で打ち上げられるため、大迫力の花火を間近で観覧できる江戸川の名物花火大会。花火師は打ち上げられたときの掛け声、「かぎや〜」で知られ江戸から続く「宗家花火鍵屋」が担当する。

見どころ

毎年異なるテーマで構成され、5秒で約1000発を打ち上げる豪快なオープニングや、フィナーレで黄金に彩られ尾を引いて落ちていく花火は壮観。

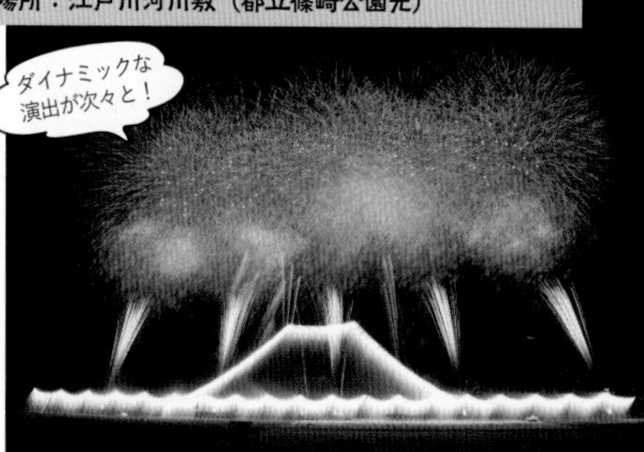

各テーマのイメージに沿ったBGMが流れ一体感を味わえる

その他の花火大会

歌が融合した都市型花火

神宮外苑花火大会（じんぐうがいえんはなびたいかい）

昭和55年、神宮球場で明治神宮の鎮座60年を記念して開催された第1回から始まり、現在では15万人以上が訪れる人気の花火大会。アーティストが歌う幅広いジャンルの曲とともに盛り上がれるのが特徴で、メイン会場である神宮球場をはじめ、ラグビーフィールド越しに観覧できる秩父宮ラグビー場、イベントが多数開かれている神宮軟式球場などで開催される（チケット要予約）。当日は約1万2000発の花火が都心の夜空を彩り、ここでしか満喫できない1日限りでの歌と花火の見事な融合が楽しめる。

「隅田川花火大会」を屋形船から見たことがあります。混雑せずに料理を食べながら贅沢な気分を味わえたので、また行きたいなと思っています。（PN：よしポン）

踊る、ダンス

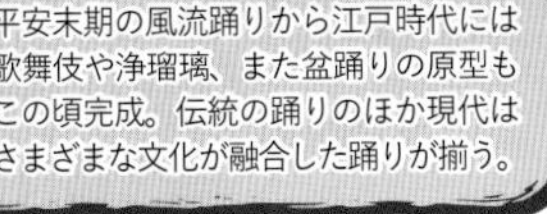

平安末期の風流踊りから江戸時代には歌舞伎や浄瑠璃、また盆踊りの原型もこの頃完成。伝統の踊りのほか現代はさまざまな文化が融合した踊りが揃う。

©浅草サンバカーニバル実行委員会

上／東京スカイツリーや雷門前を背景に行われるパレード　下／各チームがきらびやかな衣装を身にまといサンバを披露

本場さながらの熱気を纏う

浅草サンバカーニバル
あさくささんばかーにばる

開催日：毎年9月中旬
開催場所：浅草の馬道通りから雷門通り

浅草にかつてのにぎわいを取り戻したいという思いから、喜劇役者の伴淳三郎による「リオのサンバカーニバル」のアイデアをきっかけにして昭和56年から開催。現在では50万人以上が来場し、浅草の夏を彩る情熱的なダンスと躍動感あるリズムによって生み出される活気あふれる雰囲気が魅力だ。

見どころ

パレードはコンテスト形式になっており、日本全国から集まった高いレベルの参加者がそれぞれ披露する趣向を凝らしたサンバは見ものだ。

息の揃った踊り子に注目

東京高円寺阿波おどり
とうきょうこうえんじあわおどり

大人も子供も
全員笑顔で！

昭和32年に「高円寺ばか踊り」として始まり、阿波踊りの本場・徳島から指導を受けながら技量を磨いてきた。祭りの規模も徐々に拡大していき、現在では町なかに設置された演舞場で軽快なリズムが響き、観客を巻き込みながら熱気に包まれる一大イベントに。

上／深くかぶった編笠と優雅な踊り方が特徴の「女踊り」の連　下／阿波踊りが披露される8つの会場ではそれぞれ異なる演出が楽しめる

開催日：毎年8月第4土・日曜
開催場所：JR高円寺駅、地下鉄新高円寺駅周辺商店街及び高南通りの8演舞場

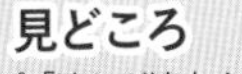

見どころ

踊り子のグループ「連」が演出する見事な一体感が見どころ。それぞれ個性豊かな衣装を身にまとい、鳴り物やお囃子が祭りを盛り上げる。

※新型コロナウイルス等さまざまな影響で、開催期間・場所、イベントの内容は例年と変更となる可能性がある。事前に公式の情報を入手のうえ、祭りや行事を楽しもう。

東京の過去と未来を学ぶ
日本橋川～神田川～隅田川の船旅

江戸時代や明治～昭和の名残を見つけたり、これから変化する東京のランドマークを知る旅へ。

快適な船の旅を楽しんで！

江戸・東京の歴史をたどる

かんだがわくるーず
神田川クルーズ®

日本橋を起点に、オープン型の船で日本橋川・神田川・隅田川を周遊する約 90 分のクルーズ。1 日 2 ～ 4 便で、休日はすぐに埋まってしまう人気ぶり。江戸の歴史や東京の最新情報に精通したベテランガイドの解説には定評があり、景色を堪能しながら知識を深められる。

MAP 別冊 P.21-B3 日本橋

住 中央区日本橋 1-9 先（日本橋川） TEL 03-5679-7311 営 10:00 ～ 17:00 休 不定休 料 2023 年 7 月から料金改訂予定 CC MV 交 地下鉄三越前駅 B6 出口から徒歩 3 分

日本橋のたもとで受付後出発！

神田川の歴史

江戸時代に治水事業が行われ、現在の流路になる。上流は「神田上水」と呼ばれ、武家屋敷や江戸の人々に生活用水を供給する水源や物資の輸送路としての役割を担った。

コースの特徴と注意

日本橋川、神田川や隅田川に架かる数々の橋や複数の鉄道が立体交差するお茶の水エリアなど、マニアにはたまらないスポットを巡る。おもな見どころは次のページで紹介。

受付時にもらえるマップを活用

「神田川クルーズ」に参加しました。ガイドさんのものすごいスピードで繰り出される解説を浴びながら、かなり濃厚な時間を過ごすことができました。またリピートしたいです。（PN：おにく）

クルーズの学び＆撮影ポイント

美しい曲線を描く首都高速道路

1 日本橋と首都高速

迫力満点の首都高速道路はいずれ地下化されるため、今のうちに収めたい風景。五街道の起点である日本橋と一緒に撮影を。

石造の二重アーチが見事な日本橋と麒麟像を川から見上げる

上／江戸城外堀の上に高速道路という光景が広がる　下／石の形状や積み方にも注目だ

2 江戸城外堀の石垣

錦橋から雉子橋にかけて残る石垣。表面には、工事を手伝った諸大名の刻印が記されている。また、常磐橋や一ツ橋には江戸城外郭の御門跡が一部残っている。

3 後楽橋の弾痕

JR水道橋駅と東京ドームシティの間に架かる後楽橋の裏側や周辺の護岸壁には、戦時中の空襲による機銃掃射の跳梁弾痕が今も見受けられる。

左／2023年6月現在、補修工事中の後楽橋を眺める　右／激しい戦火の爪痕が残っている

左／初代は江戸時代に架けられた新大橋　上／清洲橋越しに「東京スカイツリー®」がそびえる

4 隅田川の橋

浅草橋を抜けると隅田川にたどり着く。両国橋をはじめとして、新大橋、清洲橋、隅田川大橋、永代橋など歴史ある隅田川橋梁群を間近で見ることができる。

まだある！見どころ

お茶の水分水路

洪水を防ぐ目的で造られた分水路の真っ暗な出口を川から撮った貴重な1枚。

浅草橋周辺

左衛門橋から浅草橋・柳橋にかけて屋形船が多数停泊。江戸情緒あふれる風景を撮影。

5 お茶の水エリアと聖橋

江戸時代に造られた緑豊かなお茶の水渓谷や聖橋をくぐると見えてくるJR総武線、中央線、地下鉄丸ノ内線の立体交差は絶好の撮影チャンス。御茶ノ水駅は現在工事中で、2025年にはまた違った景色になるはずだ。

上／川から立体交差を撮影できるのも神田川クルーズの大きなポイント　左／聖橋はコンクリートのアーチ型

「神田川クルーズ」の見どころはまだまだたくさん。修復工事を経て2021年から通行再開した常磐橋や船から見える渋沢栄一像、各橋のエピソードなど終始メモを取る手が休まらず。楽しい取材でした。（編集M）

東京が舞台のマンガ＆アニメ聖地巡礼

昔懐かしのマンガから最新作まで、作品ゆかりの地を巡る旅へ出発しよう！

聖地1

マンガ界のレジェンドが集った伝説のアパート“トキワ荘”

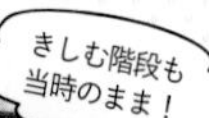

きしむ階段も当時のまま！

4畳半で全10室ある2階廊下

トキワ荘とは？

豊島区椎名町（現南長崎）にあり、下積み時代の若き手塚治虫や藤子不二雄Ⓐ、藤子・F・不二雄、石ノ森章太郎、赤塚不二夫ら、のちの日本を代表するマンガ家たちが過ごしたアパート。建物は老朽化のため昭和57年に解体され、現存しない。

❶当時の面影を残した建物外観　❷共同炊事場に置かれたどんぶりは、住人御用達の中華料理店「松葉」の名前入り　❸マンガラウンジにはマンガ関連の年表なども展示　❹仕事机などが細かく再現されたマンガ家の部屋

ファン必訪のマンガの聖地

豊島区立 トキワ荘マンガミュージアム（としまくりつときわそうまんがみゅーじあむ）

トキワ荘を再現した博物館で、2020年にオープン。1階にはゆかりのマンガ家の作品が展示されているマンガラウンジや企画展示室、2階は当時の様子を再現したマンガ家の部屋や共同炊事場や便所、かつてトキワ荘があった椎名町の歴史を紹介する常設展示室がある。

MAP 別冊 P.9-B3 南長崎
住 豊島区南長崎3-9-22　TEL 03-6912-7706　営 10:00～18:00（最終入館17:30）　休 月（祝日の場合翌平日）、その他展示替え期間など臨時休館あり　料 特別企画展期間中は全館有料　CC 不可　交 地下鉄落合南長崎駅A2出口から徒歩5分

トキワ荘周辺スポットも

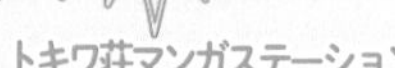

トキワ荘マンガステーション

トキワ荘に入居していたマンガ家たちの作品を中心に約6000冊のマンガが置かれ、手に取って自由に読める施設。

トキワ荘通り昭和レトロ館

2022年にオープンした文化施設。昭和の暮らしが感じられる展示や豊島区の昔の街並みを再現したジオラマなどは必見。

豊島区トキワ荘通りお休み処

トキワ荘に関する資料の閲覧やグッズを販売している1階とマンガ家・寺田ヒロオの部屋を再現した2階で構成。

「豊島区立 トキワ荘マンガミュージアム」に行きました。マンガ界のスーパースターたちが住んでいた時代が再現されていて、とても感動しました！（PN：漫画っ子）

手塚治虫考案 **特製上海焼きそば**

焼きそばに八宝菜やきのこ、鶏肉など好きな具材を入れてほしいというリクエストに応えたもの。1780円。

❶麺をゆでてから野菜を油で揚げ、最後にあんをかけて完成 ❷2021年にリニューアルした店内。2階にも席がある ❸昭和35年に現在の場所に移転

創業70年を超える町中華

一番飯店（いちばんはんてん）

昭和27年に白金台で開業後、高田馬場で「一番」として再スタート。初代は官邸や大使館でも腕をふるった本格派で、当時のレシピを守りながら二代目と三代目が営業。パリパリの麺とあんかけたっぷりの「特製広東焼きそば」も手塚治虫が考案した。

MAP 別冊 P.16-B1 高田馬場
住 新宿区高田馬場4-28-18
TEL 03-3368-7215 営 11:30 ～ 15:30、17:00 ～ 22:00（L.O.22:00）
休 火・水 CC 不可 交 JR 高田馬場駅早稲田出口から徒歩6分

聖地2 トキワ荘出身のマンガ家御用達のグルメスポット

藤子不二雄Ⓐが愛した **白えび唐揚げと豆腐煮付け**

ベジタリアンだったというが、出身地・富山県の「白えびの唐揚げ」825円と「豆腐の煮付け」550円がお気に入り。

MAP 別冊 P.9-C3 中野
住 中野区中野5-32-15 TEL 03-3385-6471 営 14:00 ～ 23:00（L.O.22:00）
休 日 CC ADJMV 交 JR 中野駅北口から徒歩3分

❶藤子不二雄Ⓐ氏の地元である富山県の日本酒「立山」、芋焼酎「武蔵」を好んで飲んでいたという ❷店内には直筆イラストやサインが飾られる

メニューは200種類以上

第二力酒蔵（だいにちからしゅぞう）

昭和37年に創業した中野の老舗酒場。広い店内にはカウンター席やテーブル席、小上がりの座敷席があり、一見さんでも気軽に入れる雰囲気だ。旬の魚料理に定評があり、刺身から焼き物・煮物・揚げ物まで幅広いラインアップが魅力のひとつ。

西武池袋線椎名町駅から徒歩10分のところにある町中華「松葉」は、トキワ荘に住んでいたマンガ家たちが通った名店。巨匠たちが愛した昔ながらのラーメンをぜひ味わってほしい。 住 豊島区南長崎3-4-11

聖地3

昭和を代表するマンガ家の足あとをたどる

上／1階の常設展示室では『サザエさん』の登場人物がお出迎え　下／書籍やグッズが揃うショップと併設の喫茶

ご長寿アニメのルーツを知る

長谷川町子記念館（はせがわまちこきねんかん）

2020年に開館し、長谷川町子の代表作『サザエさん』、『いじわるばあさん』などの世界観を楽しめる1階と長谷川町子の生涯をたどる資料が展示されている2階の常設展示室からなる。年に3～4回の企画展示も行われる。

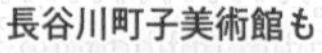

長谷川町子美術館も

昭和60年に開館。長谷川町子が姉と収集した美術品を「収蔵コレクション展」として展示している。

MAP 別冊 P.11-A3 桜新町
住世田谷区桜新町1-30-6
TEL 03-3701-8766　営 10:00～17:30（最終入館16:30）　休月（祝日の場合翌日）、展示替え期間　料 900円、65歳以上800円、高校・大学生500円、小・中学生400円　CC ADJMV　交東急田園都市線桜新町駅西口から徒歩7分

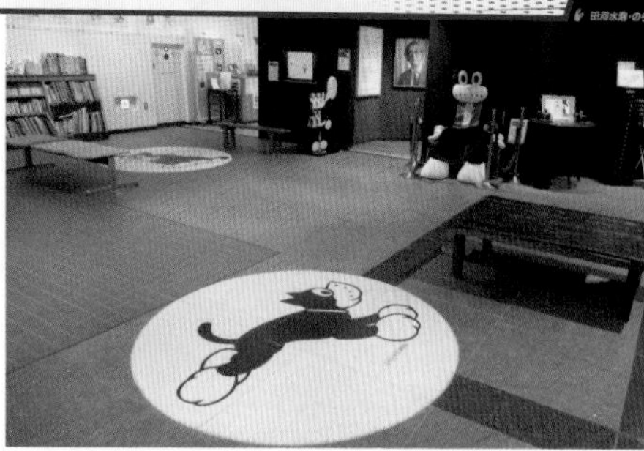

上／のらくろ館を訪問したマンガ家のサイン色紙も展示　左下／書斎机や道具が置かれた仕事場を再現　右下／水泡の著作やマンガ資料の閲覧ができる「のらくろ広場」

深川ゆかりのマンガ家といえば

田河水泡・のらくろ館（たがわすいほう・のらくろかん）

昭和6年に『のらくろ二等卒』を発表し、一躍人気マンガ家となった田河水泡の記念館。幼少期から青年期を江東区で過ごしたことから1999年、この地にオープン。『のらくろ』の単行本や原画から愛用の机や道具などが展示され、水泡の生涯や明治～大正時代の深川についての紹介もある。

ぬいぐるみや小物など現在までに製作されたのらくろグッズを展示

MAP 別冊 P.23-A4 森下
住江東区森下3-12-17 江東区森下文化センター1階
TEL 03-5600-8666　営 9:00～21:00　休第1・3月曜（祝日の場合開館）　料無料　CC 不可　交地下鉄森下駅A6出口から徒歩8分

東京が舞台の平成→令和漫画

平成を代表するマンガといえば『**こちら葛飾区亀有公園前派出所**』。今でも亀有駅前には両津勘吉ら登場人物の像が鎮座。『**美少女戦士セーラームーン**』の舞台は麻布十番。「赤坂氷川神社」（→P.330）はセーラーマーズ・火野レイの実家「火川神社」のモデルだという。りぼんで連載していた『**GALS！**』は渋谷のギャルが主人公で、「SHIBUYA109渋谷店」（→P.197）の階段がたびたび登場。『**3月のライオン**』には「佃公園」（→P.171）や中央大橋が描かれ、佃地区や隅田川周辺がモデルとなっている。

続編『GALS!!』は2022年までアプリで連載

東京見聞録　2023年4月開始のアニメ『スキップとローファー』でも主人公の岩倉美津未とその友人たちが渋谷で遊んでいるシーンや男友達の志摩と上野動物園を訪れるシーンが登場する。

お茶の水 _ 聖橋

すずめの戸締まり

登場回数が多い御茶ノ水駅周辺。トンネルの奥からミミズが出てくるシーンは JR 御茶ノ水駅聖橋口改札を出た「聖橋」から見える。主人公・すずめが聖橋から川に飛び込む場面も。

聖地4

ヒットアニメ＆マンガの景色に出合う

沼袋 _ 中野沼袋氷川神社

東京リベンジャーズ

マイキーやドラケンら 6 人が集まって「東京卍會」を結成した「多摩川武蔵神社」は沼袋駅北口徒歩 2 分にある「中野沼袋氷川神社」がモデル。チーム結成の話をしているのは神楽殿前。

渋谷 _ 渋谷駅周辺

呪術廻戦

原作 10 ～ 15 巻に登場する「渋谷事変」。各班の待機場所として「セルリアンタワー」や JR 渋谷駅新南口、「渋谷ヒカリエ」などがモデルになるほか、主人公の虎杖と脹相が戦う渋谷ヒカリエ 1 改札周辺なども見どころ。

門前仲町 _ 永代橋

BLUE GIANT

隅田川沿いが多く登場し、表紙に描かれることも。特に「永代橋」（→ P.307）は家探し中に主人公の大が「ナガヨ橋」と呼んだり、初ライブ後に玉田が泣いたりと印象的な場面で使われる。

池袋のサンシャイン 60 通りの西側は通称「乙女ロード」と呼ばれ、同人誌の専門店やアニメ関連グッズ店などが並ぶ。2023 年にリニューアルした「アニメイト池袋本店」もマンガ好きにはたまらないスポット。

落語や相撲でも親しまれる 江戸文字の歴史と魅力

江戸時代に発展した「江戸文字」。その源流と現在にいたる変遷を探る。

お話を聞いたのは
橘流寄席文字・江戸文字書家
橘 右之吉さん

相撲字

大相撲の番付表などでよく見かける書体で、かつて番付表の版元だった根岸兼吉によって生み出されたことから「根岸流」ともいわれる。番付表が日本相撲協会の管轄になってからは、行司が身につけなければならないものとされ、入門後は相撲文字の稽古が始まる。直接的な肉太の線で隙間なく表現され、力強いタッチで書き上げるため「力文字」という別名をもつ。上位幕内は太く、下位は極細になる文字の対比も特徴のひとつ。

江戸文字

通称「籠字」とも呼ばれ、もともとは大きな看板や凸凹のある提灯の面など、ひと筆で書きにくい場合に文字の輪郭を書き上げて、その中を塗り込んでいく「籠写し」という書法で書かれた文字を指す。提灯職人や半纏や手拭の染色下絵師などの間で何代もかけて受け継がれてきたため、用途によって籠字の形体は異なるという。寺社の千社札などもその1種で、遠くからでも判別がつく切れ味のよい肉太の文字に造形されている。

勘亭流

おもに歌舞伎や狂言などの看板やチラシなどで使用され、「芝居文字」や「歌舞伎文字」とも呼ばれている。安永8（1779）年に行われた中村座の春興行『御贔屓年々曽我』の絵看板の文字を御家流の書家・岡崎屋勘六に頼んだのが最初とされる。太筆で文字を内へ内へと巻きこむようにし、ぎっしりと枠いっぱいに書かれた書体は評判を呼び、勘六の雅号「勘亭」から「勘亭流」の名がついたともいわれている。

寄席文字

寛政10（1798）年に「頓作軽口噺」の看板を掲げ、ビラを貼って宣伝を始めたのが「寄席ビラ」の始まり。その後、天保年間に神田の紺屋職人・栄次郎が書体のもとを作り、代々受け継がれていく。伝統は一時途絶えかけたが、橘さんの師匠・橘右近師が伝承して寄席文字を完成。「客の大入り」の意味を込めて余白を少なくして文字を寄せ、「今日より明日がもっと繁盛するように」という願掛けで右上がりに一気に書き上げる。

江戸文字を今風にアレンジ

株式会社 UNOS（かぶしきがいしゃうのす）

「橘流寄席文字」の大家・橘右之吉さんが代表を務める工房兼ショップ。通常の活動だけにとどまらず、江戸文字を使って海外のブランドとコラボしたりミニ千社札シールを発案したりと、伝統にとらわれない新しい発想で活動は多岐にわたる。

MAP 別冊 P.39-A4 湯島

住 文京区湯島 2-33-9 TEL 03-6240-1711
営 9:30 ～ 17:30 CC 不可 交 地下鉄湯島駅 3 番出口から徒歩 6 分

ショップも併設

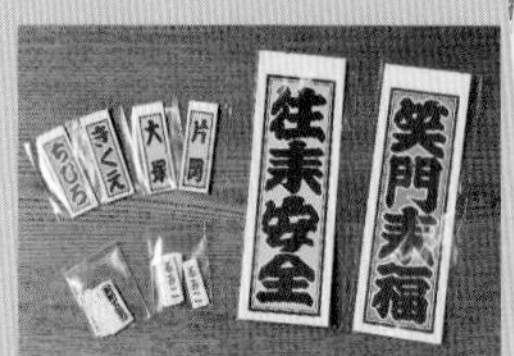

種類豊富で「千社札名前シール」は 10 枚入り 400 円、「ミニシール」15 枚入り 400 円、「縁起札」300 円などがある

湯島天満宮近くという立地で修学旅行生も多いのだそう

花柳界で芸者や舞妓への名刺代わりに「千社札シール」を作って渡したという橘さん。財布の内側に貼ってもらおうと、舞妓向けのシールには「お金が舞い込む（舞妓）」という洒落をきかせたのだそう。

第四章 グルメ

井泉 本店のかつサンド

café 紅鹿舎のピザトースト

船橋屋 亀戸天神前本店のくず餅

甘味処みつばちの小倉アイス

カトレアのカレーパン

洋食からスイーツまで多彩なラインアップ
誕生秘話まで深掘り！
東京元祖グルメ大集合

目新しい料理として注目を集めた料理も今や定番として誰もが慣れ親しむ一品に。パンやスイーツ、洋食などの幅広いジャンルから、始まりの味を守り続ける 11 店をご紹介。

巴裡 小川軒 新橋店のレイズン・ウイッチ

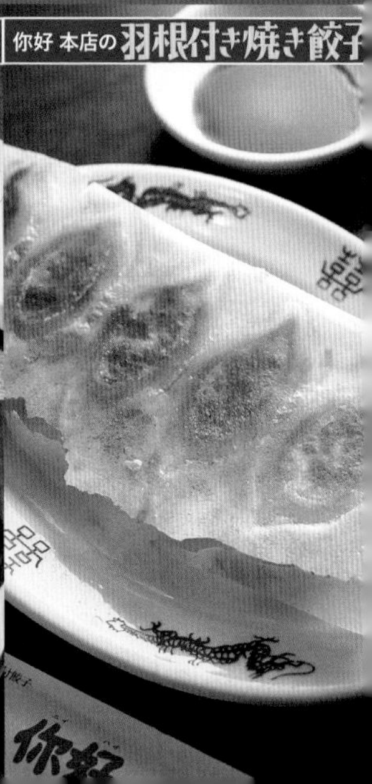

你好 本店の羽根付き焼き餃子

銀座木村家のあんぱん

もんじゃ 近どうのもんじゃ焼き

銀座 よし田のコロッケそば

エビフライ

生パン粉を使用し独自の製法で揚げられた元祖エビフライ。大きなエビが３本とボリューミーながらペロリと食べられるおいしさ。

明治誕生 オムライス

絶妙な火加減で作られた卵と中に包まれたライスの相性が抜群の一品。ご飯と卵を一緒に混ぜた「ライスオムレツ」も提供する。

かきフライ

ふっくらとした大粒のカキが楽しめる冬季限定のかきフライ。自家製のタルタルソース、またはウスターソースでいただこう。

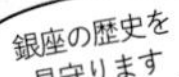

入口には創業当時の風景を現す看板が飾られている

日本の洋食の歴史はここから

煉瓦亭（れんがてい）

明治28年、洋食というジャンルがまだ存在しない時代に銀座で創業。今では定番として親しまれる数々の料理を生み出した洋食の元祖ともいえる名店だ。茶巾ずしから着想を得たというオムライスをはじめ、同じく元祖のポークカツレツの評判を受けて生み出されたエビフライやかきフライなど、今も幅広い年代に愛されるメニューが揃う。1階には明治時代に銀座煉瓦街で使用されたれんがが飾られ、洋食の歴史とともに堪能したい。

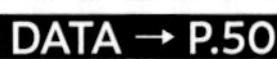
DATA → P.50

2階はテーブル席が並び、銀座ガス灯通りが見える

上新粉で作られる餅菓子の「すあま」は、江戸時代に誕生し、木場が発祥の地といわれている。紅白カラーで作られるものが多く縁起のよいものとして現代まで重宝されている。

テイクアウトも
人気です！

食べやすさから着想

井泉 本店

上野界隈が花街として栄えていた昭和5年に創業した井泉。店を訪れる芸者のために口元を汚さずに海苔巻き感覚で気軽に食べられるものを、という初代女将の提案からかつサンドが誕生した。小ぶりで食べやすいサイズながら肉のうま味が主役の食べ応えのある一品だ。

元祖

かつサンド

軟らかいかつを引き立てる小さめサイズの特注パンには特製のソースがほどよくなじんでおり、バランスのよい味わい。6切れ1000円。

2階建ての店内はお座敷も備え、家族連れなど大勢で来ても楽しめる

MAP 別冊 P.46-C1 上野

住文京区湯島3-40-3　TEL 03-3834-2901　営11:30〜20:00（L.O.19:45）　休水（祝日の場合営業）　CC不可　交地下鉄上野御徒町駅・上野広小路駅A4出口から徒歩1分

本格コーヒーも
味わえます

今や喫茶店の定番の味

café 紅鹿舎

店がオープンした昭和32年、当時はまだ珍しかったピザを気軽に食べられないかという初代店主の奥さまの思いから試行錯誤の末、ピザ生地の代わりにトーストを使ったことで誕生したピザトースト。店内ではサイフォン式コーヒーのほか、240種以上の豊富なメニューが楽しめる。

元祖

ピザトースト

厚切りパンの上に玉ねぎ、ピーマンなどの具材とたっぷりのチーズがかかり、端まで具材が味わえるこだわりの一品。単品は1000円。

アンティーク調で落ち着いた雰囲気の店内

MAP 別冊 P.24-A2 有楽町

住千代田区有楽町1-6-8 松井ビル1階　TEL 03-3502-0848　営11:00〜23:00（フードL.O.22:15、ドリンク・デザートL.O.22:30）、土・日・祝10:00〜　休無休　CC不可　交地下鉄日比谷駅A4出口から徒歩2分

読者だより

かつサンド発祥の「井泉 本店」のかつサンドが好きでよくテイクアウト用に購入しています。テイクアウトの箱に描かれたゆるいブタのイラストが、かわいくてお気に入りです。（PN：ぶた子）

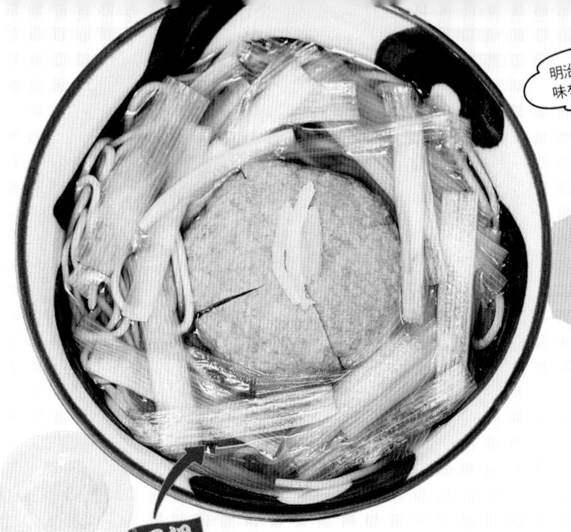

明治から続く味を守ります

代々受け継がれた一品

銀座 よし田（ぎんざよしだ）

元祖コロッケそばの誕生は、初代女将が当時の人気洋食メニューであったコロッケに見立て、鶏ミンチ、山芋、卵を素揚げしたものを蕎麦に入れたことから始まる。明治から戦中・戦後と受け継がれてきた味を求めて通い続ける常連客も多い。充実した一品料理も人気。

壁には女将さんによる手書きのメニュー表が並ぶ

元祖 コロッケそば

鶏肉のミンチ、山芋、卵を専用のお玉を使って素揚げしたコロッケそば 1250 円。カツオだしの優しい味わいはシメにもぴったり。

MAP 別冊 P.24-B2 銀座
住 中央区銀座 6-4-12 KN ビル 2 階 TEL 03-6264-5215 営 11:30 ～ 15:00（L.O.14:30）、17:00 ～ 22:00（L.O.21:30）、土・祝～ 21:00（L.O.20:30） 休 日 CC ADJMV 交 地下鉄銀座駅 C3 出口から徒歩 3 分

アイデア源は中国から

你好 本店（にーはお ほんてん）

現会長の八木功さんが生み出し、今や蒲田名物としても知られる羽根付き焼き餃子。昭和 54 年に中国から引き揚げた八木さんは日本語教師から頼まれたことをきっかけに、中国の焼きまんじゅうをヒントにして考案したという。今もすべて手作業で作られる本格的な味わいだ。

元祖の味を求めて食事どきは行列ができることも多い

元祖 羽根付き焼き餃子

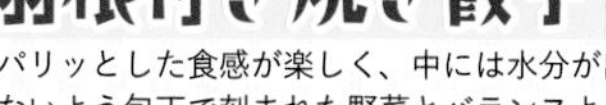

パリッとした食感が楽しく、中には水分が出ないよう包丁で刻まれた野菜とバランスよく調合された肉が包まれている。ひと皿 330 円。

MAP 別冊 P.11-C4 蒲田
住 大田区蒲田 4-24-14 TEL 03-3735-6799 営 11:30 ～ 22:00 休 不定休 CC MV
交 京浜急行京急蒲田駅西口から徒歩 3 分

東京見聞録 「café 紅鹿舎」は宝塚劇場のすぐそばにあることから、観劇前後に訪れる客も多いファン憩いの場所。バラの生クリームがのった「カフェ・タカラズカ」というオリジナルコーヒーも提供している。

元祖

もんじゃ焼き

いちばん人気の「もちチーズ明太子」1700円は、味はもちろん見た目のインパクトも大。好みに合わせた焼き加減でいただこう。

下町の雰囲気も味わえます！

月島から誕生した下町の味

もんじゃ 近どう

もんじゃ こんどう

現在80店以上が店を構える月島もんじゃストリートのなかでも、最古の老舗として昭和25年に創業。小麦粉を溶いて薄く伸ばして醤油や蜜をつけ、子供が食べていたものが始まりだというもんじゃ焼きは、初代女将の頃から駄菓子屋で提供していた。この駄菓子屋もんじゃが発展し、現在は60種類以上ものバラエティ豊かなメニューがある。慣れない人はスタッフが焼いてくれるので、誰でも気軽に楽しめる。

MAP 別冊 P.27-B4 月島
住 中央区月島3-12-10　TEL 03-3533-4555
営 17:00～22:00、土・日・祝 11:30～
休 12月31日～1月3日　CC ADJMV
交 地下鉄月島駅10番出口から徒歩3分

近藤さん直伝 もんじゃ焼きの作り方

① 具材を炒める

適量の油を鉄板に伸ばしたら、上にのった明太子以外の具材をかきだしてヘラで刻みながら炒める。

② 土手を作る

キャベツがほどよくしんなりしてきたら丸いドーナツ状の土手を作る。このとき明太子にも火を入れる。

③ 汁を流し込む

汁をよくかき混ぜ、流れないように注意しながら土手の穴部分に汁を流し込む。

④ 具材を混ぜる

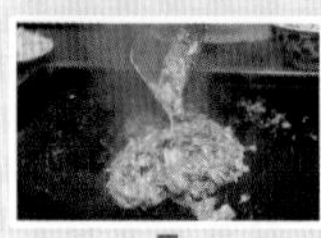

具材と汁がよく絡んでとろみがつくよう、ヘラで刻みながら具材を混ぜ合わせていく。

⑤ チーズをトッピング

平たく広げチーズが溶けたら完成！端から小さなヘラですくいながら食べよう。

読者だより

月島のもんじゃストリートは、たくさんの店が並んでいるので歩いているだけでもワクワクする通りです。私は「もんじゃ 近どう」を訪れましたが本場の味を楽しめてよかったです！（PN：歌子）

元祖

酒種桜あんぱん

当時と変わらない製造方法によってほぼ手作業で行われ、完成までに約 11 日かかる。季節限定も揃う酒種桜あんぱんは 200 円〜

おひとつから気軽にどうぞ！

銀座生まれの菓子パン

銀座木村家（ぎんざきむらや）

創業から 5 年後の明治 7 年に誕生した酒種あんぱんはイーストがなかった当時、日本人の口に合う食感のパンをという研究の末に生み出されたもの。人々の評判を呼び明治天皇にも献上された歴史ある一品だ。平日は約 5000 個以上がビル内の工場で作られ、焼きたてのあんぱんが楽しめる。

元祖

ジャムパン

ビスケット生地にジャムを挟んで焼く作業をヒントに生まれたジャムパン 240 円

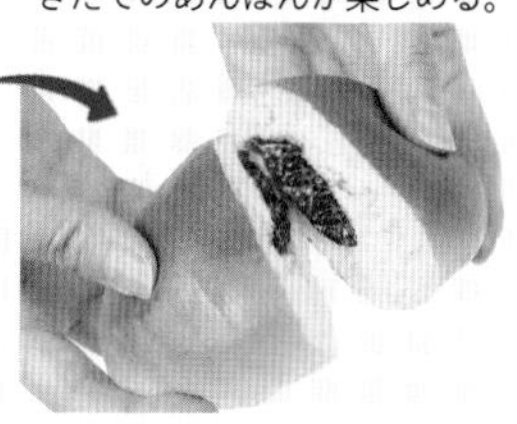

MAP 別冊 P.25-B3 銀座
住 中央区銀座 4-5-7　TEL 03-3561-0091
営 10:00 〜 20:00　休 無休　CC ADJMV
交 地下鉄銀座駅 A9 出口すぐ

ボリューミーさが自慢です

今も昔も看板商品

カトレア（かとれあ）

パンの中にカレーを入れて揚げるという斬新な発想は、昭和 2 年頃の洋食ブームによるものだそう。カレーライスとカツレツからヒントを得て誕生し、洋食パンとして販売をスタート。甘口と辛口の 2 種類を楽しむことができ 1 日 3 回の揚げたてを目当てに訪れる客も多い。

元祖

カレーパン

サクサクの生地の中にほんのりと甘くスパイシーなカレーがたっぷりのカレーパン 281 円。新鮮な油を使用しており、胃もたれしにくい。

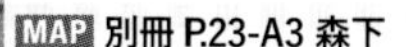

地元のパン屋さんとして親しまれ、豊富な種類が並ぶ

MAP 別冊 P.23-A3 森下
住 江東区森下 1-6-10　TEL 03-3635-1464　営 7:00 〜 19:00、祝〜 18:00
休 日・月　CC ADJMV　交 地下鉄森下駅 A7 出口すぐ

東京見聞録

昭和 2 年に創業した「チョウシ屋」はポテトコロッケ発祥の地といわれている。パンで挟んだコロッケパンも絶品なので、ぜひ試してみてほしい。住 中央区銀座 3-11-6

昔懐かしい
味が魅力

甘味処みつばち（かんみどころみつばち）

明治42年に氷業から始まり、氷あずきを販売していたみつばち。売れ残った小豆をアイスクリームを作る桶に保存したところ偶然生まれたものが後に小倉アイスと名づけられた。誕生時から変わらぬ製法で作られるアイスは、シンプルだからこそ何度でも食べたくなる味だ。

小倉アイス

乳脂肪分は使用せず大納言小豆、砂糖、塩、水だけで作られたアイスは滑らかでさっぱりとした味わい。500円で最中付きは+20円。

小倉アイスを使用したさまざまな甘味が楽しめる

MAP 別冊 P.46-C1 湯島
住 文京区湯島3-38-10　TEL 03-3831-3083
営 10:00～21:00（11～2月の平日11:00～）、喫茶10:30～20:00（11～2月の平日11:00～）
休 無休　CC 不可　交 地下鉄湯島駅4番出口から徒歩3分

リピーター
多数の菓子

巴裡 小川軒 新橋店（ぱり おがわけん しんばしてん）

レイズン・ウィッチの原案は、明治38年に創業した洋食店「小川軒」の二代目によるもの。昭和中期の発案から製品となるまで15年以上を要したというこだわりの一品だ。その後洋菓子部門は「巴裡小川軒」として独立し、新鮮な材料を使った洋菓子は親子三世代にわたり愛され続ける。

元祖

レイズン・ウィッチ

バターとバニラが香るクッキーに特製クリームとレーズンがたっぷりとサンドされ5個入り756円。濃厚な味わいを作る材料は厳しく選定される。

併設のカフェではコーヒーとともに季節限定の生菓子もいただける

MAP 別冊 P.26-A1 新橋
住 港区新橋2-20-15 新橋駅前ビル1号館1階
TEL 03-3571-7500　営 10:00～18:30、土～17:00
休 日・祝　CC ADJMV　交 JR新橋駅汐留口から徒歩2分

読者だより　いろいろなお店がレーズンサンドを出していますが、「巴裡 小川軒」のレイズン・ウィッチがいちばん好き！自分のご褒美として買うときもあればおみやげとしてもしょっちゅう買ってます。（PN：菓子）

元祖
くず餅

ほどよい柔らかさのくず餅は飽きのこない味わい。粗めに挽かれた香ばしいきな粉と特製ブレンドされた黒蜜をかけていただこう。

喫茶スペースで食べられます！

24切れ小サイズ900円、36切れ中サイズ1050円、48切れ大サイズ1350円が揃う。歌川広重の『名所江戸百景』が描かれた特別パッケージ、60切れ1650円も。

江戸名物の甘味を味わう

船橋屋 亀戸天神前本店
（ふなばしや かめいどてんじんまえほんてん）

良質な小麦の産地として知られた下総国船橋出身の初代が始めたくず餅。後に江戸名物に数えられるほど人気となるくず餅は、その独特の食感と風味を作り出すため原料となる小麦粉のでんぷん質を15ヵ月もの間熟成させるのが特徴。これが乳酸発酵されていることから現代では体にやさしいと評判で、和菓子好きに限らず老若男女が訪れる。手間ひまかけて作られる一方、わずか2日しか日持ちしない贅沢な一品だ。

MAP 別冊 P.45-B4 亀戸

住 江東区亀戸3-2-14　TEL 03-3681-2784　営 テイクアウト9:00～18:00、イートイン11:00～17:00　休 無休　CC ADJMV　交 JR亀戸駅北口から徒歩10分

船橋屋の歴史

文化2（1805）年
亀戸天神境内で創業

初代が売り出したくず餅は明治初期の「大江戸風流くらべ」で横綱としてランク付けされる

明治中期（1889～1904年）
大繁盛で近くに家を借り、そこで作って運ぶように

昭和20（1945）年
東京大空襲により焼失。その後仮設店舗で営業

昭和28（1953）年
現在の本店が完成

今も喫茶ルームに飾られる看板は船橋屋の黒蜜を好んで食べた作家の吉川英治によるもの

平成28（2016）年
本店リニューアルオープン

「船橋屋」は亀戸天神前本店以外にCOREDO室町や東京ソラマチ®、柴又帝釈天参道などに出店しているので、手軽に購入できるのもうれしいポイント。

歴史とともに味わいたい 由緒ある専門店の肉鍋

江戸時代に禁止されていた肉食。先駆けとして江戸〜明治に創業したお店を調査。

猪

享保3年創業
ぼたん鍋とももんじや

当初は漢方薬屋さん。冷え性や疲労回復に効果がある猪肉を提供したところ評判になる。

両国の地で300年以上続く

ももんじや

江戸時代、四つ足の動物肉を販売している店は「ももんじ屋」と呼ばれており、当時の屋号は「ももんじやの豊田」。表向きは肉食が禁じられていたが、「山くじら」という看板を出して、猪肉を提供する店のひとつだった。現在、猪は兵庫県・丹波や三重県・鈴鹿などから仕入れており、せりやしらたき、豆腐、ネギと合わせて八丁味噌ベースのすき焼きにしていただくスタイル。コース料理では、鹿の刺身など新鮮なジビエが味わえる。

MAP 別冊 P.44-C1 両国
住 墨田区両国 1-10-2
TEL 03-3631-5596 営 17:00 〜 21:00
休 不定休 CC ADJMV
交 JR 両国駅西口から徒歩 5 分

❶見た目は分厚く脂が多いが煮込んでも柔らかい ❷広々とした座敷席は人数が多ければ個室にもなる ❸店頭には猪の剥製や毛皮が展示されている ❹先付や前菜、刺身が付いた「猪鍋と料理3品コース」1名6600円（2人前から受付）

読者だより

鹿や猪などジビエが食べられる「新宿 炉とマタギ」がおすすめです。前菜やサラダからメインまで品揃え豊富でさまざまなお肉が楽しめますよ。（PN：AI） 住 新宿区歌舞伎町 1-6-3 石塚ビル6階

東京で最も古いすき焼き屋
伊勢重（いせじゅう）

体が弱かった初代・宮本重兵衛が、自身の健康のために「薬喰い※」として肉に着目し、牛鍋屋を開業。西洋文化が浸透するにつれて、人々の間に牛肉を食べる習慣ができあがっていった。A5 等級の黒毛和牛は時期によって吟味したよりよいものを仕入れており、薄いスジにまで気を配って手切りした霜降り肉は口の中でとろけるほど。冷蔵庫がなかった時代に牛肉を長期保存するために生み出された「牛佃煮」も看板商品のひとつ。

MAP 別冊 P.17-C3 小伝馬町
住 中央区日本橋小伝馬町 14-9
TEL 03-3663-7841 営 11:00 ～ 16:00 (L.O.15:30)、16:30 ～ 22:00(L.O.21:00)
休 日・祝 CC ADJMV
交 地下鉄小伝馬町駅 1・3 番出口から徒歩 2 分

明治２年創業 歴史感じる牛すき焼き

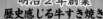

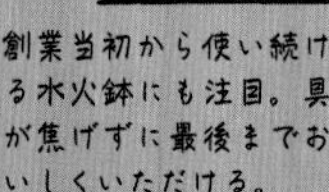
創業当初から使い続ける水火鉢にも注目。具が焦げずに最後までおいしくいただける。

❶春菊、ネギ、豆腐、こだわりのあるしらたきが入っている ❷創業時から日本橋小伝馬町にたたずむ ❸全室個室で祝いごとにも◎ ❹併設ショップで牛佃煮などが購入可能 ❺ランチは 3850 円～、ディナーコースは 6050 円～

※薬喰い……徳川五代将軍・綱吉の時代に肉食禁止令を発令。江戸時代には、滋養や健康を目的として、薬の代わりに猪や鹿などの肉が食べられていた。明治天皇が解禁令を出し、明治 5 年に召し上がったとされる。

明治 42 年創業
三島由紀夫と末げん

幼少時から通っており、昭和45年、陸上自衛隊市谷駐屯地で自決する前夜に「楯の会」の仲間とともに訪れた。

伝統的な鳥割烹料理の名店

鳥割烹 末げん（とりかっぽう すえげん）

初代・丸源一郎が修行していた料亭「末廣」と自身の名を取って「末げん」と命名。以来、元内閣総理大臣から歌舞伎俳優、文豪など名だたる著名人に愛されてきた。現在は三代目と四代目が名物の自慢の味を受け継ぎ、鶏ガラスープをベースにした鍋料理が楽しめる。リーズナブルな価格でいただけるランチの親子丼「かま定食」も人気だ。

❶ももやレバー、砂肝などさまざまな部位がいただける ❷大根おろし、山椒、醤油など充実した薬味 ❸❹個室の座敷席とテーブル席がある ❺鳥鍋コース「わ」1万2100円には先付、前菜、お造りなどが付く

MAP 別冊 P.26-A1 新橋
住 港区新橋 2-15-7 TEL 03-3663-7841
営 11:30 ～ 13:30（L.O.13:20）、17:00 ～ 22:00（フード L.O.20:00、ドリンク L.O.21:15）
休 日・祝（土は不定休）
CC ADJMV（ディナーのみ） 交 JR 新橋駅日比谷口から徒歩 2 分

読者だより 九代目友綱親方が創業した、ちゃんこ鍋の「ちゃんこ巴潟 両国店」に行ったことがあります。お昼は週替わりのちゃんこ鍋御膳がお手頃価格で食べられますよ。住 墨田区両国 2-17-6

風情ある建物で馬肉を味わう

みの家 本店

明治時代から馬肉は牛肉や豚肉よりも安価、かつ高たんぱく・低脂肪で、エネルギーとなるグリコーゲンを多く含むことから肉体労働者の栄養食として重宝されていた。現在はおもに青森産の馬肉を3週間ほど熟成し、スジをていねいに取り除いてから提供。味付けには江戸甘味噌と八丁味噌のオリジナルブレンドを使用し、コクを出すために馬の腹脂をトッピング。腹脂は口当たりがくどすぎず、これだけを別注する人もいるほどだという。

MAP 別冊 P.23-A3 森下
住江東区森下2-19-9　TEL 03-3631-8298　営12:00～14:30（最終入店13:50）、16:30～21:30（最終入店20:50、土16:00～）、日・祝12:00～21:00（最終入店20:20）　休火、臨時休業あり　CC ADJMV　交地下鉄森下駅A4出口から徒歩1分

明治30年創業
桜なべとみの家

隅田川周辺の海運事業の発展で、木場の職人や舟人足にスタミナ食としてふるまったのが始まりとされる。

❶肉の色が変化したら食べ頃。具はネギ、しらたき、お麩　❷昭和29年に建てられた木造建築で、1・2階ともに座敷席　❸現・五代目の永瀬さん　❹桜なべ2350円、桜なべ（ロースまたはヒレ）各2600円。卵は別料金で60円

江戸の鍋といえば外せない！
両国で味わうちゃんこ鍋

ちゃんこ川崎

昭和12年に元力士の横手山が創業。鶏ガラだしが利いた「ソップ炊き」で、鶏ももや砂肝といったお肉とたっぷりの野菜が堪能できる。焼き物などが付いた全5品の「ちゃんこコース」は1人前5400円。

❶「名代ちゃんこ」1人前3300円　❷希少な樽酒「白雪」980円と一緒にいただこう　❸個室のほかカウンター席もある　❹三代目と四代目（写真）が腕をふるう

MAP 別冊 P.44-B1 両国
住墨田区両国2-13-1
TEL 03-3631-2529
営17:00～21:30（L.O.20:30）
休日・祝、水曜不定休
CC 不可
交JR両国駅西口から徒歩3分

相撲の歴史はP.46へ

相撲の歴史は古いが、「ちゃんこ鍋」は明治時代に始まったとされ、“ちゃんこ”とは力士が食べる料理全般を指す。鍋の具材や味付けは各相撲部屋や店によってさまざまで、両国周辺には専門店が点在している。

江戸東京野菜＆23区産食材が自慢！こだわりレストランを調査

23 区でも独自の野菜や果物が栽培されていることは、意外と知られていないかもしれない。そんなイメージを覆すおすすめ店をピックアップ！

江戸東京野菜とは？

江戸時代から昭和中期にかけて、東京の農地で数世代にわたって生産されている固定種や在来の栽培方法等に由来する野菜。今回紹介する以外に、内藤とうがらしや谷中生姜など地域名が入るものも。

亀戸大根

文久年間から昭和初期まで亀戸香取神社周辺で栽培。根が約30cm、重さ約200g で先がくさび状に尖っているのが特徴。通常の大根よりビタミンＣが豊富。

秘伝

食べ方が描かれたイラストも！

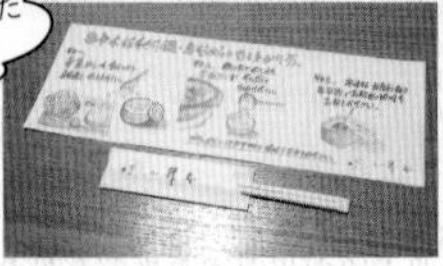

❶❸「亀戸大根あさり鍋めし」は麦菜めしに具やだしをたっぷりとかけ、オリジナルの亀辛麹を好みで入れていただく　❷個室もあるのでお祝いの席などにも利用できる

創業明治 38 年の和食屋

亀戸升本 本店（かめいどますもと ほんてん）

契約農家で減農薬栽培をし、昔ながらの製法で育てた亀戸大根を使った料理がいただける。ランチは 2 種類あり、「亀戸大根あさり鍋めし」には亀戸大根 3 種盛りや亀戸大根たまり漬け、「亀戸大根あさりせいろめし」には亀戸大根ステーキが付いて各 2000 円。あさり鍋とせいろめしを一緒にした「升本御膳」3000 円も。夜はコース・会席料理のみ（予約制、6500 円～）。

MAP 別冊 P.45-B4 亀戸
住 江東区亀戸 4-18-9　TEL 03-3637-1533　営 11:30 ～ 14:30（L.O.14:00）、17:00 ～ 21:00（L.O.19:30）、土・日・祝 11:00 ～、17:00 ～ 21:00（L.O.19:30）　休 月（祝日の場合は翌日、1・8・12 月を除く）　CC ADJMV　交 JR 亀戸駅北口から徒歩 7 分

読者だより　亀戸の十三間通りにある「亀戸升本 すずしろ庵」はお弁当の種類が豊富で、いつ行っても迷ってしまいます。あさり飯が東京らしくておすすめ。（PN：ヨモギ）住 江東区亀戸 2-45-8 升本ビル 1 階

シントリ菜

昭和40年代に江戸川区や葛飾区、足立区で栽培されていたアブラナ科の野菜。シャキシャキした芯と柔らかく口当たりがよい葉は、中華料理店で重宝される。

ストレートの中太麺、鶏の胸肉とシントリ菜が入った「特製鶏煮込みそば」1500円はやさしい味

深夜＆朝方までオープン！

看板メニューのそばは必食

香妃園（こうひえん）

昭和38年に六本木で創業し、2023年に60周年を迎えた中華料理店。味や食感を研究した結果、当時からシントリ菜を使用した「特製鶏煮込みそば」や「青菜の炒め物」を提供。深夜4時まで営業しており、夜遊び帰りの客がシメに立ち寄れるのも魅力。

MAP 別冊 P.28-C2 六本木

住港区六本木3-8-15 瀬里奈ビレッジ2階　TEL 03-3405-9011　営11:45～翌4:00(L.O.翌3:20)
休日　CC ADJMV　交地下鉄六本木駅5番出口から徒歩2分

小松菜

「後関晩生小松菜」とも呼び、八代将軍・徳川吉宗が小松川村（現在の江戸川区）にちなんで命名した。冬場でも栽培しやすく、霜にあたるとうま味が増す。

クセなくさっぱりいただけます

江戸川区の新しいご当地グルメ

蕎麦処 長寿庵（そばどころ ちょうじゅあん）

江戸川区発祥の小松菜を練りこんだ「小松菜そば・うどん」を考案し、2005年より販売。太麺と細麺の2種類があり、「カレー小松菜うどん」などバリエーション豊富。つゆもそばも無添加のものを使用し、自家製にこだわる。

上／鮮やかなグリーンが特徴の「小松菜うどん」700円　左／みやげ用「小松菜そば」1把300円～

MAP 別冊 P.13-C3 一之江

住江戸川区西一之江3-29-5　TEL 03-3654-6739　営11:00～15:00(L.O.14:30)、17:00～20:00(L.O.19:30)
休木、第3金曜　CC ADJMV　交地下鉄一之江駅A3出口から都営バスで西一之江3丁目下車、徒歩10分

東京見聞録　東京の特産物や東京産の食材を使用したグルメスポットが掲載された「TOKYO GROWN」URL tokyogrown.jp は情報が充実。P.359の写真提供：©（公財）東京都農林水産振興財団

❶弁当形式のランチ2200円　❷夜はおまかせコースを提供　❸馬込三寸ニンジンを使った季節のドレッシングもある　❹生産者名と産地が書かれた店内のメニュー表

練馬

野菜ソムリエの資格を活かし、23区内最大の生産地・練馬で育った新鮮野菜と江戸東京野菜をそれぞれ特性に合わせ調理しています。

野菜とだしを味わう

小料理 石井（こりょうり いしい）

JAや直売所、農家から直接仕入れた野菜と江戸東京野菜が食べられる和食店。弁当形式のランチなど、メニューは旬野菜の仕入れ状況に合わせて2週間に1度決定し、専用の削り器を使うだしにもこだわった本格料理が堪能できる。

MAP 別冊 P.8-B1 練馬
住 練馬区東大泉5-36-14
TEL 03-4283-1430
営 11:30 ～ 14:00（L.O.13:30）、17:30 ～ 22:00（L.O.21:30）
休 日・祝（月曜ランチは要予約）
CC ADJMV　交 西武池袋線大泉学園駅南口から徒歩3分

23区の2大野菜生産地レストラン

❶夜限定の「前菜盛合わせ」1200円　❷店の畑では生ごみを堆肥化した循環型の栽培方法に取り組む　❸手作りジャムやプリンも販売　❹民家を改装したくつろぎの空間

世田谷

世田谷区にはたくさんの畑があり、毎朝直売所に並ぶ新鮮な野菜を仕入れてその日のメニューを決めています。

野菜の栽培＆収穫も行う

カマタ食堂（かまたしょくどう）

2015年のオープン以来、世田谷産野菜にこだわった料理を提供する。地場産野菜を使用した昼夜問わず食べられる定食メニューが人気で、夜はお酒や「前菜盛合わせ」などの野菜料理も並ぶダイニングバーになり、近所で通う人も多いそう。

MAP 別冊 P.10-B2 二子玉川
住 世田谷区鎌田3-8-13
TEL 03-6873-6934
営 12:00 ～ 14:00、17:00 ～ 23:00（L.O.22:00）
休 火　CC ADJMV
交 東急田園都市線二子玉川駅から徒歩17分

練馬区の「みやもとファーム」でブルーベリーやいちご摘み体験ができます。季節限定なのでウェブサイトをチェックしてみることをおすすめします。（PN：ピー子）URL miyamotofarm.com/

世田谷の農園でいちご狩り！

赤々と熟したいちご！

江戸東京野菜&23区産食材が自慢！

虫や病気が出にくい環境づくりや化学農薬を減らした栽培をしながら、安定した品質を保てるようがんばっています。

閑静な住宅街にある農園

世田谷いちご熟（せたがやいちごじゅく）

世田谷区初の高設栽培システムを導入したいちご農園。手が届きやすい高さに実り、小さい子供でも採りやすい仕様に。ビニールハウスは全部で3棟あり、「紅ほっぺ」や「よつぼし」を中心に、「章姫」や「ベリーポップ」など毎年新しい品種の栽培にもチャレンジ。

MAP 別冊 P.10-B2 上野毛

住 世田谷区中町 4-32-1　TEL 03-3701-5171　営 水・日、ウェブサイトで要確認・要予約　休 6月下旬～12月　CC 不可　交 東急大井町線上野毛駅正面口から徒歩10分

いちご狩り

収穫時期：例年1月～6月中旬　制限時間：30分食べ放題（練乳付き）
料金：大人（中学生以上）3000円、子供（2歳～小学生）2500円

ひねるだけで簡単に採れるのでできるだけやさしく摘まむ。

そのままでも練乳付きでも◎。ヘタ付近はビタミンC豊富。

世田谷熟のおもないちご

紅ほっぺ
実が硬めで大きく香り豊か。酸味が強めで程よく甘酸っぱい

よつぼし
果実の中まで鮮やかな赤い色で、高糖度で濃厚な味わいが特徴

併設の直売所では、ジャム用の冷凍いちごを販売。800g1000円。またオプションで北海道十勝産のあずきで作ったこしあん入りの大福（300円）を購入して、摘んだいちごを挟んでいちご大福を作ることもできる。

四代目の名女将が
元気にお出迎え

あじのまんらく
味の萬楽

明治45年に創業した日本橋の中華料理屋がルーツで、実に100年以上の歴史を誇る老舗。本場の香港スタイルに近づけ、ラーメンのスープを使って干し貝柱や干しエビ、生姜で作った「おかゆ」が名物で、おかゆ目当てに訪れる常連も多いという。

「小おかゆ」450円は揚げたワンタンの皮をトッピング

MAP 別冊 P.39-B4 秋葉原
住 千代田区外神田2-3-9 TEL 03-3251-0213
営 11:00～15:00(スープがなくなり次第終了)
休 土・日・祝
CC 不可 交 JR秋葉原駅電気街口から徒歩8分

調査MEMO
チャーシュー麺 1100円
麺：中太のちぢれ麺　スープ：醤油ベース
皮付きのばら肉を使用した分厚いチャーシューが5枚入り、具はノリ、メンマ、ネギ。小がゆとのセットで1550円。

超激戦区の老舗を調査！東京ラーメン

うま味と香りがUPする
たっぷりの揚げネギ

行列ができる渋谷の名店

きらく
喜楽

かつては渋谷一の繁華街として知られた渋谷百軒店で昭和27年から店を構える。現在の二代目の父が台湾出身だったことから、現地でよく使われる「揚げネギ」の香ばしさを活かしたラーメンが特徴で、昔懐かしい味を求めて常に行列が絶えない。

1階はカウンター席で2階はテーブルが並ぶ

MAP 別冊 P.32-B2 渋谷
住 渋谷区道玄坂2-17-6 TEL 03-3461-2032 営 11:30～20:30 休 水 CC 不可 交 JR渋谷駅ハチ公口から徒歩10分

調査MEMO
中華麺 800円
麺：中太麺　スープ：醤油ベース
たっぷりのもやしとネギ、固ゆで卵がトッピングされ、スープの隠し味にも使われている揚げネギが食欲をそそる。

読者だより
ラーメン店といえば「永福町 大勝軒」だと思います。中華麺は懐かしい味がして絶品です。少し都心から外れますが、渋谷駅から1本なのでぜひ！（PN：音）住 杉並区和泉3-5-3

下町で長年愛される味

来集軒
らいしゅうけん

明治43年に前身である「来集軒製麺所」が創業し、昭和25年から現在の浅草エリアで営業する老舗店。レトロな店内には有名人のサインがずらりと並び、創業から守り続けるラーメンやシュウマイを求め、今も変わらず幅広い人々に愛され続ける。

テーブル席のみで店内に並ぶサインが印象的

昭和のレトロな雰囲気に歴史を感じる一杯

MAP 別冊 P.42-B1 浅草
住 台東区西浅草2-26-3 TEL 03-3844-7409
営 12:00～18:00(材料がなくなり次第終了)
休 火 CC 不可
交 つくばエクスプレス浅草駅B出口から徒歩2分

調査MEMO
ワンタンメン 900円
麺：手もみちぢれ麺　スープ：醤油ベース
濃厚な醤油スープにワンタンやチャーシューがトッピングされ、小麦粉100%使用の手もみちぢれ麺と相性抜群。

名店列伝
23区でしのぎを削る数々のラーメン店のなかから、醤油ベースの王道の東京ラーメンや変化球ラーメンを一挙大公開！

コクのある和風だしがじんわりと染みる

中華そば春木屋 荻窪本店
ちゅうかそばはるきや おぎくぼほんてん

戦後、昭和24年に屋台から始まった春木屋には、中央線沿線に住む昭和の文豪や映画監督が来店。煮干しや豚、鶏ガラ、数種類の野菜を煮込み、醤油だれをひと差しした和風味のスープはほぼ創業当時のままで「荻窪ラーメン」として名高い。

屋台の面影が残るカウンター。奥にはテーブルも

魚介のうま味が豊かな黄金色のスープ

MAP 別冊 P.8-C2 荻窪
住 杉並区上荻1-4-6 TEL 03-3391-4868
営 11:00～21:00(L.O.20:40)
休 不定休 CC 不可
交 JR荻窪駅北口から徒歩2分

調査MEMO
中華そば 900円
麺：手もみちぢれ麺　スープ：醤油ベース
夏はのどごしよく、冬は太めに。また天気や湿度で水や小麦粉の配合を微妙に変えているコシのある麺がこだわり。

東京見聞録
「味の萬楽」のお粥は味がしっかり付いているのでそのままでもおいしいが、本場にならってピリ辛の「チリソース」や豆腐を発酵させた独特の「ふにゅう」、赤酢「紅醋」で味変するのもおすすめの食べ方。

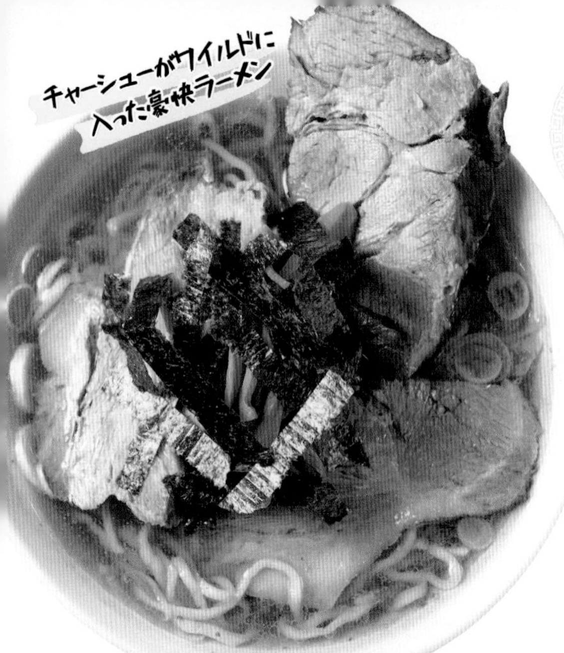

チャーシューがワイルドに
入った豪快ラーメン

売り切れることもあるのでお早めに！

オープン直後から
行列必至の人気店

らぁめん 満来
（らぁめん まんらい）

満来の発祥は練馬区。その後中野、新宿と変遷をたどってきて、創業60年以上を誇る名店だ。明るく清潔に保たれた店内には座って順番を待つスペースがある。シンプルな「らあめん」1100円ほか、つけ麺タイプの「納豆ざる」1300円や「チャーシューざる」1600円などのメニューがある。

1席ずつ広々としていて圧迫感がないカウンター

MAP 別冊 P.34-A2 新宿
住 新宿区西新宿 1-4-10

TEL 03-3340-2727
営 11:00 ～ 23:00
休 無休　CC 不可
交 JR 新宿駅西口から徒歩 5 分

調査MEMO

ちゃーしゅーらあめん 1800 円
麺：中太麺　スープ：醤油ベース
醤油ベースの豚清湯スープとのどごしがよい麺の上に、ほどよく脂がのった分厚いチャーシューが約 300g のる。

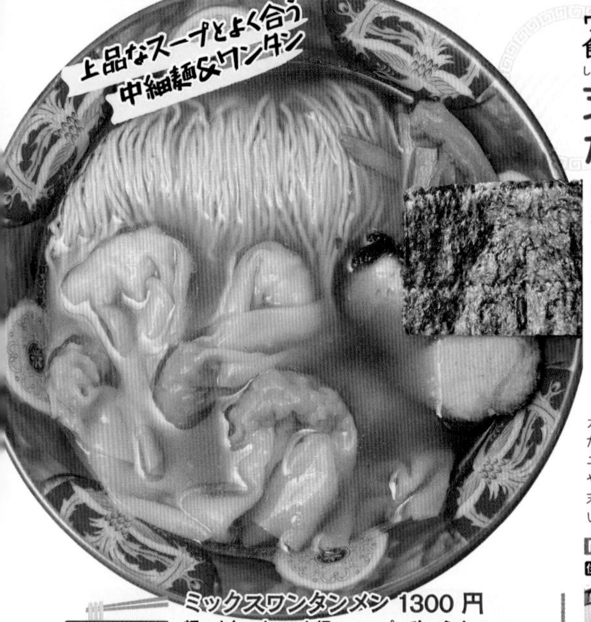

上品なスープとよく合う
中細麺&ワンタン

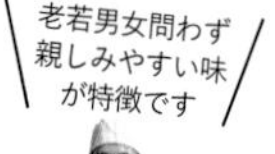
老若男女問わず親しみやすい味が特徴です

ワンタン麺を
食べるならここ

支那そば たんたん亭
（しなそば たんたんてい）

昭和53年に高井戸で創業して以来、40年以上の歴史をもつワンタン麺を提供。手作りの大ぶりワンタンは食べ応え抜群ながらも繊細なスープとマッチし、ペロリと食べられる味わい。支那そばから、肉ワンタン、エビワンタンなど好みに合わせて選べる。

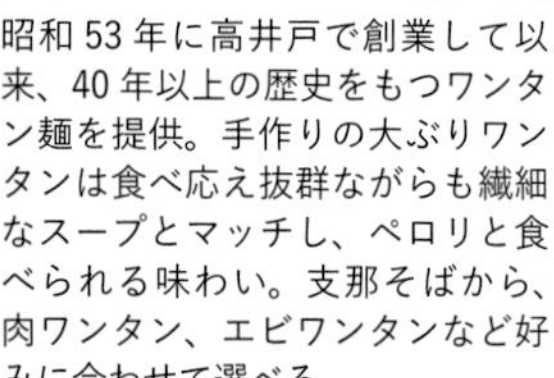
カウンター席のみだが、子供からシニアまでくつろぎやすい雰囲気で週末は家族連れも多いそう

MAP 別冊 P.8-C2 浜田山
住 杉並区浜田山 3-31-4　TEL 03-3329-4061

営 11:00 ～ 20:30（スープがなくなり次第終了）
休 無休　CC 不可
交 京王井の頭線浜田山駅から徒歩 30 秒

調査MEMO

ミックスワンタンメン 1300 円
麺：中細ストレート麺　スープ：鶏・魚介ベース
人気ナンバーワンは計 6 個のエビワンタンと肉ワンタンに加えチャーシューが入ったボリューム満点の一杯。

読者だより
私のおすすめは「中華そば 集来」です。浜松町にあるのですが、近くにいたら絶対に立ち寄るほどで、いつもは手打ワンタンメンを注文します。（PN：いくら）住 港区芝大門 2-3-6

名物の最強タッグが絶品

珉亭（みんてい）

下北沢で昭和39年から店を構え、お酒と一緒に楽しめるようにと今から20年ほど前に始めたという「ラーチャン」は、今では名物メニューに。チャーハンは本場中国の赤いチャーシューを再現し、この印象的な赤色に仕上げている。

MAP 別冊 P.50-A2 下北沢
住 世田谷区北沢2-8-8 TEL 03-3466-7355 営 11:30 ～ 22:00（L.O.21:30）休 月（祝日の場合は翌日）CC 不可 交 京王井の頭線下北沢駅東口から徒歩5分

調査MEMO

ラーチャン 990円
麺：細ストレート麺　スープ：鶏とゲンコツの清湯ベース
のどごしのよい細麺とやさしい味わいのスープは、シメにもぴったり。セットには名物漬物「辣白菜」も付く。

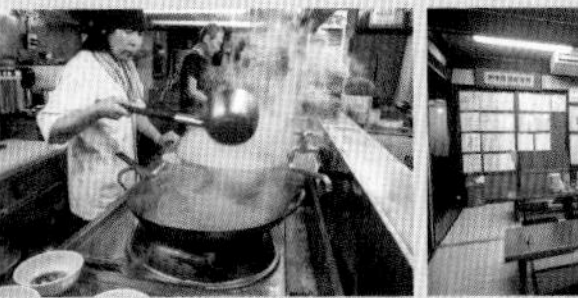

左／1階はカウンターとテーブルが並び、調理の様子が間近で見られる　右／2階のお座敷にはかつてここで働いた有名人のサインも

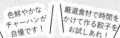

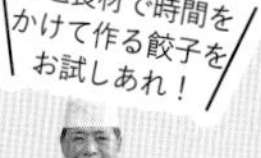

色鮮やかなチャーハンが自慢です！
厳選食材で時間をかけて作る餃子をお試しあれ！
下北沢 珉亭
木場 來々軒

一緒に食べれば幸せ2倍！ 地元中華の愛され名コンビ

古くからある街の中華料理屋には、ツウが注文するセットメニューがあるという。今回は2軒を取材レポート。

大ぶりの薄皮餃子が最高！

來々軒（らいらいけん）

昭和34年に創業した中華料理店。伝統ある餃子のあんはすべて国産食材を使用し、もっちりした食感と薄皮のパリッと具合が絶妙。自家製ラー油はもちろん、卓に置かれた白コショウ×ビネガーの組み合わせも絶品。黒酢を付けるのもおすすめだ。

上／カウンター11席とテーブル4席　右／サービスの「タンメン野菜」は自家製ラー油と一緒に

調査MEMO

タンギョー 1360円
麺：極太ちぢれ麺　スープ：塩ベース
コシがある麺とさっぱりいただける塩スープにコショウが利いたキャベツ、もやし、ニラ、ニンジンがたっぷり。

MAP 別冊 P.19-A4 木場
住 江東区東陽3-21-4 ライオンズマンション東陽2 TEL 03-6458-6368 営 10:30 ～ 15:00、17:00 ～ 20:00（麺・スープがなくなり次第終了）休 水、第1・3木曜（祝日の場合は翌日）CC 不可 交 地下鉄木場駅2番出口から徒歩8分

東京見聞録
「珉亭」のラーチャンはラーメンかチャーハン、どちらかを大サイズに変更することもできる。ラーメンを大きくする「ラーチャン メン大」は1045円、チャーハンを大きくする「ラーチャン チャン大」は1210円。

大正から変わらない
ハイカラな中華料理

大正時代に創業

萬福（まんぷく）

西洋と中華料理を合わせた西支料理の屋台として大正時代に創業。時代とともに中華メニューが増えていったが、中華そばの薄焼き卵やケチャップ味のポークライスなど西洋料理の名残を感じるメニューを今も提供する。創業時から変わらないレトロな雰囲気の内装にも注目したい。

MAP 別冊 P.25-B4 銀座
住中央区銀座 2-13-13 TEL 03-3541-7210 営 11:00 ～ 15:30（L.O.15:00）、17:00 ～ 23:00（L.O.22:00、土 L.O.21:00） 休日・祝日の月曜 CC 不可 交地下鉄東銀座駅 A7 出口から徒歩 3 分

上／中華そば 800 円は屋台時代から伝わる。ポークライス 950 円は懐かしい味だ。ジューシーな焼餃子は 6 個 720 円

日本独自のメニューも魅力！ ディープな町中華の世界

明治 39 年創業

揚子江菜館（ようすこうさいかん）

晴れた富士山に見立てました！

上海料理店。名物は元祖とも呼ばれる冷やし中華で、もりそばからヒントを得て昭和 8 年に誕生。四季で移り変わる富士山をイメージした具材が放射線状に並べられた華やかな見た目が特徴的で、全 10 種類もの具材が楽しめるのだそう。さっぱりとした酸味がおいしさを引きたてて、夏に限らず 1 年中食べたい味だ。

MAP 別冊 P.39-C3 神保町
住千代田区神田神保町 1-11-3
TEL 03-3291-0218 営 11:30 ～ 22:00（L.O.21:30） 休無休 CC 不可 交地下鉄神保町駅 A7 出口から徒歩 2 分

上（左・右）／5 階まである店内は普段使いでも立ち寄れる雰囲気　下／麺の中にゆでエビ、干しシイタケ、絹さや、肉団子、うずらの卵が入った五色涼拌麺 1540 円

代々木上原にある中華料理店「白龍」は昔ながらの中華といった感じで商店街にひっそりたたずんでいますが、ファンが多い老舗です。特にカニチャーハンがおいしい！（PN：ポポんぬ）住渋谷区上原 2-48-10

ディープな町中華の世界

懐かしく家庭的な
最強ビジュアル！

オムライスといえばここ

タカノ（タカノ）

昭和52年頃創業といわれており、コロナ禍前までは24時間営業だったという堀切の名物店。オムライスが人気だが、「餃子」5個入り300円、「ラーメン」500円など圧倒的なリーズナブルさも魅力。ラーメンとチャーハンがセットになった「半チャンラーメン」を頼む人も多いそう。

MAP 別冊 P.12-B2 堀切
住 葛飾区堀切5-3-2
TEL 03-3690-0945 営 11:30～15:30、17:30～23:00（L.O.22:30）
休 火 CC 不可 交 京成本線堀切菖蒲園駅から徒歩2分

上／豚肉と玉ねぎを混ぜ合わせたケチャップライスが絶品のオムライス850円
左下／無添加のオリジナルラー油は300円で販売　右下／厨房の様子を眺められる店内

町中華激戦区の東京は、日本人向けの味付けや種類豊富なメニューがウリのひとつ。なかでも都民の支持を集める8店舗を厳選。

進化を遂げる日本の町中華とは？
中華料理が本格的に伝わったのは横浜が開港した幕末だが、昭和35年に四川省出身の陳建民氏によって、麻婆豆腐など日本人向けにアレンジされたメニューが広まったのも理由のひとつだ。

今もレシピは
増えています！

激戦区・堀切の最古参

中華料理 三河屋（ちゅうかりょうり みかわや）

酒飯店として創業し昭和3年に堀切にてオープン以来、通りに多数並ぶ中華料理屋のなかでも最も古い店として多くの人々に愛される。現在は研究熱心な三代目と四代目が腕を振るい、本格中華から定食まで多彩なメニューが揃う。イラスト入りの手書きメニューや写真が並ぶ店内は、どこかほっとする雰囲気だ。

MAP 別冊 P.12-B2 堀切
住 葛飾区堀切4-57-15 三河屋ビル1階
TEL 03-3602-1579 営 11:30～14:00（L.O.13:45）、17:30～20:00（L.O.19:45）
休 木 CC 不可 交 京成本線堀切菖蒲園駅から徒歩1分

地域をリードする
定番中華メニュー

右上／料理学校で学んだ資料には今も目を通すそう
下／「海老のチリソース炒め」1450円とXO醤、沙茶醤を使用した「チャーハン」700円は三代続く味

東京見聞録

四川料理の父・陳建民氏は昭和33年に「四川飯店」を開業。テレビ番組に出演して、一躍人気を集めるように。陳氏が提案する麻婆豆腐や回鍋肉、エビチリなどは辛さを押さえた日本人向けのレシピだった。

どなたでも
注文可能です！

裏メニューが人気
寶華園（ほうかえん）

隠れメニューで
ディープに味わう

二代目が振る舞う本格中華を求め、コアタイムには2階席まで客でにぎわう蒲田の町中華。メニュー表には書いていないオリジナル料理が密かな人気を集め、なかでも野菜嫌いの息子のために生み出された裏メニューのガリバタポークは、食欲をそそるニンニクとバターの味付けが評判。常連客からの熱い希望により、現在では定番として親しまれているメニューも多い。

MAP 別冊 P.11-C4 蒲田
住大田区蒲田 5-10-1 TEL 03-3734-4440
営 11:30 ～ 15:30、18:00 ～ 21:00 休日・祝 CC不可 交JR 蒲田駅東口から徒歩3分

上（左・右）／2階建ての建物。1階には厨房が見えるカウンター席　下／肉の下にたっぷりのキャベツが盛られた「ガリバタポーク」650円はご飯と合わせて大満足の一品に。塩だれのあんかけの「エビうま煮」980円は酒が進む味

名物店主に会いに！
水新菜館（みずしんさいかん）

明治30年に果物屋としてスタート。水菓子を売る初代・寺田新次郎氏の名前が店名の由来でもある。その後、甘味喫茶に形態を変えつつ現店主の代で中華料理店に生まれ変わる。グランドメニュー含め約200種類もの料理を提供しており、息子さんが経営するはなれのワインバーでも水新菜館の料理を注文することができる。

MAP 別冊 P.17-C4 浅草橋
住台東区浅草橋 2-1-1 TEL 03-3861-0577 営 11:30 ～ 15:30（L.O.14:30）、17:30 ～ 21:15（L.O.20:45） 休日、第2・4土曜 CC不可 交JR 浅草橋駅東口から徒歩3分

注文に迷ったら
相談してください
中華料理 水新菜館
リピート必至の
あんかけ焼きそば

左上／磨き上げられた床が清潔感あふれる店内　右上／浅草橋駅を出てすぐ大きな看板が目を引く　下／あんとパリパリの焼きそばの絡みが絶品の「あんかけ焼きそば」990円。塩と山椒でいただく「肉巻き」880円

読者だより

神保町「中華 成光」の半チャンラーメンが好きです。赤いテーブルとパイプ椅子というシンプルな町中華感もたまりません。（PN：コロコロッケ）住千代田区神田神保町 2-23

ボリューム満点の
お得なランチセット

変わらぬ味を
提供します！

ランチの麻婆豆腐に注目

宝龍（ほうりゅう）

老舗が多い神楽坂の地で昭和 27 年に誕生した中華料理店。現在は二代目が厨房、三代目が接客を担当し、家族で創業当時から変わらない味を生み出している。常時 4 種類あるランチセットや定食メニューに定評があり、昼どきには満席になることがほとんど。夜は上海料理をベースに、正統派の一品料理が並ぶ。

MAP 別冊 P.16-C2 神楽坂
住新宿区神楽坂 6-24 TEL 03-3260-8733
営 11:30 ～ 15:00（L.O.14:30）、17:00 ～ 21:00（L.O.20:00） 休日・祝 CC MV
交地下鉄神楽坂駅 1a 出口から徒歩 1 分

右上・下／ランチセットはザーサイ、焼売、スープ付きで、ライス、炒飯、杏仁豆腐からひとつ選べる。もやしとニラ入りで豆腐を揚げて作る「麻婆豆腐」900 円と「酢豚」980 円は初代考案の伝統レシピ

酢コショウ餃子の発祥

赤坂珉珉（あかさかみんみん）

駅から少し歩く乃木坂と赤坂のほぼ中間という立地ながら、ラストオーダーの時間まで大行列になる隠れ家。昭和 40 年に創業後、東京を代表する餃子の店として人気を博している。自家製の味噌を使用した「炒醤餃子（みそ餃子）」や「ドラゴン炒飯」をはじめとする名物料理も多く、行列覚悟で訪れるべし。

MAP 別冊 P.28-B2 乃木坂
住港区赤坂 8-7-4 TEL 03-3408-4805
営 11:30 ～ 13:55、17:30 ～ 21:30（L.O.21:00） 休日・祝 CC 不可 交地下鉄乃木坂駅 1 番出口から徒歩 8 分

並んででも食べたい
東京餃子の代表格
ニンニクが効いて
食欲そそる味！

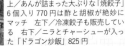

上／あんが詰まった大ぶりな「焼餃子」6 個入り 770 円は酢と胡椒が絶妙にマッチ　左下／冷凍餃子も販売している　右下／ニラとチャーシューが入った「ドラゴン炒飯」825 円

東京見聞録

五目うま煮をご飯や中華麺にかけた「チャプスイ」はアメリカに渡った広東系中国人が発明。その後、日本に持ち込まれ現在の「銀座アスター」に当たる「アメリカン・チャプスイ・ハウス・レストラン」を開店。

カレーに対する愛情は世界一!?
奥深きニッポンのカレーを極める

食卓の定番となったカレーは、今や独特の進化を遂げて日本で最も愛されるソウルフードに。

A 純印度式カリー (1870円)

❶❷弾力のある骨付き肉やソースに合う米がこだわりのひとつ
❸薬味は果物等を調味料で漬けた３種類の「チャツネ」やきゅうりの酢漬け「アグレッツィ」など

A 創業120年以上の歴史をもつ

れすとらんあんどかふぇまんな しんじゅくなかむらや

レストラン＆カフェ Manna 新宿中村屋

明治34年、創業者の相馬夫妻が本郷の東京帝国大学（現・東京大学）正門前にあったパン屋「中村屋」を買い取り、店名そのままに開業。明治42年に本店を現在地の新宿に移し、和菓子や洋菓子の製造・販売を行うようになる。純印度式カリーが誕生したのは昭和２年のことで、レストランを開設して月餅や中華まんなども発売。2014年に新宿中村屋ビルがオープンし、中村屋のレストランやショップなどが入る商業ビルに。

MAP 別冊 P.35-B3 新宿
住 新宿区新宿 3-26-13 新宿中村屋ビル B2階
TEL 03-5362-7501　営 11:00 ～ 21:00（L.O.20:30）
休 1月1日　CC ADJMV　交 地下鉄新宿三丁目駅 A6出口直結

純印度式カリー 誕生秘話

インド独立運動で活躍し日本に亡命後、創業者夫妻と親交を深めたラス・ビハリ・ボースが提案。日本人の口に合うよう改良がなされ、当時のカレーの相場の約８倍したというが、飛ぶように売れた。

店内には昭和初期のインドカリーの写真も飾られる

読者だより　恵比寿にある「ローカルインディア 恵比寿本店」というカレー屋さん。カレーはもちろんですがナンが抜群においしいです。（PN：匿名希望）住 渋谷区恵比寿南 1-23-8 アメリカンブリッジビル２階

東京の名店と歩むカレーの歴史と進化

カレーの登場 → **家庭のカレー** → **進化系カレー**

カレーの登場
洋食のひとつとして明治時代に上陸し、福沢諭吉や岩倉使節団の文献にも登場。当時、陸軍幼年学校では栄養食として「ライスカレー」が提供されていたという。中村屋の創業も明治だが、当時はパン屋として開業。

家庭のカレー
中村屋や日本初のインド料理店「ナイルレストラン」など昭和期に入ると本格的なインドカレー店が台頭。カレールー「オリエンタル即席カレー」やレトルト食品「ボンカレー」が発売されると一気に家庭料理の定番に。

進化系カレー
カツカレーやカレーうどんは明治〜大正時代には提供していたとされ、札幌生まれの「スープカレー」や門司港発の「焼きカレー」などご当地ものも。現在はワンプレートでいただく独自のスパイスカレーが流行中。

①

②

③

④

❶どんぶりにライスとキャベツがたっぷりのった「河金丼」 ❷国産豚ロース使用のカツカレー ❸1日3回の揚げたてを狙って訪れよう ❹肉と玉ねぎが入ったシンプルな「カレー南蛮」

B 元祖カツカレーのひとつ

河金 千東店（かわきん せんぞくてん）

浅草のかっぱ橋で洋食屋台としてスタート。創業者・河野金太郎の名が店名の由来。大正7年に客からの要望でご飯に豚カツをのせ、カレーをかけた「河金丼」を提供したというのが始まりとされる。現在は創業者の一族がのれんを受け継いで営業。かつ丼やヒレかつ定食などのメニューも。

MAP 別冊 P.42-A1 浅草
住台東区浅草5-16-11 TEL 03-3872-0794 営12:00〜20:00
休土 CC 不可 交つくばエクスプレス浅草駅A出口から徒歩15分

C カレー南蛮の発祥

朝松庵（あさまつあん）

東京・麻布で蕎麦屋「朝松庵」を営業していた当時の店主が、明治42年にめんつゆを主体にして洋食のテイストを加えた新しい料理を考案したという。麺にも丼にも合うように新しく開発されたのが「カレー南蛮」や「カレー丼」というわけだ。現在の店舗は中目黒にある。

MAP 別冊 P.18-B1 中目黒
住目黒区上目黒2-42-12
TEL 03-3712-1807 営12:00〜19:30（昼休み15:00〜17:00）
休火 CC 不可 交地下鉄・東急東横線中目黒駅東口1から徒歩7分

D 選手のひと言で誕生

銀座スイス 銀座店（ぎんざすいす ぎんざてん）

銀座の老舗洋食店。昭和23年、当時常連客だった読売ジャイアンツ・千葉茂選手の注文がきっかけで提供されたという。

DATA → P.52

E カレーパン生みの親

カトレア（かとれあ）

明治10年に創業した「名花堂」が現店舗の前身で、二代目がカレーの入ったパンを「洋食パン」として販売をはじめたのが最初とされる。

DATA → P.351

新宿中村屋ビルには、新宿カリーパンなどを販売するショッピングフロアの「スイーツ&デリカ Bonna」やコース料理と日本ワインの「カジュアルダイニング Granna」、「中村屋サロン美術館」などが入る。

東京人の胃袋を支え続けてきた
うまくて安い老舗大衆食堂

リーズナブルな価格帯とボリュームの多さ、そして味のレベルの高さに、取材スタッフも「自分たちが住む町に1軒欲しい……！」と思わず感動した地域密着型の食堂を惜しみなく大公開。

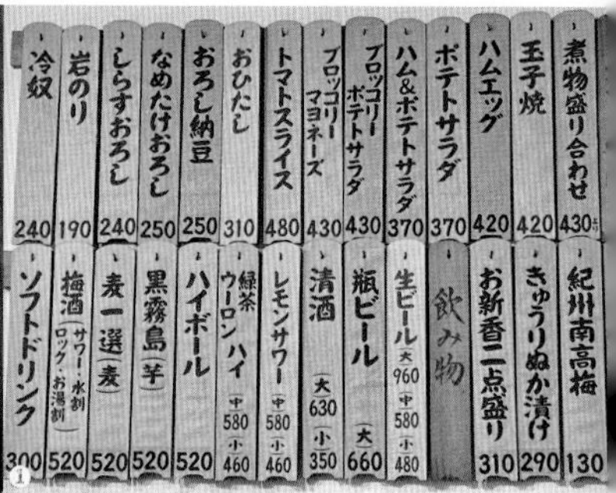

煮物盛り合わせ 430 / 玉子焼 420 / ハムエッグ 420 / ポテトサラダ 370 / ハム&ポテトサラダ 370 / ブロッコリーポテトサラダ 430 / ブロッコリーマヨネーズ 430 / トマトスライス 480 / おひたし 310 / おろし納豆 250 / なめたけおろし 250 / しらすおろし 240 / 岩のり 190 / 冷奴 240

紀州南高梅 130 / きゅうりぬか漬け 290 / お新香二点盛り 310 / 飲み物 / 生ビール 大960 中580 小480 / 瓶ビール 大660 / 清酒 大630 小350 / レモンサワー 中580 小460 / 緑茶ウーロンハイ 中580 小460 / ハイボール 520 / 黒霧島(芋) 520 / 麦一選(麦) 520 / 梅酒(サワー・水割 ロック・お湯割) 520 / ソフトドリンク 300

これが名物！

エビフライ定食 合計 1260 円

- エビフライ単品 940 円
- ご飯・味噌汁・お新香セット 320 円
- 自家製タルタルソース 90 円

巨大な2尾の「エビフライ」はサクサクの衣と肉厚のエビがたまらない名物メニュー。自家製タルタルはマストで頼みたい。

いつ来ても満足いただけるよう調理します！

巣鴨地蔵通り ときわ食堂

巣鴨周辺に5店舗を展開

巣鴨ときわ食堂 本店（すがもときわしょくどう ほんてん）

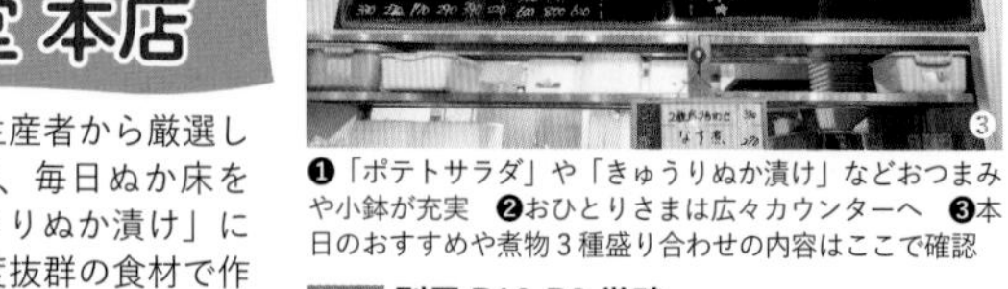

毎朝市場で仕入れる魚や野菜、生産者から厳選して直接取り寄せている米や豚肉、毎日ぬか床を300回かき混ぜるという「きゅうりぬか漬け」にいたるまで、こだわり抜いた鮮度抜群の食材で作る定食はどれもホッとする品々ばかり。刺身やフライの「ミニ盛り」や巣鴨本店のみで実施している朝限定「とん汁定食」、ご飯1杯おかわり自由サービスなどおなかのすき具合や時間帯によってさまざまな組み合わせで注文できるのがうれしい。

❶「ポテトサラダ」や「きゅうりぬか漬け」などおつまみや小鉢が充実 ❷おひとりさまは広々カウンターへ ❸本日のおすすめや煮物3種盛り合わせの内容はここで確認

MAP 別冊 P.16-B2 巣鴨

住 豊島区巣鴨 3-14-20
TEL 03-3917-7617 営 9:00 ～ 22:00（L.O. 21:30） 休 無休
CC ADJMV 交 JR 巣鴨駅正面口から徒歩8分

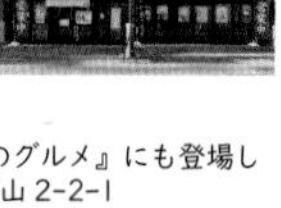

読者だより

東急目黒線大岡山駅にある「九絵」の魚料理がとにかくおいしいです！ドラマ『孤独のグルメ』にも登場していますが、刺身、フライ、煮付け……どれもおすすめ。（PN：美也子） 住 目黒区大岡山 2-2-1

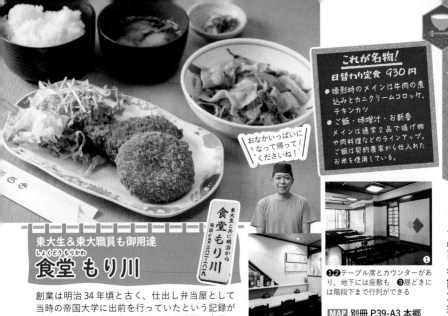

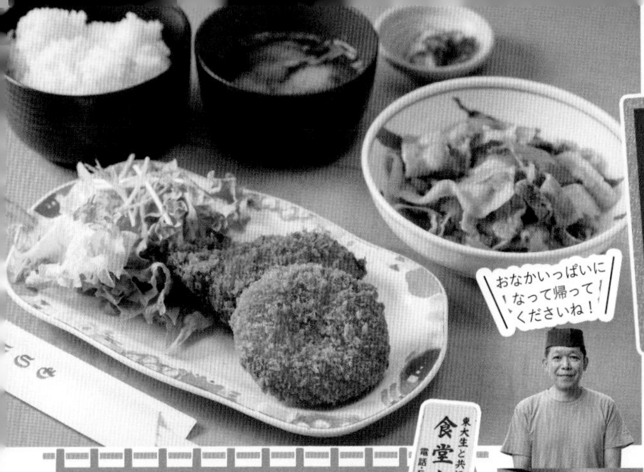

うまくて安い老舗大衆食堂

これが名物!

日替わり定食 930円

- 撮影時のメインは牛肉の煮込みとカニクリームコロッケ、チキンカツ
- ご飯・味噌汁・お新香

メインは通常2品で揚げ物や肉料理などのラインアップ。ご飯は契約農家から仕入れたお米を使用している。

おなかいっぱいになって帰ってくださいね!

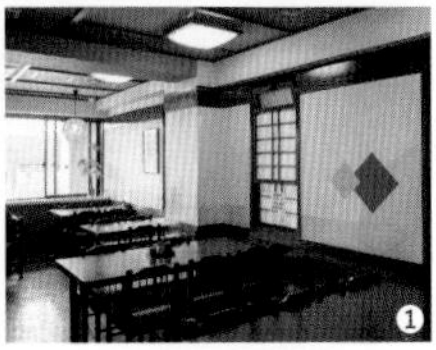

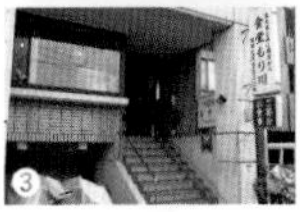

東大生&東大職員も御用達

食堂 もり川

しょくどうもりかわ

創業は明治34年頃と古く、仕出し弁当屋として当時の帝国大学に出前を行っていたという記録が残っているという。大正時代に入り現在の食堂へと変遷。近隣住民や会社員、赤門すぐという立地から東京大学の関係者が多く訪れる。「日替わり定食」はもちろん、ハンバーグや唐揚げ、生姜焼きといった定番メニューも多く、入荷状況により内容が変わる刺身や魚定食にも定評がある。

❶❷テーブル席とカウンターがあり、地下には座敷も　❸昼どきには階段下まで行列ができる

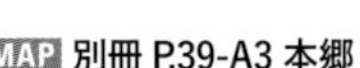

MAP 別冊 P.39-A3 本郷
住 文京区本郷5-30-16
TEL 03-3811-1819　営 11:00～14:00、17:00～20:30
休 日　CC 不可
交 地下鉄本郷三丁目駅3番出口から徒歩8分

これが名物!

ブタカラ定食 合計1000円

- ご飯・味噌汁・糠漬付
- タルタルソース50円

オリジナルのたれが絶品で、好みによって味変で七味をかけるのも◎。自家製タルタルはきゅうりなどのぬか漬け入り。

女性ひとりでも入りやすい雰囲気目指してます!

ご飯が進む名物のブタカラ

ことぶき食堂

ことぶきしょくどう

昭和31年創業。今でも「中華」や「ラーメン」の看板やのれんが残るように、もともとは定食やラーメンを出す町中華だった。2021年に三代目の徳子さんが店を引き継ぎ、昔から変わらない看板メニューの「ブタカラ定食」を中心に、アイデアを出しながら新しい独自のメニューも開発。辛味ソースで仕上げた「赤ブタカラ定食」1100円や「和風だしのスパイスカレー」900円なども人気だ。

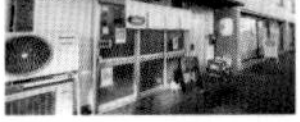

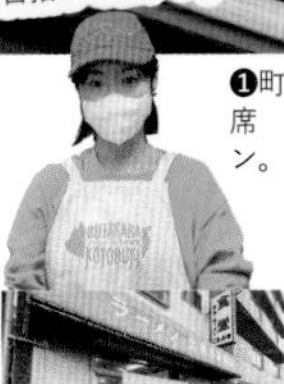

❶町中華の雰囲気ある赤い床とテーブル席　❷スタッフがきびきびと働くキッチン。壁には手書きのメニューが貼られる

MAP 別冊 P.8-C2 荻窪
住 杉並区桃井1-13-16
TEL 03-3390-0545　営 11:30～15:00 (L.O.14:30)　休 水・日 (土・祝日は不定休)　CC 不可
交 JR荻窪駅北口から徒歩12分

東京見聞録　近年、スタイリッシュな進化型定食屋も増加中。表参道にある「ふれんち御膳 Mono-bis」では「ハンバーグ・ロッシーニ御膳」などフレンチ定食がいただける。住 渋谷区渋谷2-8-12 ラ・グリスィーヌ1階

食事処
酒肴
水口
ご飯の量は
調整可能なので
お気軽に！
両面に書かれた
圧巻メニュー！

これが名物！
いり豚定食 1030円
●ご飯・味噌汁・お新香
いり豚は初代料理人が考案した創業以来の名物メニュー。玉ねぎと豚肉をカレー風味のソースで炒める。

昭和の雰囲気漂う老舗

水口食堂（みずぐちしょくどう）

浅草六区に位置することから、近くにある「浅草演芸ホール」（→ P.44）に出演する芸人たちも足しげく通うという定食屋さんの名店。昭和 25 年に創業して以来、現在は二代目と三代目が 100 種類以上あるメニューを守り続けている。料理は単品でも注文することができ、一品料理も充実。女将さん曰く、オープンと同時に満席になることもあるという人気ぶりだが、昼どきにパタッとすく日もあるそうなので、タイミングを見計らって訪れてみてほしい。

❶毎朝いちから手作りする「コロッケ」2 個入り 450 円。定食にすると 850 円　❷1 階はテーブル席が並び、朝は地元客多め　❸魚料理だけでも刺身、煮魚、焼き魚まで品揃え豊富　❹2 階には座敷席もある

MAP 別冊 P.42-B1 浅草
住 台東区浅草 2-4-9
TEL 03-3844-2725 営 10:00～20:30 (L.O.20:00) 休 水、不定休
CC 不可　交 つくばエクスプレス浅草駅 A1 出口から徒歩 1 分

読者だより　食堂といったら「菱田屋」。駒場にあり、おしゃれな外観ですがほっこりする家庭的な定食を食べることができておすすめです。（PN：太郎）住 目黒区駒場 1-27-12

これが名物!
A定食 1050円
●ご飯・味噌汁・お新香
●副菜は日替わり
メインは、3日間じっくりと漬け込んで味が染みた「とりから」2個とモチっと柔らかく仕上げた豚肉の生姜焼き。
1年に2回
メニューが変化
します!

❶スパゲティやムニエルなど洋食も多く、いつでも食べたいものが見つかる ❷現在の店舗は2007年にリニューアル

創業時同様の三角屋根が目印

野方食堂（のがたしょくどう）

昭和11年、空襲の被害を免れていた野方の町で店をオープン。修行先で培った洋食の要素を取り入れながらレシピは受け継がれ、現在は三代目のもと定食メニューが30種類ほど。味噌汁などが付いた「ご飯セット」300円に、おひたしや刺身などの小鉢を自由に組み合わせるスタイルも可能だ。料理の待ち時間には、レシピや食材のこだわりが書いてある分厚いメニューブックを読み込んでほしい。

MAP 別冊 P.9-B3 野方

住中野区野方5-30-1 TEL 03-3338-7740
営 11:30 ～ 15:00（L.O.14:30）、17:30 ～ 22:30（L.O.22:00） 休木
CC 不可 交西武新宿線野方駅南口から徒歩2分

これが名物!
日替りサービス定食 650円
●ご飯・味噌汁・お新香 ●副菜は日替わり
メインは魚料理の日もある。国産コシヒカリのご飯や天然だしで具が毎日変わる味噌汁も味わって。
昔懐かしい
たたずまい!

サービスメニューがうれしい

常盤仙食堂（じょうばんせんしょくどう）

❶「マカロニサラダ」250円、「冷しトマト」280円などのほか、ミニメニューもある ❷休日は昼飲みする人の姿も

昭和25年の創業以来、近隣で働く人々や住民に愛されてきた下町の食堂。終日定食メニューをいただけるのが魅力で、「カレーライス（並盛）」680円や「さば焼魚定食」750円など手頃なメニューが揃う。昼は先着でカレーコロッケ1個無料、夜はお好み小鉢1品無料などお得なサービスは現三代目店主が始めたものだそう。つまみにもぴったりのサイドメニューを頼んで一杯という楽しみ方も。

MAP 別冊 P.13-A3 亀有

住葛飾区亀有5-38-10 コーポ水野1階 TEL 03-3605-5632
営 11:30 ～ 15:00（L.O.14:45）、17:00 ～ 21:00（L.O.20:45）
休金・土 CC 不可 交 JR亀有駅北口から徒歩3分

人形町にある「西洋御料理 小春軒」もぜひチェックを。特製カツ丼はじめ、フライの盛り合わせや秋冬限定のカキバター焼きライスなどどれも満足度高めの一品。住 中央区日本橋人形町1-7-9

コンポート台の麗しケーキ

なつかしいインテリアに心なごむ

明治→昭和創業のレトロ喫茶

美しい内装とコーヒーで優雅なひとときを過ごして。

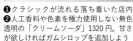

❶クラシックが流れる落ち着いた店内 ❷人工香料や色素を極力使用しない無色透明の「クリームソーダ」1320円。甘さが欲しければガムシロップを追加しよう ❸キャビネットにはレコードがぎっしり ❹制服を着たスタッフが接客 ❺喫茶限定の「ミルフィーユ」550円には飲み物を付けて（+385円）ケーキセットに

昭和の面影をまとう正統派

Since 1947

ぎんざうえすと ほんてん
銀座ウエスト 本店

創業当初はコース料理を提供する高級レストランだったが、半年後には喫茶に生まれ変わって再出発。レコードを流しながら解説を行う「名曲の夕べ」を始めて、次第に文化人の社交場になっていく。贈り物としても人気が高いドライケーキやコンポート台に盛り付けられた生ケーキをはじめとするメニューは、昔からなるべく添加物を使わず素材に徹底的にこだわったもの。コーヒーや紅茶はお代わり自由なのもうれしい。

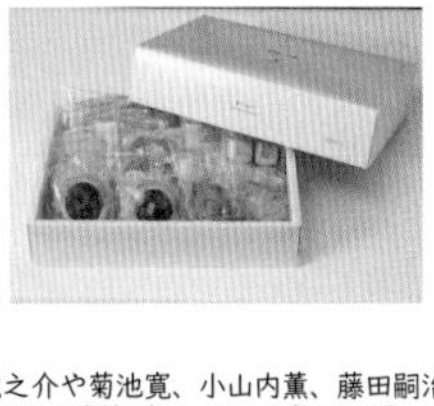

「ドライケーキ詰め合わせ」15袋入り 3564円

MAP 別冊 P.24-B2 銀座
住 中央区銀座7-3-6 TEL 03-3571-1554 営 9:00～22:00（L.O.21:30）、土・日・祝 11:00～20:00（L.O.19:30） 休 無休 CC ADJMV 交 地下鉄銀座駅C4出口から徒歩5分

「カフェーパウリスタ」は芥川龍之介や菊池寛、小山内薫、藤田嗣治らそうそうたる著名人が常連だった。ジョン・レノンとオノ・ヨーコ夫妻が3日連続でコーヒーを飲みに通ったという逸話も。

Since 1911

「銀ブラ」の語源はここから

カフェーパウリスタ銀座本店（かふぇーぱうりすた ぎんざほんてん）

ブラジル・サンパウロ州政庁の支援を受け、ブラジルコーヒー普及のために創設。大正〜昭和にかけ文学界や演劇、画壇の常連が多く訪れた。おすすめは無農薬・化学肥料不使用で栽培された「森のコーヒー」。

❶コーヒーを注文すると銀ブラ証明書がもらえる ❷キッシュとコーヒー、デザートセットは1820円〜。人気は「ザッハトルテ」 ❸レジには大正5年当時の写真が飾られる ❹創業当時同様の規模で1・2階合わせ約100席

MAP 別冊 P.24-C2 銀座
住 中央区銀座8-9 長崎センタービル1・2階 TEL 03-3572-6160
営 9:00〜20:00(フードL.O.19:00、ドリンクL.O.19:30)、日・祝11:30〜19:00（フードL.O.18:00、ドリンクL.O.18:30） 休 無休
CC ADJMV 交 地下鉄銀座駅A4出口から徒歩7分

ゴージャスな地下宮殿へ

古城（こじょう）

現オーナーの父である先代のセンスによって生まれた店内は、柱や床にいたるまでこだわり抜いた城のような内装が魅力で、ドラマのロケ地に使用されることも多い。フードも充実し、カレーライス1300円や生姜焼き1400円なども。

❶昔懐かしい「ホットケーキセット」950円 ❷店の奥には特注のステンドグラスが ❸コーヒーは通常男性が青、女性は赤いカップで提供 ❹オーナーで二代目の松井さん ❺大理石の壁やシャンデリアに目を奪われる

MAP 別冊 P.46-B2 上野
住 台東区東上野3-39-10 光和ビルB1階
TEL 03-3832-5675 営 9:00〜20:00（ランチ：平日11:30〜14:00） 休 日・祝
CC 不可 交 地下鉄上野駅1番出口から徒歩2分

クラシックの世界に没頭

Since 1926

名曲喫茶ライオン（めいきょくきっさらいおん）

店内は2階建てで吹き抜けになっており、全席が重厚な立体音響を奏でるスピーカーのあるステージに向いている。写真撮影とおしゃべりはNGなので、ひとりで訪れるのが◎。ドリンクとクラシック音楽を静かに楽しむ貴重な場所として存在している。

1階席で音楽に耳を傾けるひとときを過ごそう

❶2階の窓際席はひとり時間を楽しむのに最適　❷コーヒー650円。毎日15:00と19:00に定時コンサートが行われ、曲目は店でもらえるリーフレットで確認を　❸作曲家の絵画や手作りの案内サインなど装飾にも注目　❹音響のプロに音の波長を測って作ってもらった特注スピーカーからクラシックが流れる

MAP 別冊 P.32-B2 渋谷
住 渋谷区道玄坂2-19-13
TEL 03-3461-6858　営 13:00 ～ 20:00 (L.O.19:30)　休 不定休　CC 不可
交 JR渋谷駅ハチ公口から徒歩10分

本書の取材では向島にある「カド」というレトロ喫茶も取材していたが、2023年7月、惜しまれつつ閉店することに。今後は茨城県日立市で営業を再開するそうなのでインスタグラムをチェック。

Since 1903 ❶

地元の人々の支持を集める

でんきやほーる

デンキヤホール

初代店主が電気屋を営んでいたことが店名の由来。創業以来伝わる看板メニューは、薄く巻いた玉子からボリューム満点の焼きそばが見え隠れする「元祖オムマキ」とやさしい味わいの「ゆであずき」。しょうが焼きなどの定食にも定評がある。

MAP 別冊 P.42-A1 浅草

住 台東区浅草4-20-3 杉平ビル1階
TEL 03-3875-2987
営 11:30 ～ 20:00（L.O.19:30） 休 水
CC 不可 交 つくばエクスプレス浅草駅A出口から徒歩10分

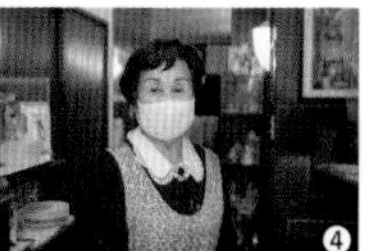

❶オムライスの焼きそば版「元祖オムマキ」750円は七味をかけて ❷煮た小豆、塩、水で作った「ゆであずき」600円 ❸浅草の千束通り商店街にある ❹今も現役の二代目女将 ❺よく見るとテーブルはゲーム台になっている

❶ Since 1950

雰囲気を丸ごと味わいたい

めいきょく・こーひー しんじゅく らんぶる

名曲・珈琲 新宿 らんぶる

現在の場所に移転した昭和30年当時は、地上3階、地下1階で約400人を収容できる大型喫茶だったそう。ベルベットのソファと高い天井に吊り下げられたシャンデリアがムード満点でゆったり過ごせる。

MAP 別冊 P.35-B3 新宿

住 新宿区新宿3-31-3 TEL 03-3352-3361 営 9:30 ～ 20:00（L.O.19:00） 休 12月31日～1月2日 CC ADJMV 交 JR新宿駅東口から徒歩5分

❶具がたっぷり詰まった「卵とツナのサンドセット」1300円 ❷創業者の孫で現在は店長を務める重光さん ❸「ケーキセット」1200円。紅茶はポットサービスなのがうれしい ❹ショーケースに並ぶケーキ ❺創業時の椅子やテーブルも残っているそうだ

コラム
最古をたずねて
vol.1

江戸流テイクアウトは令和でも人気！

華やぎ弁当&寿司

今や日本独自の文化となった「弁当」。昔と変わらない製法と味を提供する３軒を紹介。

弁当の歴史

起源は定かではないが、古くから携行食として旅や狩りに食事を持って行く習慣はあったとされる。また、戦国大名・織田信長が城で器に食事を盛って大人数に配膳し、「弁当」と呼んだ説もある。江戸時代には「幕の内弁当」（→P.42）、明治時代に鉄道が走ると「駅弁」が誕生する。

❶「白詰」1145円。江戸から続く濃い味が特徴

現存する日本最古の弁当屋だという

嘉永３（1850）年創業

日本橋弁松総本店 日本橋本店

にほんばしべんまつそうほんてん にほんばしほんてん

日本橋魚河岸に食事処「樋口屋」を開き、食べる時間が十分に取れない魚河岸で働く人々のため、残った料理を包んで持ち帰ってもらったのが折詰弁当の始まりだという。三代目・松次郎の時代に弁当屋になり、名を取って「弁松」となる。

MAP 別冊 P.21-A4 日本橋
住 中央区日本橋室町 1-10-7
TEL 03-3279-2361 営 9:30 ～ 15:00、土・日・祝～ 12:30（予約販売のみ）
休 無休 CC 不可 交 地下鉄三越前駅 A1 出口から徒歩３分

❷「笹巻けぬきすし」10個入り 2459円

持ち帰りだけでなくイートインもある

元禄 15（1702）年創業

笹巻けぬきすし総本店

ささまきけぬきすしそうほんてん

魚の小骨を毛抜きで取り除き、殺菌効果がある笹で巻いたことからその名がつけられた。当時は保存性を高めるため、塩や酢を多く使用。現在は、鯛や光物、白身、おぼろ、玉子、のりなどで構成されており、季節ごとにタネも変わる。

MAP 別冊 P.39-C4 新御茶ノ水
住 千代田区神田小川町 2-12 宇田川ビル１階 TEL 03-3291-2570
営 10:00 ～ 18:30、土～ 17:00
休 日・祝 CC ADJMV 交 地下鉄新御茶ノ水駅 B5 出口から徒歩３分

❸折り詰め「志乃多」6個入り 745円

店頭ではのり巻きや押し寿司も販売

明治 10 年に人形町で創業

人形町 志乃多寿司總本店

にんぎょうちょう しのだずしそうほんてん

初代が自身の好物だったいなり寿司を「志乃多」と名づけて売り出したのがスタート。名前の由来は歌舞伎の演目『葛の葉子別れ』に登場する“信田の森”から。大きさも製法も創業以来変わらず、添加物を使用しないやさしい味が魅力だ。

MAP 別冊 P.22-A1 人形町
住 中央区日本橋人形町 2-10-10
TEL 03-5614-9300 営 10:00 ～ 18:00
休 不定休 CC ADJMV
交 地下鉄人形町駅 A1 出口から徒歩３分

「日本橋弁松総本店」の弁当は、日本橋本店以外にも日本橋三越本店（→ P.144）や銀座三越（→ P.158）、伊勢丹新宿店（→ P.209）をはじめとする百貨店やスーパーでも取り扱っている。

第五章 ショップ

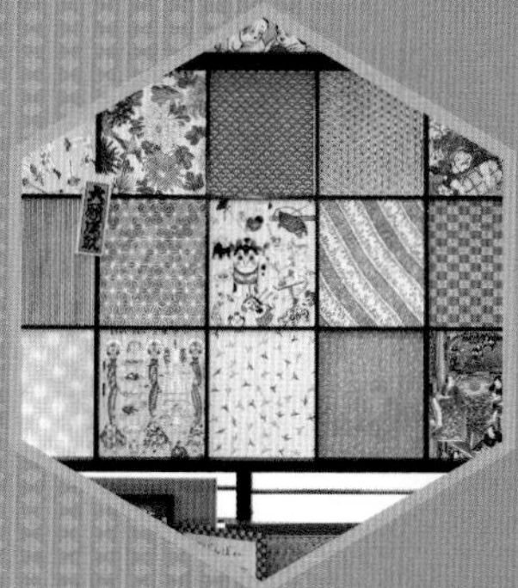

絶対に喜ばれる逸品を集めました
TOKYO名門手みやげ大図鑑

東京旅行で忘れてならないみやげもの探し。贈る相手を選ばない昔から愛される老舗をご紹介。

上野凮月堂（うえのふうげつどう）

＼世代を超えて愛され続ける銘菓／

❶

ゴーフルとプティゴーフル

明治初期から販売していた「カルルス煎餅」の「はさみ焼き」技法を生かし、昭和４年に誕生。現在は小さいサイズの「プティ」も。

東京カステラキューブ

伝統的な「六面焼き」と呼ばれる技法で、一つひとつ特製の銅釜に入れて焼き上げた銘菓。手のひらサイズのキューブ型カステラが登場。

❷

❸ ❹

❶❸「ゴーフル」８枚入り 1080 円、「プティゴーフル」12 袋入り 1080 円、「東京カステラ キューブ」6 個入り 2484 円。スタッフが持つのは８枚入りゴーフル　❷❹創業 270 周年を記念して、2017 年に本店をリニューアル

上野凮月堂 本店

延享４（1747）年、初代が「大坂屋」を開業し、二代目の時代に、松平定信から「凮月堂」の屋号を賜る。明治維新以降に洋菓子の製造を始める。ブランドを代表するお菓子「ゴーフル」は３種類の味があり、サックリとした食感が魅力。

MAP 別冊 P.46-C1 上野

住 台東区上野 1-20-10　TEL 03-3831-3106
営 10:30 ～ 18:00　休 月　CC ADJMV　交 地下鉄上野広小路駅 A4 出口すぐ

読者だより　麻布十番商店街で、「浪花家総本店」の元祖たい焼きをよく手みやげに買って帰ります。できたてがいちばんおいしいので、ひとつはその場で食べちゃうことも。（PN：トニー）住 港区麻布十番 1-8-14

<ruby>ちょうめいじ さくらもち やまもとや</ruby>

長命寺 桜もち 山本や

300年以上紡がれてきた味
おもたせにもぴったりだ

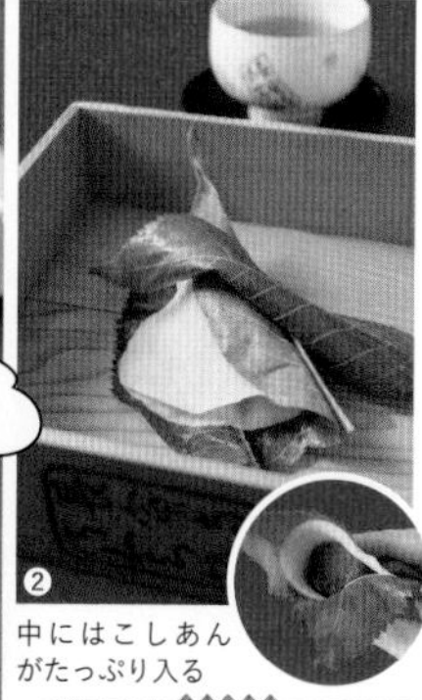
中にはこしあんがたっぷり入る

元祖桜もちはここ!

享保2（1717）年、創業者・山本新六が土手にある桜の葉を樽の中に塩漬けにして桜もちを作り、花見客でにぎわっていた長命寺の門前で売り始めたのが最初だ。

江戸時代には1年で約38万5000個を販売していたという記録が残るほど評判だった桜もちは、北海道産の小豆を煮込んだなめらかなあんこが特徴。乾燥予防と香り付けの役割をしている桜の葉は、はがして食べよう。

MAP 別冊 P.43-A4 向島

住墨田区向島5-1-14　TEL 03-3622-3266　営8:30～18:00　休月　CC不可　交地下鉄押上駅A3出口から徒歩15分

❶「箱詰」5個入り1500円。最大50個入りまで幅広い　❷❸「召し上がり」500円はお茶付き。風情ある縁台に腰掛けていただこう

<ruby>ぎんざ きくのや</ruby>

銀座 菊廼舎

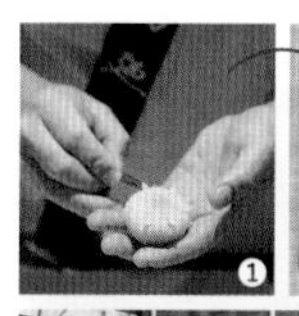

❶❷熟練の和菓子職人による技が見事な四季折々の上生菓子432円
❸「菊」ののれんが目印
❹現・五代目の井田さん
❺人生の節目や努力の喜び、感謝を形にした「冨貴寄 ことほぐ」2484円

和菓子ギフト「冨貴寄（ふきよせ）」

大正後期、二代目が「冨貴寄」を考案。当時は郷土菓子を集めたものだったが、現在は松竹梅や鯛モチーフの和三盆糖や金平糖など約30種の干菓子が入る。

銀座 菊廼舎 銀座本店

明治23年に創業し、歌舞伎座の前で歌舞伎せんべいを販売していたのが始まり。看板商品の「冨貴寄」は季節限定商品やメッセージ入りの商品があり、さまざまな用途によって選べる。創作和菓子、くず餅、「江戸の贅」（水ようかん、ゼリー）などもある。

MAP 別冊 P.25-B3 銀座

住中央区銀座5-9-17 銀座あづまビル1階　TEL 03-3571-4095
営9:30～18:00、土・日・祝～17:30　休不定休　CC ADJMV
交地下鉄銀座駅A3出口から徒歩1分

「銀座 菊廼舎 銀座本店」では「揚げまんじゅう」216円も人気。こしあんを特製の小麦まんじゅうで包み、マカデミアナッツをまぶして素揚げ。香ばしいナッツと甘いこしあんの組み合わせはたまらない！

榮太樓總本舗（えいたろうそうほんぽ）

梅ぼ志飴（うめぼしあめ）
「榮太樓飴」の定番商品。明治の頃、上方の舞妓の間で紅をつける前に塗ると照りが出ると評判に。

甘名納糖
文久年間に誕生。当時、赤飯以外に使い道がない安価な「金時大角豆」を蜜煮にして販売。独特な風味が評判で広まった。

高楼の礎石がモチーフ

❶

玉だれ
日持ちが長く甘みを引き立てるワサビと大和芋を練り合わせ、芯を求肥で包んだ生菓子。

楼 たかどの
黄味あんに渋皮栗を包んだ生菓子。昭和50年、昭和天皇が訪米する際に御調製献上された。

❷  ❸

実演やカフェを楽しんで！

榮太樓總本舗 日本橋本店

創業は文政元（1818）年。日本橋の屋台で三代目が売る「金鍔」が評判で、自身の幼名から屋号「榮太樓」の店舗を構えるように。江戸末期～明治初期にはすでに現在の主力商品を販売していたという。平成以降、「あめやえいたろう」など多彩なブランド展開も。

MAP 別冊 P.21-B3 日本橋
住中央区日本橋 1-2-5　TEL 03-3271-7785　営 10:00 ～ 18:00
休日・祝　CC ADJMV　交地下鉄日本橋駅 B11 出口から徒歩 1 分

❶「梅ぼ志飴」1 缶 476 円、榮太樓本店限定の「甘名納糖」864 円、「楼」832 円、「玉だれ」1566 円
❷❸2020 年にリニューアルした店舗は江戸の町並みを再現。和菓子カフェも併設

焼き立て金鍔実演も！

丸くて平たい円盤状の形が特徴で、江戸時代同様の製法で作られる

小豆とごま油が香る逸品！

薄く伸ばした小麦生地であんを包んで焼く

「近江屋洋菓子店」は明治創業の老舗です。ショーケースに並ぶケーキももちろんおいしいですが、私のいち押しはフルーツポンチです。（PN：美和）住 千代田区神田淡路町 2-4

元祖福神漬

明治10年頃に誕生。おもに大根やなす、なた豆、蓮根、かぶ、しそ、瓜の7種類の野菜を当時は珍しい醤油で漬け込んだもの。

❶手前から「元祖 福神漬け」432円、「特撰 福神漬け」540円、「淡口 福神漬け」540円 ❷当時の資料が飾られた店内 ❸趣ある木樽に商品が並べられている ❹本郷元町で創業後、上野池之端に移転

東京発祥 漬物＆佃煮店

延宝3（1675）年創業

酒悦 上野本店舗（しゅえつ うえのほんてんぽ）

伊勢から仕入れた海産物を扱う「山田屋」が発祥。次第に酒の肴となる珍味類も販売し始め、「酒が悦ぶほどうまいもの」という意味から「酒悦」の屋号になる。福神漬けの原料は国産にこだわる。

MAP 別冊 P46-C1 上野
住 台東区上野2-7-11 TEL 03-5688-5053 営 10:00～19:00 休 無休 CC ADJMV 交 地下鉄上野広小路駅A3出口から徒歩1分

元祖佃煮

江戸時代、保存食を作るために当初は小魚を塩煮にしていたが、千葉から醤油が伝わり醤油で煮て地名と合わせて「佃煮」と命名。

当時の製法を守るたれで味付け

元祖佃煮 天安（がんそつくだに てんやす）

基本は量り売りだが、詰め合わせのギフトもある

天保8（1837）年に創業したことから、「天」と初代・安吉の名を取り店名に。量り売りは100g400円～。写真は左から生姜、昆布、生あみ。

MAP 別冊 P.27-A4 佃島
住 中央区佃1-3-14 TEL 03-3531-3457 営 9:00～18:00 休 12月31日、1月1日 CC 不可 交 地下鉄月島駅6番出口から徒歩5分

日本橋名物べったら漬

塩で下漬けした大根を砂糖や米麹などで漬けたもの。江戸時代、日本橋の宝田恵比寿神社で売っていた大根の浅漬けが発祥とされる。

日本橋名物を手軽にゲット

わしや（わしや）

味噌や調味料、手製の漬物などが多数並ぶ

昭和5年に創業。「べったら漬」は648円で、「皮付きべったら」1296円や無添加にこだわる「特撰 べったら」1620円、切り落としなども。

MAP 別冊 P.22-A1 日本橋
住 中央区日本橋人形町2-3-1 TEL 03-3666-5778 営 9:00～20:00、土・日10:00～19:00 休 無休 CC JMV
交 地下鉄人形町駅A3出口から徒歩2分

慶長8（1603）年、徳川家康が当時の摂津国佃村（現在の大阪）に住む佃村の漁民33人を江戸に呼び寄せ、石川島に近い島を居住地として与えた。故郷の「佃村」にちなみ「佃島」と名づけた。

超王道 2大銘菓を
東京ひよ子

誰もが知る東京みやげブランドだが、

今や全国区のブランドに
東京ひよ子

福岡県で誕生し、東京に進出してからまもなく60周年を迎えようとしている「東京ひよ子」。ぽってりしたフォルムが愛らしい「名菓ひよ子」を軸として、ひよ子をかたどったプリンやもなか、ゼリーまで季節や期間限定の豊富な品揃えを展開している。

取り扱い店舗

大丸東京、西武池袋本店、西武渋谷、日本橋髙島屋S.C.、日本橋三越本店、銀座三越、羽田空港第1・第2・国際線ターミナル、東京駅、上野駅、新宿駅、品川駅

福岡から東京に進出したワケ

東京オリンピックや東海道新幹線の開通など、日本が目まぐるしく急成長を遂げた昭和39年。その波に乗って、九州の銘菓を東京でも提供したいと同年に埼玉県草加市に工場を新設して新宿店をオープン。約1年半で14ヵ所に販売網を拡大し、次第に「東京ひよ子」限定商品も生まれるように。

東京ひよ子の歴史

明治30（1897）年
初代が福岡県で菓子舗「吉野堂」開業

大正元（1912）年
二代目が「名菓ひよ子」を考案

昭和39（1964）年
新宿ステーションビル内に新宿店開設

昭和41（1966）年
株式会社東京ひよ子設立

昭和41年末までに都内約50ヵ所で販売

平成元（1989）年
新東京工場完成

現在の工場は埼玉県草加市にある

おもな商品ラインアップ

まずは王道

東京名菓ひよ子5個入り837円
いんげん豆を使用して作った黄味あんを、小麦粉、卵、上白糖などを練り込んだ皮で包んだ焼き菓子。28個入りまで個数もさまざま。

季節限定パッケージも！

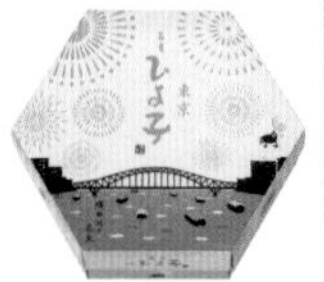

春は桜、夏は花火など四季折々の東京の景色をあしらった限定商品。ハロウィンやひな祭り、端午の節句などイベントにちなんだものも。

上野駅のおすすめ

パンダひよ子
5個入り 913円
JR上野駅構内（新幹線改札内）などで販売。上野動物園帰りに購入したい。

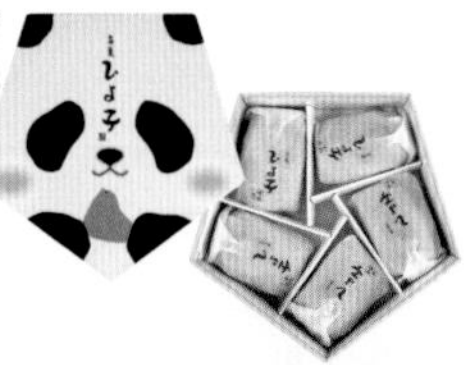

東京ひよ子夏季限定商品

塩ひよ子
6個入り 1240円
小豆あんに和三盆糖を加え、しっとり仕上げた夏限定のひよ子。

こんなバリエーションも！

トロワアンプレス
ショコラひよ子
6個入り 1300円
濃厚チョコレートとチョコレートの餡が詰まった特別仕立て。

東京ひよ子サブレー
5枚入り 648円
フレッシュバターを使用したミルク風味。軽い口当たりでやさしい味わい。

本書で紹介した「東京ひよ子」の商品は、店舗によって取り扱いのない場合もあるので、フリーコール0120-055-145に問い合わせてみよう。

とことん深掘り ＆東京ばな奈

その歴史や商品の幅広さを改めて徹底解説。

東京ばな奈の歴史

昭和 53（1978）年
株式会社日本珈琲食器センター（当時）設立

平成 3（1991）年
東京ばな奈を発売開始

羽田空港旧ターミナル時代の店舗

平成 4（1992）年
羽田空港、東京駅キヨスクでも発売開始

平成 17（2005）年
日本有名商標の認定を受ける

1994 年当時の東京ばな奈羽田空港店の様子

平成 30（2018）年
8月7日を「東京ばな奈の日」として認定

素朴で懐かしいバナナ味

東京ばな奈

平成初期に誕生した、東京を代表するみやげものブランド。「ばな奈」の由来は、当時女の子の名前で人気だった「奈」の字を取り入れ、愛着をもってもらうため。パッケージに描かれているリボンも「東京ばな奈」が女の子をイメージしているからだそう。

取り扱い店舗

東京ばな奈ｓ（JR 東京駅八重洲地下中央口改札外）、東京ばな奈 STUDIO 大丸東京店、羽田空港第 1・第 2・国際線ターミナル、東京駅、品川駅、上野駅ほか

なぜ東京でバナナ？

平成に元号が変わるタイミングで、新しい東京みやげを作りたいという思いから開発を始める。しかし、「東京といえばこれ」といった目ぼしい名産品が見当たらなかったことから、代わりに着目したのが日本中の人々が親しみをもっていて、老若男女問わず愛されるバナナだったという。

おもな商品ラインアップ

まずは王道

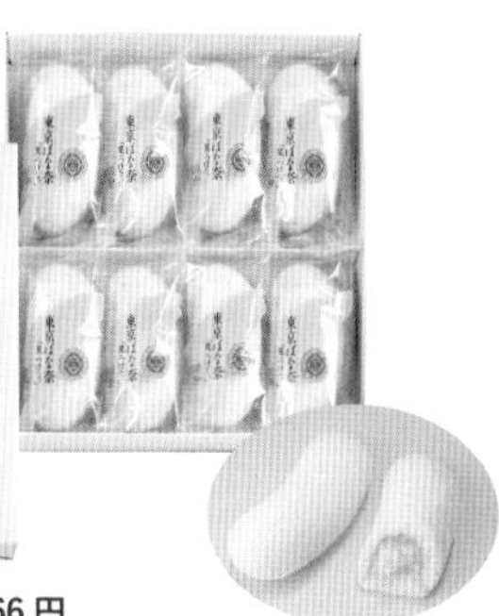

東京ばな奈 8 個入 1166 円
バナナカスタードクリームをバナナ型のスポンジケーキで包んだ菓子。4 個入 594 円もある。季節限定の味が登場することも。

羽田空港限定 ①

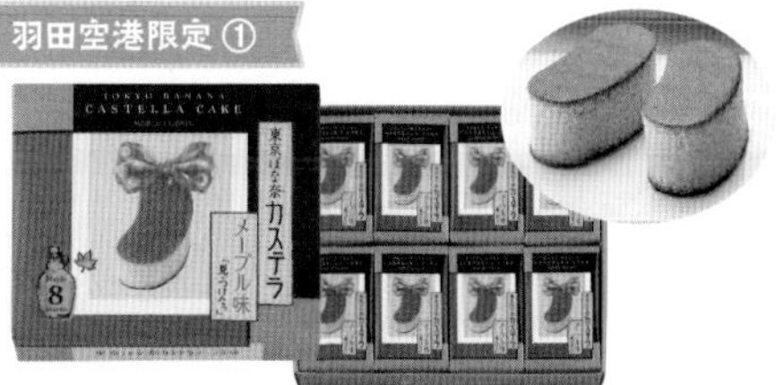

東京ばな奈カステラメープル味 8 個入 1188 円
バナナの形にくり抜かれ、メープルざらめの食感が特徴的なカステラ。ふんわり香るバナナ風味もたまらない。オレンジのパケが目印。

JR東京駅限定

東京ばな奈バターマドレーヌ
604 円
口いっぱいに広がるバターにほんのりレモン。生地の中にバナナジャムが入る。

羽田空港限定 ②

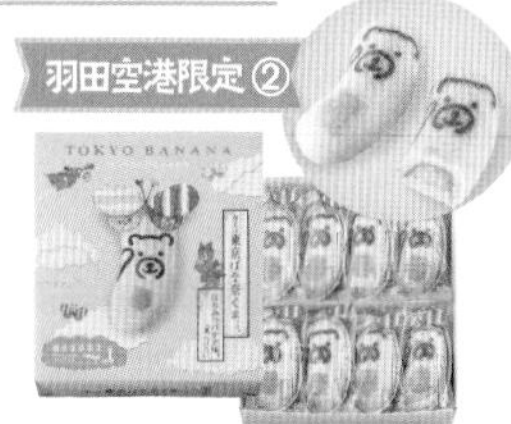

空とぶ東京ばな奈くまッス。
はちみつバナナ味
8 個入 1188 円
はちみつ入りバナナクリームをたっぷり包んだスポンジケーキ。敬礼している子熊柄がかわいらしい。

「東京ばな奈」を製造販売しているグレープストーンは、「ねんりん家」や「シュガーバターの木」など数々の東京銘菓を生み出している。公式オンラインショップで購入可能なブランドも。

江戸から愛される老舗の逸品探訪

古くから愛され続ける老舗の名品は今の時代にこそ取り入れたいものばかり。江戸の息吹を感じる逸品を手に入れよう。

創業
享保三年●1718年

職人の技が光る多様なブラシ
江戸屋（えどや）

将軍家御用達として知られた刷毛とブラシの専門店。洋服ブラシや歯ブラシ、靴磨き専用のブラシなど天井までところ狭しと並べられた商品は約3000種類にも及び、1度使うと手放せないとリピーターの客も多い。大奥の女性も愛用したとされる化粧ブラシから現在ではIT機器用のブラシまで、時代に合わせたさまざまな商品を生み出し続ける名店だ。

江戸屋 十二代目
濵田捷利さん

逸品のヒミツ
用途に応じて豚や馬など天然の毛を使うのがこだわり。これを柄に開けた穴に一つひとつ手で植え込む手植えの作業は職人の熟練技だ。

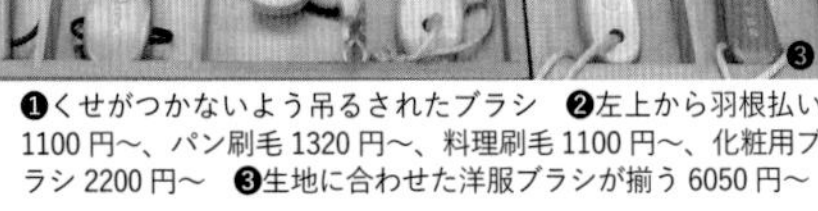

❶くせがつかないよう吊るされたブラシ　❷左上から羽根払い1100円〜、パン刷毛1320円〜、料理刷毛1100円〜、化粧用ブラシ2200円〜　❸生地に合わせた洋服ブラシが揃う6050円〜

江戸屋と江戸刷毛

馬毛で作ったハンコや大正期の注文帳も展示

八代将軍・吉宗の時代に現在の屋号を与えられた江戸屋は、将軍家お抱えとして刷毛を納めており、店内では伝統工芸品として指定されている7種類の江戸刷毛を見ることができる。また江戸屋がある大伝馬本町通りは、かつて木綿問屋や染物屋など多くの店が建ち並び、そのにぎわいは歌川広重の『東都大伝馬街繁栄之図』にも描かれた。こちらも店内で観覧可能。

MAP 別冊 P.21-A4 日本橋

住 中央区日本橋大伝馬町2-16
TEL 03-3664-5671　営 9:00〜17:00
休 土・日・祝　CC ADJMV　交 地下鉄小伝馬町駅3番出口から徒歩3分

日本橋を歩いていると百貨店やショップ、グルメなどさまざまなジャンルの老舗店に出合います。建物も歴史があるお店が多いので町を散策するだけでも楽しめると思います。（PN：クローバー）

❶

日常を彩る和紙舗

榛原(はいばら)

創業
文化三年・1806年

江戸時代に創業し、2015年に伝統の色硝子柄をモチーフとした現在の店舗に移転。和紙や小物類、便箋やレターセットをはじめとした定番商品のほか、文章の長さに応じて切り取って使える蛇腹便箋などのアイデア商品も人気。竹久夢二が図案を担当した商品も多数並び、有名作家が手がけた商品を日常使いで楽しめるのも魅力だ。

❷

❸

❹

和紙装飾が美しい

❶蛇腹便箋レターセット、ちいさい蛇腹便箋各550円　❷竹久夢二一筆箋550円　❸左／色硝子柄の朱印帳2310円　右／人気イラストレーターとのコラボ朱印帳2530円　❹贈答に最適な金封が揃う

逸品のヒミツ

大正ロマンを代表する画家・詩人として知られる竹久夢二は榛原と深い親交があり、榛原のために夢二が手がけた創作図案は今も変わらず手に取ることができる。

MAP 別冊 P.21-B3 日本橋

住 中央区日本橋2-7-1
TEL 03-3272-3801　営 10:00～18:30、土・日～17:30
休 祝　CC ADJMV　交 地下鉄日本橋駅B6出口すぐ

榛原と和紙

文明開化期の榛原の様子が描かれる

町民文化が栄え伝達手段としての上質な紙が求められていた江戸時代、榛原が手がけた雁皮紙は筆あたりがよいと江戸の人々から人気を集め、現在ものれんに掲げられている「雁皮紙榛原」の土台となった。幕末から明治にかけては和紙の輸出と洋紙の輸入にも取り組み、現在も西欧の美術館に保存される榛原の和紙はジャポニズムに影響を与えたともいわれている。

東京見聞録

毎年10月19・20日に日本橋大伝馬町一帯で開催される「べったら市」は、江戸時代から続く由緒ある祭り。300～400軒が軒を連ねる露店の中には江戸屋も出店しており、べったら市特別価格の商品も。

❶家庭用品として購入するお客さんが7割と多数　❷上から食用鋏 9900 円、キッチン鋏 9900 円、積層鋼三徳包丁 2万 6400 円、銀三舟行包丁（大型）3万 5200 円　❸口幅が 1.5 ～ 6mm まで揃う毛抜き 4070 円～。全体の長さや見た目が異なるものも

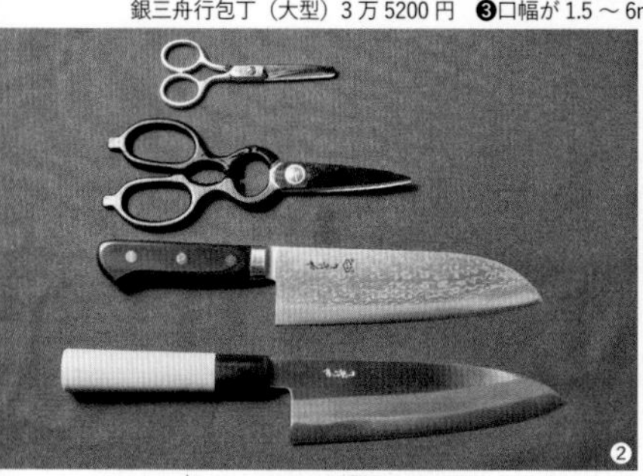

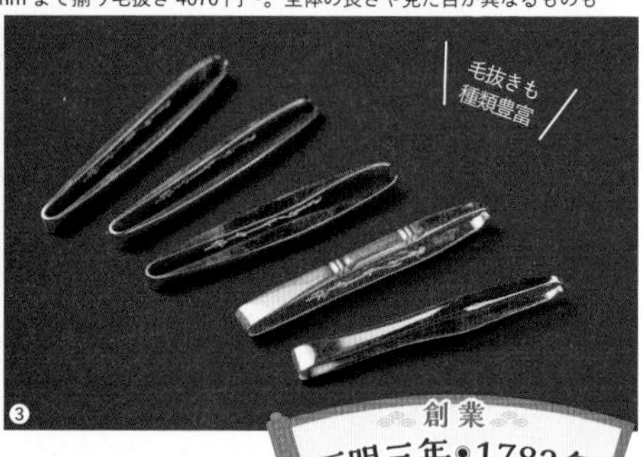

創業
天明三年•1783年

機械と手で砥ぎます

他店で購入した刃物のメンテナンスも引き受けるという砥ぎの作業では、荒砥ぎ、中砥ぎ、仕上げの作業を刃物の状態に合わせ一つひとつ砥ぐことで、まるで新品のような切れ味に。

刃物類の購入から修理まで

うぶけや

屋号は初代が「うぶ毛でも剃れる、切れる、抜ける」と評判を受けたことに由来する。三大商品である包丁、はさみ、毛抜きを中心に、用途に応じた高い品質の刃物類が約 300 種類取り揃えられている。昭和 2 年に建てられた木造の建物内には、中央区民文化財指定の刃物類が展示されているため刃物の歴史にも触れることができる。

うぶけや 九代目
矢崎大貴さん

MAP 別冊 P.22-A1 日本橋
住 中央区日本橋人形町 3-9-2
TEL 03-3661-4851
営 9:00 ～ 18:00、土～ 17:00
休 日・祝
CC ADJMV
交 地下鉄人形町駅 A4 出口から徒歩1分

うぶけやと刃物

歴史的価値のある裁鋏を含め伝統的な刃物を多数展示

泰平が続いた江戸の町。武器ではなく道具として刃物の需要が拡大する一方、武器職人や刀鍛冶は仕事を求めていた。そこでうぶけやは、腕の立つ職人に刃物を依頼し仕上げは自身で行う「職商人」という現在も続くスタイルを開始。修理の習慣が当たり前だった江戸時代には一般的なスタイルだったといわれる。

老舗といえば、伝統的な足袋を作っている「大野屋總本店」がすばらしいです。最近では和雑貨なども販売していますよ。（PN：茉奈）住 中央区新富 2-2-1

創業
天正十八年●1590年

粋を感じる扇子と団扇

伊場仙（いばせん）

江戸のデザインを活かした団扇と扇子が並ぶ伊場仙は、浮世絵の版元でもあり、人気絵師による浮世絵を取り入れた商品は江戸時代から親しまれてきた。縁起物や言葉遊びを活かした絵柄も人気で現代にも江戸文化を広め続けている。

逸品のヒミツ
初代・歌川豊国や国芳、広重らが手がけた版画を多数所有し、そのデザインが入る扇子や団扇は今も人気。

伊場仙と団扇

家康の江戸進出にともない現在の日本橋へ移り、浮世絵を取り入れた団扇絵で名を広げた。竹や和紙で作った江戸団扇と扇子を扱う幕府御用達として江戸城に出入りしていた。

伊場仙 十四代目
吉田誠男さん

併設の伊場仙ミュージアムでは豊国らの浮世絵を展示

初代豊国による現存する唯一の版木をもとにした江戸団扇各 5500 円

MAP 別冊 P.21-A4 日本橋
住中央区日本橋小舟町 4-1　TEL 03-3664-9261　営 10:00 ～ 18:00、土 11:00 ～ 17:00（土曜は 5 月 15 日～ 8 月 31 日のみ営業）　休日・祝　CC ADJMV
交地下鉄三越前駅 A5 出口から徒歩 6 分

漆が輝く工芸品

黒江屋（くろえや）

創業
元禄二年●1689年

日本各地の産地から集められた漆器が並ぶ漆器専門店。使うほどに艶やかな輝きを放つ漆器は贈り物としても人気で、お椀や箸などは食洗機対応品や子供向け商品も揃うため日常にも取り入れたい逸品だ。

逸品のヒミツ
黒江屋がルーツをもつ紀州漆器のほか北は津軽塗、南は宮崎漆器まで全国から質の高い漆器が集まる。

黒江屋と漆器

江戸前期から戦前まで日本橋の 3 店の漆器店は「通り三軒」と呼ばれ親しまれており、黒江屋はその中でも唯一現存する漆器店として知られる。江戸時代には大名家へ、現在では各省庁にも品物を納める。

黒江屋 十二代目 柏原孫左衛門さん

上／汁椀や箸、湯呑みなど幅広い品が揃う（写真はすべて食洗機非対応）下／店内はアクセサリーや名刺入れなど小物類も並ぶ

MAP 別冊 P.21-B3 日本橋
住中央区日本橋 1-2-6 黒江屋国分ビル 2 階　TEL 03-3272-0948　営 9:00 ～ 18:00　休土・日・祝　CC ADJMV　交地下鉄日本橋駅 B9b 出口から徒歩 1 分

東京見聞録
今回紹介した店舗は、「東都のれん会」という、江戸から明治初期に創業し、100 年以上にわたり同業で継続、現在も盛業している店の集まりに属している。また、本誌内の老舗が多く加盟している。

江戸を感じる
絵柄が揃う

創業
宝永元年●1704年 ❶

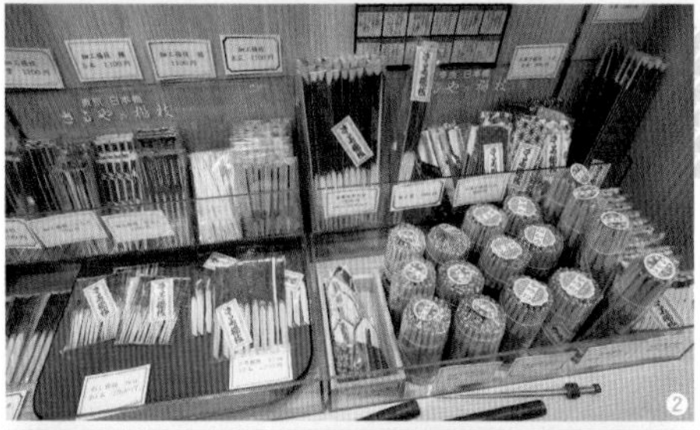

❶上／大入、隈取の桐箱入り楊枝 990 円～　下／男女の色恋を唄った辻占入り楊枝 440 円　❷茶会用や懐石楊枝など用途に応じた楊枝が揃う　❸名入れ桐箱 2530 円～は贈り物にも

今なお人気の江戸名物

さるや

さるや 九代目
山本亮太さん

日本で唯一の楊枝専門店として黒文字を使用した楊枝を取り揃える。特有の芳香をもつ黒文字は歯当たりがよく折れにくいのが特徴で、さるやではさむらい楊枝や辻占楊枝などパッケージが楽しい多彩な商品が豊富だ。江戸のモチーフが入った桐箱入りの商品や書道家によって一点ずつ書かれる名入れの桐箱は、おみやげとしても手に入れたい。

さるやと楊枝

古くから歯ブラシの用途で使われてきた楊枝は江戸時代「房楊枝」と呼ばれ、身だしなみの道具として重宝された。楊枝屋が栄えた江戸中期はさるやも看板娘を置いて楊枝を販売し、華やかな着物を着た女性たちで店先がにぎわったという。

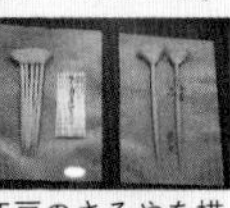

江戸のさるやを描いた錦絵と房楊枝

さるやの看板商品、極細上角楊枝は１本ずつ手作業で削っているため極細ながら弾力性があり折れにくいのが特徴。熟練の職人でも１日に 400 本程度しか制作できないという逸品だ。

１本ずつ削ります

MAP 別冊 P.21-A3 日本橋
住中央区日本橋室町 1-12-5　TEL 03-5542-1905　営 10:00～17:00、土 12:00～　休日・祝　CC ADJMV　交地下鉄三越前駅 A1 出口から徒歩１分

読者だより　「白木屋 傳兵衛」さんで箒を買ってから、掃除機より箒派になりました。職人さんが一つひとつ手作業で作っているということもあり、掃き心地も普通の箒とまったく違うのです。（PN：小豆）

創業
天保元年●1830年

現代にマッチした掃除用品
白木屋傳兵衛（しろきや でんべえ）

シンプルな編み上げが美しい江戸箒を中心に販売する専門店。軽くてコシがある江戸箒は畳に限らずフローリングや絨毯など現代の生活環境に合わせた使い方ができ、試し掃きをしながら用途に合うぴったりの１本が手に入る。

逸品のヒミツ
原料のホウキモロコシは職人の長年の経験をもとに選別作業が行われて、20等級ほどに分けられる。

左／職人が選別から仕上げまですべて手がけた江戸長柄箒
右／軽さを重視したリーズナブルな１本も

ゴミが集めやすい紙製ちりとりの「はりみ」1320円～

白木屋 傳兵衛と江戸箒

店を構える京橋はかつて川が流れる竹河岸で原料が仕入れやすかったことから箒専門店として開業。軽い力で掃ける江戸箒はせっかちな江戸っ子の性格と長屋暮らしにマッチし、浸透した。

白木屋 傳兵衛 七代目
中村悟さん

MAP 別冊 P.21-C3 京橋
住中央区京橋 3-9-8 白伝ビル１階　TEL 03-3563-1771　営 10:00 ～ 19:00　休日
CC ADJMV　交地下鉄宝町駅 A3 出口から徒歩１分

創業
元治元年●1864年

多彩な絵柄が楽しい千代紙
いせ辰（いせたつ）

江戸千代紙とおもちゃ絵の版元として創業し、現在は谷中に店を構える。千代紙や和雑貨に使われる歌舞伎や伝統的文様などの絵柄はすべていせ辰のオリジナルで、江戸の粋を感じるデザインは現代に合わせて進化し続けている。

逸品のヒミツ
江戸千代紙は絵師、彫り師、摺師の職人によって制作され、今も変わらず版元として新作を発表する。

いせ辰と江戸千代紙

江戸庶民の好みが活かされた粋や洒落を感じるデザインの江戸千代紙。いせ辰は浮世絵の発達とともに庶民に広く普及した江戸末期に創業し、一時は戦争や震災により版木を失ったものの徐々に復刻。現在では1000種類を超える江戸千代紙とおもちゃ絵が揃う。

ミニサイズ千代紙の豆ノート 2200円

小物入れにぴったりの六角ひし形箱 1980円

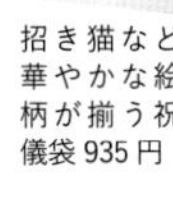

招き猫など華やかな絵柄が揃う祝儀袋 935円

MAP 別冊 P.40-B1 谷中
住台東区谷中 2-18-9　TEL 03-3823-1453　営 10:00 ～ 18:00
休無休　CC ADJMV　交地下鉄千駄木駅団子坂出口から徒歩５分

東京見聞録
“香り”に関する老舗といえば銀座に店を構える香専門店、「香十 銀座本店」。天正年間に京都で創業し、約400年以上の歴史をもつ名店だ。住中央区銀座 4-9-1

かゆいところに手が届くアイテムがずらり
プロ御用達の問屋街攻略

料理や手芸など趣味をもっと深く楽しむためのアイテムをゲットしに、問屋街巡りへ出かけてみよう。

日本イチの料理道具街

かっぱ橋道具街®

（かっぱばしどうぐがい）

難易度 ★☆☆	基本的にどの店も一般客OKで、入りやすいところが多い。

菊屋橋交差点から言問通りにいたる南北約800mの新堀通り沿いに並ぶ商店街で、調理器具から食器まで飲食関連の道具が何でも揃う。菊屋橋交差点で目に飛び込んでくるジャンボコック像がトレードマークのニイミ洋食器店は明治40年代に創業した老舗。オリジナル調理器具「エバー」シリーズが話題の飯田屋も大正元年に誕生し、現在は六代目が店を盛り上げている。また、日本で生まれ独自の文化を形成してきた"食品サンプル"の専門店も、かっぱ橋道具街ならでは。元祖食品サンプル屋を筆頭に、佐藤サンプル、東京美研などが軒を連ねる。料理道具のなかでもさらに専門的な店となると、まず挙げられるのは馬嶋屋菓子道具店。菓子の型だけで約3000点あるといい、オーダーメイドで菓子型や焼印などの注文も可能だ。ブラシと刷毛専門店のかなや刷子や喫茶道具が揃うユニオンなども注目したい。

MAP 別冊 P.17-B4 浅草

住 台東区松が谷3-18-2 営 店舗により異なる 休 店舗により異なる 交 地下鉄田原駅1番出口から徒歩5分

かっぱ橋の由来と歴史

大正時代、当時の新堀川（現在の新堀通り）両岸に古物商が商いを始めたことが発祥とされる。"合羽橋"の由来は、江戸時代に合羽屋喜八が新堀川の整備を行った際、河童が工事を手伝ったという説と、近くの下屋敷に住む足軽らが作った雨合羽を、橋に干していた「雨合羽」説がある。

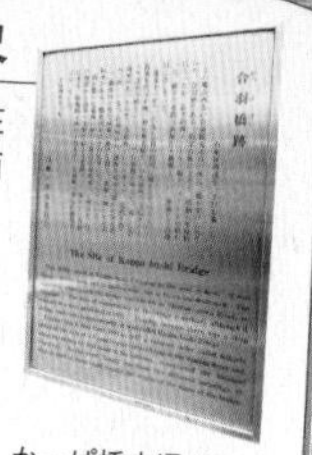

かっぱ橋本通りに立つ「合羽橋跡」の碑

かっぱ橋道具街
セール商品もずらり
かわいいお菓子の型
マニアックな用途にも

新堀川は関東大震災後に暗渠化しているが、川に架かっていた合羽橋と菊屋橋は交差点名として現在も残る。通りの一角には90周年を記念して建立した「かっぱ河太郎」の像も。

読者だより 「かっぱ橋道具街」はさまざまな調理器具が並ぶお店ばかりでとても楽しいです！料理好きなら欲しいものだらけなのでご注意を。（PN：小熊っ子）

かっぱ橋エリアの名店3

創業90年以上の老舗メーカー

がんそしょくひんさんぷるや

元祖食品サンプル屋

「ラーメン小鉢」4950円は麺やスープ、具を細かく再現

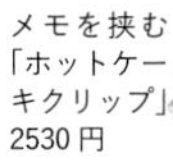

メモを挟む「ホットケーキクリップ」2530円

「つまみ寿司」3850円は飾りに◎

ちくわにペンが挿せる「一杯おでんペン立て」2970円

食品サンプルの専門店で、自作キット「さんぷるん」1980円〜をはじめ多数の商品が並ぶ。製作体験は1名2500円で天ぷら＆レタスが作れる。

MAP 別冊 P.17-B4 浅草

住 台東区西浅草3-7-6　TEL 0120-171-839　営 10:00 〜 17:30　休 無休　CC MV　交 つくばエクスプレス浅草駅A2出口から徒歩5分

大正元年創業の料理道具店

いいだや

飯田屋

「エバーピーラー」3300円と「エバーおろし」4180円

飯田屋オリジナル「エバーグリルステンレス」22cm 2万2000円

鍋底のカーブが深いフライパン24cm 1万7600円

1合炊き専用のご飯釜4400円

オリジナルの「エバー」シリーズをはじめ、さまざまな用途に対応する商品が並び、なかでも1cc〜2000ccまで揃うレードルコーナーは圧巻。

MAP 別冊 P.17-B4 浅草

住 台東区西浅草2-21-6　TEL 03-3842-3757　営 10:00 〜 18:00　休 無休　CC ADJMV　交 つくばエクスプレス浅草駅A2出口から徒歩5分

長く愛される良品が揃う

かまあさしょうてん

釜浅商店

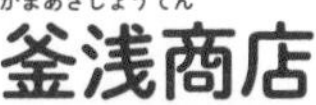

包丁は約60種類。名入れサービスも行う

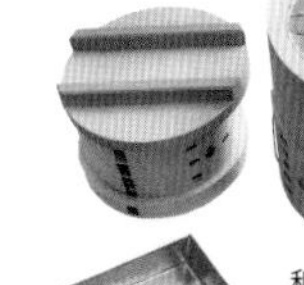

「厚手銅たまご焼器 関西型 10.5cm」8800円

和セイロ（左）や中華セイロセットなど種類も豊富

明治41年創業。釜や包丁を中心に料理道具を扱う専門店で、形や使いやすさにこだわり、料理がおいしく仕上がるよう追求した釜浅オリジナル商品も多い。

MAP 別冊 P.17-B4 浅草

住 台東区松が谷2-24-1　TEL 03-3841-9355　営 10:00 〜 17:30　休 無休　CC ADJMV　交 つくばエクスプレス浅草駅A2出口から徒歩5分

「かっぱ橋道具街」は全長約800mと長いので、ある程度事前に目的の店を決めて、つくばエクスプレス浅草駅を使用するか、地下鉄田原町駅から歩くか検討するのがおすすめだ。

手芸好きにはたまらない

日暮里繊維街

にっぽりせんいがい

難易度 ★☆☆ 趣味でものづくりを楽しむ人も多く材料を探しに訪れていて安心。

日暮里駅南口から日暮里中央通り沿いに延びる問屋街。繊維資材を中心に、ボタンや型紙、生地などの専門店が90店舗以上軒を連ねる。東京日暮里繊維卸協同組合の公式サイトから「にっぽり繊維街まっぷ」がダウンロード可能。

MAP 別冊 P.41-A3 日暮里

住 荒川区東日暮里 4-33-3
営 店舗により異なる　休 店舗により異なる
交 JR 日暮里駅南口から徒歩 3 分

さまざまな生地を取り扱う「トマト」は、本館、セレクト館、インテリア館など複数ある

日暮里繊維街の歴史

大正時代初期、浅草周辺の古繊維・裁落業者が日暮里や三河島周辺に集団移動。昭和に入る頃には約 20 店舗の業者が営業を始める。戦後は進駐軍の払い下げ品やアメリカ古衣料、ハギレなどを販売していた。

昭和 44 年「東京日暮里繊維卸協同組合」が設立される

ファッションやソーイングのプロも足を運ぶ繊維街では、各自目当てのものを探しながら通りを散策。裏路地も訪れてみよう

好きなだけ購入可能

ニットやウール、毛皮やレザー、和柄生地専門店まで幅広い。作りたいものや用途にあわせて店を巡ろう

集めたくなるかわいさ！

ボタンはサイズや色、形などバリエーション違いでたくさん並ぶ。海外から仕入れるビンテージアイテムを扱う店もある

カラフルなミシン糸

洋服の型紙をゲット♪

エプロンや子供用のスモック、じんべいまで種類豊富な型紙がずらりと並ぶので、選ぶ楽しみも

細かなグラデーションのミシン糸はお目当てを見つけよう。お手頃価格で大量買い

私がよく行くスポットは「日暮里繊維街」です。何種類もあるボタンや糸、生地などは見ているだけでも幸せな気持ちになります。裁縫がお好きな人はぜひ訪れてみてください。（PN：お豆将軍）

和装履物から革靴まで

花川戸靴・はきもの問屋街

はなかわどくつ・はきものとんやがい

難易度 ★★☆ 各店舗は密集していないので、目当てのものを見つけるのがやや大変。

店頭に草履やサンダルを並べている店もあり、旅行者でも入りやすい。特価で草履が売っていることも

浅草の江戸通りを中心に、靴やカバンなどの革製品や草履やサンダルを取り扱っている店が並ぶ。現在、店は路地に点在するのみ。毎年年末に花川戸公園で開催される「花川戸はきだおれ市」は一般の人でも利用しやすい。

MAP 別冊 P.42-C2 浅草
住台東区花川戸 2-4-15　営店舗により異なる
休店舗により異なる　交東武線浅草駅 5 番出口から徒歩 4 分

和装だけでなく洋装にも合わせられるサンダルなども販売。小売りしているか、試し履きできるかなどは店で確認を

花川戸靴・はきもの問屋街の歴史

江戸時代には花川戸の北部に移転した幕府公認の芝居小屋があり、役者や芝居関係者が多く住んでいたことから、和装履物問屋が並ぶ。明治 20 年頃からは下駄、草履のほか洋装の普及で問屋街へと発展。

現在、花川戸公園内には「履物問屋街発祥碑」が立つ

子供が遊べるグッズも多数

浅草橋問屋街

あさくさばしとんやがい

難易度 ★★☆ 一般客おことわりというところもあるので、店舗の見極めが必要。

JR 総武線浅草橋駅から江戸通り沿いにある専門店街。現在は、玩具問屋や花火問屋、手芸用品などを扱う店が増えている。また、珍しいところではパーティグッズやバルーン、造花、アクセサリーパーツなど多種多様な商品を取り扱う問屋なども。

MAP 別冊 P.12-C1 浅草橋
住台東区浅草橋　営店舗により異なる
休店舗により異なる　交 JR 浅草橋駅 A1 出口から徒歩すぐ

江戸通りの両側に店が建ち並ぶ。人形の製造問屋「人形の久月 浅草橋本店」の茶色い建物も見える

花火問屋「長谷川商店」や造花問屋「関正マスヤ」、「キッシーズパーティーストア」などは一般客も OK

浅草橋問屋街の歴史

江戸時代に創業した「久月」や「吉徳」をはじめとする人形問屋がルーツといわれている。当時、玩具のことを手遊びと呼んでおり、雛人形だけでなく手遊びの商品も扱っていたことから問屋街が形成。

刷毛などを扱う問屋まで幅広いラインアップ

ファッションや服飾系の小物が手に入る「日本橋横山町馬喰町問屋街」や蔵前にある「玩具問屋街」などもあるが、おもにプロメインの問屋街なので、一般への販売は扱っていないところが多い。

1 スパークリング日本酒「心 -shin-」1万 9800 円

「江戸酒王子」を使用し、シャンパン同様瓶内二次発酵により発泡性をもたせた乾杯酒。

2 純米無濾過原酒 十右衛門 1815 円

初代・十右衛門から名づけられ、瓶詰め後に加熱処理を施すことで穏やかな味わいに。

3 大吟醸 金婚 6050 円

“酒米の王”とも呼ばれる「山田錦」を使用し、芳醇な味と香りが楽しめる最高級の大吟醸酒。

4 金婚 純米吟醸 江戸酒王子 2860 円

東京産の米と江戸酵母で作る新しいお酒。酸味と甘みのバランスに優れ、受賞実績あり。

醸造の歴史と味わう

飲み比べて楽しみたい

江戸開府前の創業で東京最古の酒舗「豊島屋」と幕末にルーツをもつ「東

豊島屋本店の歴史

白酒を買いに求める人々の様子が描かれた『江戸名所図会』

慶長元（1596）年、初代・豊島屋十右衛門が神田鎌倉河岸（現在の千代田区内神田）で一杯飲みできる酒屋を創業。十右衛門が作った甘い米のリキュール「白酒」は話題を集め、雛祭り前は白酒のみを販売していたほどだという。明治時代中頃から豊島屋を代表する清酒「金婚」の醸造を始め、昭和 10 年には分社化して醸造元「豊島屋酒蔵」を東村山市に設立。

豊島屋本店の人

創業から数えて十六代目社長・吉村俊之さんに話をうかがった

初代・十右衛門が店で「豆腐田楽」を提供したのが居酒屋の起源とされる。関東大震災以降は飲食業から撤退していたが、2020 年に立ち飲みスタイルの「豊島屋酒店」（→ P.405）をオープンさせたのが現十六代目だ。スタジオジブリとこだわりの日本酒を共同開発したり、海外向けの日本酒を製造したりと「不易流行」を行動指針に掲げ、新しいチャレンジにも積極的。

上／贈答用にぴったりの品揃え　下／金婚を生地に含ませた「金婚 御神酒ケーキ」1080 円

420 年以上脈々と受け継がれる酒舗

豊島屋本店
（としまやほんてん）

古くは江戸幕府御用達、現在では「明治神宮」（→ P.204）と「神田明神」（→ P.222）に唯一の御神酒として「金婚」を納める由緒ある酒屋。商品は店舗や公式サイトなどで購入可能で、蕎麦つゆに使用する醤油やみりんなど、日本酒とマッチする食分野の事業にも取り組む。

MAP 別冊 P.39-B3 神保町

住 千代田区神田猿楽町 1-5-1
TEL 03-3293-9111　営 10:30 ～ 17:00　休 日・祝、土曜不定休
CC ADJMV　交 地下鉄神保町駅 A5 出口から徒歩 5 分

豊島屋本店のロゴは、「安定」の象徴である外側の金尺部分と、初代・豊島屋十右衛門の名前から取った内側の文字「十」からなる「カネジュウ」と呼ばれ、商売の繁栄を祈って一生懸命に働いた十右衛門の志を表している。

1 東京あまざけ 1512円
米と麹、水で造るノンアルコールの甘酒。植物性乳酸菌を加えたピンク色の「東京紅糀あまざけ」も。

2 江戸開城 山田錦 2200円
初期から続くベーシックな純米吟醸原酒。毎回変化する味や香りを楽しめる。

3 江戸開城 愛山 2970円
希少な酒米「愛山」を使用した純米吟醸原酒。ほんのりビターな仕上がりの逸品。

4 江戸開城 オール東京 2750円
東京産の米と水道水、東京由来の酵母を使用することにこだわった純米吟醸原酒。

東京生まれの日本酒みやげ

京港醸造」。それぞれの変遷をたどりながら、購入すべきおすすめの銘柄を紹介していこう。

上／常時約20種が並ぶ　下／テイスティングカーで立ち飲み。営業時間はSNSで確認を

100年の時を経て 創業の地で復活

東京港醸造（とうきょうみなとじょうぞう）

2011年、前身となる「若松屋」が誕生した現在の港区芝で開業。看板銘柄の「江戸開城」は、幕末に出入りしていた西郷隆盛ら江戸城無血開城に尽力した藩士にちなんで名づけたもの。2023年現在、23区唯一の酒蔵で、テイスティングカーでは絞りたての日本酒が飲める。

MAP 別冊 P.18-B2 三田

住 港区芝4-7-10
TEL 03-3451-2626　営 11:00～19:00、土～17:00　休 日・祝
CC ADJMV　交 地下鉄三田駅A9出口から徒歩5分

東京港醸造の歴史

蔵の看板には「創業文化九年 若松屋」の文字が書かれる

文化9（1812）年、初代・林金三郎が酒造知識をもつ齊藤重三郎とともに酒屋「若松屋」を創業。当時の若松屋には奥座敷が設けられており、近くに屋敷を構える薩摩藩の西郷隆盛をはじめ、勝海舟ら幕末史に名を残す偉人が密会に利用していたと伝えられている。その後、齊藤重三郎の親戚を養子に迎え継続に尽力するも、酒税法の変化にともない明治42年に廃業。

東京港醸造の人

約171㎡の建物で工夫しながら酒造りを行う杜氏・寺澤善実さん

廃業後は食堂や雑貨業を営んでいた若松屋だが、酒造業を再開させたのは現七代目・齊藤社長。そして、店舗向かいにある4階建てのビルで日本酒造りに励むのは杜氏の寺澤さんだ。コンパクトなスペースながら麹室や設備が整っており、徹底した温度管理のもと通年で酒造りが行われる。浄水処理に優れ、酒造りに適した東京の水道水で仕込むのも特徴のひとつ。

「純米吟醸原酒 江戸開城」から生まれた「東京梅酒」2200円もおみやげにおすすめだ。本書で紹介した日本酒は時期によって売り切れていることもあるので、事前にウェブサイトやSNSをチェックしよう。

コラム 最古をたずねて vol.2

昔懐かしいパッケージも魅力！

鬼子母神の駄菓子屋さん

都心の喧騒から離れた鬼子母神内で、江戸時代から続く駄菓子屋を訪ねた。

駄菓子の歴史

江戸時代、高価で貴重だった白砂糖を原料とした「上菓子」に対して、麦やひえ、黒砂糖などで作られた安価な菓子が「駄菓子」と呼ばれるようになった。戦後は砂糖の統制撤廃や子供の増加によって、駄菓子の製造は最盛期を迎える。

樹齢 700 年以上の御神木が店前で見守る

②

都内最古の駄菓子屋

上川口屋

かみかわぐちや

その歴史は、加賀藩・前田家の治下であった鬼子母神での営業を許された天明元（1781）年まで遡る。昭和 25 年頃に飴屋から駄菓子屋へと転身し、現在は十三代目の内山さんが客との触れ合いを大切に 70 年以上店頭に立ち続ける。まるでタイムスリップしたかのようなレトロな雰囲気を味わってみては。

MAP 別冊 P.37-C3 雑司が谷

住 豊島区雑司が谷 3-15-20 鬼子母神境内　営 10:00 ～ 17:00　休 雨天日や荒天日　CC 不可　交 地下鉄雑司が谷駅 1 番出口から徒歩 5 分

④

⑥

❶関東大震災や東京大空襲からも免れた建物　❷店のポストカード　❸ハンガーに吊るされた駄菓子も　❹きな粉飴や麩菓子など木箱にところ狭しと並ぶ　❺昔懐かしの菓子から最近のものまで 100 種類以上揃う　❻子供の成長も見守ってきた内山さん

ジブリ映画の舞台にもなった上川口屋さんの店主さんとの会話に癒やされます。駄菓子もいろいろありますが、楊枝の先が赤色なら当たりでもう 1 本もらえる、きな粉飴が個人的にお気に入りです。（PN：キナコ）

第六章 ナイトライフ

常連の絶大な支持を集める

TOKYO酒場放浪記

代々続く昔ながらの居酒屋のなかでも、一見さんウエルカムなお店を厳選。

レモンサワーの飲み方

1 焼酎入りジョッキ、炭酸、レモン、スクイーザー

2 レモンを半分ほど絞ってからジョッキに入れる

3 炭酸（ハイサワー）を半分入れて軽く混ぜて飲む

4 2杯目は「なか」（焼酎のお替わり）を注文する

5 残りのレモンとサワーを入れてお替わりをいただく

❶レモンサワー 400 円、レバカツ 1 枚 200 円　❷カウンター席が多く、ひとり客が入りやすい雰囲気　❸メニューの種類も豊富だ

※もつやき ばんの料理はすべて税抜きで表示

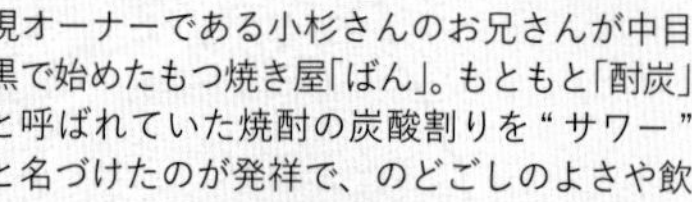

レモンサワーの歴史を知る

もつやき ばん

昭和33年「ばん」創業

現オーナーである小杉さんのお兄さんが中目黒で始めたもつ焼き屋「ばん」。もともと「酎炭」と呼ばれていた焼酎の炭酸割りを“サワー”と名づけたのが発祥で、のどごしのよさや飲みやすさから全国的に広まっていった。2004 年に中目黒店はクローズしたが、翌年小杉さんが祐天寺でお店を始め、昔から受け継がれたレモンサワーを提供している。

オーナー 小杉さん

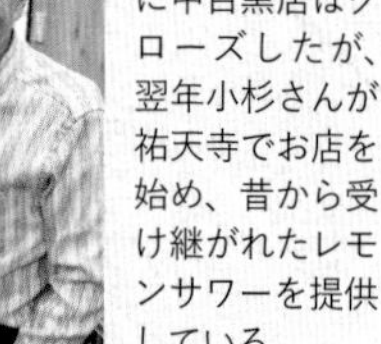

MAP 別冊 P.18-B1 祐天寺

住 目黒区祐天寺 2-8-17　TEL 03-3792-3021

営 15:00 ～ 22:00 (L.O. 21:30)　休 不定休　CC 不可

交 東急東横線祐天寺駅東口 2 から徒歩 6 分

もつやき ばん人気メニュー

とんび豆腐

柔らかい豚のしっぽのピリ辛煮込み。1 本入り 350 円。

マカロニサラダ

マヨネーズと絡んで酒の肴にもぴったり。ひと皿 280 円。

もつ焼き

1 本 100 円。タンやハツのほかフランスなどの部位も。

レバカツ

薄切りレバーを揚げ、オリジナルソースでいただく。

十条にある「斎藤酒場」は、昭和 3 年に創業した上品な大衆酒場です。

住 北区上十条 2-30-13　交 JR 十条駅西口から徒歩 1 分

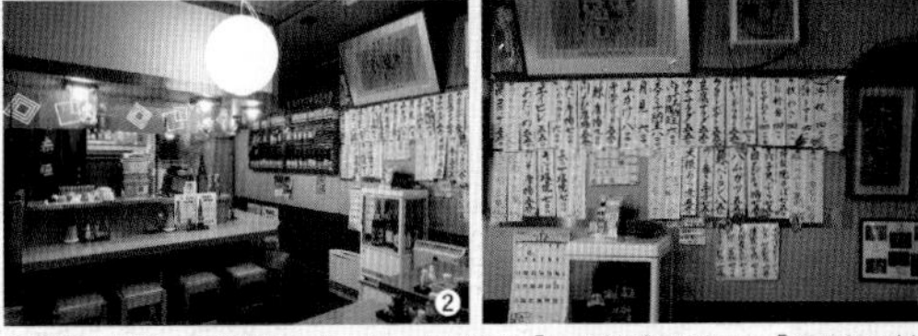

❶酢締めがきつすぎずあっさりといただける「しめさば」850円、「くじらの刺身」950円 ❷L字型カウンターとテーブル席がある ❸店内には昔の写真も飾られる

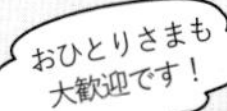

三代目・吉水さん一家

ふらっと立ち寄るアットホーム酒場

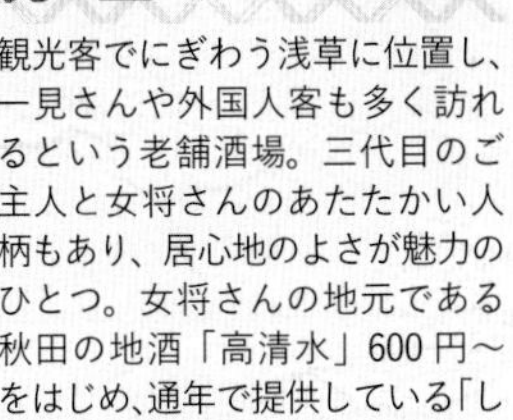

赤垣（あかがき）

観光客でにぎわう浅草に位置し、一見さんや外国人客も多く訪れるという老舗酒場。三代目のご主人と女将さんのあたたかい人柄もあり、居心地のよさが魅力のひとつ。女将さんの地元である秋田の地酒「高清水」600円～をはじめ、通年で提供している「しめさば」やくじら料理が人気。

MAP 別冊 P.42-C1 浅草
住 台東区浅草1-23-3 TEL 03-3844-2327 営 17:00～22:30（L.O.22:00） 休 水、不定休 CC ADJMV 交 つくばエクスプレス浅草駅A出口から徒歩3分

❶「煮込み玉子入り」770円は「ガーリックトースト」330円と。「やきとん」1人前2本330円は軟骨やシロなど11種類 ❷❸カウンターから煮込みの大鍋が見える

四代目 山田さん

フレンチの要素を盛り込んだ個性派

山利喜 本館（やまりき ほんかん）

初代・山田利喜造が深川に店を構え、戦後に二代目がバラックから店を再開。当時は「煮込み」と「やきとん」が二大看板だった。続く三代目はフランス料理出身で、現在も通年で提供している「テリーヌ」や「ポテトフライ」などのメニューが話題を呼ぶ。本館近くには「新館」もある。

MAP 別冊 P.23-A3 森下
住 江東区森下2-18-8 TEL 03-3633-1638 営 17:00～22:30（L.O.21:40） 休 日・祝 CC ADJMV 交 地下鉄森下駅A4出口から徒歩3分

「山利喜」は北千住「大はし」、月島「岸田屋」と合わせて「東京三大煮込み」と呼ばれている。牛のシロとギアラのみを使用し、ブーケガルニや赤ワインで煮込んだ唯一無二の煮込みを味わってほしい。

まるます家の人気メニュー

赤羽を代表する
のんべえの聖地

昭和25年創業

鯉とうなぎのまるます家総本店

こいとうなぎのまるますや そうほんてん

昭和25年から赤羽一番街商店街に店を構え、11:00の開店時から行列が絶えない人気店。名物のコイ刺身とウナギのほか、多数のメニューが揃う。"酔客おことわり"など、この店ならではのルールは、食事も楽しめる場所として訪れてほしいという思いから。

MAP 別冊 P.9-A4 赤羽
住 北区赤羽1-17-7 TEL 03-3902-5614 営 11:00～19:00（L.O.18:30） 休 月（第2または第3月・火で連休の可能性あり） CC 不可 交 JR赤羽駅東口から徒歩3分

❶ジャン酎1ℓ入り1200円、「うなぎ蒲焼（大）」2800円、「鯉刺身」600円 ❷軒先に赤提灯が揺れる創業当時からの建物 ❸ひとりでも入りやすいコの字カウンターとテーブル席がある1階

赤津加の人気メニュー

三代目 寺谷さん

瓦屋根とコの字が
落ち着く昭和酒場

赤津加

あかつか

創業当時は青物市場「やっちゃ場」の仲介人や「神田明神」（→ P.222）の参拝客が集まる酒場だったが、現在は地元の会社員をはじめ近隣住民などが足しげく通うという。通常メニュー以外に日替わりメニューが10品ほどあり、市場に通って仕入れた新鮮な刺身や旬の野菜料理が並ぶ。

MAP 別冊 P.39-B4 秋葉原
住 千代田区外神田1-10-2
TEL 03-3251-2585 営 17:00～22:00（L.O.21:15）、土～21:30（L.O.20:30）
休 第1・3・5週目の土、日・祝
CC ADJMV 交 JR秋葉原駅電気街口から徒歩3分

❶「鶏もつ煮込み」880円、「だしまきたまご」1150円 ❷目の前で熱燗を提供してもらえるコの字型カウンター ❸家電量販店や書店が並ぶ一角にたたずむ

読者だより 居酒屋「どん底」は、新宿の雰囲気を味わうことができます。ただし、「どん底カクテル（ドンカク）」の飲み過ぎには注意です（笑）。（PN：トマト） 住 新宿区新宿3-10-2

居酒屋のルーツ「豊島屋本店」のモダン立ち飲み酒場へ

豊島屋本店はP.398へ

①

居酒屋の発祥は？

『江戸名所図会』1巻に豊島屋が描かれている

初代・豊島屋十右衛門が創業した酒屋（→P.398）で、酒のつまみとして豆腐田楽などを提供していたのが居酒屋の起源といわれ、繁盛している様子を真似て次第に全国的に広まっていった。寛政年間には、総菜と一緒にお酒を出す「煮売酒屋」というスタイルも登場。

②

江戸の酒場を現代風に再現

豊島屋酒店
としまやさけてん

「江戸東京モダン」をコンセプトに、2020年開店した立ち飲み居酒屋。江戸時代の料理をアレンジした「江戸伝承メニュー」のいち押しは「名物田楽3種盛り合わせ」1210円。金婚の酒粕と柑橘ピールを使用した「豊島屋バター」385円や「梅水晶」385円など手頃な価格でおつまみが揃う「東京モダンメニュー」も用意。

MAP 別冊P.39-C3 神田
住 千代田区神田錦町2-2-1 KANDA SQUARE 1階　TEL 03-6273-7120　営 11:00～23:00（L.O.22:30）、土12:00～21:00（L.O.20:30）　休 日・祝　CC ADJMV　交 地下鉄新御茶ノ水駅B7出口から徒歩3分

③

❶豆腐田楽の木綿豆腐は神田の老舗「越後屋」、味噌は「ちくま味噌」の大江戸甘味噌がベース　❷店内にはお酒の自動販売機がある　❸「日本酒3種飲み比べセット」60mlセット1320円

「ちくま味噌」は元禄元（1688）年に深川で味噌の製造を開始。歌舞伎『四千両小判梅葉』のセリフに登場するほか、赤穂浪士が討ち入り後に立ち寄って休息を取ったエピソードが残るなど由緒ある老舗だ。

生演奏と食事に酔いしれる ライブレストランで大人の夜を

東京は極上の音楽を楽しめる場所も多数。ここではおもなジャズクラブ＆ライブハウスや初心者のための基本情報を指南する。

❶

❷

日本を代表するジャズクラブ

BLUE NOTE TOKYO

ニューヨークにある「Blue Note」を本店にもち、昭和63年オープン。アメリカ音楽界の大物シンガー、トニー・ベネットがファースト・ステージを飾って以来、ジャズを中心にブルースやラテンなどジャンルを超えて一流アーティストが出演する。ライブは1日2部構成が基本。チケットは即完売することもあるので、お目当てのプレイヤーが出演する日を狙うなら発売日の購入が必須。地下1階にはバー「Bar BACKYARD」がある。

予約の方法と座席

電話予約もしくは公式サイトからのオンライン予約。グループなら至近距離で臨場感あふれるステージ目の前のテーブル席「アリーナシート」や料理も演奏もゆったり楽しめる「ボックスシート」がおすすめ。ふたり向け「ペアシート」もある。

フード＆ドリンク

季節によって変わるディナーコースは5800円〜。おつまみやアラカルトまで品揃え豊富で、「BNTレモンサワー」や「コーヒーハイボール」などオリジナルカクテルも。

❸

❶BLUE NOTE TOKYOの会場全景　❷ブルーのネオンが目印　❸入口の扉を開くと今までに出演したアーティストの写真がずらり

MAP 別冊 P.31-C4 南青山

住港区南青山6-3-16　TEL 03-5485-0088　営公演によって異なる　料公演によって異なる　CC ADJMV　交地下鉄表参道駅A5出口から徒歩8分

「BLUE NOTE TOKYO」の基本料金は、ミュージック・チャージ＋シート・チャージ。料理＆ドリンクの注文にもよるが、目安として1万〜1万5000円ぐらいと考えておこう。

迫力ある前方シートで音と景色におぼれる

「東京ミッドタウン」（→ P.189）の中に位置している

MAP 別冊 P.28-B2 赤坂
住港区赤坂 9-7-4 東京ミッドタウン ガーデンテラス 4 階
TEL 03-3405-1133
営公演によって異なる
料公演によって異なる
CC ADJMV 交地下鉄六本木駅 8 番出口直結

ステージ越しに都会の夜景を望む

びるぼーど らいぶ とうきょう

Billboard Live TOKYO

100 年以上の歴史をもつ音楽ブランド「ビルボード」の名を冠し、国内外のトップアーティストが出演する。3 層構造のフロアに、テーブル席やソファ席などさまざまなタイプのシートを用意。

予約の方法と座席

予約は公式サイトや電話から。席種によって別途指定料が発生（飲食代は別途精算）し、例えば「DX シートカウンター」（4 階正面）はサービスエリア料金＋指定料 2200 円（1 名）となる。

フード＆ドリンク

肉か魚を選べる「グルメプラン」や予約限定メニュー、「ビルボードサラダ」をはじめとするアラカルトが充実。

チーズと肉汁が絡む「TOKYO "CLASSIC"」1980 円

MAP 別冊 P.20-C2 丸の内
住千代田区丸の内 2-7-3 東京ビル TOKIA 2 階
TEL 03-3215-1555 営公演によって異なる 料公演によって異なる CC ADJMV 交 JR 東京駅丸の内南口から徒歩 2 分

レッドカーペットが敷かれた入口の先に非日常空間が広がる

極上のエンタメを味わう

こっとん くらぶ

COTTON CLUB

1920 年代にニューヨークのハーレムで最も輝いていたナイトクラブ「COTTON CLUB」をイメージして、2005 年オープン。ステージとともにシックなインテリアと上質な料理を堪能したい。

予約の方法と座席

ステージ前の「テーブル席」や正面後方席「ボックスシートセンター」を狙いたい。ミュージック・チャージ（公演料金）＋シート・チャージが発生し、公式サイトからの予約は会員登録必須。

フード＆ドリンク

全 4 品の「ディナーコース」は 7700 円。シャンパンカクテル「コットンテイル」やオリジナルラベルワインも。

メインやデザート付き「パスタコース」5500 円

華やかなシャンデリアにムードが高まる

都会のナイトライフを水辺で満喫！

その1

東京湾から眺めるサンセットクルーズ

水面に映り込む光の帯や幻想的な夕焼けなど、船旅で巡る東京湾の眺望にうっとり。

絶景＆料理を記念日の思い出に

しんふぉにーくるーず

シンフォニークルーズ

日の出ふ頭を出航し、お台場や舞浜、羽田空港など東京湾沿いのハイライトをあますことなく堪能できるレストランクルーズ。クルーズはランチ、アフタヌーン、サンセット、ディナーの1日4便で、それぞれの時間帯で見える景色や提供される料理も異なるのでリピーターも多い。乗船のみの利用も受け付けているので、食事なしでカジュアルに楽しみたい人にもぴったりだ。

MAP 別冊 P.26-C1 日の出

住港区海岸 2-7-104 日の出ふ頭営業所　TEL 03-3798-8101（予約センター）　営サンセットクルーズ 16:20〜18:20（乗船手続きは出航の15分前まで）　休無休　料乗船のみ 3200円、子供 1600円　CC ADJMV　交新交通ゆりかもめ日の出駅 1A 出口から徒歩1分

乗船は日の出ふ頭営業所から。JR浜松町駅からだと歩いて15分ほど

船内での過ごし方

個室プラン

接待や結納などにもぴったりの個室は、2〜4名と少人数で貸切利用できるプランも。食事とパノラマビューが同時に楽しめる「アリア」（4名まで）や特別貴賓室「エロイカ」（最大14名）でプロポーズなんていうのもあり。

上／専用のプライベートデッキがある「エロイカ」
下／ゆったりと食事が楽しめる「アリア」

コース料理

フレンチや寿司懐石、イタリアンから選べる。フレンチのコース「ラ・メール」は1万円、土・日・祝1万1000円。寿司カウンターでいただける「寿司懐石 雅」は1万4000円、土・日・祝1万5000円。

「ラ・メール」はオードブル、スープ、メイン、デセールで構成

ショップ

オリジナルグッズを販売。いちばん人気はロールクッキーの中にクリームが入った「シンフォニーボックス」1100円。パティシエ特製のケーキもおすすめで、ベアマスコットやマグネットなど雑貨も。

船体パッケージの「シンフォニーボックス」

シンフォニークルーズ航路をよく見ると、ハートの軌跡を描いている。デッキにある恋人の聖地プレート前で写真を撮ったり、ショップで「愛鍵」1100円を購入してデッキの愛鍵エリアに施錠し、思い出を残そう。

都会のナイトライフを水辺で満喫！

サンセットクルーズ

所要時間：2時間

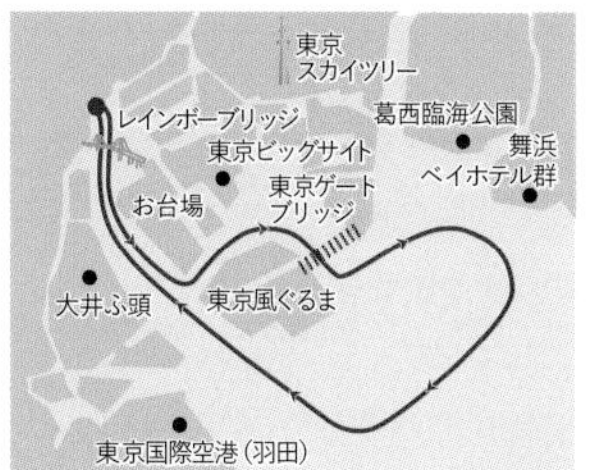

スタート

乗船して出発！

出航の約15分前から乗船開始。船は取材で利用した「モデルナ」と「クラシカ」の2隻。

上／出航前には記念写真が撮れる
右／デッキやバーラウンジに通ずる階段

1 東京スカイツリー

出航後、すぐ左側に東京スカイツリー®などの下町方面や晴海ふ頭、豊洲市場を見ることができる。

まだ日が落ちていないので街並みがくっきり

2 レインボーブリッジ

遠くに見えるレインボーブリッジも美しいが、間近で見上げる橋は大迫力で夕日に映える。デッキに上がって見よう。

真下から見る橋は格別！

左／オープンデッキからさらに上がると船体と橋を一緒に写すことができる　上／思ったよりも近くに橋を感じられる

ふと空を見上げると飛行機が見えることも

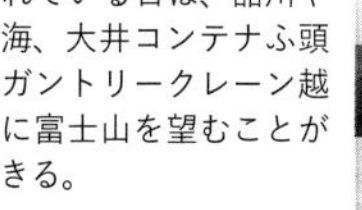

3 コンテナふ頭

晴れている日は、品川や青海、大井コンテナふ頭のガントリークレーン越しに富士山を望むことができる。

シルエットが美しいコンテナヤードのそばを通る

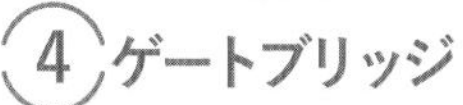

4 ゲートブリッジ

夕景も夜景（→P.87）も絵になる。日没は季節によって変わるので事前に確認を。空のコントラストがムード満点だ。

ゴール

5 東京タワーとお台場の夜景

ライトアップ後のお台場と東京タワーをいつもと違う角度から撮影！船内ではパフォーマンスも行われる。

美しい歌声に酔いしれる

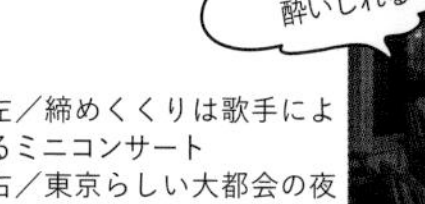

左／締めくくりは歌手によるミニコンサート
右／東京らしい大都会の夜景をたっぷり堪能

その2

隅田川の夜景を楽しむ屋形船

屋形船からは、風情ある隅田川の橋や東京湾のライトアップを眺めながら、おいしい食事とお酒をいただく贅沢な時間を過ごそう。

コンセプトは「浮かぶ料亭」

屋形船晴海屋

やかたぶねはるみや

懐石料理を楽しみながら隅田川や東京湾を周遊する屋形船体験。2名から乗船でき、カップルや夫婦の記念日などでも利用できるのが◎。船内では職人こだわりの和食御膳を堪能することができ、江戸前天ぷらは船内で揚げて一品ずつ提供するという本格派。今回紹介する「お台場・スカイツリーコース」はスタンダードなもので、春は桜、夏は花火を屋形船から見るプランも。

MAP 別冊 P.44-B1 両国

住墨田区横網1-2-15 両国乗船場
TEL 03-3644-1344（予約・問い合わせ） 営お台場・スカイツリー周遊コース 19:00 ～ 21:30 休無休 料1人1万2000円～（乗船料・料理込み） CC ADJMV 交JR両国駅西口から徒歩3分

船内は掘りごたつ式の座敷スタイルで、トイレも完備

船内での過ごし方

コース料理

先付やお造りなど全10品の「ふりそで御膳」がベーシック。「かちどき御膳」1万4300円や和牛の陶板ステーキがいただける「はるみや御膳」1万6500円などランクアップも可能。ドリンクはアルコール含め飲み放題。

上／「ふりそで御膳」のメインは国産牛ロースのすき焼き　下／船内で揚げたての江戸前天ぷらも

おもてなし

ねじりはちまきを巻いた船頭姿のスタッフがおもてなし。天ぷらをはじめとする料理のサーブや船内のアナウンス、観光案内までを担当してくれる。下船の際には記念に一緒に写真を撮ってもらう客の姿も多く見受けられる。

左／誕生日の人がいればサプライズでお祝いをすることも　上／絶妙なタイミングでごま油香る天ぷらをサーブ

江戸時代の屋形船は、「屋根船」と呼ばれ、小船を浮かべて遊覧を楽しんでいた。その後、質素な屋形船が造られ、一般庶民も乗ることができる現代の屋形船スタイルへと継承されていく。

お台場・スカイツリー周遊コース

所要時間：2時間30分

都会のナイトライフを水辺で満喫！

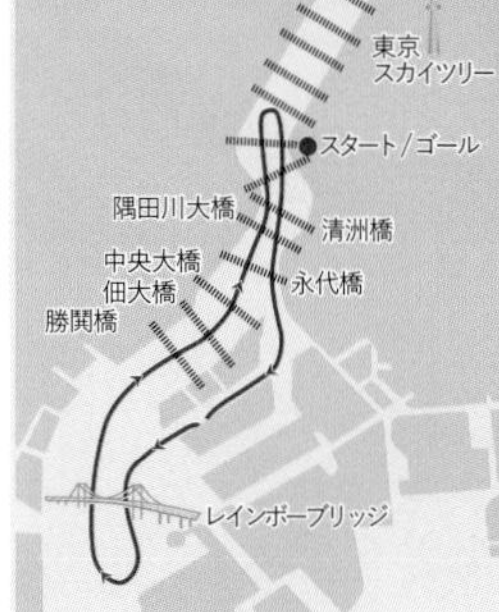

ピンクの提灯が灯る屋形船

乗船後、食事タイム

日本最大級の「白鷺」はじめ6艘の屋形船を所有。座敷に着いたらスタッフの挨拶があり、みんなで乾杯。

上／煮物、焼き物、先付と豊富な小鉢
左／水面に反射するネオンも見逃さず

スタート

1 清洲橋

両国乗船場周辺から隅田川を下り、清澄白河周辺へ。どの角度でも東京スカイツリー®を望める。

昭和初期を代表する吊り橋のひとつ

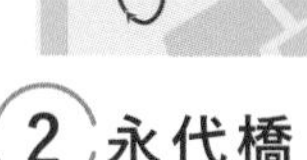

2 永代橋

ひときわブルーのライトアップが美しい永代橋をいつもと異なるアングルで見られる。

江戸時代に架けられた隅田川五橋（→ P.306）でもある

ランドマーク周辺ではスカイデッキに上がり写真撮影ができます！

3 勝鬨橋

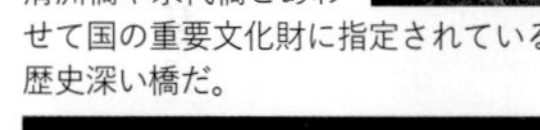

清洲橋や永代橋とあわせて国の重要文化財に指定されている歴史深い橋だ。

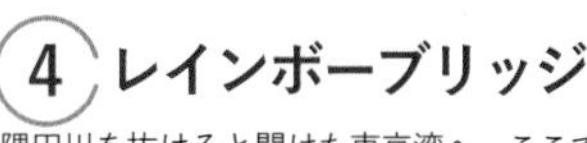

4 レインボーブリッジ

隅田川を抜けると開けた東京湾へ。ここで少しばかり停留するので、スカイデッキで夜風に当たりながら景色を眺めよう。

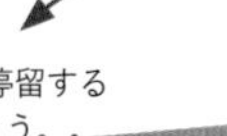

ゴール

5 佃大橋

豊洲や晴海周辺の高層マンションやビルなど都会的な夜景を望みながら、船はゆっくりとスタート地点へ。

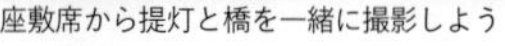

座敷席から提灯と橋を一緒に撮影しよう

宴の締めくくりの挨拶を挟んでお開きに。下船も両国乗船場だ

「屋形船晴海屋」では屋形船一艘を貸切にした周遊コースプランも実施。大人20名から（週末は25名）でひとり1万2000円～。オプションで芸者や芸人を呼ぶこともできる。大人数での旅行や宴会にぜひ。

シグネチャーカクテル

デンキブラン

300円。アルコール度数30度。ブランデーやジン、薬草などをブレンド。生ビールをチェイサーに飲むのが定番。

レジェンドバーで味わいたい

数々の小説やアニメ作品などに登場し、著名人に愛されてきた伝説のバー。その歩ん

小説『人間失格』にも登場

神谷バー（かみやばー）

明治13年、初代・神谷傳兵衛が酒の一杯売り「みかはや銘酒店」を開業。明治15年に「速成ブランデー」（現在のデンキブラン）の製造販売を始め、当時は今よりも強いアルコール45度だったが、浅草六区で活動写真を見て一杯嗜むのが庶民の楽しみだったという。現在のビルは大正10年に建てられ、昭和後期になると洋食部門や割烹の営業も始まるようになる。

❶「かにコロッケ」900円、「煮込」600円が人気 ❷雷門通りに面した「神谷バー賣場」でデンキブランが購入可能 ❸バー利用のみならず食事もできる1階席 ❹❺レトロな雰囲気がたまらない入口の食品サンプルや看板プレート

MAP 別冊 P.42-C2 浅草

住 台東区浅草1-1-1　TEL 03-3841-5400　営 11:00 ～ 21:00（L.O.20:30）

休 火、臨時休業あり　CC ADJMV（2階レストラン、売店のみ）

交 地下鉄浅草駅3番出口から徒歩1分

東京には専門バーも多い。代表的なものに、京王プラザホテル内にある日本酒バー「天乃川」やシェリー酒専門店「しぇりークラブ」、ノンアルコールカクテル専門店「Low-Non-Bar」などがある。

シグネチャーカクテル

ゴールデンフィズ

1430円。ドライジン、レモンジュース、砂糖に卵黄を混ぜたカクテル。作家・坂口安吾が好んで注文していた。

①

至極のシグネチャーカクテル

できた歴史やエピソードとともに、訪れたら絶対に頼むべき一杯を紹介したい。

①バーテンダーの開（ひらき）さん　②③L字のカウンター奥が太宰治の特等席。店で撮影された写真も飾られる　④銅製カップで飲む「モスコミュール」1320円はウィルキンソンのジンジャーエールを使用　⑤ザクロジュースで色鮮やかな「ジャック・ローズ」1760円

大文豪ゆかりの聖地巡礼

銀座 ルパン

ぎんざ るぱん

昭和3年に創業。当初は女給がお酒をサーブする「カフェー」スタイルだった。現在のバーになったのは昭和11年のこと。川端康成や太宰治ら文壇界隈から岡本太郎や藤田嗣治といった芸術家、演劇界まで幅広いジャンルの人々が訪れる社交場に。現在は常連のみならず、20歳のお酒デビューで憧れの店として訪れる人も多いそうだ。

MAP 別冊 P.25-B3 銀座

住 中央区銀座5-5-11 塚本不動産ビルB1階　TEL 03-3571-0750　営 17:00 ～ 23:30（L.O.23:00）　休 日・月　CC 不可　交 地下鉄銀座駅B3出口から徒歩3分

「銀座 ルパン」は近年、アニメ化もされ、日本の文豪が異能バトルを繰り広げる漫画『文豪ストレイドッグス』にも登場。海外からもファンが訪れ、太宰治が座った席に座るために外で待っている人もいるそうだ。

❶カクテルづくりの肝でもある毛利さんの美しいステアにくぎづけになる　❷❸店内にはひとりでも過ごしやすいカウンターとゆったりとしたテーブル席がある

至極のマティーニを堪能

MORI BAR
もうり ばー

1997年にオープンし、日本バーテンダー協会が主催するカクテルコンペティションでの2年連続日本一をはじめ、数々の受賞歴をもつバーテンダー・毛利隆雄氏が代表を務める店。特注のオリジナルグラスで作る「マティーニ」やラムをベースにした「ハバナマティーニ」など逸品が味わえる。2020年、GINZA SIXの裏手に「MORI BAR GRAN」もオープン。

MAP 別冊 P.24-B2 銀座

住中央区銀座7-5-4 ラヴィアーレ銀座ビル7階　TEL 03-3573-0610
営16:00～翌2:00、土～23:00
休日・祝　CC ADJMV
交地下鉄銀座駅B7出口から徒歩7分

❶オーナーで写真家の中平氏　❷コースターやマグカップにも使用される店のロゴはイラストレーター・和田誠氏によるもの　❸れんが張りのレトロな店内

ジャズファン御用達の名店

DUG jazz Café & Bar
だぐ じゃず かふぇ あんど ばー

昭和36年に前身となる「DIG」が現在の新宿アルタ裏にオープン。オーナーの中平穂積氏が大学を出てすぐの若さで始めたジャズ喫茶には、村上春樹氏や荒木経雄氏など著名な文化人が多く訪れた。2007年に現在の地で再開後も、多くのジャズファンでにぎわう。ミートパイなど自家製のケーキも人気。

MAP 別冊 P.35-A3 新宿

住新宿区新宿3-15-12 B1階　TEL 03-3354-7776　営12:00～23:30（L.O.23:00、18:30からバータイムで500円のテーブルチャージ発生）休無休　CC ADJMV　交地下鉄新宿三丁目駅B7出口から徒歩7分

オーセンティックな ホテルのレジェンドバー

至極のシグネチャーカクテル

バーテンダーおすすめ
コスモポリタン
ウォッカにコアントロー、クランベリージュース、ライムジュースを加えたスタンダードなカクテル2500円。

❶ボトルがずらりと並ぶ重厚なカウンター席　❷景色を眺めながらお酒を楽しめるソファ席もある　❸オークラ独自の「3段振り」と呼ばれるシェイクの方法

伝統を継承する正統派バー

オーキッドバー
おーきっどばー

The Okura Tokyoのメインバー。日本で初めてドンペリのグラスサービスを始めた店としても知られ、常時約200種類のウイスキーのうち150種ほどをグラスでも提供しているほか、ボトルキープも可能。王道のマティーニやコンソメとウォッカを使用した「ブルショット」など名物カクテルも多く、最近ではノンアルコールのモクテルも取り揃える。

MAP 別冊P.29-B3 虎ノ門
住港区虎ノ門2-10-4 The Okura Tokyo オークラ プレステージタワー5階
TEL 03-3505-6076　営 15:00 ～ 24:00
休無休　CC ADJMV　交地下鉄虎ノ門ヒルズ駅A1・A2出口から徒歩5分

バーテンダーおすすめ
マウント フジ
ジンやチェリーリキュールにレモン＆パイナップルジュース、クリーム、卵白などを加えた。3050円。

光と影の趣が美しいクラシカルな店内で食事も可

建築とお酒を味わいたい

オールドインペリアルバー
おーるどいんぺりあるばー

店内左奥の大谷石や壁のテラコッタなど、フランク・ロイド・ライト（→P.420）が設計したライト館の面影を残すバー。帝国ホテルオリジナルのカクテルをはじめ豊富なメニューが揃う。

MAP 別冊P.24-B1 日比谷
住千代田区内幸町1-1-1 帝国ホテル 東京本館中2階
TEL 03-3539-8088
営 11:30 ～ 24:00（L.O.23:30）
休無休　CC ADJMV　交地下鉄日比谷駅A13出口すぐ

バーテンダーおすすめ
水 蓮
ラウンジ席から望む水庭に浮かぶ蓮の葉をイメージした和のカクテル2403円。

ラウンジからは赤坂の街並みを望むこともできる

上質なオトナの隠れ家

ザ・キャピトル バー
ざ・きゃぴとる ばー

革張りで落ち着いた雰囲気のソファ席からは庭園の緑を眺めることができ、李白の『漢詩』モチーフのアートが飾られたカウンター席は雰囲気抜群。各種シガーも取り揃えている。

MAP 別冊P.29-A3 溜池山王
住千代田区永田町2-10-3 ザ・キャピトルホテル 東急4階　TEL 03-3503-0874　営 15:00 ～ 23:30（L.O.23:00）　休無休
CC ADJMV　交地下鉄溜池山王駅・国会議事堂前駅6番出口地下直結

コラム
最古をたずねて
vol.3

登録有形文化財の建物も見どころ
現存する最古のビヤホール

ビヤホールらしいモチーフの装飾が美しく施されたビヤホールで、おいしいビールとおつまみをいただきながら歴史に思いを馳せよう。

ライオンの歴史

昭和9年、大日本麦酒の本社ビル1階で開店。戦時中の空襲により多くのビヤホールが焼失したが、戦火をまぬがれたこのビルは昭和20年に米軍に接収され、進駐軍専用のビヤホールに。昭和27年に解除後は、一般向けに再開された。

竣工当時、現在と変わらない内装のビヤホール

「豊穣と収穫」がコンセプト

ビヤホールライオン 銀座七丁目店
（びやほーるらいおん ぎんざななちょうめてん）

趣向を凝らした内装が開業当時の姿で残り、正面のガラスモザイク画には大麦を収穫する女性やアカンサスの花が描かれ、恵比寿のビール工場らしきものも。2022年には登録有形文化財にも登録。当初は洋風のサンドイッチや寿司、夏には冷やしおでんなどを提供していたそうだ。

MAP 別冊 P.24-C2 銀座
住 中央区銀座 7-9-20 銀座ライオンビル1階　TEL 03-3571-2590
営 11:30 ～ 22:00（L.O.21:30）、金・土・祝前日～ 22:30（L.O.22:00）
休 無休　CC ADJMV　交 地下鉄銀座駅 A3 出口から徒歩 3 分

❶❹天井に延びる矢じり型装飾の柱は大麦、赤れんがは豊かな大地を表現　❷ビールの泡やブドウの房がモチーフのシャンデリア　❸開業時に使用された噴水　❺「ソーセージ 6 種盛合せ」3608 円、サッポロ生ビール黒ラベル 金口グラス 627 円　❻職人技の一度注ぎは要注目だ

金口グラスはクチが薄くなっており、できるだけ冷たいままシャープなおいしさでいただけるよう設計。ソーセージはもちろん、夕方に焼きあがるという数量限定の「銀座 ローストビーフ」を一緒に楽しんで。

第七章 宿泊

名建築で優雅な滞在がかなう
クラシックホテル5選

建築家が工夫を凝らした数々の意匠から都心にいながら緑豊かな自然が楽しめる庭園まで、東京を代表するホテルの歴史をひも解く。

梅の花に見立てたテーブルと椅子が美しいオークラ プレステージタワーのロビー

2019年に開業したオークラブランド The Okura Tokyo（じおーくら とうきょう）

日本の伝統文化や歴史的な要素を取り入れた「オークラ ヘリテージウイング」と、フィットネス＆スパや大宴会場などを兼ね備えた「オークラ プレステージタワー」の2棟からなるホテル。7つのレストラン＆バーのほかショッピングアーケードや茶室、大倉集古館（→ P.188）まで敷地内にはさまざまな施設があり、緑豊かな庭園も見逃せない。

MAP 別冊 P.29-B3 虎ノ門
住 港区虎ノ門2-10-4
TEL 03-3582-0111（大代表）
IN 15:00 OUT 12:00 CC ADJMV
客室 508室 P あり 交 地下鉄虎ノ門ヒルズ駅A1・A2出口から徒歩5分

The Okura Tokyoの歩み

国際会議や著名人のイベントなどに利用されることが多い「平安の間」

江戸時代には前橋藩・松平大和守の上屋敷があった場所で、明治時代になると大倉財閥の創始者・大倉喜八郎がこの土地を購入し邸宅を構えるように。昭和37年、長男の喜七郎が「ホテルオークラ東京」を開業。2015年から約4年の建て替え工事を経て現在の「The Okura Tokyo」として新規開業。歴代のアメリカ大統領やチャールズ皇太子（当時）とダイアナ妃はじめ、各国の要人たちがホテルを利用。数々の国際会議が宴会場で開催されている。

The Okura Tokyoの建築美

空間を床の間に見立てたというヘリテージウイングのロビー

かつての本館を設計した谷口吉郎氏の息子で建築家の吉生氏を意匠委員会に起用し、プレステージタワーのロビーとして忠実に再現。切子玉モチーフの照明「オークラ・ランターン」や四弁花文様の壁面装飾をはじめとする本館ロビーの意匠が再利用・再現された。また、エントランスとなる「オークラスクエア」は、1日や四季の変化が映し出される水盤があり、花菖蒲が群生する湿生花園や大銀杏など日本の自然観が楽しめるオークラ庭園への起点となっている。

「The Okura Tokyo」のヘリテージルームに宿泊しました。ダイソンのドライヤー、洗面スペースの床暖房、「bamford」のアメニティなど至れり尽くせりで贅沢な体験ができました！（PN：ミライ）

客室

❶❹二面の窓が開放感あふれるプレステージタワーの「プレステージコーナー」1泊1室7万9695円〜。バスルームにも窓があり、部屋からの眺めも抜群　❷❸❺縁側をイメージしたベンチが特徴の「ヘリテージルーム」1泊1室13万5102円〜。和小物のアメニティもうれしい。スチームサウナも完備　❻「THREE」のオリジナルスキンケアセットは全客室に備わる

レストラン

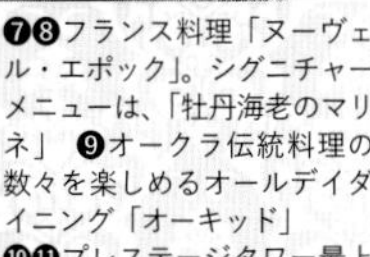

❼❽フランス料理「ヌーヴェル・エポック」。シグニチャーメニューは、「牡丹海老のマリネ」　❾オークラ伝統料理の数々を楽しめるオールデイダイニング「オーキッド」　❿⓫プレステージタワー最上階の鉄板焼き「さざんか」。ランチメニューは5500円〜

「The Okura Tokyo」のクラブラウンジは、クラブフロアとヘリテージウイングの該当プランでの宿泊者を対象としている。チェックイン・アウトなどの手続きができるほか、提供されるさまざまなドリンクや料理を楽しみたい。

金色のバラをイメージしたシャンデリア「ゴールデンローズ」と季節に合わせたロビー装花

130 年以上の伝統と革新が受け継がれる

帝国ホテル 東京

インペリアルフロアを含む 570 の客室、28 の宴会場、17 のレストランやバーを備える、まさに日本を代表するホテル。過去にはヘレン・ケラーやチャーリー・チャップリンなどの著名人が滞在し、大女優のマリリン・モンローが新婚旅行中の記者会見で「(夜は)シャネルの No.5(を着て眠る)」と答えたエピソードは今なお語り継がれるほど。

MAP 別冊 P.24-B1 日比谷
住 千代田区内幸町 1-1-1
TEL 03-3504-1111（大代表）
IN 14:00　OUT 12:00　CC ADJMV
室 570 室　P あり
交 地下鉄日比谷駅 A13 出口すぐ

帝国ホテルの歩み

シミ抜きや糊付け、ていねいなアイロンがけなど職人技に感動

明治 23 年、世界中から貴賓客をもてなすための「日本の迎賓館」としての役割を担い開業。渋沢栄一（→ P.266）が初代会長を務めた。大正 12 年には「ライト館」が誕生したが、昭和 42 年に老朽化のため幕を下ろす。明治時代からの歴史を誇るランドリーサービス（写真左）やホテル内アーケード、ホテルウエディングサービス、バイキング料理など日本初として知られるものも多い。

帝国ホテルの建築美

400 万個のスクラッチタイルや大谷石を使用し、その美しい建築美から“東洋の宝石”と称えられた帝国ホテル二代目本館の「ライト館」は建築家、フランク・ロイド・ライトが手がけた。現在は「オールドインペリアルバー」の奥の壁面やバーカウンター後ろのテラコッタに当時の面影を残す。本館 1 階「ランデブーラウンジ・バー」壁面の多田美波氏作「光の壁」にも注目したい。

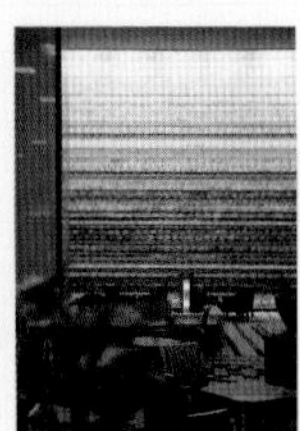

約 7600 個のガラスブロックが美しい「光の壁」

「帝国ホテル 東京」のホテルショップ「ガルガンチュワ」のブルーベリーパイがおすすめです。（PN：うさぎ総研 主任研究員）住 帝国ホテルプラザ 東京 1 階　営 10:00 ～ 19:00　休 無休

客室

❶本館インペリアルフロアの「ジュニアスイート」 ❷インペリアルフロアにある客室にはアユーラ製バスアメニティを採用 ❸❹機能性を重視した本館の「デラックス ツイン」

レストラン

❺❻❼ラウンドシートやカウンターが備わるオールデイダイニング「パークサイドダイナー」のパンケーキ2700円は昭和28年から提供される一品 ❽❾クラシカルモダンなインテリアのフランス料理「レ セゾン」では、趣向を凝らしたコース料理を味わいたい

2021年、帝国ホテルプラザ 東京の1階にリニューアルオープンしたホテルショップ「ガルガンチュワ」には、日常使いをしたいデリカッセンやベーカリーから手みやげにぴったりなスイーツまでさまざまな品が揃う。

アーカイブバルコニーから東京駅丸の内駅舎のドームを間近に望む

クラシック×モダンが 見事に調和する

東京ステーションホテル（とうきょうすてーしょんほてる）

国の重要文化財である東京駅丸の内駅舎内に位置。10のレストランやバー、オリジナルグッズ多数のスーベニアショップ「丹波屋」など駅直結という好立地で、旅行時に訪れたいスポットが多数。建物の意匠もさることながら、イギリスのデザイン会社が手がけた、洗練されたヨーロピアンクラシックスタイルの内装にも注目だ。

MAP 別冊 P.20-B2 丸の内
住 千代田区丸の内1-9-1
TEL 03-5220-1111（大代表）
IN 15:00　OUT 12:00　CC ADJMV
客室 650室　P あり　交 JR東京駅丸の内南口直結

東京ステーションホテルの歩み

創建当時の姿を取り戻した東京駅丸の内駅舎

東京駅開業の翌年である大正4年に誕生。昭和20年の空襲による火災で駅舎の3階部分とドームが焼失。保存・復原工事が2007年に開始され、2012年にリニューアルオープンした。昭和の文豪にも愛され、松本清張の『点と線』に登場する列車の時刻表を使ったトリックは、当時駅のホームが見渡せた209号室（現在の2033号室）でひらめいたものとされる。また、江戸川乱歩の『怪人二十面相』でも客室が舞台になっている。

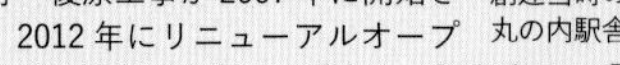

東京ステーションホテルの建築美

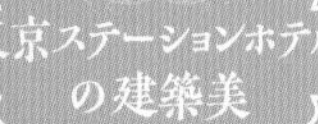
「館内ツアーガイド」はフロントでゲット

4階にある宿泊者専用のゲストラウンジ「アトリウム」の中央に位置する赤れんがは創建時のもので、関東大震災にも耐えた強固な造りだ。南北に2棟あるドームには、復原されたレリーフが多数（→ P.136）。1階ロビーの床には、ドーム天井に飾られた「クレマチス」のレリーフをデザイン化した真鍮がはめ込まれている。廊下やバルコニーには多数のアートワークや歴史的資料が展示されているので宿泊したら散策しよう。

「東京ステーションホテル」のショップ「丹波屋」で、部屋の備品として置かれていた文豪セット815円を購入しました！いいおみやげになりますよ。（PN：ゆ吉）　営 10:00～19:00　休 無休

客室

❶❹「ドームサイドコンフォートキング」1泊1名6万8510円～と広々としたバスルーム　❷フランスの香水ブランド「イストワール ドゥ パルファン」とコラボしたオリジナルアメニティ　❸机上には文豪にちなんだミニ原稿用紙が備わる　❺「パレスサイド スーペリアツイン」1泊1名9万3810円～　❻全長330mを超える客室廊下には写真や絵画が展示

レストラン

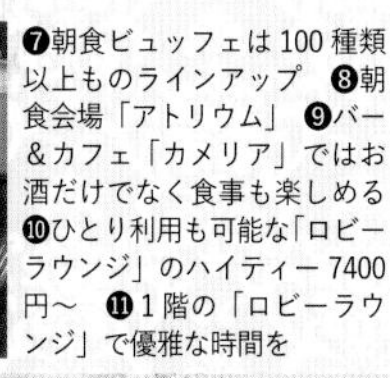

❼朝食ビュッフェは100種類以上ものラインアップ　❽朝食会場「アトリウム」　❾バー＆カフェ「カメリア」ではお酒だけでなく食事も楽しめる　❿ひとり利用も可能な「ロビーラウンジ」のハイティー7400円～　⓫1階の「ロビーラウンジ」で優雅な時間を

赤れんがをイメージした「東京駅」とホテル100周年記念で考案したオリジナルカクテル「1915」は現在もバー＆カフェ「カメリア」でいただける。旅の記念になる一杯はいかがだろうか？

こだわりの調度品が配置されたロビーエリア

こぢんまりとした隠れ家でおこもり 山の上ホテル（やまのうえほてる）

レイアウトがすべて異なる全35部屋と充実したレストランが魅力の宿。近隣に出版社や神田古書店街があることから、昔から作家たちがカンヅメになる宿としても知られており、過去には川端康成、三島由紀夫、池波正太郎をはじめとする昭和の文豪たちが宿泊。ロビーに飾られる池波正太郎（→ P.324）の絵画もあわせてチェックしたい。

MAP 別冊 P.39-B3 御茶ノ水
住 千代田区神田駿河台 1-1
TEL 03-3293-2311（代表） IN 14:00
OUT 12:00 CC ADJMV 客室 35 室
P あり 交 JR 御茶ノ水駅御茶ノ水橋出口から徒歩 5 分

山の上ホテルの歩み

昭和には文豪たちの定宿だった歴史をもつ

建物自体は、日本初の公立美術館「東京都美術館」（→ P.284）への寄付で知られる九州の石炭商、佐藤慶太郎が設立。当初は西洋の生活様式やマナーを女性に啓蒙する施設として利用されていたが、太平洋戦争中に旧海軍に徴用。敗戦後 GHQ に接収され、米陸軍の婦人部隊の宿舎に。接収解除の末、昭和 29 年にホテルとして開業した。ホテル名はアメリカ陸軍の間の愛称「Hilltop」が起源で、創業者の吉田氏があえて「山の上」と意訳したことによる。

山の上ホテルの建築美

階段や天井まで細かい意匠にも注目してみて

アメリカ人建築家、ウィルアム・メレル・ヴォーリズ氏が設計した建物は、幾何学モチーフや直線、波線形が特徴的なアールデコ様式。シンメトリーが美しい外観には立体的な装飾が施され、館内にも壁面や階段の美しいタイルのほか、天井やテラゾー床などアールデコの装飾が散りばめられている。なかでもレッドカーペットが映えるクラシックならせん階段は見逃せないポイントだ。チェックイン後に散策してみよう。

読者だより 「山の上ホテル」のレストラン「鉄板焼ガーデン」に行ったことがあります。窓からはホテル併設のチャペルが見え、落ち着いた空間で食事を楽しむことができました。（PN：さのぴー）

客室

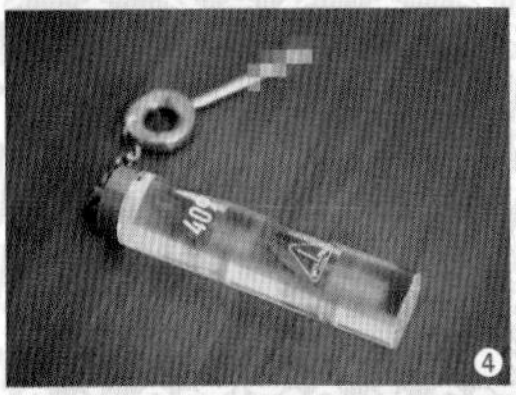

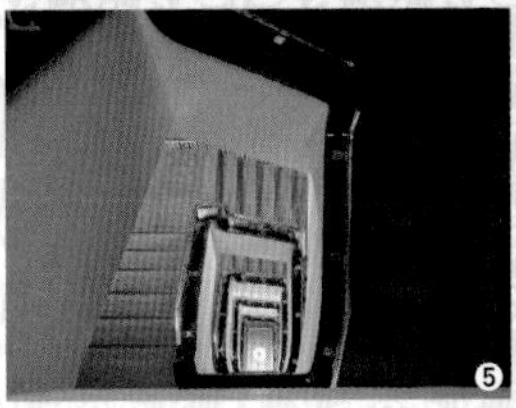

❶❻「デラックスシングル・ダブル」は和室と洋室がある。部屋にはライティングデスクもあり書き物もできる ❷シンプルで清潔感のあるバスルーム ❸アメニティはタイのブランド「パンピューリ」 ❹ロゴ入りの鍵はホテルショップでキーリングとしても販売されている ❺客室へと向かうらせん階段

レストラン

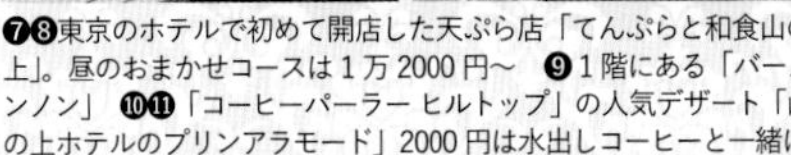

❼❽東京のホテルで初めて開店した天ぷら店「てんぷらと和食山の上」。昼のおまかせコースは1万2000円～ ❾1階にある「バーノンノン」 ❿⓫「コーヒーパーラー ヒルトップ」の人気デザート「山の上ホテルのプリンアラモード」2000円は水出しコーヒーと一緒に

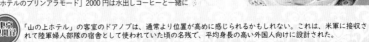

「山の上ホテル」の客室のドアノブは、通常より位置が高めに感じられるかもしれない。これは、米軍に接収されて陸軍婦人部隊の宿舎として使われていた頃の名残で、平均身長の高い外国人向けに設計された。

夜にライトアップもされる幻想的な「東京雲海」

壮大な庭園に囲まれた都会のオアシス ホテル椿山荘東京（ほてるちんざんそうとうきょう）

敷地面積約5万平米の林泉回遊式庭園や、9つのレストラン、温泉・サウナをもつホテルスパ「悠 YU, THE SPA」などさまざまな施設をもつ都内屈指のラグジュアリーホテル。さまざまな部屋タイプがあり、宴会場、チャペルや神殿を完備し、ウエディングにもおすすめだ。自然豊かな歴史ある庭園と、もてなしの心が息づく唯一無二の空間が体感できる。

MAP 別冊 P.16-B2 江戸川橋
住 文京区関口 2-10-8
TEL 03-3943-1111（代表）
IN 15:00　OUT 12:00　CC ADJMV
客室 267 室　P あり　交 地下鉄江戸川橋駅 1a 出口から徒歩 10 分

ホテル椿山荘東京の歩み

大正～昭和にかけての椿山荘（当時）の外観　©ホテル椿山荘東京

椿が自生し、南北朝時代には「つばきやま」と呼ばれていたという記録が残っている。明治11年、この地に山縣有朋が庭と邸宅を作り「椿山荘」と命名。現在の経営者につながる藤田男爵が意志を受け継ぐも、昭和20年の空襲で壊滅。昭和27年にガーデンレストランとしての復興を果たす。平成に入り「フォーシーズンズホテル椿山荘 東京」がオープンし、2013年に現在のブランドにリニューアル。

ホテル椿山荘東京の建築美

左／通称「赤橋」と呼ばれる「弁慶橋」とほたる沢　右／小道に立つ椿山荘の碑

四季折々の多彩な表情を見せる庭園内ではさまざまな史跡や風情を味わえる。山縣有朋が遺した「椿山荘の碑」には命名したときの感慨が刻まれ、木々の緑とのコントラストが見事な朱色の「弁慶橋」では、初夏の夜に蛍を観賞できる。造園当初の姿を残す瓢箪型の「幽翠池」、良縁をもたらす「大黒天さま」、苔むす岩肌を流れる「五丈滝」ほか、国指定有形文化財の三重塔「圓通閣」には平清盛が1回目の修復をしたという言い伝えも。

「ホテル椿山荘東京」のアフタヌーンティーは、なんといってもスコーンが絶品！　定番のプレーンと季節のスコーンが大きくてサクフワで、最高です。お茶したあとはお庭を散策するのも楽しみのひとつです。

客室

❶❷庭園を望める開放的なバスタブが人気の「ビューバススイート」は1泊2名20万9000円　❸バスアメニティは全部屋「ロクシタン」　❹クラシックな絵画や調度品などの内装にうっとりする客室廊下　❺❻「プライムスーペリア ガーデンビュー」1泊2名6万6000円からは庭園の三重塔や東京雲海を部屋から楽しむことができる。広々としたバスルームも魅力

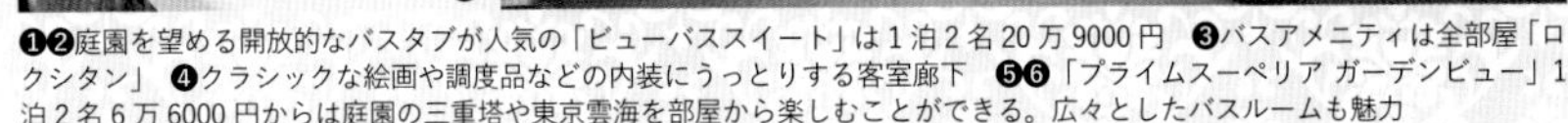

レストラン

❼❽ロビーラウンジ「ル・ジャルダン」では本格的なアフタヌーンティー7000円〜がいただける　❾カジュアルダイニング「ザ・ビストロ」　❿⓫庭園の雲錦池畔に立つ数寄屋造りの料亭「錦水」は趣ある個室で会席料理を堪能。会食などのシーンで利用したい

東京見聞録

「東京雲海」の演出は1回あたり約3分間。通年で朝・昼・夜と異なる景色を楽しめる。夜のライトアップでは約1000灯の光で木々を照らし、より幻想的な空間が生まれるのでぜひ宿泊してチェックしてみよう。

緑と水辺のコントラストを
スタイリッシュ空間で望む

宿泊しながら観光できる！
東京のランドマー

東京タワーや東京スカイツリー®、高層ビルのネオンなど大都会ならではの美しいパノラマビューを体感できるホテルをご紹介。

五感を魅了する心地よい滞在がかなう

めずむとうきょう、おーとぐらふ これくしょん

メズム東京、オートグラフ コレクション

2020年開業の新鋭ラグジュアリーホテル。大型複合施設ウォーターズ竹芝の16～26階を占め、浜離宮恩賜庭園をさえぎることなく眺めることができる。客室はチャプター1から4までの4タイプで、数字が大きくなるほど広い部屋に。全室にデジタルピアノが置かれているのも特徴で、客室のタブレットには楽譜からルームサービスの注文までさまざまなコンテンツが満載。ヨウジヤマモトのモードなユニフォームに身を包んだスタッフにも注目。

❶❷東京スカイツリーも見える「chapter 3」31万6250円～　❸バスローブ兼パジャマの「KIMONOローブ」と雪駄　❹「猿田彦珈琲」オリジナルブレンドのコーヒーや抹茶セットを完備　❺レストラン「Chef's Theatre」　❻開放的なロビー　❼「chapter 1」8万8680円～は風呂からも景色が楽しめる　❽アンティークの本型アメニティボックス　❾スマホで撮影すると色が変わるBE@RBRICK

MAP 別冊 P.26-B2 竹芝
住 港区海岸1-10-30
TEL 03-5777-1111（ホテル代表）
IN 15:00　OUT 12:00　CC ADJMV
客室 265室　P あり　交 JR浜松町駅北口から徒歩6分、新交通ゆりかもめ竹芝駅1A出口から徒歩3分

AC

ココにも注目！

バー＆ラウンジ「Whisk」

世界中の名画をモチーフとしたアフタヌーンティー「アフタヌーン・エキシビジョン」がいただける。

「キンプトン新宿東京」に泊まりました。新宿の高層ビルを眺めることができて、東京らしい雰囲気を味わうことができましたよ。（PN：あや）　住 新宿区西新宿3-4-7

美しい都会ビューを望むステイ

ざ・ぷりんすぱーくたわーとうきょう

ザ・プリンス パークタワー東京

間近に迫る東京タワーを眺めることができるホテルといえばこちら。最上階のスカイラウンジからの景色は必見。特等席でタワーを眺めながら黄昏時を過ごすことができるウェブ予約限定のプランもある。ホテルには珍しいボウリングサロンや天然温泉があり、三世代揃った家族旅行などにもぴったりだ。高層フロア宿泊客は、「プレミアムクラブラウンジ」の利用が可能で、時間帯によって軽食やアルコールがいただける。

❶「プレミアムキングルーム」(東京タワー側) 1名3万7860円 (1室2名利用時) ❷12レーンある「ボウリングサロン」 ❸ホテル最上階の「レストラン ブリーズヴェール」 ❹ギフトショップ「THE SHOP at the Park」はギフトにも◎ ❺ムード満点の「スカイラウンジ ステラガーデン」で乾杯

MAP 別冊 P.18-B2 芝公園

住 港区芝公園4-8-1
TEL 03-5400-1111(代表)
IN 15:00 OUT 12:00 CC ADJMV
客室 603室 P あり 交 地下鉄芝公園駅A4出口から徒歩3分

ココにも注目！

都心の天然温泉

スパ会員と宿泊者(有料)が利用できる。芝公園の地下から汲み上げた温泉に入ってゆっくり癒やされて。

クを望める厳選ホテル

オリジナルカクテル片手に
夕景&夜景をとことん堪能！

東京見聞録 「東急歌舞伎町タワー」(→P.14)の高層階に2軒のホテルがオープン。39～47階の「BELLUSTAR TOKYO, A Pan Pacific Hotel」の客室からは新宿のパノラマビューが楽しめる。

和モダンテイストの客室からは
国会議事堂ビューも！

建築も魅力的なラグジュアリーホテル

ザ・キャピトルホテル 東急

ざ・きゃぴとるほてる とうきゅう

昭和 38 年に日本初の外資系ホテル「東京ヒルトンホテル」として誕生して以来、国内外の VIP を迎えてきた。2010 年、現在の「ザ・キャピトルホテル 東急」としてリニューアルオープン。開放感に満ちたメインエントランス・ロビーは建築家の隈研吾氏が手がけ、日本の伝統的な構造をモチーフとしたデザインの「斗栱（ときょう）」など、和のデザインが特徴的。クラブフロア専用ラウンジやレストラン＆バーなど優雅な滞在がかなう。

❶❷❸❹「クラブ デラックス キング」12 万 1440 円～。寝室とバスルームは障子で仕切られており、メッセージとお菓子も ❺27 階のクラブフロア専用ラウンジ「The Capitol Lounge SaRyoh」 ❻ベーカリーやスイーツはラウンジ「ORIGAMI」で購入可能 ❼朝食にも定評があるオールデイダイニング「ORIGAMI」 ❽美しいメインロビー

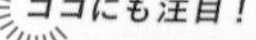

ココにも注目！

伝説の場面で登場した壁

昭和 41 年にビートルズが来日し、記者会見を行った宴会場の壁のレプリカ。

MAP 別冊 P.29-A3 溜池山王
住 千代田区永田町 2-10-3
TEL 03-3503-0109（代表） IN 15:00
OUT 12:00 CC ADJMV 客室 251 室 P あり
交 地下鉄溜池山王駅・国会議事堂前駅 6 番出口地下直結

読者だより 愛犬と一緒に泊まれるホテル「inumo 芝公園 by ヴィラフォンテーヌ」に宿泊。屋内にはドッグランもあり、シャンプーやグルーミングなども宿泊料金に含まれていてうれしかったです。（PN：チロルママ）

東京スカイツリー×国技館ビュー

ざ・げーとほてるりょうごく ばい ひゅーりっく

ザ・ゲートホテル両国 by HULIC

隅田川に面し、国技館が目の前という風情あふれる好立地。宿泊者専用のテラス＆ラウンジではオープンエアの空間で東京スカイツリー®など下町の情景を眺めることができる。ワークデスク付きの「モデスト」から広いウッドデッキテラスを擁したスイート「THE GATE」まで客室タイプも豊富。隅田川を運航する「東京水辺ライン」（→ P.121）の両国発着場からアクセスできるのも魅力。

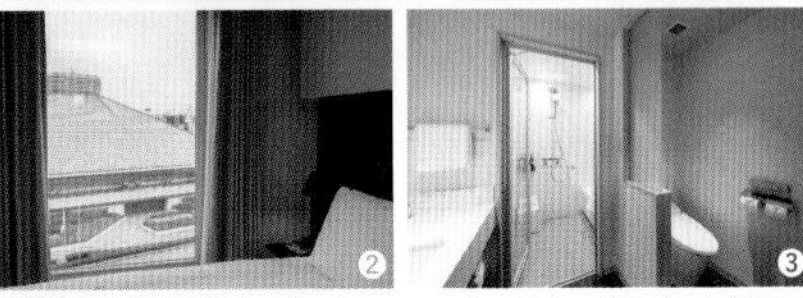

❶❷❸国技館を間近に望む「シーニックハリウッドツイン」2万57円～はゆったり入れる造りのお風呂が魅力のひとつ　❹ダイニング「Anchor Ryogoku Riverside」では川の流れを間近で感じられるテラス席がおすすめ　❺シックな雰囲気のフロントでは手荷物を預けて観光を　❻❼芝生エリアにソファやベンチが配置された宿泊者限定のテラス＆ラウンジ。バータイムはカクテルもいただける

MAP 別冊 P.44-B1 両国
住 墨田区横網 1-2-13
TEL 03-5637-7041（大代表）
IN 14:00　OUT 11:00　CC ADJMV
客室 126 室　P あり　交 JR 両国駅西口から徒歩 3 分

ココにも注目！

こだわりモーニング

両国オリジナルの特別な朝食メニュー、オープンサンド「スモーブロー」はマストで食べたい一品。

歴史ある下町エリア・両国で
のんびりリバーサイドステイ

東京見聞録

2023 年、渋谷の地に「ホテルインディゴ東京渋谷」が開業予定。大規模複合施設「道玄坂通／ dogenzaka-dori」の上層階に入居し、晴れた日には客室からは東京スカイツリーや富士山を望めるそうだ。

星野リゾート「OMO（おも）」で旅する ディープでローカルな大塚&赤坂

星野リゾートが手がける最旬ホテルブランド「OMO（おも）」。東京都心では大塚と赤坂に展開しており、街全体をまるごと楽しみ尽くすという新たな宿泊体験が話題になっている。

"新しい東京"を体験できる

OMO5 東京大塚 by 星野リゾート

おもふぁいぶとうきょうおおつか ばい ほしのりぞーと

都電荒川線が走り、ノスタルジックな街並みが広がる大塚エリアにある都市ホテル。ツアーや館内のイベントをとおして、リピーターや東京に住んでいる人でも新たな発見や出合いが見つかるはずだ。家族や友人と、もちろんひとりでも、ヒノキ材を利用した立体的なやぐらと畳張りで、和のぬくもりあふれる「やぐらルーム」に泊まるのがおすすめ。

MAP 別冊 P.16-B2 大塚
住 豊島区北大塚 2-26-1 TEL 予約専用 050-3134-8095（受付時間 9:30 ～ 18:00）
IN 15:00 OUT 11:00 CC ADJMV
客室 125 室 P なし
交 JR 大塚駅北口から徒歩 3 分

❶❷ OMO ベースでは「オーツカ下町 DJ ナイト」を開催。オリジナルドリンクと一緒に盛り上がりたい ❸館内には都電荒川線モチーフの装飾も

❹機能的な仕掛け壁や箱階段がある「やぐらルーム」1 泊 1 室 1 万 6000 円～（食事・宿泊税別） ❺❻「OMO カフェ」では朝食もいただける

＼OMOレンジャーがナビするツアーも！／

大塚オタクと行くご近所めぐりへ

OMO5東京大塚人気のツアーといえば「大塚の魅力が満載！大塚オタクと行くご近所巡り」。毎日 17:00 から約 1 時間のコースでは、商店街の名物グルメやひとりでは入りづらいローカルなお店を案内してもらえる。どちらも無料(飲食代別途）で前日までに要予約。

地元の人々との会話も旅の醍醐味のひとつだ

年始には「大塚七福人巡りツアー」が開催されることも

東京見聞録 OMO5東京大塚では「下町の雰囲気が残る大塚で、都電を見つけるお散歩」ツアーも開催。毎日 11:00 ～約 1 時間。前日までに要予約、無料（飲食代別途）。1 名から催行しているのでひとり旅でも OK。

「OMO」とは？

コンセプトは『テンションあがる「街ナカ」ホテル』。新しい宿泊体験を提供する全国14施設を展開（2023年6月時点）。

「OMO」の特徴とは？

● GO-KINJO サービス

ローカルグルメ&ショップやディープな街の歴史などを「ご近所ガイド OMO レンジャー」と一緒に歩いて散策するアクティビティ。

● ご近所マップ

宿によって仕様やデザインが異なるマップには、スタッフが実際に街を歩いて体験した推しスポットが掲載されている。

「薬研坂」の由来を聞きながら下っていく

赤坂の歴史や坂が多い理由などクイズ形式で解説

「豊川稲荷東京別院」へお参り。本殿の両脇に祀られている狐の好物である、べっこう飴やお揚げなどをお供えするとよいそうだ

最後は元芸者のママが営む「BAR・salon のら犬」で手作りのレモネードなどのドリンクをいただいてひと休み

都心の新しい魅力を再発見

OMO3 東京赤坂 by 星野リゾート

おもすりーとうきょうあかさか ばい ほしのりぞーと

2022年にオープンしたOMOブランドの東京2拠点目。江戸幕府のお膝元として発展して以来、現在もビジネスや政治の中心地としてだけでなく、周辺に古い寺社、老舗料亭などを抱える赤坂の「イイとこみっけ」をコンセプトに、歴史や文化を深掘りしたさまざまなアクティビティを用意。ひとり旅派にぴったりの「ダブルルーム」もある。

MAP 別冊 P.28-A2 赤坂
住 港区赤坂 4-3-2 TEL 050-3134-8095（受付時間 9:30～18:00） IN 15:00 OUT 11:00 CC ADJMV 客室 140室 P なし
交 地下鉄赤坂見附駅 10番出口から徒歩3分

❶ゆったりとしたソファがある「ツインルーム」1泊1室1万2000円（食事・宿泊税別） ❷「YONA YONA BEER WORKS 赤坂店」で楽しめる宿泊者限定の「赤 YONA 宴ボール」3500円 ❸ご近所マップの仕掛けも見逃さずに

手土産ダーツでみやげもの探し

みやげもの選びに困ったときは「著名人も愛する!?赤坂の手土産ダーツ」。ダーツを投げると当たったショップの情報やおすすめのペアリングを聞けるほか、店舗からのメッセージ動画が見られる二次元コード付きのカードもプレゼント。7:00～22:00（無料・予約不要）。

OMOスタッフが回す的をめがけてダーツを投げよう

ショップの豆知識やお得な情報を教えてもらえる

「豊川稲荷東京別院」は縁切り・縁結びのご利益としても有名なパワースポット。参拝後どちらもかなえることができたスタッフもいるのだとか！　気になる人は「まさかの赤坂さんぽ」に参加してみよう。

都心で温泉宿気分が味わえる 癒やしのモダン&老舗旅館

大都会・東京にいながら、ゆったりとした時の流れを感じられる旅館というチョイスはいかが？

内湯
ぬくもりあふれる木のアイテムがアクセント。窓からは新宿副都心のパノラマビューが楽しめる

露天風呂
箱根「小田急 山のホテル」の自家温泉から運ぶ露天風呂はアルカリ性単純温泉で肌にやさしい

❶午後の時間帯はアイスキャンデーのサービスがある　❷男湯と女湯でレイアウトが異なる　❸あたたかみのある脱衣所にはパウダースペースも完備

新しい旅館の過ごし方を提案

おんせん りょかん ゆえん しんじゅく
ONSEN RYOKAN 由縁 新宿

大都会・新宿の地に 2019 年オープン。スイートルーム含め 7 タイプ全 193 の客室は切妻屋根の平屋から続く 18 階建てのビル内にあり、靴を脱ぐ小上がり仕様に。1 階には坪庭を望む和食レストランがある。本来の旅館には珍しい素泊まりや、食事や布団の敷き込みがないプランなど手頃な料金を実現し、自由なスタイルでくつろぐことができるのも魅力だ。

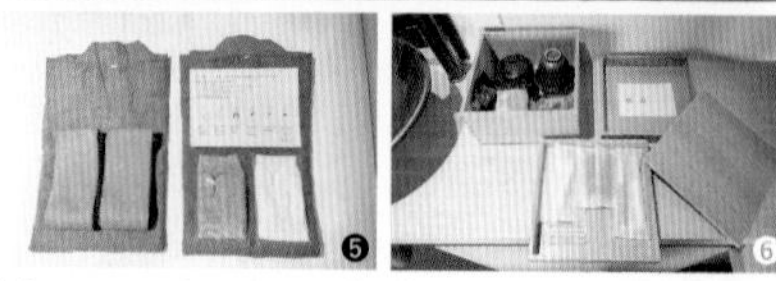

❹「コンフォートツイン」1 泊 1 室 1 万 8000 円〜（2 名利用時）
❺❻オリジナルの浴衣や木箱に入った客室のアメニティも充実

❼レストラン「夏下冬上」では鉄板料理と天ぷらがいただける　❽宿泊者限定の朝食「御前」2200 円。ドリンクバー付き

MAP 別冊 P.35-A4 新宿
住 新宿区新宿 5-3-18　TEL 03-5361-8355　IN 15:00〜翌 2:00　OUT 11:00
CC ADJMV　客室 193 室　P なし
交 地下鉄新宿御苑前駅 3 番出口から徒歩 7 分

銀座にある「天然温泉 七宝の湯 ドーミーイン PREMIUM 銀座」に泊まりました。サウナもあるので、サウナ好きにもたまらない施設だと思います。

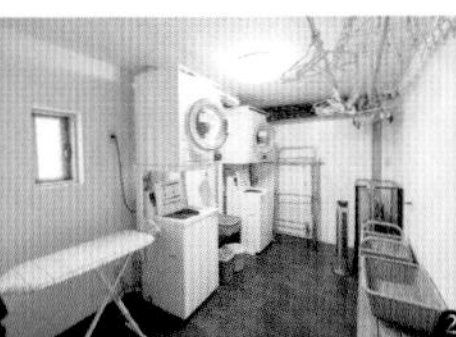

❶浴室の窓からは美しい庭を眺めることができる ❷ランドリールームでは、洗濯やアイロンがけが可能 ❸広々としている脱衣所

檜の湯
ヒノキのぬくもりを楽しめて、家族やグループで利用できるプライベート感あふれる空間

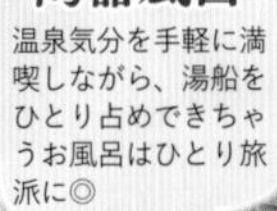

陶器風呂
温泉気分を手軽に満喫しながら、湯船をひとり占めできちゃうお風呂はひとり旅派に◎

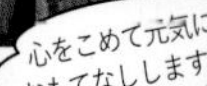
心をこめて元気に
おもてなしします！

「暮らすような旅」がかなう

旅館 澤の屋

りょかん さわのや

2019年に創業70周年を迎え、外国人観光客の絶大な支持を集める旅館。日本の生活様式がかいま見える滞在スタイルが好評で、畳の客室には急須や浴衣などのアメニティも揃う。館主の澤功さん夫妻と息子の新さん夫妻のこまやかなおもてなしと下町ならではのホスピタリティで、お手製の近隣マップをもとにローカルな店を開拓する楽しみも見つかるはず。

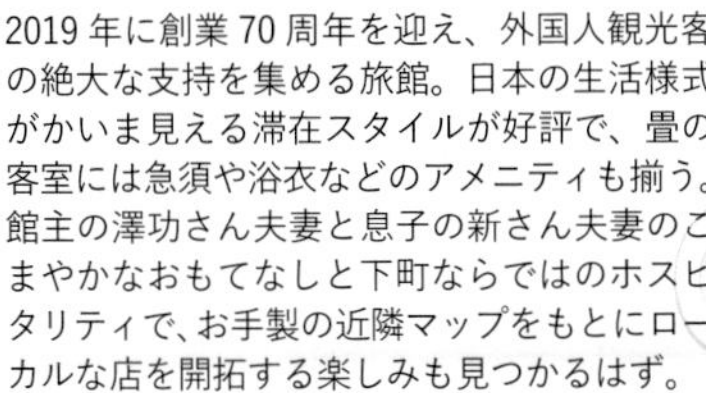

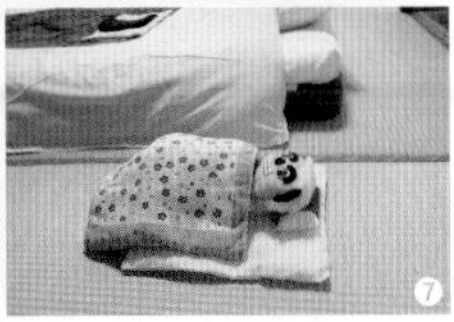

❹❺素泊まり風呂なしの客室は1万2320円～。内風呂とトイレ付きは2部屋あり、1万3970円～（いずれも2名利用時） ❻ロビーエリアは宿泊客の交流の場。コーヒーと紅茶を無料でサービスしている ❼ぬいぐるみ用のふとんや枕を無料で貸し出してくれる「ぬい撮り」ができるサービスもある

MAP 別冊 P.40-C1 根津
住 台東区谷中2-3-11 TEL 03-3822-2251
IN 15:00～23:00 OUT 10:00 CC AJMV 室 12室 P なし
交 地下鉄根津駅1番出口から徒歩7分

東京見聞録

「由縁」ブランドには、新宿以外にも世田谷代田駅の「下北線路街 空き地」（→P.251）に「温泉旅館 由縁別邸 代田」がある。露天風呂はもちろん、朝・夕食を提供する割烹やお茶にこだわるメニューを扱う茶寮などが揃う。

東京の ゲストハウスの草分け的存在 バックパッカーズジャパンの宿

東京に3軒の宿を展開するバックパッカーズジャパンのゲストハウスはビギナーにもおすすめ。

下町のおしゃれホステルへ

Nui. HOSTEL & BAR LOUNGE

ぬい ほすてる あんど ばーらうんじ

蔵前にあった玩具会社の元倉庫を改装し、2012年にオープン。1階のバーラウンジは天井に向かって延びる木のオブジェが目を引き、旅人たちの開放的な交流の場となっている。ドミトリーと個室から選べる客室もシンプルながら機能的。

❶バーラウンジではモーニングとブランチを提供 ❷「ツインルーム」1泊1室1万1000円～は仕事ができるデスクもある

MAP 別冊 P.44-A1 蔵前
住 台東区蔵前2-14-13 TEL 03-6240-9854
IN 16:00 OUT 11:00 CC AJMV 客室 100ベッド
P なし 交 地下鉄蔵前駅A2出口から徒歩3分 AC

下町エリアで古民家ステイ

ゲストハウスtoco.

げすとはうす とこ

築100年の木造家屋に泊まれるゲストハウス。ドミトリー中心だがプライベートテラス付きの個室も。シャワーとトイレは全室共同で、キッチンも無料で利用することができる。エントランスはリビング兼バーになっている。

❶共用のリビングは夜になるとバーとして営業 ❷「男女混合ドミトリー」1泊3500円～、「女性専用ドミトリー」3700円～でベッドにはコンセントも備わっている

MAP 別冊 P.17-B3 入谷
住 台東区下谷2-13-21
TEL 03-6458-1686（13:00～22:00） IN 16:00
OUT 11:00 CC 不可 客室 24ベッド AC
P なし 交 地下鉄入谷駅4番出口から徒歩2分

毎週末変わるDJの音楽に揺られる

CITAN

したん

コーヒースタンドとライブを楽しめるバーラウンジを併設。東日本橋にある「BEAVER BREAD」のパンを使用したモーニングプレートがいただける朝食付きプランが人気で、混合ドミトリーと女性専用ドミトリーもある。

❶デスクや洗面台が備わる「ダブルルーム」1泊1万1000円～ ❷厳選したコーヒー豆を使用する1階の「BERTH COFFEE」

MAP 別冊 P.17-C3 東日本橋
住 中央区日本橋大伝馬町15-2
TEL 03-6661-7559 IN 16:00 OUT 11:00 AC
CC ADJMV 客室 130ベッド P なし 交 地下鉄馬喰横山駅A1出口から徒歩5分

読者だより 「Nui. HOSTEL & BAR LOUNGE」は、バーラウンジに旅人が集まり夜はにぎやかになります。外国人が多い日はまるで海外にいるかのようでした。とてもよい思い出です。（PN：マルコ）

第八章 旅の準備と技術

旅のプランニング

自分らしい旅のスタイルを考えてみよう

東京旅行の日程を決めたら、必ず訪れたい街やスポットをリストアップしよう。旅プランがほぼ決定したら予算を考慮しつつ、パッケージツアーを利用するか、個人旅行で行くのか、自分に合った旅のスタイルを考えてみよう。

◆パッケージツアーとフリープランツアー

旅行会社や航空会社が扱うツアーには交通機関と宿、観光、食事などすべてがセットになったパッケージツアーと、往復の交通機関と宿のみがセットになったフリープランツアーの2種類がある。

パッケージツアー

東京を訪れるパッケージツアーは、全国主要都市から催行されている。旅行会社や航空会社の公式サイト、街なかの旅行代理店などでチェックしてみよう。

東京までの飛行機や鉄道といった交通と宿泊はもちろん、観光スポット巡りや食事などもセットになったパッケージツアーは、初めて東京を訪れる人も安心。ツアーを申し込むだけですべての手配が完了し、面倒な各種手続きが不要となり、メリットは大きい。また、個人では予約が取りにくいピークシーズンなどは特に利用価値が高い。パッケージツアーは、航空券や宿泊料金、施設利用料などは団体割引が適用されており、個人旅行より低価格になっている。ただし、ゴールデンウイークや夏休み、年末年始といったピークシーズンは、ツアー料金がアップするがそれでも個人で手配するより安上がりになる場合が多い。

フリープランツアー

往復の交通手段と宿泊のみがセットされたフリープランツアーは自由度が高い。料金も、個人で航空券や新幹線、ホテルを手配するより抑えられるケースが多い。旅行会社は、交通機関やホテルから個人手配よりも割安な料金で仕入れを行っているからだ。また交通、宿などのパーツを個別に手配するより手間がかからないといったメリットもある。フリープランの最大のメリットは、自分が行きたいスポットや飲食店などに行け、そこでの滞在時間も自由という点にある。つまり、ほぼ個人旅行と同じ気ままなスタイルでの旅が可能だ。

ただし、こうした旅行会社や航空会社が催行するツアーにはデメリットもある。何らかの理由で日程を変更する必

■キャンセル料

不測の理由で旅行を中止せざるを得ない場合、パッケージツアーや航空券、ホテル宿泊料などは、「キャンセル料（取消料）」が必要になる。予約する際には必ずキャンセル料のルールをチェックしておこう。旅行会社のパッケージツアー（募集型企画旅行）を申し込んだ場合のキャンセル料（取消料）の上限は、観光庁の「標準旅行業約款」で決められている。国内旅行の場合、旅行開始日の20日前から発生し、20日前からが旅行代金の20%以内、以下、7日前から30%以内、前日が40%以内、当日が50%以内、旅行開始後が100%という規定になっている。

■LCCのセールに注目！

低予算で旅するには交通費を抑えることがポイント。北海道や九州はもちろん、大阪など関西エリアから東京へ移動する際も飛行機を利用する方が安上がりということもある。場合によっては高速バスより安いことも。そのためには、LCC（格安航空会社）を利用すること。LCCは頻繁に期間限定セールを実施している。公式サイトから会員登録をしておくとセール情報が届く。

●ピーチ・アビエーション

URL www.flypeach.com

●ジェットスター・ジャパン

URL www.jetstar.com/jp

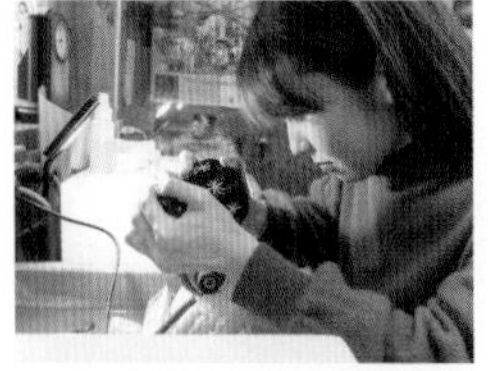

フリープランなら時間を気にせず伝統工芸体験ができる

読者だより　時間に縛られず、美術館をゆったり見学したいので個人旅行派です。ただ、珍しい体験ものなどは「VELTRA」でオプショナルツアーを予約します。（PN：みちゃこ）URL www.veltra.com/jp

要が生じた際に手続きが面倒だったり、変更手数料や追加料金が発生したりする。ツアーを利用する際には、ウェブサイトなどをよく読み、諸条件を確認しておこう。

◆個人旅行

インターネットを利用して旅の手配をすることが主流となった現在、個人旅行でも上手に予約すればリーズナブルに旅が実現できる。

たとえば、期間限定で航空会社がキャンペーン運賃を設定したり、宿泊予約サイトもディスカウント価格で販売したりすることがある。こうしたパーツを組み合わせることでフリープランツアーよりも安く旅が実現できる。

まずは、自分が旅をする時期の交通機関やホテルの情報をリサーチし、フリープランと個人旅行、どちらが安く旅ができるのかをチェックしてみよう。

個人旅行の醍醐味は、情報収集をして自分らしい旅をデザインできる点にある。自分の体調や体力に合わせてスケジュールを組み、オリジナルの東京ツアーを作れる点も個人旅行ならではのメリットといえる。

◆旅のプランニングのヒントと注意点

フリープランツアーでも個人旅行でも、東京到着後は自分で旅を組み立てることになる。東京ステイを失敗しないための注意点と、旅をよりよいものにするためのヒントをご紹介しよう。

■スケジューリングは余裕をもって

東京では行きたいスポットや店がたくさんあり、やりたいことも数多くあることだろう。しかし、限られた日程に予定を詰め込みすぎることは避けたい。東京は、JRや私鉄、地下鉄など公共交通が充実しているが、土地勘のない人には使いこなすのは難しい。スムーズに目的地に到達できないこともままある。スケジュールは、できる限りゆったりと組もう。余裕あるスケジュールにすることで、天候や体調による変更もスムーズに行えるというメリットもある。

■体調に合わせて臨機応変に

旅の疲れがたまっていると感じたときや体調が優れないときに無理をして予定通りに観光するのは逆効果。スケジュールを変更して、ホテルでゆっくり休む時間を作ろう。食事も外食ではなく、デパ地下や飲食店でテイクアウトしてホテルの部屋で食べるのもおすすめ。また移動も電車やバスにこだわらず、タクシーを利用するなど臨機応変に。

老舗のテイクアウトグルメ（→P.380）を楽しむのも◎

■しっかり情報収集

訪れたいスポットリストに記載したミュージアムや観光スポット、レストランやカフェなど、営業時間や休業日は事前に調べてメモしておこう。美術館などは展示替えなどで臨時休館していることもある。パッキングや旅立ち前には、気象情報をこまめにチェックして季節に合った服装を用意しよう。

■迷ったら地元の人を頼ろう

道に迷ったり、レストランで何をオーダーしたらいいか迷ったりしたときは、ガイドブックやスマホのアプリだけに頼らずに周囲の人に聞いてみよう。よほど急いでいなければ、親切に対応してもらえることが多い。

■緊急用の備忘録を作ろう

パッケージのフリープランや個人旅行の場合、トラブルには自分で対応しなくてはいけない。いざというときに慌てないように、旅に出る前に「備忘録」を作成しておきたい。「情報はスマホで管理」という人も多いと思うが、そのスマホを紛失したりすることもありえる。クレジットカードとキャッシュカードの紛失時連絡先やホテルの電話番号、緊急連絡先となる家族の電話番号などをメモした備忘録を作り、持ち歩き用のバッグではなくキャリーケースなどに保管しておこう。

疲れてへとへとだが、近隣のおいしいものを食べたい！というときは「Uber Eats」を利用してホテルに配達してもらうのはいかがだろうか？行列ができているお店や有名店なども登録されているのでおすすめ。

東京への道

東京へのアクセスは、飛行機、鉄道、高速バスといった選択肢が用意されている。予算とスケジュールに合わせて選択しよう。

所要時間を比較する場合は、乗っている時間ではなく、出発時間（自宅を何時に出るか）と到着時間（観光スポットやホテルに何時に到着するか）、そして帰路は東京に何時までいられるのかで比べるのがポイント。飛行機の場合、遅くても出発時刻の1時間前までには空港に到着しておきたい。羽田空港も成田空港も飛行機を降りてから空港を出るまで時間がかかる。加えて成田空港利用の場合、東京都内まで電車やバスを使うことになるが1時間から1.5時間ほどかかる。また高速バスの場合は、時間によっては都内に入ってから渋滞に巻き込まれる可能性もあることを考慮しておきたい。

飛行機で東京へ

東京へは全国各地の空港から直航便が就航している。羽田空港は国内線ネットワークの中心であり、全国49都市との間に1日約500便が就航し、1日平均7万783人が利用している。

また、成田空港発着にはなるが、ピーチ・アビエーションやジェットスター・ジャパンなどLCCが札幌や大阪、福岡、沖縄などの路線を運航している。LCCは頻繁にキャンペーンやセールを実施しており、低価格で航空券を入手できる可能性があるので、公式サイトをチェックしよう。

◆航空会社のチョイスも豊富

- 日本航空（JAL）と全日空（ANA）は路線も便数も圧倒的に多い。大手ならではの安心感があり、マイルをためる楽しみもある。
- スカイマークは大手2社より運賃が安く、定時運航率の高さ（5年連続1位）で定評がある。
- JALの子会社である日本トランスオーシャン航空は、那覇や沖縄の離島と羽田空港を結んでいる。
- エア・ドゥ（北海道便）、ソラシドエア（九州便）、スターフライヤー（大阪、福岡ほか）の3社はANAと業務提携しており、多くがANAとの共同運航便（コードシェア）になっている。
- LCCはJAL系のジェットスター・ジャパンとスプリング・ジャパン、ANA系のピーチ・アビエーションが東

■主要航空会社問い合わせ先

●日本航空（JL）
TEL 0570-025-071
URL www.jal.co.jp

●全日空（NH）
TEL 0570-029-222
URL www.ana.co.jp

●スカイマーク（BC）
TEL 0570-039-283
URL www.skymark.co.jp

●日本トランスオーシャン航空（NU）
TEL 0570-025-071（日本航空と同じ）
URL jta-okinawa.com

●エア・ドゥ（HD）
TEL 03-6741-1122
URL www.airdo.jp

●ソラシドエア（6J）
TEL 0570-037-283
URL www.solaseedair.jp

●スターフライヤー（7G）
TEL 0570-07-3200
URL www.starflyer.jp

●ジェットスター・ジャパン（GK）
TEL 0570-550-538
URL www.jetstar.com

●スプリング・ジャパン（IJ）
TEL 0570-666-118
URL jp.ch.com

●ピーチ・アビエーション（MM）
TEL 0570-001-292
URL www.flypeach.com

■航空券の子供運賃

各航空会社によって異なり、例えばスカイマークでは3～11歳は普通運賃の半額、3歳未満の幼児は膝の上に抱く場合は大人ひとりにつきひとり無料。座席を占有する場合は子供運賃と同額となる。割引運賃では子供割引が設定されていない場合や、設定されていても割引率が異なっていたりすることが多い。

■航空券のシニア割引・シルバー割引

シニア割引・シルバー割引とは、高齢者を対象とした飛行機の割引運賃。JALやANA、スカイマーク、エア・ドゥ、ソラシドエア、スターフライヤーなど各社に割引制度がある。対象年齢は航空会社によって異なるがおおむね65歳以上。詳細は各社のウェブサイトをチェック。

読者だより　航空会社にこだわりがないので、いつも「トラベルコ」や「エアトリ」などで細かく調べてより安いものを選びます。●トラベルコ URL www.tour.ne.jp/j_air ●エアトリ URL www.airtrip.jp

京便を運航している。いずれも成田空港発着となる。

◆JAL、ANAは早めの予約がおすすめ

航空券は予約するタイミングで、価格が上下する。一般論としては早めの予約が得。JALは330日前、ANAが355日前から航空券を販売し、○日前までの予約であればいくら、といった、早期割引運賃を設定している（最大80％以上の割引率となっている）。しかし購入後に特別セールが実施されることもあるので、「早期予約が100％得」とはいいきれない。

年末年始やゴールデンウイークなど比較的長めの休みが取りやすい時期は、間際になればなるほど正規運賃に近い料金となる。

◆LCCを利用して東京へ

同一路線であれば、JALやANAのようなレガシーキャリアよりもLCCのほうが安い。一方で、成田空港から東京23区内までの移動に要する時間と費用を考える必要があるので、コストパフォーマンスを考慮して選ぼう。

ただし、LCCが不定期で実施する期間限定セールは激安で、レガシーキャリアとは比べものにならない運賃となる。セール時期にフライト予約ができるのであれば、間違いなくお得。

なおLCCは、受託手荷物（飛行機に預ける荷物）や座席指定をすると追加料金が必要となる。搭乗当日に空港で依頼すると高額になるため、荷物が多い場合は事前にウェブサイトから申し込みをしておこう。LCCを利用する場合は、さまざまな条件をしっかりチェックしてから予約するようにしたい。

◆航空会社が販売するフリーツアー

航空会社が販売している往復航空券＋宿泊というフリーツアーは個人旅行に便利だ。JALの「JALダイナミックパッケージ」、ANAの「ANAトラベラーズダイナミックパッケージ」、スカイマーク「たす旅」がある。宿泊施設までは自費移動となるが個別で手配するよりも割安になる場合が多い。予約は、各社の公式サイトから行う。

◆海外予約サイトで格安フライトを見つける

日本へやってくる外国人旅行者たちは、少しでもお得なフライトを、と考えて、さまざまな航空券予約サイトを比較してチケットを手に入れていることが多い。特にJAL、ANAを利用した航空券は、○日前割と名づけられたチケットよりもかなり安く手に入ることがある。スカイスキャナーなどを利用して、1度チケット検索をしてみるといい。なお、場合によっては英語のウェブサイトから申し込みが必要となることも。それほど難しい英語ではないが、自信がない人はやめておいた方がよいだろう。

■キャンセル保険

急なケガや病気、出張などで旅行に行けなくなり、ツアー・航空券・ホテルの予約をキャンセルした際のキャンセル料が保険金として戻ってくる保険。

補償対象の旅行は、国内旅行、海外旅行、日帰りツアー、航空券などだが、海外旅行は対象外であったり、航空券のみの予約を対象に含むものがあったりするなど、各社保険商品によって補償対象範囲や補償対象となるキャンセル理由が異なる。まずはキャンセル保険の概要や注意点を十分理解したうえで、自分にとって必要かどうか判断し、加入するかどうかを決めよう。また、加入をする場合には自分に合った保険が選べるよう、商品ごとの特徴をしっかりとリサーチすることが大切。航空券や旅行商品を購入する際に申し込みができる。

■フェリー利用

四国や九州から東京を訪れるなら船旅もおすすめ。北九州を夜出発して翌朝徳島に寄港。3日目の早朝、東京港フェリーターミナル（りんかい線国際展示場駅より送迎あり）に到着する。毎日1便(季節により変動あり)。

●オーシャン東九フェリー

TEL 0570-055-048

URL www.otf.jp

予 上り便：北九州 19:00（日・祝18:00）発→徳島 翌9:20着・11:20発→東京翌5:30（日・祝6:00）着

下り便：東京 19:30（日・祝18:00）発→徳島 翌13:20着・14:20発→北九州 翌5:35（日・祝6:30）着

※季節により時間が変更になる場合がある。

料 2等片道：東京～北九州 2万20円、東京～徳島1万4080円

※小人は大人運賃の半額。

※車やバイクでの乗船も可能。

■航空会社のフリーツアー

JALダイナミックパッケージ

TEL 050-3155-3330

URL www.jal.co.jp/domtour

ANAトラベラーズパッケージ

TEL 050-3172-2341

URL www.ana.co.jp/ja/jp/domestic/dp

スカイマーク「たす旅」

TEL 0570-039-283

URL www.skymark.co.jp/ja/campaign/tasutabi/

西武鉄道は池袋線や新宿線に加えて、快速急行や準急などの種別が攻略難易度高めなのでアプリを賢く使って旅しよう。ちなみに西武新宿駅はJRや小田急線の「新宿駅」から徒歩10分ほど歩く。

新幹線で東京へ

全国に張り巡らされたネットワークと安全性の高さで世界に誇る新幹線。北海道からは直接、鹿児島からも1回の乗り換えで東京へ来ることが可能。青森から約3時間、博多からなら約5時間、車窓の風景を楽しみながらの鉄道の旅も魅力的だ。新幹線はJRの5社により運営されており、割引プランは会社により異なるので、利用予定の新幹線の公式サイトで確認しよう。

東京駅は旅人の玄関口。丸の内側のドームやレリーフも見応えあり

JRの各種割引をチェック！

◆えきねっとトクだ値（JR東日本／JR北海道）

JR東日本の指定券予約サイト「えきねっと」会員向けの列車、区間、座席数限定の運賃。JR東日本とJR北海道の新幹線と在来線特急が5～35％割引になる。お盆などの繁忙期も使える。さらに乗車日の13日前までに購入する「お先にトクだ値」なら25～35％割引、20日前までに購入の「お先にトクだ値スペシャル」は50％割引（期間限定）になる。まずは「えきねっと」に無料会員登録をしておこう。

◆EX早特（JR東海）

東海道・山陽・九州新幹線のインターネット予約サービス「スマートEX」会員向け割引。3日前までの予約でのぞみ・みずほ・さくら・つばめが割引になる。さらに出発1ヵ月前～21日前の予約で割引になる「EX早特21ワイド」も利用価値が高い。2023年秋に「EX早割28ワイド」を発売予定。利用予定の人は「スマートEX」の無料登録をしておこう。

またJR東海ツアーズが発売する「ぷらっとこだま」は、8駅限定のこだま指定席＋1ドリンクで20％以上割引となり、＋1000～1500円でグリーン車も指定できる人気旅行クーポンだ。

◆ホテルパック

新幹線の往復運賃とホテルがセットになったフリーツアーパッケージ。JR各社や旅行会社で販売されている。プランによっては全列車から選ぶことができ、しかも変更自由というものもある。前述した割引料金などと比較検討してみよう。

高速バスで東京へ

新幹線と比べて所要時間は2倍以上かかるが運賃は半額以下となる。特に大阪、仙台などと東京を結ぶ路線は人気で便数が多く激安。夜行バスを使えば、宿泊費を1泊分浮かすことができる。運賃は時期や曜日で変動し、早期割引もある。なお最近の夜行バスは3列シートで、各座席が

■JR東日本「えきねっと」
交通系ICカードを登録しておくと「えきねっと」で予約した新幹線に乗車する際、交通系ICカードをかざすだけで改札を通過できる。複数人で予約する場合は、利用する全員分のカード登録が必要となる。
URL www.eki-net.com/personal/top/index

■「スマートEX」
交通系ICカードを登録しておくと「スマートEX」で予約した新幹線に乗車する際、交通系ICカードをかざすだけで改札を通過できる。複数人で予約する場合は、利用する全員分のカード登録が必要となる。
URL smart-ex.jp/top.php

■JR東海ツアーズ
URL www.jrtours.co.jp

ホテルパックは予算に合わせて宿泊場所をチョイス

女性専用シートなどバリエーション豊富な高速バス

読者だより　完全個室の夜行バス「ドリームスリーパー」を利用しました。リクライニングシートでよく眠れました。約2万円ほどでしたが快適です。（PN：ドラ）URL www.kanto-bus.co.jp/nightway/dream-sleeper

カーテンで仕切れるようになっている。さらに女性専用バスや、リクライニング角度が大きなハイクラスな高速バスなど、さまざまなバスがあり、夜行とはいえ疲労度はそれほど高くない。

主要駅のバスターミナル

◆東京　バスターミナル東京八重洲

2022年9月に第1期エリアが開業。今後開業予定の第2期エリア（2025年予定）、第3期エリア（2028年予定）を合わせると、国内最大級の高速バスターミナルが誕生する。東京駅八重洲口周辺に点在していた高速バスの停留所を集約し、1日約600便がこの場所から発着。東北方面が約30便、千葉方面が約380便、その他関東方面が約20便、北陸・甲信越方面が約20便、東海方面が約50便、関西方面が約80便、中国・四国・九州方面が約20便となっている。

◆池袋　サンシャインバスターミナル

池袋は乗り場が複数あり、いずれも駅から離れているなど、初めて利用する人には非常にわかりにくい。バスが最も多く発着するのは、池袋駅から徒歩約13分のサンシャインバスターミナル。サンシャインシティ内文化会館ビルの1階にある。

◆新宿　バスタ新宿

全国各地からの多くの高速バスの発着場所となっている日本最大の高速バスターミナル。都内のほかの発着場所を経由して終点がバスタ新宿、あるいはバスタ新宿経由で都内のほかの場所へ向かう高速バスも多い。3階が到着エリアで4階が出発エリアだ。3階には東京都観光情報センターもあるので、情報収集もできる。4階出発エリアにはチケットカウンターがあり、待合用の座席も数多い。コンビニやロッカーなどもある。

◆その他のバスターミナル

東京23区内には、上記以外のバスターミナル発着場所も数多くある。もちろん主要ターミナルで降りるのもよいが、大きな荷物を持って宿まで自力で移動というのもなかなか大変なため、宿泊場所の最寄り駅周辺で停車するバスを探すというのもひとつだろう。例えば、渋谷駅周辺だと、「渋谷マークシティ高速バスのりば」と「渋谷フクラスバスターミナル」が存在。上野駅や品川駅などにもあるほか、ホテルによってはシャトルバスを運行しているところもあるので事前にチェックしてみるとよいだろう。

東京駅八重洲口は鍛冶橋駐車場が発着場所になることも

■バスターミナル東京八重洲
住 中央区八重洲2-2-1 東京ミッドタウン八重洲内
TEL 03-5542-1769（忘れ物の問い合わせのみ）
営 5:00〜24:35（最終バス）、発券窓口6:20〜20:00
休 無休
URL bt-tokyoyaesu.com

「東京ミッドタウン八重洲」にはフードコートもある

■バスタ新宿
JR新宿駅新南改札直結のバスターミナル。新南改札は5:45〜24:00のみ利用可能。それ以外の時間は南口改札を利用し、目の前の大通り（甲州街道）の横断歩道を渡ってバスタ新宿を利用する。
URL shinjuku-busterminal.co.jp

●東京観光情報センター バスタ新宿
住 渋谷区千駄ヶ谷5-24-55 バスタ新宿3階
TEL 03-6274-8192
営 6:30〜23:00
休 無休
URL www.gotokyo.org/jp/plan/tourist-info-center/index.html

■高速バス比較サイト
200社近いバスが全国各地と東京を結ぶ路線を運行しているので、各社の情報を検索できる比較サイトを利用すると便利。車内の設備やサービスで絞り込みできるウェブサイトや、座席を指定して予約できるアプリもある。
●バス比較なび
URL www.bushikaku.net
●高速バスドットコム
URL www.kosokubus.com
●バス市場
URL www.bus-ichiba.jp

八重洲口の鍛冶橋駐車場には待合室もあり、コンセントやフリーWi-Fiがあるので出発までの時間を有意義に過ごすことができる。また、コインロッカーやトイレ、自動販売機なども完備している。

全国から東京へのアクセス

全国の主要都市から東京へのおもな交通手段には飛行機、新幹線、高速バスなどがある。時間を優先するのか、予算を優先するのか、自分のスタイルに合わせて旅のプランニングをしよう。

大阪から

出発	手段	路線	所要時間	料金	到着
関西国際空港	飛行機	ANA／JAL／SFJ	1時間10分～	9610円～	羽田空港
大阪国際空港（伊丹空港）	飛行機	ANA／JAL	1時間10分～	1万1380円～	羽田空港
新大阪駅	新幹線	東海道新幹線「のぞみ」	2時間36分～	1万3870円～	東京駅
大阪駅JR高速バスターミナル	バス	ジェイアールバス関東「グラン昼特急」ほか	8時間40分～	3600円～	東京駅日本橋口

金沢から

出発	手段	路線	所要時間	料金	到着
小松空港	飛行機	ANA／JAL	1時間	7960円	羽田空港
金沢駅	新幹線	JR北陸新幹線「かがやき」「はくたか」	2時間30分～	1万3850円	東京駅
金沢駅東口	バス	さくら高速バス	9時間15分～	3700円	東京駅

広島から

出発	手段	路線	所要時間	料金	到着
広島空港	飛行機	ANA／JAL	1時間20分～	7410円	羽田空港
広島駅	新幹線	JR東海道・山陽新幹線「のぞみ」	3時間55分～	1万8380円～	東京駅
広島駅新幹線口	バス	さくら高速バス「かごたびライナー」	12時間	4500円～	東京駅八重洲南口

福岡から

出発	手段	路線	所要時間	料金	到着
福岡空港	飛行機	ANA／JAL SKY／SFJ	1時間35分～	1万3130円～	羽田空港
博多駅	新幹線	JR東海道・山陽新幹線「のぞみ」	4時間57分～	2万3590円～	東京駅
博多バスターミナル	バス	西鉄バス「はかた号」	14時間17分～	9000円～	バスタ新宿（新宿駅南口）

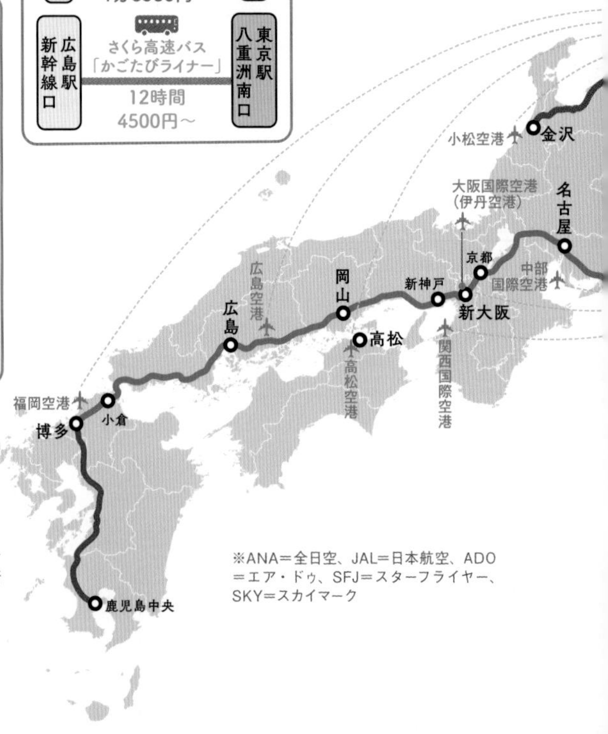

※運賃はシーズンなどにより大きく変動するため目安として参考にしてください。新幹線は普通車自由席の料金を記載。※印は指定席料金。

※ANA＝全日空、JAL＝日本航空、ADO＝エア・ドゥ、SFJ＝スターフライヤー、SKY＝スカイマーク

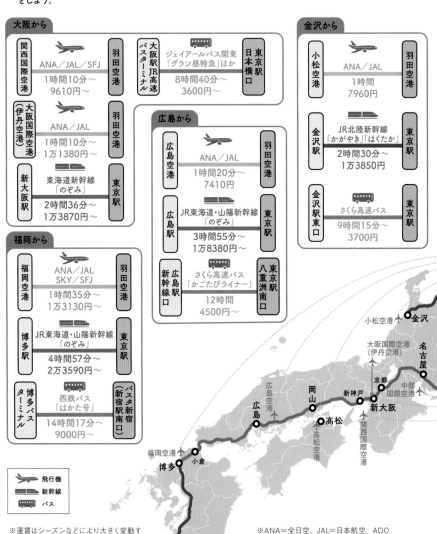

全国から東京へのアクセス

札幌から

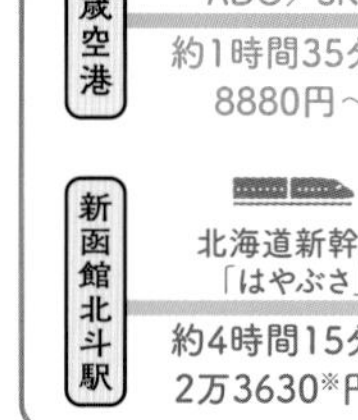

- 新千歳空港 → 羽田空港：ANA／JAL ADO／SKY　約1時間35分～　8880円～
- 新函館北斗駅 → 東京駅：北海道新幹線「はやぶさ」　約4時間15分～　2万3630※円～

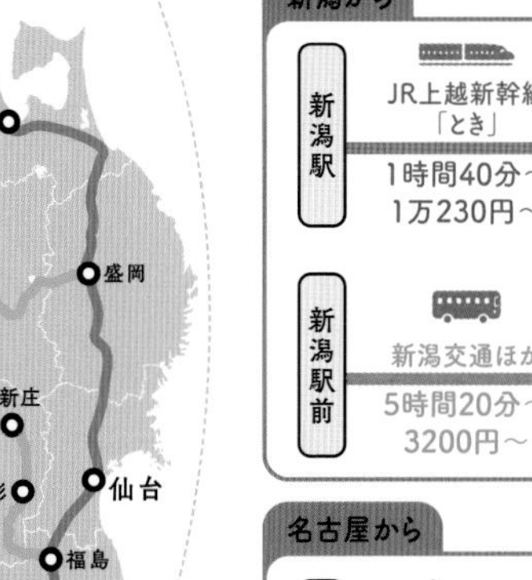

新潟から

- 新潟駅 → 東京駅：JR上越新幹線「とき」　1時間40分～　1万230円～
- 新潟駅前 → 池袋駅：新潟交通ほか　5時間20分～　3200円～

仙台から

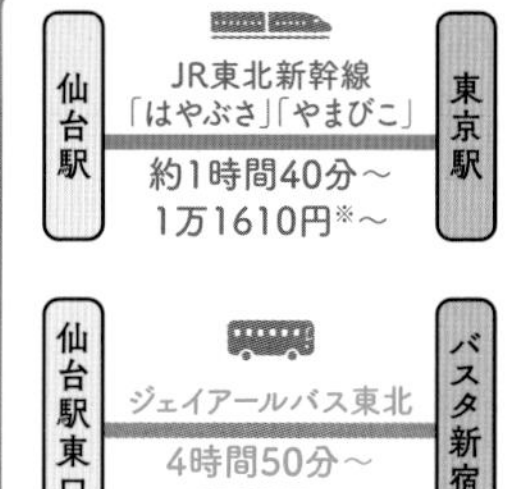

- 仙台駅 → 東京駅：JR東北新幹線「はやぶさ」「やまびこ」　約1時間40分～　1万1610円※～
- 仙台駅東口 → バスタ新宿：ジェイアールバス東北　4時間50分～　5000円～

名古屋から

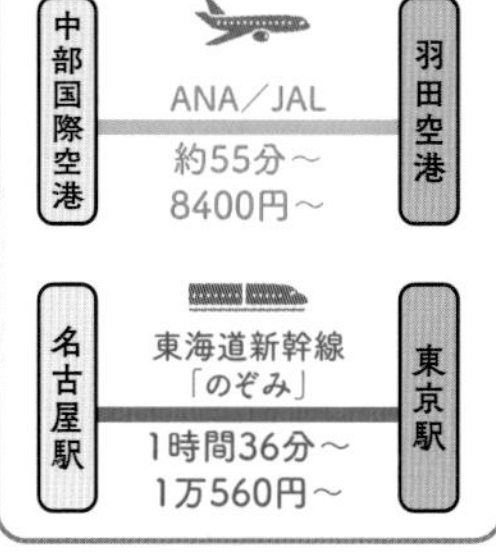

- 中部国際空港 → 羽田空港：ANA／JAL　約55分～　8400円～
- 名古屋駅 → 東京駅日本橋口：ジェイアール東海バスほか「東名ハイウェイバス」　5時間～　2100円～
- 名古屋駅 → 東京駅：東海道新幹線「のぞみ」　1時間36分～　1万560円～

沖縄から

- 那覇空港 → 羽田空港：ANA／JAL／SKY　2時間25分～　9630円～

高松から

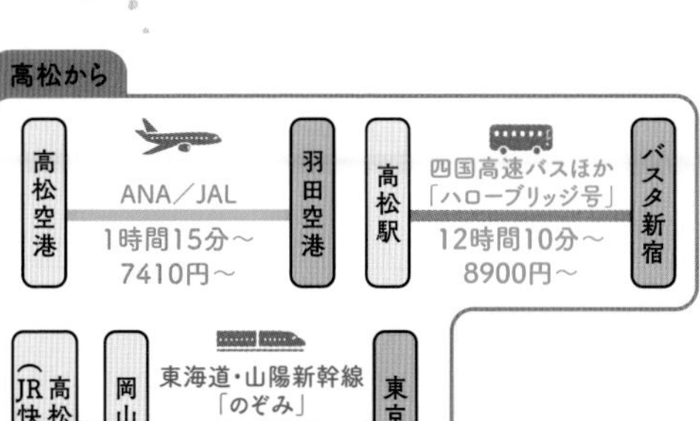

- 高松空港 → 羽田空港：ANA／JAL　1時間15分～　7410円～
- 高松駅 → バスタ新宿：四国高速バスほか「ハローブリッジ号」　12時間10分～　8900円～
- 高松駅 →（JR快速）→ 岡山駅 → 東京駅：東海道・山陽新幹線「のぞみ」　4時間23分～　1万8730円

都心へのアクセス

■問い合わせ先
羽田空港
TEL 03-5757-8111
URL tokyo-haneda.com
MAP 別冊P.14-C1
東京モノレール
TEL 050-2016-1640
URL www.tokyo-monorail.co.jp
京急電鉄
TEL 03-5789-8686
URL www.keikyu.co.jp
空港リムジンバス
TEL 03-3665-7220
URL www.limousinebus.co.jp
エアポートバス東京・成田
TEL 0570-048905（JRバス関東高速バス案内センター）
URL tyo-nrt.com

■羽田エアポートガーデン
URL www.shopping-sumitomo-rd.com/haneda/shopping

■羽田エアポートガーデンバスターミナル
URL www.shopping-sumitomo-rd.com/haneda/busterminal

■空港バス利用時の注意
羽田・成田ともネット予約が便利だが、空港発は予約不要。格安バスのエアポートバス東京・成田は、予約システムを導入していない（2023年6月現在）。
右下の図以外にも都内各所への路線があるが、2023年6月現在、運休中の路線もある。路線や時刻表は公式サイトでチェックを。
リムジンバス予約サイト
URL webservice.limousinebus.co.jp/web

■羽田空港ターミナル間の移動
T1、T2、T3を移動したいときには、ターミナルビル1階のバス乗り場から無料連絡バス（8～10分間隔で運行）を利用しよう。なお、T1～T2間は地下通路（長さ400m）を利用しての移動も可能。

東京都心への交通機関は豊富な選択肢があり、早朝から深夜まで運行本数も多い。荷物が多い場合は、目的地までの乗り換え回数が少ないルートを、荷物が少ないのであれば、所要時間でルートを選ぶのがベターだ。

玄関口となるのは、飛行機なら羽田空港と成田空港、鉄道なら東京駅、上野駅、品川駅。また、長距離バスであれば、東京駅、新宿駅、池袋駅となる。

羽田空港

旅客ターミナルは3つあり、第1ターミナル（T1）は日本航空、日本トランスオーシャン航空、スカイマーク、スターフライヤー。第2ターミナル（T2）は、全日空、エア・ドゥ、ソラシドエアと国際線、第3ターミナル（T3）は、国際線が発着する。

●羽田空港からのアクセス

鉄道の場合、２社が運行。東京モノレールが羽田空港とJR浜松町駅を結んでいる。また、京浜急行は、羽田空港と成田空港を結び、途中、品川、浅草、押上駅（東京スカイツリー最寄り駅）も通る。モノレール、京浜急行とも混んでいることが多く、座れないこともある。確実に座りたい場合はバスが確実だが、渋滞に巻き込まれる可能性があることを頭に入れておきたい。

●羽田空港T3直結「羽田エアポートガーデン」

2023年1月末、羽田空港第3ターミナルに直結する複合施設「羽田エアポートガーデン」が全面開業した。

日本最大級のふたつのエアポートホテル、羽田空港最大のイベントホールと会議室、富士山や飛行機を望める展望天然温泉、羽田空港と日本の観光地をつなぐ中距離路線が発着するバスターミナルなどがある。また、日本の名産品

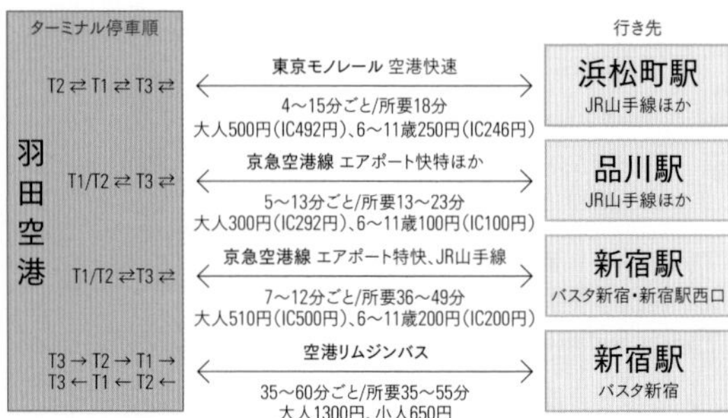

羽田空港 ターミナル停車順	路線・運行間隔・運賃	行き先
T2 ⇄ T1 ⇄ T3 ⇄	東京モノレール 空港快速 4～15分ごと/所要18分 大人500円(IC492円)、6～11歳250円(IC246円)	浜松町駅 JR山手線ほか
T1/T2 ⇄ T3 ⇄	京急空港線 エアポート快特ほか 5～13分ごと/所要13～23分 大人300円(IC292円)、6～11歳100円(IC100円)	品川駅 JR山手線ほか
T1/T2 ⇄ T3 ⇄	京急空港線 エアポート特快、JR山手線 7～12分ごと/所要36～49分 大人510円(IC500円)、6～11歳200円(IC200円)	新宿駅 バスタ新宿・新宿駅西口
T3 → T2 → T1 → T3 ← T1 ← T2 ←	空港リムジンバス 35～60分ごと/所要35～55分 大人1300円、小人650円	新宿駅 バスタ新宿

読者だより　羽田空港に行くときは事前にターミナルをチェックしておくことをおすすめします。ターミナル間は無料の連絡バスがありましたが、それなりに時間がかかるので早めの行動が鍵です。（PN：なな）

や旅行グッズ、服飾雑貨などのショップや多彩なレストランが集まるショッピングエリアもある。

●羽田エアポートガーデンバスターミナル発着の高速バス路線

青森、岩手、山形、石川、富山、新潟、長野、千葉、静岡、愛知、大阪、三重などの路線がある。

※2023年6月現在。路線は拡大予定なので公式サイトでチェックを。

成田空港

成田空港も3つのターミナルがある。全日空とピーチ・アビエーションは第1ターミナル（T1）、日本航空は第2ターミナル（T2）、ジェットスター・ジャパンとスプリング・ジャパンは第3ターミナル（T3）の発着となる。

●成田空港からのアクセス

鉄道はJRと京成電鉄が成田空港と都心を結んでいる。いずれも全席指定の特急を運行しており、荷物を置くスペースも備えている。バスは、空港リムジンバスのほかに、格安の「エアポートバス東京・成田」があり、どちらも複数のバス会社が共同運行している。

東京駅

東京駅は、東北・東海道新幹線（乗り入れを含めると10の新幹線すべて）、在来線7本、地下鉄丸ノ内線が集まる巨大ターミナル駅だ。

増築を繰り返してきた東京駅は、複雑な構造をしている。乗り継ぎには、新幹線からJR山手線まで最低10分、地下鉄までは20分以上必要。出入口も数多く、東には八重洲口（日本橋側）と西には丸の内口（皇居側）が1階と地下にある。

品川駅

JRは東海道新幹線、京浜東北線、東海道線、山手線、横須賀線、成田エクスプレス、私鉄は京急電鉄が乗り入れるターミナル駅である。東京と神奈川を結ぶ京急は羽田へのアクセスとなる「エアポート快特」を運行している。

上野駅

東北の玄関口となる上野駅は、JRでは東北・北海道・山形・秋田・上越・北陸新幹線、山手線、京浜東北線、宇都宮線、高崎線、常磐線、上野東京ライン、地下鉄では銀座線、日比谷線が乗り入れている。成田空港と結ぶアクセス「スカイライナー」は、京成上野駅からの利用となるが、JRの上野駅とは160mほど離れている。

■問い合わせ先

成田空港
TEL 0476-34-8000
URL www.narita-airport.jp

JR東日本　成田エクスプレス
TEL 050-2016-1600
URL www.jreast.co.jp/train.express/nex

京成電鉄
TEL 0570-081-160
URL www.keisei.co.jp

■成田エクスプレス

3070円で、繁忙期は+200円、閑散期は-200円。eチケットも200円割引。グリーン車もあり、東京駅まで5340円～。

■成田空港ターミナル間の移動

成田空港でT1、T2、T3を移動したいときには、ターミナルビル1階のバス乗り場から無料連絡バス（4～5分間隔で運行）を利用しよう。なお、T2～T3間はアクセス通路を経由して徒歩での移動もできる。

■東京駅

MAP 別冊P. 20-B2

駅内外の施設検索
URL www.tokyoinfo.com
URL www.tokyostationcity.com

改札内には商業施設（エキナカ）がたくさんあり、「ecute」や「GRANSTA」など、東京みやげや弁当を入手できるスポットも豊富に揃っている。GRANSTA 1階中央通路エリアにある駅弁屋「祭」は、全国の駅弁200種ほどを揃えたショップ。実演販売なども行っている。

ecute
URL www.ecute.jp/tokyo

GRANSTA
URL www.gransta.jp

■東京駅の待ち合わせ場所

改札内の場合、大きな銀色の鈴のモニュメントがある「銀の鈴広場」が待ち合わせスポット。地下1階GRANSTAの八重洲中央口近くにある。
改札外の場合、丸の内地下南口の「動輪の広場」。

山手線全駅などで傘をレンタルできるアプリ「アイカサ」（24時間110円）は、突然の雨に備えてダウンロードしておくとよいだろう。目的の場所に着いたら近くのアイカサスポットで傘を返せばOKだ。

23区移動のノウハウ

東京駅は出口も多く、地下鉄との乗り継ぎに時間がかかることもあるだろう

日本を訪れた外国人が複雑でわかりにくいという感想をもらす東京の公共交通網。なかでも地下鉄は、東京で生まれ育った人でもスムーズに利用するのは難易度が高い。旅行中の限られた時間内に23区をスピーディに移動するために利用したいのが、交通系のアプリ。効率的な乗り換えや駅の情報を知ることができるアプリをダウンロードしておけば、東京での移動がグッと楽になる。

東京旅行に便利なアプリ

◆乗り換え案内

目的の駅までの最短ルートや最安ルートをリサーチしたり、事故などで運休しているときは迂回するルートを調べたり……と便利な機能が数多くある乗り換え系アプリをひとつはインストールしておきたい。乗り換えアプリには無料版と有料版があるが、無料版でも機能は充実しているので、まずは無料版を使ってみよう。

「Yahoo!乗換案内」

乗り換え案内に特化しており、運休や遅延にもリアルタイムで対応。たとえば、ホテルから東京スカイツリー®までの経路を「電車の乗換案内とスカイツリーへの徒歩ルート地図」で案内してくれる。また、都営バスのリアルタイム位置情報の表示も可能。

■Yahoo!乗換案内
URL transit.yahoo.co.jp

「乗換NAVITIME」

東京初心者におすすめ。運休や遅延もリアルタイムで対応しており、乗車位置なども調べられる。また、検索したルートを画像保存でき、撮影した画像をLINEで共有もできる。

■乗換NAVITIME
URL www.navitime.co.jp/transfer

「乗換案内」

電車の乗り換え以外の機能も充実している。出発、到着時刻の指定だけでなく、経由地も4件まで設定できる。

■乗換案内
URL www.jorudan.co.jp/norikae

鉄道会社の便利なアプリ

運行状況や経路検索ができる鉄道各社のアプリがこちら。事前にダウンロードして旅に備えよう。

●東京メトロmy!アプリ

●都営交通アプリ

●TOBU POINTアプリ

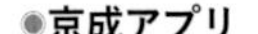

●JR東日本アプリ

●小田急アプリ

●西武線アプリ

●京王アプリ

●京成アプリ

●京急線アプリ

読者だより　東京でレンタカーを借りて旅しました。1～2時間駐車場に停めるだけで2000～3000円したのにびっくりしました。首都高速も慣れていないので、公共交通機関やタクシーを使えばよかった。（PN：運転好き）

知っておきたい！東京の駅の豆知識

知っていると移動がスムーズになる豆知識をご紹介。

◆駅名は違うが徒歩での乗り換えが便利な駅

多くの路線が走っている23区。駅名は違うが、徒歩で歩ける距離の駅もある。

原宿 JR山手線	◀徒歩すぐ▶	**明治神宮前（原宿）** 東京メトロ千代田線・副都心線
秋葉原 JR山手線・総武線、東京メトロ日比谷線など	◀徒歩5分▶	**末広町** 東京メトロ銀座線
有楽町 JR山手線、東京メトロ有楽町線など	◀徒歩5分▶	**日比谷** 東京メトロ日比谷線・千代田線、都営三田線
新橋 JR山手線、東京メトロ銀座線、都営浅草線など	◀徒歩5分▶	**汐留** 都営大江戸線、ゆりかもめ
浜松町 JR山手線・京浜東北線 東京モノレール	◀徒歩すぐ▶	**大門** 都営浅草線・大江戸線
東京 JR山手線、東京メトロ丸ノ内線など	◀徒歩5分▶	**大手町** 東京メトロ半蔵門線・東西線、都営三田線など

◆駅名は一緒だが乗り換えが大変な駅

都心部には同じ名前の駅でも離れた場所にあり、乗り換えにはかなり歩かないと不便な路線もある。

浅草 つくばエクスプレス	◀徒歩7～8分▶	**浅草** 東京メトロ銀座線、都営浅草線、東武スカイツリーライン
早稲田 東京メトロ東西線	◀徒歩10分▶	**早稲田** 都電荒川線
両国 JR中央・総武線（各停）	◀徒歩4～7分▶	**両国** 都営大江戸線
蔵前 都営大江戸線	◀地上に出て乗り換え▶ （最短で200m程度）	**蔵前** 都営浅草線
後楽園 東京メトロ丸ノ内線 （地上で高架）	◀高低差がビル8階分▶	**後楽園** 東京メトロ南北線 （地下6階）
渋谷 東京メトロ銀座線 （地上3階）	◀高低差がビル8階分▶	**渋谷** 東京メトロ副都心線 （地下5階）

◆私鉄・地下鉄の乗り入れ駅

東京ではJRと私鉄、地下鉄との間の相互乗り入れ・直通運転を行っている路線が多い。

◀京王線▶ （八王子・高尾山方面）	新宿駅	◀都営新宿線▶ （市ヶ谷方面）
◀JR埼京線▶ （渋谷・新宿・池袋方面）	大崎駅	◀りんかい線▶ （お台場方面）
◀東急田園都市線▶ （二子玉川方面）	渋谷駅	◀東京メトロ半蔵門線▶ （東京スカイツリー方面）
◀東急東横線▶ （自由が丘方面）	渋谷駅	◀東京メトロ副都心線▶ （新宿・池袋方面）
◀京急本線▶ （横浜方面）	泉岳寺駅（品川駅）	◀都営浅草線▶ （浅草方面）
◀東急目黒線▶ （日吉方面）	白金高輪駅（目黒駅）	◀都営三田線▶ （東京タワー方面） ◀東京メトロ南北線▶ （麻布十番・飯田橋方面）

■ホームの「のりかえ出口案内」をチェックしよう！

東京メトロの駅構内、階段やエレベーターでホーム階へ降りた場所の近くの柱に掲出されていることが多い「のりかえ出口案内」。乗り換えしやすい車両や目的地別の出口に近い乗車位置が記載されている。乗り換えに便利な車両の位置だけでなく、出口やエレベーター、エスカレーター、階段、トイレなどに近い車両も把握できるため、非常に便利。情報は毎年更新されている。

東京在住者でも間違いやすい駅名はまだある。例えば、代表的なのはゆりかもめ「青海駅」と多摩地域にあるJR青梅線「青梅駅」。青梅駅から青海駅までは約2時間かかるので気をつけて。

JR山手線周辺路線図

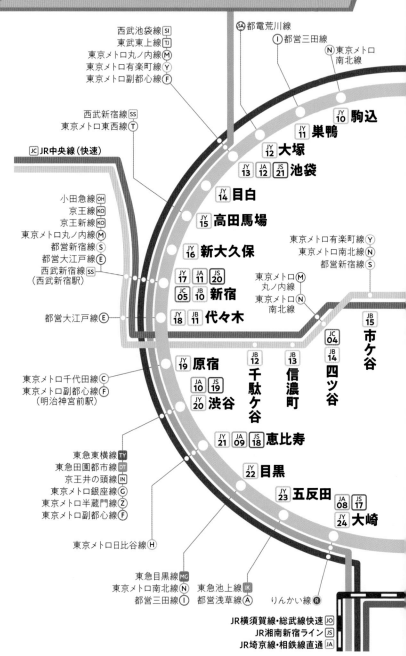

JY JR山手線周辺路線図
西武池袋線 SI
東武東上線 TJ
東京メトロ丸ノ内線 M
東京メトロ有楽町線 Y
東京メトロ副都心線 F
SA 都電荒川線
I 都営三田線
N 東京メトロ南北線
JY 10 駒込
JY 11 巣鴨
JY 12 大塚
JY 13 JA 12 JS 21 池袋
西武新宿線 SS
東京メトロ東西線 T
JC JR中央線（快速）
JY 14 目白
JY 15 高田馬場
小田急線 OH
京王線 KO
京王新線 KO
東京メトロ丸ノ内線 M
都営新宿線 S
都営大江戸線 E
西武新宿線 SS（西武新宿駅）
JY 16 新大久保
東京メトロ有楽町線 Y
東京メトロ南北線 N
都営新宿線 S
JY 17 JA 11 JS 20 JC 05 JB 10 新宿
東京メトロ丸ノ内線 M
東京メトロ南北線 N
都営大江戸線 E
JY 18 JB 11 代々木
JB 15 市ケ谷
JC 04 JB 14 四ツ谷
JB 12 千駄ケ谷
JB 13 信濃町
JY 19 原宿
東京メトロ千代田線 C
東京メトロ副都心線 F（明治神宮前駅）
JA 10 JS 19 JY 20 渋谷
JY 21 JA 09 JS 18 恵比寿
東急東横線 TY
東急田園都市線 DT
京王井の頭線 IN
東京メトロ銀座線 G
東京メトロ半蔵門線 Z
東京メトロ副都心線 F
JY 22 目黒
JY 23 五反田
JA 08 JS 17 JY 24 大崎
東京メトロ日比谷線 H
東急目黒線 MG
東京メトロ南北線 N
都営三田線 I
東急池上線 IK
都営浅草線 A
りんかい線 R
JR横須賀線・総武線快速 JO
JR湘南新宿ライン JS
JR埼京線・相鉄線直通 JA

JR山手線周辺路線図

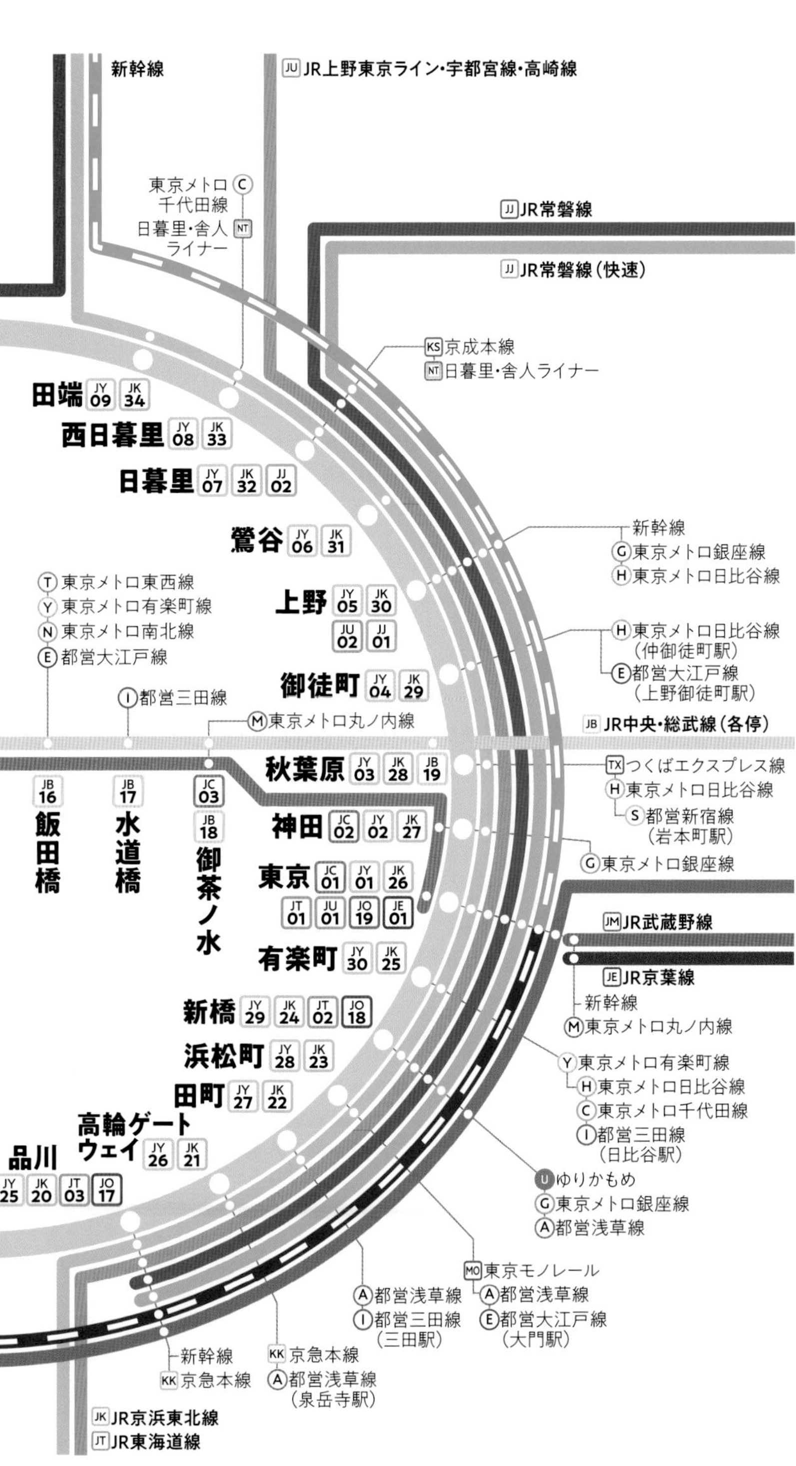

新幹線
JU JR上野東京ライン・宇都宮線・高崎線
東京メトロ C 千代田線
日暮里・舎人 NT ライナー
JJ JR常磐線
JJ JR常磐線（快速）
KS 京成本線
NT 日暮里・舎人ライナー
田端 JY 09 JK 34
西日暮里 JY 08 JK 33
日暮里 JY 07 JK 32 JJ 02
鶯谷 JY 06 JK 31
新幹線
G 東京メトロ銀座線
H 東京メトロ日比谷線
T 東京メトロ東西線
Y 東京メトロ有楽町線
N 東京メトロ南北線
E 都営大江戸線
上野 JY 05 JK 30 JU 02 JJ 01
H 東京メトロ日比谷線（仲御徒町駅）
E 都営大江戸線（上野御徒町駅）
御徒町 JY 04 JK 29
I 都営三田線
M 東京メトロ丸ノ内線
JB JR中央・総武線（各停）
秋葉原 JY 03 JK 28 JB 19
TX つくばエクスプレス線
H 東京メトロ日比谷線
S 都営新宿線（岩本町駅）
JB 16 飯田橋
JB 17 水道橋
JC 03 JB 18 御茶ノ水
神田 JC 02 JY 02 JK 27
G 東京メトロ銀座線
東京 JC 01 JY 01 JK 26 JT 01 JU 01 JO 19 JE 01
JM JR武蔵野線
JE JR京葉線
新幹線
M 東京メトロ丸ノ内線
有楽町 JY 30 JK 25
新橋 JY 29 JK 24 JT 02 JO 18
Y 東京メトロ有楽町線
H 東京メトロ日比谷線
C 東京メトロ千代田線
I 都営三田線（日比谷駅）
浜松町 JY 28 JK 23
田町 JY 27 JK 22
高輪ゲートウェイ JY 26 JK 21
品川 JY 25 JK 20 JT 03 JO 17
U ゆりかもめ
G 東京メトロ銀座線
A 都営浅草線
MO 東京モノレール
A 都営浅草線
E 都営大江戸線（大門駅）
A 都営浅草線
I 都営三田線（三田駅）
KK 京急本線
A 都営浅草線（泉岳寺駅）
新幹線
KK 京急本線
JK JR京浜東北線
JT JR東海道線

旅のシーズン

満開の桜が彩る春、華やかな打ち上げ花火に目を奪われる夏、イチョウ並木が色づく秋、クリスマスイルミネーションがきらめく冬。大都会東京も四季折々、多様な表情を見せる。どの季節に訪れるかによって東京の印象は大きく変わってくることだろう。

春

東京観光におすすめなのは、桜の季節。23区内にある桜の名所でいち押しは、**千鳥ヶ淵緑道**（→P.129）。さくらまつりの期間中は、千鳥ヶ淵緑道の桜がライトアップされて幻想的だ。東京を代表する桜の名所として知られる**上野恩賜公園**（→P.282）も、ソメイヨシノを中心に約800本が咲き誇る。ほかにも、**六義園**（→P.331）や**目黒川**、**隅田川**（→P.306）など、桜の名所は数多い。見頃は例年3月下旬から4月上旬頃。

イベントや祭礼を目的に東京を訪れるのもいい。3月には、ランナーに大人気の**東京マラソン**が開かれる。また、**浅草神社**で行われる**三社祭**（5月の第3金・土・日→P.335）には、勇ましい神輿渡御を見ようと約180万人もの人でにぎわう。

このように春は東京観光に適しているが、スギやヒノキの花粉症を発症している人にとってはつらい季節でもある。東京は、1月上旬から5月中旬頃までがスギやヒノキの花粉が飛散するシーズン。この時期に東京を訪れる花粉症の人は対策を講じておこう。

夏

6月から7月にかけては梅雨となり、雨の日が多い。夏の風物詩として知られる**入谷朝顔まつり**（朝顔市）や**浅草寺**（→P.327）のほおずき市は、7月初旬に開催される。また、**築地本願寺**（→P.168）の納涼盆踊り大会、江戸川区や**明治神宮外苑**（→P.336）での花火

千鳥ヶ淵緑道にはソメイヨシノをはじめ約260本が満開に

■東京都の桜（ソメイヨシノ）開花日

2023年	3月14日
2022年	3月20日
2021年	3月14日
2020年	3月14日
※平年値	3月24日

▶満開になるのは約1週間後

■東京マラソン

URL www.marathon.tokyo

■無料観覧日が狙い目

都民の日の10月1日は、東京都内の多くの施設の入場・入館が無料となる。また5月4日みどりの日にも一部の施設が無料だ。

●上野動物園

●葛西臨海水族園

（都民の日、みどりの日）

■東京都の花粉情報

東京都では都内の主要な花粉を観測し、公表している。1月上旬から5月中旬までは主にスギ・ヒノキ花粉を測定し、5月下旬から11月下旬は主にイネ科、ブタクサ属、ヨモギ属、カナムグラの花粉を測定。

URL www.fukushihoken.metro.tokyo.lg.jp/allergy/pollen/index.html

左／春と秋に64種類のバラが見られる代々木公園　右／各地で行われる祭りは地元の人々が楽しみにしている一大行事

読者だより　東京で「オクトーバーフェスト」に参加したことがあります。ビールが大好きなので雰囲気を味わえてよかったです。（PN：飲兵衛）●オクトーバーフェスト URL www.oktober-fest.jp

大会など、夏を楽しむ祭りやイベントが23区内各所で開かれる。このほか、**深川八幡祭**（→P.335）、**東京高円寺阿波おどり**（→P.337）、**浅草サンバカーニバル**（→P.337）など、多くのイベントが開催されるので、これらを目当てに東京を訪れるのもいい。

ただ、東京の夏は高温多湿の真夏日が続き、観光や街歩きはかなり厳しい。最高気温が35℃以上の猛暑日も多くあり、日が落ちても気温が下がらない熱帯夜が続く。また、局地的に短時間強い雨に見舞われるゲリラ豪雨に遭遇することもある。

■梅雨入りと梅雨明け（関東甲信）
平年　6月7日頃➡7月19日頃
2022年　6月6日　➡7月23日
2021年　6月14日頃➡7月16日頃

秋

東京は9月中旬頃まで高温の日が続く。この時期に旅をする場合は熱中症にならないよう、水分補給をして意識的に休憩をとるようにしよう。暑さ対策と日焼け対策は万全に。

9月の下旬頃には東京でも秋の訪れを感じられるようになる。東京の9月は長雨の時期だが10月に入ると晴天が期待でき、本格的な観光シーズンとなる。

11月下旬頃にはイチョウの葉が黄金に染まる。11月中旬から12月初旬まで、**明治神宮外苑**でイチョウ祭りを開催。紅葉を楽しめるスポットとしては、東京駅近くの**日比谷公園**（→P.162）、新宿駅から徒歩圏内の**新宿御苑**（→P.208）、**小石川後楽園**（→P.228）や**六義園**（いずれも文京区）などがある。

また、10月下旬に行われる**神田古本まつり**（→P.66）と**東京国際映画祭**は、本好き、映画好きには見逃せないイベント。さまざまな催しが実施され、気候的にも快適な秋は観光に最適な季節だ。

秋になるとキバナコスモスが咲き誇る浜離宮恩賜庭園の花畑

秋になると木々が色づく明治神宮御苑の隔雲亭にも要注目

■BOOKTOWN じんぼう
URL jimbou.info

■東京国際映画祭 2023
URL 2023.tiff-jp.net/ja

■東京の観光公式サイト「GO TOKYO」
URL www.gotokyo.org/jp

■東京観光案内
URL tokyotouristinfo.com

冬

東京の冬は最高気温が10℃程度、最低気温は2℃程度。

主要駅のショッピングセンターなどは、11月頃からクリスマスツリーが登場するなどクリスマスモードになる。また、街路樹がイルミネーションに彩られ、夜散歩も楽しい。イルミネーションスポットとして人気が高いのは、**表参道**、**六本木ヒルズ**（→P.189）、**東京ミッドタウン**（→P.189）、**東京丸の内**、**新宿サザンテラス**など。ただ、夜間は冷え込むので防寒対策をしっかりして出かけよう。

東京は雪に弱いため、雪が降ると交通網が乱れる。積もることは非常にまれだが、2018年1月には、東京に大雪警報が発令され、都心でも23cmの積雪を観測。交通機関は運休や欠航して大混乱。また、交通事故も発生。路上で転倒してけがをする人も多かった。気象情報はこまめにチェックして、雪の予報が出た際には外出を控えよう。

本好きにはたまらない古書店街の神田古本まつりは大人気

東京では代々木公園や日比谷公園などで開催される世界各国にフォーカスした国際フェスティバルも楽しむことができる。東京旅行を計画する日程で参加できるものがあればぜひ訪れてみてほしい。

服装と持ち物

東京への旅にふさわしい服装と持ち物とは？　訪れるシーズンとおのおののスタイルに合ったファッションとグッズで東京街歩きを楽しもう。

旅の服装

東京を観光する場合、日常と比較するとかなり歩くことになる。東京は、地下鉄やJR、私鉄などに乗り換える際にも徒歩での移動時間が長い。足元を含め服装は動きやすさを優先しよう。靴は履きなれたスニーカーといった、長時間歩いても疲れないカジュアルシューズがおすすめ。夏季は屋外と室内の温度差が大きいため、さっと羽織れるカーディガンや薄手のパーカーなどを持ち歩き用のバッグに入れておくといい。冬季も、屋外は寒くても店内や電車内は暖房されているため、温度差がある。重ね着をして対応するようにしよう。

高級レストランに出かける予定があるなら、シャツやジャケット、革靴、ヒールなどを用意しておきたい。

■夏は下着を多めに
観光の途中でホテルへ戻れるのであれば、下着は滞在日数より多めに用意するといい。東京の夏はかなり暑いため歩いているとかなり汗をかく。ホテルでシャワーを浴びて着替えてから再び外出するようにしたい。

持ち物

東京への旅の場合、何か忘れても入手が可能だが、無駄な出費を避けるためにもパッキング時には持ち物チェックをしっかりしよう。

ホテルのアメニティも活用しよう

P.455の**「持ち物チェックリスト」**を確認してほしい。必需品は◎、持っていけば便利なものは○で表示している。△は、ブランドなどにこだわりがなければ持参しなくてもいい。

■手荷物の配送
スーツケースやキャリーケースなどを持って列車やバスを利用するのはわずらわしい。ラッシュアワーであれば周囲の迷惑にもなる。空港のカウンターで荷物を預けると当日中にホテルまで配送するサービスもあるので利用すると便利だ。

荷物配送サービスを利用しよう

● 荷物を当日配送「エアポーター」
空港から宿泊施設、宿泊先から空港、いずれもその当日中に荷物を配送するサービス。宿泊施設間の配送も可能。公式サイトから前日までに申し込みをする。URL airporter.co.jp

● JAL 手ぶらでおでかけサービス
JALの搭乗手続き後に荷物を預けることで、到着空港で引き取ることなく、自宅や指定場所に届けてくれる。配送は翌日または翌日以降。
URL www.jal.co.jp/content/dam/assets/dom/baggage/tebura

● ANA 快速宅空便
ANA便利用者の手荷物を宅配便で配送するサービス。出発する空港のカウンターで荷物を預けることで、到着地域の指定場所まで届けてくれる。配送は翌日または翌日以降だが、到着空港が新千歳、羽田、中部、伊丹、関西、福岡、那覇で11:00までに到着する便であれば、当日配送のスーパー宅空便も利用可能。
URL www.ana.co.jp/ja/jp/guide/boarding-procedures/baggage/domestic/delivery

ヤマト運輸には、スーツケースなどの手荷物を直接宿泊施設に届け、帰りも自宅に届けてくれる「往復宅急便」サービスがある。URL www.kuronekoyamato.co.jp/ytc/customer/send/services/bothways

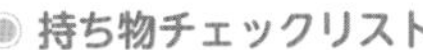

持ち物チェックリスト

カテゴリー	持ち物	必要度	チェック	カテゴリー	持ち物	必要度	チェック
貴重品など	現金	◎			常備薬（胃腸薬など）	◎	
	クレジットカード	◎			ボールペン／メモ	◎	
	健康保険証	◎			メガネ	◎	
	運転免許証／ETC カード	○			コンタクトレンズ	◎	
	交通 IC カード	◎			エコバッグ	◎	
	航空券／乗車券	◎			洗濯洗剤・洗濯ネット	△	
	宿泊施設の予約確認書	◎			サングラス	○	
	カメラ	○			傘（晴雨兼用）	◎	
	スマートフォン	◎		衣類など	T シャツなどトップス	◎	
	モバイルバッテリー	◎			パンツなどボトムス	◎	
	スマホ充電ケーブル	◎			カーディガン	◎	
日用品など	ハンカチ・タオル	◎			パーカー	◎	
	歯ブラシ・歯磨き粉	△			下着	◎	
	洗面用具	△			靴下	◎	
	化粧品	◎			パジャマ	△	
	ひげそり	△			靴・サンダル	△	
	除菌シート／除菌ジェル	◎			帽子	○	
	マスク	◎			ストール	○	
	ティッシュ	◎			ジャケット（ディナー時）	△	
	日焼け止め	◎			シャツ（ディナー時）	△	

パッキングのコツ

スーツケースやキャリーケースのパッキングは、「すき間を作らずに荷物を詰めること」がポイント。こうすることでスーツケース内が安定し、移動中に荷物が動かない。詰め方のポイントは下部（キャスター側）に重めのアイテム、本や靴などを入れ、上部には軽めのものを入れると重心のバランスがとりやすくなる。壊れやすいものは、タオルなどに包んで中心部に入れる。

バックパックの場合は、荷物を詰める順番と配置がポイントとなる。一般的には、頻繁に取り出す可能性があるものは手前に入れる。つまり、使用頻度が低そうなものは奥、重いものは背中に近い側に入れるというのが基本だ。下にはなるべく軽いもの（衣類など）を入れ、背中側には旅行ガイドブックなど重いものを詰める。重心を高くすることを意識してパッキングしよう。

バッグはアウトドア用品店や旅行用品専門の通販サイトなどで購入。

東京の駅は階段が多いのがネック。1～2泊程度の短い旅行なら、バックパックを利用するというのもよいだろう

■機内持ち込み荷物のルール

LCC を利用する場合、機内持ち込み荷物に制限があるので注意が必要。重量やサイズが持ち込みルールを超えると超過料金が必要となる。規定はエアラインによって異なるので、公式サイトでチェックをしておくこと。

●ピーチ・アビエーション

サイズは 3 辺合計が 115cm 以内をひとり 2 個、合計 7kg まで。

URL www.flypeach.com

●ジェットスター

キャリーケースなど 1 個とハンドバッグなど 1 個の計 2 個、合計 7kg まで。サイズは、キャリーケースなどは高さ 56cm ×幅 36cm ×奥行 23cm 以内、スーツカバーなどは高さ 114cm ×幅 60cm ×奥行 11cm 以内

URL www.jetstar.com/jp/ja/home

グレゴリーの「コンパス 30」を使っています。スーツケースのように背中側から大きく U 字型にジッパーを開けて荷物を収納できるのが便利！小柄な女性でもぴったりなサイズも魅力。（編集 M、ライター W）

旅の予算

贅沢に高級ホテルに泊まるのも◎

■ホテル予約は早割か直前割引か
通常、ホテルは早めに予約したほうが割安になる。しかし、直前まで部屋が埋まらなかった場合、ディスカウント価格になることも。急に旅行が決まったときなどは、宿泊予約サイトをチェックしてみるといい。

●じゃらんネット
URL www.jalan.net
●Expedia
URL www.expedia.co.jp
●agoda
URL www.agoda.com

■飲食店選びには情報サイトを利用しよう
飲食店が豊富な東京で旅行者が店選びをするのは難易度が高い。レストラン情報サイトを利用してみよう。メニューや席数、キャッシュレス決済ができるのかなどの情報も確認できる。予約も可能。

●食べログ
URL tabelog.com
●ぐるなび
URL www.gnavi.co.jp
●一休レストラン
URL restaurant.ikyu.com

■デパ地下で食事を入手
東京のデパ地下はお弁当や総菜、スイーツが充実。観光で疲れたときやひとり旅で飲食店に入りにくいと感じたときは、デパ地下グルメをホテルに持ち帰って楽しんでみたい。

●大丸東京店
URL www.daimaru.co.jp/tokyo
●渋谷東急フードショー
URL www.tokyu-dept.co.jp/shibuya_foodshow

東京滞在中には、どの程度の予算がかかるのだろうか。旅の予算は、どんな旅をしたいかによって大きく変わってくる。各自の旅のスタイルを考慮してシミュレーションしてみよう。

宿泊費

宿泊費は、宿のグレードやロケーションにより異なり、曜日や季節によっても大きく変動する。一般的に週末や連休は値上がりする傾向がある。

高級ホテルは1泊3万円以上、シティホテルは2万円～、ビジネスホテルは5000～1万5000円程度、カプセルホテルは2500～8500円程度が目安。花火大会などのイベント、大規模な会議や展示会などが行われるときには予約が取りにくくなるため、早めに予約しよう。

飲食費

東京の物価は高いといわれているが、ファストフード店を活用したり、コンビニやスーパーで食事を調達したりすれば、飲食費は抑えられる。

◆朝食

朝食付きでホテルを予約していない場合は、マクドナルドなどのファストフードやドトールなどチェーンカフェのモーニングセットであれば500円以下とリーズナブル。和食派なら牛丼チェーン店が安価で朝食を提供している。また、カフェや喫茶店でも500～800円程度で食べられることが多い。

◆昼食

東京は和洋中からエスニックまで飲食店が充実しており、幅広い選択肢からセレクトできる。ランチタイムには、1000円程度で定食やセットメニューを提供する店が多い。また、夕食であれば高額な店であっても、ランチタイムは比較的手頃な価格で利用することができる。正午から13:00頃は混み合うため、開店直後か13:00以降を狙おう。また、デパ地下やスーパーでお弁当を購入して、公園などで食べるのもおすすめ。

◆夕食

東京で高級グルメを堪能したいのであれば、レストランのフルコースが1万円～。高級寿司店であればひとり3万円程度。いずれも予約が必須となる。一般的な飲食店

読者だより
レストランやカフェがたくさんあって、事前に調べて行かなかったのでかなり迷いました。ガイドブックでしっかりチェックして行けばもっと食事を楽しめたのかなと思います。

であれば、1000 ~ 2000 円程度で定食が食べられる。ひとり旅で飲食店に入りにくければ、飲食店のテイクアウトを利用してホテルの部屋でゆっくり味わうのもいい。

観光関連費

博物館や美術館などの入館料は 1000 円~2000 円程、**東京スカイツリー®**（→ P.56）や**東京タワー**（→ P.54）は 1000 円 ~ 3500 円。国立や都立など公立の施設は比較的安価。**上野動物園**（→ P.282）が 600 円、**葛西臨海水族園**（→ P.304）は 700 円、**東京国立科学博物館**（→ P.283）1000 円。

はとバス（→ P.116）など観光バスや東京湾クルーズ（→ P.408）などは、コースにより 1800 円~。

予算に組み込んでおきたいのが移動に要する交通費だ。23 区内であれば地下鉄と JR、私鉄利用がメインになる。東京メトロ線の乗り降り自由な 24 時間券や東京メトロ＋都営地下鉄線が乗り放題の共通一日乗車券、東京メトロ線＋都営交通＋ JR 線(23 区内)がセットになった東京フリーきっぷといったお得な乗車券が発売されているので、予定している観光コースに合わせて利用してみよう。詳しくは「交通ガイド」（→ P.95）へ。

買い物代

東京旅行の思い出となるグッズを入手したり、家族や友人へのおみやげを買ったり、ショッピングに充てる予算も計画しておこう。東京でしか手に入らない地域限定商品、ミュージアムやテーマパークのオリジナルグッズなど、旅の記念になるアイテムを購入したい。買い物の予算は、人それぞれ。後悔のないよう、予算の範囲でショッピングを楽しもう。王道の手みやげ**「東京ばな奈」**（→ P.387）は 4 個入りで 594 円~、**「東京ひよ子」**（→ P.386）は 5 個入りで 837 円~でターミナル駅や空港で手軽に購入できる。

旅の予算は？

低予算の旅であれば、宿は 1 泊 3000 円程度のカプセルホテル、食費は 1 日 3000 円、観光費（交通費を含む）は 1 日 2000 円、買い物代 2000 円で 1 日 1 万円。少し贅沢に楽しむのなら宿泊はビジネスホテルで 1 万円、食費 5000 円、観光費 5000 円で 1 日 2 万円＋買い物代というところだろう。さらに奮発したいという人は、思い切って宿泊と食費にお金をかけてみるのもよいだろう。ラグジュアリーホテルで 3 ~ 4 万円台~、食費 1 万 5000 円~と東京は予算に合わせて楽しめる。

東京タワーの「トップデッキツアー」に参加するのは 2800 円~

■交通関連の情報

● JR 東日本
URL www.jreast.co.jp
●東京メトロ
URL www.tokyometro.jp
●はとバス
URL www.hatobus.co.jp
●シンフォニークルーズ
URL www.symphony-cruise.co.jp

■そのほかの交通費

日本各地から東京への交通費については、飛行機→ P.440、新幹線→ P.442、高速バス→ P.442。このほか、都心での移動手段としては、シェアサイクルを利用するという方法もある。詳しくは P.122 へ。

■キャッシュレス決済

コロナ禍でキャッシュレス化が進み、クレジットカードや電子マネー、PayPay などの各種二次元コード決済に対応する店が増えた。なかには、現金は受け付けないという飲食店も登場してきた。

おみやげは老舗の味から問屋街の雑貨まで P.381 ~のショップ特集でチェック

せっかくの東京旅行なのだから、普段は節約派の人もメリハリをつけてお目当てのグルメや観光スポットを楽しむのがベスト。優先順位を決めてやりたいことを実行できるとよいだろう。

旅に役立つ情報源

旅をプランニングする際には、インターネットやガイドブックなど膨大な情報から自分の旅に有用なインフォメーションを選択していくことになる。ここでは役立つ情報収集先とその活用法について紹介する。

旅立ち前

東京観光公式サイト「GO ▶ TOKYO」

旅立ち前に必ずアクセスしておきたいのが、東京観光財団の公式サイト**「GO ▶ TOKYO」**だ。東京の基本的な情報はもちろん、見どころやエリアガイド、最新ニュース、イベント情報、四季の楽しみ方など、情報が充実している。東京旅行のプランニングに欠かせないサイト。

■ GO ▶ TOKYO
URL www.gotokyo.org/jp/index.html

東京に到着後

観光案内所を利用する

東京 23 区内には、観光案内所が複数設けられている。最新情報や地図を入手できるだけでなく、宿やチケットの手配、おみやげが購入できる案内所もある。また、案内所によっては荷物を預かってくれるところもあるので、到着日や出発日に利用価値が高い。

東京観光情報センター

東京旅行の起点となる羽田空港やバスタ新宿、京成上野駅改札口前などに**「東京観光情報センター」**が設けられている。到着時に立ち寄って最新情報を手に入れよう。見どころへのアクセスの案内やホテルの紹介なども行っている。気になるスポットのパンフレットも入手しておこう。

■東京観光情報センター
URL www.gotokyo.org/jp/plan/tourist-info-center/index.html

●羽田空港
住 大田区羽田空港 2-6-5　羽田空港第 3 ターミナル 2 階
TEL 03-6428-0653
営 24 時間

●バスタ新宿
住 渋谷区千駄ヶ谷 5-24-55　バスタ新宿 3 階
TEL 03-6274-8192
営 6:30 ～ 23:00

●京成上野駅改札口前
住 台東区上野公園 1-60　京成上野駅改札口前
TEL 03-3836-3471
営 8:00 ～ 18:30

東京シティアイ ～ Tourist & Business Information ～

東京駅近くのＪＰタワー商業施設「**ＫＩＴＴＥ**」(→P.134)内にあり、交通・食・宿泊・イベント・エンターテインメントまで幅広いジャンルについて、情報から手配サービスまで提供。また、旅行ガイドブックを閲覧できる旅カフェ「東京シティアイカフェ」も併設。充電サービスやフリー Wi-Fi も充実しているので立ち寄ってみよう。

中央区観光情報センター

東京メトロ銀座線の京橋駅に直結した「京橋エドグラン」にあり、「和＋モダン」を空間デザインのテーマにした、おしゃれな観光案内所。観光情報だけでなく、各種チケットやおみやげの販売、無料充電サービスなども提供している。

浅草文化観光センターの 8 階には展望テラスもある (→ P.271)

読者だより　東京の情報はテレビ番組を見て行きたいお店などをメモしています。特に好きな番組はテレビ東京の『出没！アド街ック天国』やフジレテビの『有吉くんの正直さんぽ』などです。(PN：京っこ)

◉ 日本橋案内所

「COREDO 室町1」内にある。日本橋の観光スポットの案内、イベントやお祭りの情報など、街の楽しみ方についての旬な情報を提供。日本橋の各エリアの特徴が分かる約2.5m四方の巨大マップや老舗・名店のCOREDO室町コラボアイテムなどの販売もあるので、日本橋散策の前に立ち寄ってみるのもおすすめだ。

◉ 浅草文化観光センター

浅草雷門前に位置する台東区の観光案内施設。「探せる・見せる・支える」をコンセプトに、台東区を訪れる人にとって役立つ情報やサービスを提供している。また、8階には展望テラスがあり、東京スカイツリー® や浅草の街並みを一望できる。

■東京シティアイ～ Tourist & Business Information ～
URL www.tokyocity-i.jp
■中央区観光情報センター
URL centraltokyo-tourism.com/ja-jp/travel_info/learn
■日本橋案内所
URL www.nihonbashi-tokyo.jp/information_center
■浅草文化観光センター
URL www.city.taito.lg.jp/bunka_kanko/kankoinfo/info/oyakudachi/kankocenter/index.html

フリーペーパー（無料情報誌・紙）

無料情報誌・紙を活用しよう

観光案内所や地下鉄・JRの駅、おみやげ店、飲食店などで手に入れることができるのが地域情報満載のフリーマガジンとフリーペーパーだ。ここで代表的なものを紹介する。なお、ほとんどの無料情報誌・紙はウェブサイトでも読むことが可能。東京の最新情報を入手できるので要チェック。

『metropolitana tokyo』と『メトロミニッツ［metromin.］』は東京メトロの改札内外にある専用のラックに設置されている。電車移動の合間にゲットしよう

◉『metropolitana tokyo』

毎月10日発行。東京メトロ53駅にある専用ラックで配布される。2023年に20周年を迎えたライフスタイル誌で、巻頭特集を中心に、グルメ、ファッション、ライフスタイル、カルチャーなど豊富な情報を掲載。都内で行われるイベントや連載陣のコラムもある。「東京きらり人」という連載では伝統工芸などに携わる人々のインタビューも。

● metropolitana tokyo
URL metropolitana.tokyo/ja

◉『メトロミニッツ［metromin.］』

毎月20日発行。2022年に発刊20周年を迎えた、東京とローカルをつなぐフリーマガジン。20～30代のビジネスマン、ビジネスウーマンを対象に、日常を楽しむヒントを提案している。東京メトロ主要53駅に設置された157台の専用ラックで配布。

●メトロミニッツ［metromin.］
URL www.ozmall.co.jp/metromin

◉『TOKYO 都バス 乗り隊歩き隊』

年4回発行。都バスで出かける東京のお散歩スポットを紹介。配布は、都営地下鉄各駅（一部を除く）、都バス営業所・支所、定期券発売所（一部を除く）、荒川電車営業所、日暮里・舎人ライナー日暮里駅など。

● TOKYO 都バス 乗り隊歩き隊
URL www.kotsu.metro.tokyo.jp/pickup_information/magazine/noritai

全国のコミュニティラジオが聴けるアプリ「リスラジ」。東京23区では、「エフエム世田谷」や江東区の一部で放送している「レインボータウンFM」、「Radio City 中央エフエム」などがあるのでチェックしてみて。

●Greater 日本橋
URL www.nihonbashi-tokyo.jp/enjoy/magazine/back

◉『Greater 日本橋マガジン』

年４回発行。日本橋エリアの最新情報を発信するフリーペーパー。「泊まって楽しむ日本橋」や「百貨店・商業施設がおもしろい！」など、多彩なテーマで日本橋を紹介している。配布は、日本橋エリアの商業施設や店舗など。本書で紹介している老舗店にも設置されている。

●おさんぽ神保町
URL osanpo-jimbo.com

◉『おさんぽ神保町』

年２回（５月１日、10月１日）発行。神保町ファンによる、神保町ファンのための地域限定フリーペーパー。持ち歩きやすいA5サイズ。巻末の地図は実際にスタッフが歩いて作っており、書店・飲食店も詳細に掲載。神保町にゆかりのある人のインタビューやコラム、連載まで読みごたえたっぷり。350店ほどで配布。

●東京感動線マガジン
URL www.jreast.co.jp/tokyomovinground/list/

◉『東京感動線マガジン』

不定期発行。山手線各駅や23区内のカフェ、ホテルなどに設置。「東京の、ちょっとだけ未来の景色。」を紹介するフリーマガジン。山手線沿線を中心に暮らしや人物、文化、歴史、自然など、そこにあるストーリーや思いを大切に、独自の視点で掘り下げている。

●情報紙ターミナル
URL meguro.terminal-jp.com

◉『情報紙ターミナル』

年４回（3、6、9、12月）発行。1999年創刊。目黒エリアのショップ・グルメ・アート・エンターテインメント情報を満載したA5サイズのフリーマガジン。目黒区内を中心に、本書で紹介している松岡美術館や目黒シネマなどで無料配布している。ウェブサイトも充実しており、バックナンバーも読める。

●新宿プラス
URL www.kanko-shinjuku.jp/pamph/-/plus.html

◉『新宿プラス』

年２回（３月、９月）発行。新宿区内全域のグルメ情報からおさんぽコースの紹介、ナイトタイムの楽しみ方まで、新宿のおでかけ情報を満載。B5サイズ28ページで持ち歩きやすく、ウェブ上から電子ブックでも楽しめる。掲載店舗をGoogleマップで確認できる点も便利。区内の駅や公共施設を中心に配布している。

東京23区に加えて高尾山や奥多摩など多摩地域を旅するなら、『地球の歩き方 東京 多摩地域』もチェック。酒蔵やクラフトビール、街道さんぽ、多摩のソウルフードまで盛りだくさん。（学研プラス・2020円）

手荷物を預ける

東京到着後、ホテルにチェックインするまで、またはホテルをチェックアウトしてから復路の新幹線や飛行機の時間まで、キャリーケースなど大きな荷物を持って歩くのは大変だ。通常、ホテルは宿泊客であればチェックインまで、そしてチェックアウト後にも当日中は荷物を無料で預かってくれる。

宿泊施設以外の場合、コインロッカー利用が一般的。コインロッカーは、ほとんどの駅に設けられているがオンシーズンには空きがないこともある。そんなときに便利なのが、荷物を預けたい人と荷物を預かるスペースのある店舗をつなぐ**「エクボクローク ecbo cloak」**という予約サービス。スマホアプリを利用することで、2ヵ月前～当日まで予約が可能。アプリに登録したクレジットカードで支払いを済ませておけば、預けるときは二次元コードを見せるだけで利用できる。

スマホの充電

Googleマップなど地図アプリを使うとバッテリーの減少が早い。モバイルバッテリーは必ず持ち歩こう。また、省電力モードにしたり、バックグラウンドで動作する不要アプリを削除したりするなどして、できるだけバッテリーが減らない工夫もしておきたい。

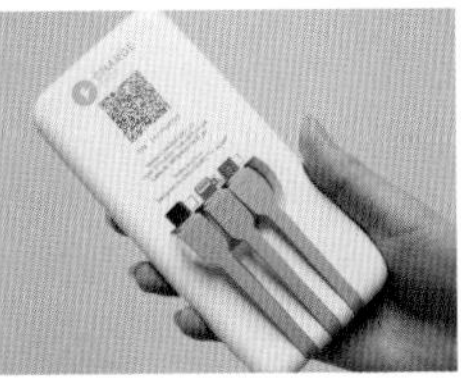
「ChargeSPOT」の専用アプリやLINE、d払い、PayPay、auPAYなどの対応アプリで二次元コードを読み込んでバッテリーを借りる仕組み

観光中にバッテリー切れになりそうなときには、充電スポットを利用するといい。充電スポットを探せるサイトをブックマークしておこう。

また、モバイルバッテリーシェアサービスのアプリ**「ChargeSPOT」**も便利。まずアプリをダウンロードし、アカウントを登録。利用する際には、バッテリースタンドに表示されている二次元コードを読み取ることで、モバイルバッテリーがレンタルできる。返却は最寄りのバッテリースタンドの空いているスロットに差し込むことで完了。返却は国内、海外問わず、ChargeSPOTが設置されていればどこでもOKだ。

なお、主要駅周辺にあるドコモ、au、ソフトバンクなどのショップでも充電できる（他社ユーザーでも利用可能）。また、最近では、ファストフード店やファミリーレストラン、一部コンビニなどにもコンセントが設置されており、充電できるようになってきているので活用したい。

■エクボクローク ecbo cloak
URL cloak.ecbo.io/ja
料 1日500円（バッグのサイズ：最大辺が45cm未満）、スーツケースは1日800円（最大辺が45cm以上の大きさの荷物）

■電源を探せるサイト
● DENGEN CAFE
URL dengen-cafe.com
●モバイラーズオアシス
URL oasis.mogya.com

■モバイルバッテリーシェアサービス「ChargeSPOT」
URL chargespot.jp
料 30分未満165円、3時間未満330円、6時間未満450円、24時間未満540円、その後最大5日間（120時間）まで1日（24時間）360円（税込）
※レンタル開始後120時間（5日間）を超えた場合、合計3980円（利用料、違約金2000円を含む）の支払い義務が発生。
※貸し出しバッテリーにはUSB-C、iOS Lightning、Micro USBの3タイプのケーブルが付属している。

■トイレ探しに役立つアプリ
街歩き中にトイレに行きたくなったときは、駅やコンビニ、デパートなどへ。近くに無さそうな場合、役立つのがトイレ探しができるアプリとサイトだ。
●トイレ情報共有マップくん
近くのトイレをGoogleマップ上で示してくれる。洗浄機能、車椅子対応などの条件検索も可能。
▶ iOS URL apps.apple.com/jp/app/トイレ情報共有マップくん/id1054294308
▶ Android URL play.google.com/store/apps/details?id=com.restroom_map&hl=ja&gl=US
● Check a Toilet
ウェブサービスのトイレ検索サイトなのでアプリ不要。高齢者や障害者向けトイレの検索も可能。
URL www.checkatoilet.com

東京見聞録 モバイルバッテリーは大手コンビニでも購入することができる。種類にもより、1000～4000円前後で買えるが、充電容量が少ないものも。緊急時以外はレンタルするか宿に戻って充電するのがベター。

安全情報とトラブル対策

東京は、大都会でありながら治安がよい都市だといわれている。しかし、犯罪が起きていないわけではない。旅を安全に楽しむための情報とトラブルを避ける対策を知っておこう。

東京の治安

基本的に東京は安全だが、多くの人が集中する時期やエリアでは犯罪が起こっている。また、人目につかない場所では性犯罪も発生している。

◆ひったくり・置き引き

車道側にバッグを持って歩いている人に自転車やオートバイで近づき、ひったくることが多い。抵抗して引きずられてしまうと大変危険なので、ひったくりに遭ったら諦めて手を離そう。被害者の約7割が女性といわれている。飲食店では、置き引きに注意したい。席を取る際やトイレに行くときなど荷物を置いたままにしないように。置き引きに遭う可能性もあるので荷物はしっかり管理しよう。

◆歓楽街

新宿の歓楽街・歌舞伎町は、キャバクラや風俗店が多い。通りを歩くと客引きが声をかけてくることも。トラブルに巻き込まれる危険性があるので、夕方以降は歩かないようにしよう。歓楽街では悪質な客引きによるぼったくり被害などに遭いやすい。警視庁は歌舞伎町のほか、錦糸町、新橋、渋谷、池袋、上野などで違法な客引きが多いと注意喚起を行っている。こうした歓楽街では、違法薬物の取引も行われている。「美肌になれるハーブがある」といった言葉に惑わされないように。

◆交通事故

歩道のない場所もあるので、道路を歩く場合は車に注意しよう。運転する場合は、歩行者に十分注意すること。また、自転車による事故も多数発生している。東京都内では、2022年中の自転車事故が1万5276件起きており、全交通事故の4割を占めている。歩行中だけでなくシェアサイクルを利用する際にも注意しよう。

トラブル対策

トラブルに遭遇した際には、慌てずに落ち着いて行動することが大切。

◆体調不良やけが

急に体調が悪くなったときやけがをしたときは、ホテルスタッフなど周囲の人に相談しよう。診察や薬が必要と判

■警視庁
TEL 03-3581-4321（代表）
URL www.keishicho.metro.tokyo.lg.jp

■警視庁犯罪情報マップ
警視庁の公式サイト内に犯罪が発生した場所を示す犯罪情報マップが掲載されている。
URL www2.wagmap.jp/jouhomap-sp

■タクシーでのトラブル
東京タクシーセンター（タクシー会社への苦情・要望など）
TEL 03-3648-0300
営 9:00 ～ 17:00
休 土・日・祝
URL www.tokyo-tc.or.jp/index.cfm

■医療機関・薬局を探す
●東京都福祉保健局
URL www.fukushihoken.metro.tokyo.lg.jp
● 24時間営業の薬局検索
URL www.kusurinomadoguchi.com/tokyo

■救急受診ガイド
救急車を呼ぶべきか、病院の何科を受診すべきかなどを判断できるサイト
☎ #7119
TEL 03-3212-2323
→相談が24時間可能
URL www.tfd.metro.tokyo.lg.jp

楽しみにしていた美術館に行ったら定休日でした……。しかも事前予約必須だったので、急いでネット予約しました。しっかりチェックした方がよいですね。（PN：これっと）

断した場合は、東京都福祉保健局のサイトで近くにあるクリニックを探そう。

◆航空券・乗車券の紛失

交通関連のチケットは可能な限りスマホを利用したデジタル版を使うようにしたい。デジタルの航空券であれば、スマホひとつでチェックインから搭乗まで可能だ。万一、スマホをなくしてしまってもチェックイン時に身分証明書を提示すれば搭乗券を発行してもらえる。紙の航空券は、紛失届を提出したうえで代替航空券を購入しなくてはならない。

JRの新幹線や特急列車などもネット予約と交通系ICカードを連携することで、チケットレスになるサービスがある。紙の鉄道チケットを紛失した場合は、駅で紛失再発行用の切符を買い直し、下車時に「再収受証明」を受け取る。そして1年以内に紛失したチケットが見つかれば払い戻しが受けられる（一部例外あり）。

◆忘れ物・落とし物

列車内や駅構内での落とし物は、当日中は各駅または列車の最終駅に電話で問い合わせる。翌日以降は集約駅でシステムに登録されるので、電話などで問い合わせて検索してもらう。受け取りは集約駅となり、身分証明書を持参する。また取りに行くのが難しい場合は、公的証明書などを用意すれば料金受取人払いで送付してもらえる。保管期間は7～14日間で（場所により異なる。食品は廃棄）、それ以後は管轄の警察署に引き渡される。

タクシーでの忘れ物は、領収書がある場合は記載されたタクシー事業者へ、事業者が分からなかった場合は最寄りの警察署か交番へ届ける。

◆自然災害

東京では、台風やゲリラ豪雨による洪水など自然災害が発生している。鉄道など公共交通機関の計画運休が実施される場合もあるので、気象情報は毎日確認しよう。

東京は、大地震が起きれば大きな被害が想定される。特に海抜が低い下町やベイエリアでは、津波情報が出たときの避難場所をチェックしておきたい。

◆東京での災害に備える

東京都では地震、台風、大雨、土砂災害、大雪、感染症、テロなど、さまざまな災害を想定した注意喚起を行っている。旅立ち前に東京都防災ホームページの「災害時や事前の備えに役立つ情報」をチェックしておこう。各災害に合わせた避難場所をポイントした地図もある。このほか東京都が提供する東京都防災アプリも、万一に備えてスマホにインストールしておきたい。災害が起きたときに警報などで通知してくれる。

■航空券や乗車券の紛失・忘れ物時の連絡先

●JAL
TEL 03-5756-3400

●ANA
TEL 03-6428-3799

●JR東日本
TEL 050-2016-1601

●東京メトロ
TEL 0570-033-555

●京王電鉄
TEL 03-3325-6644

●小田急電鉄
TEL 044-299-8200

●西武鉄道
TEL 04-2996-2888

■警視庁遺失物センター
住 文京区後楽1-9-11
TEL 0570-550-142
営 8:30～17:15
休 土・日・祝
交 地下鉄飯田橋駅C2出口から徒歩1分

■災害時の安否確認サービス
●災害用伝言ダイヤル
☎171（各通信事業者共通）
使い方
URL www.ntt-east.co.jp/saigai/voice171/
ウェブ版
URL www.ntt-east.co.jp/saigai/web171/

■東京都防災ホームページ
URL www.bousai.metro.tokyo.lg.jp/
◆東京都防災アプリ
URL www.bousai.metro.tokyo.lg.jp/1005744/index.html

位置情報サービス、GPS機能を利用して各駅や観光スポット周辺のコインロッカーや荷物預かり所を検索できる「コインロッカーなび」は旅に役立つ。URL www.coinlocker-navi.com

習慣とマナー

進学や就職などで地方から出てきて暮らしている人も多い東京。独自のマナーや習慣はほとんど存在しないので、あまり神経質になることはない。常識の範囲内でルールやマナーを守って行動しよう。

■女性専用車両
東京の鉄道は、女性専用車両を設けている会社が多い。区間や設定時間は会社により異なる。おもに平日の通勤・通学時間帯の朝夕に混雑する区間に設定されている。女性のほか、小学6年生以下の男子、体の不自由な人と介助者が利用可能。

ピンク色の「女性専用車」のステッカーが目印

乗り物でのマナー

◆電車

通勤通学時のラッシュアワーの大混雑は東京名物。満員電車はときに危険をともなうので、小さな子供連れで利用するのは避けたい。荷物もできる限りコンパクトにまとめるのがベター。

●乗車時

- 駅では整列乗車が実施されており、ホームに表示されたラインに並んで待つ。複数の路線が乗り入れている大きめの駅では、次の電車に乗るためのスペースが脇に設けられていることもある。

「普通」「快速」などの種別で立つ位置が異なる路線もあるほか、さまざまな案内の役割を果たす

- 凹凸がある黄色いラインは点字ブロック。ライン上に立ち止まったり荷物を置いたりしてはいけない。
- 電車が到着したらドアの両端に寄り、降車が終わってから乗車する。
- 発車直前の電車に無理に駆け込むのは非常に危険。山手線は平日３～５分ごと、地下鉄も２～７分ごとと頻繁に運行されているので焦る必要はない。

■車内での飲食
都心を走る鉄道（長距離列車や新幹線を除く）やバスは、飲み物以外は基本的に飲食しないほうがベター。禁止ではないが周囲に迷惑をかけずに飲食するのは難しい。

●車内

- ラッシュアワーなど混雑しているときには荷物の持ち方に配慮しよう。リュックや肩掛けポーチなどは、ほかの乗客の迷惑にならないよう前に抱えるか、網棚に置く。
- 携帯電話はマナーモードに設定し、通話は控えよう。
- 途中の駅に停車した際、ドア付近に立っていたら、降りる人の邪魔にならないようにいったんホームに降りよう。

◆タクシー

荷物が多いときや疲れたときは利用価値が高い。ただし、東京は渋滞に巻き込まれ、時間がかかり運賃が高くなるといったことが起こりがち。早く移動したいときには地下鉄など鉄道利用がおすすめ。利用時は忘れ物したときを想定して、領収書をもらっておくといい。

電車で移動しようとしたら、ちょうど通勤時間帯に当たりぎゅうぎゅうに押しつぶされそうに……。もう少し時間をずらせばよかったなと思います。（PN：よしこ）

乗車時

駅のタクシー乗り場や観光地のタクシー乗り場で待つのが一般的。また、タクシー配車アプリを利用するのもおすすめだ。配車アプリを使って乗車する場合は、停車しやすい場所を考慮しよう。横断歩道や交差点、バス停などは停車が禁止されている場合がある。

車内

車内ではシートベルトを締め、運転手に行き先を告げる。まれに地理に不案内な運転手もいるので、住所を伝えるといい。支払いにクレジットカードや交通系ICカードを利用する場合は、乗車時や配車予約時に可能かどうか確認しておこう。

自転車

自転車による交通事故も数多く起きている。2019年12月1日の道路交通法改正により、運転中にスマホなどを使用する「ながら運転」が厳罰化された。スマホを使用しながら自転車を運転することは、道路交通法違反となる。道路交通法第70条の安全運転の義務、道路交通法第71条1項6号で「道路又は交通の状況により、公安委員会が道路における危険を防止し、その他交通の安全を図るため必要と認めて定めた事項」を遵守する義務がある。違反した際には5万円以下の罰金が科せられることがある。東京都では東京都道路交通規則第8条により自転車を運転するときは、スマートフォンを保持して通話したり、画面を注視したりしてはいけない。また、傘をさしたり、物を持ったりして片手運転を行った場合も違反となり、5万円以下の罰金が科される。

そのほかのマナー

携帯電話

電車内やバスの中ではマナーモードに設定し、通話は控えること。また優先席の近くでは、混雑時に電源を切ることが求められている。神社や寺院、美術館、博物館などの見学時もマナーモードに。映画館や劇場では電源を切ろう。

また、地図アプリは便利だが歩きスマホはとても危険だ。地図の確認は、通行の妨げにもなるため、他人の迷惑にならない場所で立ち止まって行うようにしたい。

写真撮影

スマホやデジタルカメラで撮影をする際には肖像権や著作権などを侵害することのないように十分注意したい。撮影した写真をSNSにアップするときは肖像権侵害に留意し、写真や映像にボカシを入れるなど工夫しよう。

なお、美術館や博物館は館内撮影不可となっている場合が多いため、入館時には必ず確認しておこう。

地理をつかむのに観光タクシー(→ P.123)を利用するのも手だろう

■東京23区で使えるタクシー配車アプリ

配車アプリをスマホにダウンロードしておけば、必要なときにタクシーを呼ぶことができる。

● GO（ゴー）

支払いは、車内決済と「GO Pay」の2通り。GO Payはクレジットカード（d払いも可能）を登録しておくことで利用できる。タクシーを予約すると運賃とは別に予約料金が発生する。また、配車するタクシー会社によっては、迎車料金が発生するケースがある。

URL go.mo-t.com

● S.RIDE（エスライド）

URL www.sride.jp

● Uber Taxi（ウーバータクシー）

URL www.uber.com/jp/ja/ride/ubertaxi/

■ドローンは許可制

建築物が密集している東京では、ほぼすべての場所でドローンを飛ばすことができない。撮影を希望する場合は、国土交通省に申請して許可を得る必要がある。

東京見聞録　近年話題を集める「聖地巡礼」。アニメやアイドルゆかりの地を巡る推し活は魅力的な旅だが、大声ではしゃいだり、私有地など立ち入り禁止の場所に入るのはNGだ。撮影禁止などの看板があれば守ること。

■参拝時の服装
清潔感のある服装で。女性の場合、ノースリーブ、ミニスカートといった露出の多い服装は避けるべき。

「東京ジャーミイ・ディヤーナト トルコ文化センター」の2階の礼拝堂はスカーフ着用マストで、入口で貸し出しも行っている。

◆神社と寺院

神社や寺院は宗教施設であり、信徒もいるので騒いだり大きな声で会話したりするのは慎もう。また、本書で紹介している東京ジャーミイ・ディヤーナト トルコ文化センター（→ P.202）や東京復活大聖堂（→ P.222）などのモスクや教会を見学する場合も、個々にマナーやルールがあるので確認を。神社や寺院に関しては、参拝の作法は異なるが、一般的な方法は下記のとおり。

- 鳥居や山門をくぐる際には帽子を脱いで一礼をする。
- 神社では、参道の中央は神様の通り道とされているため両端を歩くように。中央を横切るときは軽く頭を下げる。
- 手水舎（ちょうずや）の柄杓で両手を清め、手のひらに水をためて口をすすぐ。
- 拝殿に進んだら賽銭を入れ、軽く鈴を鳴らして拝礼。一般的に神社では二礼・二拍手・一礼、寺院では合掌する。

神社によって拍手の回数が違うところもある

- 帰るときにも、鳥居や山門を出たら向き直って一礼。

■喫煙スポットを探す
以下のサイトで喫煙できるスポットを探すことができる。
● CLUB JT
URL www.clubjt.jp/map
●東京喫煙ナビ
URL tobacco.tokyo.jp

◆喫煙

受動喫煙対策が徹底している東京は、飲食店やホテルの公共エリア（ロビーや通路など）では、すべて喫煙禁止。ホテルの客室も禁煙ルームが多い。JRも私鉄各社も駅構内は全面禁煙で、バス停での喫煙も禁止されている。電子たばこも同様の扱いだ。喫煙する場合は、指定された喫煙ルーム、喫煙エリアを利用しよう。携帯灰皿は必携。

宿を予約する際、予約サイトで「喫煙可」と条件を入れて検索すると、当てはまるホテルが出てくる。本誌で紹介しているラグジュアリーホテルには、喫煙用の部屋があるところも

また、23区内ではほとんどの区で一部または全面的に路上喫煙が禁止されている。港区では、私有地で喫煙をする場合においても、屋外の公共の場所にいる人にたばこの煙を吸わせないよう配慮することを定めているほか、台東区は区内全域の公共の場所において、7:00 ～ 9:00の間喫煙禁止としている。北区ではJR王子駅、JR赤羽駅、JR田端駅、JR板橋駅東口周辺を路上喫煙禁止地区に指定しており、歩きたばこや吸い殻のポイ捨て、立ち止まっての喫煙も禁止。

読者だより　ミュージカルや歌舞伎などの舞台を観に行くこともあるだろう。携帯電話はマナーモードにし、私語厳禁。高さのある帽子などは脱ぐように。大きい荷物はじゃまになるので、なるべく身軽にして行こう。

◆飲酒

桜の季節の公園などでは､飲酒をしている人も多い｡しかし公共の場所で酔っ払うほど飲酒するのはマナー違反になる。

お花見の時期は特に気を付けたい注意ポイントだ

2022年10月下旬、渋谷区ではハロウィン時に公共の場での飲酒を禁止とする対策を発表したことも。特にイベントシーズンは節度を保って観光したい。

◆温泉・スーパー銭湯

旅先で初めて銭湯に入るという経験をする人もいるかもしれない。基本的には以下のルールを守って入れば問題ないが、大声での会話や勝手に脱衣所で携帯電話を触ったり写真撮影を行うことなども避けたいところ。また、サウナ利用時にもいくつか決まりごとがある。例えば、サウナに入る前に全身を洗い、水滴を拭いてタオルを絞ってから入ること。また、水風呂に入る際は汗を流すことなどだ。

- 多くの銭湯ではタオルや石けん、シャンプーなどが販売されており、手ぶらでも立ち寄れる。
- 中へ入ったら靴を下足箱に入れ、番台（受付）で料金を支払う。脱衣所で服を脱ぎ、ロッカーにしまう。鍵はリストバンドになっている。
- 前をタオルで隠して浴室へ入る。シャワーやかけ湯を行い、体の汚れを軽く流したあと、湯船につかる。
- タオルや手ぬぐいを湯船に持ち込むのはマナー違反。長い髪も湯に浸からないように束ねておきたい。
- 浴室から出る前には、脱衣所を濡らさないよう、絞ったタオルで全身を拭こう。

◆エスカレーター

東京では左側に立ち、右側を歩く人のために空けるのが習慣。しかし、一般社団法人日本エレベーター協会は、「エスカレーターの安全基準はステップ上に立ち止まって利用すること」を前提とし、歩行禁止をうたっている。また、ステップの黄色い線の内側に乗ることも記載。

ルールを守って旅を楽しもう

銭湯によってはマナーやルールの張り紙が貼ってあることも

■タトゥーはNG

入れ墨やタトゥーのある人は、銭湯やスーパー銭湯への入場を断られることもある。タトゥーシールやボディペイントも同様なので要注意。

読者だより　サウナが充実する鶯谷の銭湯

私がおすすめの銭湯は「ひだまりの泉萩の湯」です。店内もお風呂場も清潔に保たれていて、広い塩サウナや露天風呂など種類豊富です。早朝からオープンしているので、朝早く東京に着いた人もぜひ訪れてみてください。

■ひだまりの泉萩の湯
住 台東区根岸 2-13-13
営 6:00 ～ 9:00、11:00 ～翌 1:00（最終受付各 30 分前）
休 第 3 火曜

炭酸泉や水風呂などさまざまなお湯を楽しめる

「東京銭湯」や「サウナイキタイ」の公式サイトには、都心にある銭湯＆サウナの情報がたくさん掲載されている。●東京銭湯 URL www.1010.or.jp ●サウナイキタイ URL sauna-ikitai.com

索引 INDEX

索引

索引

地球の歩き方 関連書籍のご案内

東京周辺をめぐるなら、いろいろな「地球の歩き方」があなたをサポートします。

地球の歩き方 国内版

- J01 東京 23 区 ¥2200
- J02 東京多摩地域 ¥2020

地球の歩き方 arucoシリーズ

- 東京 ¥1540
- 東京で楽しむフランス ¥1430
- 東京で楽しむ韓国 ¥1430
- 東京で楽しむ台湾 ¥1430
- 東京で楽しむ北欧 ¥1430
- 東京で楽しむハワイ ¥1480
- 東京の手みやげ ¥1430
- 東京おやつさんぽ ¥1430
- 東京のパン屋さん ¥1430
- 東京のカフェめぐり ¥1480
- nyaruco 東京ねこさんぽ ¥1480
- 東京で楽しむイタリア&スペイン ¥1480
- 東京で楽しむアジアの国々 ¥1480
- 東京ひとりさんぽ ¥1480
- 東京パワースポットさんぽ ¥1599
- 東京で楽しむ英国 ¥1599

地球の歩き方 御朱印シリーズ

- 01 御朱印でめぐる鎌倉のお寺 三十三観音完全掲載 三訂版 ¥1650
- 04 御朱印でめぐる東京のお寺 ¥1650
- 09 御朱印でめぐる関東の神社 週末開運さんぽ ¥1430
- 10 御朱印でめぐる秩父の寺社 三十四観音完全掲載 改訂版 ¥1650
- 11 御朱印でめぐる関東の百寺 坂東三十三観音と古寺 ¥1650
- 14 御朱印でめぐる東京の神社 週末開運さんぽ 改訂版 ¥1540
- 15 御朱印でめぐる神奈川の神社 週末開運さんぽ 改訂版 ¥1540
- 16 御朱印でめぐる埼玉の神社 週末開運さんぽ ¥1430
- 19 御朱印でめぐる千葉の神社 週末開運さんぽ 改訂版 ¥1540
- 22 御朱印でめぐる神奈川のお寺 ¥1650
- 29 御朱印でめぐる埼玉のお寺 ¥1650
- 30 御朱印でめぐる千葉のお寺 ¥1650
- 31 御朱印でめぐる東京の七福神 ¥1540
- 37 御朱印でめぐる中央線沿線の寺社 週末開運さんぽ ¥1540
- 38 御朱印でめぐる東急線沿線の寺社 週末開運さんぽ ¥1540
- 40 御朱印でめぐる関東の聖地 週末開運さんぽ ¥1430
- 50 関東版ねこの御朱印&お守りめぐり 週末開運にゃんさんぽ ¥1760

地球の歩き方 島旅シリーズ

- 08 小笠原 父島 母島 3訂版 ¥1650
- 15 伊豆大島 利島（伊豆諸島①）改訂版 ¥1650
- 16 新島 式根島 神津島（伊豆諸島②）改訂版 ¥1650

※表示価格は定価（税込）です。改訂時に価格が変更になる場合があります。

地球の歩き方 シリーズ一覧

2023年7月現在

＊地球の歩き方ガイドブックは、改訂時に価格が変わることがあります。＊表示価格は定価（税込）です。＊最新情報は、ホームページをご覧ください。www.arukikata.co.jp/guidebook/

地球の歩き方 ガイドブック

A ヨーロッパ

A01	ヨーロッパ	¥1870
A02	イギリス	¥1870
A03	ロンドン	¥1980
A04	湖水地方&スコットランド	¥1870
A05	アイルランド	¥1980
A06	フランス	¥2420
A07	パリ&近郊の町	¥1980
A08	南仏プロヴァンス コート・ダジュール&モナコ	¥1760
A09	イタリア	¥1870
A10	ローマ	¥1760
A11	ミラノ ヴェネツィアと湖水地方	¥1870
A12	フィレンツェとトスカーナ	¥1870
A13	南イタリアとシチリア	¥1870
A14	ドイツ	¥1980
A15	南ドイツ フランクフルト ミュンヘン ロマンチック街道 古城街道	¥1760
A16	ベルリンと北ドイツ ハンブルク ドレスデン ライプツィヒ	¥1870
A17	ウィーンとオーストリア	¥2090
A18	スイス	¥2200
A19	オランダ ベルギー ルクセンブルク	¥1870
A20	スペイン	¥2420
A21	マドリードとアンダルシア	¥1760
A22	バルセロナ&近郊の町 イビサ島／マヨルカ島	¥1760
A23	ポルトガル	¥1815
A24	ギリシアとエーゲ海の島々&キプロス	¥1870
A25	中欧	¥1980
A26	チェコ ポーランド スロヴァキア	¥1870
A27	ハンガリー	¥1870
A28	ブルガリア ルーマニア	¥1980
A29	北欧 デンマーク ノルウェー スウェーデン フィンランド	¥1870
A30	バルトの国々 エストニア ラトヴィア リトアニア	¥1870
A31	ロシア ベラルーシ ウクライナ モルドヴァ コーカサスの国々	¥2090
A32	極東ロシア シベリア サハリン	¥1980
A34	クロアチア スロヴェニア	¥1760

B 南北アメリカ

B01	アメリカ	¥2090
B02	アメリカ西海岸	¥1870
B03	ロスアンゼルス	¥2090
B04	サンフランシスコとシリコンバレー	¥1870
B05	シアトル ポートランド	¥1870
B06	ニューヨーク マンハッタン&ブルックリン	¥1980
B07	ボストン	¥1980
B08	ワシントンDC	¥2420
B09	ラスベガス セドナ&グランドキャニオンと大西部	¥2090
B10	フロリダ	¥1870
B11	シカゴ	¥1870
B12	アメリカ南部	¥1980
B13	アメリカの国立公園	¥2090
B14	ダラス ヒューストン デンバー グランドサークル フェニックス サンタフェ	¥1980
B15	アラスカ	¥1980
B16	カナダ	¥1870
B17	カナダ西部 カナディアン・ロッキーとバンクーバー	¥2090
B18	カナダ東部 ナイアガラ・フォールズ メープル街道 プリンス・エドワード島 トロント オタワ モントリオール ケベック・シティ	¥2090
B19	メキシコ	¥1980
B20	中米	¥2090
B21	ブラジル ベネズエラ	¥2200
B22	アルゼンチン チリ パラグアイ ウルグアイ	¥2200
B23	ペルー ボリビア エクアドル コロンビア	¥2200
B24	キューバ バハマ ジャマイカ カリブの島々	¥2035
B25	アメリカ・ドライブ	¥1980

C 太平洋／インド洋島々

C01	ハワイ1 オアフ島&ホノルル	¥1980
C02	ハワイ島	¥2200
C03	サイパン ロタ&テニアン	¥1540
C04	グアム	¥1980
C05	タヒチ イースター島	¥1870
C06	フィジー	¥1650
C07	ニューカレドニア	¥1650
C08	モルディブ	¥1870
C10	ニュージーランド	¥2200
C11	オーストラリア	¥2200
C12	ゴールドコースト&ケアンズ	¥1870
C13	シドニー&メルボルン	¥1760

D アジア

D01	中国	¥2090
D02	上海 杭州 蘇州	¥1870
D03	北京	¥1760
D04	大連 瀋陽 ハルビン 中国東北部の自然と文化	¥1980
D05	広州 アモイ 桂林 珠江デルタと華南地方	¥1980
D06	成都 重慶 九寨溝 麗江 四川 雲南	¥1980
D07	西安 敦煌 ウルムチ シルクロードと中国北西部	¥1980
D08	チベット	¥2090
D09	香港 マカオ 深セン	¥1870
D10	台湾	¥2090
D11	台北	¥1650
D13	台南 高雄 屏東&南台湾の町	¥1650
D14	モンゴル	¥2090
D15	中央アジア サマルカンドとシルクロードの国々	¥2090
D16	東南アジア	¥1870
D17	タイ	¥2200
D18	バンコク	¥1870
D19	マレーシア ブルネイ	¥2090
D20	シンガポール	¥1980
D21	ベトナム	¥2090
D22	アンコール・ワットとカンボジア	¥2200
D23	ラオス	¥2090
D24	ミャンマー（ビルマ）	¥2090
D25	インドネシア	¥1870
D26	バリ島	¥1870
D27	フィリピン マニラ セブ ボラカイ ボホール エルニド	¥1870
D28	インド	¥2640
D29	ネパールとヒマラヤトレッキング	¥2200
D30	スリランカ	¥1870
D31	ブータン	¥1980
D33	マカオ	¥1760
D34	釜山 慶州	¥1540
D35	バングラデシュ	¥2090
D37	韓国	¥2090
D38	ソウル	¥1870

E 中近東 アフリカ

E01	ドバイとアラビア半島の国々	¥2090
E02	エジプト	¥1980
E03	イスタンブールとトルコの大地	¥2090
E04	ペトラ遺跡とヨルダン レバノン	¥2090
E05	イスラエル	¥2090
E06	イラン ペルシアの旅	¥2200
E07	モロッコ	¥1980
E08	チュニジア	¥2090
E09	東アフリカ ウガンダ エチオピア ケニア タンザニア ルワンダ	¥2090
E10	南アフリカ	¥2200
E11	リビア	¥2200
E12	マダガスカル	¥1980

J 国内版

J00	日本	¥3300
J01	東京 23区	¥2200
J02	東京 多摩地域	¥2020
J03	京都	¥2200
J04	沖縄	¥2200
J05	北海道	¥2200
J07	埼玉	¥2200
J08	千葉	¥2200
J09	札幌・小樽	¥2200

地球の歩き方 aruco

●海外

1	パリ	¥1320
2	ソウル	¥1650
3	台北	¥1650
4	トルコ	¥1430
5	インド	¥1540
6	ロンドン	¥1650
7	香港	¥1320
9	ニューヨーク	¥1320
10	ホーチミン ダナン ホイアン	¥1430
11	ホノルル	¥1320
12	バリ島	¥1320
13	上海	¥1320
14	モロッコ	¥1540
15	チェコ	¥1320
16	ベルギー	¥1430
17	ウィーン ブダペスト	¥1320
18	イタリア	¥1320
19	スリランカ	¥1540
20	クロアチア スロヴェニア	¥1430
21	スペイン	¥1320
22	シンガポール	¥1650
23	バンコク	¥1430
24	グアム	¥1320
25	オーストラリア	¥1430
26	フィンランド エストニア	¥1430
27	アンコール・ワット	¥1430
28	ドイツ	¥1430
29	ハノイ	¥1430
30	台湾	¥1320
31	カナダ	¥1320
33	サイパン テニアン ロタ	¥1320
34	セブ ボホール エルニド	¥1320
35	ロスアンゼルス	¥1320
36	フランス	¥1430
37	ポルトガル	¥1650
38	ダナン ホイアン フエ	¥1430

●国内

東京	¥1540
東京で楽しむフランス	¥1430
東京で楽しむ韓国	¥1430
東京で楽しむ台湾	¥1430
東京の手みやげ	¥1430
東京おやつさんぽ	¥1430
東京のパン屋さん	¥1430
東京で楽しむ北欧	¥1430
東京のカフェめぐり	¥1480
東京で楽しむハワイ	¥1480
nyaruco 東京ねこさんぽ	¥1480
東京で楽しむイタリア&スペイン	¥1480
東京で楽しむアジアの国々	¥1480
東京ひとりさんぽ	¥1480
東京パワースポットさんぽ	¥1599
東京で楽しむ英国	¥1599

地球の歩き方 Plat

1	パリ	¥1320
2	ニューヨーク	¥1320
3	台北	¥1100
4	ロンドン	¥1320
6	ドイツ	¥1320
7	ホーチミン／ハノイ／ダナン／ホイアン	¥1320
8	スペイン	¥1320
10	シンガポール	¥1100
11	アイスランド	¥1540
14	マルタ	¥1540
15	フィンランド	¥1320
16	クアラルンプール／マラッカ	¥1100
17	ウラジオストク／ハバロフスク	¥1430
18	サンクトペテルブルク／モスクワ	¥1540
19	エジプト	¥1320
20	香港	¥1100
22	ブルネイ	¥1430
23	ウズベキスタン サマルカンド ブハラ ヒヴァ タシケント	¥1650
24	ドバイ	¥1320
25	サンフランシスコ	¥1320
26	パース／西オーストラリア	¥1320
27	ジョージア	¥1540
28	台南	¥1430

地球の歩き方 リゾートスタイル

R02	ハワイ島	¥1650
R03	マウイ島	¥1650
R04	カウアイ島	¥1870
R05	こどもと行くハワイ	¥1540
R06	ハワイ ドライブ・マップ	¥1980
R07	ハワイ バスの旅	¥1320
R08	グアム	¥1430
R09	こどもと行くグアム	¥1650
R10	パラオ	¥1650
R12	プーケット サムイ島 ピピ島	¥1650
R13	ペナン ランカウイ クアラルンプール	¥1650
R14	バリ島	¥1430
R15	セブ&ボラカイ ボホール シキホール	¥1650
R16	テーマパークinオーランド	¥1870
R17	カンクン コスメル イスラ・ムヘーレス	¥1650
R20	ダナン ホイアン ホーチミン ハノイ	¥1650

地球の歩き方 御朱印

- 1 御朱印でめぐる鎌倉のお寺 三十三観音完全掲載 三訂版 ¥1650
- 2 御朱印でめぐる京都のお寺 改訂版 ¥1650
- 3 御朱印でめぐる奈良の古寺 改訂版 ¥1650
- 4 御朱印でめぐる東京のお寺 ¥1650
- 5 日本全国この御朱印が凄い！ 第壱集 増補改訂版 ¥1650
- 6 日本全国この御朱印が凄い！ 第弐集 都道府県網羅版 ¥1650
- 7 御朱印でめぐる全国の神社 開運さんぽ ¥1430
- 8 御朱印でめぐる高野山 改訂版 ¥1650
- 9 御朱印でめぐる関東の神社 週末開運さんぽ ¥1430
- 10 御朱印でめぐる秩父の寺社 三十四観音完全掲載 改訂版 ¥1650
- 11 御朱印でめぐる関東の百寺 坂東三十三観音と古寺 ¥1650
- 12 御朱印でめぐる関西の神社 週末開運さんぽ ¥1430
- 13 御朱印でめぐる関西の百寺 西国三十三所と古寺 ¥1650
- 14 御朱印でめぐる東京の神社 週末開運さんぽ 改訂版 ¥1540
- 15 御朱印でめぐる神奈川の神社 週末開運さんぽ 改訂版 ¥1540
- 16 御朱印でめぐる埼玉の神社 週末開運さんぽ ¥1430
- 17 御朱印でめぐる北海道の神社 週末開運さんぽ ¥1430
- 18 御朱印でめぐる九州の神社 週末開運さんぽ 改訂版 ¥1540
- 19 御朱印でめぐる千葉の神社 週末開運さんぽ 改訂版 ¥1540
- 20 御朱印でめぐる東海の神社 週末開運さんぽ ¥1430
- 21 御朱印でめぐる京都の神社 週末開運さんぽ 改訂版 ¥1540
- 22 御朱印でめぐる神奈川のお寺 ¥1650
- 23 御朱印でめぐる大阪 兵庫の神社 週末開運さんぽ ¥1430
- 24 御朱印でめぐる愛知の神社 週末開運さんぽ 改訂版 ¥1540
- 25 御朱印でめぐる栃木 日光の神社 週末開運さんぽ ¥1430
- 26 御朱印でめぐる福岡の神社 週末開運さんぽ 改訂版 ¥1540
- 27 御朱印でめぐる広島 岡山の神社 週末開運さんぽ ¥1430
- 28 御朱印でめぐる山陰 山陽の神社 週末開運さんぽ ¥1430
- 29 御朱印でめぐる埼玉のお寺 ¥1650
- 30 御朱印でめぐる千葉のお寺 ¥1650
- 31 御朱印でめぐる東京の七福神 ¥1540
- 32 御朱印でめぐる東北の神社 週末開運さんぽ 改訂版 ¥1540
- 33 御朱印でめぐる全国の稲荷神社 週末開運さんぽ ¥1430
- 34 御朱印でめぐる新潟 佐渡の神社 週末開運さんぽ ¥1430
- 35 御朱印でめぐる静岡 富士 伊豆の神社 週末開運さんぽ ¥1430
- 36 御朱印でめぐる四国の神社 週末開運さんぽ ¥1430
- 37 御朱印でめぐる中央線沿線の寺社 週末開運さんぽ ¥1540
- 38 御朱印でめぐる東急線沿線の寺社 週末開運さんぽ ¥1540
- 39 御朱印でめぐる茨城の神社 週末開運さんぽ ¥1430
- 40 御朱印でめぐる関東の聖地 週末開運さんぽ ¥1430
- 41 御朱印でめぐる東海のお寺 ¥1650
- 42 日本全国ねこの御朱印&お守りめぐり 週末開運にゃんさんぽ ¥1760
- 43 御朱印でめぐる信州 甲州の神社 週末開運さんぽ ¥1430
- 44 御朱印でめぐる全国の聖地 週末開運さんぽ ¥1430
- 45 御船印でめぐる全国の魅力的な船旅 ¥1650
- 46 御朱印でめぐる茨城のお寺 ¥1650
- 47 御朱印でめぐる全国のお寺 週末開運さんぽ ¥1540
- 48 日本全国 日本酒でめぐる 酒蔵&ちょこっと御朱印〈東日本編〉 ¥1760
- 49 日本全国 日本酒でめぐる 酒蔵&ちょこっと御朱印〈西日本編〉 ¥1760
- 50 関東版ねこの御朱印&お守りめぐり 週末開運にゃんさんぽ ¥1760
- 52 一生に一度は参りたい！ 御朱印でめぐる全国の絶景寺社図鑑 ¥2479
- D51 鉄印帳でめぐる全国の魅力的な鉄道40 ¥1650
- 御朱印はじめました 関東の神社 週末開運さんぽ ¥1210

地球の歩き方 島旅

- 1 五島列島 3訂版 ¥1650
- 2 奄美大島～奄美群島1～ 3訂版 ¥1650
- 3 与論島 沖永良部島 徳之島（奄美群島②）改訂版 ¥1650
- 4 利尻 礼文 4訂版 ¥1650
- 5 天草 改訂版 ¥1760
- 6 壱岐 4訂版 ¥1650
- 7 種子島 3訂版 ¥1650
- 8 小笠原 父島 母島 3訂版 ¥1650
- 9 隠岐 3訂版 ¥1870
- 10 佐渡 3訂版 ¥1650
- 11 宮古島 伊良部島 下地島 来間島 池間島 多良間島 大神島 改訂版 ¥1650
- 12 久米島 渡名喜島 改訂版 ¥1650
- 13 小豆島～瀬戸内の島々1～ 改訂版 ¥1650
- 14 直島 豊島 女木島 男木島 犬島～瀬戸内の島々2～ ¥1650
- 15 伊豆大島 利島～伊豆諸島1～ 改訂版 ¥1650
- 16 新島 式根島 神津島～伊豆諸島2～ 改訂版 ¥1650
- 17 沖縄本島周辺15離島 ¥1650
- 18 たけとみの島々 竹富島 西表島 波照間島 小浜島 黒島 鳩間島 新城島 由布島 加屋 ¥1650
- 19 淡路島～瀬戸内の島々3～ ¥1650
- 20 石垣島 竹富島 西表島 小浜島 由布島 新城島 波照間島 ¥1650
- 21 対馬 ¥1650
- 22 島旅ねこ にゃんこの島の歩き方 ¥1344

地球の歩き方 旅の図鑑

- W01 世界244の国と地域 ¥1760
- W02 世界の指導者図鑑 ¥1650
- W03 世界の魅力的な奇岩と巨石139選 ¥1760
- W04 世界246の首都と主要都市 ¥1760
- W05 世界のすごい島300 ¥1760
- W06 地球の歩き方的！ 世界なんでもランキング ¥1760
- W07 世界のグルメ図鑑 116の国と地域の名物料理を食の雑学とともに解説 ¥1760
- W08 世界のすごい巨像 ¥1760
- W09 世界のすごい城と宮殿333 ¥1760
- W10 世界197ヵ国のふしぎな聖地&パワースポット ¥1870
- W11 世界の祝祭 ¥1760
- W12 世界のカレー図鑑 ¥1980
- W13 世界遺産 絶景でめぐる自然遺産 完全版 ¥1980
- W15 地球の果ての歩き方 ¥1980
- W16 世界の中華料理図鑑 ¥1980
- W17 世界の地元メシ図鑑 ¥1980
- W18 世界遺産の歩き方 学んで旅する！ すごい世界遺産190選 ¥1980
- W19 世界の魅力的なビーチと湖 ¥1980
- W20 世界のすごい駅 ¥1980
- W21 世界のおみやげ図鑑 ¥1980
- W22 いつか旅してみたい世界の美しい古都 ¥1980
- W23 世界のすごいホテル ¥1980
- W24 日本の凄い神木 ¥2200
- W25 世界のお菓子図鑑 ¥1980
- W26 世界の麺図鑑 ¥1980
- W27 世界のお酒図鑑 ¥1980
- W28 世界の魅力的な道 ¥1980
- W29 世界の映画の舞台&ロケ地 ¥2090
- W30 すごい地球！ ¥2200
- W31 世界のすごい墓 ¥1980

地球の歩き方 旅の名言＆絶景

- ALOHAを感じるハワイのことばと絶景100 ¥1650
- 自分らしく生きるフランスのことばと絶景100 ¥1650
- 人生観が変わるインドのことばと絶景100 ¥1650
- 生きる知恵を授かるアラブのことばと絶景100 ¥1650
- 心に寄り添う台湾のことばと絶景100 ¥1650
- 道しるべとなるドイツのことばと絶景100 ¥1650
- 共感と勇気がわく韓国のことばと絶景100 ¥1650
- 人生を楽しみ尽くすイタリアのことばと絶景100 ¥1650
- 今すぐ旅に出たくなる！ 地球の歩き方のことばと絶景100 ¥1650
- 悠久の教えをひもとく 中国のことばと絶景100 ¥1650

地球の歩き方 旅と健康

- 地球のなぞり方 旅地図 アメリカ大陸編 ¥1430
- 地球のなぞり方 旅地図 ヨーロッパ編 ¥1430
- 地球のなぞり方 旅地図 アジア編 ¥1430
- 地球のなぞり方 旅地図 日本編 ¥1430
- 脳がどんどん強くなる！ すごい地球の歩き方 ¥1650

地球の歩き方 GEMSTONE

- とっておきのポーランド 増補改訂版 ¥1760
- ラダック ザンスカール スピティ 北インドのリトル・チベット 増補改訂版 ¥1925

地球の歩き方 旅の読み物

- 今こそ学びたい日本のこと ¥1760
- 週末だけで70ヵ国159都市を旅したリーマントラベラーが教える自分の時間の作り方 ¥1540

地球の歩き方 BOOKS

- BRAND NEW HAWAII とびきりリアルな最新ハワイガイド ¥1650
- FAMILY TAIWAN TRIP #子連れ台湾 ¥1518
- GIRL'S GETAWAY TO LOS ANGELES ¥1760
- HAWAII RISA'S FAVORITES 大人女子はハワイで美味しく美しく ¥1650
- LOVELY GREEN NEW ZEALAND 未来の国を旅するガイドブック ¥1760
- MAKI'S DEAREST HAWAII ¥1540
- MY TRAVEL, MY LIFE Maki's Family Travel Book ¥1760
- WORLD FORTUNE TRIP イヴルルド遙華の世界開運★旅案内 ¥1650
- いろはに北欧 ¥1760
- ヴィクトリア朝が教えてくれる英国の魅力 ¥1320
- ダナン&ホイアン PHOTO TRAVEL GUIDE ¥1650
- とっておきのフィンランド ¥1760
- フィンランドでかなえる100の夢 ¥1760
- マレーシア 地元で愛される名物食堂 ¥1430
- やり直し英語革命 ¥1100
- 気軽に始める！大人の男海外ひとり旅 ¥1100
- 気軽に出かける！ 大人の男アジアひとり旅 ¥1100
- 香港 地元で愛される名物食堂 ¥1540
- 最高のハワイの過ごし方 ¥1540
- 子連れで沖縄 旅のアドレス&テクニック117 ¥1100
- 純情ヨーロッパ 呑んで、祈って、脱いでみて ¥1408
- 食事作りに手間暇かけないドイツ人、手料理神話にこだわり続ける日本人 ¥1100
- 親の介護をはじめる人へ 伝えておきたい10のこと ¥1000
- 人情ヨーロッパ 人生、ゆるして、ゆるされて ¥1518
- 総予算33万円・9日間から行く！ 世界一周 ¥1100
- 台北 メトロさんぽ MRTを使って、おいしいとかわいいを巡る旅 ¥1518
- 鳥居りんこ 親の介護をはじめたらお金の話で泣き見てばかり ¥1320
- 鳥居りんこの親の介護は知らなきゃバカ見ることだらけ ¥1320
- 北欧が好き！ フィンランド・スウェーデン・デンマーク・ノルウェーの素敵な町めぐり ¥1210
- 北欧が好き！2 建築&デザインでめぐるフィンランド・スウェーデン・デンマーク・ノルウェー ¥1210
- 地球の歩き方JAPAN ダムの歩き方 全国版 初めてのダム旅入門ガイド ¥1712
- 日本全国 開運神社 このお守りがすごい！ ¥1522

地球の歩き方 スペシャルコラボ BOOK

- 地球の歩き方 ムー ¥2420
- 地球の歩き方 JOJO ジョジョの奇妙な冒険 ¥2420

地球の歩き方 旅の図鑑シリーズ

見て読んで海外のことを学ぶことができ、旅気分を楽しめる新シリーズ。
1979年の創刊以来、長年蓄積してきた世界各国の情報と取材経験を生かし、
従来の「地球の歩き方」には載せきれなかった、
旅にぐっと深みが増すような雑学や豆知識が盛り込まれています。

W01
世界244の国と地域
¥1760

W07
世界のグルメ図鑑
¥1760

W02
世界の指導者図鑑
¥1650

W03
世界の魅力的な奇岩と巨石139選
¥1760

W04
世界246の首都と主要都市
¥1760

W05
世界のすごい島300
¥1760

W06
世界なんでもランキング
¥1760

W08
世界のすごい巨像
¥1760

W09
世界のすごい城と宮殿333
¥1760

W11
世界の祝祭
¥1760

- **W10** 世界197ヵ国のふしぎな聖地&パワースポット ¥1870
- **W13** 世界遺産　絶景でめぐる自然遺産　完全版 ¥1980
- **W16** 世界の中華料理図鑑 ¥1980
- **W18** 世界遺産の歩き方 ¥1980
- **W20** 世界のすごい駅 ¥1980
- **W22** いつか旅してみたい世界の美しい古都 ¥1980
- **W24** 日本の凄い神木 ¥2200
- **W26** 世界の麺図鑑 ¥1980
- **W28** 世界の魅力的な道 178 選 ¥1980
- **W31** 世界のすごい墓 ¥1980
- **W12** 世界のカレー図鑑 ¥1980
- **W15** 地球の果ての歩き方 ¥1980
- **W17** 世界の地元メシ図鑑 ¥1980
- **W19** 世界の魅力的なビーチと湖 ¥1980
- **W21** 世界のおみやげ図鑑 ¥1980
- **W23** 世界のすごいホテル ¥1980
- **W25** 世界のお菓子図鑑 ¥1980
- **W27** 世界のお酒図鑑 ¥1980
- **W29** 世界の映画の舞台&ロケ地 ¥2090
- **W30** すごい地球! ¥2200

※表示価格は定価（税込）です。改訂時に価格が変更になる場合があります。

あなたの**旅の体験談**をお送りください

「地球の歩き方」は、たくさんの旅行者からご協力をいただいて、
改訂版や新刊を制作しています。
あなたの旅の体験や貴重な情報を、これから旅に出る人たちへ分けてあげてください。
なお、お送りいただいたご投稿がガイドブックに掲載された場合は、
初回掲載本を1冊プレゼントします！

ご投稿はインターネットから！

URL www.arukikata.co.jp/guidebook/toukou.html
画像も送れるカンタン「投稿フォーム」
※左記のQRコードをスマートフォンなどで読み取ってアクセス！

または「地球の歩き方　投稿」で検索してもすぐに見つかります

地球の歩き方　投稿  

▶投稿にあたってのお願い

★ご投稿は、次のような《テーマ》に分けてお書きください。
《新発見》――――ガイドブック未掲載のレストラン、ホテル、ショップなどの情報
《旅の提案》―――未掲載の町や見どころ、新しいルートや楽しみ方などの情報
《アドバイス》――旅先で工夫したこと、注意したこと、トラブル体験など
《訂正・反論》―――掲載されている記事・データの追加修正や更新、異論、反論など

※記入例「○○編20XX年度版△△ページ掲載の□□ホテルが移転していました……」

★データはできるだけ正確に。
ホテルやレストランなどの情報は、名称、住所、電話番号、アクセスなどを正確にお書きください。
ウェブサイトのURLや地図などは画像でご投稿いただくのもおすすめです。

★ご自身の体験をお寄せください。
雑誌やインターネット上の情報などの丸写しはせず、実際の体験に基づいた具体的な情報をお待ちしています。

▶ご確認ください

※採用されたご投稿は、必ずしも該当タイトルに掲載されるわけではありません。関連他タイトルへの掲載もありえます。
※例えば「新しい市内交通パスが発売されている」など、すでに編集部で取材・調査を終えているものと同内容のご投稿をいただいた場合は、ご投稿を採用したとはみなされず掲載本をプレゼントできないケースがあります。
※当社は個人情報を第三者へ提供いたしません。また、ご記入いただきましたご自身の情報については、ご投稿内容の確認や掲載本の送付などの用途以外には使用いたしません。
※ご投稿の採用の可否についてのお問い合わせはご遠慮ください。
※原稿は原文を尊重しますが、スペースなどの関係で編集部でリライトする場合があります。

STAFF

制作：斉藤麻理
編集：WILLWAY WORKS 鈴木達也
ART LOVE MUSIC 水野千尋、渡辺菜々子、小林優、井上有佳里、薄井遼、長谷川惠乙
有限会社どんぐり・はうす、佐藤春菜、鶴岡和也、富永直美、オフィス カラムス 服部朗宏
写真：和氣淳、倉谷清文、小野奈那子、遠藤麻美、ART LOVE MUSIC 元木良彦、岩間幸司
デザイン：有限会社エメ龍夢、株式会社明昌堂
地図：株式会社アトリエプラン
校正：株式会社東京出版サービスセンター

この地図の制作にあたっては、インクリメント・ピー株式会社の地図データベースを使用しました。

写真提供：©松竹株式会社、©TOKYO TOWER、東京都（海の森水上競技場）、丸善雄松堂株式会社、©東京港埠頭（株）（若洲海浜公園）、一般社団法人千代田区観光協会（千鳥ヶ淵緑道）、環境省皇居外苑管理事務所（皇居外苑）、（一財）国民公園協会 皇居外苑（和田倉噴水公園）、環境省皇居外苑管理事務所北の丸分室（北の丸公園）、東京ステーションギャラリー、三井不動産（三井本館）、国立映画アーカイブ、日本銀行本店、日本銀行金融研究所貨幣博物館所蔵（貨幣博物館）、Photo:Kenta Hasegawa（東京都現代美術館）、江東区芭蕉記念館、資生堂ギャラリー 撮影：加藤健（資生堂ギャラリー）、©TOKYO INTERNATIONAL FORUM CO., LTD.（東京国際フォーラム）、東宝株式会社 演劇部（帝国劇場）、相田みつを美術館（相田みつを美術館）、アートアクアリウム美術館 GINZA（アートアクアリウム美術館 GINZA）、株式会社三越伊勢丹、公益財団法人東京都公園協会（浜離宮恩賜庭園）、東京海洋大学所蔵（東京海洋大学明治丸海事ミュージアム）、©上野写真事務所（旧新橋停車場 鉄道歴史展示室）、東京港埠頭（株）（お台場海浜公園）、東京都港湾局（レインボーブリッジ遊歩道）、内閣府迎賓館（迎賓館赤坂離宮）、©国立新美術館（国立新美術館）、東京ミッドタウン（東京ミッドタウン）、©木奥惠三（サントリー美術館）、撮影：吉村昌也（21_21 DESIGN SIGHT）、テレビ朝日（テレビ朝日）、渋谷区観光協会（スクランブル交差点、忠犬ハチ公像）、渋谷スクランブルスクエア（渋谷スクランブルスクエア）、表参道ヒルズ（表参道ヒルズ）、戸栗美術館（戸栗美術館）、上野則宏（渋谷区立松濤美術館）、東京都教育委員会（旧前田家本邸洋館）、目黒区（旧前田家本邸和館）、公益財団法人日本近代文学館（日本近代文学館）、SAMSUNG（Galaxy Harajuku）、新宿区立新宿歴史博物館、環境省新宿御苑管理事務所（新宿御苑）、©TOHO CO., LTD.（新宿東宝ビル）、公益財団法人東京都歴史文化財団（東京芸術劇場）、©東京大神宮、東京ドーム、東京都水道歴史館、東急プラザ蒲田（屋上かまたえん）、羽田みらい開発株式会社（HANEDA INNOVATION CITY）、しながわWEB写真館(品川区)（大森貝塚遺跡庭園）、大森 海苔のふるさと館(大森 海苔のふるさと館)、東京都庭園美術館(東京都庭園美術館)、国立科学博物館附属自然教育園（国立科学博物館附属自然教育園）、松岡美術館（松岡美術館）、（公財）目黒寄生虫館（目黒寄生虫館）、渋谷区（旧朝倉家住宅）、天恩山 五百羅漢寺（五百羅漢寺）、京王電鉄（ミカン下北）、松陰神社（松陰神社）、東京農業大学「食と農」の博物館（東京農業大学「食と農」の博物館）、世田谷区立郷土資料館（世田谷区立郷土資料館）、東映アニメーションミュージアム、撮影：大槻志穂（ちひろ美術館・東京）、紙の博物館（紙の博物館）、渋沢史料館所蔵・渋沢史料館提供（渋沢史料館）、浅草寺、（公財）東京動物園協会（上野動物園）、国立科学博物館（国立科学博物館）、©東京都美術館（東京都美術館）、東京文化会館（東京文化会館）、台東区（岡倉天心記念公園）、（公財）日本ナショナルトラスト（旧安田楠雄邸庭園）、東洋文庫（東洋文庫ミュージアム）、横山大観記念館（撮影：遠藤桂）（横山大観記念館）、東京藝術大学、帝釈天題経寺（柴又帝釈天）、葛飾柴又寅さん記念館©松竹（株）（葛飾柴又寅さん記念館）、山田洋次ミュージアム:©松竹（株）（山田洋次ミュージアム）、撮影：尾鷲陽介（すみだ北斎美術館）、©墨田区・すみだフィルムコミッション（旧安田庭園・吉良邸跡）、葛西臨海公園ダイヤと花の大観覧車（葛西臨海公園）、漱石山房記念館、池波正太郎記念文庫所蔵（池波正太郎記念文庫）、立教大学江戸川乱歩記念大衆文化研究センター（旧江戸川乱歩邸）、吉村昭記念文学館、（公財）北区文化振興財団、田端文士村記念館、中野区（中野区立歴史民俗博物館）、台東区（隅田川花火大会）、©東京高円寺阿波おどり、©トキワ荘マンガミュージアム、©長谷川町子美術館、ナカサアンドパートナーズ（ONSEN RYOKAN 由縁 新宿）、JR東日本、東急電鉄、倉林元気、© iStock、PIXTA

本書についてのご意見・ご感想はこちらまで
読者投稿　〒141-8425　東京都品川区西五反田 2-11-8
株式会社地球の歩き方
地球の歩き方サービスデスク「東京 23 区編」投稿係
https://www.arukikata.co.jp/guidebook/toukou.html
地球の歩き方ホームページ（海外・国内旅行の総合情報）
https://www.arukikata.co.jp/
ガイドブック『地球の歩き方』公式サイト
https://www.arukikata.co.jp/guidebook/

あなたの声をお聞かせください！

毎月3名様に読者プレゼント！

ウェブアンケートにお答えいただいた方の中から毎月抽選で3名様に地球の歩き方オリジナル御朱印帳または地球の歩き方オリジナルクオカード(500円)をプレゼントいたします。あなたの声が改訂版に掲載されるかも!?
（応募の締め切り：2025年7月31日）

https://arukikata.jp/fybhms

※個人情報の取り扱いについての注意事項はWEBページをご覧ください。

地球の歩き方 J01 東京 23区 2024-2025年版

2023年 7 月25日　初版第1刷発行

Published by Arukikata. Co., Ltd.
2-11-8 Nishigotanda, Shinagawa-ku, Tokyo, 141-8425, Japan
Tel (81-3) 6431-1616 (Editorial Section)

著作編集　地球の歩き方編集室
発行人　新井 邦弘
編集人　宮田 崇
発 行 所　株式会社地球の歩き方
〒141-8425　東京都品川区西五反田 2-11-8
発 売 元　株式会社 Gakken
〒141-8416　東京都品川区西五反田 2-11-8
印刷製本　株式会社ダイヤモンド・グラフィック社

※本書は基本的に 2022 年 10 月～ 2023 年 2 月の取材データに基づいて作られています。
発行後に料金、営業時間、定休日などが変更になる場合がありますのでご了承ください。
更新・訂正情報：https://book.arukikata.co.jp/support/

●この本に関する各種お問い合わせ先
・本の内容については、下記サイトのお問い合わせフォームよりお願いします。
URL ▶ https://www.arukikata.co.jp/guidebook/contact.html
・広告については、下記サイトのお問い合わせフォームよりお願いします。
URL ▶ https://www.arukikata.co.jp/ad_contact/
・在庫については　Tel 03-6431-1250（販売部）
・不良品（乱丁、落丁）については　Tel 0570-000577
学研業務センター　〒354-0045　埼玉県入間郡三芳町上富 279-1
・上記以外のお問い合わせは　Tel 0570-056-710（学研グループ総合案内）

学研グループの書籍・雑誌についての新刊情報・詳細情報は、下記をご覧ください。
学研出版サイト　https://hon.gakken.jp/